임진왜란과 한중관계

역비한국학연구총서 ⑭

임진왜란과 한중관계

한명기 지음

역사비평사

The Yukbi Research Series of Korean Studies 14

The study on the relations between Korea and China from Japanese invasion of Korea in 1592 to Manchu invasion of Korea in 1636. by Myung-ki Han

Yuksa Bipyoungsa

책을 내면서

한중수교가 임박하여 중국에 대한 관심과 중국 여행의 붐이 막 일어나고 있던 1991년 여름, 처음으로 중국 땅을 밟았다. 백두산에 오르고 광개토대왕비 앞에 섰을 때, 자금성 높은 담장에 귀를 댔을 때 느꼈던 뭉클함과 경이로움은 지금도 기억에 새롭다. 당시까지 필자의 머리에 각인된 중국은 '광활한 영토, 유구한 역사, 엄청난 인구, 무한한 가능성을 지닌 나라'였다.

1994년, 다시 북경에 갔을 때 사회과학원 역사연구소에서 조우했던 자료 몇 장은 이 같은 필자의 인식에 큰 변화를 주었다. 그것은 명대에 편찬된 『서원문견록(西園聞見錄)』과 『양조종신록(兩朝從信錄)』이었고, 그 가운데서도 필자의 관심을 끈 것은 '조선국왕이혼위기질이종소찬(朝鮮國王李琿爲其侄李倧所篡)'이란 구절이었다. 1623년 조선에서 인조반정이 일어난 사실을 적은 것으로, 그것을 명나라의 시각에서 찬탈(篡奪)이라고 비판한 것이었다. 그것을 처음 접했을 때 필자가 받은 충격은 컸다. 조선의 '반정'이 명에서는 '찬탈'이었기 때문이었다. 돌아와서 『희종실록(熹宗實錄)』과 『경정선생집(敬亭先生集)』 등을 통해 정변 발생 직후, 자국의 이익을 염두에 두고 명이 보였던 지대한 관심과 예민한 대응을 다시 확인하였다. 이때부터 필자에게 다가온 중국은 무엇보다 '한반도와 국경을 맞댄 나라'였다.

광해군대 정치사를 주제로 석사논문을 썼던 필자가 한중관계 쪽으로 관심을 돌리게 된 것은 이 한 장의 사료를 조우하면서부터였다. 조선시대의 중국, 특히 명의 한반도 정책과 그에 대한 우리의 대응을 고찰해보기로 했다. 일단 명나라의 한반도에 대한 관심과 정책이 가장 집약적이고 적극적인 형태로 나타났던 임진왜란 시기부터 17세기 초반 명이 망할 무렵까지를 대상으로 삼았다. 말하자면 '명청교체기의 한중관계'인 셈이다.

　17세기 이후 명이 망할 때까지 한중관계의 분수령이 된 것은 임진왜란과 그 전쟁에 명이 참전했던 사실이었다. 명은, 명군의 참전과 장기 주둔을 통해 조선 사정을 속속들이 알게 되었거니와 이후 조선에 대한 그들의 영향력은 결정적으로 커지게 되었다. 그것은 우리 현대사에서 미국과 주한미군이 차지하는 영향력을 연상시킬 만큼 큰 것이었다. 왜란 이후 조선에서는 임진왜란 당시 명군이 참전하여 원조한 것을, '나라를 다시 일으켜 세워준 은혜(再造之恩)'로 여겨 숭앙해왔거니와 당시 한반도에서 명군의 활동이 과연 '재조지은'이라 부를 만한 것인지를 살폈다. 명군 참전이 조선에 남긴 정치·경제·사회·문화적 영향을 구체적으로 서술한 것이다.

　'재조지은'에 대한 관심의 끈을 놓지 않은 상황에서 광해군대의 한중관계를 살폈다. '명청 교체'의 흐름이 가시화되는 이 시기에 '재조지은'을 내세워 조선에 대한 영향력을 유지하고자 했던 명과, 명의 지배에 반발하면서 만주를 석권해가고 있던 후금 사이에서 조선이 펼쳤던 외교정책의 여러 측면을 살폈다. '재조지은'을 강조하는 중국 중심적 시각과 '중립외교'를 강조하는 일본인 학자들의 시각을 넘어서 광해군 중심, 나아가 조선 중심의 시각으로 한중관계의 실상을 살피고자 했다.

　인조반정 이후의 한중관계 역시 마찬가지 시각에서 접근했다. 정권이 바뀐 조선, 더욱 쇠약해져버린 명, 이제 아예 '제국'을 꿈꾸던 후금 사이의 얽히고설킨 관계를 살피고자 했다. 우선 인조반정을, 동북아시아 국제질서의 변동이란 차원에서 접근했다. 역시 '재조지은'을 염두에 두면서 조선의 새 정권이 펼쳤던 대중국정책의 실상을 정리해보았다.

이것 저것 눈에 띄는 대로 한중관계 자료를 모으고 이야기를 엮으면서 절감한 것은 역시 한반도가 지니는 지정학적인 중요성이다. 한반도는, 대륙세력의 입장에서 보면 해양세력이 건너오는 '다리'이고, 해양세력의 입장에서 보면 대륙세력이 자신들을 겨누는 '칼끝'이라고 한다. 이런 안목으로 보면 1592년 임진왜란 당시 명이 참전했던 것과 1950년 한국전쟁 당시 중공이 참전했던 것은, 비록 350년 이상의 시차는 있으나 그 논리는 똑같아진다. 오늘날 중국인들이 임진왜란을 '항왜원조(抗倭援朝)'로 부르고, 한국전쟁을 '항미원조(抗美援朝)'로 부르는 것만 봐도 그렇다. 한반도를 자신들의 울타리로 생각하고 있는 중국의 입장에서 '저항의 대상'이 '왜'에서 '미'로 바뀐 것일 뿐 중국의 한반도에 대한 관심은 예나 지금이나 똑같다. 근래에는 통일 문제를 포함한 한반도의 장래는 중국과 미국이 알아서 결정한다는 목소리까지 흘러나오고 있다.

일본 역시 가만히 있지 않는다. 우리의 내부사정에 대해 정통한 그들 역시, 분단된 우리 현실을 이용하여 국익을 챙기고 한반도에 대한 영향력을 확대하는 데 부심하고 있다. 일본은 북한의 군사적 위협을 빌미로, 미국의 은근한 방임을 바탕 삼아 평화헌법을 걷어치우고 아예 군사대국이 되겠다고 본격적으로 팔을 걷고 나섰다. 일본의 행보에는 미국의 동북아 전략이 스며들어 있거니와, 그것은 결국 중국을 자극하는 것이니 이래저래 한반도에 미치는 열강의 입김은 갈수록 커져만 간다.

작금의 우리를 둘러싼 주변 현실은 17세기 초반의 그것 못지않게 숨가쁘고도 엄혹하다. 분단의 사슬에 묶인 채 여전히 헤매고 있는 남북한, 아니 한반도에 사는 사람들은 도대체 21세기 동북아시아의 국제질서 변동 속에서 어떤 대응을 해야 할까? 제대로 대응하려면 주변 열강을 다루는 능력, 즉 외교적 능력을 키워야만 될 것이다. 하지만 우리 내부가 건실하지 않으면서 외교적 능력이 성숙되기를 바랄 수는 없다. 안으로는 민주적이면서도 건강한 나라, 밖으로는 평화를 사랑하면서도 호락호락하지 않은 나라, 그리고 경제적 실력, 문화적 역량, 외교적 능력에서 중국과 일본을 조정할 수 있을 만큼 '괜찮은 나라'가 되어야 하지 않을까? 이것이 필자가 17세기 초의 한중관계를 다룬 이 책을 쓰면서 지녔던 문제의식이자 이 책을 출판하면서 염원하는 21세기 우리의 모습이다.

게으른 필자가 변변찮은 글이나마 이렇게 쓰기까지에는 많은 분들의 지도와 배려가 있었다. 미덥지 못한 필자를 너그러이 포용해주신 지도교수 정옥자 선생님, 전체를 보는 안목을 키워주신 한영우 선생님, 날카로운 지적으로 허다한 부족함을 메워주신 이태진 선생님, 세세한 부분까지 꼼꼼히 신경 써주신 최소자 · 김인걸 선생님, 따뜻하게 격려해주신 최승희 · 노태돈 선생님께 감사드린다. 까까머리 시절 이래 필자를 격려해주시고 이끌어주신 조휘각 선생님과의 각별한 인연에도 거듭 감사할 따름이다. 오랫동안 학문적으로나 인간적으로 필자를 이끌어주신 여러 선배님들의 후의도 잊을 수 없다.

필자를 성원해주시는 부모님과 장모님, 세상을 보는 눈을 틔워주셨던 작고하신 장인께 감사드린다. 늘 용기를 주는 아내와 두 아이에게도 고마운 마음을 전한다.

출판을 맡아주신 역사비평사 장두환 사장님, 출판에 이르도록 인연을 맺어주신 역사비평사 단행본팀의 윤양미 팀장, 류종필 기획영업부장께도 감사의 말씀을 드린다.

1999년 8월 11일
한 명 기

임진왜란과 한중관계 · 차례

서 론

역사적으로 한국과 중국은 밀접한 관계를 유지해왔다. 국경을 맞댄 양국 사이에는 때로 중국의 침략과 그에 대한 우리의 저항에 의해 적대관계가 지속되었던 시절이 있었지만 전체적인 흐름에서 볼 때 평화적이고 우호적인 관계가 더 오래 유지되었다. 그것은 '책봉(冊封) - 조공(朝貢) 체제'라 하여 중국을 대국으로 섬기고 그 대가로 우리의 존재와 독립성을 인정받는 기제에 의해 유지되어왔다.

특히 조선시대의 양국관계는 '책봉 - 조공 체제'의 가장 전형적인 사례라고 할 수 있었다.[1] 조선과 명의 관계는 1368년 명 건국 이후 고려가 명과 맺었던 외교적 관계를 계승한 것이었다. 조선 전기에는 기본적으로 '책봉 - 조공 체제'에 기반한 사대관계(事大關係)를 바탕으로 조선이 명을 섬기는 상황이었다. 명과 조선 사이에는 형식적으로 군신·상하 관계가 성립되고 조선은 제후국으로서 예와 명분에 합당한 불평등한 국가 지위를 감수해야 했다. 구체적으로는 명 황제에 의한 책봉의 수용, 명 연호의 사용, 정례적인 조공 등 제후로서의 의무가 부과되었다.

조선왕조가 명에 대해 사대정책을 취한 것은 어디까지나 새로 건국

---

1) 전해종, 「한중 조공관계 개관」, 『한중관계사연구』, 일조각, 1970.

한 조선을 국제적으로 승인받고, 그를 통해 정치적 안정을 꾀하려는 의도에서 비롯된 것으로 주체성이나 자주의식을 방기한 것은 아니었다.[2] 이것은 조선 초, 정도전(鄭道傳) 등이 고구려의 옛 땅을 회복하려는 차원에서 요동 정벌을 꾀하여 명과 심각한 갈등을 빚었던 상황에서도 확연히 드러난다.[3] 이 때문에 명은 조선을 의심하게 되었고 태조 이성계에게 고명(誥命)과 인신(印信)을 주지 않는 등 견제의 움직임을 보이면서 양국관계는 갈등의 기미를 보였다. 더욱이 세조연간 명의 영락제(永樂帝)가 요동을 거쳐 두만강 부근까지 세력을 뻗어와, 여진 집단을 초무하려고 시도하면서 조선과 명의 관계가 여진에 대한 관할권을 놓고서 긴장 국면으로 접어든 적도 있었다. 또 세종연간 조선이 여진의 여연(閭延) 침략을 계기로 파저강(婆猪江) 일대의 건주여진(建州女眞)을 토벌한 것, 곧이어 압록강 방면에 사군(四郡)을 설치하여 압록강과 두만강을 경계로 국경을 확정하기에 이르렀던 것 등은 여진을 사이에 놓고 명과 신경전을 벌였던 상황에서 거두었던 일정한 성과라고 할 수 있었다.[4]

15세기에는 이처럼 명에 대한 사대를 표방하면서도 경우에 따라서는 명과 대결을 시도할 정도로 주체적 움직임이 드러나는데 거기에는 조선 나름대로의 사상적 배경이 자리하고 있었다. 당시에는 세종대의 변계량(卞季良)이나 세조대의 양성지(梁誠之)처럼 조선을 단군이 건국한 독자적인 국가로 인식하여 교제(郊祭)와 같은 제천례(祭天禮)를 행하고, 독자적인 연호를 사용해야 한다고 주장했던 인물들이 있었다.[5] 또 조선을 중국의 아류가 아닌 별개의 자기완결적인 세계로서 인식하고, 조선의 건국이 중국과 마찬가지로 천명에 의해 이루어졌다고 자부

---

2) 한영우, 「조선전기의 국가관·민족관」, 『조선전기사회사상연구』, 1983 참조.
3) 신석호, 「조선왕조 개국 당시의 대명관계」, 『국사상의 제 문제』 제1집, 1959 참조.
   한영우, 『정도전 사상의 연구』, 서울대 출판부, 1973.
   박원호, 「조선초기의 요동공벌논쟁」, 『한국사연구』 14, 1976.
4) 박원호, 「15세기 동아시아 정세」, 『한국사』 22, 국사편찬위원회, 1995.
5) 한영우, 위의 책, 제2장, 1983 참조.

하는 의식도 나타났다.[6]

16세기에는 화이론(華夷論)을 옹호하는 사림파가 전면에 등장하여 명에 대한 사대가 문화적 동질의식과 '춘추대의(春秋大義)'에 바탕을 두고 이해와 시세를 초월해서 수행되어야 하는 것으로 인식하면서[7] 명과의 외교관계는 15세기 이래의 기조를 유지하였다. 평화적이고 안정적인 양국관계가 지속되는 가운데 조선은 명과 약속한 '1년 3공'의 규정을 넘어서까지 명과의 교섭에 적극성을 보였고 그를 통해 명의 선진문물을 수용하는 데 열심이었다.

16세기 이후 양국관계에서 중요해진 측면은 경제적 관계였다. 15세기 이래 조선은 '책봉 - 조공 체제' 아래 규정된 당초의 조공 부담을 줄이는 데 주력하여 세종연간에는 금과 은을 조공 품목에서 제외받는 성과를 얻었다. 양국 사이의 통상은 부진한 상황이었으나 15세기 말부터 조선 내부의 농업경제력 향상과 함께 중국산 견직물에 대한 수요가 증가하면서 명으로부터 대량의 비단과 원사가 유입되었다. 조선과 명 사이의 무역관계의 진전은, 조선의 은광개발과 일본으로부터의 은 유입을 가속화시켰으며 궁극에는 은을 매개로 조·중·일 삼국 사이의 무역구조가 정착되는 단초가 되었다.[8]

요컨대 조선 초기부터 16세기까지 양국관계는 대체로 우호적인 기조를 유지하면서도 요동정벌 문제, 여진족 문제 등 일부 현안을 놓고서 상당한 파란을 겪었다.[9] 조선은 국가의 독립을 유지하고 선진문물

6) 山內弘一, 「李朝初期における對明自尊の意識」, 『朝鮮學報』 92집, 1979.
7) 한영우, 앞의 책, 제2장, 1983 참조.
8) 이태진, 「16세기 한국사의 이해 방향」·「16세기 동아시아의 역사적 상황과 문화」, 『한국사회사연구』, 1986 참조.
9) 조선 전기의 대명관계를 다룬 논문들로는 이 밖에도 다음과 같은 것들이 있다.
   이현종, 「녕사섭대고」, 『향토서울』 12, 1961.
   이존희, 「조선 전기 대명서책무역」, 『진단학보』 44, 1976.
   박원호, 「명 '정난의 역' 시기의 조선에 대한 정책」, 『부산사학』 4, 1980.
   김한식, 「명대 중국인의 대한반도인식」, 『동양문화연구』 8, 경북대, 1981.
   한상권, 「16세기 대중국 사무역의 전개」, 『김철준박사화갑기념사학논총』, 1983.

을 수용하려는 의도에서 사대관계를 받아들였지만 명의 압력에 의해 자주성이 침해되거나 국익이 심하게 손상받는 상황에 처할 경우 명에 대한 저항도 불사하는 양면적 입장을 보였던 것이다.

명과 사대관계를 유지하면서도 자주성과 자존의식을 지키려 했던 분위기는 16세기 말엽을 지나면서, 특히 임진왜란을 겪은 이후 완전히 달라졌던 것으로 보인다. 임진왜란을 맞아 조선이 위기에 처했을 때, 명이 조선에 대군을 파병하고 군사원조를 베풀었던 것은 이후의 양국관계를 난 이전의 그것과는 현격히 다른 성격을 지니는 것으로 바꾸었기 때문이었다. 더욱이 16세기 말부터 '명청교체(明淸交替)'의 흐름이 가시화되면서 양국 사이에는 후금(後金)이라는 새로운 변수가 등장하였다. 이제 왜란 당시 명이 베풀었던 '재조지은(再造之恩)'에 대한 보답 문제, 가시화되는 '명청교체'의 분위기 속에서의 관계설정의 방향 등을 놓고 양국관계는 새로운 변화의 계기를 맞게 되었다. 임진왜란, 후금의 대두, 인조반정 등을 겪으면서 크게 변모하고 있었던 17세기 초·중엽의 선조 말, 광해군대, 인조대의 대명관계를 다룬 기존의 연구동향은 다음과 같다.

선조대 대명관계에서 가장 중요한 부분은 역시 임진왜란 당시 명군이 조선에 참전했다는 사실이다. 이와 관련해서는 명군이 참전하기까지 조선과 명 사이의 외교적 교섭을 다룬 연구와[10] 명군의 참전 동기를 중국 본토를 보호하려는 전략적 차원에서 이해한 연구가[11] 우선 주목된다. 명군이 명목상으로는 '조선을 돕는다'는 것을 내세웠지만 실제로는 요동을 보호하기 위한 전략적 차원에서 조선에 들어왔다는 것이다. 이 같은 연구를 통해 명군이 참전하게 되는 과정과 동기 등을 이

김구진, 「조선 전기 한중관계사의 시론」, 『홍익사학』 4, 1990.
조영록, 「선초의 조선 출신 명사고」, 『국사관논총』 14, 1990.
10) 최영희, 「임진왜란 중의 대명사대에 대하여」, 『사학연구』 18, 1964.
손종성, 「임진왜란시 대명외교 —청병외교를 중심으로」, 『국사관논총』 14, 1990.
11) 최소자, 「임진란시 명의 파병에 대한 논고」, 『동양사학연구』 11, 1977.
_____, 「임진왜화와 명조」, 『아시아문화』 8호, 한림대 아시아문화연구소, 1992.

해할 수 있게 되었지만 자료 구사의 측면에서는 다소의 아쉬움이 남는다. 즉 송응창(宋應昌)의 『경략복국요편(經略復國要編)』이나 『신종실록(神宗實錄)』 등을 좀더 세밀히 검토하면 명군이 참전하게 된 정치·군사적 배경뿐 아니라 경제적 측면의 동인까지도 이해할 수 있다고 생각되기 때문이다. 조선에 참전했던 명군의 구성에 관해 살핀 연구로는, 당시 명군을 따라왔던 동남아인이나 유구(琉球)인들의 활동을 다룬 것이 있다.[12] 또 명과 일본 사이에 벌어졌던 강화협상과, 그와 연관된 조선과 명의 관계를 다룬 연구가 있다.[13] 이들은 임진왜란 말기 대일교섭과정에서 조선이 명에게 일방적으로 끌려다닌 것은 아니며 나름대로 주체적 입장에서 명의 권위를 이용하여 당시의 동북아질서 재편과정에 능동적으로 참여하려 했다는 등의 논지를 담고 있다. 명군이 참전하여 일본군과 벌였던 전투상황, 각 전투가 벌어질 당시의 정세와 추이를 지형도와 곁들여 명료하게 서술한 연구도[14] 많은 참조가 된다.

명군의 참전과 주둔이 불러온 사회적 폐해에 주목하여 몇몇 사례를 중심으로 명군이 끼친 민폐를 간략하게 정리한 연구가 있는데[15] 너무 소략한 아쉬움이 있다. 임진왜란 시기 명군의 군량 문제와 관련된 연구도 몇 편이 있다. 명군에 대한 군량보급 문제가 전쟁 전체의 승패를 좌우할 만큼 중요했다는 것을 밝힌 것,[16] 이와 관련하여 둔전 경영을 살핀 것,[17] 군량 확보의 어려움 때문에 어느 정도의 명군 병력을 남기느냐를 놓고 양국 사이에 벌어졌던 논의의 전말을 살핀 것[18] 등이 있어서 많은 참조가 된다.

임진왜란을 다룬 일본인들의 연구는 굉장히 많지만 그 가운데 명군

---

12) 이현종, 「임진왜란시 유구·동남아인의 내원」, 『일본학보』 2, 1974.
13) 민덕기, 「조선후기 조·일강화와 조·명관계」, 『국사관논총』 12집, 1990.
   홍성덕, 「정유재란 이후 명·일정전협상과 조명관계」, 『전북사학』 8집, 1984.
14) 서인한, 『임진왜란사』, 국방부전사편찬위원회, 1987.
15) 유구성, 「임란시 명병의 내원고」, 『사총』 20, 1976.
16) 이장희, 「임란중 양향고」, 『사총』 15·16합집, 1971.
17) 이장희, 「임진왜란 중 둔전경영에 대하여」, 『동양학』 26, 1996.
18) 유승주, 「왜란 후 명군의 유병안과 철병안」, 『천관우선생환력기념논총』, 1985.

의 참전과 관련된 여러 문제를 전반적으로 다룬 것은 별로 많지 않다.[19] 명군 문제를 다룬 것의 경우 대개 명군이 참전하여 일본군과 벌였던 전투의 양상, 강화협상을 둘러싼 교섭 문제를 임진왜란 전체의 진행 과정에서 살핀 것들이 대종을 이룬다.[20] 특기할 것은, 임진왜란 당시 명군 참전의 전체적인 성격과 전쟁이 명나라에 미친 영향을 개관한 연구와,[21] 명군의 참전과 주둔, 강화론을 둘러싼 명 조정 내부의 찬반 양론, 참전이 화북지방 등 명 내지에 미친 영향을 다룬 연구[22] 등이 주목된다. 이 밖에 명과 일본 사이의 강화교섭을 실증적으로 다룬 연구는[23] 당시 강화협상이 파탄에 이르게 된 까닭을 이해하는 데 상당한 도움이 된다. 그런데 일본인들의 연구는 대체적으로 임진왜란을 '중일전쟁'의 시각에서 파악하여 조선의 입장은 의도적으로 소외시키려는 경향이 강하다. 또 명군의 참전이 명 사회에 미친 영향에는 관심을 두면서도, 정작 조선 사회와 조선인들에게 미쳤던 영향에 대해서 관심을 기울인 연구는 보이지 않는다.

우리가 쉽게 입수할 수 있는 중국측의 왜란관계 연구는 훨씬 적다. 과거 대만에서 이루어진 몇몇 연구는 명군이 조선에 와서 벌였던 전투 상황을 중심으로 서술한 것이 대부분이다.[24] 또 중국 역대의 전쟁사

---

19) 일본인 학자들의 임진왜란 연구에 대한 개관과 정리는 北島万次, 「豊臣政權の朝鮮侵略に關する學說史的檢討」, 『豊臣政權の對外認識と朝鮮侵略』, 東京, 校倉書房, 1990, 제1장에서 다루어진 바 있다.

20) 中村榮孝, 「豊臣秀吉の外征 ── 文祿慶長の役」, 『日鮮關係史の硏究』 中卷(吉川弘文館, 1969)이 대표적이다.

21) 石原道博, 「萬曆東征論」, 『朝鮮學報』 21·22합집, 1961.

22) 岡野昌子, 「秀吉の朝鮮侵略と中國」, 『中山八郎敎授頌壽記念明淸史論叢』, 1977

23) 佐島顯子, 「壬辰倭亂講和の破綻をめぐって」, 『年譜 朝鮮學』, 九州大朝鮮學硏究會, 1994.

    _____, 「日明講和交涉における朝鮮撤退問題 ── 冊封正使の脫出をめぐって」, 『鎖國と國際關係』, 吉川弘文館, 1997.

24) 李光濤, 「朝鮮壬辰倭禍與李如松之東征」, 『歷史語言硏究所集刊』 22, 1950.

    _____, 「明人援韓與楊鎬蔚山之役」, 『歷史語言硏究所集刊』 41, 1961.

    한편 李光濤의 연구에 대한 전반적인 소개는 최소자, 「명말 중국적 세계질서의 변화 ── 임진·정유왜화를 중심으로」, 『명말·청초사회의 조명』, 1990에서 이루

를 서술하면서 임진왜란을 명대의 중요한 전쟁으로 취급하고, 명군의 전력과 작전계획, 전투 상황 등을 지도를 곁들여 상세하게 서술한 것도 있다.[25]

명나라 초기의 해금정책(海禁政策), 감합무역(勘合貿易) 등 중일관계의 제도적 측면과 왜구의 침입 연혁, '영파(寧波)의 난' 등을 중심으로 임진왜란 이전의 명과 일본 사이의 교섭을 살핀 뒤 임진왜란을 분석한 장편의 단행본 연구서도 있다.[26] 이 책은 임진왜란을, 왜란 이전부터 누적된 왜구 문제 등과 연결하여 계기적으로 설명한 장점은 있지만 조선의 입장과 역할을 거의 고려하지 않고 중국과 일본 사이의 전쟁이라는 측면에 초점을 두고 논지를 전개하였다. 중국측의 연구는 대개 '명이 조선을 구원했다'는 측면에 초점을 맞추고, 명군이 조선에 와서 야기했던 민폐 등에 대해서는 별로 관심을 보이지 않는 문제점이 있다.

명군의 참전이 조선에 긍정적인 영향을 끼쳤다는 시각에서 임진왜란을 부분적으로 언급한 서술은 개설서 가운데서도 보인다. 우선 통시대적으로 한중관계를 개관하면서 임진왜란을 부분적으로 언급한 것을 비롯하여[27] 왜란 당시 명 내부의 정치적 상황 등을 고려하면서 간략하게 명군의 참전을 다룬 개설서도 있다.[28] 또 임진왜란 당시 명의 황제였던 신종(神宗) 개인의 전기를 다루면서 조선 참전과 군사적 원조가 그의 인색한 성품을 고려할 때는 '이해하기 힘든 일'이라는 시각에서 접근한 저술[29] 등이 눈에 띈다. 최근에 나온 국내 중국사 연구자의 학위논문은 명군의 파병이 화북과 요동 등지에 끼쳤던 사회경제적 영향

어졌다.

25) 三軍聯合參謀大學, 「明室援朝抗日戰爭」, 『中國歷代戰爭史』 제16권 제10장, 臺北, 1970.
26) 鄭樑生, 『明・日關係史の研究』, 東京, 雄山閣, 1984.
27) 楊昭全・韓俊光, 『中朝關係簡史』, 瀋陽, 遼寧民族出版社, 1992.
28) 楊國楨・陳支平, 『明史新編』, 北京, 人民出版社, 1993.
29) 何寶善・韓啓華 外, 『萬曆皇帝朱翊鈞』, 北京, 燕山出版社, 1990.

을 다루고 있다. 즉 임진왜란 기간 동안 인력 동원, 군량의 징발·수송, 세금의 추가 징수 등 사회경제적 부담이 이들 지역에 집중되었고, 그 때문에 '민곤(民困)' 현상이 심화되어 궁극에는 '민변(民變)' 등 반란이 일어나게 되었다는 것이다.[30]

광해군대 대명관계를 다룬 연구 역시 전반적으로 부진하다. 엄밀하게 말하면 대명관계에 초점을 맞춰 본격적으로 검토한 연구는 없는 실정이다. 주로 이 시기에 불거지기 시작한 후금 문제를 다루면서 대명관계를 부분적으로 언급한 것이 보통이다. 광해군대 명과의 관계에서 '후금 문제'가 가장 중요한 현안이었기 때문에 그렇기는 하지만 마땅히 다루어야 할 많은 주제들이 간과되고 있다.

우선 해방 이후 처음으로 나온 한국인 연구자의 논문은 광해군의 대외정책을 '중립외교'로 파악하고 그것을 명청교체기의 어려웠던 상황에서 불가피한 선택으로 파악하였다.[31] 이 논문의 논지는 이후 1990년대까지 대부분의 개설서 등에 거의 그대로 인용되거나 수록되었는데 실제로는 일제 시기에 나온 한국인 연구자의 논문이나[32] 일본인 연구자의 저서[33]의 내용과 대동소이한 것이었다. 특히 일본인 연구자의 저서는 광해군의 대명·대후금 정책을 종합적으로 검토한 최초의 본격적인 연구서였다. 내외의 사료들을 비교적 폭넓게 활용하고, 광해군의 대외정책을 긍정적으로 평가함으로써 광해군을 재평가하는 데 초석을 놓았지만 저자 자신이 만선사관(滿鮮史觀)을 설파한 대표적 인물이라는 점에서 상당한 문제점을 안고 있다.[34]

인조대의 대명관계를 다룬 연구 역시 빈약하다. 이 시기는 광해군대에 비해 명이 쇠퇴하고 후금이 부상하는 분위기가 훨씬 현저해졌기

---

30) 정병철, 『명말청초의 화북사회연구』, 서울대 동양사학과 박사학위논문, 1996.
31) 이병도, 「광해군의 대후금 정책」, 『국사상의 제 문제』 제1집, 1959.
32) 洪熹, 「廢主光海君論」, 『靑丘學叢』 20, 1935.
33) 稻葉岩吉, 『光海君時代의 滿鮮關係』, 京城, 大阪屋號書店, 1933.
34) 稻葉岩吉의 입장에 대해서는 이 책 제3부의 1장에서 광해군의 대외정책을 평가하는 문제와 연관시켜 구체적으로 다루었다.

때문인지는 몰라도 조선과 명의 관계를 다룬 연구는 드물다. 후금과의 관계에 초점을 맞춰 정묘호란과 병자호란을 다룬 국내 연구자의 논문은 몇 편이 있지만,[35] 대명관계는 대개 부수적으로 언급되는 정도이다. 다만 중국측 입장에서 본 정묘·병자호란에 대한 인식과 그것을 포함한 이후의 동북아시아 질서를 검토한 연구,[36] 인조대의 내정을 언급하면서 대명·대청·대일관계를 개괄적으로 언급한 연구가[37] 참고되는 정도이다. 오히려 일제시기 일본인 연구자에 의해 '모문룡 문제'에 초점을 맞추면서 조선과 명의 관계가 비교적 세밀하게 검토되었던 것은 특기할 만한 것이다.[38]

앞에서 16세기 말~17세기 초 대명관계를 다룬 기존의 연구성과들을 개략적으로 살폈거니와 우선 눈에 띄는 몇 가지 문제점을 지적하려고 한다. 첫째, '국제질서의 변동기'로서 이 시기가 갖는 역사적 중요성에도 불구하고, 대명관계를 다룬 연구가 양적으로 빈약한 상황에 있다는 점이다. 둘째, 일본인이나 중국인 연구자들에 의해 이루어진 연구는, 국내 연구자의 그것에 비해 폭넓은 자료를 구사하여 일정한 성과를 거두었음은 인정할 수 있다. 그러나 그들의 연구는, 임진왜란 시

---

35) 전해종, 「정묘호란의 화평교섭에 대하여」·「정묘호란시 후금군의 철병경위」, 『한중관계사연구』, 1970 수록.
김종원, 「정묘호란시의 후금의 출병동기」, 『동양사학연구』 12, 1978.
전해종, 「여진족의 침구」·「호란 후의 대청관계」, 『한국사』 12, 국사편찬위원회, 1978.
김종원, 『조청교섭사연구』, 서강대 사학과 박사학위 논문, 1983.
36) 최소자, 「호란과 조선의 대명청관계의 변천」, 『이대사원』 12, 1975.
_____, 「중국측에서 본 정묘·병자양역」, 『한국문화연구원논집』 57, 1990.
37) 鈴木信昭, 「李朝仁祖朝をとりまく對外關係 ── 對明·對淸·對日關係をめぐって」, 『前近代日と本東アジア』, 吉川弘文館, 1995.
38) 田川孝三, 『毛文龍と朝鮮との關係について』, 靑丘說叢 卷三, 1932.
다카와 코조는 모두 6장으로 구성된 위의 책에서 광해군대 조선과 명·후금의 관계, 모문룡의 조선 이주와 후금에 대한 견제, 인조대 조선과 모문룡의 관계, 정묘호란 이후 모문룡의 활동, 모문룡 사후의 형세 등을 비교적 광범하게 검토하였다.

기의 대명관계를 다룰 경우 조선의 입장에 무관심하거나 그를 배제시키는 경향이 강하고, 광해군·인조대를 다룰 경우 조선 내부의 구체적 현실에 대한 이해가 부족한 문제점이 있다. 셋째, 해방 이후 나온 국내 연구자들의 연구는, 이 시기의 대명관계를 본격적으로 다룬 연구 자체도 적거니와 이용하고 있는 사료의 범위에서 한계를 지니는 것으로 여겨진다. 냉전체제 아래서의 시대적 한계에서 비롯된 것이겠지만 대명관계를 다루면서도 중국측 자료의 이용이 빈약하여 양국관계를 서로의 입장에서 종합적으로 파악하기에는 문제가 많다.

필자는 이제 기존의 연구들이 지닌 성과와 한계를 염두에 두면서 다음과 같은 측면에 초점을 맞추어 임진왜란 이후부터 병자호란 이전까지의 대명관계를 구체적으로 검토하고자 한다. 필자는 우선 16세기 말엽부터 17세기 초반에 해당하는 이 시기의 대명관계를 연속적이고 계기적인 측면에서 이해하고자 한다. 임진왜란 당시 명군이 참전했던 것이 조선에서 '재조지은'이 형성되고 숭앙되는 데 바탕이 되었던 사실, 광해군대 이후 명이 조선에게 '재조지은'에 보답하라고 촉구하면서 군사·경제적 지원을 강요했던 사실, 그 같은 명의 요구를 수용하는 여부를 놓고 광해군과 비변사 신료들 사이에 정치적 갈등이 증폭되었던 사실, 광해군이 명의 요구를 거부하려 했던 것이 궁극에는 인조반정 주체들에게 거사의 명분을 주었던 사실 등을 고려하면 이 시기의 대명관계를 연속적이고 계기적으로 이해하는 것은 필수적이다. 좀더 구체적으로 말하면 필자는 '재조지은'의 형성, 변형, 복구라는 개념을 통해 선조 말, 광해군, 인조대의 대명관계를 살피려고 한다. 따라서 기존의 주장처럼 광해군이 개인적으로 혜안을 지닌 인물이어서 "실리적인 중립외교를 펼쳤다"거나 인조반정 이후 집권했던 서인들이 —광해 군대의 '중립외교'와는 전혀 다르게 —"친명배금(親明排金)의 방향으로 대외정책을 바꾸어 호란을 맞이하게 되었다"는 식의 상호 단절적인 설명은 재검토하려고 한다.

제1부에서는 임진왜란 시기 명군의 참전이 조선에 미친 영향을 고찰하고자 한다. 무릇 외국 군대의 참전과 장기간 주둔은 그 대상 국가의 정치·경제·사회·문화 전반에 커다란 영향을 끼친다. 임진왜란 당시 명군의 참전 역시 예외는 아닐 것이다. 명군은 1592년 7월, 처음 들어와 1600년 9월, 완전히 철수할 때까지 적게는 3천5백여 명부터 많게는 10만여 명 정도의 병력이 주둔하였다. 이 정도의 대군이 장기간 주둔하면서 조선에 미친 영향은 섣불리 짐작할 수 없을 정도로 컸을 것으로 여겨진다.

1장에서는 먼저 명군의 참전이 남긴 정치적 영향을 살핀다. 구체적으로는 내부의 전략적 논의를 중심으로 명군 파병의 동기를 살피고, 명군의 유입과 주둔이 조선의 주권과 국왕, 신료 등 지배층들에게 미친 파장과 그에 대한 대응을 고찰한다. 나아가 당시 위기에 처해 있던 조선의 지배층이 명군을 바라보는 시각을 살피고, 그와 관련하여 왜란 후반부터 형성의 조짐을 보이는 '재조지은'의 추이를 검토한다.

2장에서는 임진왜란 시기 명군의 전비로 조달되어 조선으로 유입된 은 문제를 중심으로 경제적 영향을 살핀다. 또 전쟁은 상인들에게 하나의 경제적 기회로 인식되었다는 관점 아래 명 상인들의 조선 유입과, 조선에서의 그들의 활동 내용, 그들의 유입과 활동이 남긴 경제·사상적 영향을 살핀다.

3장에서는 명군이 조선 사회에 끼친 민폐를, 군기(軍紀) 문란과 조선 하층민의 경제적 부담과 관련하여 살핀다. 이어 왜란 시기 명군과 조선인 사이의 접촉 양상을 살핀다. 나아가 명군이 가지고 들어와 조선에 받아들이라고 요구했던 새로운 문물과 사상의 내용을 살피고 그에 대한 조선의 반응을 중심으로 명군이 남긴 사회·문화적 영향을 고찰한다.

명은 임진왜란 시기 조선에 참전하여 수십만의 연인원을 동원하였고 9백만 냥 이상의 은화를 전비로 소모하였다. '재조지은'이라고 일컫는 '은혜'의 실체는 위와 같은 인적·물적 지원을 포함하여 명이 '조선을 다시 일으켜 세우는' 과정에서 취했던 활동 전반을 가리키는 것이라고 할 수 있다. 따라서 거꾸로 임진왜란 시기 조선에서의 명군 활동이 남긴 전반적인 영향을 검토함으로써 '재조지은'의 허실을 구명할 수 있을 것으로 여겨진다.

제2부에서는 광해군 정권과 명과의 관계를 고찰하려고 한다. 광해군대 조선은 임진왜란이 남긴 상처를 치유하고 국가체제를 재건해야 하는 과제를 안고 있었고, 명은 이른바 '광세(鑛稅)의 폐단' 등으로 인해 체제가 동요하는 가운데 누르하치의 후금으로부터 본격적인 군사적 도전에 직면하였다. 명은 이 같은 대내외적 위기를 돌파하는 과정에서 체면을 무릅쓰고 조선에도 원조 요청의 손길을 내밀게 되었다. 그리고 그렇게 요청하는 근거로서 임진왜란 당시 자신들이 베풀었던 '재조지은'을 내세웠다. 명의 그 같은 요구는 당시의 양국관계에서는 충분히 있을 수 있는 것이기는 했지만, 군사·정치·사회·경제적 측면에서 조선에 막대한 부담을 지우는 것이었다. 따라서 조선이 명의 요구에 대해 어떤 입장을 취하느냐에 따라 양국관계의 순항 여부가 결정되었다. 이에 2부에서는 광해군대 조선과 명 사이의 외교적 쟁점을, 주로 '후금 문제'라는 변수에 초점을 맞추어 고찰한다.

1장에서는 임진왜란 이후 조선에 대한 명의 정치적 영향력이 강화된 상황에서 첩자(妾子)이자 차자(次子)로서 정통성이 취약했던 광해군이, 자신의 즉위를 승인받으려고 명과 벌였던 외교적 줄다리기를 살핀다. 먼저 명이 광해군에 대한 승인을 미루면서 시간을 끌었던 전말, 그 과정에서 이성량(李成梁) 등이 조선을 병탄하여 직할령으로 삼으려했던 내용을 살핀다. 이어 광해군이 명사들에게 막대한 양의 은화를 뇌물로 제공하여 정치적 위기를 타개했던 이후 관례처럼 굳어진 명사들의 은 징색의 실상, 중강개시(中江開市)의 존폐 여부를 놓고 명과 벌였던 줄다리기 등을 당시 명 내부의 사회경제적 상황과 연관시켜 고찰한다. 즉 조선에 대해 '재조지은'에 보답하라고 강요했던 명의 의도가 경제적으로는 어떤 형태로 표출되었는지를 살피려는 것이다. 또한 왕세자로서, 국왕으로서 명의 승인을 받는 과정에서 극심한 우여곡절을 겪음으로써 '반명 감정'을 가졌을 개연성이 충분했던 광해군이 향후 취했던 대명정책의 전망을 가늠할 것이다.

2장에서는 후금의 세력 성장과 그들의 위협에 대한 조선의 대책, 조선을 후금과의 전쟁에 끌어들이려는 명의 기도에 대한 조선의 대응, 1619년 '심하(深河)전투'의 패전과 관련된 여러 문제들을 살핀다. 우선 후금과 관련된 정보를 폭넓게 수집하고, 그들과의 평화를 유지하려고 노력하는 한편, 최악의 경우 그들의 침략을 막아내기 위해 광해군이 취했던 여러 정책의 실체를 살핀다. 1618년, 후금을 치는 데 조선 역시 군대를 보내 동참할 것을 요구했던 명의 외교적 압력을 수용하는 여부를 놓고 조선 내부에서는 광해군과 비변사 신료들 사이에 격렬한 논쟁이 벌어졌거니와 이 같은 양자의 대립을 고찰함으로써 '재조지은'이 당시 정치 상황에서 우선 고려해야 할 중요한 변수로서 기능하게 되는 추이를 살핀다. 이어 출병을 회피했던 광해군의 의도를, '왕권 강화'라는 그의 정치적 지향과 연관해 살핀 뒤 '심하전투'와 관련된 여러 문제들을 살핌으로써 패전을 불러온 책임 소재를 규명하고자 한다.

3장에서는 '심하전투' 이후에도 계속 원조를 요구했던 명의 압력에 맞서 그를 거부했던 광해군의 대외정책을 구체적으로 검토한다. 먼저 '심하전투' 당시 조선군의 항복을 고의적인 것으로 의심하는가 하면, '감호(監護)' 등을 통해 조선을 확실히 장악해야 한다는 주장이 대두되고 있던 명 조정의 분위기를 살핀다. 이어 그 같은 명의 의심을 잠재우기 위해 광해군이 취했던 대책, 한 번 더 원병을 보내라는 명의 요구를 단순히 거부하는 차원을 넘어, 거꾸로 명에게 군사적 원조를 요청하는 '역공'을 취함으로써 명의 재징병 요구를 원천적으로 거부하고자 했던 '공세적인 대명외교'의 실상을 살핀다. 또한 요동의 전란을 피해 조선으로 쇄도하고 있던 명 난민들과 조선에서 군사적 근거지를 마련하려고 시도했던 모문룡(毛文龍)에 대해 취했던 광해군의 대책을 살핀다. 나아가 원병파견 요구를 놓고 조정 내에서 벌어진 갈등과 1619

년 '심하전투' 패전이 조선에 미친 정치·사회·경제적 영향을 살피고, 나아가 광해군이 취했던 대외정책이 뒷시기 인조반정의 발생과 어떤 관계를 지니는지를 고찰한다.

'심하전투' 이후에도 계속된 명의 재징병 요구의 근거 역시 '재조지은'이었다. 따라서 명의 요구를 회피하려 했던 광해군의 대명정책은 '재조지은'에 보답하라는 명의 요구에 대한 거부였던 셈인데, 위에서 언급한 외교정책의 구체상을 살핌으로써 '재조지은'의 위상이 광해군대에 어떤 굴절을 겪게 되는지를 살피려는 것이다.

제3부에서는 1623년 인조반정 이후의 조선과 명의 관계를 고찰하려고 한다. 인조반정을 통해 집권세력이 교체된 만큼 대외정책도 바뀔 개연성이 높은 것이고, 비상수단을 통해 즉위한 인조가 자신의 정통성을 확보하는 과정에서 명의 승인을 받는 것이 절실해졌거니와 그 와중에서 양국 사이에는 새로운 현안이 대두될 수밖에 없었다.

1장에서는 '심하전투' 이후 외교적 감각과 수완을 발휘하여 재징병 요구 등 명의 외교적 압력을 피해나갔던 광해군이 왜 몰락하게 되었는가를 살피려고 한다. 인조반정이 일어난 배경의 한 측면을 살피려는 것이다. 인조반정의 주도자들이, 광해군을 쫓아내는 명분으로 '재조지은 배신'을 들고 있는 것에 주목하여 '재조지은'에 대한 태도 여부가 정권교체의 명분이 될 만큼 중요하게 인식되었다는 사실을 확인해보고자 한다. 또 일반적으로 '실리적인 중립외교론자'로 평가되어왔던 광해군의 대외정책이 어떤 사상적 연원과 배경을 갖고 있는지를, 임진왜란 이후 일련의 대내외적 상황과 부왕 선조의 외교적 입장을 검토하여 파악해보려 한다.

2장에서는 조선에 대해 종주국으로 자임하고 있던 명이 인조반정 발생 소식을 접한 뒤 보였던 반응과 인조를 조선 국왕으로 승인하기까지 명 내부에서 벌어졌던 논의를 정리하였다. 당시 명은 가장 중요한 번방(藩邦)이자 후금을 견제하는 '전략 거점'인 조선에서 정변이 발생한 사실에 당혹감을 느꼈거니와 인조반정과 조선의 새 정권 출범이 자국에 미칠 영향을 예의주시하였다. 따라서 인조 승인을 둘러싼 명의 내부 논의와 그 귀결을 검토함으로써 인조반정을 맞아 종주국으로서의 명분과 위엄, 그리고 후금 대책을 마련하는 과정에서 조선을 이용해야 하는 현실 사이에서 고민하던 명의 실상을 엿볼 수 있을 것이다. 그리고 반정 이후 정치적 안정을 도모하는 차원에서 명으로부터 정치적 승인을 얻어내는 것이 긴요했던 인조정권의 외교적 노력을 살핀다.

3장에서는 인조반정 이후 출범한 새 정권의 대명정책을 '모문룡 문제'를 중심으로 살핀다. 서인들이 주축이었던 반정 주도자들은 '친명배금'을 표방했는데 그 같은 표방이, '명청교체'의 분위기가 더욱 확연해졌던 당시 상황에서 과연 현실적으로 실천되었는지를 살핀다. 또 '재조지은'에 보답할 것을 내세워 모문룡이 조선에 제기했던 각종 원조요구에 인조정권이 어떻게 대응했으며 그로 인한 사회경제적 부담의 실상은 어떠했는지를 살핀다. 이어 당시 대명관계에서 '모문룡 문제'가 부각될 수밖에 없는 이유를 살피고, 모문룡이 죽은 뒤에도 조선이 가도(椵島)를 매개로 계속 취했던 '친명정책'의 실상과 그 추이를 살핀다. 명의 쇠퇴가 돌이킬 수 없는 대세가 되었던 시기에 '재조지은에 대한 보답'을 표방하고 들어섰던 인조정권의 대명정책을 구체적으로 살핌으로써 광해군대 일시적으로 주춤했던 '재조지은' 숭앙의 분위기가 다시 고조되어 일종의 이데올로기로 굳어지는 과정을 그려보고자 하는 것이다.

요컨대 필자는 병자호란 이후 조선 사회의 이념적 지주가 되었던 이른바 대명의리론(對明義理論)과 북벌론(北伐論)의 사상적 연원이자 단초였던 '재조지은'을 숭앙하는 관념이 임진왜란 시기 명군 참전을 겪으면서 형성되고, 광해군·인조대를 거치면서 변형되고 원상복구되는 과정을 밝혀보려 하는 것이다. 그것은 —조선과 명의 관계를 중심으로— 임진왜란이 발생하고 명청교체의 대세가 가시화되고 있던 16세기 말~17세기 초 동북아시아 국제질서의 변동 과정에서 조선이 맞이했던 도전의 실상과, 그에 대한 대응의 실체를 구명하는 구체적인 작업이 될 것이다.

제1부

선조대 후반 임진왜란과 대명관계

●

제1장 명군 참전과 정치적 영향
제2장 명군 참전과 경제적 영향
제3장 명군 참전과 사회·문화적 영향

제1장

명군 참전과 정치적 영향

1. 명군 참전의 배경과 그를 둘러싼 조선과의 갈등

임진왜란 시기 명이 대규모의 병력을 보내 참전했던 까닭은 무엇인
가? 명이 임진왜란에 참전했던 것은 결코 조선을 구원하기 위해서만은
아니었다. 명의 원병 파견은, 왜란 초기 육전에서 일본군에게 일방적으
로 밀렸던 조선 조정의 구원 요청을 수용하는 형식으로 이루어졌다.[1]
하지만 명이 참전했던 더 중요한 배경은 명 자체의 필요성에 있었다.
명은 국초부터 동남 해안지역을 중심으로 끊임없이 왜구의 침략을 받
았던 경험이 있었는데 과거 왜구의 침략에 비해 그 규모에서 비교가 안
되는 일본군의 전면적 침략을 조선에서 차단하려는 의도에서 참전하게
되었던 것이다. 즉 명의 참전은 조선을 구원한다는 목적보다는 조선이
일본에게 넘어갈 경우를 우려하여 요동을 방어하고, 궁극에는 중국의
심장부인 북경을 보호하려는 의도에서 이루어졌던 것이다.[2]

---

1) 임진왜란 발발 직후 조선의 원병 파견요청과 그 추이에 대해서는 손종성, 「임진
왜란시 대명외교」, 『국사관논총』 14, 국사편찬위원회, 1990에 잘 정리되어 있다.
2) 최소자, 「임진란시 명의 파병에 대한 논고」, 『동양사학연구』 11, 1977.
_____, 「명말 중국적 세계질서의 변화 ─ 임진・정유왜화를 중심으로」, 『명말・
청초사회의 조명』, 한울, 1990.

명은 국초부터 동남 해안지대에 대한 왜구의 침략 때문에 골머리를 앓았지만, 일본이 자국에서 출발하여 해로를 통해 직접 중원을 공략할 수 있다고는 믿지 않았다. 또 절강이나 복건 등지에 상륙한 일본군이 명의 심장부인 북경이나 천진을 넘볼 수 있다고도 생각하지 않았다. 그러나 조선이 일본에 떨어지면 사정은 달라지는 것이었다. 육로로는 요동과, 해로로는 산동과 연결되는 조선을 일본이 차지하여 그를 전진 기지로 삼아 중원을 노리는 상황을 가장 우려하였다.

우리나라의 적국이자 밖으로부터의 근심은 오직 남에는 왜(倭)이고 북에는 노(虜)입니다. 웅왜(雄倭. 일본)는 바다 한가운데 거하고 있으니 어찌 능히 배를 몰아 중원을 쳐들어올 수 있겠습니까? 또 어찌 능히 절강과 복건으로부터 중국을 잠식할 수 있겠습니까? 오직 조선이 (우리의) 동쪽 변방에 끼여 있고, 우리의 왼쪽 겨드랑이와 가깝습니다. 평양은 서쪽으로 압록강과 인접하고, 진주는 직접 등주(登州)와 내주(萊州)를 맞대고 있습니다. 만일 일본이 (조선을) 빼앗아 차지한 뒤, 조선 사람들을 병사로 삼고 조선 땅을 보급처로 삼아 무리를 기르고 훈련하여 중국을 엿본다면, 나아간즉 조운을 끊고 통창을 거점으로 우리의 식량 보급을 끊을 것이며 물러난즉 전라도 경상도를 차지하고 평양을 지키면서 요동을 넘겨다볼 것입니다. (그러면) 1년도 안 되어 북경은 가만히 앉아서 곤란에 처할 것이니 이것은 국가의 커다란 근심입니다.[3]

1596년, 조선에 다시 대병을 파병할 것을 신종(神宗)에게 요청하면서 여곤(呂坤)이 올린 상소의 일부이다. 요동을 보호하고, 궁극에는 북경

_____

_____ , 「임진왜화와 명조」, 『아시아문화』 8, 한림대 아시아문화연구소, 1992.

3) (明) 呂坤, 「憂危疏」, 『去偽齋集』 권1 奏疏(奎중 4842).
我朝敵國外患 惟南倭北虜 稱雄倭居大海之中 豈能航糧糒豕突中原 又豈能自閩浙蠶食上國哉 惟是朝鮮附在東陲 近吾左掖 平壤西隣鴨綠 晉州直對登萊 儻倭奴取而有之 藉朝鮮之衆爲兵 取朝鮮之地爲食 生聚訓練 窺伺天朝 進則斷漕運據通倉而絶我餉道 退則營全慶守平壤而窺我遼東 不及一年 京師坐困 此國家之大憂也.

의 안위까지 보장하려면 조선을 지켜야 한다고 주장했던 것이다.

　정유재란이 일어나기 직전인 1596년 12월, 병과급사중(兵科給事中) 서성초(徐成楚) 역시 조선이 일본의 수중에 떨어지면 요좌(遼左)와 산동은 하루도 마음 편하게 잘 수 없다고 지적하고, 조선을 구원해야만 한다고 강조한 바 있었다.[4] 왜란이 거의 끝나고, 명군을 철수시키는 것과 조선에 명군 병력을 얼마나 남겨두느냐가 쟁점으로 떠올랐던 1598년 11월, 병과급사중 장보지(張輔之)는 조선을 '명의 울타리'라고 강조하고, 조선을 방어하는 데 힘을 기울여야 한다고 주장하였다.[5]

　중국의 안전을 보장하기 위해서는 조선을 보호해야 하고, 나아가 조선을 중국의 영향력 아래 두어야 한다는 이 같은 인식은 이후에도 역대의 중국 당국자들에게 계승되었다. 19세기 후반 조선을 장악하려 했던 청(淸)의 이홍장(李鴻章)이나,[6] 1950년 한국전쟁 당시 중공군의 파병을 단행한 마오쩌둥(毛澤東) 역시[7] 요동의 울타리로서 한반도가 갖는 중요성을 잘 알고 있었던 것이다.

---

4) 『萬曆邸鈔』 萬曆 24년 丙申 12월(江蘇廣陵古籍刻印社 영인본, 1991), 1,005～1,006 쪽.
　兵科署科左給事中徐成楚上禦倭六議…… 朝鮮不支 必折而入于倭 則遼以左 山以東 可一日安枕乎 故朝鮮不可不救也 是中國之藩籬也.

5) 『明神宗實錄』 권328 萬曆 26년 11월 癸巳(中央硏究院歷史語言硏究所 縮印本, 中文出版社, 1962).
　至是 給事中張輔之亦言 朝鮮爲我藩籬 救朝鮮 所以自爲捍禦計耳…… 所恃朝鮮 固外衛而消內憂 可坐視而不竭力以拯其難乎.

6) 19세기 후반 일본과 러시아의 청에 대한 도전이 노골화되고 있을 때 이홍장 등은 東三省과 북경의 방어선으로서 조선을 중시하여 이른바 '脣亡相依論'을 내세워 대비책을 강구하려 했다(金正起, 『1876～1894년 청의 조선정책 연구』, 서울대 국사학과 박사학위 논문, 1994, 25～26쪽).

7) 마오쩌둥은 한국전쟁이 일어난 직후부터 북한과 국경을 맞대고 있는 동북지방에 대한 관심을 늦추지 않았다. 특히 북한군이 승승장구하던 1950년 7월, 중공군 정예병력인 제4 야전군 13병단(약 13만 명)을 동북지방에 파견하여 만일의 사태에 대비하였고, 같은 해 9월 인천상륙작전 이후 한미연합군이 압록강변까지 진격하자 동북지방에 대한 위협을 느끼고 한국전쟁에 스스로 참전했던 것이다(洪學智 著·홍인표 譯, 『중국이 본 한국전쟁』, 고려원, 11～22쪽 참조).

그런데 왜란 당시 '요동을 보호하는 울타리'인 조선에 명의 대군이 참전하기까지는 상당한 우여곡절이 있었다. 그것은 우선 명 내지의 안전을 확고히 하는 조처를 취하는 것이 시급했기 때문이었고, 나아가 참전이 몰고 올 여러 가지 결과들을 고려하는 과정에서 시간이 지체되었기 때문이었다. 일찍이 왜란이 일어나기 전에 조선은 이미 일본의 중국 침략 가능성을 명에 보고했던 적이 있었다. 그러나 명은 조선의 보고를 믿지 않았고, 오히려 조선을 '일본의 앞잡이'로서 오해하는 상황이었다. 조선이 일본과 공모하여 요동을 탈취하려 한다는 소문에서 비롯된 이 같은 상황은 실제 왜란이 일어난 뒤에도 계속되었다.[8]

명은 조선을 계속 의심하면서 조선에서의 전황과 조선 조정의 동향을 예의주시하는 한편 일본군의 향후 진로, 특히 그들이 요동으로 향할 것인가의 여부를 분석하고 있었다. 그리고 일본군이 명 본토를 침략하는 상황을 가상하고 그에 대비한 일련의 조치를 취하였다. 조선이 왜란 발생 소식을 알린 직후 신종은 조칙을 내려 요동, 산동 등지와 각 해안의 방어태세를 점검하였다.[9] 그 중에서도 수도 북경의 관문이었던 천진이 일본 수군으로부터 공격받는 상황을 가장 우려하여 그 방어를 위한 특별한 조처를 취하였다. 보정총병(保定總兵) 예상충(倪尙忠)을 천진으로 이동시켜 방어를 지휘하도록 하고,[10] 천진 주변의 병력을 동원하여 해상에 머물게 하는 한편 소년자제(少年子弟)들까지 뽑아 훈련을 시키려는 계획을 세우는 등 만일의 사태에 대비하였다.[11]

1592년 6월, '조선이 일본의 앞잡이가 되었다'는 오해가 풀리고, 조

---

8) 손종성, 앞의 논문, 1990 참조.
9) 최소자, 앞의 논문, 224~230쪽, 1990 참조.
10) 『명신종실록』 권248 만력 20년 5월 경진.
11) (明) 余繼登, 「新建天津葛沽鎭兵營記」, 『淡然軒集』 권5(文淵閣 四庫全書 集部 수록본).
   萬曆壬辰 倭入朝鮮 破其國 走其名王 殺擄其民人 據其城邑 狡焉有內訌之勢 議者謂 津門爲咽喉要地 倭乘汛颺帆 則患首津門 津門被患 則畿內怔擾 大司馬竭心而謀 博採羣議 乃徵諸近衛兵屯海上 又奏 遣大將京鄕各一人 募內地少年子弟可爲兵者 得數千人 練習之 以益壯軍勢.

선의 거듭되는 원병 파견 요청에 의해 부총병(副總兵) 조승훈(祖承訓)이 지휘하는 요동병 3천을 보내기로 결정한 뒤에도 명군은 섣불리 압록강을 건너려 하지 않았다. 가능하면 압록강변에 머물면서 동정을 살피려 했던 것이다. 당시 요동순무(巡撫) 학걸(郝杰)이 "압록강까지 이르러 전진하지 않는다면 조선의 실망이 어떠하겠느냐"고 말하는 등 간곡하게 요청한 뒤에야 비로소 강을 건너게 되었다.[12] 강을 건넌 뒤에도 명군은 혹시라도 조선의 피난민들이 압록강을 건너 요동지역으로 유입되는 것을 막기 위해 건널 때 사용했던 선박들을 전부 중국측 강변에 정박시키는 조처를 취하였다.[13]

1592년 7월 17일, 조승훈이 이끄는 명군은 평양에서 일본군에게 대패하였다. 이후부터 명은 충격에 휩싸인 가운데 일본군에 대한 인식을 달리하게 되었다. 명은 일본군이 생각했던 것보다 훨씬 강하다는 사실과 그들을 제압하려면 요동병만으로는 어렵고 남방의 포병(砲兵)을 동원해야 한다는 것을 절감하게 되었다.[14] 이러한 배경에서 대규모의 원병을 다시 파견하는 문제가 대두되었는데 그 과정에서 명 조정에서는 논란이 빚어졌다. 병부(兵部)에서는 문무대신 각 1명씩을 뽑아 병마를 동원하여 참전함으로써 조선을 구원하자고 주장했던 부류가 있던 반면, 그에 반대하는 논리도 만만치 않아 의견이 일치되지 못하였다.[15] 이러한 상황에서 요동순안어사(巡按御史) 이시자(李時孳)가 일본군이 이미 평양을 함락시키고 요동으로 접근해오고 있다는 보고를 올린 뒤 명 조정은 급히 병부우시랑(右侍郎) 송응창(宋應昌)을 북경과 천진, 요동을 방어하는 비왜경략(備倭經略)으로 임명하고 대비하기에 이르렀다.[16]

---

12) 『國榷』 권76 萬曆 20년 6월 庚寅.
　　遼東發兵三千人 以副總兵祖承訓 遊擊史儒 往援朝鮮 巡撫郝杰言 朝鮮切望義師 若次鴨綠江 未敢前進 如失望何 遂命亟往.
13) 『선조실록』 권27 선조 25년 6월 신해.
14) 『선조실록』 권28 선조 25년 7월 기묘.
15) 『명신종실록』 권250 만력 20년 7월 계미.
16) 『萬曆邸鈔』 萬曆 20년 壬辰 8월, 695쪽.
　　倭奴逼遼東 遼東巡按李時孳揭報 倭奴離平壤 已近遼東 以宋應昌經略薊保遼東等處

송응창을 경략으로 임명한 뒤에도 명의 우선적인 관심은 여전히 명 내지의 안전을 확고히 하는 데 있었다. 1592년 9월, 명 병부는 송응창으로 하여금 계요(薊遼)지방의 독무(督撫)들을 만나 일본군이 침입할 경우 그 방어를 위해 전차, 화포, 전선(戰船) 등을 준비하고 참호를 파는 등 방어대책을 강구하면서 각 지방으로 하여금 "한 사람의 왜적도 들이지 못하도록 하라"는 명을 내린 바 있었다.[17] 송응창은 1592년 11월, 신종에게 상소하여 해방(海防) 대책을 강구할 것을 강조하고 일본군의 침략에 대한 전체적인 대응책을 제시했다. 그것은 크게 '전(戰)'과 '수(守)' 두 가지 개념으로 요약될 수 있는 것으로 '전'이란 조선에 나아가 직접 싸움으로써 그를 구원하는 것이었고, '수'는 천진, 등래, 계주, 밀운(密雲), 영평, 요동 등 북경 주변의 요충지들을 방어하는 것이었다.[18] 양자 모두 일본군을 막는다는 전제에서는 동일하지만 전자가 적극적이고 공세적인 개념이라면 후자는 소극적이고 수세적인 개념이라고 할 수 있었다. 이것은, 당시 송응창 등 명군 지휘부가 조선으로 나아가 적을 막을 것인지 아니면 명 본토를 지키는 데 주력할 것인지 여전히 명백한 판단을 내리지 못하였던 것을 뜻하는 것이었다.

명군 지휘부가 섣불리 조선으로 나아가는 것을 망설였던 데에는 세가지 이유가 있었다. 첫째, 원정군을 보내려면 병력을 모아야 하는데 명 각지에서 차출된 병력이 제대로 모이지 않았던 것, 둘째, 각종 군수물자가 제대로 준비되지 않았던 것, 셋째, 조승훈이 일본군을 얕보고 섣불리 진격했다가 대패했던 경험 등이 그것이었다. 송응창은 무엇

備倭.
17) 『명신종실록』 권252 만력 20년 9월 병자.
18) (明) 宋應昌, 「議處海防戰守事宜疏」(11월 13일), 『經略復國要編』 권3.
　　一爲議處 應調軍兵 幷計修守海防要務 以嚴內治 以圖進剿事 …… 但戰守二者 利害相關 言戰則朝鮮求救甚急 然不能爲無米之吹 必速集軍兵 始可相機而動 言守則天津登萊薊密永遼爲最 然不宜拘尋常之見 必控扼險要 方爲萬全之謀 則今日議調軍兵 議防海島 爲不可緩已.
　　이 책에서 이용한 『경략복국요편』은 규장각 소장본(想白古 951.052-So58g-v.1-14)이다.

보다 조선에 보낼 병력과 군수물자를 확보하는 데 애로를 겪었다. 요동의 병마가 부족한 상황에서 절강, 산서(山西), 보정(保定) 등의 병력을 차출하였고, 사천(四川)에 있던 유정(劉綎)의 병력까지 동원하게 됨으로써 이들 병력이 출전군 본부가 있는 요양(遼陽)까지 집결하는 데 시간이 걸릴 수밖에 없었다.[19] 또 당시 수년 동안 계속된 군사작전과 기근 때문에 요동지방의 곡가가 뛰어올라 불러모을 병력에게 공급할 군량을 마련하는 것도 어려웠기 때문이었다.[20]

그렇다고 본토만 지키면서 시간을 보낼 수는 없었다. 우선 일본군이 요동으로 넘어오는 관문인 의주로 접근해온다는 풍문이 돌아 명군 지휘부를 긴장시키고 있었다.[21] 황제의 명령이 내린데다가 조선의 원조요청은 이어지고 있었다. 해가 바뀌어 봄이 되면 일본이 증원군을 보내고, 병력을 나누어 요양·천진·등래지역으로 침입할 것이며 그렇게 되면 복건(福建)·광동(廣東)·절강·직예(直隸)지역까지도 위험할 수 있다는 우려도 커져갔다. 그것은 결국 후환을 키우는 것이었다. 송응창 등 명군 지휘부는 조선 출병을 결행하는 과정에서 진퇴양난의 기로에서 있었던 것이다.[22] 이처럼 고민스런 상황에서 조선에 직접 뛰어들어 일본군과 싸우기로 결정했던 것은, 명의 참전이, 적극적인 공격이야말로 가장 확실한 방어대책이라는 인식 아래 이루어진 것임을 명백히 드러내는 것이었다. 그것은 한마디로 '공세적인 방어대책'이라고도 할

---

19) 『명신종실록』 권253 만력 20년 10월 임진, 정유 ; 송응창, 위의 책 권2 「報石司馬書」(10월 25일).

20) 송응창, 「移山東撫院咨」(10월 19일), 위의 책 권2.
   本部已奉旨 調取各路兵將 剋日出關 直趨遼陽地方 援救朝鮮 相機戰守 但遼東彈丸小地 兼以累歲兵荒 芻餉騰貴 今數萬關兵 一時會集 誠恐糧料支用不敷 擬合權宜酌借 以濟軍興.

21) 『명신종실록』 권253 만력 20년 10월 신묘.

22) 송응창, 「報趙張二相公書」(11월 30일), 위의 책 권3.
   此時進退 盖兩難之 欲爲征倭計 則一兵未集 一資未備 卽有調遣多岐掣肘 且倭謀區測 祖承訓覆轍當鑑 此進取之難也 欲爲自固計 則嚴旨屢頒 屬國告急 轉眼春明 倭且得志 再益島夷 分兵四出 或犯遼陽 或犯天津 或犯登萊 卽閩廣浙直亦難安枕 養成大患 伊誰之責 此不進之難也.

수 있는 것이었다.

　명이 조선에 참전하기로 결정했던 배경에는 또한 지형적·군사적·경제적 측면의 이해득실에 대한 면밀한 검토가 자리하고 있었다. 한 예로 1593년 1월, 평양전투 이후 강화협상이 진행되고, 명군의 철수 문제가 제기되었을 때 송응창은 조선에 1만 6천 명의 병력을 주둔시켜야 한다고 주장했다. 이에 명 조정 일각에서는 병력을 유지하는 데 드는 비용이 과도하다고 반대의견이 대두되었는데 송응창은 그에 대해 몇 가지 이유를 들어 반박하였다. 먼저 경상도·전라도지역은 면적이 수백 리에 불과한데다 지형이 험준하여 방어에 용이하며(**지형적 장점**), 요동·계주지역은 면적이 광활한데다 평평하여 방어하려면 수십만의 병력이 필요한 데 비해 조선에서는 수만 정도면 되고(**병력절감의 효과**), 이 같은 조건의 차이는 궁극적으로 군수물자 조달과정에서 소요되는 비용의 차이를 가져오기 때문에 조선에서 일본군을 막는 것이 요동이나 계주지방에서 막는 것보다 비용이 훨씬 절감된다(**경제적 비용 절감**)는 논리를 제시한 바 있었다.[23] 결국 송응창의 주장을 고려할 때 명의 조선 참전에는 세심한 경제적 타산도 작용했던 것으로 여겨진다.

　조선에 참전하는 과정에서 경제적 득실을 따졌던 것은 정유재란 당시에도 마찬가지였다. 정유재란이 일어난 직후에도 명 조정에서는 조선에 증원군을 보내는 여부를 놓고 논의가 분분했다. 이때 병부상서 형개(邢玠)는 명의 안위를 위해 조선을 방어할 것과 하루라도 빨리 출병하자고 강조하고 다음과 같이 주장하였다.

---

23) 鄭琢, 「經略侍郎宋應昌一本」, 『龍蛇雜錄』(국사편찬위원회 간행본, 1994), 84～85쪽.
　　或者 留守日久 費粮餉不貲奈何 臣復說焉 盖全慶東西二路 所當防守者 環邊不過數百里 若東保薊遼沿海 周圍不下數千里 全慶襟江阻海 峻嶺崇山 有險可據 留守兵馬 僅僅以數萬計 若東保薊遼地方 處處濱海 海面不似東南遼濶 海岸平坦 無甚險峻 倭舟再再可通 防守兵馬則當以數十萬計 夫數百里與數千里 孰遠而孰近 數萬計與數十萬計 孰多而孰寡 一應軍火器械犒賞芻粮供應之值 孰省而孰費.

무릇 천하의 일이란 명목으로는 절약한다 하면서 도리어 낭비되는 것이 많고, 명목은 낭비로 보이면서도 절약이 갑절일 수 있으니 오늘날 원병을 보내는 것의 늦고 빠름이 그러하다. 빨리 구원하자는 것은 싸움에 급해서가 아니라 조선의 힘을 합해 방어함으로써 호랑이나 표범이 산 속에 있는 형세를 만들자는 것이다……. 군병이 일찍 출발하면 양곡은 좀 허비되겠지만 조선을 보전하면 절약되는 바가 실로 많을 것이다. 군병이 늦게 출발하면 비록 양곡은 좀 절약되겠지만 만에 하나라도 왜노(倭奴)가 우리의 틈을 엿보아 몰아쳐 조선을 탈취하면 이것은 그들에게 병기를 빌려주고 도둑에게 양식을 싸다 주는 것이 되어 조선 땅은 다시 일본에게 보태질 것이니 옛것을 다시 회복하려면 힘이 갑절이나 들게 되어 그 비용이 적지 않고, 화 또한 헤아릴 수 없게 될 것이다. 옛사람은 큰일을 거행할 때 작은 비용을 아끼지 않음으로써 작은 것 때문에 큰 것을 해치는 일이 별로 없었다.[24]

명이 조선에 참전했던 배경에는 "입술(脣. 조선)이 없어지면 이(齒. 요동)가 시리다"는 '순망치한(脣亡齒寒)'의 논리에 입각한 명 스스로의 세심한 정치·경제적 판단이 작용하고 있었다. 이 때문에 명은 참전을 결정해놓고도 여러 가지 구체적인 변수들을 따지는 과정에서 조선으로의 진입을 늦췄던 것이다. 결국 1592년 7월, 조승훈의 패전 이후 원병을 다시 보내기로 결정해놓고도 5개월 이상의 시간이 더 지난 1592년 12월에야 이여송(李如松)이 이끄는 대군이 조선에 다시 들어왔던 것이다. 이렇게 명군 진입이 늦어지면서 조선 일각에서는 "명이 피해를 입을까 지나치게 염려하여 허튼 말로 큰소리만 친다"고 부정적인 시각으로 바라보는 인사들도 나타나고 있었다.[25]

---

24) 『선조실록』 권87 선조 30년 4월 신사.
25) 李廷馣,「書狀」黃海道招討使時 壬辰 12월,『四留齋集』권9.
　　請兵天朝 本爲討賊 而天兵未到 邦本先潰 臣於此時 罔知攸措 竊伏惟念倭奴兇計不
　　止 荐食我境 天朝過慮 常在代人受禍 虛聲恐喝 已過半年 而不敢渡江 其情已可見
　　矣.

주목되는 것은, 심사숙고 끝에 조선에 참전했던 명군 지휘부가 조선 사람들이 '순망치한'의 논리를 운위하는 것을 대단히 꺼려 했다는 점이다. 당시 선조(宣祖)와 조선의 중신들은 조선이 일본의 침략을 받은 원인을, 그들의 '요동을 치려 하니 조선 길을 빌려달라(가도입명(假道入明))'는 요구를 거부했기 때문이라고 파악하고 있었다. 실제 이덕형(李德馨)은 1592년 6월, 대동강에서 왜장 평조신(平調信), 현소(玄蘇) 등과 만난 자리에서 이른바 '가도입명'의 논리를 내세워 조선침략을 합리화했던 그들에게 "너희가 우리의 부모나라를 침범하려고 우리를 협박하여 길을 빌리려 한다면 나라가 망해도 길을 빌려줄 수 없다"고 반박한 바 있었다.[26]

1593년 1월, 선조는 명의 병부원외랑(員外郎) 유황상(劉黃裳)을 만난 자리에서 "왜노들이 무도하게 명을 침략하려 하므로 우리나라가 군신지의(君臣之義)에 입각하여 그를 배격했다가 이런 상황에 이르렀다"고 말하여 은연중에 명에 충성하려다가 일본의 침략을 초래했고 그러므로 명이 조선을 구원하는 것은 당연하다는 주장을 폈다.[27] 김대현(金大賢. 1553~1602) 역시 명군 장수 유정에게 보낸 편지에서 일본군 침략의 궁극적인 목표가 조선이 아닌 명임에도 불구하고 조선 백성들이 먼저 피해를 입게 되었다고 말한 바 있었다.[28]

이러한 조선 군신들의 주장에 대해 명군 지휘부는 상당히 불쾌하다는 반응을 보였다. 유황상은 선조에게서 위의 이야기를 들은 직후 다시 만난 자리에서 몹시 화를 내면서 선조의 주장을 반박하였다.

---

26) 李德馨,「年譜」萬曆 20년 6월,『漢陰文稿』附錄 권1.
　　　公數之曰 爾等無故興兵 壞却數百年通好 何也 玄蘇曰 吾欲借道入大明 而朝鮮不許 譬如入人之家 先撤藩籬 勢固然也…… 公乃竦顔折之曰 爾欲犯我父母之邦 而脅我假道 國可亡 道不可借 兩國之好 自此絶矣 何和之可議 辭氣壯厲 賊不敢復言.
27)『선조실록』권34 선조 26년 1월 무오.
28) 金大賢,「上唐將劉綎」,『悠然堂先生文集』권1(奎 5472).
　　　小人者曰 天子明見賊情不在小邦 而小邦之民 先爲魚肉…….

지난번 전하께서 이르기를 "왜노가 부도하여 상국을 침범하려고 하기에 조선 군신이 대의로써 그를 배척했다가 마침내는 그 노여움을 건드렸다"고 하였습니다. 만약 왜노가 중국을 침범하려면 절강이나 영파부(寧波府) 등지로도 올 수 있는데 하필 조선을 경유하겠습니까? 비록 요계지방을 침범하려 하여도 고령(高嶺)이나 청석령(青石嶺)의 험준함을 그들이 어찌 넘어설 수 있겠습니까? 황상께서 속국이 병화(兵火)를 입은 것을 염려하시어 천병(天兵)을 동원하여 구원하시고, 또 유구(琉球)와 섬라(暹羅)에도 명을 내려 왜노의 소굴을 소탕하도록 하였습니다. 조선은 다만 마땅히 황제의 은혜에 감사해야 할 따름이지 이런 말을 하는 것은 부당합니다. 신료들에게도 경계하여 이런 말을 못하도록 하여야 할 것입니다.[29]

유황상의 입장에서는 명이 '순망치한'의 처지 때문에 원병을 파견했다고 수긍할 경우 자구책으로 보일 것이기 때문에 그를 극력 피하려고 했던 것이다.

그러나 조선의 군신들은 유황상의 이야기를 액면 그대로 받아들이지 않았고, 이후에도 명의 참전은 조선을 돕기 위한 목적 때문이 아니라 명의 자구책 차원에서 이루어진 것으로 파악하고 있었다. 선조는 1592년 12월, 국가 재건을 위해 명의 도움이 절실하다고 강조하고 '순망치한'의 논리를 들어 명의 지원을 낙관하는 발언을 한 바 있었다. 즉 조선은, 인체로 치자면 중국의 왼쪽 팔이라 할 수 있고, 왼쪽 팔을 끊으면 온전한 사람이라 할 수 없다는 비유를 들어 명은 조선을 버릴 수 없을 것이라고 확신하였던 것이다.[30]

조선에서 이러한 인식이 계속 이어지자 정유재란 당시 출병했던 요동병의 지휘관 양원(楊元)도 유성룡(柳成龍)을 만난 자리에서 조선인들이 "조선이 중국의 울타리이기 때문에 중국이 구원하지 않을 수 없다"

---

29) 『선조실록』 권34 선조 26년 1월 신유.
30) 『선조실록』 권46 선조 26년 12월 경술.

는 주장을 펴는 것을 비판하고, 일본군이 압록강을 건너와도 중국은 능히 방어할 수 있으며 출병은 오로지 조선을 구원하기 위한 목적에서 이루어졌다는 것을 강조하였다.[31]

이렇듯 조선과 명 사이에는 출병의 동기에 대한 인식에서 미묘한 차이가 존재하였다. 이 같은 신경전은 출병을 통해 자신들이 베푼 '은혜'를 인정받고 나아가 그에 대한 보답을 바라는 명의 입장과, 조선의 전략적 중요성을 강조함으로써 명으로부터 좀더 확실한 지원을 얻어내려던 조선의 의도에서 비롯된 것이었다.

2. 조선 주권의 침해

1) 강화논의(講和論議)와 조선의 소외

(1) 명의 자의적 강화론

명의 참전이 중국 본토를 전장으로 만들지 않고 외번(外藩)인 조선에서 일본군을 저지하려는 전략적 차원에서 이루어진 것임은 이미 살핀 바 있다. 명의 이러한 의도는 조선에서 일본군과 직접 맞닥뜨렸을 때 조선의 의사는 고려하지 않고 전황에 따라, 혹은 명 조정의 자체적 판단에 따라 명군의 진퇴를 조절하는 근본적인 배경이 되었다. 곧 명군은 애초부터 일본군과 끝까지 결전을 벌여 그들을 한반도 밖으로 몰아내려는 의사가 없었고 그때 그때의 상황에 따라 임기응변하는 방식으로 대처하였던 것이다.

실제 평양전투에서 승리한 뒤인 1593년 4월, 경략 송응창은 좌승지

31) 『선조실록』 권88 선조 30년 5월 신축.
(楊元)又云 天朝之屢次出兵 只爲救援朝鮮 而朝鮮之人以爲 朝鮮乃中國之藩籬 不得不救云 此言甚不是 假使倭入鴨綠江 而天朝自能禦之 有何懼乎 今㺚子與中國連境 而中國猶能制禦 況禦倭乎.

(左承旨) 홍진(洪進)을 만난 자리에서 "조선이 원병을 요청한 이후 명조정의 의견이 처음에는 압록강만을 지키는 것이 상책이라고 했다가, 평양까지 내려오자 평양만을 지키려 했고, 개성까지 내려오자 개성만을 지키려 했다"고 고백하여 이 같은 명의 입장을 드러낸 바 있었다.[32] 이 때문에 훗날 명의 서광계(徐光啓)는 임진왜란 중의 전체적인 상황을, "전쟁이 제대로 벌어지지 않았고 명군에게는 반드시 이기려 했던 의지가 없었으며, 강화가 이루어지지도 않았고 일본군은 돌아갈 의도가 없었다"라고 말하여 아주 어정쩡했던 것으로 평가하였다.[33] 또 1625년 조선에 왔던 명의 한림학사(翰林學士) 강왈광(姜曰廣)은 "지난날 왜란 시기에 명군 지휘부가 조선을 구원하는 데 힘을 다하지 않았으며 오히려 소요만 크게 일으켜 조선의 믿음을 저버렸음에도 조선은 명을 배반하지 않았다"고 회고하고 조선에 대해 미안한 마음을 표시하였다.[34]

명군은 1593년 1월, 평양전투에서 일본군에게 승리를 거두자 자신들이 조선에 참전하면서 의도했던 전략적 목표를 이미 달성했던 것으로 여기게 되었다. 송응창의 위의 발언에서 알 수 있듯이 그들의 목표가 압록강 이남의 조선 영토 안에서 일본군을 저지하는 것이었기 때문에 평양전투에서 승리를 거두고, 일본군이 남하하여 서울로 도주했던 상황이 전개되었던 것은 애당초 기대했던 목표 이상의 성과라고 할 수 있었기 때문이었다. 평양전투 승리 이후 명 병부가 신종에게 올린 제

32) 『선조실록』 권37 선조 26년 4월 을유.
33) (明) 徐光啓, 「海防迂說」, 『徐光啓集』 권1(上海古籍出版社 新活字本 上), 1984, 44쪽.
　　總東事始末論之 戰不成戰 我無必勝之氣 款不成款 敵無必解之勢 此所謂讀梅林之書以爲奇而效之者矣.
　　서광계가 왜란 당시 명군의 역할에 대해 이처럼 솔직하게 평가를 내릴 수 있었던 것은 왜란이 끝나고 한참 시간이 지났기 때문에 가능했던 것으로 여겨진다.
34) (明) 姜曰廣, 『輶軒紀事』(중국사회과학원 역사연구소 소장본), 660쪽.
　　往者 關伯發難 闌入其都城 蹂躪之 我之師武臣拯救不力 反重擾焉 鮮心失恃於我 猶不我貳……

본(題本)에서 중국의 위세가 이미 크게 떨쳤으니 방수(防守)를 엄격히 하면서 대비해야 한다는 의견을 제기한 것이나[35] 명 조정의 일부 신료들이 평양전투를 통해 이미 명의 위력을 과시했기 때문에 조선 내지로 깊이 들어가지 말고 일찍 철수하자고 주장했던 것[36] 등은 향후 명군의 일본군에 대한 대응이 매우 소극적일 것임을 이미 암시하는 것이었다. 실제로 1593년 2월, 일본군을 추격하던 제독 이여송의 병력이 벽제(碧蹄)에서 패배하자 송응창 등 명군 지휘부는 더 이상의 추격이나 접전을 회피하고 유격 심유경(沈惟敬)을 일본군 진영에 보내 강화협상을 통해 전쟁을 종식시키려 했다.

명군이 벽제전투 패전 이후 강화론을 수용하는 방향으로 돌아선 배경은 무엇일까? 우선 벽제전투의 패전으로 말미암아 더 이상의 전투의욕을 상실한 것을 들 수 있을 것이다. 이와 함께 송응창 등이 이미 조선으로 들어오기 전부터 심유경을 통해 일본군과의 협상을 벌일 의도를 지니고 있었던 것을 들 수 있다. 곧 명은 애초부터 심유경을 통해 일본군을 철수시키려 시도했거니와[37] 벽제전투 패전을 계기로 그 같은 기도가 재연되었던 셈이었다. 또 당시 만성적인 재정적자를 안고 있던 형편에서 조선 원정군에게 들어가는 막대한 전비를 증세(增稅)를 통해 조달함으로써 민원(民怨)을 야기하고 있었던 조건 역시 명군 지휘부를 강화론을 통한 전쟁 종식의 방향으로 몰고 갔던 것이다.[38]

또 일본군에 비해 특별히 우세할 것이 없었던 명군의 피폐한 군세(軍勢)도 강화론을 수용하는 데 하나의 원인이 되었다. 명군은 비록 평양전투에서 승리를 거두기는 했지만 벽제전투에서 패배한 것을 통해

---

35) 『명신종실록』 권257 만력 21년 2월 병술.
36) 송응창, 「與艾主事」(4월 1일), 『경략복국요편』 권8.
   近日朝中議者 俱謂不宜深入 昨平壤數戰 已足示威…… 天朝兵馬 可以速還 錢粮可以減省.
37) 최소자, 앞의 논문, 1990, 241~250쪽 참조.
38) 岡野昌子, 「秀吉の朝鮮侵略と中國」, 『中山八郎教授頌壽記念明清史論叢』 東京, 燎原, 1977, 147쪽.

알 수 있듯이 일본군에 대해 절대적인 우세를 유지하지 못하였다. 명군 지휘관들은 간혹 일본군을 무시하는 듯한 발언을 통해 허풍을 떨기도 했지만 실제로는 일본군을 상당히 두려워하고 있었다. 이 무렵 명의 조사정(趙士楨)은 일본을 가리켜 "동이(東夷) 가운데 으뜸이며, 물산이 풍부하고 병기가 날카로우며, 목숨을 가볍게 여겨 전쟁에 능숙하다"고 경계한 바 있었다.[39] 이렇게 일본을 '버거운 존재'로 여기는 가운데 평양전투 이후 보급과 신병 충원이 제대로 이뤄지지 않아 기아와 질병에 시달려 사기가 극도로 떨어져 있던 명군의 형편이, 강화를 꾀하는 데 직접적인 배경이 되었던 것이다. 1593년 7월경 평양에 머물던 명군 가운데 부상병이 7천 명에 이르렀던 사실이나, 강화론이 알려지자 명군 진영에서 환호성이 울려퍼졌다는 것,[40] 이여송 진영의 병사들이 「산파양(山坡羊)」이란 노래를 부르면서 귀환을 열망하고 있었던 것 등은 명군의 피폐와 그들 사이에 퍼져 있었던 염전의식(厭戰意識)을 반영하는 것이었다. 성혼(成渾)이, 명군이 강화론을 주창하는 원인을 그들의 전력상의 약세 때문이라고 간파했던 것은[41] 정확한 것이었다.

강화논의의 결과, 1593년 4월 일본군이 서울에서 물러나자 명은 이제 조선이 거의 회복된 것으로 파악하였다. 같은 해 5월, 명의 대학사(大學士) 왕석작(王錫爵)은 조선이 회복되었다는 것을 들어 신종에게 하례(賀禮)를 받으라고 촉구하고 이어 명군의 철수 문제를 거론하였다.[42] 상황이 여기에 이르자 병과급사중 후경원(侯慶遠)은 '중국이 일본

---

39) (明) 趙士楨,『東事剩言』(奎中 5414).
　　客曰 日本爲國 甲於東夷 守不設險 自衛以兵 物産之饒 刀劍之利 民俗輕生 習於戰鬪⋯⋯.
40)『선조실록』권36 선조 26년 3월 무인.
　　(李)元翼曰 提督軍中 一聞和議之成 莫不喜悅 歡聲如雷 上曰 沈惟敬來後如是耶 元翼曰 沈未來前飛探入來 非但人人皆喜 提督亦甚喜.
41) 成渾,「與鄭季涵澈」,『牛溪集』續集 권3.
　　宋經略以賊盛難制 故有和戰幷用之意 若賊衰則自欲掃滅立功名而歸 何籍於和議哉 至如我朝 議論雖多 何益之有 我論不行於天朝軍中故也.
42)『명신종실록』권260 만력 21년 5월 경신 · 병자.

과 원수가 될 까닭이 없다'는 것을 내세워 일본군을 추격하지 말 것과 조선에 정예병 약간 명을 남긴 뒤 명군을 철수시키자고 주장하였다. 그는 특히 평양과 서울을 수복시켜준 것만으로도 명은 조선에 대해 할 만큼 했다고 평가하였다. 그러므로 더 이상의 괴로운 전투를 벌여 일본군을 공격하는 것은 올바른 계책이 아니라고 한 뒤, 승리를 노리고 함부로 전진하지 못하도록 장수들을 단속하고, 병마를 휴식시키도록 종용하였다.[43] 신종은 후경원의 제안을 긍정하였고 명 조정은 명군이 철수하는 것을 기정사실로 받아들였다. 이어 향후 대책으로 유정(劉綎), 오유충(吳惟忠), 낙상지(駱尙志)가 지휘하는 남병과 심무(沈茂)의 병력을 대구, 조령, 서울 등 요충지에 배치하고 요동에 정병 2천을 남겨두는 것 이외에 각 진의 병마는 모두 철수시키자고 청하였다.[44]

병부상서 석성, 경략 송응창, 유격 심유경으로 이어지는 명군 지휘부와 후경원 등의 강력한 주장으로 일본과의 강화=봉공(封貢) 방침이 굳어져가는 가운데 명 조정 일각에서는 그에 대한 반대의견을 제시하였다. 절강순안(浙江巡按) 팽응삼(彭應參)은 일본과 강화를 맺으면 그들에게 조공을 허락하게 되고, 그러면 그들이 봉공을 빙자하여 영파, 소흥(紹興), 항주(杭州), 가흥(嘉興) 등지에서 개시(開市)를 요구할 것이며 여의치 않을 경우 일본인들의 작폐 때문에 남방의 경제 중심지에 우환이 생길지도 모른다고 경고하였다. 또 병과급사중 장보지는 봉공을 허락하면 중외가 이완되어 후환이 많을 것이라는 이유를 들어 반대하

43) 『명신종실록』 권261 만력 21년 6월 갑신.
　　兵科給事中 侯慶遠 題…… 初 我師出境 無敢謂百戰必克者 曁平壤一捷 開城再捷 頗以倭爲易與 于是乎碧蹄之敗 因敗而懲持重自保 于是乎有許和之議 倭奉約而南 又見謂師老氣竭 情歸可乘 于是乎有尾擊之說 竊怪我與倭何讐也 誠不忍屬國之剪覆 特爲勤數道之師 犚兩都而手授之 朝鮮存亡興滅 義聲赫於海表 我之爲朝鮮者亦足矣 復爲之苦戰 以橫挑已講之倭 恐非完策也…… 伏念倭旣不能參之而除本 則莫若縱之以成信 朝鮮不可輕動 亦不可中棄 則莫若少留銳師 以爲之聲援 宜亟勅兵部諭東征文武諸臣 毋狃敵 毋信降 毋妄希奇捷 毋不慮隱患 朝廷以完師爲功 不以深入多殺爲右 要以早休士馬 速紆東顧而已 上是之.
44) 『명신종실록』 권262 만력 21년 7월 계축.

는 등 반론이 제기되었다.[45] 특히 강화론을 반대하던 인사들 사이에서
협상의 실무 담당자인 심유경에 대한 불신이 심했던 것도 강화론을
반대하는 데 중요한 빌미가 되었다. 앞의 장보지도 그가 단정치 못한
인물이라고 문제삼았고[46] 서희진(徐希震)은, 대학사 조지고(趙志皐)와
병부상서 석성이 전비를 아끼기 위해 골동품 상인 출신인 심유경을
불러다가 재행(才行)도 살피지 않고 신임한 것이 주화(主和)의 단서를
열었다고 비판하였다.[47]

송응창은 1593년 9월, 상소에서 자신은 봉공을 진심으로 허락하는
것이 아니라고 전제한 뒤 명군의 태반이 약졸인 형편과 이미 만신창
이가 되어버린 조선의 상황을 고려하여 봉공을 허락함으로써 6개월
정도 시간을 벌어 조선에게 자강할 수 있는 기회를 주려는 계책이라
고 해명하였다.[48] 당시 경제적으로 어려운 처지에 있던 명에서는 조선
을 위해 더 이상 전비를 지출해서는 안 된다는 주장이 대세를 이루고
있었다. 참전 이래 전비 조달을 위한 증세, 거기에 겹친 자연재해 등
으로 말미암아 하층민들이 유리하고 있던 당시 상황에서 "본토 빈민의
고혈을 뽑아 더 이상 번국을 도울 수는 없다"는 주장이 힘을 얻을 수
밖에 없었다.[49] 따라서 강화협상을 통해 일본군을 철수시킬 수만 있다
면 그것을 따르자는 것이 병부상서 석성을 비롯한 최고 지휘부의 생

---

45) 岡野昌子, 앞의 논문, 1977, 148~150쪽.
46) 『명신종실록』 권264 만력 21년 9월 임술.
47) (明) 徐希震, 『東征記』(奎中 5249).
   沈惟敬 以販賣古董 結識士大夫 滑螯善迎合 巧詐能恢諧 窺援兵紲 藉爲媒利 徑遊說
   首相趙公志皐本兵石公星 自謂曾商日本 熟認倭將 往說可罷兵 二公慮軍興煩費 見勝
   負接踵 急欲釋圖鳩民 不察才行 遂心腹信任 主和之計 盖始于此
48) 『명신종실록』 권264 만력 21년 9월 임술.
49) (明) 余繼登, 「朝鮮撤兵議」, 『淡然軒集』 권7(文淵閣 四庫全書 集部 所收).
   自東事軍興 畿輔齊魯之民 歲加餉銀數十萬 椎骨剝髓 殉肉醫瘡 卽奉明詔停征 有司
   尚有不奉行者 百姓之苦極矣 又加以旱災蟲災 助人爲虐 間間嗷嗷 無所得食 木皮草
   根 一時俱盡 流離轉死 不忍見聞 卽我皇上發粟賑之 稍爲甦息 而至今村無人室無烟
   如此景象 皇上以爲尙可加徵以給異國否也…… 若必欲朘貧民之膏血 以轉輸於藩籬
   之外 恐財盡不能勝其求 力疲不能勝其役

각이었다. 특히 석성은 명군의 총책임자로서 강화협상을 통한 전쟁 종결에 누구보다 강한 집착을 보였다. 그는 강화협상이 성공하면 조선은 3~5년 동안 숨을 돌리면서 자강을 꾀할 수 있다는 것, 당시 명 내부에서 민중반란 등이 빈발하고 있는 상황에서 속국을 위해 더 이상 내지를 피폐하도록 방치할 수 없다는 명분을 들어 강화를 주장하고, 만약 그것이 실패한다면 자신이 벌을 받겠다고 정치적 생명까지 걸었다.[50]

명과 일본의 강화협상 과정에는 근본적인 모순이 존재하고 있었다. 일본은 '명의 황녀(皇女)를 도요토미 히데요시의 후궁으로 줄 것', '조선의 4도를 일본에 떼어줄 것', '조선에게 임해군의 송환과 일본군의 철수에 대해 감사하는 사절을 보내도록 할 것', '명과 일본 사이의 무역을 재개할 것' 등의 조건을 제시했다. 명은 도요토미 히데요시를 다만 일본 국왕으로 책봉해주는 조건으로 '일본군을 완전히 철수할 것', '책봉을 빌미로 명에 대해 무역을 요구하지 말 것', '조선을 다시 침략하지 말 것' 등을 요구하였다. 이렇게 양측의 요구조건이 엄청난 차이를 보였던 상황에서 강화협상이 성공할 가능성은 애당초 기대할 수 없었다.[51] 따라서 강화협상은 결말을 맺지 못한 채 1596년까지 시간만 끌게 되었고, 일본군은 철수하지 않은 채 동남 해안지역에 장기간 주둔하면서 갖은 약탈을 자행하였다. 명군 역시 남하하여 그들과 대치하면서 시간을 보냄에 따라 그 와중에서 조선이 입는 피해만 급격하게 늘어나게 되었다.

---

50) 『명신종실록』 권278 만력 22년 10월 정묘.
   兵部尙書石星疏請封倭 略曰…… 盖旣封 則朝鮮必有三五年之安 彼固乘此以爲戰守 我亦因之以自爲備具 若復設難成之約 則禍中朝鮮 全羅必失 遼左以殘破之餘 虜乘其 內 倭攻其外 其何以支 又況海內兵端屢動 無處無患 所在兵疲餉竭 無一堪恃 乃不爲 中國而爲屬國 是舍腹心而救四肢也 又言 封後或有反覆 臣請自往泡之 不濟則治臣罪 上尤其奏.

51) 임진왜란 당시 명과 일본의 강화협상 전말에 대한 근래의 연구로서는 佐島顯子, 「壬辰倭亂講和の破綻をめぐって」, 『年譜 朝鮮學』, 九州大學朝鮮學硏究會, 1994 참조.

(2) 조선의 소외

명이 일본과 강화협상을 시작하면서부터 조선이 받은 피해는 참으로 큰 것이었다. 우선 강화론이 제기되던 초반부터 조선은 전쟁의 당사국이면서도 정작 명과 일본 사이의 교섭 과정에서는 소외되었다. 뿐만 아니라 조선의 주전론(主戰論)이 일본과의 강화협상 과정에서 걸림돌이 된다고 여겼던 송응창 등 명군 지휘부는 아예 조선군에게 일본군과 전투를 벌이지 못하도록 압력을 행사하였다. 송응창은 1593년 2월 행주산성(幸州山城) 전투에서 일본군에게 대승을 거두었던 권율(權慄)에게 패문(牌文)을 보내 일본군을 쳐죽인 것을 질책하였다.[52]

강화논의가 대두된 이후에도 함경도에 머물던 가토 키요마사(加藤清正)의 부대는 물러나지 않으려 했음에도 명군은 일본군과의 교전을 포기하고, 조선군에게까지 그것을 강요함에 따라 조선은 독자적인 군사 작전권을 상실하는 지경에 이르고 말았다.[53] 또 당시 명의 총병 이영(李寧)과 유격 전세정(錢世禎) 등은 도체찰사 유성룡에게 명 조정이 보낸 패문을 보여주었는데 그 속에는, 일본이 이미 조공을 애걸하였으니 함부로 죽이지 말고 명 조정의 처분에 따라 행동할 것 등을 지시하는 내용이 담겨 있었다. 또 조선군에게 일본군에게 보복하지 말라고 강요하였다. 이에 유성룡이 강하게 반발하자 전세정 등은, 천자의 명령이니 조선은 시세를 살펴 와신상담(臥薪嘗膽)하고 복수의 기회를 노리라고 말한 뒤 계속 고집을 피우면 명군을 거두어 철수하겠다고 협박하였다.[54] 1593년 4월 19일, 일본군이 서울에서 퇴각할 때 조선군이 추격하려는 기미를 보이자 명군은 일본군의 '안전한 철수'를 위해 후면에서 일본군을 호위하고, 조선군의 진격을 차단하는 등 조선으로서는 받아

---

52) 『선조실록』 권36 선조 26년 3월 계미.
53) 李元翼, 「平安道巡察使時狀啓」, 『梧里續集』 권2, 癸巳 4월 3일.
   則准許發送七竿旗號　一半與他倭子　一半令天將拿持　不令天兵厮殺　亦不令我兵交
   戰…… 清正自恃其功　不肯退去　則進兵殺他　大槩業已定和　頓無征戰之意　使不共戴
   天之凶醜　得以全歸　不勝痛惋.
54) 『선조실록』 권37 선조 26년 4월 무신.

들이기 어려운 행동을 보이기도 했다.

일본군이 서울에서 물러나 동남해안에서 장기간 주둔하고 있던 상황에서도 강화론이 조선에 가져다준 정치·군사적 피해는 지속되었다. 명군 지휘부가 교전을 포기하고, 강화협상에 집착하는 틈을 타서 일본군은 1593년 7월 진주성을 공격하였고, 11월에는 안강(安康)지역에 침입하여 살육을 대규모로 자행하였다. 진주성이 포위되어 고립무원의 상태에 빠졌을 당시 대구의 유정과 오유충, 상주(尙州)의 왕필적(王必迪), 남원(南原)의 낙상지와 송대빈(宋大斌) 등이 이끄는 명군은 조선의 구원요청을 외면하고 수수방관하는 태도를 보였다. 오히려 심유경은 조선에 책임의 화살을 돌려 조선이 송응창의 금령(禁令)을 어겨, 나무하고 풀 베는 일본군을 습격했기 때문에 일본군이 복수하기 위해 진주성을 공격한다고 공공연히 일본의 입장을 비호하는 형편이었다.[55]

심유경은 또한 당시 동남 연해지역에 주둔해 있던 일본군들에게 이른바 '심유경표첩(沈惟敬票帖)'이라는 통행증서를 발급해준 뒤, 조선에 대해 그를 소지한 일본군들을 공격하지 말라고 요구하였다. 실제 표첩을 소지한 일본군 가운데는 조선 민가에 들락거리거나 며칠씩 유숙하고 가는 자들도 있었거니와 그럼에도 조선군은 그에 대해 공격하거나 적대행위를 할 수 없는 상황이 빚어졌다.[56] 나아가 1593년 7월, 심유경 휘하의 관유격(田遊擊)이란 자는 일본군을 공격하려 했던 조선 장수 박진(朴晉) 등을 붙잡아다가 곤장을 치는 등[57] 강화논의가 야기한 폐해는 심각한 양상으로 치닫고 있었다.

명군 지휘부가 강화론을 내세워 일본군과의 교전을 회피하고 조선군의 활동을 제약하던 상황에서 조선의 대책은 무엇이었는가? 선조는

---

55) 『선조실록』 권40 선조 26년 7월 무진.
56) 李元翼, 「又」, 『梧里續集』 권2, 丙申, 1월 27일.
　　近日伏見靈山等沿海各處馳報 則田獵倭人 持沈遊擊票帖 連續出來 或至於散入閭閻 經日留宿云 極爲駭愕 令各鎭各官諸處 伏兵攔截 而旣有唐將票文 大肆其毒 禁止鬪詰之際 惹起釁端 而不爲攔止 則將必肆然往來 習以爲常 爲患非細.
57) 『선조실록』 권40 선조 26년 7월 경오.

평양전투 직후부터 이미 일본군에 대한 추격을 소홀히 하는 명군 지휘부에 대해 불만을 토로하였다.[58] 일본을, '영원히 함께 할 수 없는 원수(萬世不共之讐)'로서 여기고 있던 조선 조야는 후퇴하는 일본군을 추격하여 섬멸해줄 것을 명군에게 고대하였지만 벽제전투 패전 이후 이여송 등은 요지부동이었다. 그러나 일본군을 추격하여 섬멸할 만한 군사력을 갖지 못했던 조선의 입장에서는 명군 지휘부에게 '만세불공의 원수와 강화를 맺을 수는 없다'라는 당위론을 내세워 그들을 섬멸해 물리쳐달라고 호소하는 것 이상의 대책이 없었다.[59] 강화논의 대두 이후 빚어졌던 곤혹스런 상황에 대해 비변사는 다음과 같이 토로한 바 있었다.

무릇 오늘날 병력이 부족하지 않음에도 명군 장수들은 구차하게 무사한 것만을 좋은 계책으로 여겨 한갓 이루어질 수 없는 화의만을 믿고 있습니다. 남겨둔 병력을 전혀 내려보내지 않으며 이미 뽑아놓은 병력도 적과 싸우지 않아 외로운 성이 위급해도 구원하지 않고 흉적(凶賊)은 약탈에 열중하여 움직이지 않고 있습니다. 가만히 앉아 군량만 허비하니 생민(生民)과 국세(國勢)는 드디어 어찌할 수 없는 지경에 이르고야 말 것입니다. 오늘의 계책은 오로지 지성으로 경략과 제독의 마음을 움직여 우리와 협동하여 힘을 다해 나아가 싸움으로써 이 적을 물러가도록 하는 것입니다.[60]

강화론 때문에 가만히 앉아 군량만 허비하고, 끝내는 망할지도 모른다는 위기감 속에서도 명군 지휘부를 설득하는 것 이외에는 이렇다 할 대책이 없는 답답함을 토로하고 있는 것이다.

'만세불공의 원수'와 강화를 맺을 수는 없다는 것을 들어 명군 지휘

58) 『선조실록』 권37 선조 26년 1월 갑술.
59) 『선조실록』 권36 선조 26년 3월 경진.
60) 『선조실록』 권40 선조 26년 7월 정묘.

부를 설득하려고 노심초사했던 선조는 비상수단으로서 조선군을 일본군에게 투항시켜 상황에 변화를 줌으로써 일본군으로 하여금 명군과의 강화를 재고토록 하자는 계책을 비변사에 제시하기도 하였다.[61] 또 일본군의 궁극적인 목표가 요동을 침략하는 데 있다는 것을 명 장수들에게 환기시켜 그들로 하여금 일본군에 대한 적개심을 불러일으키려고도 시도하였다.[62]

　이러한 노력들이 효과를 거두지 못하자 나중에는 송응창과 이여송 등 명군 지휘부의 차원을 넘어, 명 조정에 직접 사신을 보내 사정을 호소하려고 시도하였다. 그러나 당시 요동에 머물며 북경으로 가는 조선 사신들을 검색하고, 명 조정에 보낼 자문(咨文)의 내용을 미리 검열하였던 송응창의 견제에 밀려 그것마저도 성공할 수 없었다. 그는 조선이 보내는 자문의 내용 가운데서 명 조정이 알게 되면 자신의 입장이 곤란해지는 문구를 삭제토록 강요하는가 하면, 사신의 왕래 자체를 막아버리기도 하였다.[63] 그는 특히 자문 가운데 '일본군이 여전히 조선에 남아 있다'는 사실을 암시하는 내용을 문제삼아 자문을 지은 신료들을 처벌하라고 요구하고, 명군을 철수시키겠다고 협박하였다.[64] 이 때문에 일본군이 아직 물러가지 않은 사실과 강화론의 부당함을 명 조정에 직접 알리려는 최후의 수단으로서 요동을 거치지 않고 수로를 통해 주문사(奏聞使)를 보내자는 의견이 제시되기도 하였으나 실행에

---

61) 『선조실록』 권36 선조 26년 3월 계미.
62) 선조는 1593년 4월, 심유경과 謝用梓 등 명측 강화론자들에게 이호민을 보내 이러한 일본의 의도를 주지시키도록 지시한 바 있었다(『선조실록』 권37 선조 26년 4월 정해).
63) 『선조실록』 권41 선조 26년 8월 을유.
　承文院啓曰 當初奏請使差遣事 實出聖慮 專爲進勤一事 自餘運矢 或及他事 而進勤之意 則首尾猶貫 經略必欲去某語 又欲去某節 前後往返 幾至四五度 雖曰小邦國書而從中沮遏 至於如此 事體如何.
64) 『선조실록』 권41 선조 26년 8월 정미.
　1593년 8월 당시 송응창은 일본군이 조선에서 모두 철수하는 것처럼 명 조정에 보고한 바 있었다.

옮겨지지는 못하였다.

한편 명 조정에서도 강화론을 수용하는 여부를 놓고 논란이 심해지자 병부상서 석성 등 강화론자들은 마치 조선이 강화를 원하는 것처럼 분식하고자 했다. 그들은 조선으로 하여금 자신들도 강화를 원한다는 내용으로 신종에게 주문을 올리라고 강요하였다. 송응창의 뒤를 이어 경략이 되었던 고양겸(顧養謙)은 1594년 5월, 조선에게 위의 내용을 강요하고, 만약 거부한다면 주둔하고 있는 명군을 전부 철수시켜 압록강만을 방어할 뿐 다시는 조선을 원조하지 않겠다고 협박하였다.[65] 선조는 고양겸 등의 이 같은 요구에 대해 "원수를 책봉해달라고 할 수는 없다"고 거부하고, 이어 국왕 자리에서 물러나겠다고 강력히 반발하였다.[66] 하지만 조선으로 하여금 봉공론(封貢論)을 황제에게 주청토록 함으로써 '조선 스스로가 일본을 봉공해줄 것을 요청한다'라는 명분을 만들어 명 내부의 강화 반대론자들을 제압하고자 했던 고양겸 등은 조선을 계속 압박하였다.

조선 내부에서도 전라감사 이정암(李廷馣) 등이 소를 올려 명 조정의 봉공론을 수용하고, 일본군을 물러가게 함으로써 백성들이 쉴 수 있도록 해야 한다는 주장을 폈다.[67] 이 같은 배경에서 조선 조정은 마지못해 일본을 봉공하라고 요청하는 내용을 담은 주문을 올릴 수밖에 없었다. 그리고 이 같은 조선의 주문은 즉시 효력을 발휘하였다. 신종은, 조선 국왕이 일본을 책봉하라고 요청하는 내용의 주문을 올린 것을 계기로 강화 반대론자들을 격렬하게 비난하고, 특히 반대론자 가운데 한 사람이었던 형부주사(刑部主事) 곽실(郭實)을 파직하여 서인(庶人)으로 만드는 등[68] 강화론자들의 의견을 수용하는 방향으로 돌아서게 되었던 것이다. 나아가 이종성(李宗城), 양방형(楊方亨) 등을 일본에 책

65) 『선조실록』 권51 선조 27년 5월 을유.
66) 『선조실록』 권52 선조 27년 6월 을축.
67) 『선조실록』 권51 선조 27년 5월 기해.
68) 『명신종실록』 권277 만력 22년 9월 기축.

봉사(冊封使)로 보내 도요토미 히데요시를 일본 국왕으로 책봉하는 의
식을 주관토록 함으로써 강화론의 결말을 맺으려 하였다.[69]

조선을 완전히 무시하고 명이 일방적으로 추진했던 강화협상은 궁
극에는 결렬되고 말았다. 일본군은 동남 해안지대에 머물며 끝내 철수
하지 않았을 뿐더러 조선과 명에 대해 끊임없이 새로운 요구조건을
내걸면서 강화협상을 파탄의 국면으로 몰고 갔다. 일본은 명의 책봉사
절들이 북경에 있을 때는 조선으로 나올 것을, 그들이 서울로 들어오
자 남원으로 내려올 것을, 그들이 부산의 일본군 진영으로 들어가자
조선사신도 명사와 함께 동행할 것 등을 일본군 철수의 조건으로 제
시했던 것이다.[70] 일본군의 완전한 철수를 위해서는 조선이 통신사를
보내야 한다는 일본의 주장과, 가능하면 일본의 요구를 들어줌으로써
강화협상을 매듭지으려는 데 급급했던 명군 지휘부에 밀려 조선은 고
민할 수밖에 없었다. 조선은 통신사를 보내고 나면 일본이 또 다른 새
로운 요구를 해올 것을 알고 있었지만 별다른 방책이 없었다.[71] 실제
조선에서 황신(黃愼)을 통신사로 보내기로 결정한 뒤 일본은 웅천(熊
川)과 부산에서 개시를 허용하는 것을 또 다른 조건으로 제시하였다.[72]

명 조정에서는 석성 — 송응창(고양겸) — 심유경으로 이어지는 봉공
론자들과 장보지, 당일붕(唐一鵬), 왕덕완(王德完), 오문재(吳文梓), 나만
화(羅萬化), 조숭선(趙崇善) 등의 반대론자들이 정치적으로 맞서는 가운
데 황제의 의견이 도요토미 히데요시를 책봉해주는 선에서 전쟁을 끝

---

69) 이후 이종성, 양방형 등의 책봉사로서의 활동과 강화논의의 파탄에 대해서는 佐
島顯子, 앞의 논문, 1994 및 鄭樑生, 『明・日關係史の硏究』, 雄山閣, 1984, 538~
542쪽 참조.
70) 『선조실록』 권71 선조 29년 1월 신미.
71) 『선조실록』 권76 선조 29년 6월 신유.
備邊司啓曰…… 今雖許遣陪臣 必有難從要素之事 不然則以兵隨之耳 然以此而絶之
於今日 則不待後日而兵至 以此言之 則其陷於賊術同 而只有遲速之異 惟欲少緩年歲
之間 幸望我力稍蘇 庶得支撐 其亦戚矣 臣等之意 若遣文臣 則黃愼之外 無可遣者
不遣則只差武臣 惟此二端而已.
72) 『선조실록』 권76 선조 29년 6월 기축.

내는 방향으로 가닥을 잡아가고 있었다. 특히 명군의 최고 책임자인 병부상서 석성은 심유경을 철저히 신뢰하여 책봉만 이루어지면 일본 군은 완전히 철수할 것으로 믿었다. 그는 도요토미 히데요시를 책봉하기로 결정한 이상 명 조정에서 어떤 형태의 이견이 제기되는 것도 막으려고 시도하는 등[73] 강화성립에 자신의 정치적 생명까지 걸고 있는 형편이었다.

적어도 1596년 3월경까지는 신종이 석성을 전폭적으로 신임함으로써 강화협상은 지속될 수 있었다.[74] 그러나 책봉사를 보냈음에도 매듭이 지어지지 않는 강화협상에 대해 의구심이 높아가고 부산의 일본군 진영에 들어갔던 책봉정사 이종성이 신변의 위협을 느껴 탈출하는 사건이 발생하면서 상황은 급격히 변하였다. 이 사건이 발생한 직후 석성은 상소하여 자신의 판단이 잘못되었음을 시인하고, 사직을 청하였다.[75] 바야흐로 명 조정에서 이른바 봉공론자들의 정치적 몰락이 시작되는 신호탄이었다.

명은 일본이 요구하는 것이 단순히 책봉에 있지 않다는 것을 깨닫고 주전(主戰)의 방향으로 돌아서게 되었지만 갑자기 책봉을 포기할 경우, 부산에 머물던 책봉사 일행의 수행원 수백 명이 일본군의 포로가 되는 상황을 우려하고, 또 일본 내부의 사정을 정탐하려는 차원에서 부사 양방형을 정사로 승진시켜 일본에 보냈다. 이어 1596년 9월, 양방형은 도요토미 히데요시를 국왕으로 책봉하는 의식을 마쳤다. 하지만 도요토미 히데요시 역시 자신의 요구조건이 하나도 충족되지 않은 것을 깨닫고 1597년 재침을 감행하여 정유재란을 도발하기에 이르

---

73) 『명신종실록』 권289 만력 23년 9월 을미.
74) 한 예로 신종은 1596년 3월, 사의를 표명한 석성에게 "왜정에 대해서는 경이 모든 기미를 이미 헤아리고 있으니 마땅히 끝까지 스스로 책임져야 한다. 다른 사람의 말 때문에 물러날 필요가 없다(這倭情 卿料度機宜已悉 自當始終擔任 不必人言諉避)"라고 말하는 등 전폭적인 신뢰를 보인 바 있었다(『명신종실록』 권295 만력 24년 3월 갑오).
75) 『명신종실록』 권296 만력 24년 4월 을묘.

렸던 것이다.[76)]

정유재란이 일어나자 명은 다시 대규모의 병력을 조선에 보냈다. 그런데 주목할 것은 당시 비록 몇 차례에 걸쳐 명군과 일본군 사이에 교전이 벌어졌지만 명군 지휘부의 기본적인 입장은 일본군과 결전을 벌이는 것이 아니었다는 점이다. 오히려 가능하면 일본군과의 협상을 통해 전쟁을 종식시키려 했던 것이 그들의 속셈이었다.

정유재란 발생 직전, 이종성의 탈출 사건으로 말미암아 강화협상이 거의 무산되는 지경에 이르고 강화가 성립되기 위한 전제로 제시된 일본군의 완전 철수가 이루어지지 않았음에도 명의 신료들 가운데는 오히려 강화협상이 파탄에 이른 책임을 조선에게 전가하려는 인물들이 있었다. 대표적인 인물이 조지고(趙志皋)였다. 그는 일본군이 서울에서 철수했고, 임해군을 돌려보내는 등 '할 만큼 했음'에도 불구하고 조선이, 일본이 요구하는 사신을 보내지 않았기 때문에 문제가 발생했다고 주장하여 조선의 감정과는 전혀 동떨어진 발언을 한 바 있었다.[77)] 그의 이러한 발언은 조선의 입장은 외면한 채, 명 조정 내부에서 터져 나오고 있던 주화론자들에 대한 비난의 화살을 피하기 위한 술수였다.

요컨대 시간이 지나면서 '조선 문제'에 대한 대처방식은 명 조정 내부에서 정쟁의 쟁점이 되었던 것이다. 그러다 보니 조선에 파견된 명군 지휘관들 역시 명 조정의 논의방향에 주목하게 되고, 스스로에게 날아올지도 모르는 비난의 화살을 피하기 위해 일본에 적개심을 품고 있는 '조선의 감정' 등에는 아랑곳하지 않고 대일정책의 방향을 잡게 되었다. 이 같은 입장은 정유재란 당시 명군의 최고 책임자였던 병부상서 형개에게서 확연히 보인다. 그는 정유재란 당시, 자신의 측근인

---

76) 이종성의 탈주와 강화론의 파탄에 대해서는 최소자, 앞의 논문, 1990, 248~250쪽 참조.
77) 『명신종실록』 권306 만력 25년 1월 신유.
于是 志皋奏言…… 今日釜山之倭未撤 爲索朝鮮之遣使 以致二使稽遲未還 謝恩夷使未至 然撲之事體 日本旣退王京 又還王子陪臣 則今日朝鮮亦宜遣使修睦以釋舊惑 乃成楚必欲興兵動衆以開禍端 誠不知其何心也.

이응시(李應時)에게 "겉으로는 싸우면서 속으로는 화의하고자 하며 겉으로는 토벌하되 속으로는 초무(招撫)한다"는 비밀 계책을 천명하였다.[78] 이 같은 입장은 수군에게서도 마찬가지로 나타났다. 정유재란 당시 참전했던 명의 수군 도독 진린(陳璘)은 애초에는 일본군과의 전투를 회피하는가 하면, 결전을 벌일 것을 주장하는 이순신을 견제하는 등 조선 수군의 독자적인 작전과 행동을 크게 방해하였다.[79]

명의 참전은 표면적으로는 조선을 구원한다는 명분 아래서 이루어졌지만 실제로는 자국의 안위를 위한 고육지책이었다. 따라서 그들은 자신들의 필요에 따라 전쟁과 강화를 자의적으로 구사하였고, 그 과정에서 조선의 의견이나 민족적 감정은 철저히 무시하였다. 요컨대 조선은 임진왜란 당시에는 강화협상 과정에서 철저히 소외된 채 군사 작전권을 상실하는 등 명의 정치적 입김에 끌려다녔거니와 이 같은 추세는 정유재란 이후에도 달라진 것이 없었던 것이다.

2) 조선 군신의 권위 실추와 명의 내정 간섭

(1) 조선 군신의 권위 실추

명군의 조선 참전이 남긴 정치적 영향 가운데 빼놓을 수 없는 것은 명군 지휘부의 횡포 때문에 조선 군신의 권위가 심각하게 떨어졌던 문제이다. 명은 조선이 외교적으로 신복했던 대국인데다, 조선이 곤경에 처한 상황에서 명군의 파병을 요청했기 때문에 '구원군'으로서 명군의

---

78)『明史』권320 列傳 208「朝鮮」.
　　玠旣身赴王京 人心始定 玠召參軍李應試問計 應試請問朝廷主畵云何 玠曰 陽戰陰和 陽剿陰撫 政府八字密畵 無泄也 應試曰 然則易耳……
　　한편 이 구절은『明史』뿐 아니라『明通鑑』에도 나오는 것으로 보아 당시 명군 지휘부 내에서 공공연하게 알려졌던 것으로 여겨진다.
79) 한명기,「정유재란기 명 수군의 참전과 조명연합작전」,『임진왜란과 이순신 장군의 전략전술』(이순신 장군 순국 400주년기념학술회의 논문집), 문화관광부 · 전쟁기념관, 1998, 106쪽.

위세는 대단할 수밖에 없었다. 더욱이 1593년 1월, 평양전투 승리 이후에는 이 같은 추세가 심화되었다. 평양전투 승리 직후 조선 조정이 이여송의 생사당(生祠堂)을 세우는 등 명의 은혜에 감격하는 상황에서 명군 지휘부의 위세는 더 높아갈 수밖에 없었고, 그 과정에서 일부 지휘관들의 오만무례한 자세에 의해 조선 군신들의 위신이 떨어졌던 것이다.

국왕 선조는 전쟁 초반 의주까지 파천하여 이미 군주로서의 권위가 크게 떨어져 있던 상황에서 명군 지휘관들을 대할 때 저자세일 수밖에 없었다. 물론 조선 국왕은 명 황제의 신하이며, 따라서 황제에 대해서는 신종(臣從)해야 한다는 관행이 있었지만 명의 신료들과 조선 국왕과의 관계는 어떻게 설정되어야 할지 명백한 관행이 존재하지 않았다.[80] 하지만 일본군에게 쫓겨 곤경에 처한 상황에서 명에게 원병을 청했던 선조의 입장에서는 명군의 대소 지휘관들에게 국왕으로서의 권위를 섣불리 내세울 수 없었다. 이 때문에 선조는 명 장수들을 접견할 때, 송응창과 이여송 등 최고위급 지휘관들뿐 아니라 소소한 중간 간부들에게도 먼저 절을 하는 경우가 많았다.[81]

일부 명측 인사들은 선조를 노골적으로 무시하는 오만을 부리기도 하였다. 예를 들면 1593년 윤 11월, 황제의 칙서를 전달하기 위해 왔던 행인(行人) 사헌(司憲)이란 인물이 대표적이었다. 그는 서울에 도착하기 이전부터 선조와 자신 사이의 의전 문제를 제기하여 만약 자신의 남면(南面)이 관철되지 않으면 칙서만 던져놓고 돌아가겠다고 억지를 부렸다.[82] 그리하여 결국 선조를 만났을 때 자신은 북쪽에 앉아 남면하고, 선조를 남쪽에 앉혀 마치 임금이 신하를 접견하듯이 방자한

---

80) 1597년 6월, 명 황제가 조선에 오는 明使들에게 이른바 '一品服'을 착용토록 하고, 조선 국왕과 대등한 예를 행하도록 조처했던 경우는 있었다(『선조실록』 권89 선조 30년 6월 신유).
81) 명군 지휘관들을 접견할 때 선조가 먼저 절을 올린 사례들은 『선조실록』 가운데 일일이 열거할 수 없을 만큼 많이 나온다.
82) 『선조실록』 권45 선조 26년 윤 11월 임오.

행동을 자행한 바 있었다.[83] 그의 방자한 행동은 기존의 관행과 워낙 어긋나는데다, 조선에서 막대한 뇌물까지 챙김으로써 명 조정에서도 문제가 되었다. 그는 결국 1596년 탄핵을 받아 실각했거니와[84] 그의 행위는 왜란 당시 명측 인사들의 오만한 단면을 보여주는 대표적인 사례였던 것이다.

이처럼 명나라 인사들과의 관계에서 국왕인 선조의 위신마저 흔들리고 있었던 형편에서 조선 신료들의 권위나 자존심이 제대로 지켜질 수는 없었다. 경략 송응창을 비롯한 명군 지휘부는 조선의 신료들을 '형편없는 존재'로 여겨 깊이 불신하고 있었다. 한 예로 송응창은 1593년 4월, 조선 역관을 만난 자리에서 조선 신료들이 문장이나 즐기고 전란 중에도 기생을 옆에 끼고 있다고 욕하는 등 극히 부정적으로 매도한 바 있었다.[85] 명군의 군량 조달을 맡았던 장삼외(張三畏)란 자는 군량 공급이 제대로 이뤄지지 않는다는 이유를 들어 조선 신료들은 문장만 일삼을 뿐 실무를 제대로 처리하는 자는 하나도 없고 명령을 내려도 봉행할 줄 모른다고 매도하였다.[86]

나아가 명측 인사들은 임진왜란을 불러온 원인을 논하면서 "평화가 오래도록 이어지면서 조선 군신들이 안일과 연락(宴樂)에 빠져 병사(兵事)를 방기했다",[87] "평화가 오래 이어지면서 전투기술은 닦지 않고, 선

---

83) 저자 미상, 『壬辰筆錄』(奎 1039).
　　司憲 號 晉臺…… 自前詔使之來 每與殿下 分東西而坐 客東主西 行之二百年 至司
　　憲則 自謂久在行人司而知禮 每自處北坐而坐殿下於南 曰天朝屬國 禮所當然 雖天朝
　　將官聞之者 無不怪嘆
84) 『명신종실록』 권301 만력 24년 윤 8월 갑술.
85) 『선조실록』 권37 선조 26년 4월 정해.
　　經略曰…… 君 元首也 公輔 腹心也 庶僚 手足也 陪臣 非心腹之臣乎 勉之勉之 我
　　似聞臣僚多喜文章 或登山挾妓 甚不取也 譯官告曰 頃見老爺之咨 十分驚惶 安有如
　　此之事乎 經略笑曰 我聞之詳矣 不要哄我
86) 『선조실록』 권36 선조 26년 3월 병자.
　　是何故耶 你國陪臣 但知從事文章 而了無幹事之人 凡號令 慢不奉行…….
87) (明) 錢世禎, 『征東實紀』(觀自得齋叢書 所收, 서울대학교 도서관 구관 장서).
　　明萬曆二十年壬辰之春 日本關伯平秀吉 侵軼朝鮮 時 朝鮮郡李昖 昇平日久 二百餘

조가 주색에 빠졌다"[88])는 식으로 조선 군신들의 '무사안일'을 비판하는 경우가 많았다.

이러한 인식이 확대되면서 선조의 무능함을 들먹이고 왕위 교체론을 흘리는 경우도 나타났다. 그 대표적인 인물이 병부 직방사 주사(職方司 主事) 증위방(曾偉芳)이었다. 그는 평양전투 이후 강화 논의가 시작되어 일본에게 봉공을 허락하는 여부를 놓고 갑론을박을 벌이고 있을 때 강화론에 반대하고, 대안으로써 조선을 자강시켜 자위할 수 있도록 해야 한다는 주장을 폈다. 그는 조선이 면적도 넓고, 토질이 비옥하여 농사가 잘되는 나라로서 예로부터 그 부강함이 중국과 맞먹을 정도였다고 지적하였다. 그럼에도 일본군의 침입에 맥없이 무너진 것은 군주가 게으르고 무능하여 통치력을 변변하게 발휘하지 못했기 때문이라고 진단하였다. 심지어 그는 왜란에서 처참하게 무너진 것을, 선조가 '황음(荒淫)'했기 때문에 빚어진 것으로 매도하였다.[89] 그는 일단 선조에게 자강을 위한 정치를 하도록 강조하여 기회를 준 뒤 그래도 '개과천선'이 불가능하다고 판단될 때는 그를 왕위에서 물러나게 하고 대신 광해군을 즉위토록 하자는 계책을 제시하였다.[90] 이것은 왜란이 일어난 이후 최초로 명 조정에서 불거져나왔던 왕위 교체론이었다.

증위방의 상소 직후, 신종은 조선에 보낸 칙서에서 선조에게 복국(復國)을 위한 대책을 강구하라고 촉구하였다. 그런데 신종 역시 칙서에서 왜란을 초래한 원인을 선조의 잘못으로 돌리고 있었다. 선조가 '안일에 빠져 소인배들을 믿었으며 백성을 돌보지 않고, 군정을 닦지

年 君臣宴安 以兵革爲諱談 故吉乃令倭奴渠行長淸正等 舍舟登陸 踰鳥嶺襲王京.
88) (明) 茅瑞徵, 『萬曆三大征考』(燕京大學圖書館叢書).
　　萬曆壬辰 西夏方用兵而倭大入 朝鮮數告急 朝鮮卽古高麗 與遼接壤 修貢謹 輿地延袤六千里 三都八道饒富有華風 然昇平儒久 不習鬪 其王李昖湎于酒……
89) 『명신종실록』 권264 만력 21년 9월 경오.
　　朝鮮析分八道 幅員綿亘 東西三千里 南北四千里 其地饒五穀 火耕水耨 不假力而足 所在窖藏 陳腐相因 自昔以富强 抗衡中國 唐太宗親駕者再 不能成功 乃今倭夷一入 如履無人之境 則豈非其主嬀婚齰蘆廢而不治 以至此輿 以李昖荒淫沉湎自致
90) 『명신종실록』 위와 같은 조.

않았던 것'을 원인으로 지적하였던 것이다.[91]

조선 군신에 대한 이 같은 불신과 평가절하 의식, 거기에 명군 지휘관들의 불만까지 곁들여지면서 많은 조선의 고위 신료들이 명군 지휘관들에게 수모를 겪었다. 평양전투 직후인 1593년 1월, 역시 명군의 군량조달을 맡고 있던 흠차경리(欽差經理) 애유신(艾維新)이란 자는 양곡 수송이 제대로 되지 않는다고 조선의 검찰사 김응남(金應南), 호조참판 민여경(閔汝慶), 의주부윤 황진(黃璡) 등 고위 신료들을 잡아다가 곤장을 때리기도 하였던 것이다.[92]

(2) 직할통치론의 대두와 내정 간섭

명군 지휘부의 횡포로 말미암은 조선 군신들의 권위 실추는 명과 일본 사이의 강화론이 대두되면서 심화되었다. 앞에서 보았듯이 당시 명 조정에서는 강화론을 놓고 논의가 분분했다. 주목되는 것은 강화론에 찬성하는 부류나 반대하는 부류를 막론하고 당시 명 내부의 피폐한 형편을 고려하여 더 이상 조선에 무조건 원조를 제공할 수 없다는 원칙에는 동의하고 있었던 점이다. 강화론자들은 조선의 일본에 대한 민족적 감정을 무시하고 강화를 통해 전쟁을 종식시키려 했고, 반대론자들은 명의 안위를 위해 조선을 지켜야 한다는 원칙을 내세우면서도 양자 모두 명의 군사적·경제적 부담을 줄이는 방안을 찾고 있었다. 그것은 자연히 조선 군신을 압박하여 자위를 꾀하도록 종용하고, 그것이 여의치 않을 경우, 명이 직접 관원을 파견하여 조선을 통치하는 직할통치론(直轄統治論)이 대두하는 것으로 구체화되었다.

최초의 직할통치론은 1594년, 강화 반대론자였던 계요총독(薊遼總督) 손광(孫鑛)이 제기하였다. 그는 조선의 쇠약과 부진을, 국왕 등 지배층

91) 『명신종실록』 권264 만력 21년 9월 병자.
　　乃近者倭奴一入 而王城不守 原野暴骨 廟社爲墟 追思喪敗之因 豈盡適然之致 或言 王儻玩細娛 信或群小 不恤民命 不修軍政 啓侮海盜 已非一朝 而臣下未有言者 前車 之覆 後車豈不戒哉……
92) 申炅, 『再造藩邦志』 癸巳年 1월 8일.

이 지닌 문제점에서 비롯된 것으로 파악하고 과거 원나라의 예를 본
떠 조선에 정동행성(征東行省)을 설치하여 명에서 순무(巡撫)를 파견하
고, 그로 하여금 조선 신료들을 전부 행성에 소속시켜 관리하고 조세
징수권 등을 갖도록 하자고 주장하였다.[93] 이에 대해 유성룡 등은 고려
당시 다루가치(達魯花赤)의 폐해가 극심했던 사실을 상기시키고 반대
하는 입장을 분명히 했다. 그러나 선조는 우리의 힘이 약한 상황에서
명나라 관원들이 와서 둔전(屯田) 등을 경작하는 것은 어쩔 수 없는
것이라고 응대하였다.

직할통치론은 왜란 기간 동안 여러 번 제기되었다. 1594년, 손광말고
도 제남부 통판(濟南府 通判) 지모(支某)라는 자가, 이여송을 진수총병
(鎭守摠兵)으로 임명하여 조선에 계속 주둔시켜 통치토록 하자는 계책
을 황제에게 제시했다가 과도관(科道官)들의 반박을 받아 철회했던 적
이 있었다.[94] 1596년에는 명나라 인사의 저작인『논동정만전지제본(論東
征萬全之題本)』에서도 조선에 대한 직할통치론이 제기된 바 있었다.[95]

직할통치론은 정유재란이 일어난 이후 더욱 자주 거론되었다. 명에
게, 정유재란이 일어났던 것은 조선 문제 때문에 그들 스스로 늪에 빠
지는 것을 의미했다. 명의 안위를 생각하면 조선을 포기할 수 없었고,
그렇다고 조선에 투입되는 전비가 갈수록 증가하는 상황을 방치할 수
도 없었다. 그럴수록 명군 지휘부는 조선 지배층과 그들의 행태에 불
만을 품게 되었다. 한 예로 1597년 8월, 한산도전투에서 조선 수군이

---

93)『선조실록』권52 선조 27년 6월 을축.
　　(張)雲翼曰…… 孫之意則設征東行省 遣一巡撫 國王則只治其國人民 而租稅等物 皆
　　巡撫次知 陪臣皆屬於行省云矣.
94) 尹根壽,「禦胡方略箚」,『月汀集』권4.
　　囊在甲午年 臣等以請冊封請兵粮使 臣於十一月抵北京 見通報 則有山東濟南府通判
　　支姓忘其名者上本 其大意以爲 朝鮮被倭患累年 至今未定 請以都督李如松爲朝鮮鎭
　　守摠兵 專責平倭 科道參之曰 若以如松鎭守朝鮮 則朝鮮必不自安 天朝固非有意於藩
　　國土地 而支某受計如松 敢如是上本 請治其懷奸上本之罪 聖旨允下 其本與成梁之揭
　　前後凡再矣.
95)『선조실록』권71 선조 29년 1월 계미.

대패하고, 명장 양원이 지키던 남원성이 함락된 직후 총독 형개는 조선에 대한 불만을 노골적으로 토로한 바 있었다. 그는 조선의 관민들이 전부 도주했으며, 명군에게 군량을 공급하지 않았을 뿐 아니라 남은 군량마저 태워버렸다고 비난한 뒤, 조선이 '창을 거꾸로 잡았다(反戈)'고 적개심까지 노골적으로 드러낸 바 있었다.[96] 경리어사(經理御史) 양호(楊鎬) 역시 조선이 곡물을 숨겨놓고 내놓지 않는다고 비판한 바 있었다.[97] 당시 명군 지휘관들은, 명은 조선을 위해 싸우고 있는데 조선은 명군에게 제대로 협조하지도 않을 뿐더러 오히려 여러 가지로 명군의 작전을 방해하고 있다고 여겼던 것이다.

이러한 인식은 자연히 명군 지휘관들에게 조선을 좀더 확실하게 장악하여 효율적으로 제어해야 한다는 '유혹'에 빠지게 하였다. 정유재란 이후 직할통치론이 더 기승을 부리게 되었던 이유가 여기에 있었다. 조선에 대한 직할통치론을 처음 제기했던 손광은 1597년에도 비슷한 내용의 주장을 폈다. 그는 조선이 여전히 정신을 못 차린다고 비난한 뒤 왜란 당시의 조선은 수당(隋唐) 시절의 조선도 아니고, 명 초기의 조선도 아니어서 근본적인 조치가 필요하다고 주장하였다. 구체적으로 개성과 평양에 명의 관부를 설치하고, 둔전을 경작하며 순무사도(巡撫司道)를 파견하여 명의 법에 따라 통치하자고 주장하였다.[98]

---

96) 『萬曆邸鈔』萬曆 25년 8월.
　　總督邢玠報稱 朝鮮南原全州已失 倭勢甚大 該國官民 紛逃散 漸遺空域 不惟不助我兵 不供我餉 且將食粮燒毀 絶軍咽喉 反戈內向 蕭墻變起 數支孤軍 禦倭且難 禦朝鮮之賊盆難.
97) 『명신종실록』권314 만력 25년 9월 경인.
98) 『선조실록』권87 선조 30년 4월 계유.
　　朝鮮昇平日久 外患內治 恬不爲意 無事則揮毫自喜 有事則束手無策 以故倭奴習知突入陷沒 而禍敗以來 仍不深懲 倭去則處于燕堂 倭來則對若楚泣 今日之朝鮮 非復隋唐之朝鮮 亦非我國之初之朝鮮也 數令我暴師久戍 無有已時 竊恐久則 中國困而受敝 是兩困之道也 丕晝萬全之策 莫若倣中國之治 治之…… 又曰 開城平壤二處 開府立鎮 練兵屯田 西接鴨綠旅順之師 東爲王京鳥嶺之援 須得實心練社才力兼全者 爲巡撫司道而專任之 聽其便宜行事 選其才能者數十輩 分署各處 爲之將帥 就朝鮮之人 雜之以漢人 齊之以漢法 敎之以漢戰.

정유재란 직후 대학사 장위(張位)와 심일관(沈一貫)도 황제에게 '조선 경리사의(朝鮮經理事宜)라는 제본(題本)을 올려 비슷한 논의를 제기한 바 있었다. 그들 역시 개성과 평양에 명의 관부를 두고, 둔전을 설치하며, 명의 방식으로 조선인들을 교련하며, 은광 등을 개발하여 군량에 보태자는 의견을 제시하였다.[99]

명의 강경론자들은 조선을, 일본을 막는 전진기지로 생각하고 있었기 때문에 조선의 지배층이 무능하다고 생각할 때에는 직할통치까지 생각하였던 것이다. 또 그 배경에는 조선을 '쇠망의 기미가 누적된 나라(積衰之邦)'로 여기고 그대로 두면 망할 수밖에 없으며, 그러면 결국 명의 안위가 위태롭게 된다는 인식이 자리하고 있었다. 따라서 조선을 어떤 형태로든 감독하고 통제해야 한다고 주장하였는데 조선이, 자강을 강조하는 명에 대해 고분고분하지 않은 이유를 명이 멀리서 통제하는 것이 여의치 않은 것에서 찾았던 것이다.[100] 이러한 배경에서 명의 관원을 보내 직접 조선의 내정에 간섭해야 한다는 적극적인 개입론이 나오게 된 것이었다.

이것은 조선 군신들에게는 심각한 정치적 침해이자 위협적인 것으로 받아들여질 수밖에 없었다. 실제 장위 등이 개성과 평양에 명의 관부를 두자고 했을 때, 조선은 명에 의한 병탄을 우려하여 그를 극력 반대하였고, 신종 황제는 조선의 우려를 고려하여 명은 조선의 백성이나 토지에는 관심이 없다는 것을 강조한 바 있었다.[101] 요컨대 직할통

---

99) 『명신종실록』 권307 만력 25년 2월 을해.
100) 鄭琢, 「司天使題本」, 『壬辰記錄』(1993, 國史編纂委員會 脫草 影印本) 46~48쪽.
　　　向者 宋經略劃策定議三令五申于朝鮮 而朝鮮寂然不應者 則以遙制之不便也 彼其國君之死生 社稷之存亡者 皆係于我 酒者纏綿內工 把持主權之陪臣 我國不得已處置之…… 臣以爲 誠得風力而簡用之 賜以特勅 假以事權 使之出鎭全羅慶尙間 我將士之賢否勇怯 可目擊而衡揚 効其陪臣之勤苦或怠忽差事 皆得以褒貶斥陟如此 則心未有不振刷 用兵未有不克捷 彼積衰之邦 未有不赫然中興者 藩籬旣固 則內地自安矣.
101) 『명신종실록』 권 307 만력 25년 2월 을해.
　　　得旨 設官經理朝鮮 原爲保全屬國目前戰守進止 此爲長策 待彼力能自立 官兵卽當撤還 天朝不利一民一土 督撫官傳示國王 俾知朕意 作速計議奏報 以圖自全…… 後

치론은, 비록 실현되지는 않았지만 명군이 주둔하는 동안 간헐적으로 제기되어 조선 군신들을 불안하게 만들었던 것이다.

명에 의한 직할통치는 실현되지 못했지만 명군 지휘부의 조선 내정에 대한 간여는 왜란 시기 동안 계속되었다. 왜란 초반, 명 조정은 명군 지휘의 총책임을 경략(經略)에게 맡겼다. 이 직함에는 송응창과 손광처럼 대개 병부시랑급의 신료들이 임명되었다. 정유재란 이후에는 조선에 파견된 명군의 최고 책임자로서 경리어사를 두고, 그 자리에 양호를 임명했다. 그런데 정유재란 이후에는 경리어사 이외에, 조선을 포함하여 요계(遼薊)지방의 군무를 총괄하는 직책으로 '총독(總督)'을 두었는데 그는 바로 병부상서 형개였다. 조선 문제를 다루는 직책이 늘고, 총책임자의 직급도 시랑(侍郞)급에서 상서(尙書)급으로 격상되었다.

상서급의 인물이 조선 문제를 담당하게 된 만큼 왜란 초반에 비해 조선 내정에 대한 명 관원들의 관여의 폭은 커질 수밖에 없었다. 실제 양호가 경리어사란 직함을 갖고 나온다는 소식을 들었을 때 조선 조정은 그의 존재로 인해 선조의 권한이 침해받을지의 여부, 또 그를 접대하는 문제 등을 걱정하고 있었다.[102] 양호는 서울에 부임한 뒤 경리아문(經理衙門)을 설치하고 그곳에 도찰원(都察院)[103]이라는 중국식 명칭을 붙이고 주차(駐箚)하여 조선의 병권을 통괄적으로 장악하였다. 그는 국왕 선조와 대등한 예로써 접견하였고, 왕세자인 광해군을 만날 때에는 '아버지 친구'로서의 의전을 제공받았다.[104]

朝鮮虜中國呑倂 疏稱…… 議遂寢.

102) 『선조실록』 권88 선조 30년 5월 정사.
   (李)憲國曰…… 若御史來此號令 則殿下亦安得自擅 我國弛緩 而大朝人性急 若用重典以紏之 則此固可慮 而支待之事 亦極難矣.

103) 도찰원은 명의 중앙 감찰기구를 말한다. 1382년 御史臺를 대신하여 설치된 것으로, 기능은 '百司를 紏劾하고, 冤枉을 풀어주며, 천자의 눈과 귀 역할을 하는' 기구로서 조선으로 치자면 사헌부와 유사한 역할을 맡고 있었다(徐連達 主編, 『中國歷代官制詞典』, 合肥, 安徽敎育出版社, 1991, 822쪽).

104) 『선조실록』 권93 선조 30년 10월 경진.

    정유재란 이후 양호가 경리어사로서 병권을 장악하였던 상황에서 조선군의 일선 지휘관들은 독자적인 작전을 펼 수 없었다. 명군 지휘관들에 의해 조선 지휘관들의 병권이 침해되었기 때문이었다. 1593년 강화론 대두 이후 경략 송응창에게서 비롯된 이 같은 폐단이 정유재란 이후 양호가 경리어사로 있던 상황에서 더 심해졌던 것이다. 상당수 명군 지휘관들이 조선 병사들까지 직접 지휘하려고 시도하여 잦은 마찰을 빚었다. 뿐만 아니라 조선군이 세운 공은 가로채고, 자신 때문에 발생한 패전의 허물 등은 조선군에게 전가하는 등 극심한 횡포를 부렸다.[105] 특히 삼도수군통제사 이순신의 경우, 명의 수군 제독 진린의 견제와 횡포 때문에 일본군을 공격하고 싶어도 제대로 할 수 없다고 누차 상소하여 호소하기도 하였다.[106]

    그런데 경리어사 양호가 실제 행사했던 권한은 병권의 범위를 넘어서는 광범한 것이었다. 그는 1597년 8월, 전황이 위급함에도 조선 조정은 피난준비만 한다고 비난하고, 광해군에게 남방으로 진주하여 명군의 활동을 돕고 인심을 위로하여 수습하라고 지시하는 등[107] 국왕의 권한을 광범하게 침해하였다. 그는 때로 접반관을 선조에게 보내 자신의 의사를 직접 전달하거나, 혹은 밀첩(密帖)이란 형식의 서신을 보내 정무에 관여하였다. 때로는 조선국왕의 인사권까지 관여하기도 하였다. 한 예로 1598년 4월, 양호는 선조에게 보낸 밀첩에서, 군량 운반을 태만히 했다는 이유를 들어 조선의 신료 윤승훈(尹承勳)을 처벌하고 김수(金睟)를 교체하라고 요구하였다. 또 밀첩에서는 선조에게 모든 문제를 왕이 직접 결정하고 신료들에게 묻지 말라고 훈수하기도 하였다.[108]

---

105) 『선조실록』 권101 선조 31년 6월 경진.
    備邊司啓曰…… 天將與我軍同處 事多妨礙 凡事勿論難易 督責急於星火 至於臨機
    進取之間 自任己意 情志不通 功之所在 則使我軍不得措手 事有失誤 則輒爲歸咎 前
    日之事 節節如此
106) 『선조실록』 권104 선조 31년 9월 경인, 임진.
107) 『선조실록』 권91 선조 30년 8월 병인.
108) 『선조실록』 권99 선조 31년 4월 신미.

때로는 조선 신료들이 마음에 들지 않을 경우, 국왕 선조를 통하지 않고 직접 경리아문 소속의 관원을 시켜 잡아다가 처벌하는 경우도 있었다.[109]

정유재란 이후 이처럼 양호를 비롯한 명군 지휘관들에 의해 조선 조정의 여러 권한이 침해되는 상황에 이르자 조정의 각사(各司)는 명군 지휘부의 침해를 막기 위한 고육지책으로 각사의 명칭을 중국식으로 바꾸어 달기도 하였다. 예를 들어 의금부(義禁府)는 금오위(金吾衛)로, 예문관(藝文館)은 한림원(翰林院)으로, 사헌부는 도찰원으로 바꾸는 등 명나라 관서의 이름을 표지(標識)로 달았던 것이다.[110]

요컨대 명군의 주둔이 장기간 이어지면서 조선의 정치·군사적 자율성은 심각하게 훼손되었는데 조선으로서는 그들의 무력을 이용하여 일본군과 대치하고 있었던 형편에서 그를 타개할 수 있는 뾰족한 대책을 가지지 못하였던 것이다.

3. '재조지은'의 형성과 전개

1) '재조지은'[111] 형성의 배경

이미 살폈듯이 명군의 참전은 자국을 전장으로 만들지 않으려는 전략적 구상에 토대를 두고 이루어진 것이었다. 이 때문에 명군은 평양

---

109) 한 예로 1600년, 명나라 장수 陶良性이란 자는 황해도 재령, 해주, 배천 등지의 지방수령들을 잡아다가 함부로 심문하여 문제가 된 바 있었다(『선조실록』 권123 선조 33년 3월 병오).

110) 『선조실록』 권89 선조 30년 6월 정묘.

111) 여기서 말하는 '재조지은'이란 용어는 왜란 당시 명이 '조선을 구원하여 다시 일으켜 세웠다'는 것을 의미하는 말인데 1593년 평양전투 승리 이후 예조가 선조에게 그 사실을 告廟할 것을 청하면서 '邦國再造'라는 표현으로 처음 사용하였다(『선조실록』 권34 선조 26년 1월 을축). 그런데 '재조지은', '재조'라는 용례는 왜란 이전에도 꽤 많이 보인다. 몇 가지 사례를 보면 1397년(태조 6) 權近이 태조에

전투 이후로는 일본군과 결전을 벌여 그들을 한반도 바깥으로 몰아내는 데 전력을 기울이지 않았고 오히려 여러 가지 부작용을 남겼다. 강화논의 대두 이후 명군이 싸우려는 의지를 별로 보이지 않은 채 장기주둔에 들어감에 따라 그들에게 군량과 군수물자를 제공해야 하는 부담과, 그들이 끼치는 민폐 등으로 인해 조선은 엄청난 피해를 보아야 했다.

이 때문에 선조 말년, 명군이 철수하되 조선에 어느 정도의 병력을 남기느냐가 문제로 제기되었을 때 일부 신료들 가운데는 심지어 '명군 무용론(無用論)'을 제기하는 사람도 있었다. 한 예로 홍여순(洪汝諄)은 "3만 명을 주둔시키겠다는 명장들의 주장에 뭐라고 대답할 것인가?"를 묻는 선조의 질문을 받은 뒤, 명군은 그저 변방 백성들을 소란하게 할 뿐 적을 막는 데 아무런 도움이 되지 않는다고 그들의 주둔에 대해 부정적인 태도를 보인 바 있었다.[112] 이것은 비단 조선 신료만의 주장이 아니었다. 1599년 명군의 철수를 앞두고 조선에 머물던 과도관 서관란(徐觀瀾)은 "명군이 와서 이룬 것이 무엇이 있는가? 우리 군사는 믿을 수 없다"고 스스로 명군을 평가절하하고 조선에 대해 향후 자강을 위한 계책을 강구하라고 종용하였던 것이다.[113]

그렇다면 이처럼 명군을 부정적으로 보는 인식이 존재하고 있었음에도 불구하고 전쟁이 끝날 무렵 조선 조야에서 '명이 조선을 구원하여 다시 일으켜 세워주었다'고 여기는 '재조지은'이라는 관념이 형성되

게 올린 箚子에서 자신을 발탁하여 都堂에 참여하게 한 것을 감사하고, 그 은혜를 '재조지은'으로 표현한 것(『태조실록』 권12 태조 6년 12월 경자), 1535년(중종 30) 홍문관 수찬 奇遵의 상소에서 중종반정을 '재조'로 찬양한 것(『중종실록』 권30 중종 12년 10월 임신), 이른바 宗係辨誣 문제가 해결되고 명이 『大明會典』을 조선에 곧 반포한다는 소식을 들었을 때 선조가 비망기를 내려 '國脈이 재조된 것'이라고 표현한 것(『선조실록』 권21 선조 20년 8월 정묘) 등이 대표적이다.

112) 『선조실록』 권109 선조 32년 2월 신해.
上幸陳提督衙門 上曰 今欲留三萬兵 則何以對之…… 洪汝諄曰 天兵留屯 有名無實 賊若更來 豈能禦賊 只有騷蕩邊民而已.
113) 『선조실록』 권109 선조 32년 2월 임자.

고 나아가 명에 대한 모화의식(慕華意識)이 깊어지게 된 배경은 무엇인가? '재조지은'은 왜란 이후에도 조선 지식인들이 존명의식(尊明意識)을 지니고, 명이 멸망한 뒤에도 이른바 대명의리론(對明義理論)이 형성되는 데 바탕이 되었다.[114] 즉 '재조지은'은 왜란 이후 조선 지식인들의 명에 대한 인식과 태도를 결정하는 데 중요한 사상적 배경이 되었다고 할 수 있는데 여기서는 바로 임진왜란 시기 '재조지은'이라는 관념이 형성되고 강조되는 배경과 과정을 살피려고 하는 것이다.

'재조지은'이 형성되는 배경을 이해하기 위해서는 먼저 임진왜란 당시 조선이 처해 있던 위기상황과, 그 위기가 어느 정도 절박한 것인지에 주목해야만 한다. 곧 왜란 당시 조선이 처해 있던 위기상황, 특히 그 중에서도 국왕 선조나 조정 신료들을 비롯한 지배층들이 느끼고 있었던 위기의식이 절박하면 절박할수록 명군의 참전과 원조가 갖는 의미 역시 커질 수밖에 없고, '재조지은'의 형성 역시 자연스러운 것이었다고 할 수 있을 것이다.

1592년 4월 13일, 일본군이 부산에 상륙하여 파죽지세로 북상하면서부터 국왕 선조와 조정의 신료들은 엄청난 위기의식에 사로잡히게 되었다. 연속적으로 들어오고 있던 육전에서의 패보(敗報) 속에서 이미 파천을 결정하기 이전부터 사서인(士庶人)들뿐 아니라 대부분의 신료들은 결국 나라가 망할 것으로 판단하고 있었다. 실제 선조가 서울을 버리고 평양에 이르는 동안 들려오는 보고는 온통 패전 소식뿐으로 적이 향하는 곳마다 싸워보지도 못하고 와해된다는 형국이었다.[115] 갈수록 깊어지는 위기의식은 자기 자신이나 일족에 대한 보호본능을 드러내는 것으로 이어져, 상당수의 조정 신료가 선조를 수행하는 것을 회피하거나 도중에 도주하였고 최종 도착지였던 의주까지 선조를 따

---

114) 왜란 이후 조선 지식인들이 품었던 존명의식과, 명이 멸망한 이후 형성된 대명의리론에 대해서는 유봉학, 『연암일파 북학사상 연구』, 일지사, 1995, 56~58쪽 ; 정옥자, 『조선후기 조선중화사상연구』, 일지사, 1998, 100~103쪽 참조
115) 『선조실록』 권26 선조 25년 5월 임오.

라갔던 신료들의 숫자는 수십 명에 지나지 않았다.[116]

거듭되는 패전과 추격해오는 일본군 못지않게 선조와 조정 신료들을 불안하게 했던 것은 파천 길에 목도했던 민심의 이반 현상이었다. 한음도정(漢陰都正) 현(俔)의 보고에 따르면 이미 선조가 궁궐을 떠날 때부터 여러 장수들이 눈을 흘기면서 "이 적은 하늘로부터 내려온 것이 아니라 사람이 빚어낸 것"이라고 말했다는 것이며 군사들도 병기를 질질 끌고 가면서 "임금이 이제 왔으니 살아났구나, 기꺼이 적을 맞이해야지" 운운했다는 등 충격적인 상황이 벌어지고 있었다.[117] 이에 더하여 『선조실록』의 사신(史臣)은, 사치스런 토목공사, 상벌의 불비, 이단의 숭상, 언로 두절, 가득한 내탕, 번거롭고 가혹한 부역 등 왜란 이전의 실정들을 전쟁을 불러온 원인으로 거론하기도 하였다.[118]

왜란 이전의 실정에서 비롯된 민심의 이반에 일본군의 교묘한 선무공작이 더해지면서 부일자(附日者)의 숫자는 급격하게 증가했다. 일본군이, 조선인 촌락에 들어가면서 "우리는 너희를 죽이지 않는다. 너희 임금이 너희를 학대했기에 온 것이다"라거나[119] "군현의 백성들 가운데 남자들은 보리를 거두고 여인들은 길쌈을 하면서 가업을 돌보라. 일본군들이 법을 어기면 극형에 처하겠다"고 운운하면서 선무공작을 벌였던 것은[120] 상당히 주효했다. 특히 왜란 이전부터 조정에 대해 민원이 극심했던 황해도지역에 진주했던 일본군이 요역과 부역을 감면해준다고 공약하고, 공사천에 대해서도 포섭하는 내용을 담은 방문(榜文) 등을 게시하자 황해도 백성들이 무기를 버리고 다투어 왜첩(倭帖)을 받으며 항복했다는 이정암의 지적은[121] 민심이 이반된 상황에서 일본군의

---

116) 『선조실록』 권27 선조 25년 6월 기유.
　　初 上之出京都也 不但士庶 皆言 國勢必不復辰 有識縉紳輩亦以爲, 終必滅亡 朝臣扈
　　從者 百無一二 人心已去 不可盡責.
117) 『선조실록』 권26 선조 25년 5월 계유.
118) 『선조실록』, 위와 같은 조.
119) 『선조실록』 권26 선조 25년 5월 임술.
120) 『선조실록』 권26 선조 25년 5월 기사.
121) 李廷馣, 「行年日記」, 『四留齋集』 권8, 壬辰 6월 4일.

선무공작이 주효했던 상황을 잘 보여준다. 이미 파천 직후 백성들 가운데는 선무공작에 넘어가서 강화, 교동 등지의 뱃길을 자세히 적은 해도(海圖)를 일본군에게 넘겨주는 사람도 있었고, 시장 백성들은 일본군이 와도 담담하게 그들을 맞는다고 하는 상황이었다.[122] 뿐만 아니라 일본군 가운데 절반은 조선 사람이라는 소문까지 창궐하고 있었다.[123]

선조와 조정의 신료들은 또한 파천 도중에 자신들에게 적의를 품고 그것을 직접 행동으로 표출하는 백성들의 행동을 목도하였다. 개성에서는 다시 북으로 옮겨가는 임금의 가마에 돌이 날아드는가 하면, 평양에 머물던 중전이 함흥으로 옮기려 하자 흥분한 평양 백성들이 궁료(宮僚)들을 공격하고, 중전이 타고 있는 말을 때렸다. 또 호조판서 홍여순은 난민들에게 구타당하여 허리를 다쳤고 결국 성 밖으로 나갈 수 없었다.[124] 의주에 도착하기 직전 선조가 머물렀던 평안도 숙천(肅川)에서는 백성 가운데, 왕이 가고 있는 방향을 고의로 일본군에게 알려주기 위해 벽에다가 "대가(大駕)가 강계(江界)로 가지 않고 의주로 갔다"고 써놓은 자도 있었다.[125] 함경도에서는 왕자 임해군(臨海君)과 순화군(順和君)이 토착민 국경인(鞠景仁)에 의해 사로잡혀 일본군에게 넘겨지는 사건까지 발생하였다.

이 같은 상황은 선조를 비롯한 조정 신료 등 지배층 전반에게 심각한 위기로 받아들여질 수밖에 없었다. 위기의식이 깊어지면서 평화시에는 쉽게 생각할 수 없었던 파격적인 조치들을 취하게 되었다. 한 예로 선조는 자신을 수행하여 의주까지 왔던 말 관리인(理馬) 김응수라는 인물을 동반직(東班職)에 임용하도록 지시하면서 "지금은 보통 때의

朝得日本榜文 見之則大略以爲 黑田甲斐豊臣長政通諭黃海道兩班人民等 日本非是前日之日本 要與天下共享太平 寬徭薄賦 按堵如舊…… 大軍之過 大小迎謁 入山逃避者斬…… 因此 一道之民 投棄兵器 先期迎降 受倭帖文 公然塗貼 惟恐其後至.

122) 『선조실록』 권26 선조 25년 5월 임오.
123) 『선조실록』 권26 선조 25년 5월 계해.
124) 『선조실록』 권27 선조 25년 6월 무술.
125) 『선조실록』 권27 선조 25년 6월 병진.

법규를 지킬 때가 아니다"라고 하였다.[126] 이호민은 1593년 2월, 군량의 부족을 타개하기 위해 곡식을 바치면 사천인들에게도 면천을 허락하자고 주장하면서 "살아난 뒤라야 노복도 부릴 수 있는 것이니 사대부의 노복이 전부 면천된다 한들 무엇이 애석할 것이 있는가?"라고 말한 바 있는데[127] 이것은 당시 지배층이 지녔던 위기의식의 극단을 보여주는 것이었다.

이렇듯 일본군에게 쫓기고 그 과정에서 목도했던 민심의 이반 때문에 위축되어 있던 선조나 신료들에게 명군의 참전은 그 동기가 무엇이든 한 줄기 '복음'일 수밖에 없었다. 더욱이 1593년(선조 26) 1월, 명군이 평양전투에서 승리를 거두었던 것은 전쟁 전체의 흐름을 단숨에 바꾸어버리는 계기가 되었다. 전세는 역전되어 일본군은 퇴각하기에 이르렀고 선조는 그를 계기로 위기에서 벗어나 정권을 유지할 수 있게 되었다. 선조가 파천길에 있었을 때, 조정의 명령은 제대로 전달되지도 못하고 그나마 시행되지도 않았다.[128] 평양을 떠난 이후 왕의 가마가 머물려고 하는 곳에서는 그 소식만 듣고도 아전과 백성들이 전부 도망가는 형편이었다. 이 때문에 명군이 온다고 해도 그들과 행동을 같이 할 조선군은 하나도 없다고 지적될 정도였다. 결국 선조는 최후의 수단으로 요동으로 들어가는 것을 고집하였는데 신료들이 만류하자 그는 "내게 갈 만한 곳을 일러주면 요동으로 가지 않겠다"고 말하여 거의 막다른 곳까지 이른 비참한 절망감을 토로한 바 있었다.[129]

---

126) 『선조실록』 권26 선조 25년 5월 계해.
127) 『선조실록』 권35 선조 26년 2월 무술.
　　　疢曰 當初募粟事目中公私賤一體 而只許公賤免賤 不許私賤免賤 邊以中狀啓 言私賤 亦有頗願納者 而不得擅許云…… 好閔曰 有生然後可使 士大夫奴僕 雖盡免賤 而何足惜乎.
128) 『선조실록』 권27 선조 25년 6월 갑오.
129) 『선조실록』 권27 선조 25년 6월 갑진.
　　　上引見從臣…… 洪進及柳成龍曰 天兵雖來 我軍則無一人協助者 此最可慮 潰散之卒 收拾千餘名 與天兵合聚決一戰 幸而得捷 則宗社可以再造也…… 上曰 指予當往之處 則予不往遼東也.

이렇게 절망적인 상황에서 평양전투 승리 소식을 들었을 때 선조나 조정 신료들이 어떤 반응을 보였는지는 쉽게 짐작할 수 있다. 1593년 1월 9일, 평양전 승리의 소식을 들은 직후 2품 이상의 대신과 양사(兩司)의 장관들은 선조에게 "승첩 소식에 무슨 말을 해야 할지 모르겠다"고 말하였고, 선조 역시 "황은(皇恩)이 망극하여 할 말을 잊었노라"고 답하였다.[130] 이튿날 예조는 "국가의 재조(再造)가 오로지 평양 승첩에 달려 있다" 운운하면서 즉시 종묘에 고할 것을 주장하였다.[131] 이같이 '감격'하는 분위기는 이어져서 이여송을 기리는 송덕비(頌德碑)를 세우고, 그를 모시는 생사당을 건립하기로 결정하였다.[132] 평양전투 승리 이후 온 나라가 모든 힘을 기울여 명의 장관들을 받들고, 그 휘하의 편비장(褊裨將)들까지도 정성을 다해 섬긴다는 지적이 나오고 있었다.[133]

명군 지휘부가 강화논의를 제기하고, 일본군과 전투를 회피하면서 조선의 작전권까지 훼손하는 상황에 이르렀어도 이 같은 추세는 바뀌지 않았다. 특히 선조의 명군에 대한 의지와 신뢰는 거의 절대적인 것이었다. 강화논의가 제기된 이후 명군 지휘관들이 전진하지 않고, 일본군과의 교전을 꺼려 하여 여론이 비판적인 상황에서도 선조는 "명군이 아니면 국세(國勢)를 유지할 수 없다"고 말하는 등 그들을 비호하였다.[134] 그는 또 나아가 싸우든, 물러나 지키든 명나라에 의지할 수밖에 없으며 명군이 있어야만 민심도 믿는 것이 있고 일본군도 꺼리는 것이 있을 것이라고 말하였다.[135]

선조가 이같이 생각했던 배경에는 자신이 직접 목도한 조선 관군의

---

130) 『선조실록』 권34 선조 26년 1월 갑자.
131) 『선조실록』 권34 선조 26년 1월 을축.
　　禮曹啓曰 平壤之賊 俱就殲滅 再造邦國 寔在於此 神人胥慶 喜氣洋溢 即涓吉告于廟社 且隨駕臣子慶抃之情 自不容已 請陳賀何如.
132) 『선조실록』 권35 선조 26년 2월 정해.
133) 『선조실록』 권36 선조 26년 3월 신유.
　　竭一國之力 以奉天朝將官 其於麾下褊裨 無不屈己致誠 以順適其意…….
134) 『선조실록』 권42 선조 26년 9월 경신.
135) 『선조실록』 권82 선조 29년 11월 기해.

열세에 대한 인식이 자리잡고 있었다. 1593년 12월경 강화논의에 대해 불만을 품고 조정 일각에서 조선군이 독자적으로 일본군을 공격해야 한다는 논의가 제기되었을 때, 선조는 함부로 일본군을 공격해서는 안 된다고 반대하였다. 그는 그 이유로 조선군은 일본군의 적수가 못 되며, 조선 장사(將士)들의 재주가 일본군의 10분의 1밖에 되지 않는다는 것을 들고 있었다.[136]

요컨대 임진왜란 초반 거듭되는 패전 속에서 종사를 보존할 수 있을지의 여부가 불투명했고, 파천 도중 민심의 심각한 이반 현상을 목도하면서 위기의식이 극에 달했던 와중에 명군이 평양전투에서 승리를 거두면서부터 조선의 지배층 사이에서는 '재조지은'의 관념이 태동하기 시작했던 것이다.

2) '재조지은' 강조의 정치적 의미

그렇다면 임진왜란 당시 '재조지은'은 선조나 조정 신료들로 대표되는 지배층만이 강조했던 것일까? 조선의 일반 백성들은 명군과 그들의 참전에 대해 어떻게 생각했을까? 이러한 측면을 파악할 수 있는 자료가 거의 남아 있지 않아서 정확히는 알 수 없다. 다만 명군이 조선에 대해 '구원군'을 표방했고, 그들이 평양전투에서 승리한 이후 전세를 돌려놓았기 때문에 일반 백성들 가운데 상당수는 명군에 대해 고마워하는 의식을 품고 있었음을 짐작할 수 있다. 외교적 수사가 포함된 글이라서 액면 그대로 수용할 수는 없지만 1600년(선조 33) 이호민이 명에 보낸 정문(呈文)에서 "여염의 백성들이 명군 복장을 하고 있는 사람을 만나면 모두 외경한다"라고 했던 것을 통해 이 같은 분위기를 엿볼 수 있다.[137]

---

136) 『선조실록』 권46 선조 26년 12월 무진.
137) 李好閔, 「山海關三次呈文」, 『五峰先生集』 권14 庚子.
　　目今天兵尙駐小邦 其間無賴棍徒 擅離本營 行走民間者果有之 小邦廣行緝拏 解送衙

그러나 일반 백성들이 '재조지은'에 대해 고마워하는 생각을 갖고 있었다고 하더라도 그 고마워하는 정도는 선조나 조정 신료들의 그것 과는 달랐을 것으로 여겨진다. 왜냐하면 당시 명군이 광범하게 자행하고 있던 각종 민폐의 직접적인 피해자가 또한 일반 백성들이었기 때문이다. 군기가 풀어지면서 명군이 자행했던 민폐뿐 아니라 그들에게 군량과 군수물자 등을 대주는 과정에서 하층민들이 겪는 고통도 대단히 큰 것이었다.[138] 고상안(1553~1623) 같은 인물은, 1593년과 1594년에 걸쳐 온 나라의 곡식을 전부 명군에게 군량으로 주는 바람에 조선 백성들이 굶어죽게 되고, 결국 나라가 쇠약해지게 되었다고 말하여 명군에 대해 극단적으로 부정적인 인식을 토로한 바 있었다.[139]

임진왜란을 소재로 삼은 구비설화에서 ──문헌설화와는 대조적으로 ──이여송으로 상징되는 명군의 행패가 매우 다양한 형태로 표현되고 그에 대한 민족적 차원의 대응이 매우 직접적이면서도 감정적인 양상으로 표출되고 있었던 것, 명에 대한 민중의 적개심이 일본에 대한 적개심 이상으로 나타나고 있었던 것, 명군으로부터 받아야 했던 피해의 근원적 책임을 선조와 위정자들에게 돌리고 있었던 것 등은[140] 당시 명군에 대한 조선 사람들의 인식을 이해하는 문제와 관련하여 주목된다. 적어도 명군이 끼치는 민폐의 직접적인 피해자인 하층민들이 가진 '재조지은'에 대한 시각과 지배층의 그것과는 분명 차이가 있었을 것이다.

이렇게 볼 때 선조를 비롯한 조선의 지배층이 명군에 의지하고, 나아가 '재조지은'을 강조했던 이유는 무엇일까? 물론 일본의 침략으로 거의 망국 직전까지 몰렸던 상황에서 군대를 보내주고, 나아가 평양전

門者亦多　而第以官兵方留國內　閭閻小民　遇有天兵樣子　不知是官是巡　一體畏敬…….
138) 임진왜란 시기 명군이 자행했던 민폐에 대한 검토는 한명기, 「임진왜란 시기 명군 참전의 사회·문화적 영향」, 『군사』 35호, 국방군사연구소, 1997 참조.
139) 한명기, 위의 논문, 77쪽.
140) 임철호, 『설화와 민중의 역사의식 ──임진왜란 설화를 중심으로』, 집문당, 1989, 102~113쪽 참조.

투에서 승리함으로써 종사를 다시 보존할 수 있게 해주었던 명의 '은혜'에 대해 감사하는 마음이 배경이 되었던 것은 분명하다. 그런데 '재조지은'이라는 관념이 형성되고, 그것이 강조되는 분위기 속에는 '일본군을 물리쳐 망해가던 나라를 다시 구해주었다'는 의미뿐만이 아니라 당시 조선의 내정과 관련해서도 미묘한 정치적 의미가 자리잡고 있었던 것으로 보인다.

왜란 당시 조선 지배층, 특히 선조는 민심이 심하게 이반되었던 상황에서 명군의 존재를 자신의 왕권을 지켜주는 일종의 '울타리'로 생각하고 있었다. 그는 1597년 정유재란이 일어나기 직전, 명군을 부르면 군량 등을 대줄 수 없기 때문에 조선군을 동원해야 한다는 유성룡의 주장을 반박하고 "명군이 있어야만 인심이 의지할 수 있고, 불측한 자들이 간사한 음모를 꾀해도 두렵고 꺼리는 바가 있을 것이다"라고 하면서 그 실례로서 전라도의 인심이 사납다는 것을 들었다.[141] 그는 서울이 수복되어 일본군이 남하한 뒤에도, 귀경할 것을 종용하는 신료들에 대해 거부 의사를 밝히면서 그 이유로 이른바 '성중지변(城中之變)'의 우려를 제기한 바 있었다. 즉 그는 일본군의 재침만을 염려했던 것이 아니라 사방에 기근이 들고 민심이 이반한 상태에서 내부의 변란이 일어날지도 모른다고 우려했던 것이다. 따라서 명군이 주둔하고 있을 때는 그것의 발생을 억제할 수 있지만 그들이 모두 철수한 뒤에는 내부의 안위를 장담할 수 없다고 강조했던 것이다.[142]

실게 왜란 중에는 선조의 우려대로 크고 작은 민중 반란이 끊이지

---

141) 『선조실록』 권84 선조 30년 1월 갑인.
　　成龍曰 元翼下去時 請天兵來 無以支供 自我國可以調兵云矣 上曰 天兵雖不於慶尙
　　而討賊 天兵若來 則非徒人心自以爲依歸 如有不測之人 萌孽奸謀 必有畏憚 全羅一
　　道 人心極爲誤矣.
142) 『선조실록』 권39 선조 26년 6월 정유.
　　上敎政院曰…… 我國今日之憂 不但在於倭奴之復來 城中之變 亦不可不慮 目今四
　　方飢饉 人不聊生 禍亂之作 其伏地無窮 今則天兵壓境 雖有姦人 莫之敢動 天兵撤還
　　之後 不可不致心慮也 京城少無所恃 以言其將帥 則盡赴嶺南 以言其軍資器械 則蕩
　　然無存 以言其士馬 則有何兵士 予之過慮 不一而足 留意措置.

않았다.[143) 병졸로의 징발, 군량의 징색, 군량 운반과 요역 등으로의 동원, 주둔한 명군이 자행하는 민폐, 명군에 대한 접대 등을 빙자하여 지방 수령들이 자행하는 가혹한 수탈, 그에 더하여 기근 등이 이어지면서 민간 반란이 일어날 객관적 조건들이 형성되고 있었다. 선조는 그 같은 상황에서 조선의 관군으로써 불측한 자들을 제압하는 것은 어렵다고 여겼으며 심지어 "명군이 철수한 뒤에는 외적보다 내변이 더 우려된다"고 말하는 등 백성들에 대해 적대의식까지 품고 있는 것으로 보일 정도였다.[144) 그는 이러한 인식을 토대로 "명군이 철수한 뒤에는 서울에 많은 병력을 모아 두어 중앙세력을 강하게 하고 지방세력을 약하게 해야 한다"는 이야기를 공공연히 하고 있었다.[145) 즉 선조에게 명군은, 일본군의 침략으로부터 강토를 지켜주어 자신의 지배권을 회복시켜주었던 존재일 뿐 아니라 민심이 이반된 상황에서 내변이 염려될 때 왕권을 확고히 해주는 후원자이기도 했던 것이다.

주목되는 것은 명군 역시 선조의 이 같은 인식과 기대에 부응하고 있었던 점이다. 1599년 5월, 명군의 철수를 앞두고 총독 형개는 황제에게 올린 '동정선후사의(東征善後事宜)'에서 조선에 순포(巡捕) 600명을 두어 도적 등을 잡는 데 활용하자는 주장을 편 바 있었다.[146) 순포란 도적을 잡는 순라꾼을 뜻하는데 이것은 당시 명군이 조선의 내정의 영역에 속하는 치안 유지를 담당하는 것까지 고려하고 있었음을 보여

---

143) 임진왜란 중의 민중반란에 대해서는 藤井誠一, 「李夢鶴の亂について」, 『靑丘學叢』 22, 1935 ; 鄭泰玫, 「壬辰亂中의 農民蜂起」, 『新天地』 3-10, 1948 ; 이장희, 「임진왜 란 중 민간반란에 대하여」, 『향토서울』 32, 1968 등이 참조된다.

144) 『선조실록』 권109 선조 32년 2월 임자.
上曰 久不見大臣 今日發言故言及矣 今民心極苦 天兵支待 不得已之事 民或知之 亦 不可謂無變也 天將入去之後 設有嘯聚之徒 則軍兵器械可以禦之乎 民怨已極 豈皆良 民 外賊不畏 內禍可虞.

145) 『선조실록』 권107 선조 31년 12월 기사.

146) 『명신종실록』 권335 만력 27년 5월 임술.
一 添巡捕 自鴨綠 至王京 自王京 至釜山 地方寥遠 寇盜充斥 前議留捕兵六百名 卽 以把總李開先楊拱二人統之 分地巡警.

주는 것이다. 이러한 측면을 고려하면 '재조지은'은 —적어도 국왕이나 지배층의 입장에서 볼 때는—일본의 침략 때문에 해체되기 직전에 있던 조선왕조 체제를 다시 일으켜 세워주었을 뿐 아니라 반정부세력의 위협으로부터 정권의 안위를 지켜준 은혜로까지 확대 해석될 수 있는 것이었다.

선조와 조정 신료들이 '재조지은'을 강조했던 데에는 전쟁을 불러온 책임이 누구에게 있는가, 전쟁을 끝낼 수 있었던 동력(動力)이 무엇인가와 관련하여 미묘한 정치적 의미가 자리잡고 있었다. 특히 전쟁을 치르면서 불거졌던 재조, 재야의 신료들 사이의 갈등 구도와도 밀접한 관련이 있었다.

왜란 초반, 관군의 연이은 패배와 그 과정에서 관군의 지휘관들이나 지방 수령들이 보였던 비겁한 모습 등은 백성 일반에게 심각한 불신감을 심어놓았다. 병졸들은, 혼자만 살겠다고 도주했던 장수들을 믿지 못하고, 백성들은 관을 믿지 않아 심지어 "관과 민이 서로 원수가 되었다(官民仇敵)"라는 지적이 나올 정도였다.[147] 또 의병을 일으켰던 유생들은 전란 초반, 도주하기에 급급했던 지방 방백(方伯)이나 수령들을 한심한 존재로 여겨 매도하기도 하였다. 한 예로 곽재우(郭再祐)는, 왜란 초반 적과의 싸움을 회피하고 도주했던 경상감사 김수(金睟)를 맹렬히 비난하고, 그를 처형할 것을 주장했을 뿐 아니라 심지어 그를 스스로 처단하려고 시도하기도 했다.[148] 김성일(金誠一)의 보고에 따르면 전라도 운봉(雲峰)에서도 호남 사람들이 근왕(勤王) 활동에 태만했던 순찰사 이광(李洸)을 토벌하려고 시도했던 적이 있었다.[149]

---

147) 李魯,「上梧里李體相元翼」,『松巖先生文集』권3.
　　自經變亂以後 慣見諸將之躍馬先逃 故卒不信將 民不恃官 官民仇敵 將卒超越 嗷嗷
　　怨咨…….
148) 金誠一,「伸救郭再祐狀」,『鶴峰先生文集』권3.
　　自變生之初 聞兵水使相繼遁走 賊之將犯密陽也 監司金睟謂 節制之帥不當在圍城中
　　乃退還靈山 旋向草溪 再祐奮然曰 兵水使遁走 而不爲行刑 今又賊出左道 而退走草
　　溪 監司可斬也 乃仗劍欲要諸路 鄕人力禁乃止.

그것은 한마디로 공권력을 지닌 재조신료(在朝臣僚)들과 의병장으로 대표되는 재야신료(在野臣僚)들 사이의 갈등이었다. 김성일은 편지를 보내 곽재우의 행동을 비난하고, 조정의 권위에 도전하지 말라고 당부한 뒤 계속 그럴 경우 '멸문지화(滅門之禍)'에 빠질지도 모른다고 경고한 바 있었다.[150] 그러나 의병장들이, 비겁한 모습을 보이거나 근왕을 소홀히 하는 관찰사나 수령들을 몹시 미워하고 꾸짖음으로써 양자가 서로에게 원한을 품어 화합할 수 없게 되었다는 지적은 이어졌다.[151] 실제 일부 관군의 지휘관들은 병권을 내세워 의병장들의 활동을 심하게 제약하는 경우도 있었다.[152] 조정 역시 군공을 세운 사람들을 시상하는 과정에서 의병장들을 현저히 배제하고 있다는 비판을 받기도 하였다.[153] 재야의 의병장들과 재조의 신료들 사이에 전란 중의 활동을 놓고 갈등을 빚을 소지가 농후했던 것이다.

명군 참전 이전 일본군에게 일방적으로 밀리고 민심이 이반되었던 상황에서 그나마 국가가 유지될 수 있었던 것은 의병들의 활약 덕분

---

149) 김성일, 앞의 책, 같은 조.
臣不幸受命之後 再逢此變 臣四月中取路湖南 到雲峰縣 湖南之人 以巡察使李洸緩於勤王 欲討之 或有密言於臣者 臣以大義折之…….

150) 김성일, 「與義兵將郭再祐」, 앞의 책, 권4.
忽聞義將移檄巡察營門 敢肆悖逆之言 方伯是何等官 義將是何等人 而敢欲爲此等事耶 方伯雖實有罪 自有朝廷處置 非道民所當下手 豈料義將生忠義之門 擧討賊之義 大功將成 而自陷於隕身滅族之地耶

151) 成渾, 「行朝上便宜時務」, 『牛溪集』권3.
義兵之將 必懷不平 與州縣積不相能 其勢終不能與官軍合而爲一矣 又倡義召募多是儒士 自以爲忘身殉國 視方伯連帥不能勤王者 深加憤疾 大言詬罵 互相恨怒 其勢又不得合爲一體 受其節制矣.

152) 김성일, 「右監司時狀」, 『鶴峰先生續集』권3.
臣見權應銖 驍勇有知慮 武弁中難得之人也 若令此人 獨當一面 任其所爲 則必成大功 而頗爲兵使所掣肘 不能行志 識者深以爲歎 兵使年少有才 善撫士卒 道內各官 咸置助戰將 軍勢稍張 但獨專一道兵權 義士奮起者 必加沮抑 盡奪其軍…….

153) 김성일, 「答柳西厓」, 위의 책, 권4.
且朝廷刑賞日紊 有罪無功者 日加陞擢 而此道義兵將士 則顯加排抑 軍情解體 莫不憤惋 痛哉 痛哉

이었다.[154] 그러나 궁벽진 의주로 밀려나 있던 조정은 의병들을 제대로 통제할 수 없었다. 곽재우, 정인홍(鄭仁弘), 김덕령(金德齡) 등 의병장들이 지방사회의 영웅으로 떠오르고 있던 현실에서 의병에 대한 절제가 제대로 이뤄지지 못했던 것은 선조나 그를 호종했던 여러 신료들에게는 자신들의 권위 실추와 맞물려 커다란 문제가 아닐 수 없었다. 의병이란 존재는 '양날을 지닌 칼'이었기 때문이었다.[155] 그런데 명군이 참전하고, 그들이 평양을 수복했던 이후에야 조선 조정이 의병을 통제할 수 있었고, 나아가 의병 집단을 해산시켜 군대로서의 기능을 없애거나 명군에게 공급할 군량을 운반하는 데 동원하게 되었다는 지적은[156] 상당히 주목된다.

그렇다면 명군의 참전과 '재조지은'을 강조하는 것은 당시 선조나 재조 신료들과 재야의 의병장 사이의 미묘한 관계나, 혹은 서로를 '원수처럼 여겼다'는 관과 민의 관계를 고려할 때 어떤 의미를 지니는 것일까? 필자의 생각으로는 '재조지은'을 강조하면 할수록 당시 집권자로서의 권위가 실추되었던 선조나 재조신료들의 어려운 입장이 다소나마 완화되지 않았을까 여겨진다. 즉 위기를 극복해낸 공로의 대부분을 명군의 것으로 돌리고, 나아가 그 명군을 불러온 주체가 자신들임을 부각시킴으로써 전쟁 초반의 연이은 패배와 파천 때문에 실추된 권위를 어느 정도 만회할 수 있었다고도 볼 수 있을 것이다. 이러한 생각은 전쟁이 끝난 직후인 1601년(선조 34), 비변사에서 선조를 호종하여

---

154) 『선조실록』 권32 선조 25년 11월 임신.
　　自變生以後 人心土崩 義士一倡 軍民響應 國家之得有今日 皆是義兵之力也.
155) 선조를 비롯한 정권 담당자들에게 의병들이 효용성을 가지는 것은, 일본군에게 일방적으로 몰리던 때까지만이었다. 그들이 보기에 적절히 통제되지 않는 의병이란 정권에 대한 또 다른 위협 요소일 수밖에 없었다. 일개 유생의 신분으로 경상도관찰사 김수를 처단하려고까지 했던 의병장 곽재우가 왜란이 끝날 무렵 휘하의 병력을 스스로 해산한 뒤 곡기를 끊고 道人 행세를 했던 것을 '명철보신'하기 위한 자구책이라고 간파했던 『선조실록』 사신의 지적은 참으로 주목되는 것이다 (『선조실록』 권211 선조 40년 5월 병인).
156) 최영희, 『임진왜란 중의 사회동태』, 한국연구원, 1975, 147~154쪽.

의주까지 왔던 조정 신료들을 녹훈(錄勳)하는 문제를 제기했을 때 선조가 했던 다음과 같은 발언을 통해 상당한 근거를 얻을 수 있을 것으로 여겨진다.

지금 왜적을 평정한 것은 오로지 명군 덕분이다. 우리 장사들은 간혹 명군의 뒤를 쫓아다니다가 요행히 적 잔병의 머리를 얻었을 뿐 일찍이 적 우두머리의 머리 하나를 베거나 적진 하나를 함락시킨 적이 없었다. 그 가운데 이순신과 원균 두 장수의 해상에서의 승리와 권율의 행주대첩(幸州大捷)이 다소 빛날 뿐이다. 만약 명군이 들어오게 된 이유를 논한다면 그것은 모두 호종했던 여러 신료들이 험한 길에 엎어지면서도 의주까지 나를 따라와 천조(天朝)에 호소했기에 적을 토벌하여 강토를 회복할 수 있었던 것이다.[157]

위에서 선조는 종사 회복의 모든 공로를 명군의 참전에 돌렸거니와 의병들의 역할 등에 대해서는 전혀 언급하지 않았다. 뿐만 아니라 호종했던 신료들이 명군을 불러왔던 사실을 슬며시 강조했던 것은 그가 '재조지은'을 강조하는 의도와 관련하여 주목되는 것이라고 할 수밖에 없다. 실제 선조는 1593년에도, 명에 병력 파견을 요청하는 주문을 가져갔던 정곤수(鄭崑壽)가 왜란을 극복하는 데 가장 큰 공을 세웠다고 찬양한 바 있었고,[158] 이후에도 명군을 불러온 신료들을 전란 극복의 '원훈(元勳)'으로 평가했던 인식을 바꾸지 않았다.[159]

---

157) 『扈聖宣武淸難功臣都監儀軌』(奎 14924), 萬曆 29년 3월 13일.
    答曰 今此平賊之事 專由天兵 我國將士 不過或隨從天兵之後 或幸得零賊之頭而已 未嘗馘一賊酋 陷一賊陣 其中如李元二將海上之鏖 權慄幸州之捷 差强表表 若論天兵 出來之由 則皆是扈從諸臣 間關顚沛 隨予則到義州 籲號天朝 得以討賊 恢復疆土耳.
158) 『선조실록』 권42 선조 26년 9월 을묘.
159) 『扈聖宣武淸難功臣都監儀軌』 萬曆 29년 5월 3일.
    領議政李恒福啓曰…… 臣伏讀前後備忘記有云 有功人皆錄 請得天兵來者 當爲元勳 天兵之所以至此者 由於往義州故.

이렇듯 명군의 참전을 전란 극복의 동력으로 찬양하고, '재조지은'을 강조했던 선조와 호종 신료들의 태도는 전란을 불러온 책임 소재의 규명 문제와 밀접한 관련이 있었던 것으로 보인다. '재조지은'을 강조하면 할수록 전란 당시, 직접 일선에서 싸웠던 이순신이나 권율 같은 '구국의 영웅'이나 재야의 의병장들이 했던 역할의 의미는 퇴색하고, 전쟁과 연이은 패전을 불러온 책임을 따질 경우 상대적으로 무거운 부담을 질 수밖에 없는 선조나 호종 신료들의 정치적 입장은 다소 완화될 수 있었던 것이다.

3) '재조지은' 현창 사업의 전개

이 같은 배경에서 전쟁이 끝날 무렵부터 조선은 명의 은혜에 감사하고, 조선에 참전했던 장관(將官)들의 공로를 현창하는 사업들을 추진하였다. 이미 1593년, 평양전투 승리 직후 조선 조정은 이여송의 공적을 기리는 송덕비를 세우고, 그의 화상(畵像)을 제작하고, 생사당을 짓기로 결정하였다.[160] 이어 평양에 무열사(武烈祠)를 짓고, 그곳에 명군 지휘부 가운데 평양전투에서 승리하는 등 조선에 뚜렷한 은공을 베풀었다고 추앙했던 병부상서 석성과 이여송, 이여백(李如栢), 양원, 장세작(張世爵) 등 5명의 화상을 걸고 봄가을로 제사를 지냈다.[161] 한편 정유재란이 끝난 뒤인 1599년에는 총독 형개를 모신 사당을 세워 선무사(宣武祠)라고 이름을 붙이고, 그곳에 선조가 친필로 '再造之恩' 네 글자를 써서 양각한 현판을 걸었다.[162] 이어 조선에 왔던 명의 문무관리와 대소 장관들이 조선에서 세운 공적을 찬술하고, 그와 관련된 서적의 출판을 담당하는 기구로 천조장관찬집청(天朝將官撰集廳)을 설치하

---

160) 『선조실록』 권35 선조 26년 2월 정해.
161) 『선조실록』 권77 선조 29년 7월 갑오 ; 권99 선조 31년 4월 을해 ; 『인조실록』 권29 인조 12년 2월 병자.
162) 『선조실록』 권117 선조 32년 9월 정미 ; 권118 선조 32년 10월 신사 ; 『인조실록』 권34 인조 15년 5월 을유.

였다.[163]

　당시 조선이 누구보다도 은혜를 많이 베풀었다고 기렸던 사람은 만력황제 신종과 정유재란 당시 경리어사였던 양호였다. 만력황제는 왜란 당시 한 달에 3일밖에는 조정에 나오지 않을 만큼 정무를 폐하였음에도 조선 문제에 관련된 일만은 수시로 보고토록 했다고 한다.[164] 또 조선에 군대와 군량을 보내주고, 조선 방어를 계속하느냐의 여부를 놓고 신료들 사이에서 논란이 분분할 때에도 단호하게 결정을 내려 도와주었기 때문에 명에서도 '고려천자(高麗天子)'로 불린다는 사실이 알려지면서 조선 군신들을 감동시켰다.[165] 실제 오늘날 중국에는 신종을 대단히 탐욕스럽고 인색한 황제라고 규정하면서 그가 조선에 원군을 보내 780만 냥 이상의 은화와 수백만 석의 양곡을 소모했던 사실을 그의 인색함에 비추어 이해할 수 없다는 투로 평가하는 학자도 있다.[166] 바로 이 같은 사실 때문에 명이 망한 뒤 한참 시간이 흐른 뒤에도 그를 모시고 숭앙하기 위해 대보단(大報壇)을 세울 만큼[167] 조선 조야에서 만력황제에 대한 기억이 오래 지속되었던 것으로 보인다.

　양호는 왜란 당시 조선에 왔던 명의 장관들 가운데 자신의 임무에 가장 충실했다는 평가를 받았고, 군사들의 작폐를 막는 데도 힘써서 '고려재상(高麗宰相)'으로 불렸던 인물이었다.[168] 그가 1598년 6월, 울산전투 직후 정응태(丁應泰)에게 무고를 받아 명으로 귀환할 때는 도성

---

163)『선조실록』권119 선조 32년 11월 기유.
164)『선조실록』권109 선조 32년 2월 병자.
165)　金大賢,「總敍」,『悠然堂先生文集』권3.
　　　萬曆皇帝 政務多廢 而討倭一事 眷眷不忘 我國請兵請糧 畧不違拒 添調添發 少無遲難 廷議雖紛 獨斷猶堅 邊報至則 雖夜分 必裁決而下 以必去此賊爲心 中原人稱之曰 高麗天子 詔勅之下 殿下必歎曰 天恩罔極.
166)　何寶善・韓啓華 外,『萬曆皇帝朱翊鈞』, 北京, 燕山出版社, 1990, 155～157쪽.
167)　대보단에 대해서는 정옥자,『조선후기문화운동사』, 1988, 제1장 2절 참조.
168)　김대현, 위의 책, 같은 조.
　　　楊鎬勤於爲政 善禁戢軍士不爲撓害 由是 諸陣軍皆怨之曰 高麗宰相 束民德之 去後益思.

의 부로(父老)들이 몰려나와 통곡했으며 부모를 잃은 듯이 상심했다고 기록되어 있다.[169]

1604년, 선조는 양호를 기리기 위해 그를 선무사에 배향하기로 결정하고, 북경에 가는 사신들에게 그의 화상을 구입해오도록 지시하였다. 하지만 선조대에는 화상을 구하는 등의 현창 사업이 제대로 이루어지지 못했던 것으로 보인다.[170]

양호에 대한 현창 사업은, 그가 오랜 재야생활을 청산하고 명 조정에 다시 기용되어 출사했던 광해군대에 이루어졌다. 그가 1610년(광해군 2), 광녕도어사(廣寧都御史)로 임명되자 조선은 그에게 문안사를 보내 예물을 전달하기로 결정하는 등 조선과 지리적으로 가까운 지역으로 부임했던 그에 대한 예우에 신경을 쓸 수밖에 없었다.[171] 이어 1611년(광해군 3)에는 그를 기리는 송덕비를 사현(沙峴)에 다시 세웠다.[172] 또 그가 베푼 은덕을 기리기 위해 가요집을 편찬하였다. 그 속에는 영의정 이덕형을 비롯한 조정의 대소 신료들뿐 아니라 이름 없는 노인, 조령에 사는 나무꾼(鳥嶺 樵夫), 제주도 어부, 시장의 상인, 동자(童子) 등 다양한 부류의 사람들이 읊은 송덕시가 수록되어 있다.[173] 양호 역시 과거 정응태에게 무고당했을 당시, 조선이 그를 비호하려고 명 조정에 보냈던 변무주문(辨誣奏文)과 조선에서 편찬한 송덕시집 수백 권을 보내달라고 요구하기도 하였다.[174] 양호 스스로도 자신에 대한 조선의 호의를, 명에서 자신의 정치적 입지를 굳히는 데 적절히 활용하려고 애썼던 것이다.

'재조지은'을 강조하는 분위기는 임진왜란 말기 명 조정과 지휘관들

---

169) 『선조실록』 권102 선조 32년 7월 갑오.
170) 『선조실록』 권176 선조 37년 7월 기사 ; 권213 선조 40년 윤 6월 계해.
171) 『광해군일기』 권28 광해군 2년 4월 壬辰.
172) 『광해군일기』 권44 광해군 3년 8월 辛未.
173) 이 송덕시집은 『經理御史楊先生頌德詩稿』(奎 6665)로서 현재 규장각에 남아 있다.
174) 『광해군일기』 권50 광해군 4년 2월 庚午.

이 조선에 대해 시혜자로서 '생색'을 내기 시작한 것과 맞물리면서 확대되었다. 명군 지휘부는 이미 1593년 1월, 평양전투 승리 직후 자신들이 들판에 한둔하고 목숨까지 바침으로써 평양을 탈환하였고, 나아가 조선에게 나라를 다시 찾게 해주었다고 강조하고, 그럼에도 조선은 관망하면서 군기를 그르치고 명군에 대한 군량 공급에 태만한 자세를 보인다고 불만을 토로한 바 있었다.[175] 명군 지휘부의 이 같은 불만과 조선에 대한 '섭섭함'의 토로는 시간이 흐르면서 자신들이 베푼 '은혜'를 강조하고 그에 대해 보답할 것을 요구하는 분위기로 바뀌어갔다. 명군 지휘관들은 1594년경부터 자신들이 조선에서 세운 공적의 내용을 구리기둥(銅柱)에 새겨 그것을 부산 등지에 세워달라고 요청했거니와[176] 철수가 임박할 무렵에는 구리기둥뿐 아니라 자신들을 찬양하는 내용의 시문을 담은 가요집을 만들어줄 것을 요구하였다.[177]

주목되는 것은 정유재란 이후에는 명 역시 '재조지은'이란 용어를 사용했다는 점이다. 1597년 12월, 명의 병과급사중 후경원(侯慶遠)이 조선 군신들이 싸울 의사가 없이 "양단을 걸치고 있다"고 비판하고 명군을 철수시키자고 주장했을 때 총독 형개는 조선의 입장을 어느 정도 두둔한 뒤 조선 군신들에게 유시하여 복수하는 데 힘을 다하게 하고, 궁극에는 명이 베풀었던 '재조지은'을 배신하지 않도록 하자고 말한 바 있었다.[178] 이것은 당시 명 스스로도 자신들의 조선 참전을 '재조

---

175) 『事大文軌』 권3 萬曆 21년 1월 15일.
　　 且官兵野屯露宿 捨命捐軀 得克平壤 可謂汝等無國而有國 無家而有家 若以責備過失
　　 罪咎 糧餉草無 坐視觀望 違慢軍機 疏聞當宁 挈兵旋遼 目汝就斃 使有國者復至無國
　　 有家者仍悲無家……
176) 『선조실록』 권45 선조 26년 윤 11월 을사.
177) 『선조실록』 권109 선조 32년 2월 기사.
178) 『명신종실록』 권317 만력 25년 12월 신유.
　　 先是 兵科右給事中侯慶遠論 朝鮮君無堅志 臣有避心 宜令督臣明問國王 若勉力圖存
　　 有進無退 中國不惜財力以赴 若自輕其社稷 不羞竄伏 中國卽當還師 不與倭爭 其速
　　 審擇 毋持兩端 至是 總督邢玠據其回咨奏言 朝鮮君臣先以賊勢重大 故上下逃奔 屈
　　 于力之不逮 亦非甘心于倭者 今我兵于青山等處 屢戰屢捷 有轉虛爲强之勢 乞憐殘破
　　 之苦 令其臣民共期雪恥 庶同心戮力 可無負再造之恩矣.

지은'으로 규정하고 조선에 대해 그에 보답할 것을 강조했던 하나의 상징적인 사례로 여겨진다.

실제 1599년, 총독 형개는 전쟁이 끝난 사실을 지적한 뒤 이제 명의 궁궐공사에 필요한 비용 가운데 일부를 조선이 보조해야 한다고 주장하여 명의 은혜에 대한 경제적 보상을 노골적으로 종용하기도 하였다.[179] 그런데 주목되는 것은, 형개가 당시 중국 각지의 번왕(藩王)들이 건청궁(乾淸宮)과 곤녕궁(坤寧宮)의 공사에 필요한 비용을 보조했다는 사실을 상기시킨 뒤 "조선 역시 외국으로 자처할 수 없다"고 말한 점이었다.[180] 이에 조선은 성절사 사행편에 면주(綿紬) 5천 필과 인삼 5백 근을 보내 궁궐영건 비용으로 부조했는데[181] 이것이 왜란 이후 명에 대한 최초의 '경제적 보답'이라고 할 수 있는 것이었다.

명의 은혜에 감사하고, 보답해야 한다는 조선의 입장과 그를 강조하는 명의 태도가 맞물리면서 '재조지은'을 강조하는 분위기는 시간이 흐름에 따라 더 확대되었다. 조선에서는 선조 말부터 국가가 재조된 것은, 털끝만한 것도 오로지 명의 은혜라고 인식하고 명에 대한 사대와 향상(享上)의 예를 행할 때 모든 정성을 다하되, 다른 것을 돌아보지 말아야 한다는 주장이 대두되었다.[182]

명의 분위기 역시 달라져가고 있었다. 17세기 초에 이르러 명나라 인사들은, 왜란 당시 자신들이 조선을 구원했으며 그 때문에 여러 방면에서 큰 손실을 입게 되었고, 따라서 조선은 그 은혜를 깊이 새겨야 한다고 공공연히 내세웠다. 주목되는 것은, 이 무렵 명나라 인사들이 임진왜란을 부르는 명칭이 '동원일역(東援一役)'으로 나타났다는 점이

---

179) 『선조실록』 권110 선조 32년 3월 정해.
180) 김대현, 「記軍門雜事」, 『悠然堂先生文集』 권3, 己亥 3월 8일.
   初八日 中軍招盧接伴曰 老爺見京報曰 陝西慶王 爲乾淸坤寧營造 助工 楊應龍安康
   臣 乃其土臣也 亦獻象 獻金銀 朝鮮亦不可以外國自處 似當有助工之事.
181) 『선조실록』 권112 선조 32년 윤 4월 계묘.
182) 『선조실록』 권144 선조 34년 12월 을해.
   諫院啓曰 國家再造 得至今日 秋毫皆天朝之力 凡係干事大享上之禮 則但當竭盡心力
   而不恤其他……

다. 1610년 조선에 왔던 장천택(蔣天擇)이란 인물은 조선에 대해 중강개시(中江開市)를 재개하라고 요구하면서 왜란 당시 명이 베풀었던 '엄청난 은혜'를 상기시킨 바 있었다. 그는 명이 '동원일역'을 맞아 조선을 구하기 위해 자국 백성들을 불 속에 뛰어들도록 만들었으며 조선의 백성과 토지 등 모든 것이 명에 의해 '다시 만들어진 것'이라고 강조하였다.[183] 오늘날에도 중국에서 임진왜란을 '항왜원조(抗倭援朝)' 등의 명칭으로 부르고 있거니와[184] '조선을 도와주었다'는 것을 강조하는 '동원(東援)'이란 용어가 등장했다는 것은 ─당시 명이 처해 있던 고달픈 처지와 관련하여 ─주목할 수밖에 없다.

광해군대에 들어와 후금에게 요동을 상실당하고, 수도 북경의 관문인 산해관(山海關)마저 위협받는 상황이 되자 왜란 당시의 은혜를 거론하면서 조선의 보답을 촉구하는 태도는 더욱 심화되었다. 특히 1621년, 요양(遼陽)이 함락되어 요동 전체가 후금에게 무너진 이후에는 상당수의 명나라 장수들과 난민들이 조선 영내로 넘어와 의탁하게 되었는데 그들이 조선에 머물면서 지원을 요청하는 근거 역시 '재조지은'이었다.

이때 요동이 건주여진에게 무너지면서 명나라의 여러 장수들 가운데 궁박하여 우리에게 넘어온 사람이 많았다. 부총병 한종공(韓宗功)도 가족을 거느리고 와서 머물렀는데 왜란 당시 왜군을 무찔렀던 공에 대해서는 한마디도 말하지 않았다. 그 무리들을 엄하게 단속하여 조금도 범하는 것이 없었다 …….[185]

---

183) 『광해군일기』 권25 광해군 2년 2월 庚戌.
　　遼東指揮使差官蔣天擇人來…… 我朝自十九年東援一役 驅天下之民 以赴湯火…… 是捨內地赤子 以捍外國之禍患 今日高麗所留人民 誰遺之也 所産貨物 誰生之也 所玉帛子女 誰貽之也.
184) 중국에서는 이 밖에도 '壬辰倭禍', '萬曆東征之役', '朝鮮之役', '援朝抗日戰爭', '禦倭戰爭' 등 다양한 명칭으로 부르고 있다(최소자, 「명말 중국적 세계질서의 변화」, 『명말·청초사회의 조명』, 1990, 218쪽.
185) 李尙吉, 「龍川彌串津贐韓副摠宗功還中原」, 『東川集』 권1.

위에서 이상길(李尙吉)이, 왜란 당시의 공로를 전혀 언급하지 않았다고 한종공을 칭찬한 것을 보면 당시 조선으로 망명해왔던 명나라 장수들의 일반적인 분위기가 어떠했을지를 짐작케 한다.

임진왜란 시기 명군의 참전과 평양전투 승리를 거치면서 형성된 '재조지은'은 17세기 초에 이르면 대명관계를 원활히 유지하는 과정에서 조선이 일차적으로 고려해야 할 조건이 되었다. 그리고 그것은 향후 양국관계가 전개되는 과정에서, 명에게는 조선에 대해 정치·군사적 원조를 요구할 수 있는 명분적인 근거가 되었고 조선에게는 회피하기 어려운 짐으로 작용하게 되었던 것이다.

時 遼東爲建虜所破 天朝諸將窮以投我者多 韓副摠率眷來泊 而絶口不言壬辰征倭之勳 嚴束其徒 秋毫無犯……

제2장

명군 참전과 경제적 영향

1. 조선의 은(銀) 수요 증대와 명나라 은의 유입

명군의 조선 참전이 몰고 왔던 경제적 영향 가운데 가장 두드러진 것은 은의 유통과 관련된 것이었다. 왜란 당시 은본위의 일조편법(一條鞭法)을 운용하고 있던 명은 조선에 파견된 군사들에게 월량(月糧)을 은으로 지급하였고, 필요한 군수물자 역시 은을 통해 조달하였다. 이 때문에 왜란 기간 동안 조선에는 명군이 들여온 은이 자못 활발히 유통되었고, 그러한 추세는 당시 미곡과 면포를 주요 유통수단으로 삼고 있던 조선의 경제생활에 상당한 자극을 주었다.

물론 왜란 이전인 16세기에도 지주제(地主制)가 발달하고, 유통경제가 활성화되면서 일부 계층의 사치 수요를 충족시키기 위한 중국과의 사무역의 발달로 은의 수요가 증가하고 유통이 활발해졌다. 주로 명나라산 비단과 원사를 구입하는 결제대금으로 은이 지출되었는데 그것은 궁금(宮禁), 권귀(權貴)들과 결탁한 일부 부상대고들에 의해 권력의 비호 아래 수행되었다. 비록 유통의 범위에서 한계가 있었지만 그것을 계기로 은에 대한 사회적 수요가 늘어났다. 당시 엄격히 금지되었던 은광의 사채(私採)가 몰래 행해지고, 그의 개발에 필요한 자금을 마련하기 위한 다양한 시도들이 나타났다. 이른바 '민채납곡(民採納穀)', '민채납세(民採納稅)' 등 16세기 중반 민간의 은광개발에 대한 허용조처는 그러한 추세가 자연스럽게 반영되었던 것이었다.[1]

일부 계층의 사치품에 대한 수요 충족을 위해 결제대금으로써 중요한 역할을 했던 상황에서 더 나아가 은이 유통의 매개물이자 축재의 수단으로서 주목을 받게 된 것은 임진왜란을 겪으면서부터였다. 16세기 중반까지는 국내의 은이 중국 물화의 수입과정에서 주로 명으로 유출되는 상황이었는 데 비해 임진왜란 시기에 오면 은이 명에서 조선으로 유입되는 추세로 바뀌었다. 임진왜란 시기 명에서 조선에 은을 내려주고, 조선에 들어온 명군의 군량과 군수물자 조달 비용을 모두 은으로 충당하게 됨으로써 국내에는 명의 은이 크게 퍼지게 되었고, 그 유통 역시 활발해졌던 것이다. 은이 활발하게 유통되는 계기로써 임진왜란을 주목한 신흠(申欽)의 다음과 같은 이야기는 이를 잘 보여준다.

물화가 통하고 막히는 것의 성쇠는 역시 때가 있다. 우리 동방은 은광이 많으므로 고려 말에 중국의 수색 때문에 백성이 견디지 못하였는데 조선 초에 주청하여 상공(上貢)을 면제받았다. 상공을 면제받았다면 나라의 화폐로 쓸 수 없기 때문에 열성(列聖)이 이를 준수하여 드디어 은을 캐는 길을 폐쇄하고 법령으로 분명히 제정하였다. 심지어 역관이 북경에 갈 적에도 만일 사사로이 싸가지고 강을 건너는 자가 있으면 그 죄는 죽이는 데에 이르렀다. 거의 2백 년이 경과되어 임진왜란에 이르러 중국에서 은을 우리나라에 내려주고 군량과 군상(軍賞)도 모두 은을 쓰니, 이로 인해 은화가 크게 유행하여 중국과 통화(通貨)하는 금령

1) 한상권, 「16세기 대중국 사무역의 전개」, 『김철준박사화갑기념사학논총』, 지식산업사, 1983, 460~466쪽.
이태진, 「16세기 동아시아의 역사적 상황과 문화」, 『한국사회사연구』, 지식산업사, 1986, 312~314쪽.

은 폐하여 행해지지 않게 되었다. 그리하여 시정에서 매매하는 무리가 다른 재물은 저축하지 않고, 오직 은으로 재물의 고하를 정하였다. 오늘날에 이르러 호조의 경비는 중국에 주청하는 것과 사신의 접대비용으로 더욱 많아져서 은값이 오르자 민간에서 폐기되었던 자모전(子母錢)이 이로 인하여 큰 이익을 얻게 되었으며, 조정에서는 재물을 탐하는 관리가 서로 뇌물을 주는데 은을 버리고는 할 수 없었다.[2]

이제 신흠이 말한 내용을 토대로 명군의 참전이 몰고 온 은과 관련된 변화를 구체적으로 살펴보기로 하자.

조선에 파견된 명군은 그들의 봉급을 은으로 지급받고 있었다. 매월 남병(南兵)에게는 안가은(安家銀) 5냥과 월량은(月糧銀) 1냥 8전(錢), 북병(北兵)에게는 안가은 5냥과 월량은 1냥, 가정(家丁)들에게는 안가은 6냥과 월량은 1냥 8전 및 염채마필요초(鹽菜馬匹料草) 등을 지급하도록 규정되어 있었다.[3]

명은 또한 조선 원정군에게 필요한 군량의 장거리 수송에 따른 불편을 해소하기 위해 조선에 은을 보내 그것으로써 미곡과 말먹이를 구입하려는 계획을 세웠다. 그러나 당시 조선에서는 은이 거래의 수단으로서 통용되지 못했기 때문에 명의 의도는 벽에 부딪혔다. 이러한 사실은 1592년 9월, 조선을 방문했던 명사 설번(薛藩)과 선조와의 대화 속에서 이미 예견되고 있었다. 설번은 대군이 조선으로 들어올 경우 필요한 군량을 현물로 조달하는 것의 곤란함을 지적하고 그 대신 은을 가져올 것을 제안했지만 선조는 그에 난색을 표하였던 것이다.

선조 : 삼경(三京)을 잃고서도 아직 망하지 않은 것은 오로지 명군의 위엄에 의지한 덕분입니다. 황은이 망극합니다.

---

2) 申欽, 「山中獨言」, 『象村稿』 권53.
3) 岡野昌子, 「秀吉の朝鮮侵略と中國」, 『中山八郎敎授頌壽記念明淸史論叢』, 東京, 燎原, 1977, 144~145쪽.

설번 : 천병이 이제 소탕할 것이니 국왕께서는 근심하지 마소서.

선조 : 구원병은 언제 오겠습니까?

설번 : 한 달 정도만 기다리면 올 것입니다. 천병 십만 가량이 이제 도 착할 것인데 천리길에 양식을 운반해오기란 쉬운 일이 아닙니다. 그러니 은을 갖고 와서 쌀로 바꾸면 어떻겠습니까?

선조 : 우리나라는 땅이 좁고 백성은 가난하며 또 나라의 풍속에 은이 재산이 되는 이로움을 알지 못하니, 은이 있다고 하더라도 쌀로 바꿔 군량을 만들 수가 없습니다.[4]

앞의 대화를 통해 알 수 있듯이 당시 조선에서는 은이 화폐로 통용 되지 않았기 때문에 은을 가져와서 곡물을 구입하려 했던 명의 의도 는 실현되지 못하였다. 이 때문에 경략 송응창은 조선에서는 은을 갖 고 있어도 소용이 없다고 불만을 터뜨리기도 하였다.[5]

그러나 일단 명의 대병이 들어오고 전쟁이 장기화되면서 명은 군량 등 군수물자 조달을 위해 막대한 양의 은을 지출하게 되었다. 당시 명 군의 군수물자 조달은 거의 전부가 은을 통해 이루어진다고 해도 과 언은 아니었다. 우선 군량 조달을 위한 자금이 명 본토에서 지출되었 다. 명군 지휘부는 조선으로 들어오기 전에 산동지방 등지에서 은을 풀어 곡물을 매입하고, 그것을 해로를 통해 요동으로 운반하였다.[6] 이 와는 별도로 조선으로 이동하는 병력에게 명 내지에서는 병졸 1인당 하루 은 5푼, 말을 가지고 있을 경우 2푼을 더 주어 스스로 양식과 마 초를 구입하도록 조처하였다.[7]

조선에 들어왔던 이후 명군의 군량을 보면 1595년(선조 28)의 경우,

---

4) 『선조실록』 권30 선조 25년 9월 기미.
5) 송응창, 「報三相公幷石司馬書」, 『경략복국요편』 권7.
   今雖分兵 一駐開城 一駐平壤 休養士卒 城中房舍 被焚過反 兵皆路宿 此朝鮮不通言 語 不通貿易 卽有銀錢無所用也.
6) 송응창, 「議處海防戰守事宜疏」, 『경략복국요편』 권3.
7) 송응창, 「檄分巡遼海道」, 『경략복국요편』 권2.

병졸 1인당 하루에 쌀 1되 5홉, 전마 1필당 콩 3두와 마초 15근이 공급되었다. 이를 은으로 환산하여 지급할 경우 병사들에게는 하루에 2푼, 말에게도 2푼이 지출되는 셈이었다.[8] 1596년(선조 29)의 경우 금주(今州), 후주(後州), 요양(遼陽) 등에서 대규모로 군량을 매집하여 조선으로 운반했다.[9] 이렇게 군량을 매입하는 데 드는 은의 양은 엄청나서 그의 마련을 위해 명의 상인이나 유생들까지 은을 갹출하기에 이르렀다.[10]

명군은 비단 군량 마련과 월량 지급을 위해 은을 사용했던 것이 아니었다. 화기를 비롯한 각종 군수물자를 조달하는 데도 은이 필요했다. 또 장수와 병사들의 군공을 포상하는 수단으로서도 은은 절대적으로 필요했다.[11] 전란 중에 전사한 장병들의 시신을 담는 관의 구입을 위해서도 은이 지출되었다.[12] 송응창은 일본군의 정보를 탐지하기 위한 활동 자금으로 심유경에게 은 1천 냥을 주기도 하였다.[13] 요컨대 당시 명군은 전쟁 수행에 필요한 거의 모든 비용을 은으로 지출했다고 해도 과언은 아니었던 셈이다.

전쟁을 치르면서 은을 조달해야 할 필요성이 커져갔던 것은 조선의 경우에도 크게 다르지 않았다. 명군이 처음에는 필요한 군량과 군수물자를 막대한 은을 부담하면서 스스로 조달하고 있었지만, 원병을 요청했던 조선의 입장에서 언제까지나 명군에 대한 물자공급을 완전히 외면할 수는 없었다. 실제 제독 이여송은 평양전투 승리 직후인 1593년

---

8)『선조실록』권80 선조 29년 9월 신축.

9)『선조실록』권82 선조 29년 11월 갑인.

10) 洪世恭,「平安道調度節目」,『鳳溪先生逸稿』권1.
大軍無數出來 而擧事之期當在季秋云 其前須極措備糧餉 而自計無策 似聞中朝 則以有軍旅之事 市商儒生等 各出銀子或數百兩 以助糧餉云 中朝之人 爲外國之事 致力猶且如此

11) 한 가지 예를 들면, 평양성 전투에서 왜군의 저항이 거세지자 명 제독 이여송은 은 50냥을 상으로 걸고 병사들의 전진을 독려하였다(申炅,『再造藩邦志』2).

12)『선조실록』권99 선조 31년 2월 계축.

13) 송응창,「報石司馬書」,『경략복국요편』권2.

제2장 명군 참전과 경제적 영향 93

1월 9일 명군이 서울로 진공하겠다는 계획을 알린 뒤, 명군에게 필요한 군량을 속히 마련하라고 요구하는 차문(咨文)을 보내왔다.[14] 전쟁 초반 이렇다 할 군사력이 없었던 조선으로서는 서울 수복이나, 일본군 축출을 명군에게 기대할 수밖에 없었다. 따라서 명군이 요구하는 군량이나 의복 등을 어떻게 제때에 공급하느냐가 시급한 과제였다. 더욱이 명군 지휘부는, 조선이 군량 등을 제때에 공급하지 못한다는 이유를 들어 때때로 명군을 철수해버리겠다고 위협까지 일삼고 있었다. 이 같은 상황에서 명군에 대한 군량공급 문제는 전쟁 기간 내내 조선 조정을 괴롭히는 초미의 현안이 되었다.[15] 실제 전쟁이 거의 끝남에 따라 명군을 철수시키는 문제가 제기되던 1599년(선조 32)경에는 유사시에 대비하여 명군을 조선에 얼마나 남겨두느냐가 외교 쟁점으로 떠올랐다. 조선은 당시 3만 명을 남겨두겠다는 명의 제의를 거부하고, 1만 명만 주둔시키라고 요청했는데[16] 그것은 거의 전적으로 군량공급의 어려움 때문에 비롯된 것이었다.

왜란 초반, 명군에게 공급해야 할 군수물자를 현물로 쉽사리 구할 수 없었던 조선의 사정 때문에 의주의 개시(開市)를 통해 요동 등지에서 구입해오는 것이 모색되었다. 바로 이 때문에 조선도 그 결제대금으로서 은이 절실히 필요했다. 우선 부족한 군량 등을 확보하기 위해 은으로써 요동의 곡물을 구입하는 것이 모색되었다.[17] 1593년(선조 26)

---

14) 『事大文軌』권3 만력 21년 1월 9일.
15) 전쟁 초반 명군에게 군량을 공급하는 문제를 얼마나 절박하게 느끼고 있었는가는 선조의 다음과 같은 발언을 통해 여실히 알 수 있다.
上敎大臣曰 今日之事 只在天兵粮餉 予欲以匹馬 率其某臣 策應於天兵之後 督運粮餉 而此後有天朝將官之事 令世子前進安州 一邊策應天兵 一邊督運粮餉事(『선조실록』권34 선조 26년 1월 丙子).
16) 명군을 얼마나 남겨둘 것인지를 놓고 벌어졌던 논의에 대해서는 유승주, 「왜란후 명군의 유병안과 철병안」, 『천관우선생환력기념논총』, 정음문화사, 1985 참조.
17) 柳成龍, 「條例措置糧餉啓」, 『懲毖錄』권4.
然義州中江 方爲開市 遼東之穀 頗有轉輸之路 量發銀兩 乘秋來穀賤時 多數貿得 積置州倉事…….

8월, 다가올 겨울 추위에 대비하여 명군에게 공급할 의복을 마련하는 문제가 제기되었을 때, 비변사는 은으로써 요동에서 면화를 무역하자고 주장했다.[18] 군량과 면화뿐 아니라 부족한 전마(戰馬)를 요동으로부터 구입해오는 데도 은이 필요했다.[19] 요동 등지에서 구입한 곡물 등을 국내로 수송하는 데 필요한 수레를 무역하는 데도 은은 절실히 필요하였다.[20] 또 국내에서도 곡물이 상대적으로 흔한 지역으로 은을 보내 군량을 조달하는 방식이 모색되었다.[21] 곧 조선의 경우도 명군에게 공급할 군수물자를 조달하는 과정에서 은을 확보해야 할 필요성이 점점 커져가고 있었던 것이다.

한편 당시 군수물자 조달을 위한 결제수단으로서 은이 필요했을 뿐 아니라 은광석(銀鑛石)에서 은을 분리, 제련하는 과정에서 부수적으로 얻어지는 연철(鉛鐵)의 수요도 상당히 큰 것이었다. 조총의 탄환을 만드는 데 연철이 필수적이었기 때문이었다. 이러한 수요 때문에 1596년(선조 29) 11월, 선조는 전교를 내려 세은(稅銀)을 제련할 때 연철을 우선 수합하라고 지시한 바 있었다.[22] 곧 은 자체만이 아니라 은의 취련 과정에서 얻어지는 연철을 수합하기 위해서도 은의 개발은 중요했던 것이다.

이렇듯 전쟁 당사자인 조선이나 원군으로 참전한 명군이나 전쟁수행 과정에서 은의 필요성은 점점 커지고 있었다. 하지만 당시 조선이 스스로 확보할 수 있는 은의 양은 극히 제한된 것이었다. 16세기 중반까지는 일본과의 무역을 통해 왜은을 획득할 수 있었으나 전쟁 때문에 무역이 중단된 상황에서는 단천(端川) 등 일부 은광에서 채굴하거

---

18) 『선조실록』 권41 선조 26년 8월 병오.
19) 『선조실록』 권82 선조 29년 11월 병신.
20) 洪世恭, 「平安道調度節目」, 『鳳溪先生逸稿』 권1.
    運糧時 所用唐車 以本道監司處所上銀鐵貿易事……
21) 『선조실록』 권97 선조 31년 2월 기미 ; 권103 선조 31년 8월 임술.
22) 『선조실록』 권83 선조29년 12월 정묘.
    傳于政院曰…… 端川銀子 連續上送 而未聞上送鉛鐵 聞有銀則有鉛云 何不取納其鉛 以爲戰用之丸乎.

나 세은으로 거둬들인 것이 고작이었다. 그러나 그것은 1년에 겨우 몇 천 냥 단위에 불과한 것으로 각종 수요를 대기에는 턱없이 부족했다.[23] 따라서 왜란 당시 조선에서 유통되었던 은의 대부분은 명에서 유입된 것일 수밖에 없었다. 명나라에서 조선으로 유입되는 은과 관련하여 먼저 명군에게 지급되는 월량을 들 수 있다. 조선에 주둔하는 명군 1명에게 달마다 1냥 5푼의 은을 지급한다고 할 때 —조선에 주둔하는 명군의 숫자를 평균 5만 명으로 잡는다고 하더라도— 산술적으로 보면 조선에는 매월 7만 5천 냥의 은이 뿌려지는 셈이었다.

명은 그들의 군대에게 필요한 군량과 군수물자 조달을 위해 은을 지출했던 것 이외에 조선에 여러 가지 명목으로 은을 제공했다. 왜란이 일어난 직후 명 신종이 '흠사은(欽賜銀)'이란 명목으로 은을 보낸 것을 비롯하여 1597년(선조 30)에는 염초와 궁각(弓角)의 구입자금으로 2천 냥을, 1598년에는 전마 구입을 위해 약 1만 냥을 지급한 바 있었다. 명에서 전마를 구입하는 대금으로 은을 보내자 선조는 "염치 때문에 받을 수 없다"고 사양하기도 했지만[24] 당시 재정이 궁핍했던 조선에게는 명에서 제공하는 은이 큰 도움이 되는 것이 사실이었다. 1599년에는 명군의 주둔비용을 보조해달라고 아예 조선이 먼저 명에 은의 지급을 요청하기도 하였다.[25]

명은 조선에 참전하여 전쟁을 치르는 과정에서 어느 정도의 은을 지출했을까? 정확한 액수를 알려주는 자료는 없지만 몇몇 사례를 통해 그 대체적인 규모는 파악할 수 있다. 왜란 직후『재조번방지(再造藩邦志)』를 저술한 신경(申炅)에 따르면 명은 왜란 기간 동안 병력 동원과 군량 조달 등을 위해 대략 7백만 냥에서 9백만 냥 정도로 추산되는 액수의 은을 지출하였다.[26] 한편 왜란이 끝난 직후인 1600년(만력 28),

---

23) 단천에서 거둔 稅銀의 액수는 1598년의 경우 5천 냥, 1600년의 경우 1천 냥 정도였다(『선조실록』권97 선조 31년 2월 을축 ; 권123 선조 33년 3월 갑인).

24)『선조실록』권97 선조 31년 2월 기묘.

25)『선조실록』권109 선조 32년 2월 갑술.

26) 申炅,『再造藩邦志』6(『대동야승』권35).

명의 왕덕완(王德完)은 왜란 당시 소비한 비용을 은 780만 냥이라고
밝힌 바 있는데[27] 이를 보면 신경이 제시한 액수가 어느 정도는 신빙
성이 있는 것으로 여겨진다. 명이 전비로 소모한 이 같은 막대한 양의
은은 대부분 명 본토에서 지출되었겠지만 그 가운데 적지 않은 양이
명군이나 상인들을 통해 조선으로 유입되었던 것이다.

전쟁을 통한 은의 대량 유입은 당시 조선의 유통경제에 중요한 변
화를 몰고 왔다.[28] 명군의 참전 초기에는 조선 사람들이 은을 이용한
거래에 익숙하지 않아서 명군과의 상행위를 꺼려했다. 그러나 시간이
흐르면서 은을 매개로 하는 명군과의 상거래가 활발해져갔다. 일부 관
리들 가운데는 명군에게 관곡을 넘기고 은을 획득하여 그것을 다시
다른 물화를 구입하는 데 쓰기도 하였다. 한 예로 1593년, 남원부사(南
原府使) 조의(趙誼)는 관곡을 빼내 명군에게 넘기고, 획득한 은으로써
다시 말을 무역하여 이익을 챙겼다가 탄핵을 받은 바 있었다.[29] 이처럼
은을 이용한 거래가 빈번해지면서 전쟁 말기인 1598년(선조 31) 무렵
이 되면 은으로 물자를 조달하고, 거래하는 것이 민간의 습속으로 굳
어져서 술이나 땔감을 파는 장사꾼들이, 사려는 사람에게 먼저 은을
갖고 있는지를 묻는다고 할 정도로 은의 유통이 자못 활발해지기에
이르렀다.

근래 술과 고기, 두부, 염장(鹽醬)이나 땔감, 마초에 이르는 소소한

是役也 徵浙陝湖川貴雲緬南北兵 通二十二萬一千五百餘人 費粮銀約五百八十三萬二
千餘兩 交易米斗銀 又費三百萬兩 實用本色銀米數十萬石 神廟在御久 邊境晏如 自
西夏叛卒發難 繼以倭亂 繼以播州 國內於是騷然煩費.
27) 『明史』권235「列傳」123 王德完.
(萬曆二十八年) 已極陳國計之匱乏 言 近年寧夏之用兵 費百八十萬餘 朝鮮之役 七
百八十餘萬 播州之役 二百餘萬 今皇長子及諸王子冊封冠婚 至九百三十四萬 而袍服
之費 復二百七十餘萬 冗費如此 國何以支……
28) 당시 명나라 은의 조선 유입이 끼친 영향에 대해서는 한명기, 「17세기 초 은의
유통과 그 영향」, 『규장각』 15집, 서울대 규장각, 1992, 8～12쪽.
29) 『선조실록』권189 선조 38년 7월 병술.

물건들의 값을 (치르는 데) 모두 은자를 사용하는데 중외의 백성들이 이에 의지하여 생계를 유지하고 있습니다. 처음에는 중국 군사들과 거래할 때 시험삼아 해보다가 시일이 오래 되매 이미 습속으로 굳어졌습니다. 술이나 땔감을 파는 사람들이 사겠다는 사람을 만나면 반드시 은을 갖고 있는지를 먼저 묻습니다. 이것은 다른 이유가 아니라 그 이익의 소재를 알고서 그러는 것입니다.[30]

위의 기사를 통해 전란 기간 동안 명군이 가져온 은이 점차 조선 사람들과의 거래를 통해 퍼지고, 은을 이용한 상업거래 관행이 조선에서 점차 뿌리를 내려가는 추세를 알 수 있는 것이다.

2. 명나라 상인들의 유입과 활동

명군 참전이 초래한 경제적 영향, 그 중에서도 은화의 유입과 관련하여 주목해야 할 것은 바로 명나라 상인들의 활발한 조선 진출이었다. 명에서는 전통적으로 변방지역이 군사적인 일대 소비지대였다. 명 정부는 국초부터 요동을 비롯한 변방의 주둔군에게 필요한 군량과 군수 물자를 조달하는 방식으로 이른바 '민운량(民運糧)', '경운연례은(京運年例銀)', '둔전량(屯田糧)', '개중법(開中法)' 등을 강구했는데 그 과정에서는 곡물이나 은의 조달과 납입을 위해 상인들의 역할이 절대적이었다. 특히 정통(正統)연간(1436~1449) 이후 변방으로 투입되는 군량이 현물에서 은화 중심으로 바뀌어감에 따라 미곡을 확보하고 수집하는 과정에서 상인들의 역할은 더욱 커질 수밖에 없었다. 이제 변방에서 필요한 미곡·면포·소금·농기구 등 일용품이나 화약원료인 유황(硫黃) 등은 전적으로 상인에 의해 조달되었다. 바로 이 같은 상황 때문

---

30) 『선조실록』 권99 선조 31년 4월 임술.

에 산서 상인(山西 商人)을 비롯한 각지의 상인들은 변방에서 필요한 물화를 매집, 수송, 공급하면서 막대한 이익을 챙길 수 있었다.[31] 더욱이 명군의 경우, 급여를 은으로 지급받았기 때문에 그들의 주둔지는 곧 상인들이 눈독을 들이는 '은화의 집결지'이자 '소비시장'이 될 수밖에 없었다.

임진왜란 당시에도 이 같은 상황은 마찬가지였다. 명나라 상인들은 명 내지에서 군량을 수집하고, 조선으로 실어오는 과정에 개입하여 많은 이익을 챙길 수 있었다. 한 예로 1592년, 송응창은 대군을 조선으로 보내기 직전 지마만(芝蔴灣) 일대의 해상(海商)들에게 군량미를 구입하면서 이들에게 민간인들과 거래할 때보다 가격을 더 쳐서 주라고 지시한 바 있었다.[32] 또 송응창이, 산동에서 수집한 군량을 조선으로 신속히 운반하기 위해 상인들에게 뱃삯을 제대로 치르고 배를 임대하라는 지시를 내렸던 것으로 보아[33] 명 상인들은 운송과정에서도 상당한 이익을 챙길 수 있었다. 1598년의 경우 명 상인들 가운데는 조선으로 군량을 운반할 때 현물을 가져오라는 지시를 받았음에도 절가(은)만 들고 와서 조선에서 미곡을 구입하여 납입하는 사람도 있었다.[34] 이것은 바로 곡물가격의 지역적 차이를 고려한 상행위로 여겨지는데 이 과정에서도 상인들은 많은 이익을 챙겼던 것으로 보인다.

명나라 상인들은 군량의 수집과 운송 과정에 개입하여 이익을 챙겼을 뿐 아니라 직접 조선까지 왕래하면서 명군들을 상대로 상업활동을 벌였다. 매월 일정한 급여를 은으로 받아 구매력을 갖춘 수만의 명군이 장기간 주둔해 있던 조선은 명 상인들에게 매력적인 시장으로 여겨질 수밖에 없었다. 이 때문에 자연히 명 상인들이 조선으로 유입하

---

31) 寺田隆信, 『山西商人の硏究』, 京都大 東洋史硏究會, 1972, 123~124쪽.
32) 송응창, 「檄寧前兵備道」(11월 29일), 『경략복국요편』 권3.
33) 송응창, 「檄海蓋道」, 위의 책, 권3.
34) 『선조실록』 권96 선조 31년 1월 갑진.
   司諫南以信來啓曰 天朝發銀運粮 所以濟我國之乏餉 而今聞上國搬運粮豆之人 不輸本色 只持價銀 來貿於我國地方以納云 凡在所聞 極爲駭愕……

게 되었거니와 당시 조선 내부의 사정도 명 상인들의 유입을 불가피하게 하였다. 조선으로 들어온 직후부터, 은화가 화폐수단으로 제대로 유통되지 않고, 술이나 고기 등을 구매할 수 있는 점포가 갖춰지지 않았던 조선의 상황 때문에 애로를 느끼고 있던 송응창 등 명군 지휘부는 필요한 물자를 조달하기 위해 요동상인들을 조선으로 끌어들이려고 애썼다.[35] 송응창은 또한 조선에 들어온 명 상인들을 보호하기 위해 노력하였다. 병사들이 검문 등을 이유로 상인들의 물품을 함부로 수색하지 못하도록 조처하고, 그를 어길 경우 군법으로 다스리겠다고 경고하는 등[36] 조선에 들어온 상인들이 매매활동을 원활히 할 수 있도록 부심하였다.

정유재란 이후 경리어사 양호 역시 똑같은 정책을 썼다. 그도 군수물자 조달의 어려움을 타개하기 위해 요동 포정사(布政司)의 노인(路引)을 소지한 상인들을 조선으로 불러들여 명군들과 거래할 수 있도록 조처하였다.[37] 바로 이 같은 배경에서 명 상인들의 조선 진출이 가속화되었던 것으로 보이는데 실제 전쟁 기간 동안 요동상인들은 미곡 등 물화를 싣고 서울 도성까지 들어와 매매활동을 벌였다.[38]

명군 지휘부는 필요한 물자를 원활히 조달하기 위해 조선에 들어온 상인들을 각 부대별로 소속시키고, 부대가 이동할 경우 그들도 같이 동행하도록 조처했다. 한 예로 1598년 8월, 유정(劉綎) 휘하의 대군이

---

35) 송응창,「直陳東征艱苦幷請罷官疏」(11월 1일), 위의 책 권12.
　　我軍自入朝鮮 別是一番世界 語言不通 銀錢不用 幷無屠猪沽酒之肆 兼以倭奴焚掠
　　廬舍一空 軍士無論羹菜不能沾脣 卽鹽醬絶無入口 言之 深可悲泣 雖臣屢發鹽舶牛隻
　　量爲犒賞 濡沫之恩 終難齊事 雖號召遼陽人 趨販生理 道路迂廻 所來無幾.
36) 송응창,「檄佟養正」(4월 15일), 위의 책 권8.
　　至如各商販前來朝鮮貿易者 査明放行 不許一槩阻截 如把江各員役有需索商販財帛及
　　因而生事者 本部査訪的實 定以軍法 細打一百棍 然後究罪.
37)『선조실록』 권111 선조 32년 4월 기사.
38) 李德馨,「陳時務八條啓」,『漢陰先生文稿』권8.
　　中原之人 興販致富 浙江之人 輻湊賣買於遼東 遼東之人 驢載小米 轉賣於我國都城
　　其道里遙遠爲如何哉 我國之人 本來儒慢 但以無事安坐爲上策 深可歎也.

전주에서 임실로 이동할 때 상인들은 병사들보다 먼저 주둔지인 임실에 도착하였다. 당시 상인들도 각각 소속된 진(陣)이 있었는데, 그들은 전투를 눈앞에 둔 급박한 상황에서도 소와 돼지를 잡아 불에 익혀놓았고, 그것을 병사들이 은을 주고 사서 먹었다고 한다.[39]

시간이 지날수록 조선으로 들어오는 명 상인들의 수는 증가하여 전쟁이 끝난 뒤인 1600년(선조 33) 무렵까지도 그들이 서울과 지방에 퍼져 있었다고 할 정도였다.[40] 명 상인들이 의주부터 부산까지 조선 전역을 돌아다니면서, 온갖 물건들을 전부 판매하기 때문에 당시 명군이 들여온 은의 대부분이 도로 명 상인들의 차지가 되어 조선에서 유출된다고 지적되는 형편이었다.[41]

명나라 상인들이 명군과의 거래만을 위해서 조선에 온 것은 아니었다. 원격지까지 들어온 그들이 명군에게 공급할 물자를 조달하는 과정에서 조선인들과의 각종 접촉과 거래가 빈번해질 수밖에 없었다. 앞에서 유정 진영에 소속되어 명군에게 물자를 공급했던 상인들의 예를 들었거니와 그들은 명군에게 공급할 소나 돼지를 조선 사람들에게 구입했던 것으로 보인다. 당시 조선 사람들이 가지고 있던 소나 말의 대부분을 명군에게 팔아 사방에 가축이 거의 없어졌다는 기록[42]을 볼 때, 그 과정에도 명 상인들이 개입했음을 짐작할 수 있다.

명 상인들 가운데는 조선에서 새로운 이원(利源)이 될 만한 것을 찾기 위해 애썼던 사람들도 많았다. 상인들이 명군과 뒤섞여 각 주현을 돌아다니고 있다고 지적되는 상황에서[43] 그들이 이익이 될 만한 물자

---

39) 趙慶男, 『亂中雜錄』 三 戊戌(1598) 8월 27일.
   二十七日提督劉綎親率數萬兵 自全州到任實…… 興販先行 其數亦多 至於臨敵急遽
   之時 販者在先 屠牛殺猪 裁割熟正 軍卒給銀貿食 興販亦有所屬之陣 不得擅自往來.
40) 『선조실록』 권124 선조 33년 4월 병신.
41) 『선조실록』 권134 선조 34년 2월 병자
   天朝買馬之人 駄去雜物 自義州至釜山等地 無處不到 無物不販 故天朝軍兵之銀 盡
   爲天朝行商所換 小邦豈有得銀之路乎.
42) 李肯翊, 『燃藜室記述』 권17 宣祖朝 「亂中時事摠錄」.
   有牛馬者賣于明兵 明兵一日屠殺數百牛 故四境牛畜鷄犬殆盡…….

를 찾으려 애썼던 것은 쉽게 짐작할 수 있는 것이었다. 부상(富商)으로 알려진 명 상인 진신(陳臣)이란 사람은 은 채굴에 관심을 갖고, 1594년 선조에게 조선은 도처에 은광이 널려 있다고 지적한 뒤 그를 채굴하자고 종용한 바 있었다.[44] 또 명으로 가져가면 이익이 될 만한 물자를 수집하여 반출하는 상인들도 있었다. 1599년, 명의 상인 조유경(趙惟卿)이란 사람은 강화, 남양 등지에서 막대한 양의 무쇠(水鐵)를 수집하여 한강변에 쌓아두었다가 명으로 실어갔다. 명으로 무쇠를 가져가 강남 등지에서 농기구 등을 제작하는 곳에 판매했던 그는 수송할 선박을 마련할 수 없자 명군 지휘부를 통해 조선 조정에 선처를 요청하기도 하였다.[45] 일부 상인들은 무쇠를 수집하면서 민가의 솥이나 농기구 등을 마구잡이로 강탈함으로써 민원을 야기하였다. 그들은 황해도, 경기도, 충청도의 바닷가 지방을 돌아다니면서 때로는 명군을 사칭하여 조선 백성들에게 많은 폐해를 끼치기도 하였다.[46]

이러한 활동과 함께 명 상인들이 무엇보다 관심을 가졌던 것은 조선 사람들에게 직접 중국산 물화를 판매하는 것이었다. 이 문제는 특히 명군의 철수가 임박해올수록 중요했던 것으로 보인다. 1602년 명군이 완전히 철수할 무렵, 조선 조정은 국내에 있던 명 상인들에게도 모두 철수하도록 종용한 바 있었다. 그러자 상인들은 군대가 철수한 뒤로 판로가 막혔다고 호소하고, 본전이라도 챙길 수 있도록 철수 시한을 늦춰달라고 요청하였다.[47] 이 같은 상황에서 명 상인들이 조선 사람들에게 자신들의 물화를 판매하려고 노력했던 것은 쉽게 짐작할 수 있다.

---

43) 『선조실록』권114 선조 32년 6월 무인.
44) 『선조실록』권48 선조 27년 2월 계축.
45) 『선조실록』권117 선조 32년 9월 을묘, 병진.
46) 『선조실록』권111 선조 32년 4월 기사.
　　備邊司啓曰…… 今 賣買人等 甘於得售高價 坌踏出來 或冒稱官兵 沿路作弊 其爲害滋蔓而難救矣 近間又聞 賣買人等 散入黃海京畿忠淸等沿海處 括取民家水鐵 如農器釜鼎 盡爲强奪 收合載船 沿海之民 怨咨瞀瞀.
47) 『선조실록』권133 선조 34년 1월 을사.

실제 명 상인들은 조선 사람들을 상대로 곡물 등 생필품뿐 아니라 명주와 같은 사치품을 판매하였다. 당시 명나라 사람들은, 조선 사람들이 청람포(靑藍布)나 견직물 등을 좋아한다고 파악하고 있었는데[48] 이에 따라 상인들은 자연히 중국산 직물류를 많이 들여왔다. 일찍이 명군 지휘부도, 조선 사람들이 은을 이용한 거래는 꺼리지만 중국산 청람포 등 직물류를 보면 쉽사리 구입하려 하는 것에 주목하고, 명 내지에서 그것을 구입해다가 조선에서 다시 군량과 마초로 바꾸는 방식을 구상했다.[49] 1597년의 경우, 명군 지휘부는, 임청(林青. 臨淸) 등 명 내지의 상업도시에서 구입해온 청람포를 조선에서 다시 곡물과 바꾸는 문제를 놓고 부심하고 있었다.[50]

임진왜란 시기 명 상인들을 통한 청람포나 견직물 등 명 물화의 조선 유입은 전란 중임에도 불구하고 조선 사회에 사치풍조가 유행하는 데 하나의 배경이 되었다. 1598년 이후 조선에 들어온 명 상인들이, 자신들이 가져온 물화를 종로 등지의 거리에다 점포를 열고, 직접 조선 사람들을 상대로 판매하면서 조선 사람들은 중국산 견직물 등을 손쉽게 접할 수 있었다. 이 같은 전후 사정을 윤국형(尹國馨. 1543~ 1611)은 다음과 같이 묘사하고 있다.

무술년(1598)에 중국의 대병이 나온 이후에는 중원의 상인들이 물자를 많이 가져오는데 전후로 연락이 끊이질 않았고, 종로 거리에 가게를 열고 물자를 늘어놓은 사람이 헤아릴 수 없이 많았다. 이에 중원의 물

---

48) 송응창, 「檄艾主事」(1월 5일), 『경략복국요편』 권5.
  一 爲作時宜 足軍需 省轉運 以便兩之事 攄原委收糧都司張三畏稟稱 朝鮮風俗 不行
  使銀兩 不務貿易 並無街市 凡用布尺 以米豆草束相易 所喜者 靑藍布疋絹帛棉花兀
  刺之類……
49) 『事大文軌』 권3 만력 21년 1월 16일.
50) 『선조실록』 권95 선조 30년 12월 병술.
  上幸董郎中所館…… 郎中又曰 靑藍布下送忠淸全羅等處換穀事 昨已分付于戶曹判
  書 須急運送貿穀何如 且本部題請銀子一萬兩 換靑布於林青 解冰之後 卽當水運出來
  當於何處 貿穀爲便.

화가 도리어 흔하게 되었고, 용의를 조금이라도 꾸미는 사람은 사서(士庶)를 막론하고 겉에 입는 옷 이외에는 혹 순전히 비단과 양구를 입는 사람도 있었으니 귀천노소를 통틀어 입지 않는 사람이 없었다. 비록 법관이라 하여도 이것을 금하지 못하였으며, 전하의 분부가 때로 간곡하였지만 한 사람도 두려워 입지 않았다는 말을 듣지 못하였다. 진하게 물들인 초록색 주의(紬衣)는 본래 당상관의 연복(燕服)인데, 유생 무리들이 공공연히 착용하니, 심하다 사치의 유행함이 이 같음이여.[51]

위의 기술에서 알 수 있듯이 왜란을 계기로 명나라 상인들에 의해 중국산 물화가 대량으로 유입되게 되었고, 이 때문에 일부 계층에서는 사치 풍조까지 만연하는 지경이었다. 이 같은 상황을 염두에 두고 뒷시기 이영인(李榮仁. 1611~1669) 같은 사람은, 조선에서 사치풍조가 만연하게 되는 계기로서 임진왜란 중의 명군 참전을 주목하기도 하였다. 즉 명군이 조선 각지에 주둔하게 된 이후 조선 사람들이 그들의 복식이나 음식의 화려함을 목도하게 되고, 나아가 그것을 모방하게 됨으로써 사치풍조가 퍼져가게 되었다는 것이다.[52]

요컨대 명나라 상인들에게 임진왜란은 하나의 상업적 기회가 되었던 셈이고, 그들을 통해 명의 각종 물화가 조선 사회에 퍼져나가게 되면서 사치풍조의 유행과 같은 사회 문제까지 발생하게 되었던 것이다.

<hr />

51) 尹國馨, 『甲辰漫錄』(『대동야승』 권55).
52) 李榮仁, 「擬因求言陳修攘大計兼陳時弊疏」, 『松潭集』 권2(奎 6317).
　　臣嘗聞故老之言 壬辰以前 士大夫 盡躡草履 襦袴之屬 不過蘿綿 雖年老卿宰……
　　及壬辰天兵渡江 遍於一國 人始見其被服之華麗 飮食之豊美 轉相慕效 寢成奢侈 至
　　于今日而極矣.

3. 은광개발과 중상론의 강조

1) 은광개발론의 대두

임진왜란 시기 명군의 참전을 통해 은이 대량으로 유입되고, 새로운 판로를 찾아 명나라 상인들이 조선으로 대거 들어온 것은 경제사상적 측면에서도 의미 있는 영향을 미쳤다. 당시 조선에 비해 상품화폐경제가 훨씬 진전되어 있었던 명에서 은 본위의 경제체제 아래 생활해왔던 명군 지휘관들이나 상인들은, 조선이 상대적으로 은을 이용한 거래에 둔감할 뿐 아니라 그를 채굴하여 활용하는 것에도 소극적인 것을 의아하게 생각하고 있었다. 따라서 명군 지휘관들이나 상인들은 조선의 그 같은 상황을 바꾸어보려고 시도하면서 조선에 대해 은광을 개발하고, 채굴한 은으로써 재용(財用)에 보탤 것을 강조하게 되었다. 조선 사람들 역시 은을 거래의 수단으로 활용하는 중국인들의 상업활동을 직접 목도하면서 은의 활용과 관련하여 상당한 자극을 받았던 것으로 여겨진다.

조선은 세종연간 명에 바치는 상공(常貢)의 품목에서 금은을 제외했던 이후 명의 징색을 우려하여 조선에서 은이 난다는 사실을 임진왜란 중에도 숨기려고 했다. 그러나 왜란 기간 중 은의 수요가 늘어나고, 명군 지휘부의 채은(採銀) 요구가 심해지면서 사정은 달라졌다. 이미 1593년 3월, 경략 송응창은 명이 조선에 참전하여 이미 막대한 비용을 지출했음을 지적하고 조선이 은광을 개발하고, 채굴한 은으로써 군량 마련과 군공 포상을 위한 자금으로 쓰라고 요구하였다.[53]

명은 당시 임진왜란과 '영하(寧夏)의 변' 등 예기치 않은 대외 원정

---

53) 『선조실록』 권36 선조 26년 3월 계해.

備邊司啓曰 伏見禮曹判書尹根壽等與宋經略對話之言 可見經略爲我國規劃備盡 其中
所云 軍情未得厚賞 則必至懈怠 何能制敵 朝廷爲你國 費用旣多 何能更請 今日之事
在於吹鍊銀銅 以爲粮賞之資 此言又是今日之急務.

을 치르면서 '구변지비(九邊之費)'로 불리던 통상적인 국방비 이외에도 추가로 1천여 만 냥의 비용을 소모하였다. 이 때문에 명 조정에서는 과다한 재정지출에 대한 우려의 목소리가 높아가고 있었다.[54] 이렇게 되자 송응창 등은 다른 나라를 지켜주면서 재정적 부담까지 떠맡을 수는 없다고 주장하였다. 그렇다고 전란으로 피폐해진 조선의 현실을 고려할 때 마구잡이로 조선에 대해 재정 지출을 강요할 수도 없었다.[55]

송응창 등은 이 같은 곤란한 상황을 은광개발 등을 통해 타개하려고 했던 것이다. 그것은 또한 명군 지휘부가 향후 조선을 경제적으로 재건하는 중요한 방도의 하나로서 생각하고 있는 것이기도 하였다.[56]

조선을 방문해보니 은광이 매우 많아 개발할 수 있을 듯합니다. 더욱이 조선에서는 은전을 일절 사용하지 않아서 비록 은의 이익이 생겨도 백성들은 그것을 실행할 줄도 모르고 또 (그 이익을 놓고) 다툴 줄도 모릅니다. 그러므로 광도(礦徒)들이 은을 훔쳐갈 근심은 족히 우려할 것이 못 됩니다. 제가 지금 좋은 방책을 강구하여 조선의 중신에게 그 일을 맡도록 영을 내렸습니다. 거기서 생기는 이익을 군사들에게 나눠주

---

54) (明) 趙士楨「情形防禦」『東事剩言』.
　　寧夏之變 起於無馭之乖 方成於閱視之操切 致費內帑三百餘萬…… 更兼朝鮮不經之 輸 倒死馬匹 總計二年之間 除九邊不在數內 坐費皇上內帑金錢千有餘萬…… 臣愚 以爲 所費若此 卽有桑弘羊千百其人 布滿天下 亦不能理財 以資今日之用.
55) 송응창「報三相幷石司馬書」『경략복국요편』권7.
　　又思我兵久駐外國 其餉銀必須加倍他兵 朝鮮殘破之餘 力難支給 我國爲人守國 費出 不貲 亦非得策.
56) 당시 명군 지휘관들이나 명 관원들이 '善後事誼' 등의 제목으로 제시했던 조선의 재건방책 가운데 은광개발론은 거의 예외 없이 거론되었다.
　　한편 조선의 은광에 대한 관심은 명군 지휘관들에게서만 나타났던 것은 아니었다. 왜란 초반 함경도지역을 점령하여 주둔하였던 일본 장수 가토 키요마사 역시 단천의 은광을 개발하는 데 깊은 관심을 보였다. 그는 단천의 蔬德 銀山을 전비 등을 마련하기 위한 좋은 재원으로 파악하고, 그곳에서 채굴했던 은을 도요토미 히데요시에게 진헌하고, 은광의 상황을 보고한 바 있었던 것이다(池內梧影「文祿 征韓の役における淸正の民政と韓國端川の銀山」『東洋時報』141호, 1910, 45~46 쪽).

어 군량을 마련한다면 위로는 중국의 회계(會計)를 번거롭게 하지 않을 것이며, 다음으로는 조선에게도 누가 되지 않을 것이고, 마지막으로는 사졸들을 고무시킬 수 있을 것입니다. 하물며 그 (은의) 이익으로써 요양(遼陽) 등지의 객상(客商)들을 불러들여 그들이 왕래하며 편리하게 장사하도록 하는 것도 역시 하나의 방책이 될 것입니다.[57]

명군 지휘관들은 위와 같은 인식을 바탕으로 조선에 대해 은광을 개발하라고 집요하게 촉구하였다. 1593년 2월, 제독 이여송 휘하의 진신(陳信)이란 사람은 조선의 이곳저곳을 주의 깊게 살핀 뒤 "조선에는 은이 나지 않는 산이 없다"고 설파하고 부국강병의 계책으로써 은을 채굴하여 제련하라고 요구하였다.[58]

은광개발 요구에 조선 정부가 소극적으로 나오자 일부 지휘관들은 아예 중국인 광부들을 데리고 직접 은맥과 은혈(銀穴)을 찾으러 다니기에 이르렀다.[59] 특히 유격 호대수(胡大受)는 조선에서 은광이 있는 곳을 모두 파악한 뒤 자신이 직접 강원도 평창(平昌)으로 내려가서 은을 채굴하였다. 조선 조정은 전란으로 강원도가 피폐해졌음을 지적하고, 그에 대한 접대 문제 등을 우려하여 강원도행을 막으려 했으나 그는 막무가내였다. 그는 게첩(揭帖)을 보내 조선이 재정이 궁핍함에도 '자연의 지보(至寶)'인 은을 채굴하여 보충하려 하지 않는 것을 도무지 이해할 수 없다고 비판하였다.[60] 그는 결국 평창에 이르러 조선 관리에게, 자신이 직접 채굴한 은광석을 내어 보이면서 좋은 은을 놔두고 왜 숨기느냐고 힐문하였다.[61]

57) 송응창, 「報三相公幷石司馬書」, 『경략복국요편』 권7.
58) 『선조실록』 권35 신조 26년 2월 을사.
59) 『선조실록』 권41 선조 26년 8월 신묘.
60) 『선조실록』 권67 선조 28년 9월 임오.
　　嚮得經略公遺札 欲開鑛一節 非爲多事 益念貴國 自經倭患之後 帑莊空虛 民窮財盡 而各官兵粮餉無辦 故曲爲處置若此耳 今訪得貴國 鑛洞多處開之 必得其助…… 今貴國有天地自然之至寶 可充國家之用 而濟燃眉之急 何爲棄而不取 而常嗟空乏耶.
61) 『선조실록』 권67 선조 28년 9월 기해.

호대수처럼 명군 지휘관들이 직접 광부들을 이끌고 촌락을 횡행하게 되면서부터 민폐가 극심하게 되었다. 이에 조정에서는 감채관(監採官)과 통관(通官)들을 치죄해야 한다는 논의가 제기되었거니와 은광이 있는 촌락의 주민들은 은을 캐는 과정에서 받을지도 모르는 피해를 걱정하여 광부들에게 뇌물을 주어 은맥을 찾지 못하도록 하는 경우도 있었다.[62] 이외에도 일부 명군 지휘관들은, 자신이 주둔했던 지방에 은을 할당하여 요구하기도 하는 등[63] 은을 둘러싼 명군 지휘부와 조선의 갈등은 깊어가는 상황이었다.

　명군 지휘부뿐 아니라 국내 인사들 사이에서도 은광개발을 강조하는 분위기가 점차 높아가고 있었다. 채은을 강조하는 명군 지휘부의 집요한 설득도 있었거니와 재정 문제 해결을 위한 방책으로서 그 중요성을 인정했기 때문이었다. 그 선구적인 인물은 의병장 정인홍이었다. 그는 1593년(선조 26)의 상소에서 피폐한 민생을 재건하고, 군량의 수송부담을 줄이고 명군의 장기주둔에 대비하는 방책으로서 은광을 개발할 것과 시장을 열어 물화를 유통시키자고 주장하였다. 그는 또 그 동안 명에 대해 은광의 존재를 숨겨왔던 사실을 솔직히 고백하자고 주장하였다.[64] 이러한 주장은 조정의 신료들에게 점차 확산되어 1594년 2월, 심충겸(沈忠謙)은 선조를 만난 자리에서 은광개발의 필요성을 역설하였고, 유성룡은 은을 캐면, 그것을 밑천으로 중국과 재물을 무역할 수 있다고 주장한 바 있었다.[65] 이렇게 은광개발의 논의가 이어지면서 비변사는 당시 유일한 은 생산지였던 단천의 은 생산을

---

62)『선조실록』권40 선조 26년 7월 무진 ; 권41 선조 26년 8월 갑신.
63) 裵龍吉,「上巡察使」丁酉,『琴易堂先生文集』권3.
　　關內楊軍門 銀兩分定 多至四五百兩 境內之聞者 驚駭喪心…….
64) 鄭仁弘,「辭義將封事」,『來庵先生文集』권2.
　　臣竊以爲…… 中國事同一家 不容有隱情 奏達皇朝 吐白前失 而廣開銀利 許民採取 自義州至于海隅 沿道開市 達于諸路 以通物貨 則可以活餘民垂盡之命 可以省遠方負戴之費 天兵或可久駐 而無軌乏之患 貧民亦可貿遷 而資耕種之業 庶幾救目前萬分之一 而他日足信之治 或可推穀於此也.
65)『선조실록』권48 선조 27년 2월 계축.

장려하기 위해 단천 백성들의 공물을 줄여줄 것과 은을 50냥 이상 바치면 면역, 70냥 이상 바치면 면천(免賤)의 혜택을 주자고 촉구하였다.[66]

명군 장수들의 접반사로 활약하는 등 전쟁수행 과정에서 중요한 역할을 했던 이덕형 역시 은광개발과 은 활용의 중요성을 강조했다. 그는 당시 은산지의 백성들이 국가의 수탈을 두려워하여 오히려 은광을 덮어버리는 실정임을 지적하고, 단천 등지의 백성들에게 부역을 면제하고 채은을 장려하여 어느 정도 이익이 발생한 다음에 세금을 거두자고 주장했다.[67] 그는 더 나아가 재정난을 타개하는 방책으로 은화를 통용시킬 것을 강조하고, 죄수들에게도 속죄금으로 은을 징수하자고 주장했다.[68] 전란이라는 특수한 상황을 맞아 은의 활용을 통한 재정난 타개 노력이 정부 일각에서 나타났던 것이다.

은을 활용하자는 논의는 시간이 지나면서 더욱 진전되었다. 빈민들에게 은을 사채할 수 있도록 허용하고, 그들이 채굴한 은으로써 곡식을 구입하게 하되 그 대가로 세를 거두어 국가와 백성이 모두 이득을 얻고 포백(布帛)은 오로지 옷감으로만 사용하자는 주장까지 나타났다.[69] 곧 은을 화폐로서 사용하고, 포는 본래의 용도대로 옷감으로 사용하자는 주장으로서 이를 통해 유통수단으로서의 은에 대한 인식이 심화되고 있던 추세를 보여주는 것이다.

새로운 재원으로서 은에 대한 인식이 높아지고 있었음에도 불구하

---

66) 『선조실록』 권51 선조 27년 5월 임인.
67) 李德馨, 「陳時務八條啓」, 『漢陰先生文稿』 권8.
68) 『선조실록』 권49 선조 27년 3월 무신.
  兵曹判書李德馨筵中所啓 我國本不用銀爲貨 故雖許採銀 而不能通行 請於收贖納官 時用銀事 令該曹議啓矣 軍興之後 國內蕩竭 通行銀貨 以資衣食 實是今日之急務 而 金作贖刑 自古已然 則收贖之時 依願許納 未爲不可……
69) 『선조실록』 권97 선조 31년 2월 경오.
  夫銀穴之多 不但北道 處處皆有 至於江源黃海等道 無不有之 苟使貧民 許採收稅 不 使厚利 專歸於上而分之於下 各自行貨穀而已 帛則資衣而已 而不用於他 則行之一年 二年 國以之而自足 民以之而自富.

고 은광개발 정책 등이 원활히 추진되지는 못했다. 그것은 선조와 상
당수 신료들이 여전히 지니고 있었던 명의 은 징색에 대한 피해의식
때문이었다. 더욱이 명 장수들이 직접 은광을 개발하겠다고 각지에서
소요를 일으키는 등 문제가 생기자 피해의식은 증폭되었다. 실제 1594
년 4월, 제독 이여송은 유성룡을 만난 자리에서 명군 지휘관들이 탐욕
스럽다는 사실을 인정하고, 경략 송응창이 조선에 머물러 있는 동안에
는 은을 채굴하지 말라고 훈수할 정도였다.[70] 이렇게 되자 은광개발의
필요성은 역설하면서도 중국인들이 왕래하는 곳은 피해야 한다는 주
장이 제기되기도 하였다. 1598년(선조 31), 호조판서 김수(金睟)는 은광
개발을 주장하면서도 중국인들의 왕래가 상대적으로 적은 함경도지역
을 중심으로 개발하자고 했다.[71] 그 밖에 채은 과정을 제대로 관리하지
못하여 광부들이 소요만 일으키고, 정작 하층민들은 채은의 혜택을 전
혀 입지 못했던 상황도 은광개발을 반대하는 중요한 빌미가 되었다.[72]

특히 선조가 은광개발에 대해 시종일관 부정적인 태도를 보였던 것
역시 커다란 장애가 되었다. 그는 은광을 개발하자는 신료들의 주장에
거부 반응을 보이면서 "한 가지 이익을 일으키는 것은 한 가지 폐단을
제거하느니만 못하다"라는 대답으로 일관하였다.[73] 그는 명군 지휘관들
을 접견할 때, 그들에게서 은과 관련된 이야기가 나오면 아예 말꼬리
를 딴 곳으로 돌리는 등 명의 은 징색에 대한 피해의식이 심하였다.
명이 조선에서 은이 산출되는 것을 알게 되어 태감(太監)을 보내 은광
을 강제로 개발하여 징색해가면 나라가 망할지도 모른다는 강박관념

---

70) 『선조실록』 권50 선조 27년 4월 을축.
   (柳)成龍曰 提督爲我國謀曲盡矣 至言爾國勿爲採銀云 上曰 令勿採銀者 何意 德馨
   曰 來此諸將皆貪汚 須待宋爺入去之後 探之無妨云 皆來此將官 見其採用 則皆生欲
   得之心 其弊無窮故耳.
71) 『선조실록』 권97 선조 31년 2월 을축.
72) 黃汝一,「上西厓柳上國書」,『海月先生文集』 권6(奎古 3428-338).
   采銀通貨 非全然無益 而有司失人 礦長作擾 所過州縣 騷然一空 民未見一錢之利 而
   害則百倍 名爲産銀 而民且諱之 以此銀利未著 而銀穴漸縮 今雖許民自采 吁亦晚矣.
73) 『선조실록』 권97 선조 31년 2월 을축, 경오.

에 사로잡혀 있었다.[74] 그래서 가능하면 단천 이외의 지역에서는 은이 난다는 사실을 숨기려 했고, 자연히 은광개발에 소극적일 수밖에 없었다. 단천에서 은 때문에 모리배들이 발호하고 있다는 소식이 들리자 선조는 아예 채은을 중지하라고 지시하기도 하였다.[75]

그럼에도 은의 수요는 여전히 줄지 않고, 명군 지휘관들의 은광개발 요구가 거세지자 선조는 국내 은광의 개발보다는 명 조정에 은의 공급을 요청하는 방향에서 문제를 해결하려 했다. 1600년(선조 33) 당시 조선에 남아 있던 명군이 은의 지급을 독촉하자 선조는 명 조정에 주문을 올려 향은(餉銀)의 지급을 요청했던 것이다.

선조를 비롯한 일부의 소극적인 자세 때문에 은광개발 정책은 순조롭게 진행되지 못했지만 은의 활용과 은광개발을 강조하는 논의는 지속되었다.[76] 또 명군과 명나라 상인들의 활동을 통해 새로운 재원이자 화폐수단으로서 은의 가치를 인식했던 것은, 동전의 활용이 필요하다는 사실도 환기시켰던 것으로 보인다. 이미 16세기에 정부의 강력한 금지정책에도 불구하고 이승포(二升布)처럼 옷감으로서는 거의 쓸 수 없는 추포(麤布)가 유통수단으로써 이용되는 상황임을 볼 때[77] 조선 사회는 이미 금속화폐 등의 활용이 절실히 필요해진 단계에 와 있었다. 이러한 단계에서 은이 대량으로 유입되고 화폐로서 유통되었던 것은, 조선 사람들에게 미곡이나 포를 대신하여 새로운 화폐수단을 강구해야 할 필요성을 크게 인식시키는 계기가 되었던 것이다. 또 그와 맞물려 전란이 남긴 피해를 복구하기 위해 말업(末業)을 적극적으로 활용해야 한다는 논의가 활성화되는 데 한 바탕이 되었다.

---

74) 『선조실록』권121 선조 33년 1월 계유.
備忘記曰…… 輕則責餉於我邦 重則遣太監而採鍊 寧能可支 國隨以亡矣 到此末如 之何 而過計隱憂 不能無焉 幸政院爲我籌之
75) 『선조실록』권127 선조 33년 7월 을사.
76) 한명기, 앞의 논문, 1992 참조.
77) 송재선, 「16세기 면포의 화폐기능」, 『변태섭박사화갑기념사학논총』, 삼영사, 1985.

2) 중상론의 강조

임진왜란 시기 명군과 명나라 상인들의 활동을 목도하고, 또 그들과의 접촉을 통해 조선이 받았던 경제적 자극 가운데 중요한 것으로 말업(상업) 활용의 중요성을 재인식하게 된 것을 들 수 있다. 당시 명군 지휘부는 재정이 궁핍하여 군량 등을 마련하는 데 허덕이던 조선 조정에 대해 그 타개책으로서 은광을 개발하는 등 새로운 재원을 활용하는 데 눈을 돌리라고 강조하였다. 그들이 제시한 타개책은 은광개발 이외에도 둔전(屯田)의 개발, 화폐(동전)의 사용, 중국과의 무역의 활성화, 노포(路鋪)의 설치 등 다양한 것이었다. 명군 지휘부가 제시했던 이러한 내용들은, 결국 둔전론을 제외하면 상업의 진흥 문제와 맞물린 대책으로서 조선으로서도 신중하게 검토해보아야 할 것들이었다. 곧 명군 지휘부가 '중상론'을 강조하기도 했거니와 조선의 입장에서도 군량 등 군수물자의 조달과 기민(飢民) 구제 등에 소요되는 재원을 마련하고, 향후 국가경제를 재건하기 위해서는 명군 지휘부의 권유에 귀를 기울일 필요가 있었던 것이다.

(1) 화폐 주조와 유통의 강조

은광을 개발하라는 주문과 함께 명군 지휘부가 조선의 신료들에게 강조했던 것이 바로 화폐의 활용, 구체적으로는 동전을 주조하고 유통시키는 것이었다. 1598년(선조 31) 경리어사 양호는 조선이 화폐를 사용하지 않아 물화가 유통되지 않기 때문에 부국이 될 수 없다고 지적하고, 조선도 만력통보(萬曆通寶)를 주조하여 사용하라고 종용하였다.[78] 그는 선조가 동전 원료인 구리의 부족과 유통의 난점을 들어 반대의 견을 개진하자 계속 신료들을 불러 자신의 주장을 전달하고, 나아가

---

78) 『선조실록』 권99 선조 31년 4월 병진.
　先是 楊經理出示常盛棄帖曰 爾國不用錢 只用米布交易 故貨泉不通 無以富國 此棄帖之事 並宜施行 斯束商量回報云.

명 조정에 대해 만력통보를 주조할 수 있도록 요청하는 주본을 올리라고 지시하였다.[79] 양호가 워낙 집요하게 동전을 주조하라고 요구하고, 주본을 올리라고 독촉하자 호조는 동전을 사용하자고 촉구하고, 노비의 신공(身貢)과 각종 잡세 등을 전부 동전으로 받아들이자고 건의하였다. 또 죄수들에게 거두어들이는 속목(贖木)도 대신 동전으로 받고, 산료(散料)와 구량(口糧) 등도 절반은 동전으로 지급하자고 건의하는 등 적극적인 동전 활용론을 제기하였다.

당시 호조가 동전유통론을 제기하면서 그것이 성공할 가능성의 근거로서 제시한 것이 바로 은이 유통되고 있는 현실이었다. 두부, 염장, 술, 고기 등 일용품을 명군에게 매매하면서 은자를 이용한 거래가 사람들에게 익숙해지기 시작해서 어느덧 습속으로 굳어졌다는 것이다.[80] 즉 어느 단계까지는 부작용이 있겠지만 그것만 넘어서면 은의 유통이 관행이 된 것처럼 동전의 유통도 성공할 수 있을 것이라고 판단했던 것이다.

선조는 이에 대해 은의 경우와 달리 동전이 유통될 가능성은 없다고 지적하고, 동전 주조와 활용에 부정적인 태도를 보였다. 그는 은광 개발에 반대할 때와 마찬가지로 한 가지 일을 만드는 것은 한 가지 일을 더는 것만 같지 못하다는 입장을 내세워 동전 주조에 반대하였다.[81] 그럼에도 논의가 분분해지자 1603년(선조 36), 조정에서는 2품 이상의 당상관들을 모아놓고 동전 주조와 유통 문제에 대한 찬반 여부를 수의(收議)하기에 이르렀다. 이 자리에서 영의정 이덕형은 독립된 화폐가 없이 미포를 화폐로 사용하기 때문에 우리나라가 가난하다고 전제하고, 이른바 '이권재상(利權在上)'의 관점에서 화폐를 유통시켜야만 군량 등을 마련할 수 있고 당면한 재정 문제도 해결할 수 있다고 강조했다. 특히 그는 여러 신료들에게, 경리어사 양호가 자신을 불러

79) 『선조실록』 권99 선조 31년 4월 신유.
80) 『선조실록』 권99 선조 31년 4월 임술.
81) 위와 같은 조.

동전 주조와 그 유통을 위한 조처를 마련토록 지시했던 사실을 강조하였다.[82] 그러나 좌의정 윤승훈(尹承勳)은 예의 구리 부족을 들어 반대하는 의견을 제시하였다. 우의정 유영경(柳永慶) 역시 구리 부족과, 시행 과정에서 우려되는 간사한 무리들의 부정, 간사한 무리들을 막기 위해 준엄한 법을 만들 경우 생겨날 수 있는 하층민들의 불편을 내세워 반대하였다.[83] 이때 이덕형의 시행하자는 의견에 찬성했던 신료가 14명, 윤승훈 등의 보류하자는 의견에 찬성한 신료가 17명으로 나타나 조정 차원에서는 결국 동전의 주조와 유통 논의는 보류되었다.

조정의 공식적인 논의가 보류의 방향으로 결정된 이후에도 동전 주조와 그 유통론은 계속 제기되었다. 이호민은, 미포 등 현물을 화폐로 사용하는 경우, 흉년을 만나면 하루 아침에 '화폐가 없는 나라'로 전락할 수 있다는 문제점을 지적하고 사목(事目)을 만들어 동전을 유통시키자고 주장했다.[84] 이수광(李睟光) 역시 비슷한 의견을 제시한 바 있었다.[85]

그런데 이수광이나 이호민 등의 주장이 대체로 "화폐를 유통시켜야만 부국이 될 수 있다"는 정도의 원칙론에 머물고 있는 데 비해 유몽인(柳夢寅)은 이들보다 한 걸음 더 나아간 주장을 폈다. 그는 선조 말년 사행을 통해 명나라에서 전세를 징수하거나 부역가(赴役價)를 지급

---

82) 李德馨, 「用錢事議」, 『漢陰文稿』 권9.
　　我國無泉貨 只用米布爲幣 故農病而國貧 當此板蕩之時 目前經費 猶患窘乏 脫有意
　　外之需 則將束手無救 不得已有所破格設法 使利權在上而通行 然後國計可以支度 兵
　　餉可以措備 往年王經理每語臣 以爾國亂後糧餉匱竭 不可不創用錢貨 以裕公家之用
　　一日 急令臣商量應行事宜 來告 臣與接伴使金睟 磨鍊啓稟
83) 『선조실록』 권163 선조 36년 6월 기유.
　　右議政柳永慶議曰…… 而銅鐵本非我國所産 鉛鐵難産於我國 而采取亦甚不易 此大
　　段難行之事也 此新行錢法 若不嚴立科條 則奸騙之患 難以防之 若慮此而一切以峻法
　　從事 則民必以爲不便 臣之愚見恐難施行.
84) 李好閔, 『五峰先生集』 권11 「行銅錢議」.
　　我國未有通貨 只用粟布 一經衣食 便爲耗絶 且菽粟花麻 豊嫌不常 一朝凶侵 卽爲無
　　貨之國 議行銅錢 意非偶然 因有司看詳事目 而施行爲便.
85) 李睟光 『芝峰類說』 권3 君道部 制度.

할 때 전폐(錢幣)를 사용하는 것에 주목하고, 명이 부유한 이유를 화폐의 사용에서 찾았다.[86] 그는 또한 일본도 화폐를 사용하여 부유하게 되었는데 유독 조선만이 집요하게 화폐의 사용을 회피하여 수백 년을 지내왔다고 비판하였다. 또 화폐가 없기 때문에 길을 떠나는 여행자들이 식량이나 마초를 직접 휴대해야 하는 불편을 겪고 있다고 지적하고, 그를 개선하기 위해서도 화폐를 유통시켜야 한다고 강조하였다.[87]

요컨대 명군 지휘부가 임진왜란 무렵 조선의 재정 문제를 해결하기 위한 방책으로 제시한 동전 주조와 유통에 대한 논의는 이후에도 조선 신료들에 의해 지속되었던 것이다.

(2) 통상과 무역의 강조

명군 지휘부가 조선의 재정 문제를 타개하는 방책으로서 은광개발론, 화폐주조론과 함께 강조했던 것이 바로 대외무역을 활성화하는 것이었다. 그리고 그것은 은광개발론과 서로 밀접하게 연관되어 있는 것이기도 하였다.

일찍이 명군 참장(參將) 낙상지(駱尙志)는 조선 조정에 대해 은광을 개발할 것과 채굴한 은을 밑천으로 요동과 무역함으로써 군량 등 필요한 물자를 조달하라고 강조한 바 있었다. 낙상지의 이 같은 주문은 왜란 초반, 군량과 기민 구제를 위해 소요되는 곡물을 마련하지 못해 쩔쩔매던 조선의 상황을 타개하기 위한 응급책으로써의 성격이 강한 것이었다.[88]

---

86) 柳夢寅,「送公州使君李伯吉令公詩序」,『於于集』後集 권3.
　　余去年使中國 知治民之有方 稅田 畝三十錢 役民 算功償直 養兵 人口粮月給銀 一身及全家 本與末相資 以裕衣食 令流幣泉行 不侵爲二事 用是民各生其生 周過而剩 剩過而華 華過而侈 反以贍病焉 無他焉 治民者使之也.
87) 柳夢寅,「安邊三十二策贈咸鏡監司韓益之浚謙」其二十八 用錢幣, 위의 책 권5.
88) 柳成龍,「再乞鍊兵且倣浙江器械多造火砲諸具以備後用狀」,『西厓先生文集』권6.
　　駱參將又云 爾國土瘠民貧 百姓無所賴 而所用不過米布 民安得不貧 宜卽山採銀 通物貨於遼東 則糧穀百物 流行灌注 而數年之間 民生可救矣.

조선 역시 전란 초반, 재정이 고갈된 상황에서 기민 구제 등에 필요한 곡물의 구입, 전마의 조달 등을 위해 명과의 무역을 구상하였다. 그것은 1593년, 조선의 요청을 명이 받아들여 양국의 접경인 중강(中江)에서 개시(開市)하는 것으로 구체화되었다. 당시 조선에서는 면포 1필로써 겨우 피곡(皮穀) 1두 정도를 구입할 수 있었으나 중강에서는 요동산 피곡 20두를 구입할 수 있었다. 따라서 중강에서 이루어진 요동과의 무역을 통해 상당한 이익을 경험한 뒤 '구황책(救荒策)의 요체'로서 통상과 무역의 중요성을 재인식하기에 이르렀던 것이다.[89] 1593년 8월에는 명군에게 지급할 방한복을 만들기 위해 역시 요동으로 은을 보내 목화를 무역해오기도 하였다.[90]

그러나 중강개시의 경우처럼 전란 중의 절박한 필요성 때문에 명의 물화를 구입하기 위해 무역을 꾀한 경우는 있었지만 조선 스스로 적극적으로 명과 교역하려는 태도를 보이지는 않았다. 그 배경에는 당시 전란을 치르고 있던 조선에, 은을 빼면 명나라 상인들이 관심을 가질 만한 물종(物種)이 없다고 생각했던 이유도 있었겠지만[91] 무역에 대한 조선의 소극적인 태도는 명군 지휘부나 관인들에게는 상당히 답답하게 인식되었던 것으로 보인다.

임진왜란을 치르면서 명군 지휘부나 관리들은 조선에 대해 무역과 통상의 필요성을 계속 강조하였다. 1597년, 대학사 장위와 심일관(沈一貫) 등은 황제에게 조선 문제에 대한 대책을 상소했는데 명군에게 소요되는 비용의 부담을 덜기 위해서 조선에게 통상을 활용토록 할 것

---

89) 柳成龍, 「中江開市」, 『西厓先生文集』 권16 雜著.
　　盖其時 我國綿布一匹 直皮穀不滿一斗 而中江直米二十餘斗 其用銀銅水鐵者 又得十倍之利 始知古人以通商爲荒政之要 良有以也.
90) 『선조실록』 권41 선조 26년 8월 병오.
91) 1601년 2월 명에 갔던 陳奏使 辛慶晉과 병부상서와의 다음과 같은 대화를 통해 이 같은 상황을 엿볼 수 있다(『선조실록』 권134 선조 34년 2월 병자).
　　十三日 詣兵部呈咨文 尚書曰 爾國無銀子耶 何不將貨物貿遼東銀子耶 答曰 小邦自壬辰以後 凡百産物 竭盡無餘 細布等物 亦已罄乏 況細布非是貴物 遼東之人 誰肯買之

을 제시하였다.[92] 1598년 경리어사 양호는 조선이 요동상인들과 무역할 수 있는 물종으로서 차를 제시하기도 하였다. 그는 조선에서 차를 채취하여 요동에 판매하면 10근에 1전은 받을 수 있다고 지적하고, 명이 서번인(西番人)들에게 차를 판매하여 받은 대금으로 1년에 전마 1만 필 이상을 구입하고 있는 예를 든 뒤 조선에도 그를 권유하였다.[93]

이처럼 전란을 치르는 동안 중강개시를 통해 요동에서 물자를 조달했고, 명군 지휘부로부터 대외무역을 활용토록 종용받았던 경험 등을 바탕으로 조선 신료들 가운데서도 통상과 무역을 적극적으로 활용해야 한다고 주장하는 인물들이 나타났다. 그 대표적인 인물이 이덕형과 유몽인이었다. 두 사람은 모두 왜란 기간 중에는 명군 지휘부와의 잦은 접촉을 통해, 또 전란 이후에는 잦은 사행을 통해 누구보다도 명의 사정에 밝았던 공통점을 갖고 있었다.[94] 이덕형은 왜란 시기 상신(相臣)으로서 전쟁 수행과 국가 재건에 중요한 역할을 담당했던 인물이었다. 그는 당시 피폐한 경제현실을 극복하는 방도로서 통상 활용의 중요성을 강조하고, 특히 소금의 생산과 판매를 통해 물화를 유통시킬 것을 주장하였다. 어염(魚鹽)을 저장했다가 북변지역으로 수송·판매하여 은이나 면포, 모피 등을 획득하고 그것을 다시 남부의 농업지대에 판매하는 방식의 물화 유통을 주장하였다. 또 미역(藿)을 채취하여 무역할 것을 강조하기도 하였다.[95] 이 같은 통상과 무역에 대한 그의 적극적인 수용태도는 훗날 광해군대에 이르러 일본과의 교역을 재개하는 문제를 놓고 논의가 분분할 때 그가 주동이 되어 일본의 개시 요구를 수용하는 데 바탕이 되었던 것으로 보인다.[96]

---

92) 『명신종실록』 권307 만력 25년 2월 을해.
　　大學士張位沈一貫奏陳經驗朝鮮事宜 言欲爲自固之謀 先擇要害适中處所以立根基……
　　練兵屯田 用漢法以教朝鮮之人 通商惠工 開利源以佐軍興之費.
93) 『선조실록』 권101 선조 31년 6월 병자.
94) 이덕형은 전란 기간 동안 경리 양호의 접반관 등으로 활동했고 유몽인도 경략 송응창과 같이 지내며 강론하는 등 중국 장수들과 밀접한 관계를 유지했다.
95) 李德馨, 「陳時務八條啓」, 『漢陰先生文稿』 권8.
96) 『광해군일기』 권26 광해군 2년 3월 壬子 ; 임진왜란 이후 한중일 삼국의 무역에

유몽인은 이덕형에 비해 더 적극적으로 대외무역의 중요성을 강조
하였다. 그는 왜란이 끝날 무렵 조선 조정이 간사한 무리들이 끼치는
폐단을 막는다는 명목으로 중강개시를 폐지하고자 시도했던 것을 신
랄하게 비판하였다. 그는 중국과 일본이 조선보다 부강하다고 평가하
고, 그 원인을 화폐의 유통과 활발한 무역활동에서 찾았다. 산지가 많
아 농업에는 불리한 조선이 대외무역을 도모하지 않고, 좁은 국토에서
생산되는 한정된 물자를 가만히 앉아 갉아먹고 있기 때문에 삼국 가
운데 가장 가난할 수밖에 없다고 지적했던 것이다. 더욱이 당시 국방
을 위해 긴요한 염초나 궁각 등의 물자가 국내에서 생산되지 않음에
도 중국과의 무역을 금지하는 것은 이해할 수 없는 것이라고 비판하
였다.[97] 따라서 그는 이 같은 인식을 바탕으로 중강개시를 혁파할 것이
아니라 적극적으로 활용할 것을 강조하였던 것이다.

(3) 기타 말업(末業) 중시론

전란을 맞아 극도로 피폐해진 사회경제적 현실 속에서 명군이나 명
상인들과의 접촉을 통해 은광개발, 화폐유통, 대외무역 등의 필요성을
새삼 절감하게 되었던 경험은 또한 이후 말업 활용의 중요성을 재인
식하게 되는 계기가 되었다.

유가(儒家)에서는 전통적으로 '중농억말(重農抑末)'의 경제관을 지니
고 있었다.[98] 하지만 전란 중 피폐해진 농업 현실 속에서 군량이나 진

대해서는 한명기, 「중개무역의 성행」, 『한국사』 30, 국사편찬위원회, 1998 참조.
97) 柳夢寅, 「中江罷市辨誣啓辭」, 『默好稿』 中.
中國與萬國通貨 國以富强 民以殷盛 倭奴小醜也 以流通數十諸國之貨 人民之饒 市
廛之瞻 不愧於中國者 無他 規模稍裕 呵禁不苟而然也 我國山川迫塞 地出無多 而不
通域外之貨 座耗偏土之薄産 宜乎民生之困 最居諸國之下也…… 況在軍旅之需如焰
硝弓角 藥餌之材如空青雄黄諸物貨 不産於東方 貿遷之道 三代共之 何獨於今日而防
之哉.
98) 중국과 일본뿐 아니라 유럽에서도 16세기경까지는 대체로 '중농억말'의 관념이 경
제사상의 주류를 이루었다고 한다(吳于廑, 「世界史上的農本與重商」 『歷史硏究』 1,
1984, 北京, 中國社會科學出版社, 3~10쪽).

휼을 위한 곡물 등을 조달하는 데 상당한 애로를 겪었던 경험과, 전란 이후 국가재건을 위해 소요되는 막대한 재정부담을 충족시키는 데 농업부문의 수취만으로는 한계를 느꼈던 상황에서 무조건 '중농억말'의 관념을 고수할 수는 없었다. 따라서 상업의 활용 등 농업 이외의 부문에서 새로운 재원을 조달하는 데 관심을 돌리는 것은 어쩌면 자연스런 추세라고 할 수 있었다.

임진왜란을 겪은 뒤, 사대부들 사이에서 염치가 사라지고 방납(防納)을 비롯한 상업적 이권에 대한 관심이 난 이전에 비해 훨씬 커졌다는 지적이나,[99] 사대부 사회 전반에 확산되고 있던 모리(牟利)와 탐욕의 풍토에 대해 비판이 제기되고 있었던 것[100] 등은 이러한 추세와 관련시켜 생각할 때 주목된다.

전란 직후부터 여러 학인들이 말업, 곧 상업을 적극적으로 활용하자는 주장을 폈다. 특히 이덕형은, 옛날부터 가난한 사람을 부유하게 하는 방도로서 상업만한 것이 없다고 강조하고, 전란 이후의 경제현실 속에서 상업 활용의 중요성을 재삼 강조하였다. 그의 이 같은 인식에 상당한 자극을 주었던 것은 임진왜란 중 목도했던 명나라 상인들의 활동이었다. 절강 상인들이 요동까지 몰려들어 매매활동을 벌이고, 요동 상인들이 나귀 등에 곡물 등을 싣고 서울까지 와서 상업활동을 벌이는 장면은 그에게 일종의 충격으로 받아들여졌던 것으로 여겨진다. 수천 리나 되는 길을 달려온 요동 상인들과 비교하여 조선 사람들을 "무사안일에 빠져 있다"는 투로 비판했던 것은 이를 반증하는 것이었다.[101]

---

99) 李昌庭,「聞見錄」,『華陰先生遺稿』 권3(奎古 3428-250).
   食祿之家 不得與民爭利 古訓也 平時士大夫不知防納二字 亂後家業蕩然 廉恥漸喪 外方貢物防納 公然爲之
100) 吳長,「癸丑三月初一日肅謝後啓」,『思湖先生文集』 권3(奎 11991).
   士夫牟利甚於商賈之流 貪饕成習 廉恥都喪 鎭堡薦擧 多由賄賂 州縣注擬 每出奔競.
101) 李德馨,「陳時務八條啓」,『漢陰先生文稿』 권8.
   古人云 用貧求富 農不如工 工不如商 末業 貧者資也 豈不信矣乎 中原之人 興販致

유몽인 역시 왜란 직후의 피폐한 현실 속에서 상업의 활용을 통해 농업을 보조해야 한다고 강조하였다.

우리나라 백성들이 가난하고 고달픈 것은 8도가 똑같은데 그 이유는 심고서 경작하는 것이 근본이 된다는 것만을 알고 무천(貿遷)의 말(末)로써 그것을 보조할 줄을 모르기 때문이다. 천하의 일에 한갓 근본만이 있고 끝이 없는 이치는 없다. 큰 근본이란 무엇인가? 곡식과 베(布)이다. 지금 우리나라는 곡식과 베로써 상판(商販)을 삼는데 (이것은) 한 가지 근본으로 만 가지 말업을 겸하려는 것이니 참으로 졸렬한 것이다.[102]

위에서 유몽인은 왜란 직후의 궁핍한 형편을 염두에 두고 말업 활용의 필요성을 강조하고, 미곡과 포를 매개로 상업활동을 벌이는 것의 문제점을 비판하고 있다.

이 같은 인식은 자연히 말업의 활용과 관련된 명나라의 다른 경제 관계 문물들에 대한 관심으로 연결되었다. 예를 들어 물화의 수송을 원활히 하기 위해 큰 배나 수레를 만들어야 한다는 주장, 물화의 유통과 여행자의 편리를 도모하기 위해 상설점포(路鋪)가 필요하다는 주장, 물화의 원활한 수송과 육식을 위해 가축 사육에 노력해야 한다는 주장 등이 그것이다.

큰 배를 건조해야 할 필요성에 대한 인식은 왜란을 겪으면서 심화되었던 것으로 보인다. 당시 조선 관인들은 군량 등을 싣고 왕래하는 명나라 선박들을 보면서 물화의 수송과정에서 큰 배의 필요성을 절감하였다. 한 예로 정탁(鄭琢)은, 조선 선박은 한 척당 겨우 수십 석의 곡물밖에는 실을 수 없다고 지적하고 1만 석까지 실을 수 있는 명나

富 浙江之人 輻湊賣買於遼東 遼東之人 驢載小米 轉賣於我國都城 其道里遙遠爲何如哉 我國之人 本來懦慢 但以無事安坐爲上策 深可歎也.

102) 柳夢寅,「安邊三十二策」其三十 眷六斋,『於于集』後集 권5.

라 선박들의 대단한 수송능력에 부러움을 표시한 바 있었다.[103] 또 황여일(黃汝一)은 명에서 실어 오는 군량의 접수를 담당하면서 보았던 명나라 선박들의 선제(船制)에 주목하였는데, 그는 명나라 배들이 정교하게 제작되어 방수가 완벽하다고 칭찬하였다.[104] 이 같은 인식은 왜란 이후, 큰 배를 만들어 군량을 쉽게 운송하고 나아가 물화의 원활한 유통을 도모하자는 유몽인의 주장에서도 다시 나타났다. 그는 불과 수백 근, 수십 석에 불과한 조선 선박의 수송능력에 문제를 제기하고, 큰 배를 만들어 삼남지방의 미곡 등 여러 가지 물화를 육진으로 실어 나르자고 강조했던 것이다.[105]

상설점포(路鋪)를 만들어야 한다는 주장 역시 왜란 당시 명군 지휘부에 의해 강조되었던 것이다. 일찍이 윤국형(尹國馨)은 중국에는 방방곡곡에 점포가 있고, 숙식을 위한 여러 가지가 갖추어져 있어서 비록 천리길을 여행하는 사람이라도 은 한 주머니만 차고 다니면 필요한 것은 무엇이든지 구입할 수 있다고 지적한 바 있었다.[106] 그러나 조선에 들어왔던 명군은 월급을 은으로 지급받았음에도 그것을 주고 물건을 살 수 있는 상점이 없어서 불편을 겪었다. 이 같은 불편한 상황을 타개하기 위해 명군 지휘부는 요동 상인들을 조선으로 불러들였거니

---

103) 鄭琢, 「與明儒胡煥」, 『藥圃先生文集』 권2.
　　加以本國船舶極少 載百石者不夥 載數十石者居多 厥數無幾 事力綿薄 亦非常繼之道也…… 上國舳艫極大 裝載萬石者 比比有之 如得數十萬石 直抵于西海之濱 軍需之足有餘裕矣.
104) 黃汝一, 「上西厓柳相國書」, 『海月先生文集』 권6.
　　觀其船制 極爲完密 重房疊板 隙塗油灰 一氣不通 萬無侵潤之勢…….
105) 柳夢寅, 「安邊三十二策」 其二十六 作巨艦, 『於于集』 後集 권5.
　　今若巨艦連櫓 運東南三道之糧及四方之商貨 達之六鎭 則六鎭之軍 坐致鼓腹而邊圉無虞矣 今者 六鎭之物貨 柂而至於德源之圓山 其間千里 所運不過數百斤之重 南關之粮菜 帆而達于六鎭 其間千里 所運不過數十石之重 若是而望土産之相資 軍食之有裕 不亦難乎.
106) 尹國馨, 『甲辰漫錄』(『대동야승』 권55).
　　中原坊坊曲曲 皆有鋪店 酒食車馬之具 無不備焉 雖行千里之遠者 只佩一囊銀子 隨身所需 無求不得 其制甚便也.

와 조선 조정에 대해 명군이 지나가는 연로에 가건물을 지어서라도 상점들을 설치하라고 종용한 바 있었다.[107] 특히 경리어사 양호가 이 문제에 적극적이었다. 그러나 지방수령들은, 명군이 지나갈 때에는 관에서 물건을 준비하여 길가에 늘어놓고 매매하는 척하다가 명군이 지나가면 도로 철거해버린다는 지적이 나오고 있었다.[108]

각지에 상설점포를 설치해야 한다는 주장은, 왜란 이후 유몽인에 의해 다시 제기되었다. 그는 길가에 여관과 점포의 기능을 함께 가지는 노포를 설치하여 사람이나 물자의 통행·유통에 편의를 도모하자고 주장하였다. 그는 중국의 경우 "한 개의 점포가 1년에 벌어들이는 금액이 은으로 쳐서 천 냥에 이른다"는 예를 든 뒤, 그것을 본받아 북쪽 변방에서 서울에 이르는 수천 리에 노포를 즐비하게 설치하면 군마의 이동이 편리해질 것이고 따라서 북방민들도 이에 힘입어 생계를 꾸릴 수 있을 것이라고 강조하였다.[109] 노포의 설치는 결국 화폐의 유통을 전제로 하는 것이기 때문에 이러한 주장 역시 그의 유통경제에 대한 관심에서 나온 것임을 쉽게 알 수 있다.

임진왜란 중에는 명에서 축산이 번성했던 측면도 주목되었다. 축산이 번성했던 명에서 소는 경작에, 말은 전쟁에만 사용하고 타거나 운송하는 것은 전부 나귀나 노새를 이용한다는 사실에 착안하여 평안도의 목장에 암말을 모아두고 요동에서 수나귀를 수입해서 노새를 생산하자는 주장이 대두되었다.[110] 당시 조선에 나귀나 노새가 거의 없어서

---

107) 『선조실록』 권96 선조 31년 1월 신해.
108) 尹國馨, 앞의 책, 같은 조.
　　楊經理到我國 欲倣中原 沿路皆設鋪店 使居者各有所資 意甚盛也 第習俗難變 而財力有所不逮 人不肯從 守令欲免罪責 天將經過時 官備其物 排之路左 有若賣買之狀 而過則撤之.
109) 柳夢寅, 「安邊三十二策」 其二十九 開路鋪, 위의 책 권5.
110) 『선조실록』 권50 선조 27년 4월 경오.
　　備邊司啓曰 中原畜産繁息 牛則用於耕農 馬則用於戰陣 至於任載騎乘轉輪 皆以驢騾爲之…… 若於平安道牧場中 擇其水草肥饒之處 聚牝馬數百餘匹 又於遼東 貿得牡驢若干 雜於牧其處 擇曉解馬性者爲監牧官 課其成效 則數年之間 所産皆騾 況今於

쇄마(刷馬)나 역참(驛站)에 소요되는 축력(畜力)을 전부 소와 말로써 충당하고 있는 현실과, 군량을 운반할 때 수송수단인 가축과 수레가 부족하여 고통을 겪었던 경험이 반영된 제안이었다.

왜란 당시 명군 지휘부는 식용을 위한 가축 사육을 강조하기도 하였다. 식생활 습관 자체가 조선 사람들과 달라서 육식을 훨씬 즐겼던 중국인들의 입장에서는 조선에 주둔해 있는 동안 고기를 구하는 데 관심을 가질 수밖에 없었다. 실제 전쟁 중에 명군은 하루에도 수백 마리의 소를 도살하였고, 명군 주변에서는 소나 닭, 개 등이 전부 없어지는 형편이었다.[111] 그들은 또한 닭고기를 가장 즐겨서 닭을 잡으면 피조차도 버리지 않는다고 할 정도였다.[112] 이 같은 상황에서 소를 빼면 가축 사육이 별로 활발하지 못한 조선의 실정을 의아하게 여기고, 육식을 위해서 가축 사육에 힘쓰라고 종용했던 것이다.[113]

유몽인 역시 전쟁 직후, 가축의 사육을 강조하였다. 그는 중국에서 이른바 육축(六畜)을 길러 생계를 보조한다는 것과 여진족도 가축을 활발히 사육하고 있는 사실을 예로 든 뒤, 조선도 육축을 사육하여 말과 소는 오로지 전투용과 밭갈이용으로만 쓰고 물자의 수송과 노역에는 나귀와 노새를 이용하자고 제안하였다.[114]

육축을 사육하는 데 힘쓰자는 주장은 자연히 수레를 활용하자는 논의와 연결되었다. 왜란 초반, 군량 운반 문제가 초미의 현안으로 대두되었

義州中江開市 乘此貿換之便 多貿驟頭 勢將易就 令戶曹量給價物 以爲後日無窮之用
何如 答曰 依啓.
111) 『燃藜室記述』 권17 宣祖朝, 「亂中時事摠錄」.
有牛馬者賣于明兵 明兵一日屠殺數百牛 故四境牛畜鷄犬殆盡…….
112) 趙慶男, 『亂中雜錄』 3, 癸巳年 下(『대동야승』 권26).
天兵食不用匙 皆以筯 不食生菜 最嗜鷄而不棄血…….
113) 『선조실록』, 권48 선조27년 2월 계축.
114) 유몽인, 「安邊三十二策」 其三十 畜六畜, 『於于集』 後集 권5.
今中國之民 以養六畜資其生 故人瞻家裕如彼 北虜至無知也 而猶以此營其生 今者北
地近胡 水土相似 宜養六畜彌山以取瞻 況驢以代步 則馬專於戰 而不勞於致遠也 騾
以引重 則牛專於耕 而不費於馱載也 驢以爲磨 則三人不入於舂 而又力不費矣 駢騾
以使車 駢驢馬以耕田 何用而不可 我國之人 甚拙矣夫.

을 때 수레를 제대로 갖추지 않아서 요동에서 구입하여 사용했던 경험이 있거니와[115] 왜란 이후 유몽인 등은 중국의 예를 본받아 우리나라도 수레를 이용하자고 주장하였다. 산이 많은 조선에서 중국만큼 수레를 이용할 수는 없지만, 북쪽지방에는 자못 넓고 평평한 곳이 있으니 수레를 이용하면 많은 이점이 있다고 강조했던 것이다. 그는 요동민들이 사는 지역의 지형이 조선과 유사함에도 불구하고, 그들은 수레를 활용하는데 유독 우리만이 그렇지 못한 것을 비판하였다. 그것은 결국 새로운 것의 활용을 꺼리는 인습에서 비롯된 것이라고 지적하고 수레를 적극적으로 활용함으로써 군량수송 등의 편의를 꾀하자고 강조하였다.[116]

요컨대 이러한 '중상적'인 성격의 주장들이 제기된 배경에는 왜란 중 명군의 참전과 그들을 따라온 명 상인들의 활발한 상업활동을 목도하면서 받았던 경제사상적 영향이 자리하고 있었다. 이와 함께 국내 학인들 사이에서도 왜란 이후의 피폐한 현실 속에서 농업부문의 생산과 수취만으로는 국가와 민생의 재건을 위한 재원을 충당할 수 없으므로 상공업 등 새로운 재원을 적극 개발해야 한다는 인식이 커져가던 경향과도[117] 밀접한 관련이 있었다.

---

115) 洪世恭, 『鳳溪先生逸稿』 권1 「平安道調度節目」.
　　運糧時 所用唐車 以本道監司處所上銀鐵貿易事…….
116) 유몽인, 其三十一 使遼車, 위의 책, 같은 조.
　　遼民多用此制 行之東八站 東八站之山川 陜隘典我國相似 而彼能我不能 直以彼民慣於使車 我民則不能肯作俑故也 如不畜猪 不畜驢 不用錢之類是也 今若教北民使車爲業 則於轉運兵粮過半矣.
117) 임진왜란 직후 국가재건의 방편으로 대두된 상공업 진흥론에 대해서는 한명기, 「유몽인의 경세론 연구」, 『한국학보』 67, 1992 참조.

제3장

명군 참전과 사회 · 문화적 영향

1. 명군 주둔에 따른 민폐와 사회상(社會相)

1) 명군의 군기(軍紀) 해이에 따른 민폐

임진왜란 당시 조선에 참전했던 명군은 평양전투에서 승리함으로써 일본군에게 일방적으로 밀리던 전세를 역전시키고, 반격의 토대를 마련하여 조선의 회생을 도왔으며 궁극에는 선조를 비롯한 집권층에게 다시 집권할 수 있는 기회를 주었다. 그러나 조선에 참전했던 명군이 긍정적인 역할만을 수행했던 것은 아니었다. 평양전투 승리와 서울 수복 이후 강화론이 대두되어 전쟁이 소강상태로 접어들고, 주둔이 8년 이상 이어지면서 그들은 각종 폐단을 일으켰다.[1] 이에 조선 사람들은 극심한 고통을 겪게 되었다. 명군이 야기했던 민폐는 그 원인에 따라서 대략 두 가지 유형으로 나눌 수 있다. 첫째, 군기의 해이, 패전의 후유증 등 명군 자체의 문제점에서 비롯된 민폐와 둘째, 조선의 조야

---

1) 선조실록에 따르면 戴朝弁과 史儒 등이 지휘하는 명군 선발대 1,029명이 최초로 압록강을 건너왔던 때가 1592년 6월 15일이고, 전쟁이 끝나 완전히 철수했던 것이 1600년 9월 26일로 기록되어 있다. 결국 명군은 조선에서 약 8년 3개월 이상 주둔했던 셈이 된다.

가 그들에게 군량을 비롯한 군수물자를 공급하는 과정에서 겪게 되었던 고통이 바로 그것이었다.

조선은 이미 명군이 들어오기 이전부터 그들이 자행할지도 모르는 민폐를 몹시 걱정하고 있었다. 왜란 초반, 파천 길에 올라 평양에 머물던 조선 조정은 명의 요동군문(遼東軍門)에 구원병을 파견해달라고 요청하려 했으면서도 그것을 망설였다. 그 이유는 당시 요동이나 광녕(廣寧) 사람들의 성품을 포학하다고 여기고 있었기에 그들이 들어올 경우 극심한 민폐를 끼치지나 않을까 하는 우려 때문이었다.[2] 그런데 원병을 요청하기 위해 요동에 갔던 이덕형은, 예상과 달리 명 장수들의 호령이 엄중하고 군기가 분명하였으며 한 포기의 풀, 한 톨의 쌀이라도 건드리지 않는다고 낙관적인 보고를 보내왔다.[3] 실제 1592년 6월 15일, 대조변(戴朝弁) 등이 지휘하여 최초로 압록강을 건너왔던 명군 선발대는 군율이 엄숙하여 이 같은 낙관적인 예상을 뒷받침하는 듯하였다.

그러나 6월 19일, 부총병 조승훈(祖承訓)이 이끌고 들어왔던 명군은 민가에 마구 난입하여 백성들을 놀라 흩어지게 하는 등 군기가 엉망이었다. 이 때문에 의주 성내의 백성들이 모두 흩어졌다는 보고가 나올 지경이었다.[4] 이처럼 조선이 애초부터 명군에 의한 민폐를 우려하는 가운데 1592년 12월, 제독 이여송이 이끄는 약 4만 5천여 명의 대군이 들어오면서부터 조선은 본격적으로 명군이 자행하는 민폐에 시달리게 되었다.

경략 송응창 등 명군 지휘부도 조선으로 원병을 보내기 이전부터 장차 발생할지도 모를 민폐를 염려하여 상당히 고심하고 있었다. 송응창은 일찍이 휘하 장수들에게 서신을 보내 군사들의 군기를 확립하여

2) 『선조실록』 권26 선조 25년 5월 무자.
　時 或欲請兵天朝 大臣以爲 遼廣之人 性甚頑暴 若天兵渡江踐躪我國 則浿江以西未陷諸郡 盡爲赤地 兩議爭論 日久不決.
3) 『선조실록』 권27 선조 25년 6월 을사.
4) 『선조실록』 권27 선조 25년 6월 무신, 경술.

조선에 진입했을 때 함부로 가옥을 차지하는 등의 행위를 금지하라고 지시하고, 그를 어길 경우 군법으로 처단하겠다고 누차 경고하였다.[5] 특히 그가 무엇보다 철저히 금지하도록 지시한 것은 병사들이 조선 백성들과 거래할 때 물품을 늑매하는 행위였다.[6]

군기를 확립하기 위해 송응창이 기울인 노력은 각별한 것이어서 그가 하달한 이른바 '군령30조(軍令三十條)' 중에는 조선 백성들에게 민폐를 끼치지 못하도록 금지한 조항이 3개가 있었다. 예를 들면 "장사들은 조선의 지방을 지나면서 개와 닭이라도 놀라지 않도록 하여 조금도 범하지 말 것, 감히 민간의 나무 한 그루 풀 한 포기라도 함부로 건드리는 자는 목을 벤다"(제5조), "조선 부녀자를 함부로 범하는 자는 목을 벤다"(제6조), "조선의 강역은 곧 우리의 토지이며 조선 백성은 우리의 백성이니 함부로 조선의 남녀를 죽이거나, 투항한 자나 부역한 자를 죽이는 자는 목을 벤다"(제20조) 등의 조항이 그것이었다.[7] 이를 보면 명군의 군율, 그 가운데서도 조선 사람들과 접촉할 경우를 상정하여 규정한 내용은 상당히 엄격한 것이어서 명군이 일으킨 민폐가 군율 자체가 갖추어지지 않아서 생겨난 것은 아니라고 할 수 있다.

명군이 조선 백성들에게 자행했던 민폐가 본격적으로 문제가 되기 시작했던 것은 1593년 1월 평양전투 이후부터였다. 평양전투 당시 명의 남병(南兵)과 북병(北兵) 사이에 일본군의 수급(首級)을 얻으려는 경쟁이 벌어지면서 다수의 조선 사람들이 희생되었다. 전투가 끝난 뒤

---

5) 송응창, 「檄婁大有葉邦榮」, 「進兵朝鮮安民示約」(11월 17일 · 18일), 『경략복국요편』 권3.
6) 송응창, 「通諭兵民交易約」(11월 18일), 위의 책 권3.
   本部調發大兵 東入朝鮮國 剿滅倭奴 如各地方軍民人等 有願隨營於屯箚處所 自置酒食販賣者 許令稟報所在官司 轉呈本部 以便給與 執照聽令 隨軍販賣價值 兩平交易 並不許軍士強奪刁買.
7) 송응창, 「軍令三十條」(11월 30일), 위의 책 권3.
   一 將士 經過朝鮮地方 無使鷄犬不驚 秋毫無犯 敢有擅動民間一草一木者 斬……
   一 官軍有狎朝鮮婦女子 斬…… 一 朝鮮疆域卽我土地 朝鮮百姓卽我子民 將士有擅殺朝鮮男婦 幷投降人役者 斬.

명의 산동도어사(山東都御史) 주유한(周維翰)과 이과급사중(吏科給事中) 양정란(楊廷蘭)은, 이여송이 획득했다고 주장한 일본군의 수급 가운데 절반은 조선 사람의 것이며 불에 타죽거나 물에 빠져 죽은 1만여 명도 그 가운데 절반은 조선인이라고 이여송을 탄핵한 바 있었다.[8] 수급의 국적을 가리기 위해 주유한은 조사관을 보내 머리에 망건 자국이 있는 조선인과 머리를 빡빡 밀은 일본인의 수급을 구별하는 작업을 벌이기도 했는데,[9] 이 문제는 이후에도 계속 논란거리가 되었다.

평양을 탈환한 이후 명군은 거주민들의 가옥을 차지하고, 술을 마련하지 않았다고 조선 관리들을 구타하는 등 군기의 문란이 심해졌다.[10] 또 이여송 등이 조선 조정에 요구한 납촉(蠟燭), 꿀, 돗자리 등 각종 물품을 평양 인근의 양덕(陽德), 강서(江西) 등지의 고을에 분담시키자 고을의 관인들이 견디지 못하고 도주하는 등[11] 평안도 일대의 관민들은 명군을 지공하는 과정에서 심하게 동요하였다.

이여송군이 벽제전투에서 패전한 이후 송응창 등 명군 지휘부가 일본군과의 강화를 시도하면서부터 명군이 자행했던 민폐는 더욱 심해졌다. 4만 5천여 명에 이르는 대군이 강화논의를 계기로 일본군과의 전투를 기피하고, 특별히 하는 일없이 조선에 대해 군량이나 군수물자 등의 지공만을 요구할 때 거기에서 파생되는 폐해가 얼마나 클 것인가는 명약관화한 것이었다.[12]

더욱이 당시 명군은 사기가 극도로 저하되어 있었다. 낯선 땅에 들어와 풍토가 맞지 않는데다 군중에 각종 전염병이 창궐하여 사망자가 속출하면서 "군중에서 우는 소리가 진동한다"고 할 정도였다. 이런 상

8)『선조실록』권34 선조 26년 1월 병인.
9) 송응창,「又」(4월 2일),『경략복국요편』권8.
10)『선조실록』권34 선조 26년 1월 기묘, 계미.
11)『선조실록』권35 선조 26년 2월 정미.
12) 강화논의의 시작과 명군의 철수계획이 알려지자 명군 진영에서는 환호성이 우레와 같이 터져나왔다고 하는데(『선조실록』권36 선조 26년 3월 무인) 당시 명군들 내부에는 염전의식이 상당히 광범하게 퍼져 있었다. 이처럼 싸울 의지가 없는 병력이 장기간 주둔하게 되면서 민폐 문제는 더 심각해졌던 것이다.

황에서 강화론의 대두는 그들로 하여금 싸우고자 하는 의지를 더욱 박약하게 하였다.[13] 그리고 그 같은 명군의 상황은 자칫 조선에 민폐를 끼치는 것으로 전가될 개연성이 큰 것이었다. 실제 강화협상이 시작되면서 일본군이 서울에서 철수하여 남하하고, 그에 따라 명군도 남하하여 이동 거리가 길어지고, 주둔지역이 넓어지면서 그에 따른 민폐도 서울과 삼남지방으로까지 확산되었다. 이미 1593년 7월, 경상도지역에서는 명군이 강화를 핑계로 일본군과 싸울 의사를 보이지 않고 군량만 소모할 뿐 일본군의 준동을 수수방관하고, 횡포를 마구 자행하여 각 고을이 도저히 유지될 수 없는 지경에 이르렀다는 탄식이 나오고 있었다.[14]

당시 명군 지휘관들 가운데 오유충(吳惟忠)이나 유정 등은 휘하 군병에 대한 단속을 철저히 하여 민폐를 전혀 끼치지 않는다는 평가를 받기도 했다. 하지만 그것은 예외적인 경우였고 명군이 자행했던 민폐는 광범한 것이었다. 명군 가운데서도 특히 민폐를 심하게 끼쳤던 부류는 북병이었다. 남병은 절강·복건 출신의 화기수와 검술에 능한 보병들이 대부분으로 명에서 왜구를 방어하는 데 주로 동원되었고 북병은 광녕·요동 출신의 마병(馬兵)들로 구성되어 호병(胡兵)들을 방어하는 데 능한 것으로 평가되고 있었다. 왜란 기간 동안 남병과 북병의 효용성과 동원 우선순위에 대한 평가는 명의 신료들 사이에서도 엇갈리고 있었는데[15] 어쨌든 조선에 들어온 명군의 대종을 이루는 것은 북

---

13) 『명신종실록』권264 만력 21년 9월 임술.
    盖軍士自撫貢之說漸起 而戰鬪之心漸弛 及濕暑交浸 瘟疫大作 亡歿多人 軍中泣聲震
    野 一經物故 尸輒燒焚 諸軍悲且怨矣 卽今途中 臣自目擊 枕藉道傍者 氣息奄奄 傴
    僂而行者 癯然鬼面 尙可爲行伍備乎 臣謂軍情久難再覊者 此也.

14) 趙靖,「辰巳日錄」癸巳 7월 28일,『黔澗集』.
    聞倭陷晉陽後尙不入去 今方衝斥于蔚山梁山諸郡 欲再窺慶州云 而唐兵托以講和 不
    思戰御之計 徒費粮餉 任其陸梁 嶺外諸邑 萬無支吾之勢 極可憤惋.

15) 일본군을 막기 위해서는 화기와 검술에 능한 남병들을 동원해야 한다는 徐成楚의
    견해(『萬曆邸鈔』만력 24년 12월)와 남병은 북병에 비해 체력이 떨어진다고 지적
    한 뒤 남병 병사가 아닌 장교를 선발해야 한다고 주장한 張位의 견해(『명신종실

병이었다.[16] 북병 가운데는 '달자(㺚子)'라고 불리는 여진족 출신 투항자들로 구성된 부류도 있었다. 북병들은 대체로 성질이 난폭하고 꺼리는 바가 없고 조선 백성들에 대한 횡포와 약탈이 극심하여 그들이 지나는 연로는 비어버린다고 할 지경이었다.[17]

또 남병과 북병 사이에는 알력이 있어서 쉽게 화합하지 못하였는데 실제 남병 계통의 황응양(黃應陽) 등은 제독 이여송을 비난하여 그가 요동인이기 때문에 살육을 즐긴다고 매도할 정도였다.[18] 북병 가운데서도 달자들은, 조선인을 만나면 목을 벤 뒤 머리털을 깎아 일본군의 수급인 양 가장한다고 할 정도로 악명이 높았다.[19] 군량을 분급받을 때에도 남병은 군기를 유지하여 난잡하지 않지만, 북병은 그렇지 못하여 폐단이 극심하다는 평가가 나오고 있었다.[20] 또 당시 북병은 기마병이 대부분이므로 조선 조정의 입장에서는 군량 이외에 마초와 콩(豆)까지 공급해야 했기에 그 지공 과정에서 남병에 비해 훨씬 부담을 느꼈다.[21] 이 때문에 조선 조정은, 북병을 민폐만 끼칠 뿐 실제 전투에는 아무런 도움이 되지 못하는 백해무익한 존재로 여기게 되었고 이후 명에 증원군을 요청할 때 주로 남병을 보내달라고 했던 것이다.

록』권307 만력 25년 2월 을해), 남병은 소집과 해산이 어려우므로 宣府·大同에서 북병을 동원해야 한다고 주장했던 黃筆秀의 견해(『명신종신록』권298 만력 24년 6월 임인) 등이 이와 관련된 논란의 대표적인 사례들이다.

16) 한 예로 1593년 3월, 평양성에 주둔했던 명군 2만 6천여 명 가운데 남병은 4천여 명이었고 나머지는 전부 북병이었다(『선조실록』권36 선조 26년 3월 기미).

17) 鄭琢, 「與明儒胡煥」, 『藥圃先生文集』권2.
添兵之事 固當汲汲 而其中川浙之兵爲上 遼廣之兵次之 盖遼兵能胡而浙兵能倭也 加以遼廣之人 性悷恣橫 無所忌憚 一涉邦域 直肆侵略 跌躪盖藏 剽鹵牛馬 兵興以來 沿途之民 庶幾一空 無益有害 乃至於此

18) 『선조실록』권34 선조 26년 1월 정축.

19) 『선조실록』권35 선조 26년 2월 을사.

20) 『선조실록』권36 선조 26년 3월 기미.

21) 鄭琢, 「府尹金信元示胡公帖」, 『龍灣見聞錄』(국사편찬위원회 탈초영인본, 1993), 374쪽.
南兵不可不急調添戍也 且南兵步軍也 只費其米 北兵馬軍也 又有蒭豆之費 論其南北之所費多寡較然不侔矣 且遼兵往來 擾害倍甚……

군기가 해이해져서 발생했던 명군의 민폐는 부대가 이동할 때, 또는 일본군과의 전투에서 패한 이후에 더 심해지는 경향을 보였다. 1593년 9월, 벽제전투에서 패배한 뒤 황해도로 물러났던 명군은 조선 지방관들의 목을 묶어 끌고 다니면서 자신들의 요구를 수용하지 않으면 돌로 난타하여 살상하는 등 횡포가 극심하였다.[22] 1593년 일본군이 남하함에 따라 호남으로 내려갔던 명군은 이동하는 도중 주변 민가들을 심하게 약탈하여 일본군과 다를 것이 없다는 평가를 받은 바 있었다.[23]

1597년 8월, 남원전투에서 패하여 도주하던 명군은 조선 관가의 창고를 부수고, 약탈을 자행하여 그 폐해가 병란보다도 더 심하였다는 보고가 나온 바 있었다.[24] 정유재란이 일어난 뒤 명군들이 빈번하게 남하하면서 약탈을 자행하자 그들이 지나는 길 주변의 주민들은 약탈당할 것을 우려하여 낮에는 숲속에 은신했다가 밤에만 움직이고, 가재도구와 곡물 등은 전부 땅에다가 묻어두는 실정이었다.[25] 1598년 2월, 울산전투에서 패배한 이후 도주하던 명군은 군기가 풀어지면서 '난병'으로 변하였다. 제독 마귀(麻貴) 휘하의 선부·대동 출신 북병들은 마초를 구한다는 명목으로 여염에 난입하여 약탈과 겁간을 자행하여 부근 30~40리의 촌락이 모두 비어버리는 지경에 이르렀다.[26]

명군이 자행했던 극심한 민폐 때문에 일찍부터 '명군은 참빗, 왜군은 얼레빗'이라고 풍자하는 말이 돌고 있었거니와 울산전투 이후 삼남지방에서는 "명군만 보면 숨어버린다"고 할 정도가 되었다.[27]

---

22) 『선조실록』 권42 선조 26년 9월 병진.
23) 吳希文, 『瑣尾錄』 第2 癸巳 7월 8일.
24) 『선조실록』 권91 선조 30년 8월 정해.
25) 吳希文, 『瑣尾錄』 第6 丁酉 11월 12일.
　　唐兵 自南下往來者 沿路民家 掠奪財物 民不聊生 晝則逆竄林藪 夜則來宿 家財穀物 皆掘坎埋置 若非堅藏 則盡被掘去.
26) 『선조실록』 권97 선조 31년 2월 정사.
　　接伴使李德馨馳啓曰 天兵退回之後 將卒多不檢攝 到處生事 及駐安東宣大兵馬及麻提督標下鏈兵 尤甚作罕 托以討取馬草 散出閭巷 搶掠財産 劫奸婦女 遠近聞風竄走 環三四十里 人家一空 所見極爲駭慘.

명군이 조선에서 자행했던 민폐가 몹시 심각한 수준이며 조선 사람들이 명군이 자행하는 민폐를, 일본군의 그것보다 더 고통스럽게 여기고 있다는 사실을 명의 전쟁 지휘부도 잘 알고 있었다.[28] 그리고 그것을 금하려고 노력을 기울이기도 했다. 임진왜란 초기 송응창이 '군령30조' 등을 통해 명군의 작폐를 금지하려고 노력했거니와 정유재란 당시 명군의 최고 지휘관 형개 역시 명군의 작폐를 막으려고 나름대로 노력했다. 그 역시 조선의 쌀 한 톨이나 채소 한 포기, 초목 한 그루라도 범하는 자는 곤장을 치거나 귀를 베어버리고, 부녀자를 겁탈한 자는 목을 벤다고 경고하는 등 군기를 유지하여 민폐를 막겠다는 강한 의지를 과시한 바 있었다.[29]

그러나 명군 지휘부와 일선 지휘관들이 엄중한 처벌을 가한다고 해서 민폐가 쉽게 근절되지는 않았다. 일부 지휘관들이, 구원군으로 참전한 자신들의 어려운 상황을 들어 병사들의 작폐를 어쩔 수 없는 것으로 비호하거나 해당 병사들을 문책하지 않았기 때문이었다. 여기에 조선 조정의 소극적인 대응도 한몫을 하였다. 한 예로 1593년, 부총병 양원(楊元)은 명군에게 피해를 입은 조선인이 그 내용을 정소(呈訴)하자, 명이 조선을 위해 군대를 동원하여 희생을 치르고 군량까지 운반해서 도왔다고 자신들의 노고를 강조한 뒤 정소하는 것을 나무랐다. 이어 그는 조선 신료 정탁에게 향후로는 그런 일이 없도록 하라고 국왕에게 이르라고 요구하는 등 웬만한 민폐에 대해서는 개의치 않는 듯한 태도를 보인 바 있었다.[30] 이에 대해 정탁이 보인 태도는 양원의

---

27) 『선조실록』 권97 선조31년 2월 신사.
28) 『명신종실록』 권311 만력 25년 6월 갑술.
   總督邢玠復疏陳調兵事宜…… 又先年官兵東征 朝鮮苦之 甚于苦倭…….
29) 『事大文軌』 권24 萬曆 25년 10월 10일.
   爲此除發白牌三面 一竪王京 一竪平壤 一竪義州江邊 牌仰東征各營將領中軍千摠等
   官 嚴禁各軍兵 遵守紀律 但有擾害朝鮮一米一菜一草一木者 卽細打割耳 巡營如有搶
   掠財物 淫辱婦女者 卽斬首示衆.
30) 鄭琢, 『龍灣見聞錄』, 339~340쪽.
   然以天兵以爾國之故 死傷者不可勝數 且爲爾國輸運唐糧 勞費鉅萬 設或實有此事 至

이야기에 전적으로 동의하고 다시는 그런 일이 없도록 국왕에게 보고하겠다는 것이었다. 즉 명이 베푼 '재조지은'에 감사하기에도 겨를이 없어야 할 처지에 "어느 벌레 같은 백성이 감히 이런 짓을 했느냐"는 투의 내용이었다.[31]

정탁의 이야기를 통해 알 수 있듯이 명군의 힘을 빌려 전쟁을 치르고 있었던 조선 조정은 명군 지휘관들에게 민폐를 금지해달라고 공공연히 요청할 수 있는 입장이 아니었다. 이것은 국왕 선조의 경우도 마찬가지였다. 한 예로 1595년 12월, 조선 장정들을 뽑아 군사훈련을 시키고 있던 명군 교사(敎師)들이 교련을 빙자하여 각 지방에서 일으키고 있던 폐단을 우려하고 있던 신료들에게 선조는, 명군만 믿고 있는 상황에서는 그들이 끼치는 폐단을 어느 정도까지는 참을 수밖에 없다는 투로 말한 바 있었다.[32] 이처럼 명군 지휘부가 지니고 있었던 조선에 대한 '시혜자'로서의 의식에, 명군이 끼치는 민폐에 대해 묵인하거나 소극적으로 대응할 수밖에 없었던 조선 조정의 방관자적인 태도가 더해지면서 명군이 자행하는 민폐는 점점 제어하기 어려운 상황으로 변해가고 있었다.

2) 명군에 대한 지공(支供)과 조선민의 고통

명군이 장기간 주둔함에 따라 발생했던 민폐 가운데 군기의 해이 등 명군 자체의 문제점 때문에 야기된 것보다 더 심각했던 것은 군량공급 등 명군에 대한 지공과 관련된 것이었다. 특히 군량공급 문제는 전란 시기 내내 조선 조정을 괴롭혔는데 군량의 원활한 조달과 공급

於呈訴 事體如何 陪臣歸告國王前 使勿復如此
31) 정탁, 앞의 책, 같은 조.
答曰 陪臣今聞老爺之言 不勝驚惶之至 天朝爲小邦 至勤王師 剿平大賊 再造三韓 將軍領率 冒涉遠征 至變寒暑 勞苦倍甚 思德罔極 小邦臣民 感戴如天 思報未暇 何物出氓 敢爾如是 陪臣謹當歸告寡君 寡君聞之 亦應驚惶.
32) 『선조실록』권70 선조 28년 12월 계묘.

여부가 전쟁 전체의 승패와도 관련이 있는 중대한 것으로 인식되었다.[33]

명군 지휘부 스스로도 조선으로 출동하기 이전부터 노심초사했던 것 가운데 하나가 바로 군량, 마초의 조달과 운송 문제였다. 명군 지휘부는 1592년 11월, 이미 5만 병력에게 2개월 간 공급할 수 있는 군량을 마련했던 상황에서 은을 풀어 산동의 등래(登萊)지역에서 곡물을 구입한 뒤 그것을 바닷길을 통해 요동으로 운반하여 원정군이 1년 간 먹을 군량의 마련을 자신하고 있었다. 이 밖에 광녕, 요양 등지에는 둔전을 설치하여 장기전에 대비하려는 포석도 하고 있었다.[34] 또 명군 지휘부는 1592년 11월, 조선 신료 윤근수(尹根壽)로부터 조선에 5만 명의 병력이 하루 세 끼씩 20일 간 먹을 수 있는 군량과 말 2만 필이 20일 간 먹을 수 있는 마초가 마련되었다는 소식을 보고받고 관원을 보내 그 사실 여부를 조사하도록 하였다.[35]

송응창은 다시 조선 신료 김정목(金庭睦)에게 의주와 평양 등 행군로 주변에 군량과 마초가 실제 얼마나 있는지를 묻고, 관원을 뽑아 차량과 우마를 동원하여 의주에서 요양으로부터 양곡이 도착하기를 기다렸다가 평양 등지로 운반하라고 지시하였다.[36] 특히 송응창은 평양전에서 승리할 경우 일본군이 서울로 도주하고 명군이 그를 추격해서 남하하게 될 것을 염두에 두고 군량의 운반 거리가 길어지는 상황을 우려하여 관량관(管糧官) 장삼외(張三畏)에게 대책을 마련하라고 지시하였다.[37] 그는 5만 명이 20일 간 먹을 수 있는 군량을 준비했다는 조선측의 보고를 끝까지 의심하여 장삼외에게 사실 여부를 확인하라고

---

33) 임진왜란 시기 군량 문제에 대해서는 이장희, 「임란 중 양향고」, 『사총』 15 · 16 합집, 1971 참조.
34) 송응창, 「議處海防戰守事宜疏」(11월 13일), 『경략복국요편』 권3.
35) 송응창, 「檄分守遼海道」(11월 16일), 위의 책 권3.
36) 송응창, 「檄朝鮮國差衛獻納金庭睦」(11월 17일), 위의 책 권3.
37) 송응창, 「檄都司張三畏」(11월 18일), 위의 책 권3.
   ― 克復平壤後 倭必遁歸王京 彼時兵貴神速 勢必進取 但王京去平壤已遠 去鴨綠江更遠 江山險阻 中國轉輸更難 而客師深入 其糧料亦須支給 本國宜預爲酌定.

거듭 지시하는 등[38] 군량 문제에 대해서 지나칠 정도로 세심하게 챙기는 면모를 보였다.

송응창은 또한 조선에 들어간 이후 혹 생겨날지도 모르는 기아 상황을 염려하여 병사 개개인에게 비상식량을 반드시 휴대하도록 명령하였다. 구체적으로 건량(乾糧), 초숙미분(炒熟米粉), 초숙맥면(炒熟麥麵) 등을 1인당 5일분씩 준비하도록 하되[39] 그를 어기는 자를 처벌하는 규정을 '군령30조' 속에 포함시키는 주도면밀한 모습을 보였다. 군량을 미리 조달하라고 독려하고, 비상식량까지 휴대하라고 챙기는 등 치밀한 준비 때문에 평양전투를 전후한 무렵까지는 명군의 군량보급에 별다른 문제가 발생하지 않았다. 더욱이 명군 참전 초반기에는 조선 조정 역시 고대하던 명군에 대한 군량 공급에 최선을 다했기 때문에 군량 보급에 별 문제가 없었다. 평양전투 직후 명군 병사들이 먹고 남은 군량미로써 거리에서 물건을 마음대로 구매한다는 기록이 있는 점이나[40] 뒷시기 서광계가 송응창의 『경략복국요편』에 실린 군량관계 내용을 토대로 보급 상황이 좋았음에도 제대로 공을 세우지 못했다고 명군 지휘부를 비판했던 것[41] 등은 이를 반증한다.

군량공급 등 명군에 대한 지공 문제 때문에 민폐가 극심해진 것은 강화론 대두 이후 명군이 남하하여 서울과 영호남 등지에 주둔하고 전쟁이 장기화되면서부터였다. 특히 일본군이 동남 해안지역으로 철수하고 그에 대비하여 명장 유정과 오유충 등이 거느리는 병력 2만 명가량이 영남지역으로 남하하면서 군량 조달은 조선에 엄청난 부담이 되었다. 조선 내에서 군량를 조달하는 것뿐 아니라 명에서 실어오는

---

38) 송응창, 「報石司馬書」(12월 6일), 앞의 책 권4.
39) 송응창, 「檄領兵官李芳春方時暉錢世禎吳惟忠王問王必迪等」(11월 18일), 앞의 책 권3.
40) 『선조실록』 권36 선조 26년 3월 무인.
41) 徐光啓, 「恭承新命謹陳急切事宜疏」(萬曆 47년 9월 15일), 『徐光啓集』 권3.
   按復國要編 東征兵士月餉三兩六錢 朝鮮供億在外 然而功實未著 當時諸臣不能無罪……

군량을 운반하는 거리가 길어지면서 일선부대에 제때에 보급하는 것이 힘들어졌기 때문이었다. 당시 요동 등지에서 실어오는 곡식을 남쪽으로 옮기려면 바닷길을 이용하는 것이 여러 가지로 편리하였지만 실제로는 뜻대로 되지 않았다. 의주에 도착한 명나라 양곡을 육로로 용천(龍川)으로 옮긴 뒤, 다시 배에 실어 강화도로 운반하는 것이 일반적이었는데 그 과정이 번거로운데다가 배가 부족하고, 뱃사람들이 운반을 기피했기 때문이었다.

군량의 수송과 분급 과정에서 여러 가지 형태의 부정이 저질러졌던 것 역시 군량이 부족하게 되는 중요한 원인이 되었다. 산동 등 명나라 내지에서 조선으로 군량을 실어올 때, 일부 명 상인들이 곡물에 물을 섞어 부피를 늘림으로써 막상 분급할 때에는 부패하여 먹을 수 없게 되는 경우도 있었다. 중국인 선원들은 군량을 실은 선박이 조선 근처에 도착하면 양곡에 물을 부어 낱알을 크게 하고, 색깔이 좋게 보이도록 하고 있었다. 이 때문에 명에서 실어 온 양곡 가운데 상당량이 썩어버리고, 그 악취 때문에 양곡을 쌓아둔 근처에 갈 수도 없을 뿐더러 때로는 진흙이나 누룩처럼 변하여 도저히 먹을 수 없는 지경에 이른다는 지적이 나오고 있었다.[42]

하지만 이미 썩어버린 중국산 양곡을 인수할 수 없다고 명군 관량관에게 호소해보았자 묵살되기 일쑤였고, 양곡을 조선 선박에 옮겨실은 이후에도 물을 타거나, 양곡을 빼돌리는 등 유사한 부정이 다시 저질러지면서 수송과정에서 없어지는 양이 굉장히 많았다. 거기에 중국인들이 조선측에 양곡을 넘겨줄 때 갖은 방법을 동원하여 두량(斗量)을 속였던 것도 문제가 되었다. 결국 수송과정에서 썩거나 도난당한 부족분은 무고한 조선 선인(船人)들에게 강제로 징수하게 되면서 궁극

---

42) 黃汝一,「上西厓柳相國書」甲午,『海月先生集』권6.
   彼山東人 初非漬水來 米豆亦初非不乾整也…… 他例必近我國地方一二息, 或於交仗
   前一二日 始以水浸漬之 旋卽出而風之止 大其顆而要好其色 其中則已盡腐爛 故積時
   而其蒸如煙 斗量而臭不可近 繼移載我船了 已如泥如麵而不可食矣.

에는 그들이 흩어져버리고, 수송할 선박이 없어지게 되는 악순환이 빚어지게 되었다. 그럼에도 명군 관량관인 도사(都司) 장삼외 등은 명나라 선인들의 비리를 눈감아주고 있었고, 조선의 입장에서는 그에 대해 제대로 항변조차 하지 못하였기 때문에 그 책임을 뒤집어 쓸 수밖에 없었다.[43]

이러한 부정 이외에도 명군 가운데는 군량을 분급받을 때 거듭 받아 챙기는 경우도 있었고, 명군을 따라다니던 요동 상인들이나 기타 비전투원들도 군량을 받아 사복을 채우는 경우가 많았다.[44] 명군 가운데는 군량을 분급받을 때 아예 조선 관원들을 무시하고, 하인들을 난타한 뒤 임의로 가져가는 자도 있었다.[45]

군량 문제와 관련된 조선 사람들의 고통은 주로 육로로 운반하는 과정에서 두드러졌다. 우마와 수레 등 수송수단을 제대로 갖추지 못하였기 때문에 수송로 주변의 거주민들을 강제로 징발하여 '남부여대(男負女戴)'시켜야 하는 상황이 빚어졌다. 전란 시기 기아 상황에 놓인 촌민들은 소를 잡아먹는 경우가 많았고, 일본군이나 명군에게 소나 말을 약탈당하는 일도 다반사였다. 이 때문에 소나 말이 없는 촌민들은 군량운반이나 쇄마(刷馬)의 명령이 내리면 '곡식을 등에 지고 기어간다'거나 아예 징발을 피하여 도망쳐버리는 형편이었다.[46] 군량운반의 고통이 워낙 심하였기 때문에 정유재란 이후 황해도 백성들은 선가(船價)를 갑절로 내는 한이 있어도 육운은 절대로 하지 않으려 한다는 지적

---

43) 黃汝一, 앞의 책, 같은 조.
    屢經盜手 又經風 日其縮入固也 各處調度使內路差委官等 以腐敗而不受 輒將其不足
    之數 督徵於無辜之舟子 爲舟子者 例皆傾貲破産而或不償其半 被牢數月 散者逃走無
    處 漸至舟人少而船隻減…… 當初 一運不若是甚焉 二運則甚於 運 三運則甚於二
    運 至四五運而用詐述無窮焉 無他 張都司不能罪之 而我國人莫與之抗故也.
44) 『선조실록』 권39 선조 26년 6월 갑진.
45) 『선조실록』 권87 선조 30년 4월 임오.
46) 朴毅長, 『觀感錄』 一(奎古 4655-50).
    是以境內牛馬一空 至於運糧 刷馬之際 無牛者負米而匍匐 無馬者因此而遠徙 民力已
    竭 起役無策.

이 나오고 있었다.[47]

이런 어려움 때문에 이미 평양전투 직후부터 조선은 군량 문제를 염려하여 명이 증원군을 파견한다는 소식에 긴장하고 있었고[48] 명군은 그들대로 군량과 마초 공급이 늦어지는 것을 빌미로 철군하겠다고 협박하는 상황이 빚어졌다.[49] 심지어 명군의 관량관인 호부주사(戶部主事) 애자신(艾自新)은 군량조달이 지체된다는 이유를 들어 조선의 운반책임자인 지중추부사 김응남(金應南), 호조참판 민여경(閔汝慶), 의주부윤 황진(黃璡) 등을 잡아다가 곤장을 치는 등[50] 군량운반을 둘러싼 명군과 조선 조정의 갈등은 심각한 양상으로 발전했다. 이에 조선 조정은 의병들까지 군량을 운반하는 데 동원하였다. 이조참의 심충겸(沈忠謙)은 남녀노소, 사족·천인을 구별하지 말고 군량 운반을 위한 총동원 체제를 마련하자고 청하는 등[51] 전력을 기울였으나 효과는 미미하였다. 우마가 절대적으로 부족한 상황에서 주로 인력을 동원한 육운으로는 운반할 수 있는 수량이 제한적일 수밖에 없었고, 시간적으로도 지체되는 문제점이 있었기 때문이었다. 더욱이 마초의 경우는 중국산을 요동으로부터 조선 내지로 장기간에 걸쳐 운반하는 과정에서 훼손되거나 변질되어 버림으로써 말이 먹으려고 하지 않는 문제점이 발생하기도 하였다.[52]

명군이 남하하여 장기간 주둔할 태세로 접어들고, 전란이 소강상태에 빠져들면서 중국산 군량과 마초의 수송보다는 조선에서 곡물을 자체적으로 조달하는 것이 더 중요한 문제로 대두되었다. 1592년 9월, 명군 가운데 1만 6천 정도만 남기고 나머지 병력을 철수시키는 논의

---

47) 『선조실록』 권99 선조 31년 4월 계미.
48) 『선조실록』 권34 선조 26년 1월 정묘.
49) 『선조실록』 권35 선조 26년 2월 임진.
50) 『선조실록』 권35 선조 26년 2월 병술.
51) 『선조실록』 권35 선조 26년 2월 병신.
52) 『선조실록』 권35 선조 26년 2월 무신.

가 제기되었을 때, 명 병부는 주둔 병력의 군량을 명이 지급한다는 방침에 제동을 걸고 군량 마련비용을 조선이 스스로 지출하라고 요구했다. 조선이 그를 받아들이지 않을 경우에는 조선에 남겨두기로 했던 유정 휘하의 병력까지 전부 철수시켜버리자는 논의를 제기한 바 있었다.[53]

이 무렵 명에서는 조선 원정군의 군사비 마련을 위한 증세와, 당시 몰아닥친 한발, 황충 등의 자연재해 때문에 하층민들이 도탄에 빠져 있다는 현실을 들어 조선을 위해 중국민들의 고혈을 더 이상 짜낼 수는 없다는 주장이 팽배해가고 있었다. 조선 스스로 군량을 조달하라는 압력이 거세어질 수밖에 없었다.[54] 실제 명군 지휘관들은 선조나 조선 신료들을 만난 자리에서 거의 예외 없이 군량 조달을 역설하였고, 그렇지 않으면 병력을 모두 철수하겠다는 협박을 일삼고 있었다.

조선 조정은 온갖 수단을 동원하여 곡물 수집에 나서게 되었고 그에 따른 폐해는 고스란히 하층민들에게 전가되었다. 조정은 군량조달을 위해 괄속관(括粟官), 모속관(募粟官) 등을 지방에 파견하였고, 이들은 촌락에 들어가 민가의 항아리에 담긴 약간의 곡물들까지 마구잡이로 거두어갔다. 이 때문에 촌락의 하층민들 가운데는 모속관이 오는 것을 보면 가옥에 불을 질러버리는 사람들까지 있다고 보고되는 실정이었다.[55] 각 고을의 수령들은 명군에게 공급해야 한다는 이유를 내세

---

53) 『명신종실록』 권264 만력 21년 9월 戊辰.
經略奏留兵一萬六千防守朝鮮 月該餉五萬餘兩 皆戶兵二部出給 而朝鮮量助衣鞋食米等費 部議 向者該國請留銃手五千 粮餉自措 今何增至三倍 而餉又我出也 虛內實外 殊非長策 據議川兵五千 原在請留之數 合無卽以劉綎加署都督僉事 督率訓練 錢粮該國自辦 若該國君臣怠緩如前 或掣肘 令劉綎從實具奏 川兵徑自撤回 不復再爲料理 從之.

54) (明) 余繼登,「朝鮮撤兵議」,『淡然軒集』 권7.
至於供餉 則臣又以爲此必不可者 自東事軍興 畿輔齊魯之民 歲加餉銀數十萬 椎骨剝髓 剜肉醫瘡 卽奉明詔停征 有司尙有不奉行者 百姓之苦極矣 又加以旱災蟲災 助人爲虐 閭閻嗷嗷 無所得食 木皮草根 一時俱盡 流離轉死 不忍見聞 卽我皇上發粟賑之 稍爲甦息 而至今村無人室無烟 如此景象 皇上以爲尙可加徵以給異國否也…… 若必欲朘貧民之膏血 以轉輸於藩籬之外 恐財盡不能勝其求 力疲不能勝其役

위 창고에 피곡(皮穀)이 조금이라도 남아 있으면 그것을 모두 도정하여 정미를 만들고, 굶주리는 백성이 생겨나도 관에서는 진제미(賑濟米) 등을 대여해주지 않거나 시간을 지체함으로써 그에 따른 민원이 높아갔다.[56]

이미 1593년과 1594년경에는 기근 때문에 민간에서 사람이 사람을 잡아먹는다는 처참한 상황이 보고되고 있었음에도 명군에게 군량을 공급해야 한다는 우선순위에 밀려 진휼(賑恤) 등 황정(荒政)이 제대로 수행될 수 없었다.[57] 명군에게 우선적으로 군량을 공급해야 됨으로써 민간의 절량 상태를 불러왔고, 또 그것을 방치함으로써 '사람이 사람을 잡아먹는 상황'까지 이르게 되었던 것이다. 강화론 대두 이후 시간이 지날수록 조선 조정은 군량 문제 때문에 이러지도 저러지도 못하는 상황에 빠져들었다. 강화의 매듭이 지어져 일본군이 물러가는 상황도 아니었고, 그에 따라 명군이 철수할 기미도 보이지 않았다. 명군의 힘을 빌리지 않으면 적을 막을 수 없는 형편이었고 그렇다고 계속 그들을 부르자니 먹일 군량이 없는 상황이었던 것이다.[58]

1597년 정유재란이 일어난 이후 명이 원군을 다시 대규모로 보내면서 군량 결핍으로 인한 조선의 우려는 극에 이르렀다. 정유재란 이후에는 임진년과는 달리 명의 수군까지 참전하였고, 조선에 주둔해 있던 명군의 숫자가 가장 많을 때에는 10만여 명에 육박하였다. 따라서 군

---

55) 『선조실록』 권37 선조 26년 4월 병술.
56) 『선조실록』 권49 선조 27년 3월 임오.
   備邊司啓曰 近日自外方來者皆言 各官守令托以天兵支待及使客應辦 雖有些少皮穀 盡皆舂正作米 一切閉糴 不給民債 故春節已晚 而開墾之處甚少 往往監司亦慮天兵支待不敷 令守令凡分給 無得自擅 必令稟報然後 方始出給 飢民累日號訴 怨聲極多云.
57) 高尙顔, 「叢話」, 『泰村先生文集』 권3.
   甲午之春 目見食人者 然後知史氏所傳不誣也 是緣壬辰之夏 賊據京城 一國惴惴 不遑農務 癸巳之春 已多餓死人矣 賊還邊陲 雖在其夏 而天兵數萬 留駐嶺南 餉軍之資 取辦我國 奚暇修荒政 以賑塡壑者乎 馴致大無 計絶穀腹 甲午之相食 勢固然矣.
58) 『선조실록』 권48 선조 27년 2월 갑술.
   備邊司啓曰 今日之勢 非請兵則無以禦賊 然兵來而又無所食 此臣等之所以俯仰長思 而罔知攸出者也.

량과 마초 조달의 부담 역시 극에 달하였거니와 그를 독촉하기 위해 조정에서 지방에 파견했던 관원들의 수가 너무 많아 문제가 되었다. 이미 각도의 관찰사 밑에 군량조달을 담당하는 종사관이 있었음에도 사고(査考), 안집사(安集使), 분호조(分戶曹), 분병조(分兵曹) 등의 관원들이 파견되어 한 도에 거의 20여 명에 이르는 군량 관계 차사원(差使員)들이 몰려 있었다. 따라서 명령체계가 중복되고, 민폐는 더 심해질 수밖에 없는 상황이었다.[59] 이 시기 선조는, 군량조달이 여의치 않아서 결국 명군이 '난병(亂兵)'이 될지도 모른다고 우려하면서 "그것을 생각하면 춥지 않아도 몸이 떨린다"고 고백하고 한편으로는 명군이 오는 것이 기쁘지만 또 한편으로는 무섭다는 착잡한 심정을 토로한 바 있었다.[60]

명군에게 군량을 공급하는 데 급급했던 상황은 조선군에 대한 급량을 상대적으로 소홀히 함으로써 조선군의 전투력을 약화시키는 결과를 가져왔다.[61] 명군에게만 우선적으로 군량을 공급하면서 조선군에 대해서는 별다른 관심을 기울일 수 없었던 것이다. 이러한 추세는 왜란 초반부터 거의 그대로 계속되었다. 명군이 영남으로 남하했던 1593년 6월, 문경 이하의 각 참(站)에 수만 석의 양곡을 쌓아놓고도 그것을 명군에게만 지급할 뿐 조선군에게는 전혀 지급하지 않는다는 지적이 나오고 있었다.[62] 정유재란이 한창이던 1598년, 경주부윤 박의장(朴毅長)은 비변사에 올린 서장(書狀)에서 경주지역 토병(土兵)들이 분투하고 있는 상황과 그럼에도 그들을 제대로 지공하지 못하여 신음하게 만든 조정의 처사를 지적한 뒤 고생하고 있는 경주지역 토병들을 위해 "썩

---

59) 『선조실록』 권93 선조 30년 10월 병술.
60) 『선조실록』 권89 선조 30년 6월 기축.
    以備忘記傳于政院曰 天朝大兵 陸續出來 而糧餉可慮 今又水陸出來 二責糧於我國 粮餉其能繼乎 粮餉不繼 則天兵終必爲亂兵而已矣 以姚令言數千之卒 糲食之故而終致大變 況天朝之兵乎 念及于此 不寒而慄 今日之天兵 一喜而一懼也.
61) 이장희, 앞의 논문, 1971 참조.
62) 『선조실록』 권39 선조 26년 6월 기유.

은 것이라도 좋으니 명군에게 주고 남은 잡곡을 공급해주면 기아를 면할 수 있다"고 절박하게 호소한 바 있었다.[63] 군량 보급의 우선 순위에서 명군에 밀리면서 조선군의 전투력은 저하되었고, 궁극에는 명군에 대한 부정적 인식을 갖도록 만드는 계기가 되었다. 이러한 전후 사정을 목도했던 고상안(高尙顏, 1553~1623)은 다음과 같이 지적한 바 있었다.

제가 생각건대 우리나라가 전쟁을 모른 지 거의 2백 년에 갑자기 변란을 만나 흙이 무너지는 형세를 면하지 못하였습니다. 이제 인심이 자못 굳어져 분발하려는 생각이 전과는 비교가 되지 않습니다. 그런데 명군의 기예는 아군에게 미치지 못하는데 군량을 공급하는 어려움은 배나 됩니다. 만약 또 다시 명군을 청하고, 그에 맞춰 군량을 댄다면 우리 백성은 모조리 굶어죽어 아무도 남지 않을 것입니다. 왜냐하면 지난 계사·갑오년에 큰 흉년이 들지 않았음에도 백성들이 굶어죽어 열에 서넛도 남지 않은 것은 하늘이 이 숫자만을 남기고, 온 나라의 곡식을 전부 명군에게 주었기 때문입니다. 그때 만약 명군에게 주었던 곡식을 아군에게 주었더라면 10만의 병력을 기를 수 있었으며 지금과 같이 쇠약한 지경에는 이르지 않았을 것입니다. 이것은 이미 눈앞의 명백한 증험이 되었으니 훗날 어찌 또다시 똑같은 잘못을 허용할 수 있겠습니까?[64]

고상안의 이 같은 생각은 당시 명군 지휘관들도 인정하고 있는 것이었다. 1594년 4월, 경략 고양겸(顧養謙)의 위관 호대경(胡大經)은 이덕형에게 당시 영남에 주둔하고 있던 명군 가운데는 병약자가 절반이

63) 朴毅長, 『觀感錄』 二(戊戌 5월).
    伏願 寬其徭稅 減其運役 均其征戍 別賞軍功 且以天兵餉餘陳腐雜穀 特爲量給 則軍無飢乏之虞 南關防戍 賴此有助 不啻萬萬.
64) 高尙顏, 「上西厓先生」 丁酉, 『泰村先生文集』 권2.

나 된다고 지적한 뒤, 조선이 스스로 1만~2만 명만 양병하면 일본군을 충분히 막을 수 있음에도 쓸데없이 객병(客兵)을 불러다가 얼마 되지 않는 양곡을 축내면서 스스로 피곤한 일을 하느냐고 반문한 바 있었던 것이다.[65]

군량조달말고도 명군에 대한 지공 문제가 불러온 민폐는 심각하였다. 일본군이 남하하여 전선이 남쪽으로 확대되고, 명군의 각급 지휘관들이 수시로 서울과 지방을 이동하게 되면서 그들을 접대하는 문제도 대단히 고통스러운 것이었다. 특히 강화론이 막바지에 이르면서 도요토미 히데요시를 일본 국왕으로 책봉하기 위해 이종성(李宗城), 양방형(楊方亨) 등 명의 고관들이 일본으로 가는 길에 조선을 거치고, 또 조선에 머무르게 되면서 그들을 접대하는 문제가 만만치 않았다. 1595년 4월, 책봉정사(册封正使) 이종성은 서울에 머물고 있었는데 그가 거느린 수행원은 장관, 가정, 군병 등을 합하여 5백여 명에 이르렀고, 한 달 동안 그의 일행에게 지급한 미곡이 1천6백여 석이나 되었다.[66] 이종성이 부산의 일본군 진영에 들어갔다가 도주한 뒤 그를 대신하여 책봉정사가 된 양방형의 경우, 수행원이 2천여 명에 이르렀고 차량 40여 대를 징발하여 하루에 120리를 이동하고 있었다. 이 때문에 그의 행차가 지나는 연로의 수령들은 그를 접대하는 데 몸살을 앓아야 했고, 그 때문에 국가의 기반이 흔들린다는 지적까지 나오고 있었다.[67]

당시 명군이나 명사들이 부산으로 내려가는 길에 반드시 지나는 연로였던 서북지방과, 명군이 대규모로 주둔해 있던 영남지방 주민들의 고통이 특히 심하였다. 서북지방 주민들은 군량 운반말고도 명사 접대를 위해 동원되어 명사 일행이 머물 관사, 교량, 도로 등을 수축하거

---

65) 『선조실록』 권50 선조 27년 4월 을축.
　　錬兵守國爲今日妙策 此外都是虛事…… 貴國何憚而莫之爲耶 川兵病弱過反 留住而無用 只銷朝鮮多少粮餉耳 貴國選得好漢者一二萬 敎鍊數月 自可爲守 何必留無用之客兵 銷損民力 而自就疲困耶 卽可慨然.
66) 『선조실록』 권62 선조 28년 4월 신유.
67) 『선조실록』 권84 선조 30년 1월 정유.

나 수리하는 요역에 사역되었다.[68]

1597년 12월, 울산전투가 벌어질 무렵 약 7만여 명의 명군이 주둔하고 있었던 경주지역 주민들은 명군에 대한 지공, 명사에 대한 접대 등의 부담 이외에 통신, 축성 등의 부담까지 겹쳐 안고 있었다.[69] 경주 등 영남 동부지방에 명군이 운집하게 되면서 이 지역 주민들은 이 밖에도 쇄마(刷馬), 대강(擡扛) 등 각종 부담을 온통 떠맡게 되면서 도저히 농작을 할 수 있는 겨를이 없다는 지적이 나오고 있었다. 이 지역에 명의 대군이 모여 있었기 때문에 병부상서 형개가 파견한 이른바 군문 위관, 경리어사 양호가 파견한 도찰원 위관, 제독 마귀가 파견한 천총(千摠), 파총(把摠) 등 각종 직책을 지닌 중간 간부들을 접대하는 것만으로도 힘이 부치는 상황에서 이 지역 주민들은 쇄마를 강요당하고 강부(扛夫) 등 수송인력으로 차출되면서 커다란 고통을 겪었던 것이다.[70]

명군을 지공하는 과정에서 조선의 하층민들이 겪어야 했던 부담과 고통은 이처럼 너무 큰 것이었다. 이미 1593년 초부터 명군에 대한 지공의 고통에 시달린 나머지 젊은이들이 도적이 되거나 유리해서 이른바 '반민(叛民)'으로 변한다는 지적이 나오고 있었다.[71] 명군이 자꾸 오는 것이 한편 반갑지만 군량 문제를 생각하면 동시에 무섭기도 하다는 선조의 푸념도 있었거니와 전쟁이 장기화되고, 지공의 부담이 갈수록 커지면서부터 명군에 대한 인식과 평가는 이중적이고 복합적인 것

---

68) 『선조실록』 권91 선조 30년 8월 병인.
69) 朴毅長, 『觀感錄』 二.
　　伏以慶州一自壬辰之後 兵燹空墟 人民散盡…… 厥後 唐兵留陣之日 飛輓晝夜 奔走顚覆 散亡殆盡 十存一二 及至天使之來 通信之發 瀝盡膏血 更無氣力 擡扛刷馬 冤呼極天 輸糧運卜 牛畜盡斃 加以富山築城 筋骨竭盡.
70) 朴毅長, 위의 책 二.
　　本府恒留唐將 擺撥軍等及軍門委官 都察院委官 提督差送千把摠 凡百偵探設伏 唐將唐軍更出迭入 日食四五百之料 出入四路 例責鄕導 必以騎馬者帶去 又責刷馬杠夫 日夜驅迫 是以 本府軍中 持馬者極少 而有馬者亦不得自騎 人馬難支之弊 亦已極矣.
71) 『선조실록』 권37 선조 26년 4월 기해.

으로 바뀌어가게 되었다. 즉 명군 덕분에 일본군을 물리칠 수 있었지만 동시에 명군 때문에 전야가 황폐해졌던 상황을 목도하면서[72] 조선의 명군에 대한 인식과 평가는 애증이 교차하는 양면적인 모습을 지니게 되었던 것으로 여겨진다.

3) 명군 주둔과 사회상

(1) 조·명 양국인의 접촉과 조선인의 유출

명군이 조선에 참전하여 장기간 주둔하면서 명군과 조선인 사이에는 갖가지 형태의 접촉이 빈번해졌다. 최초 참전 직후부터 서울수복에 이르는 시기까지는 전선이 바뀌고, 명군이 수시로 일본군의 뒤를 따라 이동하였기 때문에 양국인 사이의 접촉이 불안정한 양상을 보였다. 강화논의가 대두되었던 1593년 중반부터 왜란이 끝날 때까지는 영호남을 비롯한 각 지역에 명군이 장기간 정착, 주둔하게 되면서 양국인 사이에는 갖가지 형태의 접촉이 빈번해졌다.

먼저 상당수의 명군들이 조선 여인들과 결혼하거나 동거생활을 하게 되었다. 또 명군들은 조선인 창녀들뿐 아니라 민간의 여인들까지 취하여 간음하는 경우가 많았다.[73] 당시 사천병(四川兵)을 이끌고 주둔했던 명장 유정의 경우, 조선인 창녀와 동거하면서 아이를 임신하게 했다는 기록이 남아 있다.[74] 특히 정유재란 발생 이후, 명군이 서울과 영호남 등 광범한 지역에 나누어 주둔하고 조선 내에서의 이동이 더 빈번해지면서 명군 장사들 가운데는 창녀를 데리고 이동하거나 심지

---

72) 『선조실록』 권123 선조 33년 3월 갑인.
   李憲國曰…… 小臣頃於掃墓事 出郊外 田野荒蕪 斷無人烟 賊退專倚天兵 而蕩敗之由 亦在天兵矣.
73) 『광해군일기』 권15 광해군 1년 4월 병진.
   傳曰 天朝人出來者 奸我國遊女 曾所未有 自軍興以來 大兵布滿 無知將士 潛率娼女 至於民間處子 亦不顧忌 極駭極愕.
74) 『선조실록』 권55 선조 27년 9월 임자.

어 민가의 처자들까지 거리낌없이 간통하는 사례가 잦아졌다. 이 때문에 1602년(선조 35) 윤 2월에는 과거 명군과 간통했던 여인들을 한성부의 10리 바깥으로 쫓아내는 방안이 제시되기도 하였다.[75]

전란과 기근 때문에 굶주리던 조선 사람들 가운데 상당수는 명군 진영으로 투탁하여 그들의 방자(房子)가 되는 경우도 많았다.[76] 명군의 보급상황은 비교적 좋아서 그들 진영으로 투탁할 경우 최악의 굶주림은 면할 수 있었기 때문이었다. 실제 일본군이 서울에서 물러난 이후인 1593년 8월, 민정을 살피기 위해 서울에 왔던 김우옹(金宇顒. 1540~1603)의 기록에 따르면 당시 도성에 남아 있던 조선인 생존자들은 명군에게 의지하거나 구걸하여 목숨을 이어가는 형편이었다.[77] 또 각지에 주둔하고 있던 명군 지휘관들 가운데는 진제장(賑濟場)을 설치하여 기민들을 구휼하는 경우도 있었기 때문에 명군의 주둔지 부근에는 자연히 조선 사람들이 몰려들고 있었다.[78] 바로 그들 가운데 상당수가 연명을 위해 명군에게 투탁하게 되었던 것이다.

명군 진영 가운데 유달리 조선인 투탁자가 많았던 곳은 유정의 진영이었다. 그는 왜란 초 조선에 들어와 이여송의 주력부대가 철수했던 1593년 8월 이후에도 사천병을 이끌고 경상도지역에 남아 있다가 1594년 8월에 철수했고, 이어 정유재란 직전 다시 출전하여 왜란이 끝날 때까지 주둔하는 등 다른 명군 지휘관들에 비해 상대적으로 오랫동안 조선에 남아 있었다. 1594년 8월, 그가 1차로 철수할 때 그의 부대를 따라 명으로 가려는 조선 사람들이 수천 명에 이른다는 소문이 돌고 있었고[79] 왜란이 끝난 1599년경에도 그의 진영에 속한 군병 가운데 절

---

75) 『선조실록』 권147 선조 35년 윤 2월 병진.
76) 『선조실록』 권54 선조 27년 8월 신유.
77) 金宇顒, 「奉使復命啓」 癸巳 8월, 『東岡先生文集』 권10.
　　城中屋宇 什存一二 而並皆殘毀 唐兵充斥 而我民絶少 皆飢困垂死…… 資生無路 或相襁負携持而散之四方 或闔門相枕藉而死 餘存者 皆賴唐人 乞食爲命.
78) 이긍익, 『연려실기술』 권17 선조조고사본말 「난중시사총록」.
　　劉綎設賑南原 飢民雲集 賴而少延 其後盡死于其傍 一明人醉飽嘔于路中 飢民騈首拾吃 弱者未及 却立呼泣.

반이 조선말을 할 수 있다고 할 만큼 조선인 투탁자가 많았다.[80]

이 밖에 명군 지휘관 가운데는 개인적으로 조선인 고아를 거두어 군중에서 양육했던 사례도[81] 있어서 명군과 조선인 사이의 다양한 접촉의 한 단면을 알 수 있다.

임진왜란 중 명군과의 혼인, 명군 진영으로의 투탁 등을 통해 조선 사람들과 명군의 관계와 접촉이 밀접해지면서 사회적으로 여러 가지 부작용이 나타나기도 하였다. 우선 조선 무뢰배들이 명군 진영에 투탁하여 그들의 방자가 된 뒤, 명군으로 행세하거나 아니면 명군의 통사(通使)로 가장하여 민폐를 끼치는 경우가 많았다. 한 예로 1599년(선조 32) 2월, 명의 부총병 이영(李寧) 휘하에 투탁했던 막동(莫同)이란 인물은 양반가에 난입하여 계집종을 겁탈하여 문제가 되었다. 그는 본래 수원의 관노(官奴)였는데 난입했을 당시 명군 복장을 하고 중국어를 흉내내었기 때문에 주변 사람들이 감히 손을 쓰지 못했다고 한다. 그는 조선 관원에게 체포된 이후에도 이영의 요구에 의해 결국 석방되었다.[82] 또 같은 해 12월에는 명군 복장을 한 강도들이 밤에 출몰하여 행인들의 금품을 빼앗는 등 명군을 사칭하는 범죄가 빈발하여 문제가 되기도 하였다.[83]

명군과의 인연이나 그들의 배경을 이용하여 엽관(獵官)운동이 벌어지기도 하였다. 당시 조선 조정은 명군 지휘관들에게 으레 조선 신료들을 한 사람씩 접반관 명목으로 붙여주었다. 이들 배신 가운데 명군 지휘관들과 관계가 친밀해진 자들이 주로 청탁 등을 통해 자신의 승진을 도모하거나 다른 사람의 벼슬자리를 알아보는 등의 풍조가 생겨

---

79) 『선조실록』 권54 선조 27년 8월 신유.
80) 『선조실록』 권109 선조 32년 2월 무오.
81) 鄭琢, 『龍灣見聞錄』(국사편찬위원회 영인본, 1993), 343쪽.
　　密雲營領兵都司都指揮方時輝…… 以所領年纔十歲小兒出見曰 此兒 平壤之戰得之
　　無所於歸 哀其塡壑 許留行營 給以衣食 以至於此
82) 『선조실록』 권109 선조 32년 2월 임술, 갑자.
83) 『선조실록』 권120 선조 32년 12월 무인.

났던 것이다.[84] 요컨대 명군들이 자행하는 민폐 때문에 사회적으로 반감이 커져가던 한편에서는 명군의 위세를 이용하여 사리를 채우려는 또 다른 경향이 나타나고 있었던 것이다.

조선 사람들의 중국 유출 문제가 심각한 현안으로 제기된 것은 명군이 철수할 무렵부터였다. 명군과 관계를 맺었던 조선 사람들 가운데 상당수가 명군을 따라 조선을 떠나려 했기 때문이었다. 1593년 8월, 황주목사(黃州牧使) 이경준(李慶濬)의 보고에 의해 이여송 휘하의 명군 본진이 철수할 때 서울에 살던 조선 여인들이 남장을 하고 명군을 따라가고 있다는 사실이 알려졌다.[85] 1594년 8월, 유정의 부대가 철수할 때 그들의 진영에서 나온 조선 사람은 560여 명이었는데, 그들은 거의가 굶주린 실업자들로서 대부분 명군에 의탁하여 옷을 바꿔 입고 중국으로 들어가려고 시도하였다.[86] 또 오종도(吳宗道)가 지휘하던 명의 수군이 철수하던 1599년에도, 86척에 달하였던 그의 군함에는 100여 명 이상의 조선인이 타고 있었다.[87]

본래는 명군 진영에 투탁해 있지 않았더라도 명군이 철수한다는 소식을 듣고 명군 대열에 끼여들어 중국으로 들어가려고 꾀하는 사람들도 상당수에 이르렀다. 특히 기근과 역질 등에 시달리면서 황폐해졌던 서북지역의 유리민들 가운데는 일찍부터 생계를 꾸릴 방도를 찾아 요동으로 건너갈 생각을 하는 사람들이 많았다.[88] 따라서 전란 이후 명군을 따라 중국으로 유출된 조선 사람의 숫자는 실제 조선 조정이 파악

---

84) 『선조실록』 권104 선조 31년 9월 무자.
  是時天將滿城 大小將官皆有陪臣 伺候日久 情義親密 莫不差人送帖 請其陞職 如或
  不許 輒加嗔震怒 至有無識之輩 潛囑天將 圖得美官 宰輔之人 亦因揭帖 陞拜崇秩
  名器猥濫 一至於此 識者歎息.
85) 『선조실록』 권41 선조 26년 8월 정해.
86) 『선조실록』 권56 선조 27년 10월 임자.
87) 『선조실록』 권127 선조 33년 7월 기미.
88) 『선조실록』 권55 선조 27년 9월 신축.
  接伴使工曹判書沈喜壽馳啓曰 今年 西路飢疫 死亡盡餘…… 民無聊賴 自聞遼東公
  事 有許賑朝鮮流民之令 連負避役之徒 皆懷過江自活之計 誠非細慮.

했던 것 이상으로 많았을 것으로 여겨진다.

명군을 따라 중국으로 유출되는 조선 사람이 많은 상황에서 조선 조정은 그를 저지하려고 노력하였다. 명군 지휘부에 자문을 보내 철수할 때 명의 장병들이 조선 사람을 데리고 가지 못하도록 금지해줄 것을 요청하였으나 그 효과는 신통치 않았다. 특히 유정의 경우는 휘하의 조선 사람들을 돌려보내는 데 대단히 미온적이었다.[89] 이렇게 되자 조선 조정은 철수하는 명군이 지나가는 길목이나 대동강, 압록강 등지에서 명군으로 변장한 조선 사람들을 색출하는 작업을 직접 벌이기도 하였다.[90] 나아가 압록강을 이미 건너간 조선 사람들이 많이 모여 살고 있던 요동과 산해관 등 지역의 지방 아문에 자문을 보내 조선 사람들을 송환해달라고 요청하는 등 외교적 노력도 병행하였다.[91]

당시 조선으로서는 이 같은 조선 인구의 유출이 전란 때문에 가뜩이나 호구가 줄어든 상황에서 인력의 부족사태를 더 악화시키지나 않을까 우려하고 있었다. 더욱이 명군 진영에 머물러 있는 조선 사람들 가운데는 각종 무기를 다루는 기예가 뛰어나서 장차 포수(砲手), 살수(殺手) 등으로 활용할 수 있는 '고급인력'들도 적지 않았다.[92] 선조는 1594년 8월, 정원에 내린 전교에서 전란 중에 장정 한 사람이 아쉬운 형편임을 지적하고 명군 진영에 있는 조선인 투탁자들을 송환하여 공사천은 양인으로 면천시키고, 양인은 금군(禁軍)으로 제수하라고 지시한 바 있었다.[93] 또 명군에 의탁했던 조선인들 가운데 포수, 살수 등으

---

89) 유정이 조선 사람을 돌려보내는 데 미온적이었던 것은 당시 그 휘하의 사천병 가운데 暹羅, 緬國, 小西天竺 등 외국인 출신 가정들이 있었던 것과 관련시켜 이해할 수 있다(『선조실록』 권37 선조 26년 4월 병신). 즉 그는 조선 사람들을 그의 휘하에서 가정으로 삼으려고 했던 것으로 여겨진다.

90) 『선조실록』 권54 선조 27년 8월 신유.

91) 李好閔, 「遼東撫院山海關分司等衙門査還人口呈文」, 『五峰先生集』 권14.

92) 『선조실록』 권54 선조 27년 8월 정묘.

93) 『선조실록』 권54 선조 27년 8월 경오.
傳于政院曰 昨觀總兵回咨 我國人物爲率去事 事無快諾之意 女人則已 當此兵戈之日 男丁一人 豈非可惜 今宜唐人率去男丁 自爲出來者 公私賤則良 良人則除禁軍 給以

로 활용할 수 있는 사람들을 송환하여 활용하려고 노력하였다. 송환자 가운데 군사기술을 가진 자가 사천인 경우, 본래의 주인이 나타나 소유권을 주장하더라도 그를 인정하지 말아야 한다는 주장이 나타나기도 하였다.[94]

조선 조정의 유출방지 노력에도 불구하고 많은 조선인들이 명군을 따라 중국으로 흘러들어갔다. 이들 가운데는 압록강을 건넌 뒤 요동을 거쳐 산해관을 통과하여 명 내륙으로 들어간 사람들도 있었지만 입관(入關)이 저지되어 산해관 부근에서 머물러 사는 경우가 많았다.[95] 특히 명군을 따라갔던 조선 여인들 가운데 대부분은 입관이 저지되어 내지로 들어가지 못하고 명의 방자들과 결혼하여 정착하게 되었다.[96] 1599년경에는 산해관 부근에 황해도와 경상도 출신 조선 사람들이 많이 살고 있다는 것, 상당수 조선 사람들이 요동, 광녕 등지에서 유리걸식하고 있다는 것이 알려져 비변사는 그들을 송환하자고 요청한 바 있었다.[97] 또 남경(南京)에도 명군을 따라온 조선 사람들이 3백여 명이나 된다고 하는 등[98] 임진왜란 이후 중국에서 조선 사람들이 거주하는 지역은 자못 넓은 범위에 걸쳐 있었다.

한편 임진왜란 당시 명군의 참전과 주둔, 명군과 접촉했던 조선 사람들의 명으로의 유출, 명군 도망병의 조선 잔류 등 일련의 상황을 겪으면서 조선 사람들의 주변 국가에 대한 인식, 즉 국제 감각은 꽤 확대되었던 것으로 여겨진다. 조선시대 일반 사람들이 중국이나 일본 등

衣粮 屬于訓練都監 另加撫恤……

94) 『선조실록』 권56 선조 27년 10월 임자.

95) 柳思瑗,「別錄」,『文興君控于錄』(奎古 4250-105).
王辰之變 哀哉 人民失所流離 隨中原將士而去者 甚多 臣等所見有曰 兵曹書吏韓守子 隨祖總兵承訓而來 在寧遠衛總兵家云 有曰 星州東面私奴莫乃者 隨唐將毛爺入來 同時來者 百餘人 隨他將者 皆入關 隨毛爺者不得 丁壯十六人 皆在山海關外 總角二十名 蒙主事許入 時在關內云.

96) 趙慶男,『亂中雜錄』 권3 甲午 8월 2일.

97) 『선조실록』 권109 선조 32년 2월 병자 ; 권117 선조 32년 9월 무진.

98) 『선조실록』 권114 선조 32년 6월 계사.

주변 국가를 여행하거나 그 나라 사람들과 접촉할 수 있는 기회는 사실상 막혀 있었다. 당시 일반 사람들이 중국이나 일본으로 가기 위해서는 몰래 국경을 넘거나 표류(漂流)되는 등의 비정상적인 경로 이외에는 방법이 없었다.[99] 그런데 왜란을 맞아 여러 경로를 통해 중국인들과 접촉하고, 중국으로 흘러들게 되면서 조선 사람들의 지리 인식의 범위는 넓어졌던 것이다.

그 같은 상황은 조위한(趙緯韓)의 『최척전(崔陟傳)』에서 생생하게 표출되었다. 1597년 8월, 정유재란 당시 남원성이 함락되었을 때 최척 부부는 아들 몽석(夢釋)을 남긴 채 생이별을 하게 된다. 갈 곳이 없던 최척은 명군 진중에 의탁하여 끝내는 명나라 장수를 따라 절강으로 들어가고, 최척의 아내 옥영(玉英)은 일본군의 포로가 되어 일본으로 끌려간다. 명으로 간 최척은 항주(杭州)를 근거지로 안남(安南)으로 무역을 위해 왕래하고, 옥영 역시 일본 사람의 무역선을 타고 복건과 절강 등지를 왕래한다. 이후 안남에서 최척과 옥영은 극적으로 상봉하여 항주로 돌아와 둘째 몽선(夢善)을 낳고 행복하게 산다. 그러나 최척은 1619년 '심하전투'에 명군의 서기로서 출전했다가 누루하치군에게 포로가 된다. 최척은 후금 진중에서, 역시 조선군으로 출전했다가 포로가 된 아들 몽석을 만난다. 이윽고 최척은 후금 진영을 탈출하고, 옥영역시 조선으로 돌아와 온 가족이 두 번째의 극적인 상봉을 하게 된다.[100]

비록 이야기의 전개과정에 우연적인 요소가 도입되어 전체적인 사실성이 다소 떨어지지만 소설 자체는 최척이라는 실존 인물의 경험을

---

99) 이 같은 경우의 대표적인 사례가 바로 성종연간 목포 연안에서 표류하여 절강의 영파부(寧波府)까지 흘러들어갔다가 귀환한 최부(崔溥)와 그 일행의 경험이었다. 최부 일행의 표류와 명에서의 행적에 대해서는 고병익, 「최부의 금남표해록」, 『동아교섭사의 연구』, 서울대 출판부, 1970 참조.

100) 최척전의 대략적인 내용에 대해서는 『崔陟傳』(박희병 選註, 『한국한문소설』, 한샘출판사, 1995 수록)을 토대로 정리하였다. 나아가 『최척전』에 대한 문학사적 검토는 박희병, 『崔陟傳』(김진세 편, 『한국고전소설작품론』, 집문당, 1990) 참조.

토대로 재구성된 것이어서 왜란과 명군 참전이 남긴 영향을 드러내는데 별다른 문제가 없다.[101] 특히 남원전투 패전 이후 의탁할 곳이 없어진 최척이 명군 여유문(余有文)을 따라 절강으로 들어간 것, 최척의 두 번째 며느리가 된 진홍도(陳紅桃)라는 중국 여인의 부친 진위경(陳偉慶)이 유정(劉綎)을 따라 조선에 참전했다가 도망병이 되어 각지를 전전하고, 나중에는 침술로써 호구를 꾸려가는 대목 등은 명군의 참전이 조선과 명에 남겨준 사회상의 한 단면이 소설 속에 그대로 형상화되었음을 보여준다. 나아가 『최척전』의 이야기가 조선뿐 아니라 명, 일본, 후금, 안남 등 당시 동아시아 전체를 공간으로 하여 전개되었다는 사실은 왜란과 명군 참전 등을 계기로 조선 사람들의 지리인식 범위, 곧 세계인식의 폭이 확대되었던 사실을 보여주는 확연한 실례라고 할 수 있겠다.

(2) 명군 도망병의 문제

대규모의 명군 병력이 주둔하면서 불거져나온 문제 가운데 하나가 바로 도망병과 관련된 것이었다. 이미 조선 진입 초부터 송응창 등 명군 지휘부는 군병이나 가정들이 함부로 대오를 이탈하여 명으로 돌아가거나 사사로이 왕래하는 것 때문에 부심하고 있었다. 이에 공무 이외의 일로 왕래하는 것을 막기 위해 압록강 등지에서 검문을 강화하는 등의 조처를 취한 바 있었다.[102] 그러나 도망병의 숫자는 줄어들지 않았던 것으로 보이는데 이후에는 진영을 이탈하여 조선 민간으로 잠적해버리는 병사들이 늘어났다. 특히 명군의 철수가 임박하면서부터 명군 지휘부는 조선에서 잠적해버린 병사들을 쇄환하는 문제로 고심하게 되었다.

---

101) 박희병, 위의 논문, 1990, 97쪽.
102) 송응창, 「檄佟養正」(4월 15일), 『경략복국요편』권8.
　　一爲禁約事 近訪得東征將領家丁及軍兵等 不守行伍 擅自逃回…… 或有各官 縱令回家歇役 有事方調前來事屬 違犯相應嚴禁牌仰 本官卽便委遣的當員役於鴨綠江渡口把截 除公差各員役外 其餘有家丁軍兵 不許仍前令其私自往來…….

본국으로 귀환하지 않고 조선에 남기 위해 진영을 이탈하는 병사들의 사연은 다양했다. 먼저 명군 진영에서 문제를 일으키거나 죄를 짓고 도망치는 경우가 있었다. 한 예로 1594년 9월, 명장 유정은 선조를 만난 자리에서 도망병 가운데는 명군 내부에서 진 빚을 갚지 않기 위해 잠적하는 부류가 있다고 말한 바 있었다.[103]

다음으로는 명 본국으로 돌아가더라도 생계를 꾸리기가 어려웠던 부류들이 조선에 남으려고 했던 경우를 들 수 있다. 당시 명 조정이나 명군 지휘부는 조선에서 철군한 뒤 병사들을 원활하게 해산시켜 본래의 고향으로 돌려보내는 문제를 놓고 상당히 부심했다. 특히 철수하여 고향으로 돌아갈 경우, 이동해야 할 거리가 북병에 비해서 상대적으로 훨씬 길었던 남병들이 문제가 되었다. 이 때문에 일찍이 남경절강도어사(南京浙江都御史) 황필수(黃筆秀) 같은 인물은 일본군에 대비하려면 소집과 해산이 어려운 남병들을 동원하지 말고, 상대적으로 그것이 용이했던 선부(宣府)·대동(大同)지역의 병력을 동원해야 한다고 주장한 바 있었다.[104] 명군이 조선에서 철수했던 이후 이 같은 우려는 현실로 나타났다. 조선에 참전했다가 철군했던 병사들 가운데는 본래의 고향으로 돌아가지 않고 임시 집결지였던 산동성의 등주, 내주, 임청(臨淸)지역에 그대로 머무는 사람들이 많았다.[105] 그것은 아마도 교통과 상업의 중심지인 이 지역에서 새로운 일자리를 찾으려 했기 때문으로 여겨지는데 조선에 남은 도망병들은 아예 조선에서 새로운 생계의 방도를 찾으려고 시도했던 셈이다.

명군 도망병들의 상당수가 이러한 부류였던 것으로 여겨지거니와 이들은 소금장수를 하거나 농사를 지으면서 조선에 남기를 원하고 있

---

103) 『선조실록』 권55 선조 27년 9월 갑신.
104) 『명신종실록』 권298 만력 24년 6월 임인.
　　南京浙江道御史黃筆秀題 倭情區測難恃 懇乞思患預防…… 調南兵非策 請就宣大沿
　　邊去處 召募徵發 有事易聚 無事易散 速催智勇之將 議戰修備.
105) 정병철, 『명말청초의 화북사회 연구』, 서울대 동양사학과 박사논문, 1996, 113쪽
　　참조.

었고, 명군 지휘부의 종용을 받아 강제로 송환하려는 조선 조정의 방침에 완강히 반발하여 일본군에게 투항하겠다고 협박하는 자도 있다고 할 정도였다.[106] 또 명군 장교들 가운데 일부는 조선에서 주는 후한 녹봉을 탐내서 조선에 잔류하기를 희망하는 부류도 있었다. 한 예로 섭정국(葉靖國) 같은 인물은 왜란 이후 조선의 장정들에게 군사훈련을 시킨다는 명목으로 조선에 남기를 원했다.[107]

명군이 철수할 무렵, 명군 지휘부는 조선 민간으로 잠적한 도망병들을 쇄환해줄 것을 조선 조정에 강하게 요구했지만 조선의 입장은 좀 달랐다. 조선 조정은 나름대로 명군 도망병들을 적절히 활용하려고 시도하였기 때문이었다. 조선 조정은 도망병 가운데 화약이나 무기 등을 만들 수 있거나 그 밖의 다른 군사적 기예를 지니고 있는 사람들을 조선에 남겨두어 활용하고 싶어했다. 한 예로 1596년(선조 29), 유정 군영에서 도망쳐 나온 명병 화응춘(花應春), 이을(李乙) 등이 조선에 남아 화약과 기계를 만드는 데 종사하고 싶다고 하자 선조는 그들을 송환하지 말고 숨겨주라고 지시한 바 있었다.[108] 뿐만 아니라 명병 가운데 의약(醫藥)에 밝거나 풍수(風水), 점성술 등에 뛰어난 사람들 역시 조선의 포섭대상이었다. 실제 명군 도망병이던 손용(孫龍)이란 사람은 전라도에 남아 약을 만들어 팔면서 생계를 유지하는 한편 조선 사람들에게 화포 사용법, 독약 제조법 등을 전수하고 있었다.[109]

명군이 완전히 철수한 뒤에는 다른 방향에서 도망병을 활용하려는 논의가 제기되기도 하였다. 왜란이 끝난 이후에도 일본이 평조신(平調信) 등을 보내 명군이 여전히 주둔하고 있는지의 여부를 살피는 등 조선 사정을 정탐하자 조선에서는 전쟁이 다시 일어날지도 모른다는 위기의식이 대두하고 있었다.[110] 바로 이 같은 상황에서 명군 도망병들을

106) 『선조실록』 권138 선조 34년 6월 계미.
107) 『선조실록』 권131 선조 33년 11월 기사.
108) 『선조실록』 권72 선조 29년 2월 신해.
109) 『선조실록』 권137 선조 34년 5월 무오.
110) 『事大文軌』 권47 萬曆 33년 10월 7일.

모아 명군이 아직 주둔하고 있는 것처럼 꾸며 대일(對日) 과시의 수단으로 삼으려는 논의가 제기되었던 것이다. 1601년(선조 34) 6월, 명군 도망병들을 남해안 등지에 모아 야불수(夜不收)로 가장함으로써 일본군의 재침 의욕을 꺾도록 하자는 계책이 제시된 바 있었다.[111] 여전히 명군이 주둔하는 것처럼 보임으로써 허술한 변방의 방어태세를 보완하자는 의도였던 것이다.

특별한 기예를 갖춘 명군 도망병을 활용하려고 했던 조선의 의도와는 달리 명군 도망병 때문에 생기는 사회적 문제 역시 만만치 않았다. 도망병 가운데는 무리를 지어 대로에 출몰하면서 도적이 되는 경우도 있었고, 무장을 한 채 지방관아에 난입하여 조선 관원들을 습격하는 부류들도 있었다.[112] 1601년(선조 34) 1월에는 명군 도망병들이 무리를 끌어모아 지휘관인 섭정국 등을 포박하고 옥에 갇힌 도망병을 구출하는 등 병란이 일어나기도 했다. 이 사건은 조선 조정이 군대를 동원하여 진압하고, 그들을 압송함으로써 종료되었지만[113] 민간에 숨어 있는 명군 도망병들을 완전히 색출하지는 못하였다.

명군 도망병들이 끼치는 폐단이 가장 심했던 지역은 평안도였다. 평안도지역은 대로를 중심으로 도망병들이 들어가지 않은 곳이 없다고 할 정도로 도망병의 수가 많았고, 그들은 무리를 지어다니면서 각 고을에서 명주나 목면 등을 징색하고 있었다. 이 때문에 전란으로 피폐해진 민력(民力)이 개간 등을 통해 그나마 회복되는 기미를 보이다가 도망병의 작폐 때문에 다시 피폐해지고, 그 고통이 명군이 주둔할 때의 10배가 될 것이라는 지적까지 나오는 형편이었다.[114]

當此之時 本國蕩無所憑 中外危懼 加以賊使日來 窺覘虛實 打聽天兵有無 又有對馬島賊酋調信 將要過海講款 伊情所在 爲極區測……

111) 『선조실록』 권138 선조 34년 6월 갑오.
112) 『선조실록』 권130 선조 33년 10월 을축 ; 권133 선조 34년 1월 임인.
113) 『선조실록』 권133 선조 34년 1월 계묘 ;『연려실기술』 권17 선조조고사본말,「명병철환」.
114) 『선조실록』 권136 선조 34년 4월 신사.
右承旨尹安性啓曰 臣往西路見沿路農事形止 則雨澤頗不足 然亂後抛廢田畓 多有開

명군 도망병들이 자행했던 집단 난동이나 폐단을 경험하고, 또 명 조정의 종용을 받아 도망병들을 쇄환하는 조처를 취하기도 했지만 조선 사람들이 명군을 일러 '천병(天兵)'이라 부르던 것에서도 알 수 있듯이 조선의 입장에서는 명군 도망병에 대해서도 함부로 대하기는 어려운 것이 사실이었다. 조선 사람들이, 명군 복장을 하고 있는 사람을 만나면 일체 '두려워하고 공경한다'고 지적되는 분위기에서는[115] 명군 도망병들이 끼치는 폐단을 쉽게 근절할 수 없는 것이 당시의 사정이었던 것이다.

2. 명 문물의 유입과 조선의 대응

1) 명의 조선현실 비판과 명 문물 수용의 강조

　임진왜란 시기 명군이 조선에 참전하여 장기간 주둔하게 되면서 자연히 명의 여러 가지 문물이 조선으로 유입되거나 소개되었다. 조선은 많은 명의 관인과 군 지휘관들, 그리고 상인들과의 빈번한 접촉을 통해 낯설었던 새로운 문물들을 경험하게 되었고, 그와의 비교를 통해 조선의 문물 전반을 돌아보는 계기를 맞기도 했다. 더욱이 당시 명군 지휘부는 왜란을 맞아 위기에 처한 조선의 현실, 그리고 그 현실을 초래한 조선의 '낙후성'에 대해 비판을 제기하고, 그것을 극복하기 위한 대안으로서 명 문물(華制)의 적극적인 수용을 촉구하였다.

　　墾之處 及此時 小寬民力 則庶有生聚之望 而天兵之散沒行走者 不知其數 逃兵與否 不能致詰 路傍列邑 被其擾害 至殘人命 左右間路 無邑不往…… 侵虐之患 十倍於 大軍之日.

115) 李好閔,「山海關三次呈文」庚子,『五峰先生集』권14.
　　目今天兵尚駐小邦 其間無賴棍徒 擅離本營 行走民間者果有之 小邦廣行緝拏 解送衙 門者亦多 而第以官兵方留國內 閭閻小民 遇有天兵樣子 不知是官是巡 一體畏 敬…….

명군 지휘부가 조선에 대해 명 문물을 도입하라고 강조했던 데에는 어떤 배경이 있었을까? 무엇보다 명군 지휘부나 관인들이 장기간의 주둔과 조선 사람들과의 접촉 등을 통해 난 이전과는 비교가 되지 않을 정도로 조선의 내부 사정에 대해 속속들이 알게 되었던 상황을 들 수 있다. 왜란을 통해 명군 지휘관들이 평소 조선이 명에게 숨기려고 했던 내부의 은밀한 사정까지 알게 되었고, 조선의 수많은 서책들이 명으로 흘러들어갔다는 지적은[116] 이러한 사정을 짐작케 한다.

이렇게 조선 사정에 대해 자세히 알게 된 이후 명군 지휘관들을 비롯한 명 관인들은 조선을 바라보는 나름의 시각을 갖게 되었다. 당시 명의 관인들은 전란 초반 일본군에게 유린되어 선조가 의주까지 파천하고, 명군이 참전했던 뒤에도 이렇다 할 부흥의 기미가 없이 명에게 계속 군사·경제적 원조를 요청하는 등 위축되어 있던 조선의 현실을 상당히 의아하게 생각하였다. 그것은 당시 많은 명나라 관인들에게 조선이, 과거 고구려 시절 수당(隋唐)이 천하의 국력을 기울여 도모했음에도 끝내 굴복시키지 못할 만큼 강국이었다는 인식이 잔존해 있던 것과 관련이 있던 것으로 보인다.

이러한 인식은 이미 명나라 초기에 해당하는 1488년 2월, 조선에서 표류해왔던 최부(崔溥)를 접견했던 소주(蘇州)의 안찰어사(按察御史)들이 최부에게 "당신 나라에 무슨 장기가 있어서 능히 수당의 군대를 물리칠 수 있었느냐"고 물었던 사례나,[117] 1593년 『국각(國権)』의 저자인 담천(談遷)의 사평(史評)에서 확인되는 것이었다.[118] 뿐만 아니라 1596

---

116) 『迎接都監賜祭廳儀軌』己酉 4월 14일(奎 14556), 서울대 규장각 영인본, 1998, 130～131쪽.
　　四月十四日 禮曺啓曰 傳敎云云 議于人臣 則左議政李恒福議…… 本國平日所諱於天朝者 如廟號經筵聖旨等文字 亂後天將無不見知 本國書冊 流入中國者 亦何限耶.
117) 崔溥, 『錦南先生漂海錄』 권2 戊申 2월 17일(국역연행록선집 I, 127쪽 및 39쪽).
　　又問曰 你國有何長技 能却隋唐之兵乎 臣曰 謀臣猛將 用兵有道 爲兵卒者 率皆親上死長 故以高句麗一偏小之國 猶足以再却天下百萬之兵.
118) 『國権』 권76 神宗萬曆 21년 1월 甲戌.
　　談遷曰 隋唐傾天下之力以事高麗 始而銳 終而怯 關功不揚……

년, 일본군의 재침 우려를 알려 다시 원병을 청하려고 북경에 갔던 주문사(奏聞使) 정기원(鄭期遠) 일행에게 도찰원우첨도어사(都察院右僉都御史) 이화룡(李化龍)은 조선이 자강에 힘쓸 것을 강조하면서 "조선이 수당 이래 강국으로 불렸는데 지금 이처럼 허약해진 이유가 무엇이냐"고 반문한 바 있었다.[119]

임진왜란 당시 명 관인들은 조선이 동서 3천 리, 남북 4천 리에 이르는 비교적 넓은 국토와 토질이 비옥하여 오곡이 풍성하게 산출되는 양호한 경제적 조건을 갖고 있다고 평가하고[120] 그럼에도 과거에 비해 쇠약해진 원인을 찾는 데 관심을 가졌다. 이 같은 배경에서 명 관인들이 조선의 약점으로 무엇보다 먼저 지적한 것이 이른바 '문약(文弱)'과 연관된 것이었다. 당시 상당수의 명군 지휘관과 관인들은, 조선이 전란을 맞게 된 원인으로 시부(詩賦)만 숭상하고 무비(武備)를 방기했다는 것을 들었다. 평양전투 직후 선조를 만난 정문빈(鄭文彬), 여응종(呂應鍾) 등 명 관인들은 조선의 문약함을 지적한 뒤 전쟁을 끝내기 위해 강화론이 불가피하다고 역설하였다.[121] 이어 송응창은 선조에게 보낸 자문에서, 조선 관인들이 시나 읊조리고 기생을 끼고 앉아 국사를 팽개쳐두고 있다고 비난한 뒤 통렬히 각성할 것과 무비를 갖출 것을 종용한 바 있었다.[122]

또 송응창 휘하의 참모였던 병부원외랑 유황상과 병부주사 원황은

119) 柳思瑗, 「丙申使行聞見事件」, 『文興君控于錄』.
　　二十四日 丙戌…… 此賊若動兵 則爾國備禦之策 幾何措置耶 對曰 小邦雖盡力措備 殘破之餘 難能支吾 只仰皇朝拯救之恩而已 御史曰…… 爾邦 自隋唐時 固嘗謂之强國 今何不競如是耶 爾宜歸告國王 勉爲自强 以保邦國 幸甚.
120) 『명신종실록』 권264 만력 21년 2월 신묘.
　　兵部職方主事 曾偉邦上奏…… 朝鮮析分八道 幅員綿亘 東西三千里 南北四千里 其地饒五穀 火耕水耨 不假力而足 所在窖藏 陳腐相因 自昔以富强.
121) 『선조실록』 권36 선조 26년 3월 을축.
122) 송응창, 「移朝鮮國王咨」(4월 4일), 『경략복국요편』 권8.
　　更聞 縱酒遊山 賦詩挾妓 置理亂於不知 付存亡於不顧 興言及此 王國可謂無人…… 仍伸飭一應文武大小陪臣 痛加省惕 除兇雪恥 盡如權慄 毋再泄泄怠緩耽聲律而忘武備.

강화론에 반대하는 선조에게 자문을 보내 "조선은 단지 종이를 자르고 붓을 놀리는 짓만 하여 한갓 명군의 마음만을 상하게 한다"고 모욕적인 비난을 퍼붓기도 하였다.[123] 특히 유황상은 조선이 고구려 이래 강국이었음에도 선비와 백성들이 독서와 농사에만 치중하여 변란을 초래했다고 비판하고 자신은 조선을 '완전무결'한 국가로 만들 수 있다고 호언하였다.[124] 『동정기(東征記)』의 저자인 서희진(徐希震)은 '문약' 풍조를 비판하는 것에서 더 나아가 조선이 중국만을 믿고 무비를 방기하다시피하여 거의 황음한 지경에 이르렀다고 극론하기도 하였다.[125]

조선의 '문약'을 비판하고, 무비를 갖출 것을 강조했던 것은 전쟁이 끝날 무렵까지 지속되었다. 조선에서 명군이 완전히 철수하기 직전 명의 신종은 선조에게 내린 칙서에서 '문'을 숭상하는 조선의 기풍에 대해 거듭 주의를 환기시킨 뒤 '와신상담'할 것을 강조한 바 있었다.[126]

전쟁이 끝나 명군이 전부 철수하고, 조선을 재건하는 방향에 대해 명 조정에서 '조선선후사의(朝鮮善後事宜)'라는 명칭으로 제기된 다양한 의견들 가운데 '문을 숭상하고 무를 경시하는 풍조'를 고쳐야 한다는 내용은 거의 예외 없이 제시되었다. 한 예로 1601년(선조 34) 총독 형개와 독무(督撫) 만세덕(萬世德)은 모두 8가지 항목의 내용을 담은 '조선선후사의'에서 '문'을 중시하고 '무'를 천시하는 조선의 풍조를 개선해야 한다는 것을 가장 먼저 거론하고, 문신이 무장의 직책까지 맡는 조선의 관행을 고쳐야 한다고 주장한 바 있었다.[127]

---

123) 『선조실록』 권36 선조 26년 3월 을해.
　　多見其因循玩揭 自怠自緩 以愧爾事 祗絶蚕紙 弄狼毫 徒傷天兵心耳.
124) 『선조실록』 권39 선조 26년 6월 무자.
125) (明) 徐希震, 『東征記』(奎중 5249).
　　高麗易爲高句麗 昔箕子所封地 尚廉節 知禮義 恭順天朝 改名朝鮮 恃中國卵翼 不事
　　蘭錡矜棘 不學風雲魚鳥 惟賦詩會酒 樂頌太平 似亦荒也.
126) 『명신종실록』 권334 만력 27년 윤 4월 병술.
127) 『명신종실록』 권356 만력 29년 2월 신묘.
　　兵部覆奏經略督撫官邢玠萬世德條陳朝鮮先後事宜 一選將帥 以朝鮮右文左武 又兼參
　　以文臣 將權不一 宜令該國君臣蒐訪將才 專一委任…….

'문약'에 대한 비판과 함께 중국인들이 조선 현실의 문제점으로 지적했던 것은 '옛것에 집착하여 변통을 모른다'는 점이었다. 1598년, 명군 지휘관 풍중영(馮仲纓)은 선조에게 보낸 게첩(揭帖)에서 조선의 문화는 중국과 거의 같아 중국 이외에는 대등한 나라가 없다고 높이 평가한 뒤, 다만 예절, 문장, 병기 제작 등 몇 가지가 중국과 다른 것을 문제점으로 지적하고 그 이유를 옛것에 얽매여 변통할 줄 모르는 습성에서 찾은 바 있었다.[128]

또 조선의 풍조가 사소하고 형식적인 것에 얽매여 실사를 소홀히 한다는 비판도 제기되었다. 한 예로 1598년, 경리어사 양호는 선조의 거둥시에 호종했던 사관 박승업(朴承業)과 유색(柳穡)이 기록한 사초(史草)를 강제로 빼앗아 열람한 뒤, 사관들이 기록한 것이 전부 사소하고 형식적인 내용들뿐이라고 비판하고 실사를 중시하라고 촉구한 바 있었다.[129]

만력연간(1573~1619) 명에서는 상품화폐경제가 매우 발달했던 가운데 사회 전반에 '이익을 추구하는(逐利)'의 경향과 사치풍조가 극에 이르고, 사상적으로는 양명학이 융성하였으며 유불도(儒佛道) 3교의 회통론(會通論)과 같은 새로운 사조들이 유행하였다. 또 명 초기와는 달리 주자성리학에서 내세우는 엄격한 정분론(定分論)을 부정하고 인간의 현실적인 욕망의 실현과 공리의 추구를 긍정하는 분위기가 확산되고 있었다.[130] 이 같은 자국의 사회·문화적 풍토에 익숙했던 명군 지휘관이나 관인들에게는, 당시 주자성리학이 점차 체제교학(體制敎學)으로 굳어져가고 있던 조선의 현실과 분위기가 낯설고 못마땅하게 받아들여질 소지가 많았던 것이다.[131] 즉 명 관인들의 눈에 비친 조선은 '문

---

128) 『선조실록』 권98 선조 31년 3월 신해.
　　馮指揮仲纓揭帖…… 矧貴國文章 大同中華 自華之外 無與业者 但禮節文移風俗兵
　　神制作 尙有一二稍異 因循舊習故也 亦願備爲說之.
129) 『선조실록』 권92 선조 30년 9월 경인, 임진.
130) 楊國楨·陳支平, 『明史新編』, 北京, 人民出版社, 1993, 357~371쪽.
131) 이미 1574년 성절사의 일행으로 명에 갔던 許篈(1551~1588)이 각지에서 만난 명

약한데다 실사를 도외시하고, 무비를 팽개치고 있는 '비현실적인 분위기를 가진 나라'로 보일 수밖에 없었던 것이다.

조선의 현실과 문풍(文風)을 자신들의 기준에서 비판적으로 인식했던 명 관인들은 조선의 각성을 촉구하면서 그 대안으로 명의 문물을 수용하라고 종용하였다. 1593년 6월, 병부상서 석성은 조선의 사은사 한준(韓準) 일행을 만난 자리에서 조선을, 일본군을 평정한 이후 '새로 만들어진 나라'로 규정하고 향후 모든 문물과 제도를 중국의 제도에 따라 새롭게 조치하라고 종용하였다.[132] 또 왜란이 끝난 직후인 1600년에도 명의 사신 두잠(杜潛)은 선조에게 게첩을 보내 전쟁이 끝난 이후의 선후책을 제시했거니와 그 내용은 부산 등지의 방어대책을 강구할 것과 모든 군기와 건모(巾帽) 등을 중국의 규식에 따라 제작하라고 종용하는 등 명 문물의 수용을 강조하는 것이었다.[133]

명군 지휘부가 조선의 문물 가운데 문제점이 많은 것으로 가장 먼저 거론했던 것은 복식과 관련된 것이었다. 평양전투 직후인 1593년 2월, 명군 지휘관들은 이원익 등을 만난 자리에서 조선 관인들의 옷소매가 넓은 것과 머리를 싸맨 것을 비웃으면서 그런 복장으로 어떻게 전쟁을 할 수 있느냐고 반문한 뒤 개선할 것을 촉구하였다.[134] 이어 유

의 지식인들에게 주자학의 정통성과 양명학의 이단성에 대해 설파했던 것은 당시 조선과 명 사이의 학풍, 나아가 지적 분위기의 차이를 엿보게 하는 대표적인 사례라고 할 수 있겠다(尹南漢, 「조천기 해제」, 『국역연행록선집』 I, 민족문화추진회, 1967, 247~249쪽).

132) 『선조실록』 권39 선조 26년 6월 경자.
禮曹啓曰 前日劉員外 見我國人寬袍大袖 至於移咨革改 兵部石尙書 亦言于謝恩使韓準 你國賊平之後 無異新造之國 凡百制度 仰準華制 一新措置云 用夏變俗之機 實在今日.

133) 『선조실록』 권131 선조 33년 11월 계묘.
杜副使潛揭帖…… 沿海釜巨諸處 一切險隘 懇祈增設軍兵 嚴加防戍 凡干器械巾帽等項 一如天朝體式 訓鍊修築 勉圖自强 無負皇家拯救之恩.

134) 『선조실록』 권35 선조 26년 2월 을사.
且把臣袖曰 以此闊袖而用於戰場乎 指笠子曰 以此裹頭而用於戰場乎…… 元翼曰 小臣與金命元同坐時 指臣等之冠袖而笑曰 如此以可以制倭乎.

황상은 조선 조정에 패문(牌文)을 보내 조선 사람들에게 갓을 쓰지 말고 대신 소모(小帽)나 과두(裹頭)를 착용하라고 촉구하였다.[135]

명군 지휘관들은 또한 광범한 범위에 걸쳐 각종 명 문물을 도입하라고 촉구했다. 1593년 평양전투 직후 경략 송응창 등은 양명학을 수용하라고 촉구하면서 그를 통해 주자학 일변도의 학풍을 고치라고 종용하였다. 동시에 군복 등 복식제도 전반의 개선, 화포·화약·진법 등 명의 군사관계 기예를 수용하여 '문약'한 풍조 때문에 방치된 무비를 강화할 것을 강조하였다. 1593년 하반기 이후 명군의 주둔이 장기화되면서부터는 각급 단위의 명군 지휘관들이 공식적으로, 혹은 개인적인 차원에서 조선 조정에 대해 훈수적인 성격의 여러 가지 주문들을 쏟아놓았다. 또 명의 각급 관인들은 명군이 철수하거나 전란이 끝날 경우를 상정하여 그 이후 조선이 '준수'해야 할 각종 자강책(自强策)들을 공식적으로 제시하기도 하였다. 그것은 일반적인 차원에서 치국의 요체를 강조한 시무책 수준의 내용부터,[136] 명군이 철수한 뒤 조선이 방어를 위해 명심해야 할 사항 등을 제시한 것 등[137] 다양하였다.

명에서는 통용되고 있거나 관행이 되어 있는 문물·제도임에도 조선에는 없거나 혹은 활성화되지 않았기 때문에 ─자신들이 주둔하면서 불편을 겪었던 경험을 토대로─ 조선에 받아들이거나 활성화시킬 것을 강조했던 것들도 있었다. 예를 들면 노포(路鋪)의 개설 문제, 은의 유통과 은광의 개발 문제 등이 대표적인데 사실 이런 것들이 전란 중

---

135) 『선조실록』 권38 선조 26년 5월 을해.
136) 한 예로 송응창의 참모 유황상은 1593년 6월, 선조에게 글을 보내 1. 과오를 뉘우쳐 천명을 두려워할 것(悔過以畏天命), 2. 형벌을 가볍게 하고 세금을 줄여 인심을 안정시킬 것(省薄以安人心), 3. 용감한 將士를 등용하여 국가를 보호할 것(用猛士以衛邦國), 4. 무기를 만들어 戰陣을 이롭게 할 것(鍊兵仗以利戰陣) 등을 강조한 바 있었다(『선조실록』 권39 선조 26년 6월 경자).
137) 1601년 명의 병부상서 형개와 경리 만세덕은 역시 '조선선후사의'라는 제목으로 명군 철수 이후 조선의 방어대책을 개진하였다. 그것은 모두 8가지로서 選將帥·鍊兵士·守沖要·修險隘·建城池·造器械·訪導材·修內治 등 방어와 정치의 요체를 제시했던 것이었다(『명신종실록』 권356 만력 29년 2월 신묘).

명군의 입장에서는 참으로 아쉬운 것일 수밖에 없었다. 송응창의 다음과 같은 토로는 이를 잘 보여준다.

우리 군대가 스스로 들어온 조선은 하나의 별세계입니다. 말이 통하지 않고, 은전을 사용할 수 없으며 푸줏간이나 술을 파는 가게도 없습니다. 더욱이 왜놈들의 분탕질 때문에 집들은 한결같이 텅 비었고 군사들은 입술에 채소국물 한 숟갈을 적셔보지 못했으며 염장(鹽醬)을 먹어보지 못했습니다. 말을 하자니 너무 서글퍼 눈물이 날 지경입니다. 제가 비록 누누이 염장을 풀고 고깃근을 마련하여 적당히 호상(犒賞)하려 했지만 끝내는 사소한 은혜를 베풀기도 어려웠습니다. 그래서 요양(遼陽) 사람들을 불러 장사하도록 달려오게 했지만 길이 멀어 온 자가 적었습니다.[138]

위의 내용을 보면 임진왜란 당시 조선에서는 은화가 제대로 유통되지 않았고, 편의에 따라 소소한 일용품을 구입할 수 있는 상설적인 가게(노포)가 없었다. 따라서 명군은 월량을 은으로 지급받았음에도 필요한 물건을 쉽게 구매할 수 없었던 것이다. 이 때문에 명군 지휘부가 은화의 유통과 은광의 개발을 강조하고[139] 사람들이 통행하는 길 주변에 노포를 설치하라고 종용했던 것은 그들의 입장에서는 당연한 귀결이었다.

---

138) 송응창, 「直陳東征艱苦幷請罷官疏」, 『경략복국요편』 권12.
　　我軍自入朝鮮 別是一番世界 語言不通 銀錢不用 幷無屠豬沽酒之肆 兼以倭奴焚掠
　　廬舍一空 軍士無論羹菜不能沾脣 卽鹽醬絶無入口 言之 深可悲泣 雖臣屢發鹽觔牛隻
　　量爲犒賞 濡沫之恩 終難濟事 雖號召遼陽人 趨販生理 道路汪廻 所來無幾.
139) 은화유통론이나 은광개발론은 엄밀히 따져 명의 문물이라고는 할 수 없다. 하지만 명이 당시 은본위제인 일조편법을 실시하고 있었고, 명 관인들이 조선에 대해 은화를 유통시킬 것과 은광개발을 종용했던 사례가 일일이 열거할 수 없을 정도로 많았던 것을 염두에 두면 은화유통론은 조선의 입장에서는 '명의 문물'이란 차원에서 파악될 수 있는 것이었다. 이에 대해서는 이미 제2장 명군 참전과 경제적 영향 부분에서 자세히 언급한 바 있다.

특히 노포를 설치하는 문제의 경우, 명과의 풍습이 다르다는 것을 내세워 누차 거부했던 조선을 설득시켜 1598년 1월에는 승낙을 받아 내기에 이르렀다.[140]

명군 지휘부는 이 밖에도 조선에 대해 관왕묘(關王廟)와 마신묘(馬神廟) 등 임진왜란 당시 조선에서는 전혀 생소했던 명 문물을 수용하라고 강요하기도 하였다. 또 조선에 장기간 주둔하는 동안 이런 저런 기회를 통해 직접 목도했던 조선의 문물 가운데 명의 규식과 다른 것에 대해서는 명 문물의 우월성을 내세워 명의 규식대로 고쳐 수용하라고 요구하기도 하였다. 대표적인 사례가 성균관에 안치된 공자의 위패와 관련된 문제였다. 1600년(선조 33) 경리어사 만세덕은 성균관을 참배한 뒤 공자의 위판(位版)에 써 있는 '대성지성문선왕(大成至聖文宣王)'이란 명칭에 대해 문제를 제기하였다. 즉 그는 그 같은 명칭이 송(宋)에서 만들어진 것이지 명에서 만들어진 것이 아니라는 사실, 천자가 왕에게 배례를 행할 수는 없기 때문에 가정(嘉靖)연간(1522~1566) 이후 명에서는 문선왕이라 부르지 않고 다만 '지성선사공자지위(至聖先師孔子之位)'라는 명칭을 사용한다는 사실 등을 강조한 뒤 조선도 명의 관례에 고치라고 요구했던 것이다.[141]

동지(同知) 심사현(沈思賢)은 조선의 문묘에 공자의 제자 72현이 모셔져 있지 않은 사실을 지적하고, 그것 역시 명의 전례를 따라 고치라고 종용하였다. 나아가 그는 호거인(胡居仁), 진헌장(陳獻章), 왕수인(王守仁), 설선(薛瑄) 등 이른바 4현을 당연히 제사지내야 한다고 요구하

140) 『선조실록』 권96 선조 31년 1월 신해.
　　備邊司啓曰 軍門揭帖中…… 若沿路各站 並起房屋 列肆販賣之事 語意雖好 我國事
　　勢 與中國不同 平時亦無此等風習 然前已再三開陳 亦不見聽 試令監司 曉諭居民 各
　　以物貨酒食 在路賣買 而所寓草房 則似不得不先爲構造 此意并爲下諭何如 傳曰 依
　　啓.
141) 『선조실록』 권123 선조 33년 3월 신유.
　　經理揖之 問臣曰 俺見位版所題 乃宋制 非皇明之制也…… 經理曰 天子未有拜王之
　　禮 以此嘉靖年間 改定不書文宣王之號 只稱至聖先師孔子之位 爾邦雖外國 今則一遵
　　華制 可改之.

였다.[142] 특히 만세덕이 공자의 위판을 명의 규식대로 고치라고 요구하면서 "조선이 비록 외국이지만 이제 명의 법제(華制)에 따라 고쳐야 한다"고 강조하는 발언을 했던 것을 통해 명군의 철수를 앞두고 명군 지휘관들이 나름대로 사명감을 갖고 명 문물을 전수하기 위해 노력했던 것을 알 수 있다.

2) 명 문물의 도입과 그 양상

명군 지휘부를 비롯한 중국인들이 조선의 '문약'과 주자학 일변도의 학풍 등을 비판하고 그 대안으로 명 문물을 수용하라고 강조하는 상황에서 조선 역시 명의 주장에 관심을 기울이지 않을 수 없었다. 더욱이 명군 주둔이 장기간 계속되어 여러 가지 명 문물과 제도에 대한 이해가 깊어지고, 그것들을 수용할 필요성이 높아지면서 다양한 수준에서 명 문물을 도입하자는 견해가 제시되었다.

또 조선 신료들은, 어떤 현안이 생겨 그에 대해 대책 등을 제시할 필요가 있을 때 명의 상황을 전거로 내세워 자신의 주장의 정당성의 바탕으로 삼는 경우도 빈번해졌다.[143]

명 문물을 수용하는 범위에 대해서는 우리가 판단하여 필요한 것만을 도입하자는 주장부터,[144] 아예 명 문물의 전반적인 도입을 통해 조선의 풍습을 바꾸는 일대 기회로서 활용하자는 주장까지[145] 나타나는

---

142) 『선조실록』 권133 선조 34년 1월 신축.
143) 한 예로 1601년 趙壽益은 私賤法이 있는 나라는 조선뿐이라고 주장하고, 중국의 경우를 전거로 삼아 재상 이상에게만 家丁을 거느릴 수 있도록 허락하고 사천은 영원히 혁파하여 군병을 삼을 것을 주장하였다(『선조실록』 권142 선조 34년 10월 기축).
144) 한 예로 1593년 5월, 양사는 중국의 제도 가운데 우리가 판단하여 따를 만한 것들을 모방하고 우리의 번다하고 사치스러운 폐단을 없애자는 내용의 계사를 올린 바 있었다(『선조실록』 권38 선조 26년 5월 정축).
145) 『선조실록』 권15 선조 35년 7월 경오.
　禮曹判書柳根箚曰…… 我殿下 慨然取法於天朝典章 王妃服飾 實遵大明會典所載而

등 다양했다. 그런데 실제 명의 학술이나 기예 등 문물 전반의 수용을 논의하는 과정에서는 상당한 논란이 있었다. 가령 양명학 수용론은 당시 주자성리학이 '체제교학'으로 굳어져가고 있던 조선의 분위기에서는 쉽사리 용인되기 어려웠다. 대신 군사기예처럼 당면한 전란을 극복하는 과정에서 꼭 필요하다고 인정되는 측면은 적극적으로 수용하려고 노력하였다.

(1) 명군 지휘부의 양명학 강조와 조선의 반응

명군 지휘부가 조선에 대해 양명학을 수용하라고 적극적으로 강조하기 시작했던 것은 평양전투 이후 강화론이 제기될 무렵부터였다. 당시 조선에 들어온 명군 지휘관들 가운데는 양명학자들이 상당수 섞여 있었다. 그들은 경략 송응창을 비롯하여 그 휘하의 문관들로서 대부분 중국 양명학의 본거지였던 절강, 산동 출신들이었다.[146] 이들은 당시 주자학 일변도로 굳어지고 있던 조선의 학문적 경향에 대해 비판적인 견해를 제기하고 그 대안으로서 양명학을 수용할 것을 강조하였다.

왜란 초반 명군의 최고 지휘관이었던 경략 송응창의 조선의 학풍에 관심은 남달랐다. 그는 경학(經學)의 중요성을 강조하고, 한 권의 『중용(中庸)』이나 『대학(大學)』만으로도 나라를 다스리는 데 충분하다고 전제한 뒤 조선이 지나치게 주자의 집주(集註)에 매몰되어 있다고 비판하였다.[147] 또 그는 조선이 사부(詞賦)와 문장에 치중하는 것을 비판하고 진한(秦漢) 이후의 사부는 사람의 마음을 어지럽힐 뿐이라고 낮

爲之…… 而不變國俗 一遵華制 亦宜自今日始 此又一大機會也.

146) 임진왜란 시기 명군 지휘부 가운데 양명학자들의 활동상에 관한 자세한 내용은 윤남한, 「선·인간의 양명학의 제 문제」, 『조선시대의 양명학 연구』, 집문당, 1982, 173~197쪽 참조.

147) 『선조실록』 권37 선조 26년 4월 을유.
左承旨洪進 還自義州 啓曰 臣進宋經略前問安…… (經略) 又曰 我聞世子年富 正當學問之時…… 須及時講學 二帝三王之道 在於典謨 孔孟傳心之妙 在於經典 一部庸學 足以治國安民 須留心經學 不必泥看輯註.

게 평가하였다. 그는 이 같은 문제의식에서 왕세자 교육의 중요성을 강조하고 이정구(李廷龜), 황신(黃愼), 유몽인(柳夢寅) 등 당시 조선의 대표적인 문장가이자 왕세자의 서연관(書筵官)들을 불러다가 진중에서 강학을 벌였다. 이정구는 당시 송응창과 『대학』을 강론하면서 벌였던 토론의 내용을 「대학강화(大學講話)」란 제목으로 『월사집(月沙集)』 가운데 기록으로 남기고 있다. 그에 따르면 송응창은, 조선 학인들이 존숭하는 주자 등 송나라 학인들의 성리학설을 '고루한 유자들의 진부한 학설(固儒陳言腐語)'이라고 폄하하고 그를 배제할 것과 "가슴속에서 떠오르는 내용으로써 책을 만들라"고 주문한 바 있었다.[148]

송응창의 참모로서 활약했던 직방청리사주사(職方淸吏司主事) 원황(袁黃) 역시 조선의 주자학 위주의 학풍을 비판하였다. 원황은 당시 조선에 들어온 명군 지휘관 가운데서도 매우 독특한 이력과 사상적 배경을 지닌 인물이었다. 그는 일찍이 과거를 포기하고 의술을 배웠거니와 점성술에도 능통하였고, 선문(禪門)에 나아가 수학한 뒤 다시 과거에 응시하여 출사하는 등 다채로운 경력을 지니고 있었다. 동시에 그는 유불도 3교의 합일을 추구하는 중국 선서(善書)의 사상 계보에서도 뚜렷한 위치를 점하고 있었다.[149] 명대에 유행하였던 유불도 3교 회통(會通) 조류의 한가운데서 호흡해왔던 그로서는 주자학만을 정통으로 존숭하는 조선 학인들의 학풍은 이해할 수 없는 것이었다. 실제 그는 조선의 영의정 최흥원(崔興源)을 만났을 때 당시 더 이상 주자를 종주(宗主)로 여기지 않는 명의 학풍을 알려주고, 최흥원에게 주자를 비판하는 발언을 했다가 반발을 산 바 있었다.[150]

---

148) 李廷龜, 「大學講話」, 『月沙先生文集』 권19.
　　經略笑曰 貴國學尙如此 則諸公雖不必變易前學 但可從所學而著說 資我講劘耳 第不宜蹈襲固儒陳言腐語 以流出胸中者 別成一書爲當…….
149) 酒井忠夫, 「袁了凡の思想と善書」, 『中國善書の研究』, 東京, 弘文堂, 1960, 318~349쪽 참조.
150) 『壬辰筆錄』 「經略以下文官衙門」.(奎 1039).
　　主事爲學 溺於禪敎 所著書 皆大言佛事 至以南無某佛稱之…… 主事在定州時 與領

송응창 등이 나름대로 목적의식을 갖고 조선 신료들과의 강론을 통해 양명학의 우월성을 전파하려 하였음에도 선조나 신료들은 그를 수용하는 데 거부반응을 보였다. 한 예로 윤두수(尹斗壽) 등은 선조를 만난 자리에서 양명학자인 원황의 강설이 가소롭다고 비판한 바 있었다.[151] 선조 역시 양명학자인 송응창의 학문이 정도에서 어긋난 것이라고 비판하였고,[152] 송응창이 신료들을 자신에게 보내 경학을 배우도록 하라고 종용한 데 대해서는 '이단의 학문'을 배울 수는 없다는 반응을 보인 바 있었다.

주목되는 것은 선조가, 송응창의 학문을 이단이라고 비판하면서도 만약 "송응창이 용병을 왕양명처럼 잘한다면 우러러볼 것이다"라고 말하였다는 점이다.[153] 곧 선조는 송응창이 양명학자이건, 주자학자이건 별 관심이 없었고 다만 그가 왕수인(王守仁)처럼 용병술이나 제대로 발휘해서 일본군을 격퇴해주었으면 좋겠다는 바람을 갖고 있었던 것이다.

1593년 벽제전투에서 패한 이후 송응창이 강화론을 주창하고, 이후 남하하는 일본군을 추격조차 하지 않았던 행태에 불만을 품고 있던 선조로서는[154] 그가 조선의 학풍에 대해 왈가왈부하는 사실 자체가 탐탁치 않았던 것이다. 강화론을 주창하여 일본군과의 결전을 회피하는 행태에 대한 불만과 송응창이 양명학자라는 사실이 상승작용을 일으키면서 선조는 그를 '형편없는 자'라고 매도하기에 이르렀다.[155] 그런데

議政崔興源講話末云 中國經書 舊日皆宗朱元晦說 近來道學大明 漸不宗朱矣 興源答曰 朱子則無間然矣 主事頼然不悅 翌日移咨言 欽差某官爲闡明學術事 其中擧論孟學庸注疏處 段段破其章句 累數萬言 悉怪誕不經.

151) 『선조실록』 권36 선조 26년 3월 을해.
152) 『선조실록』 권37 선조 26년 4월 정해.
153) 『선조실록』 권37 선조 26년 4월 무자.
   (洪)進曰 彼謂我進講官來學云矣 上曰 遣講官學異學而來耶 其言明德親民等語 可知其爲學也 雖 爲陽明之學 用兵亦如陽明 則我國當瞻仰之矣.
154) 제1부 제1장의 '명군 참전과 정치적 영향' 참조.
155) 『선조실록』 권37 선조 26년 4월 기축.

비변사는 송응창에게 신료들을 보내 강학하는 것을 반대하는 선조의
의견과 달리 신료들을 송응창에게 보내자고 주장하였다.[156] 그것은 당
시 선조가 신료들을 송응창에게 보내 강화론을 철회하고 명군을 진격
하도록 명령해 달라고 호소하려 해도 송응창이 신료들을 만나주지 않
는 상황을 타개하기 위한 포석이었다. 송응창은, 당시 자신이 추진하
는 강화론을 비판하고 일본군과 결전을 벌여야 한다고 주장하는 조선
군신들을 이해할 수 없다는 태도를 보이면서 설사 선조가 자신을 찾
아온다 해도 만나주려 하지 않았다. 심지어 자신의 측근인 통판(通判)
왕군영(王君榮)에게 보낸 서신에서 강화론의 수용을 거부하는 조선의
군신들을 빗대어 "오랑캐들을 이해시키기란 참으로 어렵다"고 비판한
바 있었다.[157] 이 같은 상황에서 비변사는 송응창이 먼저 강학하자고
제의한 것을 기회로 삼아 이정구 등을 보내 일단 그와 친해지는 계기
를 만든 다음 그에게 강화론을 받아들일 수 없다는 조선의 입장을 토
로할 수 있는 기회를 찾으려 했던 것이다.

조선 군신들은 결국 송응창이나 원황 등이 강조했던 양명학 자체를
수용하는 문제에 대해서는 거의 관심이 없었고, 다만 강학을 계기로
송응창을 만나 당면한 과제인 강화론을 철회시키는 것을 관철하고 싶
어했던 것이다. 이에 더하여 당시 이미 주자성리학에 대한 이해가 중
국과 거의 대등한 수준에 올라 있었고, 주자성리학을 정통으로 인정하
는 분위기가 형성되었던 상황[158] 역시 명 지휘관들의 양명학 수용 요구
를 쉽사리 받아들일 수 없게 만들었다. 더욱이 성리학 자체를 의리지
학(義理之學)으로 인식하는 조선의 학문 풍토에서 '만세불공의 원수'인

---

156) 앞과 같은 조.
157) 『선조실록』 권37 선조 26년 4월 무자.
  尹根壽以未經略寄王通判書 進啓 其辭曰 朝鮮君臣 固執不聽 可嘆可嘆 國王西來云
  雖來不與見 蓋遲慎我機 曲亂我心 已遣尹判書 阻往其來 未知國王聽否 畜夷之難解
  也 如此哉.
158) 16세기 조선 사림들의 성리학 이해 수준에 대해서는 김항수, 「16세기 사림의 성
  리학 이해」, 『한국사론』 6집, 서울대 국사학과, 1981 참조.

일본과 강화한다는 것, 또 그 강화론의 주창자이자 양명학자인 송웅창 등의 양명학 수용 요구를 받아들이는 것은 의리에 근본적으로 어긋나는 행위로 인식될 여지마저 있었던 것으로 보인다.

명군 지휘부가 주자학 중심의 조선 학풍을 비판하고, 양명학 등을 수용하라고 요구했던 것에 대해 조선 신료들이 보였던 반응은 대체로 부정적인 것이었다. 그러나 일부 학인들 가운데는 명군 지휘부의 주장처럼 경전을 읽을 때 집주(集註)에 매몰되지 않고 육경고문(六經古文)에 침잠하는 경향을 보이는 사람도 나타났다. 이러한 경향은 왜란 직후 보이는 고문사(古文辭)에 대한 관심과 주자의 주석(註釋)에서 벗어나 자유롭게 경전을 해석하려는 흐름과 연결되는 것이었다.

당시 명의 고문사(古文辭)에 대한 관심은 상당히 높아졌던 것으로 보인다. 1599년 이항복(李恒福) 등은 선조를 만난 자리에서 명의 학풍이, 문장은 양한(兩漢)시대 이상의 것만을 높이 평가하고 학문은 송학(宋學)을 치지도외하고 있다는 사실을 전하고 그것을 긍정적으로 평가한 바 있었다.[159]

이 같은 관심은 명의 이몽양(李夢陽)이나 왕세정(王世貞) 등의 학풍을 주목하는 것으로 이어졌다. 특히 이항복의 고문사에 대한 관심은 대단히 높아서 송유들의 문장은 진부하다고 여겨 답습하지 않았다고 할 정도였다.[160] 왜란 이후 고문사를 선호하는 경향은 계속 이어져 이수광(李睟光) 역시 송원(宋元)의 문체를 배격하고 진한(秦漢)의 고문을 숭상했고[161] 17세기 초의 유몽인의 경우도 마찬가지였다. 일찍이 이정구, 황신(黃愼) 등과 함께 송웅창에게 불려가서 강론했던 경험을 지닌 유몽인의 고문에 대한 관심은 대단한 것이었다. 그는 육경(六經)이나

159) 『선조실록』 권112 선조 32년 4월 신묘.
160) 李廷龜, 「答金沙溪」 別紙, 『月沙先生集』 권35.
    繁相所撰碑文…… 此翁(이항복 ― 필자 주)喜爲古文辭 不有沿習宋儒陳文 故當初製時 已憂其有此謗 屢言於生矣.
161) 이수광의 고문사에 대한 관심에 대해서는 한영우, 「이수광의 학문과 사상」, 『한국문화』 13, 1992 참조.

사서(四書)를 읽을 때 기본적으로 전주(箋註)를 읽지 않았다고 고백한 바 있는데 그 이유는 말할 것도 없이 전주의 문장이 고문이 아니었기 때문이었다.[162]

유몽인의 이 같은 태도는 당시 심화되어가던 주자학 중심의 학문 경향 속에서도 예외적인 입장을 지닌 학인들이 존재하고 있었음을 보여주는 것이다. 실제 유몽인과 교유했던 성진선(成晉善)의 경우는 경전을 읽을 때 주자의 주석을 아예 틀렸다고 치부해버리고 자신의 소신 대로 해석했다가 비판을 받은 바 있었다.[163] 이 밖에 유몽인과 교유했고, 그와 더불어 문재를 날렸던 차천로(車天輅) 역시 주자가『시경(詩經)』을 해석할 때 일부를 단정적으로 해석하여 고인의 뜻이 폐하게 되었다고 비판한 바 있었다.[164]

요컨대 고문에 대한 관심이나 유몽인, 이수광, 성진선, 차천로 등 17세기 초반에 활약했던 학인들의 탈주자적인 경향이 왜란 당시 흘러들어온 명대의 문풍이나 학풍의 영향을 받아 형성되었다는 확실한 증거는 없다. 하지만 왜란 직후 조선의 지식인들이 명에서 새로이 출간되는 소설류 등의 목록과 내용을 바로 입수할 정도로 명의 저작에 대한 접근이 쉬워졌다는 점을 고려하거나[165] 송응창 등 명군 지휘부가 주자학 일변도의 조선의 학풍에 대해 상당히 열정적으로 문제를 제기했던 사실과 유몽인 등이 강학 등을 목적으로 당시 명군 지휘부와 밀접하게 접촉했던 상황 등을 고려하면 왜란 당시의 명군 참전이 ─적어도 일부 학인들에게나마─ 주자학 중심으로 흐르던 조선의 학풍에 대해 돌아보게 만드는 계기가 되었을 개연성은 크다고 하겠다.

---

162) 柳夢寅,「答崔評事有海書」『於于集』後集 권4.
    僕性嗜古文 謬意今古一體 學經則經 聖賢非有定位 我不必讓於古 每讀五經四書 不 讀箋註 惡其文不古也 余於文章 知有古而不知有今 未嘗掛眼於唐以下之文…….
163)『광해군일기』권175 광해군 14년 3월 무신.
    成晉善 初以博學知名 然爲人詭譎不正 讀書 以朱子註疏爲非 論議 以違正立異爲 主…….
164) 車天輅,『五山說林草藁』(『대동야승』권5), 민족문화추진회 국역본 2책, 70쪽.
165) 金台俊 著・朴熙秉 校注,『증보 조선소설사』, 한길사, 1990, 69~71쪽 참조.

(2) 군사관계 문물의 수용을 위한 노력

조선은 임진왜란을 전후한 무렵 명의 문물 가운데 주로 어떤 것들을 수용하려고 했을까? 한마디로 그것은 당시 전란을 치르는 조선의 입장에서 현실적으로 필요한 군사관계 문물이 대부분이었다. 그리고 군사관계 문물을 수용하려고 노력했던 이면에는 선조를 비롯한 조선 신료들 사이에서 무비(武備)에 대한 강조, 나아가 상무적(尚武的) 분위기가 확산되고 있었던 것이 자리잡고 있었다.

무비의 중요성을 강조하고 상무적인 분위기를 확산시키는 데 누구보다 노심초사했던 사람은 선조였다. 그는 명군 지휘관들의 지적처럼 조선에서 '문약'으로 인한 폐단이 극에 이르렀음을 시인하고, 유생들이 평소 무인을 이단이나 노예처럼 여기면서 어리석은 고담준론만을 일삼았다고 비판하였다. 또 공자와 육상산(陸象山)을 예로 들어 그들이 문인들에게 활쏘기를 권장한 사실을 강조하고, 향후 생원 · 진사시를 치를 때 유생들에게 무예를 아울러 시험하라고 지시하였다.[166] 특히 그는 무예를 경시하는 영남의 풍속을 신랄하게 비판하였다. 영남에서는 글을 익힌 자식은 마루에 앉히고, 무예를 익힌 자식은 마당에 앉힌다는 예를 든 뒤, 전란을 불러온 것은 영남의 풍속이 전적으로 그렇게 만든 것이라고 극언하기도 하였다.[167] 선조의 이러한 의식은 1593년 4월, 문과의 시취(試取)를 잠정적으로 중단하고 무과만을 시취하라고 지시하는 것으로 구체화되었다.[168] 더 나아가 1595년에는 각 지방의 서원 가운데 긴요하지 않은 것들은 혁파하고 대신 각도에 훈련원(訓鍊院)과 같은 무학(武學)을 세워 병사를 길러내고 훈련을 실시하라고 지시하였다.[169]

---

166) 『선조실록』 권39 선조 26년 6월 경자.
　　上曰 我國儒生輩 平日視武夫如異端 待之如奴隷 惟事迂濶高談 我國文弊極矣 慶尙道爲尤甚 前聞尹卓然之言 尙州只有射手三人云…… 孔子之敎非射御乎 陸象山敎人必使門人習射 今後取士進時 幷試武藝 如貫革入格者取之 此不易之理 議啓.
167) 『선조실록』 권43 선조 26년 10월 임인.
168) 『선조실록』 권37 선조 26년 4월 기해.

무학이 각도에 설치되면서 상무적인 관심은 한층 제고되었던 것으로 여겨진다. 특히 진주의 사족 성여신(成汝信)은 왜란 직후 무학어사(武學御史)에게 보낸 서신에서 문과 무는 어느 하나라도 폐할 수 없는 것이라고 전제한 뒤, 각 무학에 이른바 무성묘(武成廟)를 건립하여 무사들의 귀의처로 삼을 것을 촉구하였다. 그는 서울과 지방의 성균관이나 향교에 공자를 비롯한 선사(先師)들의 묘(廟)를 설치하여 학인들의 귀의처로 삼은 것처럼 무학에도 무의 종조(宗祖)인 무성왕(武成王)을 모신 사당을 건립하고, 그 좌우로 제갈공명(諸葛孔明)과 악비(岳飛)를 배향하여 무사들의 정신적 지주로 삼을 것을 강조했던 것이다.[170]

또 이유홍(李惟弘)은 1604년 영천(永川)에 양무국(養武局)을 설치하고, 농민들에게 무예를 가르치고 상무정신을 고취한 바 있었다.[171] 그 역시 공자를 비롯한 역대의 성인들이 '조두지사(俎豆之事)'뿐 아니라 병무를 가르쳤던 것을 본떠 양무국을 설치했는데 노약자나 환자는 따로 모아 '대기수(大旗手)', '비집극(備執戟)'이란 칭호를 붙여 군수물자를 보조토록 하고, 장정들을 선발하여 '청해위(淸海衛)'란 명칭의 부대를 만들고 가을과 겨울을 이용하여 무예를 교육시켰던 것이다.[172]

이렇게 왜란을 겪으면서 무비, 무학에 대한 관심이 높아지고 상무적인 분위기가 퍼져가던 상황과 맞물려 명의 군사관계 문물을 수용하려

---

169) 『선조실록』 권65 선조 28년 7월 계미.
　　傳于政院曰 我國文弊太勝 如不關書院 姑爲革罷 各道大都護 宜立武學如訓鍊院 使之養兵鍊業.
170) 成汝信,「上武學御史請立武成王廟書」,『浮査先生文集』권3.
　　伏以文武二事 有國者之先務而不可偏廢者也…… 文之爲經 必有所尊者 而後爲經之道重 武之爲緯 亦必有所尙者 而後爲緯之道長 國家旣設學校於中外 以爲右文之地 則於武學 亦依學校之制 以爲尙武之地 然後武學亦不至於廢弛 而其爲道也 亦重矣…… 生之妄料 於武學 立武成王廟以祀之 可也.
171) 李惟弘,「養武局序」,『艮庭集』권4(奎 12483).
　　余到官以來 不計帑貯之虛竭 刻意養兵 凡干官八悉屬一廳曰 養武局 以邑人前知鎭海縣曹城掌其事 虎科李光晧李紀善副之 籌度經營 不有遺算 頭緒甫就 兵上國金太虛聞而說之 以鹽藿助其力 士民聞而效之 無數募入…….
172) 李惟弘,「養武局記」, 위의 책 권4.

는 움직임이 활발하게 나타났던 것이다. 임진왜란과 명군의 참전을 겪으면서 조선이 수용하려고 노력했던 명의 군사관계 기예와 문물은 주로 다음과 같은 것들이다.

가. 병기 제조와 사용법, 융복(戎服)의 개선 문제

조선이 명의 군사기예 가운데 무엇보다 적극적으로 수용하여 익히려고 시도했던 것은 화포, 화약 등 병기에 관련된 것들이었다. 본래 조선에도 왜란 이전부터 화포와 화약이 있었고 파진군(破陣軍)이라는 화기부대가 갖춰져 있었지만 초전에 육지에서 패전을 거듭하게 되면서 그것들은 거의 사용되지도 못한 채 망실되고 말았다.[173] 이 같은 상황에서 1593년 평양전투 당시 명군이 각종 화포를 사용하여 일본군을 제압하고, 평양성을 탈환하는 장면을 직접 목도하게 되면서 조선의 군신들은 명군의 화포를 상당히 경이롭게 생각하게 되었다.

평양성을 공격할 당시 명군의 작전계획은 대략 다음과 같은 것이었다. 성문을 포위한 뒤 땅에 여러 겹으로 장애물을 깔고 성 주변에 멸로포(滅虜砲)·호준포(虎蹲砲) 등 각종 화포를 배치한 뒤, 병력을 배치하여 일본군이 성을 넘어 도망가는 것을 막은 다음 독화(毒火)·신화(神火) 등 화약과 대장군포(大將軍砲) 등을 여러 곳에서 발사하여 성중을 강타하는 것이었다. 또 밤에는 독화약을 쏘아 일본군이 호흡을 통해 독기를 들이마시게 한 뒤, 명화비전(明火飛箭)을 쏘아 불을 지르고 일본군이 불을 끄는 사이에 다시 화포를 발사하여 제압한다는 것이 명군 작전의 골격이었다.[174] 곧 명군의 평양탈환은 거의 화포의 위력에 의하여 이뤄졌던 것이다.

한편 평양전투를 겪은 뒤 명군은 일본군의 조총이 지닌 위력을 인정하게 되었는데 이후 송응창은 일본군과 교전할 때는 그들의 진영으로부터 400보를 떨어져 먼저 대장군포를 발사하고, 그들의 조총 탄환

173) 허선도, 『조선시대 화약병기사 연구』, 일조각, 1994, 267∼274쪽 참조.
174) 송응창, 「檄李提督幷袁劉二贊畫」(1월 4일), 『경략복국요편』 권5.

이 다 떨어지기를 기다려 대병을 진격시키라고 작전을 지시하였다.[175] 특히 명군 지휘부는 성을 공략하는 데는 대장군포가 가장 요긴한 화기라고 파악하여 출병 이전부터 그것을 확보하여 조선으로 운반해오는 데 상당한 노력을 기울였다.[176] 곧 조총의 위력 때문에 일본군에게 쉽사리 근접할 수 없는 상황을 화포, 그 중에서도 대장군포를 이용하여 타개하려는 전략을 세웠던 것이다.

명군 지휘부는 자신들이 보유한 화포를 '신기(神器)'라고 부를 정도로 자부심을 갖고 있었거니와[177] 실제 평양전투 당시 명군 화포의 위력은 대단한 것이어서 당시 선조의 행재소(行在所)가 위치해 있었던 숙천(肅川)에서도 화포 발사 때의 굉음을 들을 수 있을 정도였다. 이에 이원익 등 신료들은 평양전투 이후 선조를 면담했던 자리에서 전란이 끝난 후 우선적으로 배워야 할 대상으로 명의 화포제도를 꼽았다.[178] 선조 또한 화포를 제대로 활용하지 못하는 것을 조선군의 약점으로 지적하고, 각도에 도회(都會)를 설치하고 화약을 구울 것과 포 쏘는 법을 연습하라고 지시하였다.[179]

명의 화포제도와 방포(放砲) 기술을 배우자는 주장이 대두되면서 화약의 원료로 쓰이는 염초를 굽는 방법(焰硝煮取法)에 대한 관심도 자연히 커졌다. 당시 조선에서는 바닷물의 흰 거품을 모아다가 염초를 굽는다고 어렴풋이 알고는 있었지만 그 정확한 제조법은 모르고 있었다. 선조는 장인들을 모아 중국인들에게 보내 화약 만드는 법을 습득하라고 지시하고,[180] 사족 가운데서 중국에서 바닷물로 염초를 만드는 방법을 알아오는 사람에게는 당상(堂上) 직책을 제수하겠다고 공약하였

175) 송응창, 「與參軍鄭文彬趙汝梅書」(1월 14일), 앞의 책 권5.
176) 송응창, 「報石司馬書」(11월 26일), 앞의 책 권3.
177) 송응창, 「檄大小將令」(11월 16일), 앞의 책 권3.
178) 『선조실록』 권35 선조 26년 2월 을사.
   元翼曰 國家恢復之後 火炮等事 必常時閑習至當 上曰 其制何由學 元翼曰 可於唐兵 處學習也.
179) 『선조실록』 권39 선조 26년 6월 임자.
180) 『선조실록』 권35 선조 26년 2월 을미.

다.[181] 그러나 중국인들은 염초 제조법을 끝내 알려주지 않았고, 이 때문에 왜란이 끝난 이후에도 명에서 염초를 무역해야 하는 상황은 지속되었다.

화포와 화약 이외에 조선이 관심을 가졌던 명의 군사관계 기예로는 방패(防牌), 전차, 낭선(筤筅), 창 등의 병기를 제작하고, 그를 다루는 방법 등이었다.[182] 당시 조정은 명의 남병들이 검술과 화기술에 능하다는 것에 주목하고 남병 지휘관인 낙상지(駱尙志) 등에게 창검과 화기를 다루는 데 능한 병사들을 조선에 남겨주고 그들을 통해 기술을 전수해달라고 간청하였다.[183] 또 화포와 관련된 기술 이외에 화살에 바르는 독을 제조하는 비법을 습득하는 데도 관심이 많았다. 그런데 명군 지휘관인 유정 등은 화약 제조법뿐 아니라 독을 제조하는 방법도 철저하게 비밀로 여겨 가르쳐주지 않았다. 이에 선조는 막대한 상을 내걸고 그를 알아내도록 채근하기도 하였다.[184]

명 관원들이 조선의 약점으로 여겨 누누이 비판했던 융복 등 복식의 문제점을 개선하고 중국인들의 복식을 받아들이는 데에도 관심을 기울였다. 1593년 7월, 예조는 중국의 경우처럼 모든 관원들의 융복과 속옷의 소매를 좁게 하고, 금군(禁軍) 이하의 공사천(公私賤)은 작은 모자(小帽)를 쓰도록 하자고 주장하였다.[185] 그러나 옷소매를 좁게 하고, 모자를 쓰라는 조정으로부터의 일방적인 지시는 사족이나 하층민 모두에게 쉽사리 수용되지 않았다. 그럼에도 선조는 거듭 전교를 내려 그것을 시행하라고 강력히 지시하였다.[186] 이 때문에 의주 등지에서는 신구의 복식이 뒤섞여 혼잡스런 양상이 나타나고, 사람들 가운데 일부는 복식을 중국식으로 바꾼 뒤 명군을 사칭하면서 작폐를 일삼는 등

181) 『선조실록』 권42 선조 26년 9월 병자.
182) 『선조실록』 권40 선조 26년 7월 갑인.
183) 『선조실록』 권47 선조 27년 1월 정해, 무자.
184) 『선조실록』 권60 선조 28년 2월 기미 ; 권102 선조 31년 7월 무자.
185) 『선조실록』 권40 선조 26년 7월 갑인 ; 권41 선조 26년 8월 기유.
186) 『선조실록』 권44 선조 26년 11월 기사.

부작용이 나타나기도 하였다.[187]

조정에서는 이후에도 예전처럼 넓은 소매가 달린 옷을 입고 말을 타는 자, 서민으로서 여전히 갓이나 패랭이를 쓰는 자에 대한 처벌규정을 만들었다.[188] 그러나 평안도 일부지역에서만 복식을 바꾸라는 조정의 명령이 어느 정도 수용되었을 뿐 다른 지역에서는 제대로 효과를 거두지 못하였다. 한편 1598년에는 은으로 중국산 모자를 사서 서울과 각 지방에 내려보내고, 그것으로써 백성들에게 다시 쌀을 거두도록 하는 방식이 제기되기도 하였다.[189] 그러나 이 같은 노력에도 불구하고 복식제도를 고치려 했던 조정의 의도는 제대로 관철되지 못하였다.

나. 병법과 군대 조련법

화포, 화약 등 병기의 제조 방법과 그 사용법을 습득하려는 노력과 함께 진법(陣法)을 비롯한 명의 병법과 군대 조련법을 수용하는 데에도 상당한 관심을 기울였다. 특히 잦은 전투를 치르는 가운데 무장들이 칼과 활을 사용할 줄만 알지 병법에는 무지하다는 인식이 확산되면서 병법에 대한 학습의 필요성이 환기되었다. 고상안(高尙顔)은, 무식한 무장들에게 손자(孫子)나 오기(吳起) 등의 병서가 너무 번잡하여 이해하기가 힘들다고 지적하고 『손자병법(孫子兵法)』 등에서 중요한 부분만 발췌, 언해하여 그들이 쉽게 습득할 수 있도록 하자는 의견을 제시한 바 있었다.[190]

당시 명군을 통해 들어온 병서 가운데 무엇보다 『기효신서(紀效新

---

187) 『선조실록』 권44 선조 26년 11월 을묘.
188) 『선조실록』 권60 선조 28년 2월 기미.
189) 『선조실록』 권106 선조 31년 11월 정해.
190) 高尙顔, 「上西厓先生」 附八策, 『泰村先生文集』 권2.
   抄孫吳書 以敎諸將…… 今之武夫 皆以射藝爲務 而不知兵法之片言 則是專卒伍一夫之任 而非統御萬人之才也…… 第以孫子之書箋註重複 難於盡閱 今若只取曹操張預之言 諺解其章句 俾不學之武夫 易於講習 則魯肅眼前 非復吳下之蒙 而臨機制變亦多出奇之士矣.

書)』에 대한 관심이 제고되었다. 선조는 『기효신서』를 사행편에 구입해올 것을 지시하는 한편, 그 내용 가운데 모르는 부분을 명군이 철수하기 전에 명군 장교들에게 물어서 알아내도록 강조하였다. 훈련도감에서는 명군 가운데 병법에 해박한 남방인들을 후대하여 그들을 통해 군사학 전반을 습득하자고 건의한 바 있었다.[191] 또 칼과 창의 사용법을 비롯한 모든 무예를 『기효신서』의 내용에 맞추기로 하고, 그를 제대로 하기 위해 과거시험에도 출제하기로 결정하였다.[192] 이렇게 『기효신서』에 수록된 병법에 대한 관심이 높아지면서 훈련도감 낭청(郞廳) 한교(韓嶠)가 그것을 번역하기에 이르렀다.[193]

진법 등을 습득하고 중국식으로 조선 병사들을 훈련시키기 위해 명군 가운데 뛰어난 자들을 뽑아 교사(敎師)라는 명칭을 주고 각 지방에서 조선군을 훈련시키도록 조처하였다. 특히 전쟁이 소강상태에 머물렀던 1595년 후반기부터 중국인 교사를 초빙하여 군사훈련을 해야 한다는 논의가 제기되어 당시 명의 경략이었던 손광(孫鑛)은 16명의 중국인 교사를 조선에 파견하였다.[194] 그러나 실제 중국인 교사들이 각 지방에서 교련을 실시하면서 그를 빌미로 자행하는 민폐가 극심하였다. 이 때문에 중국인 교사들에게 소속된 군사들은 침학을 견디지 못하고 대부분 파산하기에 이르고 교련 자체도 제대로 이루어지지 못하였다.[195] 민폐가 너무 심해지자 조정은 오히려 애초에 그들을 각 지방에 내려보냈던 것을 후회하고 명군 지휘부에 교사들을 도로 소환해달라고 요청하였다.[196] 또 나중에는 훈련도감에서 훈련시킨 조선인 병사

191) 『선조실록』 권43 선조 26년 10월 병술.
192) 『선조실록』 권48 선조 27년 2월 경신.
193) 기효신서와 관련된 전반적인 내용에 대해서는 노영구, 「선조대 기효신서의 보급과 진법 논의」, 『군사』 34, 1997, 참조.
194) 『선조실록』 권72 선조 29년 2월 갑인.
195) 『선조실록』 권68 선조 28년 10월 병진.
    各道分派敎師等 在在誅求 照名徵索 編伍之兵 無不破産 迭相敎鍊 無一定規 所業漸就生疎焉.
196) 『선조실록』 권68 선조 28년 10월 정사.

가운데 우수한 자들을 뽑아 새로이 교사대를 구성하는 등[197] 자구 노력을 기울이기도 했으나 효과는 미미하였다.

교사대의 횡포 등으로 인해 의도했던 훈련의 성과가 제대로 나타나지 않았을 뿐 아니라『기효신서』등에 수록된 중국식 병법을 습득하는 데 급급했던 것도 부작용이 없지 않았다. 선조나 비변사는 명군의 병법이나 창검술 등을 습득하라고 적극적으로 강조했지만 병력을 실제로 거느리고 있던 지휘관들은 이미 궁시에 익숙해진 조선 실정에서 볼 때 명의 군사 기예는 현실에 맞지 않는다고 비판을 제기하기도 하였다.[198] 또 평양전투 당시 남병들의 활약상을 보고 조선인 포수들을 절강병법(浙江兵法)에 따라 교련시켜야 한다고 강조하다가 남병이 철수한 뒤 유정이 거느리는 사천병(四川兵)이 주둔하게 되자 다시 사천식 진법의 습득을 시도하는 등 훈련이 체계적이지 못하여 일관성이 없다는 지적이 나오기도 하였다.[199]

명군이 철수한 뒤에도 진법을 중국식으로 운용하고, 모든 깃발까지 중국식으로 사용함으로써 조선의 진관법(鎭管法)은 폐기되었다는 우려와 함께 중국식 군사기예를 체계적으로 배우지 않고 그때 그때 편의적으로 수용함으로써 중국식도, 조선식도 아닌 '얼치기'가 되었다는 비판마저 제기되었다. 한 예로 1601년(선조 34), 우참찬(右參贊) 홍진(洪進)은,『기효신서』를 토대로 병사들을 조련하는 것은 조선 실정에 맞지 않다고 지적하고 원래대로 진관법과 제승방략(制勝方略) 체제를 복구하자고 주장하였다.[200]

결국 임진왜란 시기 조선은, 자국의 군사기예를 습득하도록 요구했던 명군 지휘부에 밀려 조급하게 그를 수용하는 데 급급함으로써 중국식 병법을 체계적으로 이해하고 활용하는 수준까지는 이르지 못했

---

197)『선조실록』권102 선조 32년 7월 무신.
198)『선조실록』권55 선조 27년 9월 병자.
199)『선조실록』권54 선조 27년 8월 경신.
200)『선조실록』권134 선조 34년 2월 기묘.

던 것이다.

다. 관왕묘(關王廟)의 건립

임진왜란 시기 명군의 참전과 주둔을 통해 조선에 알려진 중국 문물 가운데 특이한 것이 바로 관왕묘이다. 관왕묘는 관우(關羽)를 모신 사당을 말한다. 사당 중앙에 관우의 소상(塑像)을 두고 좌우에 그의 양자인 관평(關平)과 부하 주창(周倉)을 배향하였다. 명에서는 관제묘(關帝廟)라고도 부르는데 군신(軍神)이자, '재물의 신' 등 다양한 영험을 지닌 신으로 숭앙되었다. 유성룡의 지적에 따르면 명에서는 요동에서 북경에 이르는 모든 도회에 관왕묘가 있었고, 민가에서도 관우의 초상을 벽에 걸어놓고 치제하는 것이 보통이었으며 관원이 처음으로 임지에 부임할 때 관왕묘를 참배하는 것이 하나의 풍습이 될 만큼 보편화되었다고 하였다.[201]

조선에 관왕묘가 처음 건설된 것은 1598년(선조 31) 4월로서, 당시 서울에 경리어사로 주차하고 있던 양호에 의해 이루어졌다. 양호는 남대문 근처 명군의 주둔지 부근에 터를 잡고 명군 병사들을 동원하여 공사를 시작하였고 조선 조정에 대해서도 목수와 미장이 등 인력의 보조를 요청하였다.[202] 이렇게 하여 완성된 것이 최초의 관왕묘로서 보통 남관왕묘라고 불렀다. 명 장수들은 같은 해 5월 13일, 관우의 생일을 맞아 선조에게도 참배할 것을 종용하였는데 선조는 그를 받아들여 관왕묘에 거둥하여 친히 분향·제배의 의식을 행한 바 있었다.[203]

명군 지휘관들은 이후에도 선조와 조선 신료들에게 관왕의 영험함을 역설하였고 서울에 또 하나의 관왕묘를 건설하라고 종용하였다. 두

---

201) 柳成龍, 「記關王廟」, 『西厓先生文集』 권16.
　　　余往年赴燕都 自遼東至帝京數千里 名城大邑及閭閻衆盛處 無不立廟宇 以祀漢將壽亭侯關公 至於人家 亦私設掛壁 置香火其前 飮食必祭 凡有事必祈禱 官員新赴任者 齊宿謁廟甚肅虔 余怪之 問於人 不獨北方爲然 在在如此 遍於天下云.
202) 『선조실록』 권99 선조 31년 4월 기묘.
203) 『선조실록』 권100 선조 31년 5월 무술.

번째 관왕묘는 동대문 밖 영도교(永渡橋) 부근에 터를 잡았는데 남관왕묘와는 달리 그 공역의 부담을 거의 전적으로 조선이 지게 되었다. 1599년(선조 32) 4월경부터 시작된 공역에는 매달 2백여 명의 군사가 동원되었는데 상번 군사가 부족하여 경기·강원·충청도 등지의 지방군까지 동원되었다.[204] 지방군들의 경우 농사철에 양식까지 싸서 먼 거리를 걸어 서울로 오게 되는 등 많은 폐단이 발생하였다. 이 때문에 공사 초반부터 민원을 염려한 비판이 끊이지 않았다.[205] 실제 두 번째로 건설된 동관왕묘는 남관왕묘에 비해 공사 규모가 훨씬 커서 시일을 오래 끌었다. 더욱이 중간에 민폐를 우려하는 비판이 너무 많아 1600년 11월부터 공사를 중단했다가 1601년(선조 34) 2월부터 공사를 재개하여 같은 해 7월경에야 마쳤다.[206] 완공된 이후에도 인력 징발과정의 민폐와 시일이 지연되면서 민력을 고갈시킨 것 등에 대한 비판이 거듭 제기되었다.[207]

선조는 왜 많은 비판에도 불구하고 동관왕묘의 건립에 순순히 찬성했을까? 우선 명 장수들의 강력한 요청을 쉽사리 뿌리칠 수 없었던 당시의 분위기를 고려해야겠지만 그 건립 배경에는 선조 나름의 또 다른 의도가 자리잡고 있었다. 그것은 전란을 겪으면서 선조가 강조했던 상무적인 분위기와 관련이 있었다. 선조는 관왕묘를 건립하여 그것을 무사들의 정신적인 귀의처로 삼으려 했던 것이다.

선조는, 명군 지휘관들이 누누이 강조했던 관왕의 신묘함에 대해서

---

204) 『선조실록』 권121 선조 33년 1월 무오.
205) 『선조실록』 권114 선조 32년 6월 기해.
   史臣曰 關廟之役 大是虛誕 一之已非而不能禁 又於東郊 大興土役 孑遺之民 安得以
   爲生乎 吁.
206) 『선조실록』 권121 선조 33년 1월 갑술 ; 권138 34년 6월 丁亥 ; 권139 34년 7월 경자.
207) 『선조실록』 권135 선조 34년 3월 을사.
   司諫院上箚…… 竊念 災不虛生 必有所召 致此之由 豈無其咎 頃年大賊壓境 天兵
   滿國 防戍之苦 輪輓之勢 有不可勝言 及乎賊退兵撤之後 瘡痍之民 訖可少休 而徭役
   之繁 無異前日…… 戶部漸復貢物而民怨 關廟役軍 年年徵發而民怨.

는 별다른 반응을 보이지 않았지만 그들이 관왕에게 깍듯이 경배하는 것을 보고 관왕을 일종의 '무신(武神)'으로 파악했던 것으로 보인다. 1599년(선조 32) 4월, 동관왕묘를 세우는 장소를 놓고 논란이 빚어졌을 때 선조는 훈련원(訓鍊院) 근처를 건립 후보지로 제시하였다. 그는 그 이유로서 무사들의 연습장인 훈련원 근처에 관왕묘를 세워 옛날 중국에서 무성왕묘(武成王廟)를 세운 유지를 계승해야 한다고 강조했던 것이다.[208]

다음으로 주목되는 것은 전란을 겪으면서 형성된 선조의 불안한 심리상태와 관련된 문제이다. 그는 동관왕묘를 동대문 근처에 세우기로 결정하면서 그를 통해 도성 동쪽의 지맥(地脈)을 다스리겠다는 의도를 비친 바 있었다.[209] "도성 동쪽의 지기(地氣)가 허(虛)하다"는 유황상의 지적에서 비롯된 선조의 이 같은 미신적인 태도는 명군이 철수할 무렵부터 내부에서 변란이 일어나지나 않을까 우려하여 불안감을 표출했던 것과 같은 맥락이었다.[210]

전란 초반 일본군에 밀려 도성을 떠나야 했고, 파천 도중에도 적나라한 민심 이반의 실상을 목도하는 등 혹심한 시련을 겪었던 선조는 이후 인간의 길흉화복이나 운명에 대한 관심이 매우 높아졌던 것으로 보인다. 이것은 그가 파천길에서 돌아와 사망할 때까지 경연(經筵)에서 신료들과 강론했던 교재가 오로지 『주역』 한 가지였던 사실에서도 엿

---

208) 『선조실록』 권111 선조 32년 4월 무인.
    以秘密傳于政院曰 關王廟設立事 前日使之周旋…… 令於東大門外設立如何 倘東大門外爲不可 則訓鍊院近處可矣 本院乃鍊習武士之地 而設立關王廟於其處 卽古者立武成王廟之遺意也.
209) 『선조실록』 권112 선조 32년 윤 4월 을유.
    上曰 關王廟何以再建乎 根壽曰 未知其意…… 上曰 然卽未可止之乎 一設之後 不可復改 今當商量爲之 前見劉黃裳 則我國都城東邊似虛 建立屋宇 深鑿池溝 以鎭地脈云 此言與我國所言相合 若不得已說之 則設於東大門之外可矣.
210) 그는 1600년 1월, 이항복 등을 인견한 자리에서 "명 조정이 아무리 우리를 침학해도 명군이 일단 철수해버리면 도성 40리조차 지킬 수 없다"고 말하여 내변에 대한 우려와 동시에 명군에 대한 의존심리를 드러낸 바 있었다(『선조실록』 권121 선조 33년 1월 갑술).

볼 수 있다. 이 때문에 조위한(趙緯韓)은, 경연에서『주역』만 강론하는
선조의 태도를 비판하고『주역』만 강론하지 말고 사서나 육경 등도
신경 써야 한다고 주문한 바 있었다.[211] 간난신고를 겪고 전쟁을 끝낸
선조의 입장에서는 현실을 합리적으로 설명하기보다는 운수 차원에서
받아들이는 경향이 강해졌던 것이고, 자연히『주역』같은 서적에 대한
관심이 높아졌던 것이다.[212] 관왕묘를 세워 도성 동쪽의 지맥을 누른다
는 발상 역시 이 같은 배경에서 이해할 수 있는 것이었다.

  관왕묘는 서울뿐 아니라 명군이 장기간 주둔했던 성주와 안동에도
건립되었다. 안동의 것은 돌을 깎아 관우의 모습을 새겼고, 성주의 것
은 서울의 관왕묘와 마찬가지로 소상을 안치했다고 한다.[213]

  관왕묘 건립 이후에는 그에 대한 관리에도 힘을 기울였다. 1600년
(선조 33) 10월, 선조는 관왕묘의 관리를 맡은 훈련원 관원들이 임무를
제대로 수행하지 못한다고 질책한 뒤, 참봉(參奉)을 두어 관리를 맡길
것과 치제할 때 필요한 비용의 마련을 위해 전답을 사들여 지급하라
고 지시하였다.[214] 이 같은 추세는 광해군대 들어서도 계속되어 1612년
(광해군 4), 광해군은 관왕묘 관리를 태만히 했던 관원을 추고하도록

---

211) 趙緯韓,「策」,『玄谷集』권12.
  博學審問 雖曰學者之工程 王者治國 豈出於此乎…… 必須熟讀四書 以求聖賢之微
  言微旨而見效於躬行心得之餘 然後方可以下功六經 以廣其聖德也…… 若近日筵中
  所講之冊 每以周易問難 此不幾於躐等之歸乎 夫陰陽鎖長之理 吉凶悔吝之垂 不可以
  文字上求也 孔子猶曰 假我數年 卒以學易 則此豈學未通方 纔辨魚魯之臣僚所能進講
  者乎.
212) 전쟁이라는 특별한 체험을 겪은 뒤 미신적인 경향이 강해진 것은 비단 선조에게
  서만 나타났던 현상은 아니었다. 사대부들에게서도 이 같은 경향이 나타나고 있
  었다. 왜란 이후 사대부들이 術士들을 굳게 믿거나, 명당을 갈구하여 조상의 묘를
  여러 차례 이장하는 것도 꺼리지 않았다는 고상안의 지적은 주목된다(再造之後
  士大夫崇信術士 雖久遠祖墳 更擇吉地 遷葬安厝 至於父母之墓 則雖得吉地 若他山
  稍勝云則不憚移葬 再三不已 : 고상안,「效嚬雜記」上,「叢話」,『泰村先生文集』권
  4).
213) 柳成龍,「記關王廟」,『西厓先生文集』권16.
214)『선조실록』권130 선조 33년 10월 경인.

하였고 벽에 있는 낙서 등을 지우고, 손상된 곳 등을 수리하도록 조처하였다. 이때 광해군의 지시를 받은 예조의 보고에 따르면 당시 조정은 둑소(纛所)의 예에 따라 매년 경칩과 상강일에 두 차례 관원을 관왕묘에 보내 제례를 올리고 있었다.[215]

광해군대 이후 조선에 왔던 명의 사신이나 관원들에게는 관왕묘를 방문하는 것이 하나의 관례처럼 굳어졌던 것으로 보인다. 1618년, 요동에서 명의 관원이 온다는 소식을 접한 광해군이 관왕묘와 양어사비각(楊御史碑閣)을 서둘러 점검하고 수리하라는 명을 내렸던 것을 보면[216] 중국인들 역시 임진왜란 당시 자신들이 조선에 참전하면서 만들어진 기념물이라 할 수 있는 이들 건물들의 보존 상황에 상당한 관심을 보였던 것으로 여겨진다.

명군이 철수한 뒤에도 관왕묘는 계속 남아 있었거니와 일반 백성들이 그것을 어떻게 인식했는지는 자세히 알 수 없다. 다만 주목되는 것은 1671년(현종 12) 10월, 관왕묘의 소상에 물기가 젖어 흘러내린 자국이 있었으며, 서울 백성들이 그것을 보고 피눈물이 흘러내렸다고 다투어 소문을 퍼뜨렸다는 기록이 남아 있는 점이다.[217] 이것은 설립 당시 명군 지휘관들이, 관왕이 신비하고 영험한 능력을 지녔다고 강조해도 별 반응을 보이지 않았던 상황과는 다른 것이다. 즉 명군이 철수하고 세월이 흐르면서 관왕묘 자체가 조선 사람들에게도 '신이한 존재'이자 '숭앙의 대상'으로 자리잡아가고 있는 추세를 보여주는 것으로 생각된다.

요컨대 관왕묘는 ─오늘날에도 현존하고 있으며 일부 무속인들에게 신앙의 대상이 되고 있다는 점에서─ 임진왜란 시기 명군의 참전과 주둔이 조선에 남긴 문화적 영향을 상징하는 가장 구체적인 실체가 아닌가 여겨진다.

---

215) 『광해군일기』 권54 광해군 4년 6월 갑자.
216) 『광해군일기』 권134 광해군 10년 11월 계묘.
217) 『현종개수실록』 권24 현종 12년 10월 을미.

제2부

광해군대의 대명관계

●

제1장

광해군 초·중반 조명 사이의 쟁점

1. 광해군 책봉 문제와 정치적 갈등

1) 책봉 주청(奏請)의 전말

1608년 광해군 즉위 이후 조선이 명과의 관계에서 가장 먼저 해결해야 했던 현안은 광해군의 즉위를 명 조정으로부터 정식으로 인정받는 것이었다. 주지하듯이 광해군은 임진왜란이 일어난 직후 왕세자로 책봉되었고 난중에는 '분조(分朝)' 활동을 통해 전란의 극복과 민심 수습에 커다란 공을 세웠다.[1] 그러나 임진왜란 시기 명 조정은, 광해군을 왕세자로 승인해달라는 조선의 요청을 번번이 거절하였다. 왜란이 끝난 후인 선조 말년에는 부왕 선조와 유영경(柳永慶) 등 소북(小北) 일파로부터 심한 견제를 받아 정치적 위기에 봉착하였다. 자칫하면 즉위도 못하고 왕세자의 위치를 상실할 수도 있는 위기에서 선조가 갑자기 서거하는 바람에 어렵사리 즉위하는 우여곡절을 겪었던 광해군으로서는 자신의 왕권 안정을 위해 명으로부터 정식으로 책봉 승인을

---

1) 남도영, 「임진왜란시 광해군의 활동 연구」, 『국사관논총』 9, 1989 참조.

얻어내는 것이 시급한 것이었다.

 명은 선조 말년부터 광해군이 적자(嫡子)가 아닌 첩빈(妾嬪)의 소생인데다 둘째아들이라는 이유를 들어 조선의 책봉 주청을 번번이 거절하였다.[2] 명이 광해군을 왕세자로 승인하는 것을 거듭 거부하자 1595년, 조선은 광해군을 왕세자로 책봉했던 근거로서 맏아들인 임해군이 일본군에 포로로 잡혔다가 귀환한 뒤 충격으로 병을 얻어 왕위를 계승할 수 없다는 것, 광해군이 전란 시기 흩어진 민심을 수습하는 데 공을 세웠다는 것, 그가 이미 황제의 칙유(勅諭)를 받들어 전라도·경상도지방의 군무를 책임지고 있다는 사실 등을 내세운 바 있었다.[3] 그것은 결국 전란 중이라는 비상(非常) 상황과 그 상황에서 광해군이 공을 세웠다는 것을 강조함으로써 왕세자 책봉의 근거로 삼으려 했던 것이다. 그러나 명의 예과급사중(禮科給事中) 설삼재(薛三才) 등이 "전란 중이라는 핑계로 경솔하게 둘째아들을 왕세자로 세울 수는 없다"는 명분을 내세워 반대함에 따라 역시 책봉 승인은 이루어지지 못하였다.[4]

 명은 이후에도 광해군에 대한 승인을 계속 거부하였다. 1596년(선조 29) 5월, 명에 보낸 주문(奏文)에서 선조는 광해군을 왕세자로 승인해 달라고 거의 애원하다시피하였다. 그 근거는 역시 왜란 중에 광해군이 큰 공을 세웠다는 것이었다. 광해군이 활약한 덕분에 서북 귀퉁이에 고립되었던 조정이 동남지역과 연결될 수 있었다는 것, 그가 대의(大義)로써 신민들에게 호소함으로써 수만의 근왕병을 모집할 수 있었다

---

 2) 李廷龜, 「甲辰朝天錄」, 『月沙先生集』 권4.
  王辰亂初建儲之後 奏請冊封 三度遺使 而天朝以捨長立弟 有違舊典 禮部議覆不准許……

 3) 『명신종실록』 권289 만력 23년 9월 경오.
  朝鮮國王李昖以長庶子臨海君珒久陷賊中 雖獲生還 驚憂成疾 不敢繼嗣 光海君李琿 收集離散 功績茂著 已奉勅諭駐箚全慶地方 經理防禦 請立爲嗣 禮臣范謙執奏 繼統大義 長幼定分 不宜僭差.

 4) 위의 책, 같은 조.

는 것, 흩어진 민심을 수습하고 명군을 접대하는 데 혁혁한 공을 세웠다는 것을 거듭 강조하였다. 또 광해군이, 포로로 억류되었다가 돌아온 형 임해군에게 따뜻한 우애를 보였다고 칭찬한 뒤 왜란 당시 자신이 믿었던 사람은 오로지 광해군뿐이었고, 그를 왕세자로 정한 것은 모든 신민들의 한결같은 여망이 반영된 것이라고 강조하였던 것이다.[5]

그럼에도 명 조정은 냉담했다. 광해군이 왕세자로 책봉된 1592년부터 1604년까지 13년 동안 책봉을 청하는 주청사가 북경에 다섯 차례나 갔지만 모두 거부되었던 것이다. 명이 광해군을 왕세자로 승인하는 것을 거부했던 표면적인 이유는 그가 둘째아들이기 때문이라는 것이었지만 그 배후에는 더 복잡한 내막이 자리잡고 있었다. 무엇보다 명 신종이 당시까지 황태자를 결정하지 않았던 것이 걸림돌로 작용하였다. 명이 황태자를 정하지 않은 상황에서 번국(藩國)의 왕세자 책봉을 먼저 승인할 수 없으며, 그것도 차서자(次庶子)를 쉽사리 인정할 수 없다는 것이 명 예부의 속사정이었다. 차서자인 광해군의 책봉을 섣불리 승인할 경우 나중에 신종이 황태자를 책봉할 때 적장자 이외의 다른 왕자를 선택할지도 모른다는 의구심이 반영된 것이었다.[6]

1603년에도 조선은 영의정 이산해(李山海) 이하 백관들의 명의로, 태평한 시절에는 맏아들을 세우는 것이 상법(常法)이지만 비상시에는 종묘사직을 지키는 데 공을 세운 둘째아들을 세울 수 있다는 내용의 주문을 올려 책봉 승인을 요청했지만 역시 거부되었다.[7]

1604년, 주청사 이정구(李廷龜) 일행이 다시 주본을 올렸을 때, 광해군을 승인하는 데 반대했던 예부 신료들 가운데서는 광해군에 대해 아주 모욕적인 언급이 나오기도 하였다. 이름이 밝혀지지 않은 예부 신료는 "광해군이 현명하다면 명분이나 윤리에 관계된 문제에서 참월

---

5) 『명신종실록』 권297 만력 24년 5월 정묘.
6) 위의 책, 같은 조.
　時 國儲未立 中外竭疑 故部議 長少之分儼然 其不可假 辭正而意則微矣.
7) 『선조실록』 권155 선조 35년 10월 계묘.

(僭越)한 행위를 해서는 안 된다"고 전제하고, 광해군의 행동을 장유(長幼)의 질서를 어그러뜨리는 행위라고 비난했던 것이다.[8] 당시에는 예부 등에서의 논란에도 불구하고 각로(閣老)를 비롯한 명의 고위 신료들의 의견이 광해군의 책봉을 승인하는 방향으로 기울었지만 끝내는 또 좌절되고 말았다. 도독주사(都督主事) 섭운한(聶雲翰)이란 인물이 막판에 극력 반대했기 때문이었다. 섭운한은, 맏아들 임해군이 일본군의 포로가 된 것은 결국 선조의 책임이며 그럼에도 그 사실로써 임해군의 허물을 삼아 둘째아들을 왕세자로 세우는 것은 말이 안 된다고 문제를 제기하였다. 그는 조선의 주청사 일행을 '난신적자'로 매도하고, 또 광해군의 책봉을 승인해달라는 조선의 요청을 '짐승들이나 하는 행위(禽獸之事)'라고 극렬하게 비판하였다.[9] 섭운한의 극렬한 반대로 분위기가 반전되자 신종은 선조에게 칙유를 내려 상경(常經)은 바꿀 수 없다고 강조한 뒤, 임해군을 왕세자로 다시 정할 것과 광해군은 차자로서 분수를 지키도록 하라고 종용하였다.[10]

명 조정이 책봉 승인을 계속 거부하자 광해군은 정치적으로 심각한 위기를 맞게 되었다. 이미 임진왜란이 일어난 직후 파천을 논의하던 급박한 상황에서 광해군이 전격적으로 왕세자로 책봉되었던 것부터 문제의 소지를 안고 있었다. 종사의 미래에 대한 확실한 전망이 서지

---

8) 『事大文軌』 권45 萬曆 32년 윤 9월 1일.
   盖立嫡立長 萬世常經 亘古今未有紊常而不醸亂者 臨海君縱性資凡 近未聞有失德可言 奈何便謂不敢繼承 脱光海君賢矣 名分所關 賢者必不敢僭 彛倫所係 賢者必不忍僭 又安得以幼奪長而冒不韙之名耶.

9) 閔仁伯,「朝天錄」 下 만력 32년 8월 1일조, 『苔泉集』 권4.
   諸議皆好 而提督主事聶雲翰 號化南 直隷曲州人 獨主張發論曰 立次子非禮 方物不可受云云…… 仍曰 汝國王昏亂 壬辰棄城 長子安得不見拘於賊乎 反以賊所俘爲罪立其次子 我在兵部 心甚惡之 及其守制 亦甚惡之 今豈聽汝言 汝等亂臣賊子輩…… 禽獸之事 吾何忍言.

10) 민인백, 위의 책, 같은 조.
   勅諭朝鮮國王 以倫序不可紊 常經不可變 國本不可輕動 一心屬意臨海君而訓誨之 令臨海君以德自勵 光海君以分自安 該國臣民無有携貳 然後許其請封 則禍亂不生 夷藩永固.

않던 상황에서 선조의 광해군 추천과 신잡(申磼) 등 몇몇 신료들의 동의를 받아들이는 형식이 책봉 과정의 전부였고 그에 대해 충분한 의견이 개진될 겨를이 없었던 것이다.[11]

임진왜란이 일어났던 당시 선조는 41세로서 한창 장년의 나이였다. 만약 평상시였다면 그 시기에 왕세자 책봉을 운운하는 것 자체가 '대역부도'로 몰릴 만큼 엄청난 사안이었을 것이다. 일찍이 정철(鄭澈) 등이 '후계자 책봉 논의(建儲議)'를 운위했다가 서인 전체가 정치적으로 몰락할 정도로 타격을 입었던 사실을 염두에 둔다면 몇몇 신료들의 구두 동의만으로 왕세자를 결정했던 것은 가위 파격적인 일이었고, 동시에 상황이 변했을 때 엄청난 논란과 파장을 불러올 것임을 예고하는 것이었다. 그 같은 우려는 전란을 치르는 과정에서 현실로 나타났다.

전란 기간 동안 선조와 광해군 사이에는 미묘한 갈등의 분위기가 조성되고 있었다. 위에서 명의 섭운한이, 조선이 왜란 초반 도성을 버리기에 이른 원인을 선조의 '혼란' 때문으로 여겼던 것처럼[12] 전란 중 선조의 국왕으로서의 위신은 상당히 실추되었던 반면 광해군에 대한 조야의 신망은 높아가고 있었다. 선조가 궁벽진 의주까지 쫓겨가 도로가 통하지 못하고, 조정의 명령을 제대로 전달할 수 없게 되면서 하층민들의 의식 속에서는 '나라가 없어진 지 이미 오래인 상황'이 빚어졌다. 더욱이 선조는 최악의 경우, 압록강을 건너 요동으로 들어가 명의 요동도사(遼東都司)에게 의탁하겠다는 치욕스런 주장까지 고집하고 있었다.[13] 왕조국가에서 조정이란, 사서(士庶)를 막론하고 충성을 바칠 대상이자 구심점이라는 사실을 염두에 둔다면 선조가 이끌던 조정은 그 정치적 기능이 정지된 것이나 마찬가지였다.

---

11) 광해군이 왕세자로 책봉된 전말은 『선조실록』권26 선조 25년 4월 정사조 참조.
12) 앞의 각주 9) 참조.
13) 1592년 7월, 명의 요동순무 郝杰은 요동으로 귀부하겠다는 선조의 요청을 명 조정에 보고하면서 "거절하자니 안쓰럽고 받아들이자니 난처하다(拒之不仁 納之難處)"고 토론한 바 있었다(『명신종실록』권250 만력 20년 7월 무오).

바로 이때 광해군이 '분조'를 이끌고 함경도·강원도 일대를 순행하면서 벌였던 근왕병 모집과 민심 수습을 위한 여러 가지 활동은 사대부를 비롯한 일반에 상당히 깊은 인상을 남겼다. 한 예로 성혼(成渾)은, 광해군이 분조를 이끌고 이천(伊川)에 주차함으로써 "사방에서 비로소 우리 임금이 있는 곳을 알았다"고 하는 등 광해군의 활동을 높이 평가하였다.[14] 이런 상황에 더하여 1593년, 명 조정에서 선조를 무능하다고 여겨 그가 '개과천선'하지 않을 경우 퇴위를 종용하고, 민심이 쏠려 있는 광해군을 대신 즉위토록 한다는 방안까지 흘러나오면서[15] 선조와 광해군 사이에는 보이지 않는 갈등의 기류가 생겨날 수밖에 없었다.

선조가 1602년 김제남(金悌男)의 딸(仁穆王后)과 재혼하고, 그 사이에서 영창군(永昌君)이 태어나면서 상황은 더욱 복잡하게 되었다. 이미 1600년경부터 선조가 광해군을 대하는 것이 매우 엄격하여 아침에 문안을 받을 경우에도 직접 접견하지 않고 외문(外門)에 있다가 물러나게 하곤 했다는 기록이 있거니와,[16] 영창군이 태어나고, 명 조정이 책봉을 승인하는 것은 고사하고 임해군에게 세자 자리를 돌려주라고 종용했던 상황은 광해군의 앞날을 극도로 불안하게 하는 것이었다. 뿐만 아니라 소북파인 유영경 등이 광해군을 견제하여 명에 책봉 승인을 주청하는 것을 기피하는 등 조정의 분위기 역시 불리하게 돌아갔다.[17]

---

14) 成渾, 「時務便宜十五條」, 『牛溪先生集』 권3.
　　事變之後 乘輿遠避 命令不至 道路不通 內服之地 有同棄捐 凡在士民 引領瞻望 雪涕無從 賊兵充斥 郡縣殘破 小民之心 以爲無國已久矣 今者行朝臨於伊川 四方始知吾君所在 民情所係 可勝言哉
15) 『명신종신록』 권264 만력 21년 9월 경오.
　　兵部職方主事 曾偉邦上奏…… 瘝廢而不治 以至此與 以李昖荒淫沉湎自致…… 如果不可化誨 聞其子光海君琿 頗堪托國命 經略就彼熟察 衆心願戴 密約彼中一二大臣 沉毅有謀者 呼吸從事 仍以勅諭 令自退閒 傳國世子 畧如肅宗靈武故事 新王旣立 革故俗 撫遺民
16) 『선조실록』 권123 선조 33년 3월 계유.
17) 선조 말년의 정치적 상황에 대해서는 구덕회, 「선조대 후반(1594~1608) 정치체제

더욱이 정인홍이 유영경 등 소북 일파의 왕세자 교체 의도를 논박하고, 광해군을 비호하는 소를 올린 뒤부터는 선조 역시 광해군이 명으로부터 책봉을 승인받지 못한 사실을 허물하는 상황이 전개되었다.[18]

광해군의 정치적 위기는 1608년 선조가 죽음으로써 일단 해소되었다. 그러나 명으로부터 책봉 승인을 얻어내지 못했던 상황은 광해군이 국왕으로 즉위한 이후에도 달라지지 않았다. 광해군 즉위 직후, 왕위 계승의 승인을 얻어내기 위해 이호민(李好閔) 등을 고부청시청승습사(告訃請諡請承襲使)로 파견했지만 명은 주본의 내용이 불명확하다고 트집을 잡는 한편 만주에 있는 무진차관(撫鎭次官)에게 조선 정세를 조사하라고 명령하였다. 또 이호민은, 광해군의 형 임해군이 중풍 때문에 왕위를 계승할 수 없었다고 진술했는데 명 조정은 임해군이 왕위를 사양한다는 증거를 주본으로 제출하라고 다시 요구하는 등[19] 상황은 여전히 풀리지 않았다.

명 조정은 더 나아가 임해군이 신병 때문에 왕위를 계승할 수 없다는 조선측 보고의 사실 여부를 조사한다는 명목으로 요동도사(遼東都事) 엄일괴(嚴一魁), 자재주지부(自在州知府) 만애민(萬愛民) 등을 사문관(查問官)으로 조선에 파견하는 조처를 취하였다. 이것은 이미 즉위해 있었던 광해군에게는 대단히 곤혹스런 일이 아닐 수 없었다. 더욱이 즉위 직후, 임해군이 무사들을 모으고 군기를 만들어 역모를 꾀했다는 의혹이 제기되어 민심이 뒤숭숭해지고 있었는데 이 같은 상황에서 엄일괴 등의 입경은 사태를 더욱 예측할 수 없는 방향으로 몰아갔다. 서울에 온 엄일괴 등은 임해군을 직접 만나서 조사하겠다고 우겼거니와 당시 역모죄로 몰려 교동(郊洞)에 유배되어 있던 임해군이 그들에게

───────────

의 재편과 정국의 동향」,『한국사론』 20, 1988 참조.
18) 李建昌,『黨議通略』宣祖朝.
　　上怒甚日 仁弘欲令世子速受傳位 爲人臣者 忍以退舊君爲能事哉 自此光海每問安 上
　　輒責之日 未受冊命 何以稱世子問安 其勿更來 光海伏地嘔血……
19)『광해군일기』권4 광해군 즉위년 5월 을사.

어떻게 응답을 할지도 미지수였다.

　책봉과 즉위에 대한 승인 문제를 둘러싼 광해군과 명 조정의 갈등 관계는 결국 조선이 경제적 부담을 떠안는 것을 통해서 해결되었다. 엄일괴와 만애민이 —명 조정으로부터 광해군이 새로운 조선의 국왕임을 인정받는 데 걸림돌이었던 —임해군에 대한 면담과 조사를 형식적으로 적당히 끝내고, 나아가 광해군의 왕위 계승이 필연적인 선택임을 인정하는 과정에서 조선은 그들에게 막대한 은자를 뇌물로 제공하였다.[20] 뇌물을 제공하여 정치적 위기를 넘겼지만 명 조정의 책봉은 늦어져서 광해군이 왕위에 오른 뒤 1년이 훨씬 지난 1609년(광해군 원년) 3월까지도 명은 조선에 보낸 공식문서에서 광해군을 '조선국권서국사(朝鮮國權署國事) 광해군'이라는 명칭으로 불렀다.[21] 명 조정은 같은 해 6월에 가서야 정식으로 광해군을 조선 국왕으로 승인하였다. 당시 책봉례(冊封禮)를 주관하기 위해 조선에 왔던 태감(太監) 유용(劉用)이란 자는 약 6만 냥의 은을 뇌물로 받았는데 이후로는 이것이 하나의 관례처럼 굳어져서 조선에 오는 명 사신들은 여러 가지 명목으로 막대한 은을 요구하게 되었다.[22]

　임진왜란 이후 광해군을 왕세자로서 승인하는 과정, 조선 국왕으로 책봉하는 과정에서 명이 보였던 태도는 광해군에게는 대단히 곤혹스러웠던 것이자 그를 정치적인 위기 상황으로 몰아넣는 것이었다. 명은 그나마 광해군을 왕세자로서 승인하는 것은 끝까지 거부한 셈이 되었다. 위에서 언급했던 증위방의 발언처럼 왜란 중에는 선조가 무능하다는 이유를 들어 그를 퇴위시키고, 광해군을 즉위시켜야 한다고 흘렸다가[23] 막상 광해군을 왕세자로서 인정해달라고 조선이 요청하자 그가 둘째아들이라는 이유를 들어 거부했다. 선조가 급서한 이후, 이미 국

---

20) 『광해군일기』 권5 광해군 즉위년 6월 을해.
　　'嚴一魁 等…… 雖不深信 性貪黷 受銀數萬兩 準査而去…….
21) 『광해군일기』 권14 광해군 원년 3월 계묘.
22) 한명기, 「17세기초 은의 유통과 그 영향」, 『규장각』 15, 1992, 17~23쪽.
23) 제1장, 각주 15) 참조.

왕으로 즉위해 있던 상태에서 임해군을 조사해야 한다는 이유를 내세워 사문관을 보내 사단을 일으켰던 것은 명백히 광해군을 정치적으로 흔드는 행위일 수밖에 없었다. 또 명의 사문관들은 그 과정에서 막대한 양의 은까지 챙겼다.

광해군으로서는 이 같은 상황에서 —명이 아무리 임진왜란 당시 조선에게 '재조지은'을 베풀었던 고마운 존재였다고 하더라도— 명에 대해 좋은 감정을 갖기는 어려웠던 것으로 여겨진다. 이런 관점에서 보면 1618년(광해군 10) 명이 후금을 공략하기 위해 조선에 대해 원병을 보내라고 요청했을 때, 광해군이 부정적인 태도를 보였던 사실 역시 충분히 이해할 수 있는 것이다. 요컨대 광해군의 책봉과 즉위를 승인하는 과정에서 명이 보였던 미온적이고, 이중적인 태도는 광해군이 '반명감정(反明感情)'을 품을 수 있는 충분한 소지를 제공했다고도 할 수 있을 것이다.

2) 이성량(李成梁)의 조선 병탄 기도와 조선의 대응

광해군을 책봉하고 승인하는 문제로 시작된 조선과 명 사이의 껄끄러운 관계는 다른 형태로 이어졌다. 그것은 바로 광녕총병(廣寧摠兵) 이성량이 조선 병탄을 기도했던 것으로 다시 나타났다. 광해군 즉위 직후인 1608년, 광녕총병 이성량과 어사 조즙(趙楫) 등은 명 조정이 광해군을 조선 국왕으로 책봉하지 않는 사실과 조선 내부의 형제간 왕위 다툼을 빌미로 조선을 정벌한 뒤 군현을 설치하자고 비밀리에 상주(上奏)하였다. 조선을 아예 명의 직할령으로 편입시키자는 주장이었다.[24]

이성량은 임진왜란 당시 명군을 이끌고 참전했던 제독 이여송의 부

---

24) 『광해군일기』 권6 광해군 즉위년 7월 임자.
　時 廣寧摠兵李成梁 以朝廷不准冊封 與都御史趙楫密奏 朝鮮兄弟相爭 請擧兵襲取 建置郡縣.

친으로, 만력연간 수차례에 걸쳐 여진과 몽골족을 제압하는 공을 세워 영원백(寧遠伯)에 봉해지고 이여송을 비롯한 아들들 역시 대부분 높은 관직에 오르는 영예를 누렸다.[25] 그는 해마다 요동지역으로 투입되는 막대한 전비를 횡령하고, 여진족들과 거래하는 명 상인들에게서 거둔 풍부한 자금을 바탕으로 북경의 정부 요인까지 매수하는 등 능란한 정치술수를 부리고 있었다. 이 때문에 당시 요동지역의 문무관료들은 모두 이성량의 심복이라고 할 정도로 지역적 기반이 강하였다.[26] 그는 이러한 배경을 바탕으로 자신의 전공(戰功)을 조작하는 것을 다반사로 일삼으면서도 조정 과도관(科道官)들의 탄핵을 피하여 건재함을 과시하는 등[27] 한때는 사실상 요동지역의 지배자 구실을 했던 인물이었다.

명에서 정치적으로 막강한 위치에 있던 이성량의 이러한 획책은 조선에게는 대단히 심각한 위협이 아닐 수 없었다. 더욱이 선조가 급서한 직후, 국내 정국이 뒤숭숭했던 상황에서 고부사(告訃使)의 보고를 통해 조선에 알려진 이성량의 음모는 조야에 상당한 위기의식을 몰고 왔다.[28] 더욱이 윤근수(尹根壽) 등 명 조정의 사정에 밝았던 신료들은, 이성량이 여전히 명 조정의 권귀(權貴)들과 결탁하여 무슨 일이든 이루지 못하는 것이 없다고 생각하고 있었기 때문에 더욱 두려워할 수밖에 없었던 것이다.[29]

---

25) 『明史』 권238 列傳 李成梁

26) 三田村泰助, 『明と淸』, 東京, 河出書房新社, 1990, 230~236쪽.

27) 『明史』 권238 列傳 李成梁
而其戰功率在塞外 易爲緣飾 若敵入內地 則以堅壁淸野爲詞 擁兵觀望 其或掩蔽爲功 殺良民冒級 閣部共爲蒙蔽 督撫監司稍忤意 輒排去之 不得擧其法 先後巡按陳登雲許 守恩廉得其殺降冒功狀 擬論奏之 爲巡撫李松顧養謙所沮止.

28) 柳友潛, 「上大人書」 戊申 七月, 『陶軒先生逸稿』 下(奎 12285).
昨日告訃使密啓入來 大槩遼東總兵李成梁 乘我國危疑之際 請削爲郡縣 中朝之議 多 以成梁之謀爲非云 而事甚秘密 不得詳知 還可慮也.

29) 尹根壽, 「禦胡方略箚」, 『月汀集』 권4.
成梁 一老革也 志圖富貴 有何所知 此非爲天朝啓 實自爲身謀也 曾聞成梁本非將才 一生惟以賄發身 眞所謂債帥也 奴才也…… 且遍結朝中權貴特甚 故成梁所欲 無不 遂者.

당시 조선 조정은 이성량의 조선 병탄 획책이 주로 경제적 이유에서 비롯된 것으로 파악하고 있었다. 곧 이성량이, 조선의 토지가 비옥하고 은·인삼 등이 생산되는 경제적 조건을 탐내는 것이라고 보았던 것이다. 이에 더하여 이성량이 건주여진의 누르하치(奴兒哈赤)와 결탁하여 그로 하여금 조선을 침략하도록 사주하는 상황을 우려하였다. 누르하치에게 조선을 공격하도록 사주하고, 임진왜란 당시처럼 조선을 구원한다는 명목으로 이성량 스스로 군대를 이끌고 쳐들어오는 상황이 발생하지 않을까 염려했던 것이다.[30]

이에 대비하기 위해 조선은 정탐꾼을 파견하여 이성량 등의 동태를 파악하는 한편 서북지역의 방어 태세를 점검하였다. 비록 명 조정 내부의 분위기는 이성량의 기도를 비판적으로 보았고, 실제 이성량이 송일한(宋一韓) 등의 탄핵을 받고 북경으로 소환되어 파면됨으로써 상황은 종료되었지만 이 사건을 계기로 광해군 즉위 이래 조선과 명의 요동 아문과의 관계는 상당한 긴장 속에서 출발했던 것으로 여겨진다.

임진왜란 당시에도 조선이 가장 우려했던 것은 명이 원병 파견을 계기로 조선을 직할령으로 편입하지나 않을까 하는 점이었다. 실제 명의 계요총독 손광 등은 조선에 행성(行省)을 설치하고 순무를 파견하여 중국식으로 통치하자고 주장했던 전례가 있었다.[31] 책봉 승인과정에서의 우여곡절에 더하여 이성량의 조선 병탄 획책까지 겪으면서 광해군은 즉위 초반부터 명의 요동 아문들을 경계하게 되었고, 나아가 명에 대해 상당한 의구심을 지니게 되었던 것으로 여겨진다.[32]

---

30) 『광해군일기』 권6 광해군 즉위년 7월 병술.
31) 이 책 61~62쪽 참조.
32) 이후 광해군이 여러 경로를 통해 명의 동정을 탐지하는 데 애썼던 것은 바로 이러한 배경에서 이해할 수 있다. 즉위 직후 명의 책봉 지연 때문에 우여곡절을 겪었고, 더욱이 이성량 등과 긴장관계를 빚었던 상황을 고려하면 이후 對後金 出兵 문제 등의 처리과정에서 광해군의 명에 대한 태도가 호락호락하지 않았던 이유는 수긍할 수 있을 것이다.

2. 은(銀) 문제와 관련된 경제적 갈등

1) 명의 은 징색 배경

광해군 즉위 직후 임해군을 면담하러 왔던 명의 사문관 엄일괴와 만애민이 조선에서 막대한 양의 은을 챙겼던 사례에서 드러났듯이 광해군대 이후 대명관계에서 심각한 문제가 되었던 것은 바로 은이 명나라로 유출되는 것이었다. 왜란 이후 조선을 빈번하게 다녀갔던 명의 차관(差官)이나 조사(詔使) 등을 접대하는 과정에서 공식적인 예물과 비공식적인 뇌물 등으로 막대한 양의 은자가 그들에게 지출되었다. 선조 말부터 시작된 이 같은 추세는 광해군대에 절정에 이르고 인조대까지도 계속 이어졌다.[33]

물론 광해군대뿐 아니라 조선 전기에도 조선에 온 명사들, 그 가운데서도 조선 출신 환관들이 정사나 부사로 오는 경우, 그들이 조선 조정에 과도한 양의 예물을 지급해달라고 요구하는 등 폐단이 만만치 않았다.[34] 특히 조선시대 전체를 통하여 환관 출신 명사들이 자행했던 가렴주구는 너무 심하여 그들이 온다는 소식을 들으면 조선은 고개를 절레절레 흔드는 지경에 이르렀다. 이것은 훗날 중국인들이 스스로 인정한 사실이었다.

조선은 청의 전성기를 맞아서도 하루라도 빨리 청이 망하기를 바라지 않았던 적이 없었다. 더욱 기이한 것은 명이 조선에 보낸 사신이 대부분 환관들 ─더욱이 대부분 조선 국적의 내시들─ 로서 (그들의) 주구와 횡포가 너무 심하여 조선은 명사의 방문에 무척이나 근심하였음에도 (명을) 조정으로 받들어 황제나 하늘처럼 섬겼던 것이다……[35]

---

33) 이에 대해서는 한명기, 앞의 논문, 1992, 17~23쪽.
34) 조영록, 「선초의 조선출신 명사고」, 『국사관논총』 14, 1990 참조.
35) 孟森, 「皇明遺民傳序」, 『明清史論著集刊』, 臺灣 世界書局, 1980, 155~157쪽.

청말의 사학자 맹삼(孟森, 1868~1937)의 위와 같은 언급에서도 알수 있는 것처럼 명사들이 조선에서 일으킨 폐단은 뒷시기까지도 상당한 여운을 남길 만큼 심한 것이었다.

그런데 왜란 이후인 16세기 말이나 17세기 초에 조선에 왔던 명사들을 접대하는 데 소요되었던 비용은 그 규모나 내용에서 이전과는 차원이 달랐던 것으로 여겨진다. 우선 이 시기에는 명사들이 요구하는 예물이 대부분 은이었으며 그 액수도 대체로 수만 냥을 넘어서 때로는 10만 냥 가까이에 이르는 엄청난 것이었다.[36] 이것은 전란으로 피폐해진 당시 조선의 재정형편을 고려할 때 극히 심각한 부담이 아닐 수 없었다.

임진왜란 이전에는 명사들을 접대하면서 은을 제공한 경우가 거의 없었다. 조선 자체의 은 생산이 지지부진한데다 세종대 이후 명에 바치는 공물에서도 금과 은은 면제받고 있었기 때문에 명사들을 접대할 때에는 대개 토산물을 넉넉히 지급하는 것이 보통이었다.[37] 명사들에게 융숭한 연회를 베풀고, 예물로서 백저포(白苧布) 등을 다량으로 선사하는 것이 관례였는데 선조 말년부터 사정이 달라졌던 것이다.[38] 세종연간 은을 상공(常貢)에서 면제받은 이후 중국인들은 조선에서는 은이 생산되지 않는 것으로 인식해왔으나 왜란 당시 참전을 통해 조선에서도 은이 생산되는 사실을 알게 되면서 조사나 태감들의 은 요구가 심해졌던 것이다.

朝鮮則當淸全盛時 無日不望其速亡 尤可異者 明於朝鮮 出使多爲貂璫 且多爲朝鮮籍之內竪 誅求挾制 無所不至 朝鮮痛心疾首於來使 而戴朝廷則尊以帝天…….

36) 한명기, 「17세기 초 명사의 서울 방문 연구」, 『서울학연구』 8호, 1996 참조.

37) 李睟光, 「君道部」 法禁, 『芝峰類說』 권3.
國朝銀禁甚嚴 平時天使接待 亦用土物爲禮而已 壬辰變後 防禁遂弛 市井之民 以銀爲貨 自後此弊濫觴.

38) 『광해군일기』 권82 광해군 6년 9월 신해.
戶曹啓曰 我國於接待華使時 唯以饌品豊盛 供帳鮮明 爲致敬盡禮之道 二百年來 如斯而已矣 至於太監之行 則搜索土産 如白苧布等物 罔有紀極 至捧品布 猶患不足 其來久矣 自顧天使 始開用銀之路…….

17세기 초 조선에 와서 은을 마구 징색하여 향후 명사들의 은 수탈의 서막을 열었던 인물은 1602년(선조 35) 3월, 명의 황태자 책봉 사실을 반포하려고 서울에 왔던 한림원 시강(翰林院 侍講) 고천준(顧天埈)이었다. 그가 국경을 넘어와 서울까지 이르는 동안 은과 인삼에 대한 징색이 워낙 심하여 『선조실록』의 사신은 "의주에서 경성에 이르는 수천 리에 은과 삼이 한줌도 남지 않았고 조선 전체가 마치 전쟁을 치른 것 같았다"고 묘사하고 그러한 상황을 '국운의 불행'이라고 한탄하였다.[39] 고천준이 한림원 시강이라는 이른바 '청직(淸職)'에 있으면서도 이같은 탐학을 자행했던 것은 같은 명사라도 문한직에 있는 관원들은 대개 환관 출신 태감들에 비해 청렴했던 것으로 생각해왔던 왜란 이전의 관념을 뒤집어놓았다.[40]

고천준 자신만이 문제가 된 것은 아니었다. 그가 데려온 수행원들의 횡포 역시 문제가 되었다. 그가 거느린 수행원은 모두 366명이나 되었거니와 대부분이 상인들로서 각종 물화를 가져와 터무니없는 가격으로 늑매함으로써 한밑천 챙겨 가려고 작심했던 자들이었다. 실제 그들을 접대하는 과정에서 그들의 구박과 횡포에 시달리다가 끝내는 자살하는 사람까지 나올 정도였다.[41] 고천준과 그 일행의 징색이 얼마나 극심했던가는 그의 가정(家丁)이었던 동충(董忠)이란 사람이 풍자시를 남긴 것에서도 알 수 있다.[42]

상황이 이러함에도 조선 조정은 임진왜란 당시 명이 베풀었던 '재조

---

39) 『선조실록』 권148 선조 35년 3월 신사.
   史臣曰 自義州至京城幾千里 而天埈狼貪懇慾 縱意惆掠 參銀寶貝 不遺錙銖 朝鮮一城 若經兵火 此必天生汚吏 重困民生 國運之不幸 可忍言哉.
40) 조영록, 앞의 글, 1990, 109쪽에 따르면 대체로 환관 출신의 명사들은 탐학한 데 비해 일반 관료 출신들은 상대적으로 깨끗한 것으로 알려져 있었다고 한다.
41) 『선조실록』 권147 선조 35년 윤 2월 갑인 ; 권148 선조 35년 3월 정해.
42) "올 때는 사냥개처럼 갈 때는 바람처럼/ 모조리 실어가니 조선 전체 다 비었네/ 오직 靑山만은 옮길 수 없으니/ 다음에 와서 그림 그려 가져가리"(來如獵狗去如風 收拾朝鮮一磬空 惟有靑山移不動 將來描入圖畵中. 『선조실록』 권148 선조 35년 3월 신사).

지은'을 염두에 두고, 그들의 요구에 순응하는 모습을 보였다. 선조는 고천준 일행이 자행했던 늑매 등 횡포에 대해 대책을 호소했던 영접도감(迎接都監)의 보고를 들은 뒤에도 그들의 요구를 들어주지 않을 경우 '뜻밖의 변'이 일어날지도 모른다는 우려를 제기하면서 오로지 그들의 요구를 들어주어야 한다고 지시했을 따름이었다.[43]

고천준이 다녀간 뒤 선조는 명사들이 오는 것 자체를 두려워하게 되었다. 광해군을 왕세자로 정해놓고 그의 책봉을 승인해달라고 명에 주청해야 함에도 책봉례를 주관하기 위해 오게 될 명사들의 징색이 두려워 주청 자체를 연기하였다. 왕세자를 책봉해달라고 명에 주청하려면 최소한 1만 냥 이상의 은과 1천여 근 이상의 인삼이 준비되어야 가능하다고 공공연히 지적되는 상황이었기 때문이었다.[44]

고천준을 비롯하여 왜란 이후 조선에 왔던 명사들의 은에 대한 탐학이 심해진 것은 어떤 배경이 있었을까? 우선 왜란 당시 조선에 원군을 보냈던 명 조정의 인사들이 조선에 대해 지니게 되었던 '시혜자'로서의 의식과 자신들이 베푼 '은혜'에 대해 조선이 보답할 것을 바라는 보상심리가 작용했음은 물론이다.[45] 실제 왜란을 겪으면서 조선의 신료들은, 조선에 오는 명 관원들의 태도가 임진왜란 이전의 그것에 비하여 고압적이고 오만해졌다고 느끼고 있었다. 한 예로 고천준의 원접사(遠接使)였던 이정구는, 과거에는 원접사가 명사에게 절을 하면 명사 또한 답례로써 읍(揖)이라도 했는데 왜란 이후에는 소소한 장관들까지도 원접사를 일개 신료쯤으로 취급하여 업신여겼으며 조선의 정승에게도 절을 하도록 강요하였고, 심지어는 글자를 아느냐고 물어볼 정도

---

43) 『선조실록』 권148 선조 35년 3월 갑술.
傳曰 省此啓辭 寒心哉 常恐有意外之變 善待而速送之 幸莫大焉 如相公所求馬匹 亦何惜焉 雖以司僕馬 贈之何妨 此則在卿觀勢處之 貿易事 朝已言之 亦速許貿 愼勿嚴禁 恐致激怒也 凡所欲得者 皆應之 不可違逆 其五百金 亦須速處 以悅其心 皆卿斟酌量處.
44) 『선조실록』 권149 선조 35년 4월 을사.
45) 이 책 87쪽 각주 183) 참조.

로 오만해졌다고 말한 바 있었다.[46] 여기에 명이 베푼 '재조지은'에 대해 보답해야 한다는 보은심리가 퍼져가면서 조선의 명에 대한 태도가 이전 시기에 비해 훨씬 공손해진 것도[47] 명사들이 은 징색을 비롯한 여러 가지 무리한 요구들을 내세워 관철시키는 데 결정적인 배경이 되었을 것이다.

이러한 측면과 함께 주목해야 할 것은 당시 명 내부에서 일어나고 있었던 은과 관련된 일련의 변화였다. 임진왜란이 일어나기 이전 명에는 무역을 통해 엄청난 양의 은이 유입되고 있었다. 당시 스페인과 포르투갈의 무역상들은 명나라산 도자기와 비단 등을 구입하기 위한 결제대금으로 중남미와 일본산 은을 명으로 실어 날랐다. 해외에서 들어온 막대한 양의 은은 명 각지에서 유통되어 완전히 화폐로서 기능할 정도에 이르렀고, 궁극에는 명의 상품화폐경제 발전을 더욱 촉진시켰다.[48]

그런데 엄청난 양의 은이 명으로 집적되는 상황에서도 명 조정의 과도한 재정지출로 말미암아 점차 은이 부족한 현상이 나타나고 있었다. 만력연간 임진왜란을 포함한 이른바 '만력삼대정(萬曆三大征)'으로 불리는 대규모의 원정과 1596, 1597년 두 차례에 걸쳐 발생한 자금성(紫禁城)의 대화재로 말미암아 발생한 피해를 복구하는 데 막대한 비용을 쏟아부음으로써 재정적 위기가 발생하였다. 이 같은 의외의 지출

---

46) 『선조실록』 권143 선조 34년 11월 신해.
 上御別殿 引見遠接使李廷龜…… 廷龜曰 且禮貌間事 前日則遠接使 雖行拜禮 天使亦爲答揖 若如賓主之儀 亂後雖小小將官 皆以陪臣待之 盡皆凌侮 頃日邢軍門出來時 政丞以陪臣往見 則令拜於階上 且問識字與否 其輕侮如此

47) 한 예로 국가가 재조된 것은 털끝만한 것도 전부 명의 은혜 때문이므로 모든 사대와 享上의 예에 관한 것은 다른 것을 돌아보지 말고 심력을 다해야 한다는 다음의 이야기는 주목된다(諫院啓曰 國家再造 得至今日 秋毫皆天朝之力 凡係干事大享上之禮 則但當竭盡心力 而不恤其他……. 『선조실록』 권144 선조 34년 12월 을해).

48) 만력, 숭정연간(1573~1644) 무역을 통해 유입된 은의 양은 최소 1억 원 이상이었다(楊國楨, 『明史新編』, 1993, 319~321쪽).

이외에도 이른바 '구변지비(九邊之費)'로 불리던 연례 국방비용의 과도한 지출은 더욱 문제가 되었다. 변방방어를 위해 투입되는 군비가 1550년대에는 총세출의 절반 정도였다가 만력 20년(1592)에는 총세출의 3분의 2 이상으로 격증했기 때문이었다.[49] 재정이 고갈되었던 양상은 명에 사신으로 갔던 조선 신료들에 의해서도 목도되었다. 1599년 11월, 사은사 신식(申湜)의 보고에 따르면 당시 명의 대창(大倉)에 저장된 은과 양식이 고갈되어 각 진에 지급하는 월량을 주지 못하는 형편이었고, 본래 은으로 지급했던 조선 사신들의 노자도 은 대신 본색을 지급할 정도로[50] 은 부족이 심화된 상태가 되었다.

또 이 무렵 명에서는 은이 특정 지역이나 계층에 집적되는 현상이 심화되었다. 당시 조세 등으로 거두어져서 명 중앙에 모여진 은은 다시 변방의 미곡 공급지나 요동지역, 그리고 북변에서 활약하는 거상이나 변장들에게 집적되었다. 이 때문에 복건·광동 등 남방에서는 은의 결핍이 심하여 은가가 치솟게 되었다. 또 당시 관리들이 은을 축장(蓄藏)하는 경향이 심해졌는데 이 같은 풍조는 은의 부족이 심화됨에 따라 더욱 두드러졌다.[51]

이에 더하여 뒷시기에 오면 도자기 무역을 통해 명으로 유입되던 스페인이 개발한 중남미산 은의 양도 점차 줄어들었다. 중남미 대륙에서 은의 생산이 감소되고, 가장 큰 은 공급자였던 스페인과 포르투갈이 영국과 네덜란드에게 밀리면서 퇴조하게 되자 명으로의 은 유입도 점차 감소되어갔던 것이다. 이어 1639년, 명과 일본 사이의 은 무역을 중개하던 포르투갈 상인들의 나가사키 출입을 금지시킨 도쿠가와 막부(德川幕府)의 조처도 명으로 유입되던 일본 은의 양을 급격히 감소시켰다. 이것은 당시 은본위 체제로 유지되던 명 경제에 큰 타격을 주었다.[52] 명에서 이러한 상황이 펼쳐지던 시기가 공교롭게도 왜란 직후

---

49) 百瀨 弘, 「明代の銀産と外國銀に就いて」, 『青丘學叢』 19, 1935, 113~118쪽.
50) 『선조실록』 권119 선조 32년 11월 을사.
51) 百瀨 弘, 위의 논문, 118쪽.

의 선조 말, 광해군, 인조대의 정치적 격변기와 겹쳤던 것이다.

바로 이 같은 흐름 속에서 왜란을 전후한 시기 명에서는 관에서 은을 마구잡이로 징수하는 열풍이 불고 있었다. 중국사 전체에서도 유명한 '광세지폐(礦稅之弊)'의 시작이었다. 특히 황제의 특명을 받은 태감(太監)이라 불리는 환관들이 명의 전역에 파견되어 광세, 상세를 징수하면서 미세한 양의 은까지도 거두어가기 위해 민간의 가옥을 철거하고, 무덤까지 파헤치는 상황이 전개되었다. 이것은 조선도 사태의 진전을 예의주시할 정도로 심각한 것이었다.[53] 무절제한 수탈 때문에 상공업이 위축되고 생활이 곤궁해지면서 이에 반발한 수공업자와 하층민들을 중심으로 '민변(民變)'으로 불리는 폭동이 빈발하였다.[54]

이러한 추세는 명 사회 전반에 이른바 '미세한 이익을 놓고서도 서로 다투는(錙銖共競, 競相逐利)' 풍조를 몰고 왔거니와 사람들의 관념 속에 금전숭배의 분위기를 확산시켰다.[55] 1636년 명에 사신으로 갔던 김육(金堉)의 기록을 보면 중국인들과 당시 명 관료들의 탐학한 분위기를 화제로 대화를 나눈 대목이 있다. 그와 대화를 나누었던 육국상(陸國相)이라는 사람의 이야기 가운데 "은자가 있으면 바로 기운이 있다"라는 내용이 있는데[56] 이것은 당시 명 관료들 사이에 광범하게 퍼져 있던 은과 뇌물에 대한 집착을 빗대어 표현한 것이었다.

---

52) 이에 더하여 만주족 방어를 위해 지출되는 군사비는 더욱 늘어나고, 자연재해마저 빈발하여 명은 위기에 처하게 되었다(William S. Atwell, "International Bullion Flows and the Chinese Economy-Circa 1530~1650", *Past and Present* Vol. 95, 1982 참조).

53) 『선조실록』 권156 선조 35년 11월 계해.
即今天下開鑛 大監分據十三省 取盡錙銖 禍及九泉 時 中朝宦竪 太監稱號 開府十三路 至撤民舍 掘塚墓 以索銀 毒流四海 故備忘及之……

54) 오금성, 「명말·청초의 사회변화」, 『강좌 중국사Ⅳ』, 지식산업사, 1989, 121~124쪽.

55) 楊國楨, 앞의 책, 1993, 343~345쪽.

56) 金堉, 『潛谷先生遺稿補遺』, 「朝京日錄」, 성균관대 대동문화연구원 영인본, 308쪽.
余曰(金堉 ― 필자 주)禮部有主客淸吏司 主客之義 謂典屬國也 淸吏之名 何義也 曰 要吏先淸自己 余曰 何不見官名而思其義乎 曰 義者氣也 有銀子卽有氣 因大笑……

명사들이 조선에서 자행했던 은에 대한 과도한 징색 등의 탐학은 바로 이러한 분위기가 조선으로까지 확산된 것을 의미하는 것이었다. 『선조실록』의 사신이, 명사 고천준이 조선에서 자행했던 탐학의 원인을 기강이 해이해지고 염치가 없어져버린 명 조정의 그릇된 풍조에서 찾고 있었던 것에서 알 수 있듯이[57] 이제 임진왜란 이후에는 명의 '광세지폐'가 국경을 넘어 조선에까지 영향을 미치게 되었음을 뜻하는 것이었다.

실제 1599년(선조 32) 명의 천호(千戶) 염대경(閻大敬)이란 인물은 조선 8도의 토지가 기름지다는 것과 금은과 명주, 종이 등이 생산된다는 것을 지적하고 은근히 조선에게도 금은과 마필을 진상토록 하라고 요구했다.[58] 이것은 조선에서도 '광세' 등을 거두어야 한다는 주장으로 인식될 수밖에 없었거니와 태감의 파견과 광세의 징수 기도를 명군의 민폐 못지않은 위기로 인식했던 조선 조정은 즉시 총독군문과 도찰원에 태감의 조선 파견을 중지해달라는 자문을 올린 바 있었다.[59] 그리하여 명 내지의 경우처럼 태감이 직접 파견되어 '광세'를 거두어가는 상황은 전개되지 않았다. 하지만 명 조정이 보낸 명사들과 요동 아문들이 보낸 차관을 접대하는 과정에서 막대한 양의 은자가 유출되었던 것과, 중강개시(中江開市)의 재개 문제를 놓고 갈등을 빚었던 것은 '광세지폐'가 조선에서 변형된 형태로 재현되었다고 해도 과언은 아니었다.

2) 중강개시 문제

광해군대 조선과 명 사이의 불편한 관계는 요동지방 아문들의 빈번

---

57) 『선조실록』 권148 선조 35년 3월 신사.
非徒天地間矗戾鄙陋之氣 鍾做如此別樣人 抑亦中朝紀綱板蕩 廉恥滅絶 風聲氣習 有以致之也 可勝歎哉.
58) 『선조실록』 권111 선조 32년 4월 정묘.
59) 『선조실록』 권112 선조 32년 윤 4월 신유.

한 차관 파견과 중강개시의 재개 여부를 놓고 더욱 심화되었다. 당시 요동·광녕지역의 각 아문들은 특별한 현안이 없음에도 불구하고 조선 국왕에 대한 문안, 일본정세의 탐지 등을 명목으로 내세워 조선에 빈번하게 차관을 파견하였다. 그러나 그것은 주로 명목상의 이유일 뿐 실제 이들의 주된 관심은 조선에 와서 무역을 통해 이익을 획득하는 데 있었거니와 그 과정의 폐단이 극심하였다. 특히 1602년 고천준, 1608년 엄일괴와 만애민이 조선에 와서 막대한 양의 은화를 긁어간 뒤에는 조선은에 대한 소문이 중국에 알려졌고, 요동과 광녕 등지의 지방 아문들이 조선을 '이굴(利窟)'로 여기고 마구잡이로 징색 등의 폐단을 자행하기에 이르렀다.[60]

명사나 차관들이 조선에 올 경우, 요동상인 등 모리배들도 따라오는 것이 일반적이었다. 명사를 수행하여 조선에 왔던 상인들은 보통 두목(頭目)이라고 불렀는데 그 숫자가 대개 수백 명에 이를 정도로 많았다.[61] 이들 모리배들은 자신들의 숙소 앞에 중국산 물화를 늘어놓고 조선 사람들에게 직접 매매를 시도하기도 하였다.[62] 특히 문제가 되었던 것은 이들이 정상적인 거래를 회피하고 대부분 터무니없는 가격으로 늑매를 요구하면서 여의치 않을 경우 대궐 앞에 나아가 국왕에게 직접 호소하는 등 수단과 방법을 가리지 않고 이욕을 관철하려 했다는 점이다.

조선에서는 본래부터 요동·광녕 사람들을 탐욕스럽고 다루기가 어렵다고 여겼는데 이 지역 모리배들은 조선으로 차관이 떠난다는 소식

---

60) 『광해군일기』 권32 광해군 2년 8월 임인.
　　政院啓曰 一自顧崔嚴萬太監兩使經過之後 用銀之聲 聞於中國 遼廣各衙門 以本國作 一利窟 委送差官 項背相望 口食折銀 馬頭微紬 又挾私貨 要索重利 少不如意 輒加 嗔怒 守令怯於威令 剝割生靈.
61) 명사가 올 때 따라오는 頭目들의 생김새와 그들에 대한 접대 문제에 대해서는 『迎接都監賜祭廳儀軌』(奎 14556, 서울대 규장각 영인본, 1998)에 수록된 한명기, 「『迎接都監儀軌』解題」 및 天使班次圖(영인본 216~218쪽) 참조.
62) 『광해군일기』 권57 광해군 4년 9월 을사.

을 들으면 가재도구까지 팔아 무역을 위해 따라 나오는 형편이었다.[63] 따라서 그들이 온갖 편법을 모두 동원하여 사소한 이익이라도 챙기려고 했던 것은 어쩌면 당연한 귀결이었다. 그런데 조선 조정은 당시 차관들, 나아가서는 요동 아문들과의 관계를 고려하여 그들의 요구를 들어주는 경우가 많았다.

조정이 그들의 요구를 들어줄 경우 그에 따르는 피해와 부담은 시전(市廛) 상인들에게 전가되기 일쑤였다.[64] 이 때문에 일찍부터 명에 자문을 보내 차관 파견을 자제해달라고 요청하기도 했지만[65] 이후의 상황도 별로 나아지지 않았다. 광해군 말년 후금(後金) 문제 때문에 양국 사이에 줄다리기가 한창일 때에는 명 관원들이 끊임없이 나오면서 그들을 접대하는 문제가 더 심각해졌다. 당시 조선 조정이 이러한 사태를 제대로 저지하지 못했던 것은 요동 아문들과의 경제적 관계에서도 '재조지은'이라는 정치적 논리를 넘어서기가 매우 어려웠음을 의미하는 것이다.

경제적 이해관계를 둘러싼 요동 아문들과의 마찰은 중강개시의 재개 여부를 놓고서 장기화되었다. 중강개시는 본래 임진왜란이 일어난 직후 부족한 군량과 군수물자의 원활한 조달을 위해 조선이 명에 요청하여 시작된 것이다. 당시 요좌(遼左)지방에는 미곡이 풍부하여 조선의 면포 1필로써 미곡 20두 이상을 살 수 있었다. 면포 1필로 겨우 피곡 1두밖에는 살 수 없었던 조선의 형편에서 중강개시를 통해 양곡을 싼값에 조달할 수 있었던 것은 상당한 도움이 되었다. 이 때문에 평안도민뿐 아니라 서울 사람들까지 뱃길로 중강을 왕래할 정도로 몇 년 동안 활기를 띠었다.[66]

---

63) 『광해군일기』 권59 광해군 4년 11월 경자.
64) 『광해군일기』 권58 광해군 4년 10월 병술, 무자.
　　戶曹啓曰 近來天朝差官之行 求請貿易之弊 愈往愈甚 漸不可支 今此王委官一行貿易
　　之物 皆以賤直求買雜物 市民不勝支當 不得已該司所有之物 半已應副 而溪壑難塡
　　漸肆無厭之求 至以號訴 闕下呈狀 駕前恐嚇.
65) 『광해군일기』 권33 광해군 2년 9월 무진.

전쟁이 끝나자 조선은 "잠상들의 작폐를 없앤다"는 명분을 내세워 그의 혁파를 요청했다.[67] 하지만 평안감사 서성(徐渻)은, 명의 도움 덕분에 강토를 회복했고 과거 개시하자고 먼저 요청한 것이 조선이었는데 전쟁이 끝났다고 갑자기 혁파할 경우 명의 노여움을 촉발할 우려가 있음을 들어 신중히 처리할 것을 주장하였다.[68] 서성의 예상대로 명은 조선의 혁파 요구를 거부하였고 개시를 계속하자고 제의해왔다. 명의 입장에서는 개시에서 상인들에게 거두는 상세의 이익이 적지 않았기 때문이었다. 1601년 조선이 시장의 혁파를 요청하면서 상인들을 중강에 출입하지 못하게 하자 요동도사는 사람을 보내 조선의 금지 때문에 상인들에게 거두지 못하는 세금을 의주부(義州府)가 대신 배상해 달라고 요구하고 나섰다.[69]

실제 중강개시는 명군의 조선 참전 과정에서 피폐해진 요동민들의 경제적 상태를 다시 호전시키는 중요한 수입원이었다. 임진왜란 시기 명군이 조선으로 나아가는 길목이었던 요동지역 주민들의 경제적 부담은 몹시 무거워 심지어 "자식을 팔아서 생계를 도모하는 자가 있다"고 할 정도로 민생의 피폐가 극심했다.[70] 그런데 유몽인의 관찰에 따르면 1592년(선조 25)과 1596년(선조 29) 사행 때 보았던 요동민들의 빈궁한 의식 상태가 1609년(광해군 1)에 이르면 현저하게 좋아졌다고 하는데 그것은 중강개시에 힘입은 바가 대단히 컸기 때문이라는 것이었다.[71]

---

66) 柳成龍,「中江開市」,『西厓先生文集』 권16.
67) 『선조실록』 권125 선조 33년 5월 정미.
68) 『선조실록』 권131 선조 33년 11월 병진.
69) 『선조실록』 권142 선조 34년 10월 계미.
70) 『선조실록』 권109 선조 32년 2월 계유.
　　遼左一路 困於征東之役 螺子車子 都已蕩盡 民生嗷嗷 至有賣子而食者…….
71) 柳夢寅,「中江罷市辨誣啓辭」,『默好稿』 中.
　　臣往在壬辰丙申兩年 爲質正書狀等官赴京 遼東八站人民貧賤 不及內地遠甚 厥後己
　　酉年 又奉使而行 觀遼左八站之民 喫着饒美 大異於前 問之 譯官皆曰 自我國開市中
　　江 邊民多賴 始者 中國之用錢 止於廣寧 而不及遼陽 今則遼陽大用錢幣 無異內地

명은 중강에서 상세 징수를 통해 해마다 약 2만 냥 이상의 은 수입을 올리고 있었고, 그것을 고스란히 요동부에 납입하고 있었다. 이에 비해 조선은 시장을 명과 절반씩 나눠 상세를 거두고 있었음에도 권귀들을 등에 업은 상인들과 수세관들이 결탁함으로써 하루에 인삼 수천 근을 팔아도 '한 움큼 정도의 은'밖에는 세금을 거두지 못하는 실정이었다.[72] 조선으로서는 개시를 통해 얻는 이익이 별로 없고, 오히려 간사한 무리들을 통해 국가기밀만 유출되지 않을까 우려하여 시장을 폐지하려고 시도했던 것이다.

중강개시를 폐지하려는 조선의 기도는 명의 태감(太監) 고회(高淮)에 의해 저지되었다. 그는 요동도사 소속의 여느 관리와는 비중이 다른 인물이었다. 그는 바로 황제가 직접 임명한 흠차(欽差) 태감으로 당시 명에서 '광세지폐'를 야기하고 있던 원흉 가운데 한 사람이었기 때문이었다. 환관 출신인 그는 1599년(선조 32) 신종에 의해 개광(開礦)·정세(征稅) 업무를 위해 요동으로 파견되었다. 그는 광세를 거둔다는 명목으로 민간에서 마구잡이로 수탈을 자행하였다. 무뢰배들을 심복으로 만들어 민간의 은자를 징색하였는데 1603년 봄에는 가정 수백 인을 이끌고 요양·진강(鎭江)·금주(金州)·복주(復州)·해주(海州)·개주(盖州) 일대에서 수십만 냥의 은자를 강탈하여 여염이 비어버리기에 이르렀다. 원래 광세란 은광을 개발한 사람에게만 거두게 되어 있는 것이었지만 그는 은광과 전혀 관련이 없는 사람들에게도 마구잡이로 징세를 자행하였다. 이 때문에 당시 요동에서는 "광세를 거두는 데 반드시 은혈이 있을 필요가 없고, 상세를 거두는 데 반드시 상인이 있을 필요가 없다. 민간의

朝夕將及鴨綠之市…….

72) 유몽인, 앞의 책, 같은 조.
是時 中江關市 中國遣委官收稅 納之遼東府 我國亦遣官收稅 納之戶曹 一市兩分之 其稅 同也 而中國則稅收二萬兩銀 納之遼東府 逐年爲恒式 我國則稅不過數百銀 其 故何哉 中國有紀綱 事涉國稅 人不敢下手 我國則交貨中江 四方雲委之商 皆懷權貴 折簡 減之於府尹 減之於判官 減之於收稅官 日賣人參數千斤 所收之稅 曾不滿掬 豈 非大可寒心哉

모든 농토가 은광이요, 관리와 농민과 공장이 모두 상세를 내야 될 사람이다(礦不必穴 而稅不必商 民間丘隴阡陌皆礦也 官吏農工皆入稅之人也)"라는 비아냥이 돌고 있을 정도였다.[73]

은 징색에 관한 한 '흡혈귀'로 불리던 고회가 조선이라고 해서 예외로 남겨둘 리가 없었다. 그는 이미 1601년 10월, 중강개시를 폐지하려는 조선의 처사를 힐난하는 패문(牌文)을 의주부윤 서성에게 보내왔다. 임진왜란이 일어나 조선 사정이 급박해졌을 때는 개시해달라고 요청했다가 상황이 조금 안정되었다고 폐지하자고 청할 수 있느냐고 비난하는 내용이었다.[74] 황제가 직접 임명한 태감의 요구를 거부할 수 없다는 입장에서 호조는 결국 중강개시를 계속 존속시키되 이후로는 분호조낭청(分戶曹郎廳) 등을 의주에 보내 세금을 착실히 거두자고 건의하였다.[75] 나아가 고회는 1603년 2월, 조선에 자문을 다시 보내 이번에는 중강에서 은을 사용하여 거래하자고 강요하였다.[76]

태감 고회의 강요에 의해 중강개시가 존속된 상황에서 1610년(광해군 2), 조선이 "간사한 무리들의 비리를 없앤다"는 이유로 다시 폐지할 것을 요청하는 자문을 보내자 명은 다시 그에 제동을 걸었다. 당시 요동차관 장천택(蔣天擇)은 개시를 존속시키라고 요구하는 자문을 가져왔는데 그 내용 역시 명이 조선에 대해 베풀었던 '재조지은'을 망각하면 안 된다고 힐난하는 것이었다.[77] 그럼에도 조선이 개시를 존속시키라는 요구를 수용하는 데 계속 주저하는 태도를 보이자 요동도사는 유감을 품고, 북경으로 가는 조선 사신들이 요동을 통과할 때 토색을 자행하는 횡포를 부리는 등[78] 중강개시의 존폐 여부를 놓고 갈등은 이

73) 楊暘 主編, 『中國的東北社會』, 瀋陽, 遼寧人民出版社. 1991, 354～355쪽.
74) 『선조실록』 권142 선조 34년 10월 계미.
   徐渻曰 頃常禁斷商賈 人蔘不爲入送 高太監移牌於小臣曰 爾國頃日危迫之時 求請開市 到今稍安 則反爲禁止 極爲未安云云.
75) 『선조실록』 권146 선조 35년 2월 갑신.
76) 『선조실록』 권159 선조 36년 2월 무자.
77) 『광해군일기』 권25 광해군 2년 2월 경술.
78) 『광해군일기』 권25 광해군 2년 2월 을축.

어졌다.

  개시 문제에서 비롯된 요동도사 등 제 아문의 조선에 대한 유감과 의구심은 다른 형태로 표출되기도 하였다. 특히 중강과 가까운 위치에 있는 진강(鎭江)의 유격장군 구탄(丘坦)이란 자의 경우는 조선에 대해 품은 반감이 특히 심하여 요동도사나 북경의 조정에 조선을 무고하려고 시도하였다. 1617년(광해군 9) 5월, 구탄은 조선에 자문을 보내 중강개시를 재개하자고 요청하였다. 광해군은 이에 비변사 당상들의 의견을 수합하라고 지시하였다.[79] 이때 한효순(韓孝純), 유근(柳根), 박홍구(朴弘耇), 이상의(李尚毅) 등 대부분의 당상들은 그들의 요구를 수용하는 방향으로 의견을 모았다. 특히 박홍구와 박승종(朴承宗) 등은 명나라 사람들이 "만세의 원수인 일본인에게는 개시를 허용하면서 유독 상국에만 그것을 반대할 수는 없다"는 주장을 펴고 있음을 주지시키고 광해군에게 결단을 촉구했다.[80]

  영의정 기자헌(奇自獻)은 관시(關市)가 이미 폐지된 상황에서 조선이 마음대로 다시 시행할 수는 없다고 말하고 다만 명의 지휘를 기다리겠다는 투로 완곡하게 답하자고 주장하였다.[81] 광해군은 기자헌의 의견을 수용하였는데 그것은 결국 개시하겠다는 생각이 별로 없음을 나타낸 것이었다. 이렇게 되자 구유격은 계속 자문을 보내 회답을 독촉하였다. 이에 대해 광해군은 국경에 관련된 일은 신중히 처리할 수밖에 없다고 말하고, 중강개시에 관련된 사항은 조보(朝報)에 내지 말 것과 영리한 역관을 요동에 보내 좋은 말로 설득하라고 지시하였다.[82]

  이 같은 상황에서 1618년(광해군 10) 2월, 요동지역에는 "조선이 일

---

79) 『備邊司謄錄』 제1책 광해군 9년 5월 23일, 28일.
80) 『비변사등록』 제1책 광해군 9년 6월 6일.
   行中樞府事朴弘耇議 開市一事 當初自我先發…… 曾聞 上國之人多以爲 倭奴卽朝
   鮮之讐賊 而至許關市 獨於上國 何以不許云云 此亦未安 似當另議 俾免後悔 伏惟上
   裁.
81) 위의 책, 같은 조.
82) 『비변사등록』 제1책 광해군 9년 7월 24, 27, 28일.

본을 끌어들여 요동을 공격하려 한다"는 풍문이 창궐하였다. 이것은 당시 의주부윤 이극신(李克信)이 압록강 연안에 군사용 초소를 설치하고 군사를 동원하여 진치는 훈련을 벌인 것을 계기로 일어난 사태였다. 이 때문에 접경지역의 중국인들이 놀라 흩어지는 상황이 빚어지고, 유격 구탄으로부터 보고를 받은 광녕도어사(廣寧都御史) 이유한(李惟翰)은 풍문을 사실로 믿고 진강의 방어태세를 점검하는 등 양국관계는 긴장되었다.[83] 사태가 이렇게 엉뚱한 방향으로 비화된 것은 구탄이, 자신의 거듭된 요구에도 불구하고 조선이 중강개시의 재개를 수용하지 않은 것에 불만을 품었기 때문이었다.[84] 조선 조정에서는 구탄의 의구심을 풀어주기 위해 이극신을 잡아다가 처벌해야 한다는 주장이 대두되었다.

이후 "조선이 요동을 공격하려 한다"는 등의 유언비어는 조선측의 거듭된 변무를 통해 해소되었지만 앙금은 가라앉지 않았다. 명이 진강 지역에서 성을 쌓는 공사를 시작하였던 것이다. 구탄은 조선에 보낸 자문에서 성이 작아 백성들을 수용할 수 없어서 확장하는 공사라고 설명했지만[85] 광해군은 의혹의 눈길을 보내고 있었다. 진강의 원래 이름은 구련성(九連城)이었고, 성이 무너져 옛터만 남아 있던 상태였다가 정유재란이 일어나기 직전인 1596년, 일본의 침입을 염두에 두고 구련성의 옛터에 성을 신축한 뒤 진강이라고 명명했다.[86] 명은 왜란이 끝난 뒤에도 일본의 침략에 대비하여 동남 해안과 발해만(渤海灣) 일대의 해방(海防)을 챙기는 한편 진강에 대한 방어태세도 점검한 바 있었다.

---

83) 李尙吉,「朝天日記」戊午 2월 1일,『東川集』권3.
　　詣都司衙門…… 前此 義州府尹李克信 習陣鍊兵馬 沿江設窩柵 接境華人 駭散入站 皆空 鎮江遊擊丘坦 申報參政撫院都御史等衙門 自山海以來 路上行人及站主等 皆言 爾國引倭賊犯上國…… 廣寧都御史李維翰 出兵一馬 使之防禦于鎮江云 聞來不勝駭慎 呈文于都司衙門 懇陳痛悶之意.
84)『비변사등록』제2책 광해군 10년 閏 4월 29일.
　　啓曰…… 近日 丘坦之生事於我國 皆是不許關市故也.
85)『광해군일기』권125 광해군 10년 3월 정묘.
86)『명신종실록』권302 만력 24년 9월 경신.

더욱이 그들은 진강을 '화이를 가르는 경계(華夷分界)'로서 인식하고 있었다.[87] 광해군은, 진강에 이미 쌓아놓은 성이 있고 중국인들이 그곳을 '화이의 경계선'으로 인식하는 상황에서 다시 성을 쌓는 것은 그들이 조선으로부터의 침략을 염두에 두고 그를 막기 위해 내린 조처로서 의혹의 눈길을 보냈던 것이다. 이에 성을 쌓는 역사를 중지시킬 것과 그를 변무하기 위해 황제에게 직접 상주해야 한다고 강조하였다.[88] 즉 광해군에게는, 그들이 진강에 성을 쌓는 것은 조선에 대해 불만을 품고, '오랑캐'인 조선과는 더 이상 관계를 유지하지 않겠다는 어깃장의 표시로 받아들여질 수밖에 없었던 것이다.

중국측의 거듭된 해명으로 덮어졌지만 주목되는 것은 이 사건 역시 중강개시의 폐쇄에 불만을 품은 구탄 등 요동 아문 관리들의 획책에서 비롯되었다는 점이다. 이에 1618년, 유학(幼學) 황정필(黃廷弼), 장의범(張懿範) 등은 소를 올려 중강개시를 재개하여 중국인들의 원한을 풀어주고, 참소를 종식시키자고 주장하였다.[89] 구탄은 이후에도 평안병사 성우길(成佑吉)이 창주(昌州)에서 사냥을 하다가 명의 경계를 침범한 것을 빌미로 조선 장수가 고의로 명의 영역을 침범하여 산천과 도로의 형세를 정탐해갔다고 무고하기도 하였다. 결국 성우길은 막대한 양의 은과 인삼을 그에게 제공하여 입을 막을 수밖에 없었다.[90]

이렇듯 임진왜란 이후 명은 은 문제를 비롯한 경제적 이해관계가 걸린 사안에 대해서는 철저하게 자신들의 이익을 관철하려고 했고, 그 것이 조선측의 거부나 소극적인 태도 때문에 여의치 않을 경우 갖은

---

87) 『명신종실록』 권379 만력 30년 12월 무자.
　　兵部題覆 倭奴狡詐異常 情形區測 則自內及外先自設防 皆今日所當亟講者 況閩廣浙直沿海地方 無處不可通倭 則隨處皆當戒嚴 而遼左之鎭江城 爲華夷分界 旅順口爲津登咽喉 其於朝鮮利害 尤屬切近……
88) 『비변사등록』 제2책 광해군 10년 4월 1일.
　　答曰…… 中朝爲我國築城防備 二百年來所無之事也 迨今日 遭此大變 叩心搥胸 罔知所處 此役不停 辨誣無實 不可不直奏于皇上前矣.
89) 『광해군일기』 권124 광해군 10년 2월 계묘 ; 권125 광해군 10년 3월 병자.
90) 『비변사등록』 제1책 광해군 10년 4월 12일.

수단을 모두 동원하였다. 나아가 중강개시를 둘러싼 줄다리기가 조선과 요동 아문 사이의 군사적 긴장으로까지 확대된 것은 당시 후금에 군사적으로 계속 밀리면서 신경이 날카로워진 상황에서 자신들의 요구에 호락호락하지 않은 조선에 대한 명의 의구심이 그만큼 컸다는 것을 의미하는 것이다.

3) 명사들의 은 징색

광해군대 대명관계에서 은과 관련된 폐단 가운데 가장 컸던 것은 역시 명사들에 의한 은 수탈이었다. 광해군 즉위 직후 임해군 문제와 연관된 명 조정의 의혹을 불식시키는 과정에서 명의 사문관 엄일괴와 만애민에게 막대한 양의 은을 뇌물로 주었던 것은 이후 명사가 올 적마다 엄청난 양의 은을 제공해야만 하는 선례가 되었다. 당시 전후 사정을 목도했던 김시양(金時讓. 1581~1643)은 그것을 다음과 같이 기록하였다.

광해군이 처음 즉위하고 나서 이호민, 오억령 등을 중국에 보내 승습을 주청하였더니, 중국 조정에서는 광해가 차례를 뛰어넘었다고 하여 요동도사 엄일괴와 자재주지부(自在州知府) 만애민을 보내와서 임해군의 병이 참인지 아닌지를 시험해 밝히게 하였다. 광해군이 은과 삼으로 그들에게 뇌물을 많이 주었다. 우리나라는 임진·정유 난리에 중국에 구원병을 청했는데, 일이 매우 중대하고 어려웠지만 또한 일찍이 뇌물을 사용한 적은 없었다. 이때에 이르러 비로소 뇌물을 주는 문호를 열게 되어 일이 아주 사소한 것일지라도 우리나라의 역관이 또한 그 사이에서 권유하기도 하여 뇌물이 아니면 일이 이루어지지 않았다. 중국의 사신으로서 우리나라에 오는 자들은 또한 우리나라를 '재화의 굴'로 생각하고 은냥을 징색하기를 그들의 욕심 끝까지 하였다. 그리고 환행(宦行)에는 은을 사용하는 것이 십여 만 냥이나 많게 이르게 되어 백

성들이 편히 살아갈 수가 없었다.[91]

　곧 엄일괴와 만애민이 다녀간 이후로는 명과의 외교적 현안이 발생
할 적마다 엄청난 양의 은을 준비하지 않으면 안 되었던 것이다.
　임해군 문제를 처리한 이후의 첫번째 과제는 명으로부터 정식으로
책봉교서(冊封敎書)를 받아 광해군 즉위의 정당성을 인정받는 외교적
절차를 마무리하는 것이었다. 그런데 1609년, 광해군을 조선 국왕으로
책봉하는 책봉례(冊封禮)를 주관하기 위해 왔던 명 태감 유용(劉用)이
란 자의 은에 대한 요구는 엄청난 것이었다. 그는 "조선 국경에 발을
들여놓으면 기필코 10만 냥의 은자를 얻으리라"고 호언하더니 의주부
터 서울까지 이르는 도중의 접대비용을 모두 은으로 바치게 하였고,
"은만 주면 식사나 차는 주지 않아도 된다"고 하면서 마구잡이로 은을
긁어모았다.[92] 그는 조선으로 나올 때 비용이 많이 들었고, 명에 돌아
가서도 궁중과 각 요로에 은을 바쳐야 한다는 핑계를 내세워 징색에
혈안이 되었다.[93] 그는 결국 책봉의 예를 거행하는 대가로 약 6만 냥의
은을 거두어갔다.
　1610년(광해군 2), 왕세자의 책봉을 위해 왔던 명사를 접대하는 과
정도 예외가 아니었다. 이때 왔던 조사 염등(冉登)이란 자의 은에 대한
탐욕 역시 광기에 가까운 것이었다. 그는 조선인 역관 표정로(表廷老)
와 결탁하여 백방으로 은을 긁어모았다. 서울로 오는 도중 홍수 때문
에 임진강의 다리가 유실되어 행차가 지체되자 그 대가로 은 1천 냥
을 요구하였다.[94] 그는 1609년 유용이 왔을 때, 유용이 긁어모은 은을

---

91) 金時讓, 『荷潭破寂錄』(『대동야승』 권72).
92) 尹國馨, 『甲辰漫錄』(『대동야승』 권55).
　　但劉用之貪慾無厭 徵索難狀 入獻貝寶於殿下亦多 皆受其償 初入境頭 以必得十萬兩
　　銀子爲言 其終也 往來一路 及在京所 得銀子 幾至五六萬兩 而一路支供 皆折銀捧之
　　雖無茶啖飯捧 亦可也云.
93) 『광해군일기』 권17 광해군 1년 6월 병진.
94) 『광해군일기』 권31 광해군 2년 7월 병오.

관리하던 사람까지 대동하고 와서 횡포를 부렸다. 서울에 도착한 뒤에는 심지어 '천교(天橋)'라고 하여, 은으로 사다리를 만들어달라고 요구할 정도로 광기를 부렸다.[95] 염등이 가져온 황제의 칙서를 맞은 뒤 이덕형 등이 관례대로 영위연(迎慰宴)을 열겠다고 청하자 피곤하다는 핑계를 댄 뒤 대신 그 비용을 은으로 달라고 했고, 광해군에게 3백 냥어치의 예물을 바치고는 회례은(回禮銀)이란 명목으로 9천 냥을 요구하였다.[96] 그는 과거 유용이 징색했던 은의 양보다 적게 받을 것만을 염려하여 갖은 수단을 모두 동원했던 것이다.

은이 부족했던 조선 조정이 그들의 광적인 욕구를 충족시킨다는 것은 참으로 어려운 일이었고 궁극에는 재정 운용에 막대한 타격을 초래하는 것이었다. 당시 호조판서 황신은, 염등을 접대하기 위해 유용이 왔을 때보다 더 많은 양의 은을 준비했음에도 결국은 모자라게 되었고 1년 동안 모아 놓은 은을 염등 때문에 열흘 만에 전부 써버렸다고 문제의 심각성을 토로하였다. 당시 조선 조정은, 정부가 보유한 포목을 은을 소지한 상인들에게 주고 은을 바꾸고 있었는데 염등의 징색 이후에는 은을 바치고 포목 등을 바꾸려고 하는 자도 없다고 하는 실정이었다.[97]

그러나 즉위과정에서 우여곡절을 겪었고, 즉위 이후에도 갖가지 옥사를 치르는 등 여전히 왕권이 위협받는 상황에 시달리고 있던 광해군으로서는 중국 조정으로부터 자신의 즉위를 인정받고, 왕세자의 책봉을 통해 왕권의 안정을 꾀하려는 의도에서 무리인 줄을 알면서도 명사들의 요구에 응할 수밖에 없었다. 광해군의 이 같은 태도는 1610

---

95) 『광해군일기』 권31 광해군 2년 7월 갑진.
　　時 詔使太監伸登 需索百端 至使造銀橋 跨越京城南大門 以迎詔勅 謂之天橋…….
96) 『광해군일기』 권31 광해군 2년 7월 기유, 신해.
97) 黃愼, 「戶判待罪啓」, 『秋浦先生集』 권1.
　　前後所費 靡有紀極 經年拮据 盡輪於一旬之費 今則該司米布旣缺 公私見銀亦竭 不唯無價可貿 抑且無銀可買 至於正布貢木貢物作銀 大利之所在 而啓下知委 今已累日 漠然無應之者 到此地頭 臣亦不知所以爲計.

년, 염등에 대한 접대 문제를 논의하기 위해 이항복과 나누었던 다음의 대화에서 여실히 드러난다.

> 광해군 : 책사가 비록 무례하다고는 하지만 황명을 받아왔으니 우리가 그를 대할 때는 마땅히 성과 경을 다해야 한다. 경들이 잘 조치토록 하라.
>
> 이항복 : 성의와 예문(禮文)은 모두 빈 것일 뿐 단지 은의 많고 적음에 달려 있습니다. 그들을 잘 접대하는 대책이란 다만 은냥을 더 해주는 데 있을 뿐입니다.[98]

이항복의 말처럼 당시 조선에 왔던 명사들의 주요한 관심은 은을 얼마나 많이 받아 챙기느냐의 여부에 있었다. 따라서 조선 조정은 그들에게 제공할 은을 마련하기 위해 민간에 대해 가혹한 징색을 할 수밖에 없었거니와 그것은 왜란이 남긴 후유증에서 아직 벗어나지 못한 하층민들에게는 엄청난 부담이 되었다. 곽재우(郭再祐)는 1610년, 염등이 다녀간 직후 상소를 통해 조정 신료들이 "한갓 조사들의 욕심만 충족시킬 뿐 생령들의 고혈이 다 마르는 것은 생각하지 않는다"고 비판하고 그들의 탐욕을 제대로 억제하지 못했던 원접사를 처벌하라고 촉구하였다.[99] 또 고천준, 유용, 염등 등 3명의 명사들이 자행했던 은 징색에 질려버린 유몽인은 은광을 개발하라고 촉구하면서 그 목적으로서 직접 조사접대를 거론하였다.[100]

광해군 말년까지 이 같은 추세는 그대로 지속되었다. 1621년(광해군

---

98) 『광해군일기』 권31 광해군 2년 7월 을사.
99) 郭再祐, 「陳時弊請去疏」庚戌 9월, 『忘憂先生文集』 권2.
　　殿下 從賓臣之計 陷通使之術 徒以銀兩 充詔使之欲 而不恤生靈膏血之渴 臣恐殿下
　　無意於中興 而亦以國事 謂無可爲也.
100) 柳夢寅, 「安邊三十二策」 其七 博採銀, 『於于集』 後集 권5.
　　我國多高山大嶽 觸地而産銀 唯北道最多銀鑛 非獨端川而已…… 今若勿禁私採 限
　　十年而勿責其稅 則民皆樂赴 而開鑛甚博 雖有顧劉冉之搜索 將何憂焉.

13) 조선에 왔던 조사 유홍훈(劉鴻訓), 양도인(楊道寅) 등은 약 8만 냥의 은자를 징색해갔는데 당시 사신의 표현에 의하면 "이 때문에 동토의 물력이 다 고갈되었다"고 할 정도였다.[101]

더욱이 당시 조선은 명과 후금 사이에서 아슬아슬한 '줄타기 외교'를 벌이고 있던 때였다. 당시 명사들은 임진왜란 당시 자신들이 베푼 '재조지은'을 내세워 후금을 정벌하는 데 필요한 병력을 징발하고 군함을 제공하라고 요구하였다.[102] 하지만 조선의 입장에서는 병력을 보내고 군함을 징발한다는 것은 정치·경제적으로 엄청난 부담을 떠안게 되는 것이었다. 따라서 그 같은 무리한 요구를 거절하기 위한 방편으로서도 명사들의 은 요구를 들어줄 수밖에 없는 상황이었다. 한 예로 명은 1622년, 조선으로부터 다시 한 번 원병의 파견을 이끌어내기 위해 감군어사(監軍御史) 양지원(梁之垣)을 파견한 바 있었는데, 그는 조선을 설득하기 위해 요동경략 웅정필(熊廷弼)이 특별히 추천했던 인물이었다.[103] 그런데 양지원은, 한편으로는 원병을 파견하라고 요구하면서 다른 한편으로는 갖가지 명목으로 수만 냥의 은을 긁어모았는데 이 때문에 명에 돌아가서는 탄핵을 받아 관작을 삭탈당하고 7만 냥의 은을 추징당하였다.[104]

당시 은이 명으로 유출되는 것은 조선에 왔던 명사들을 통해서 그렇게 되는 것만은 아니었다. 갖가지 목적으로 명에 갔던 조선 사신들이 북경 등지에서 활동하는 과정에서도 적지 않은 양의 은이 소모되었다. 임진왜란 이후에는 전란 이전과는 비교가 되지 않을 정도로 조선과 명 사이의 현안이 많아졌고, 이 때문에 조선 사신들의 북경으로

---

101) 『광해군일기』 권165 광해군 13년 5월 임인.
102) 한명기, 「광해군대의 대중국 관계」, 『진단학보』 79, 1995 참조.
103) 이 책 271쪽 각주 20) 참조.
104) 『광해군일기』 권176 광해군 14년 4월 계미.
   梁監軍入京 王迎勅於慕華館……監軍名之垣 字孟堅 號丹崖 登州人也…… 監軍貪汚無恥 作色目巧取 多至累萬兩銀 還朝之後 爲科官所論削職爲民 追徵銀七萬兩 華人亦唾罵 至有作詩嘲之云.

의 왕래가 훨씬 빈번해졌다.[105] 구체적으로 조선은 두 달에 한 번씩 부산 등지에서 파악한 일본의 동향을 요동도사 등에게 보고해야 하는 책무를 지고 있었다. 또 광해군대에는 광해군의 생모인 공빈(恭嬪)을 왕비로 추숭하는 과정에서 명의 승인을 받는 문제, 빈번했던 영건사업에 필요한 채색 등 명나라 물자를 무역하는 문제, 명이 후금을 치는 데 보내라고 요구했던 원병의 파견을 회피하기 위한 외교교섭 문제 등으로 인해 조선의 입장에서는 명에 '아쉬운 소리'를 해야 하는 경우가 많았다. 자연히 명으로의 사행이 잦아질 수밖에 없었다. 이 과정에서도 조선은 경제적으로 많은 부담을 안게 되었다.

조선에서도 은이 채굴된다는 사실을 알게 된 명의 각 아문들이 조선 사신들을 징색하는 것이 심했고, 수행했던 역관들의 모리행위까지 더해져서 은의 유출이 심각했다.[106] 광해군대 이전까지는 조선 사신들이 명 예부 등에 바치는 인정(人情)이 모자나 부채 등 토산품에 불과했지만[107] 이제는 은이 아니면 통하지 않는 상황이었다. 일종의 '통행세'라 할 수 있는 인정, 화물을 운반하기 위한 차편의 마련, 음식의 마련 등에 이르기까지 조선 사신들이 접촉하는 명나라 사람들에게 은을 쥐어주지 않으면 안 되는 상황이 되었다.[108]

조선은 당시 명사를 접대하고 북경에 사행하는 과정에서 소요되는 은자를 어떻게 마련했는가? 먼저 선조 말년 이래 거의 유일한 은산지

---

105) 崔晛,「朝京時別單書啓」,『訒齋先生文集』권5.
　　　況今之事勢 又與往時不同 國有大事 卽必赴訴於天朝 使价相屬…… 夫時有古今之 異 勢有緩急之殊 自經喪亂之後 祈請之事 無歲無之.
106)『광해군일기』권143 광해군 11년 8월 을해.
107) 李晬光,「官職部」, 使臣,『芝峰類說』권4.
　　　且在前中原一路及禮部人情 不過扇帽等物 而頃因目緊急奏請 賚送銀子 或至數萬餘 兩 用之屑越 故衙門下輩 視我人爲奇貨 刀蹬需索之弊 逐年漸甚 有不可言者.
108) 최현,「조경시별단서계」, 위의 책 권5.
　　　竊聞自遼東至北京 需索無窮 所費不貲 凡有陳情 非銀不通 打發車輛 非銀不聽 至於 水火飲食 亦必賴銀爲用 不然則節節生梗 坐費日月 進行愆期 退還無日 大則生事國 家 小則患害迫身…….

였던 단천은광에서의 은 채굴을 꼽을 수 있다. 그러나 단천은광은 선조 말에 이르러 이미 은맥이 거의 고갈되고 있었고, 채굴 과정에 투입되는 부역노동이 너무 번중하여 백성들이 채굴을 기피하는 형편이었다.[109] 또 선조 말부터 중강에서 상세를 은으로 거두라고 지시하기도 했다.[110] 은을 대체하기 위한 물목(物目)으로 인삼을 거두자는 주장이 제기되기도 하였다.[111] 그러나 그것만으로는 조사 접대와 사행에 필요한 수량을 제대로 충당할 수 없었다. 이 같은 사정은 광해군대에도 마찬가지였다. 광해군은 즉위 기간 내내 지속적으로 은광을 개발하라고 지시했지만 투하된 노력에 비하여 결과는 신통치 않았다.[112]

은의 생산량이 빈약하고, 세은의 수취 역시 지지부진한 상황에서 은을 마련하기 위해 변칙적인 방식의 대책들을 강구할 수밖에 없었다. 광해군 초에는 명사들에게 지급할 은을 마련하려고 종친, 문무백관, 서울의 방민(坊民)들에게서 강제로 은을 징수하는 응급책을 썼다.[113]

1609년(광해군 2) 왕세자 책봉례를 주관하려고 왔던 명사 염등에게 지급할 은을 마련하기 위해서는 다각적인 방법이 사용되었다. 노비들이 바쳐야 할 신공 가운데 밀린 부분을 은으로 받았고, 은을 소지한 역관이나 부민들에게 시중 가격보다 비싼 값을 쳐주고 은을 사들였으며, 서울 상인들 가운데 무세한유배(無稅閑遊輩)들에게서 은을 징수하기도 했다. 궁극에는 추수 직후 각도의 토지에서 매 결당 1말씩 쌀을 거두어 은으로 바꿀 밑천을 삼았다.[114] 1614년(광해군 6)에는 하삼도와

---

109) 『선조실록』 권160 선조 36년 3월 무인, 을해.
110) 『선조실록』 권160 선조 36년 3월 갑술.
111) 『선조실록』 권160 선조 36년 3월 무인.
  (鄭)光績曰 我國物貨 銀外無見重於中國者 唯人蔘亦爲中國人所貴 勢當優采人蔘 而加定於 恒貢之外 又是重事 遂減他貢物而加定人蔘 則或庶幾矣.
112) 『광해군일기』 권143 광해군 11년 8월 갑술.
  戶曹啓曰 李晟以衿川採銀使差送 頃者 李晟回言 用許多人力 圻破岩石 僅得穴道 所採銀鑛 色品似好 而依法吹鍊 不得一錢 徒費功力 未見實效云.
113) 『광해군일기』 권5 광해군 즉위년 6월 계유.
114) 『광해군일기』 권31 광해군 2년 7월 기미.

강원도의 전결 32만 4천 결에서 매 3결마다 면포 1필씩을 징수하여 은으로 바꾸었다.[115] 이 밖에 서얼 허통(許通)과 노직(老職) 추증의 대가로 은을 거두기도 했다.[116]

명사를 접대하는 문제가 결국 은을 조달하는 문제이자 재정 문제로 귀결되면서 그를 해결하기 위해 임시 기구들을 만들기도 하였다. 1609년(광해군 1) 분호조(分戶曹)를 만들고[117] 연이어 조도색(調度色)을 두어 각종 물자를 조달하였다.[118] 그러나 이 같은 조치들은 어디까지나 미봉책에 불과할 뿐 근본적인 대책이 될 수는 없었다. 명사 접대에 소요되는 막대한 양의 은을 조달하는 과정에서 시전상인들에게 엄청난 피해가 돌아갔다. 또 명사들이 빈번하게 왕래하는 과정에서 그들에 대한 접대를 빙자하여 일부 지방 수령들이 엽관(獵官)운동을 벌이고, 그에 따른 징색의 고통이 하층민들에게 가렴주구로 전가되는 등[119] 폐단은 꼬리를 물고 이어졌다.

---

115) 『광해군일기』 권82 광해군 6년 9월 갑인.

　　당시 조선에서 유통되는 은의 대부분은 일본과의 무역을 통해 유입된 것이었다. 16세기 중엽 이후 일본과의 사무역을 통해 막대한 양의 일본 은이 국내로 유입되다가 왜란이 일어나면서 중지되었다. 1610년(광해군 2) 양국 사이의 무역이 재개되면서 일본 은이 다시 조선으로 유입되게 되었다. 즉 조선상인들은 명의 비단, 紬布 등을 수입하여 왜관에서 일본 상인들에게 중개하였는데 그 과정에서 많은 은이 조선에 유입되어 유통되었고, 또 명사들의 징색을 통해 다시 명으로 흘러드는 상황이 전개되었던 것이다(한명기, 「17세기 초 은의 유통과 그 영향」, 『규장각』 15, 1992).

116) 『광해군일기』 권97 광해군 7년 11월 신사.

117) 황신, 「請變通調度使啓」, 『추포선생집』 권2.

　　當初分戶曹之設 創於熊劉兩天使時 厥後 聖教有分戶曹似剩 可亟罷之語 故繼因大臣所啓 已合於本曹 而加設正佐郎各一員 使之拘管 今則更無分曹之名矣.

118) 황신, 「附大臣請勿罷調度色郎啓」(1610년 12월), 위의 책 권1.

119) 최현, 「論洪奉先狀」, 『인재선생문집』 별집 권1.

　　臣聞永柔縣令洪奉先 託以天使支待 厚斂民間 多數入己 又以銀兩厚賂天使家丁及我國譯官等 以張聲譽 遠接使至欲褒啓 聞言而止 大槪天使之行 贈及下人 雖不得免 而不待其求 預先行賂 以殉其無厭之欲 使之到處生事 以要其利 行賂者得譽 而不賂者受責 此風一長 後弊無窮.

연 도	명사(明使)	입국 목적	은수탈 액 수	전 거	비 고
1602년 (선조 35)	顧天埈 (翰林院 侍講) 崔廷健 (行人司 行人)	황태자 책봉 반포	수만 냥(?)	『선조실록』 권48 35, 3월 신사	명사들의 은 징색 전례를 남김.
1608년 (광해군 즉)	嚴一魁(遼東都事) 萬愛民(州知府)	임해군 면담·조사	수만 냥	『광해군일기』 권4 즉위, 5월 을사	은을 받은 뒤 조사 를 대충 끝냄.
1609년 (광해군 1)	劉用(太監)	광해군 책봉례 주관	6만 냥 이상	윤국형 『갑진만록』	
1610년 (광해군 2)	冉登(太監)	왕세자 책봉례 주관	수만 냥	『광해군일기』 권31 2, 7월 갑진	
1621년 (광해군 13)	劉鴻訓(太監) 楊道寅(太監)	熹宗 등극의 칙서 반포	8만 냥	『광해군일기』 권165 13, 5월 임인	양도인은 귀국 후 조선 은으로 山東 에 저택 마련.
1622년 (광해군 14)	梁之垣(監軍御史)	조선에 원병 파견 요구	수만 냥	『광해군일기』 권176 14, 4월 계미	귀환 후 은 징색 이 문제가 되어 7 만 냥을 추징당하 고 삭탈관직당함.
1625년 (인조 3)	王敏政(太監) 胡良輔(太監)	인조 책봉례 주관	13만 냥	『인조실록』 권9 3, 5월 신축	조선에 오는 것을 자원하고 위충현 에게 수만 냥의 뇌 물을 바치고 옴.
1634년 (인조 12)	盧維寧(太監)	왕세자 책봉례 주관	수만 냥	『인조실록』 권29 12, 7월 을유	염등이 받았던 액 수에 준해서 받으 려고 시도.

　이처럼 광해군 초반에는 즉위 승인이나 왕세자 책봉과 관련하여 명
조정의 인준을 받는 과정에서, 중반 이후에는 명과 후금 사이에서 중립
적인 외교정책을 펴나가는 과정에서 막대한 양의 은이 명사들에게 지
출되었다. 곧 은은 광해군의 취약한 정치적 기반을 공고히 하고, 나아
가 명과의 관계를 무리 없이 유지하는 데 필수적인 수단으로 자리잡았
던 것이다. 따라서 광해군은 스스로 은을 집적하는 데 상당한 신경을
썼던 것으로 보인다. 이와 관련하여 1623년 인조반정이 일어나던 당일,
반정군이 창덕궁으로 쳐들어갔을 때 궁궐 마당에 묻혀 있던 은 4만여

냥을 발견했다는 사실은 크게 주목된다.[120] 이것은 광해군 자신이 집적했던 내탕(內帑)으로 여겨지는데 당시 광해군과 명과의 관계에서 은이 갖는 의미를 잘 보여준다. 그는 늘 자신이 왕위에서 쫓겨나는 위기상황을 가상하고, 복위를 위해 명에 바칠 은을 수백 궤짝이나 준비했다고 한다.[121] 『연려실기술(燃藜室記述)』에 실린 이 기사의 사실 여부는 단언할 수 없다. 다만 광해군이 재위했던 동안 명사들의 빈번했던 왕래를 접하고, 명의 공식적인 요구나 명사들의 개인적인 요구를, 은을 제공하여 무마했던 사실을 고려하면 개연성은 충분하다고 여겨진다.

위에서 살폈던 것처럼 명사들의 징색으로 대표되는 광해군대 은의 중국으로의 유출은 만력연간의 '광세지폐'가 변형된 형태로 조선에서 나타난 것을 의미하는 것이었다. 명이 자국에서 했던 것처럼 태감을 파견하여 광세나 상세를 강제로 거두지는 않았지만 수만 냥 이상의 은을 뇌물로 받아 챙겼던 명사들의 징색 행태는 결과적으로 '광세지폐'의 그것과 마찬가지였다. 이러한 명의 징색은, 이미 왜란을 겪으면서 피폐해진 조선의 사회경제적 형편을 더욱 악화시키는 것이었다. 경제적으로 피폐한 상황에 처해 있었던 조선의 입장에서 은의 채굴과 유통, 나아가 그것을 이용한 대외교역 활동은 국가 재정의 확보와 민생의 회복을 위해 참으로 바람직한 방책이었다. 그러나 실제로는 은이 국가경제와 민생의 재건을 위해 쓰이지 못하고 원활한 대명관계를 유지하기 위해 '정치적'으로 지출되고 말았다.

요컨대 광해군대 은의 중국으로의 유출은, 왜란 이후 조선에게 '재조지은'에 보답하라고 요구하는 등 이전보다 훨씬 버거운 존재로 다가왔던 명과의 관계를 원활히 유지하기 위한 '필요악'이자 광해군대 조명관계가 갖는 경제적 본질을 보여주는 사례라고 할 수 있다.

---

120) 『광해군일기』 권187 광해군 15년 3월 임인.
121) 『연려실기술』 권21, 「폐주광해군고사본말」 광해난정.
　　光海常於宮中 隱身深奧處 使人搜覓 不得則喜之 得則不悅 蓋慮有變而試習藏身 又
　　積銀數百櫃於宮中 慮或失位 則用賂中朝 以求復位云.

대후금 출병 문제와 대명관계

1. 광해군대의 대후금 정책

광해군대 조선과 명의 관계에서 가장 중요한 현안으로 부상했던 것은 후금과의 관계를 어떻게 설정하느냐 하는 문제였다. 임진왜란 이후 격화되기 시작한 건주여진(建州女眞)의 명에 대한 공세가 광해군대에 이르러 심각한 양상으로 변화했기 때문이었다. 명은 1619년(광해군 11) 누르하치를 치기 위해 대규모 원정을 계획하게 되었고, 그 과정에서 조선도 원병을 보내 명을 돕도록 강요하였다. 누르하치의 공세 때문에 곤경에 처한 상황에서 명은 왜란 당시 자신들이 베푼 '재조지은'을 내세워 조선이 명을 돕기 위한 병력을 파견하는 것을 정당화하려 하였고, 조선은 왜란이 불러온 피폐한 현실 속에서 그 수용 여부를 놓고 고민할 수밖에 없었다. 조선 역시 날로 강성해지고 있는 누르하치의 건주여진에 어떻게 대처할 것인가를 놓고 부심하던 상황에서 출병 문제는, 조선이 어떻게 대처하느냐에 따라 임진왜란 이후 설정되어온 대명관계의 기본틀을 흔들 수 있고, 나아가 당시 동북아시아 전체의 역학관계에도 커다란 변화를 불러올 수 있는 민감한 쟁점이 되었다. 또 출병 문제의 논의 과정은 당시 대북파가 주도하던 조선 내부의 정치 상황에도 상당한 파장을 미치게 되었다.

1) 후금의 성장과 선조대의 대후금 정책

조선이 임진왜란을 치르고 있을 때 만주에서는 누르하치가 이끄는 건주위(建州衛) 여진 부족이 바야흐로 그 세력을 크게 키워나가고 있었다. 훗날 청조(淸朝)를 건국했던 건주여진은, 명이 요동에 설치한 노아간도사(奴兒干都司)의 관할 아래에 있던 해서여진(海西女眞), 건주여진, 야인여진(野人女眞) 가운데 하나로서 누르하치 집단은 건주여진에 속한 작은 부족이었다. 누르하치는, 15세기 초 명에 의해 건주좌위(建州左衛)의 지휘자로 임명된 맹가첩목아(猛哥帖木兒)의 6대손으로 그의 선조들은 대대로 건주좌위의 요직을 맡았던 사람들이었다.

16세기 말, 누르하치 집단의 성장과정에는 명의 영향력이 절대적으로 자리잡고 있었다. 특히 당시 여진부족들을 관리하던 요동총병(遼東總兵) 이성량(李成梁)과 누르하치 집단의 관계와 인연은 각별한 것이었다. 누르하치 일가는 1583년 이성량 휘하에서 종군하여, 명에게 저항했던 아타이(阿臺)를 치기 위해 원정한 바 있었고 당시 누르하치의 부친 타쿠시(塔克世)와 조부 교창가(覺昌安)는 전투 도중 명군에 의해 오살(誤殺)되고 말았다. 이 사건 때문에 이성량은 누르하치에게 큰 빚을 진 셈이 되었다. 이성량은 누르하치를 무마하기 위해 명과 교역할 수 있는 칙서 30통을 주는 한편, 누르하치가 명 조정으로부터 좌도독용호장군(左都督龍虎將軍)이라는 직책을 받을 수 있도록 주선하였다. 또 누르하치는 명으로부터 8백 냥의 세폐까지 받을 수 있게 되었는데, 이같은 이성량과 명의 배려는 누르하치가 성장하는 데 정치·경제적인 기반이 되었다.

누르하치는 위의 직함을 활용하여 다른 부족이 갖지 못한 정치적 우세를 획득하였고, 명 상인들과의 교역을 독점하여 국력을 충실히 키울 수 있었다. 특히 만주의 무순(撫順), 청하(淸河), 관전(寬奠) 등지에서 인삼, 초피, 진주 등 여진지역의 특산물을 명 상인들에게 매매하여 막대한 이익을 챙겼다.

누르하치는 이 같은 기반을 토대로 1583년부터 주변의 건주위 제부족들을 공략하기 시작하였다. 그는 이후 약 6년 동안 혼하부(渾河部), 철진부(哲陳部), 왕갑부(王甲部), 소완부(蘇完部) 등을 복속시켜서 1588년까지는 건주여진의 대부분을 통일하였다. 1589년 누르하치는 스스로 왕을 칭하고 서쪽으로는 만리장성, 동쪽으로는 동가강, 남쪽으로는 압록강, 북쪽으로는 하다(哈達) 등지에 이르는 지역을 차지하고 이 지역의 신민을 지배하였다. 건주여진을 통일한 이후 민족적 자각이 커지면서 1589년 독자적인 문자를 창제하였고, 이후 자신을 견제하려고 시도하는 해서여진 제 부족과의 전쟁에 돌입하였다. 1593년 해서여진이 주축이 된 여진 9부의 연합군이 공격해오자 이를 격퇴하였고, 오히려 장백산부(長白山部) 소속의 수사리부(殊舍里部)와 눌은부(訥殷部)를 병합해 버렸다.[1]

명의 입장에서 누르하치가 이끄는 건주여진의 급격한 성장은 커다란 위협으로 받아들여질 수밖에 없었다. 누르하치 세력의 성장과 지향은 만주의 여러 여진 부족을 분할지배하여 대세력가의 출현을 막으려 했던(離其黨而分之 護其群而存之) 명의 의도와 근본적으로 충돌하는 것이었고 장차의 대결을 예고하는 것이었다.[2] 그러나 명은 임진왜란을 맞아 조선에 출병해야 했고, 그 와중에서 건주여진을 제대로 견제하기는 어려웠다. 임진왜란 이후 누르하치는 더욱 강성해져 1596년 조선에 보낸 문서에서 스스로를 '여직국건주위관속이인지주(女直國建州衛管束夷人之主)'이라 칭하여 독립적인 국가의식을 피력하는 수준까지 이르렀

---

1) 이상은 張晉藩·郭成康,『淸入關前國家法律制度史』, 瀋陽, 遼寧人民出版社, 1988, 1~3쪽 ; 김두현,「청조정권의 성립과 전개」,『강좌 중국사』4, 지식산업사, 1989 ; 三田村泰助,『明と淸』, 河出書房新社, 1990 등의 내용을 토대로 서술하였다.
2) 張晉藩·郭成康, 위의 책, 1988, 6~10쪽.

다. 1599년 해서여진 소속의 하다에게서 항복을 받아냈고, 1603년에는 훼도알라(赫圖阿拉)로 천도를 단행하고 국가체제를 정비하더니 1605년 마침내 국호를 건주국(建州國)으로 개명하였다.

조선은 임진왜란이 일어나기 이전부터 함경도 일대에서 여진부족과 접촉하면서 그들에게 생필품과 농우 등을 공급해왔고 대체로 그들에 대해 우월의식을 갖고 있었다. 그들을 하찮게 생각했던 상황은 조선이 임진왜란을 맞아 위기에 빠지고, 누르하치가 이끄는 건주여진이 주변의 여진부족들을 아울러 세력이 점차 강성해지면서 달라져갔다. 임진왜란이 한창이던 1592년 9월, 번호(藩胡)로 불리던 함경도지역의 여진 부족 가운데는 조선이 일본군에게 밀리는 와중에 경흥(慶興) 등 변방을 습격하여 조선을 곤경에 빠뜨리기도 하였다.[3] 뿐만 아니라 같은 해 9월 누르하치는, 곤경에 처한 조선 조정에 군대를 파견하여 돕겠다고 제의한 바 있었다. 당시 영의정 유성룡이, 그들의 제의가 오히려 화근이 될 것을 우려하여 거부하라고 건의함으로써 누르하치의 참전은 이루어지지 않았지만[4] 조선은 이 사건을 통해 누르하치의 건주여진이 상당히 강성해졌다는 사실을 인식하게 되었던 것으로 보인다.

조선은 이후 일본군을 막기에도 겨를이 없는 상황에서 북변의 여진 부족들이 문제를 일으킬 것을 우려하여 가능한 한 그들을 회유하려는 정책을 썼다. 1593년 10월, 온성(穩城)의 여진인들에게 회유하려는 차원에서 포목 등을 지급했던 것이나[5] 1596년 2월 선조가, 산삼을 캐러

---

3) 鄭文孚, 「倡義起兵入守鏡城後擊斬倭賊狀啓」, 『農圃集』 권1.
　　道內慶興慶源等地 藩胡與深處諸酋 一時傳箭 慶興府及所管四堡 全數陷掠 民人殆盡 爲白是沙餘良…… 新集散卒 以南圖吉州之倭 北捍充斥之胡 極爲憫慮叱分不喩 鏡城府亦六鎭要衝之地 距吉州二日之程 距會寧 亦二日之程是白去等 於兩賊之間 兵無徵發之處 粮無繼運之策 加于悶慮爲白齊.

4) 柳成龍, 年譜 권1, 『西厓集』.
　　時 建州女眞猹虜 聞我國有倭變 聲言欲率兵入援 先生憂其終爲國家禍本 上箚力陳其不可…… 今我勢方急 不能制其進退之命 脫或多率士馬 隔江往來 名爲救援 而其意難測 當何以待之 請令邊將善辭止之

5) 『선조실록』 권43 선조 26년 10월 경술.

고 국경을 넘어오는 여진인들을 죽이지 말고 사단이 발생하는 것을 막으라고 지시했던 것 등은[6] 그 대표적인 사례들이다.

선조는 또한 누르하치의 침략을 염두에 두고 그를 막기 위한 대책을 마련하려고 부심하였다. 선조는 "그들은 보통의 오랑캐가 아니어서 갑사 10만이 있어도 막을 수 없다"고 전제한 뒤 청야전략(淸野戰略)을 사용하고 산성에 웅거하여 대적할 것, 그들을 막는 데 항복한 일본군(降倭)들을 이용할 것, 그들의 정세를 탐지하기 위해 간첩을 적절히 활용할 것 등을 지시한 바 있었다.[7] 실제로 선조는 1595년 남부주부(南部主簿) 신충일(申忠一)을 홍경노성(興京老城)에 파견하여 누르하치 진영의 동태를 상세히 탐지했는데, 이때 신충일이 돌아와서 남긴 보고서가 바로 『건주기정도기(建州紀程圖記)』였다.[8]

누르하치는 1598년에도 조선에 대해 2만 명의 병력을 보내 일본군을 치는 것을 돕겠다고 제의하였다. 당시 조선에 주둔해 있던 명군 제독 형개는 그 제의를 받아들이려 했으나, 그들이 조선에 들어올 경우 명군 병력의 실상과 조선군 병력의 강약, 산천의 형세 등이 노출될지도 모른다는 우려에 밀려 중지하였다.[9]

선조는 이후 방어 대책을 마련하면서도 가급적 그들과의 직접적인 접촉을 피하고, 명을 통하여 그들을 제어하려고 노력하였다. 1599년 7월, 건주여진인들이 압록강을 몰래 건너와 목재를 베어가는 것을 금지시켜달라고 경리 만세덕(萬世德)에게 자문을 보내 요청했던 것은 그 대표적인 사례였다.[10] 조선이 이렇게 신중하게 대응하려고 했던 것과 마찬가지로 누르하치 역시 선조대에는 조선과 우호관계를 유지하면서 대등한 관계를 수립하려고 희망하여 양국 사이에는 별다른 충돌이 일어나지는 않았다.[11]

---

6) 『선조실록』 권72 선조 29년 2월 기해.
7) 『선조실록』 권68 선조 28년 10월 병오.
8) 『선조실록』 권71 선조 29년 1월 정유.
9) 『선조실록』 권97 선조 31년 2월 계미.
10) 『事大文軌』 권33 萬曆 27년 7월 20일.

누르하치의 건주여진이 위협적인 실체로 확연히 다가오기 시작했던 것은 1607년경부터였다. 본래 함경도의 국경지대에는 홀온(忽溫)이라고 불리던 해서여진 계통의 여진 부족이 살고 있었다. 누르하치는 1607년(선조 40) 자신의 동생 스르가치(舒爾哈赤)를 보내 함경도 종성(鍾城) 건너편의 문암(門巖)에서 전투를 벌여 홀온의 포점태(布占泰, 卜占太)군을 대파하고 그들을 복속시킨 바 있었다. 홀온 계통의 여진은 함경도 일대에서 대대로 조선과 접촉해왔는데, 누르하치가 그들을 격파하는 것을 목도하면서 조선은 심각한 위기의식을 지니게 되었던 것이다. 문암전투 이후 누르하치는 동해로 연결되는 통로를 얻게 되었고, 조선 국경 부근에 살던 여진족들을 전부 만주 내지로 이동시켰다. 이같이 변화된 상황을 맞아 조선은 누르하치가 노리는 다음 목표가 조선이라는 우려를 품게 되었던 것이다.[12]

2) 광해군대의 대후금 정책

광해군대 초반 조선과 건주여진의 관계는 비교적 원만하게 유지되었다. 누르하치는 광해군 즉위 직후 초피(貂皮)를 선물로 보내오는 등 우호적인 태도를 보였고[13] 조선 역시 그들이 정성스러운 호의를 보인다고 인정하고 있었다.[14] 그러나 누르하치의 잠재적 위협에 대한 우려는 점차 커져가고 있었다. 1608년(광해군 즉위년) 8월에는 누르하치가 선박을 건조해서 조선를 도모하려 한다는 풍문이 돌아 서북변의 방어대책을 논의하고, 이항복을 서북면도체찰사로 임명하기에 이르렀다.[15]

---

11) 선조대 조선과 여진 사이의 전반적인 관계에 대해서는 서병국, 「조선 전기 대여진관계사」, 『국사관논총』 14, 국사편찬위원회, 1990 참조.
12) 1607년 문암전투 이후 누르하치의 동향과 그에 대한 조선의 우려에 대해서는 稻葉岩吉, 『光海君時代の滿鮮關係』, 京城. 大阪屋號書店, 1933, 51~59쪽 참조.
13) 『광해군일기』 권2 광해군 즉위년 2월 갑술.
14) 『광해군일기』 권14 광해군 원년 3월 신묘.
15) 『광해군일기』 권7 광해군 즉위년 8월 정묘, 무진.

또 같은 해 12월, 진주사로 북경에 다녀온 황신은 명나라조차도 누르하치의 세력을 우려하는 상황이라는 것과, 왜란에 참전했던 명나라 인사들이 누르하치 집단의 군사적 위력은 일본군과는 비교가 안 될 정도로 막강하므로 조선도 미리 방어전략을 수립하라고 경고했다는 내용의 보고를 올린 바 있었다.[16)

이 같은 소식을 접한 뒤 조선 조정, 특히 광해군은 누르하치의 침략 가능성을 우려하여 다각적인 대책을 마련하였다. 그는 비변사 신료들에게 누르하치 집단의 침략 가능성을 환기시키고, 그들을 채근하면서 주도적으로 그들의 위협에 대처하는 방안을 마련하였다. 그것은 우선 그들을 자극하지 않는 기미책(羈縻策)[17)을 씀으로써 목전의 침략을 방지하는 동시에 자강책(自强策)을 마련하여 궁극적인 방어대책을 세우는 것이었다. 기미와 자강, 이 두 가지 정책은 광해군이 재위했던 동안 일관했던 기본적인 대후금 정책이었다.[18)

그런데 특기할 것은, 광해군이 주도적으로 펼쳤던 기미책과 자강책의 이면에서는 후금과 관련된 정보를 수집하려는 노력이 지속적으로 기울여지고 있었다는 사실이다. 즉 광해군은 부단한 노력을 통해 수집된 후금에 관련된 정보를 토대로 그들을 자극하지 않는 유연한 외교

---

16) 黃愼, 「陳奏使回還後與上使聯名啓」, 『秋浦先生集』 권1.
　　臣等在北京時 聽中朝物議 則以奴酋爲憂…… 臣見東征時來此路人問之 則皆以爲此賊憂在遼廣 其次在貴國 及此暇時 修繕險要 以爲軍兵入保之計可矣 若視如倭人欲爲逃避 則鐵騎如風雨 人民無一脫矣 貴國善自爲謀.
17) '기미'란 본래 '말의 굴레'와 '소의 고삐'를 가리키는 말이다. 대외정책으로서의 기미책의 핵심은 견제하되 관계를 완전히 끊지는 않는 것이었다. 이것은 본래 중국이 흉노 등 주변의 오랑캐에 대해 국교를 유지하면서 사절을 교환하되 정복, 지배와 같은 적극적인 대응을 취하지 않았던 외교양태에서 비롯된 말이었다(김한규, 「漢代의 天下思想과 羈縻之義」, 『중국의 천하사상』, 민음사, 1988, 80~83쪽).
18) 광해군은 1619년 12월 비변사에 방어대책을 마련하라고 지시하면서 다음과 같이 기미책과 자강책의 병용을 강조하였다(『광해군일기』 권147 광해군 11년 12월 신미).
　　第惟我國人心兵力無可爲之勢 奈何 奈何…… 大槪一邊羈縻 一邊自强 誠是長算 固不可廢一 皆無着實擧行之事 予切痛焉.

적 입장을 유지하고, 나아가 그들이 실제로 침략해오는 최악의 상황을 대비하여 구체적인 방어대책을 마련했던 것이다.

(1) 정보 수집과 보안 노력

재위 기간 동안 후금의 침략을 막아낼 수 있었던 광해군의 대후금 정책 가운데 우선 돋보이는 것은 정보를 수집하기 위해 끊임없이 노력했던 점이다. 일찍이 그는 비변사로 하여금 누르하치가 이끄는 건주 여진에 대한 방어대책을 마련하라고 강조하면서 그 요체를 다음과 같이 언급한 바 있었다.

우리의 방비대책은 마땅히 미치지 않는 곳이 없어야 한다. 척후병을 멀리 보내고 봉수를 경계하고 간첩을 신중히 사용하고 기율을 밝히는 것, 이것이야말로 병가에서 마땅히 먼저 강구해야 할 것이다. 이러한 방어책이 아니라면 비록 석성(石城)과 탕지(湯池)가 있어도 모두 형식으로 끝나고 말 것이다.[19]

위의 전교에서 척후병이나 간첩을 활용하는 것을 언급했던 것은 광해군 자신이 누구보다 정보 수집에 열심이었던 사실을 보여준다. 그는 누르하치 집단의 동향이나 내부사정을 파악하기 위해 여진 제 부족 사이의 갈등을 이용하기도 하였다. 당시 누르하치가 이끄는 건주여진의 공격에 밀려 수세에 처한 홀온부족이 조선에 경제적 지원을 요청하자 그들에게 면포 등을 공급하고 그들을 통해 누르하치 집단의 동향을 탐지하려고 시도하였다.[20] 누르하치가 홀온을 평정하고 조선과의 접경지대에 살던 여진족들을 철수시켜버리자 광해군은 오히려 그 때문에 정보의 수집이 어려워진 상황을 걱정할 정도였다. 그래서 간혹 북방에 출몰하는 호인들에게 선물을 주거나, 곡물과 소금 등을 지급하

---

19) 『광해군일기』 권21 광해군 원년 10월 갑자.
20) 『광해군일기』 권25 광해군 2년 2월 경신.

여 그들의 환심을 산 다음 누르하치에 대한 정보를 수집하도록 지방관에게 지시를 내리기도 하였다.[21]

광해군은 "전쟁이 벌어져도 사자(使者)는 그 사이에 있어야 한다"는 지론을 갖고 간첩 활용의 중요성을 늘 강조하였다.[22] 1611년(광해군 3) 후금에 포로로 잡혀 있다가 귀환한 여진어 역관 하세국(河世國)을, 조정 신료들의 반대를 무릅쓰고 과감하게 사과(司果)에 등용하여 우대했던 것도 이러한 노력의 일환이었다.[23] 그는 재위 기간 동안 평안감사나 함경감사, 의주부윤 등에게 후금의 동향을 파악하여 보고하라는 지시를 수시로 내리고 있었다. 때로는 아예 후금의 내부 동향을 직접 파악하려는 목적에서 특정 인물을 후금의 수도에 들여보내기도 하였다.[24]

정보를 수집하기 위한 노력은 뒷시기까지 이어졌다. 1619년 명이 후금을 치는 것을 돕기 위해 원병을 이끌고 출병했다가 항복하여 후금에 억류되었던 도원수 강홍립을 통해서도 광해군은 후금에 관련된 정보를 얻고 있었다. 곧 그가 보내오는 밀서를 통해 후금의 동태를 파악할 수 있었던 것이다. 명나라가 알게 되면 복잡한 문제가 생길 수도 있다는 우려를 들어 삼사와 비변사의 신료들이 극력 반대함에도 불구하고, 강홍립의 인척들이 서신을 왕래하는 것을 허용한 것도 바로 이런 맥락에서 이해할 수 있는 것이었다.[25] 또 강홍립이 항복한 이후 후금에 포로로 억류되었다가 도망쳐 나온 병졸들도 전부 서울로 올려보내게 하여 그들의 견문을 통해 후금에 관련된 정보를 수집하였다.[26] 광해군의 이 같은 자세는 후금을 오랑캐로 치부하고, 또 명이 알게 될

---

21) 『광해군일기』 권118 광해군 9년 8월 신유 ; 권129 광해군 10년 6월 무진.
22) 『비변사등록』 제1책 광해군 9년 4월 10일.
　　答曰知道 古人臨戰 亦使在其間 況當此時 我國不得詳知虜情 豈非未盡乎 極擇伶俐
　　解事武臣如申忠一者 入送詳探虜情 兼問此事.
23) 『광해군일기』 권44 광해군 3년 8월 을사.
24) 1621년, 무장 정충신을 흥경노성에 들여보냈던 것이 대표적인 사례라고 할 수 있다(『광해군일기』 권169 광해군 13년 9월 정미).
25) 『광해군일기』 권166 광해군 13년 6월 계사.
26) 『광해군일기』 권139 광해군 11년 4월 을묘.

경우 오해를 살 수 있다는 우려 때문에 후금과 어떠한 형태의 접촉도 꺼리던 신료 일반의 정서와는 분명히 다른 것이었다.[27]

후금과 관련된 정보를 탐색하는 데 노력을 기울였던 한편에서 광해군은 조선의 정보가 후금으로 흘러들어가는 것을 철저히 막으려고 노력하였다. 먼저 국가기밀의 보호차원에서 조정의 중대사를 조보(朝報)에 수록하지 못하게 하고, 후금과 거래하는 잠상배들에 의해서 정보가 흘러나가는 것을 엄중히 경계하였다.[28] 변경지역에 수상한 여진인들이 출몰하는 것을 막으라고 지시하고, 조선에 귀화하여 8도에 흩어져 살고 있던 여진인들의 동향을 감시하는 한편 그들이 요동지방으로 귀환하는 것을 금지하였다.[29]

건주여진은 당시 간첩활동을 통해 명과 조선에 관련된 정보를 파악하는 데 대단한 노력을 기울이고 있었다. 오랫동안 일정한 생산기반이 없이, 반농반목(半農半牧)의 경제구조 속에서 농경지역에 대한 약탈을 통해 생존을 이어왔던 그들에게는 간첩 활용 능력이야말로 생존을 위한 가장 중요한 무기일 수밖에 없었다. 이 때문에 그들의 간첩 활용 능력에 대해서는 중국인들도 인정하고 있었다. "건주여진인은 간첩 활동이 아주 교묘하여 그 내응자들 때문에 견고한 성도 앉아서 함락당한다"는 지적이 나오고 있을 정도였다.[30]

---

27) 당시 대부분의 신료들이 명을 의식하여 후금과의 접촉, 심지어 그들의 내부 동향을 탐지하기 위한 '첩보 활동'마저도 꺼리고 있었지만 명은 실제 조선이 후금의 동향을 탐지하기 위해 접촉하는 것 등을 오히려 장려하는 입장이었다. 한 예로 후금을 '오랑캐'로 여겨 접촉을 금기시하는 분위기가 더 현저해졌던 1636년 椵島에 갔던 金墝과 명의 도독이 나눈 다음의 대화 내용은 이러한 분위기를 확연히 보여준다.
　都督曰 近日虜中有往來之人乎 臣答曰 弊邦與虜相絕 豈有往來之人乎 都督曰 雖已相絕 時或送人 探視情形 似或可矣(金墝, 「到椵島問答狀」, 『潛谷先生遺稿』 권6).

28) 『광해군일기』 권25 광해군 2년 2월 정사 ; 권100 광해군 8년 2월 기사.

29) 『광해군일기』 권25 광해군 2년 2월 갑술 ; 권129 광해군 10년 6월 을축.

30) 저자 미상, 『建州私志』 中卷(『淸入關前史料選輯一』, 北京, 人民大學出版社, 1989), 273쪽.
　萬曆四十七年七月 建兵從三岔堡 入攻鐵嶺 自寅至辰 城陷 自開原旣克 我兵膽落 建

건주여진은 일찍부터 공물을 바친다는 핑계로 조선 사정을 정탐하려 시도하였고[31] 때로는 명나라 상인들이나 요동에 거주하는 주민들을 은으로 매수하여 조선과 명에 관한 정보탐색에 열을 올리고 있었다.[32] 광해군 말년에는 후금의 간첩이 도성까지 들어왔다고 지적될 정도였다.[33] 이 같은 상황에서 광해군이 정보가 유출되는 것을 단속하려고 노력했던 것은 불가피한 것이었다.

정보의 수집과 보안을 위한 노력을 기울였던 것은 명에 대해서도 마찬가지였다. 특히 즉위 직후 이성량의 조선 병탄 기도를 목도했던 뒤부터 광해군은 명의 사정을 정탐하는 데 열심이었다. 일찍부터 사신들의 보고를 통해 명 요동군의 상황을 숙지하고 있었고 명의 각 아문들끼리 주고받는 문서의 내용을 미리 알아내려고 노력하였다.[34] 이 때문에 의주부윤이나 평안감사 등 변방 신료들에게 명에서 발생했던 모든 대소사를 빠짐없이 보고하라고 수시로 지시하였다.[35] 후금을 치는 데 필요한 원병을 보내라는 명의 요구가 있었던 다음부터는 역관 등을 시켜 명의 동향을 탐지하는 데 더욱 노력을 기울였다.[36]

조선의 정보가 흘러들어가는 것을 막으려고 노력했던 것은 명에 대해서도 마찬가지였다. 특히 도원수 강홍립이 이끄는 조선군이 만주로 출전하여 삼국관계가 긴장에 휩싸였던 1619년 무렵, 광해군이 보였던 보안에 대한 강조는 대단한 것이었다. 당시 명장 유정(劉綎)의 휘하에 종군했던 유해(劉海)라는 인물은 본래 조선의 진주 출신으로 임진왜란이 끝난 뒤 명으로 흘러들어갔던 인물이었다. 그는 만주로 종군했을

人最工間諜 所在內應 故堅城立下……

31) 『광해군일기』 권12 광해군 원년 1월 갑진.
32) 『광해군일기』 권26 광해군 2년 3월 임인 ; 권176 광해군 14년 4월 경진.
33) 『광해군일기』 권177 광해군 14년 5월 무신.
34) 『광해군일기』 권58 광해군 4년 10월 계미.
35) 『광해군일기』 권82 광해군 6년 9월 정축.
36) 『광해군일기』 권127 광해군 10년 윤 4월 정축.
    傳曰 中朝事機 必得詳知然後 自此應變 庶無失誤矣 征勦虜情等事 使譯官崔屹 勿爲
    煩浻 詳察探問 陸續馳啓事 下諭于義州府尹處.

당시 조선에 생존해 있던 부친을 만나보기 위해 유정에게 주선을 부탁했고, 유정은 그의 요청을 받아들여 그를 서울로 보냈다. 광해군은 유해가 부친을 만나기 위해 진주로 내려가는 것을 허락하지 않았고, 대신 그의 부친을 상경토록 조처했다. 뿐만 아니라 유해가 부친과 개인적으로 만나는 것을 금지하는가 하면, 만날 때마다 매번 역관들을 동석시켜 그들의 동향을 파악하였다. 전적으로 조선 내부 사정이 유해를 통해 명장들에게 누설될 것을 우려한 조처였다.[37] 이처럼 광해군은 냉정하리만큼 조선의 정보가 유출되는 것을 막으려 시도했던 것이다.

요컨대 광해군은 주변국의 정보를 수집하는 데 열심이었을 뿐 아니라 자국의 기밀이 누설되는 것을 막는 데도 결코 소홀하지 않았다. 바로 이러한 측면들이 바탕이 되어 명과 후금에 대한 적절한 정책들이 마련될 수 있었다.

(2) 기미책의 활용

광해군대 조선이 후금에 대해 취했던 기미책(羈縻策)은, 후금에 대한 정보의 파악을 통해 효과를 발휘할 수 있었다. 곧 수집된 정보를 토대로 후금의 동향과 의도를 미리 파악하여 임기응변할 수 있었던 것이다. 한 예로, 1610년 만주 일대에 "조선과 명이 합세하여 후금을 공격하려 한다"는 풍문이 퍼지고, 그에 대한 누르하치의 반발과 경계의식이 커지자 비변사는 평소 교섭을 가졌던 여진인들을 시켜 이 소문이 근거 없는 것이라는 점을 누르하치 집단에게 알려주도록 하였다.[38] 곧 평소에 닦아놓은 정보망의 활용을 통해 후금의 의심을 살 수 있는 단서를 사전에 피하려고 애썼던 것이다.

당시 누르하치는 만포(滿浦) 등지에 간혹 사람을 보내 조선과 우호

---

37) 『광해군일기』 권137 광해군 11년 2월 신유.
　　所謂劉海乃晉州人也 其父尙在 每言于都督 願見其父 都督許之 海到京師 王不許下
　　去 命本道上其父 列邑傳驛以送 王嚴飭都監 使不得私接 許令會於一處 而使譯官輩
　　偕入參聽 盖恐泄本國事也 仍使各居 不許同宿 海父子痛哭而歸.
38) 『광해군일기』 권25 광해군 2년 2월 정사.

관계를 맺자고 요청했는데, 그에 관한 보고가 올라올 적마다 광해군은 그들을 잘 접대하여 후환이 없도록 할 것을 지시하곤 했다.[39] 이러한 유연한 대후금 정책은 누르하치 집단을 회유하는 데 상당한 효과를 발휘하였다. 적어도 명의 강요에 못 이겨 원병을 파견하기 전까지 누르하치의 조선에 대한 인식은 호의적이었다. 누르하치는 자신들이 억류하고 있던 역관 하세국을 석방해 돌려보낸 것이나, 홀온 공략 이후 폐사군(廢四郡)지역에서 여진인들을 전부 철수시켰던 것 등을 조선에 대해 은혜를 베푼 것으로 여기고 있었다.[40] 나아가 누르하치는 당시 회령 등지에서 여진인들과 접촉했던 조선인 역관 문희현(文希賢)에게 서신을 보내 자신이 명나라에 유감을 품고 공격하게 된 동기 등 속마음을 털어놓기도 하였던 것이다.[41] 적어도 광해군대 기미책이 유지되는 동안에는 누르하치 역시 조선과의 관계를 우호적으로 유지하려고 노력했던 것이다.

조선과 후금의 우호적인 관계는 1619년, 조선이 명의 강요에 못 이겨 강홍립이 지휘하는 원병을 파견하여 '심하전투'를 치르면서 다소 우여곡절을 겪었지만 이후로도 이어졌다. 명이 조선에 대해 원병을 보내라고 요청했던 사실을 알아챈 후금은 조선에 서신을 보내 중립을 지킬 것을 요구하였다.[42] 조선이 끝내 명군에 가담하여 출병했음에도 양국 사이의 평화는 깨지지 않았다. 그 과정에는 후금과의 대결을 원치 않았던 광해군의 일관된 의도와 도원수 강홍립을 비롯한 조선군 지휘부의 임기응변이 있었기 때문이었다.[43] 당시 후금은 강홍립군이 출병했던 직후 보내온 국서에서, 조선의 출병이 왜란 당시 명이 베풀었던 '재조지은'에 보답해야 했던 사정에서 나온 부득이한 것임을 알고 있다

---

39) 『광해군일기』 권50 광해군 4년 2월 갑신 ; 권143 11년 8월 병인 ; 권166 13년 6월 임신.

40) 『광해군일기』 권50 광해군 4년 2월 계유.

41) 『광해군일기』 권125 광해군 10년 3월 갑자.

42) 『광해군일기』 권128 광해군 10년 5월 병진.

43) 이에 대해서는 稻葉岩吉의 앞의 책 161~185쪽에서 이미 자세히 논급된 바 있다.

고 말하고 향후 후금에 대한 조선의 태도를 결정하라고 요구했다.[44] 또 사자와 서신을 연이어 보내 조선의 국서를 요구하고 정식으로 화친의 맹약을 맺을 것을 청하였다.[45]

후금의 요구에 대한 답변 여부를 놓고 광해군과 비변사 신료들의 의견은 갈라졌다. 당시 대북파의 지도자였던 이이첨 등은 후금 사자의 목을 베고, 그들의 서신을 불태워버리자고 주장하는 등 강력한 척화론을 제기하였다.[46] 그러나 광해군은 기미하는 차원에서 그들이 보낸 서신에 속히 답하라고 지시하고, 동시에 자강책을 마련하라고 강조하면서 모든 책임은 자신이 지겠다고 호언하였다. 나아가 말로는 후금과 결전을 벌여야 한다고 주장하는 무장들이 서쪽 변방으로 부임해 가는 것은 한사코 회피하려 한다는 예를 들어 신료들의 이중적 태도를 질타하였다.

중원의 형세가 참으로 위태로우니 이러한 때에는 안으로는 자강을, 밖으로는 기미하는 것을 꾀하여 한결같이 고려가 했던 것처럼 해야만 나라를 보전할 수 있을 것이다. 요즘 우리나라의 인심을 보면 안으로는 일을 분변하지 못하면서 밖으로 큰소리만 친다. 시험삼아 조정 신료들이 수의한 것을 보면 무장들이 말한 것은 모두 압록강에 이르러 결전해야 한다는 것이니 그 뜻은 참으로 가상하다. 그런데 어찌하여 지금의 무사들은 서쪽 변방을 사지(死地)처럼 두려워하는가. 생각이 한참 미치지 못하고 한갓 빈말뿐이다……[47]

44) 『滿文老檔』 제9책 天命四年三月至五月(中華書局本 上, 1990), 87~88쪽.
　　爾朝鮮以兵助明侵我　我知此來非朝鮮兵所願　乃迫於明人　爲報救爾倭難之德而來 耳…… 普天之下　何國不有　豈大國獨存而小國盡亡耶…… 朝鮮王　爾意以爲我二國 素無怨隙　如今或我二國合謀　以讐明耶　或以爲旣已助明　不忍背明耶　願聞爾言.
45) 『광해군일기』 권133 광해군 10년 11월 경인 ; 권142 광해군 11년 7월 을미 ; 권 165 광해군 13년 5월 무진.
46) 『광해군일기』 권142 광해군 11년 7월 임오.
47) 『광해군일기』 권166 광해군 13년 6월 병자.

이같이 기미책에 대한 광해군의 확고한 입장은 비변사 신료들의 반대에도 불구하고 인조반정이 일어날 때까지 이어졌다.[48] 이를 통해 원병의 파견과 명나라 신료들의 빈번한 왕래 등 후금을 자극할 수 있는 요인들이 상존했음에도 사소한 몇몇 경우를 제외하고는[49] 후금과의 전면적인 군사적 대결은 회피할 수 있었다.

광해군대 후금에 대해 취했던 기미책이 성공할 수 있었던 것은 그것이 당시 후금의 전략적 의도와도 어느 정도 부합했기 때문이었다. 후금은 광해군 초반에는 주변의 여진 제 부족에 대한 공략에, 중반 이후로는 명의 요동지역 요충지들을 공략하는 데 치중하면서 조선까지 돌아볼 수 있는 여유가 없었던 것으로 보인다. 1621년(광해군 13) 정탐을 위해 후금으로 들어갔던 정충신이 여진인들에게서 들었다는 "적을 많이 만들면 해롭다"라는 누르하치의 진술은 이를 입증한다.[50] 이와 함께 후금 내부에서도 조선에 대한 대책을 놓고 의견이 엇갈리고 있었다. 누르하치의 맏아들인 귀영개(貴英介)는 조선이 후금의 배후에 있는 점을 고려하여 화친해야 한다고 주장했는 데 비해 훗날 태종으로 즉위했던 셋째아들 홍태시(紅泰豕)는 늘 조선을 정벌하자고 주장했던 것

---

48) 실제 '심하전투' 이후에도 비변사 신료들은 대부분 대의에 입각하여 척화론을 폈지만 출병 이전과는 달리 광해군의 대후금 기미책에 대해 근본적으로 이의를 제기하지는 않았다(『광해군일기』 권147 광해군 11년 12월 신미). 이러한 경향은 뒷시기에 이를수록 더 심해졌다. 비변사는 광해군이 모문룡에 대한 대책을 마련하라고 지시한 뒤 다음과 같이 자신들을 자책한 바 있었다.
　備邊司回啓曰…… 自戊午有西事以來 邊報旁午 擧國遑遑 臣等待罪籌邊 旣不能鍊兵峙糧 以爲戰守之策 又不能彌縫目前 以爲緩和刺計(『광해군일기』 권169 광해군 13년 9월 정사).
49) 1621년(광해군 13) 12월, 龍川에 머물고 있던 명장 모문룡을 치기 위해 후금군이 잠시 조선 경내로 침입했던 것을 제외하면 양국 사이에서 뚜렷한 군사적 대결은 없었다(『광해군일기』 권172 광해군 13년 12월 을유).
50) 『광해군일기』 권169 광해군 13년 9월 정미.
　沙乙古城守將鋤車 酋之族子也 謂忠信曰 交隣之事是吾汗之至願 每諸將以朝鮮爲言…… 至於朝鮮 則素無讐怨 且敵國之多 非我所利也 天下豈有恒勝之國哉 我死之後 汝等必思吾言矣.

이다.[51]

광해군대 후금 내부에서 조선과의 화친론이 힘을 얻을 수 있었던 배경에는 또한 무역을 비롯한 경제적 이해관계에 대한 고려가 작용하였다. 당시 후금은 경제적으로 취약한 상황에 처해 있었기 때문에 교전 중임에도 명과의 무역에 상당한 관심을 기울였다.[52] 그들은 조선에 대해서도 공식적으로 개시를 요청했고[53] 양국 사이의 무역은 암암리에 성행하였다. 한 예로 1617년경에는 회령에서 무역할 때, 그들이 피물(皮物) 등을 가져와 농우를 너무 많이 교역해가는 바람에 조선의 농우가 고갈될 지경이라는 보고가 나올 정도였다.[54] 명과의 전쟁이 계속되어 무역이 중단되고, 연이은 승전을 통해 점차 넓어져갔던 영역을 지배하기 위한 경제적 기반이 필요해질수록 조선과의 관계가 지니는 중요성은 더해갈 수밖에 없었다.

강홍립군이 항복했던 이후 포로로 획득했던 조선 장졸들을 농가에서 경작에 사역시켰던 것이나,[55] 조선이 경제적 대가를 치르면 강홍립 등을 석방하겠다고 제의했던 것[56] 등은 당시 후금이 포로 문제까지 경제적 차원에서 접근하고 있었음을 반증한다. 농우뿐 아니라 곡물, 소금, 면포 등 생필품이 절대로 부족했던 그들의 입장에서는—명에 대한 군사적 우위를 아직 확실히 장악하지 못했던 당시 상황에서—이런 물품들을 공급해줄 수 있는 명 이외의 유일한 국가인 조선과 섣불리

---

51) 『광해군일기』 권147 광해군 11년 12월 병인.
52) 한 예로 1617년 후금군이 만주의 靉陽을 침공하여 明人 鑄鐵匠을 살해하자, 명은 그에 대한 보복으로 개시를 폐지하였다. 그러자 후금은 침략을 사과하고 굴복했던 적이 있었는데 이를 통해 당시 그들의 경제적 취약성을 엿볼 수 있다(『광해군일기』 권112 광해군 9년 2월 무신).
53) 『광해군일기』 권101 광해군 8년 3월 기해.
54) 『비변사등록』 1책 광해군 9년 8월 15일.
55) 『광해군일기』 권152 광해군 12년 5월 정유.
56) 정충신이 홍경노성에 들어갔을 때, 후금 지도자들은 포로로 억류했던 몽골군 장수 2인을 소와 양 1만 마리를 받고 송환했던 선례를 들어 강홍립 등의 석방조건으로 그보다 더 많은 경제적 대가를 요구한 바 있었다(『광해군일기』 권169 광해군 13년 9월 정미).

전쟁상태에 돌입하는 것을 꺼렸던 것으로 보인다.[57] 요컨대 광해군이 주도했던 대후금 기미책을 제대로 이해하려면 조선 자체의 노력뿐 아니라 당시 후금이 처해 있던 여러 가지 조건들도 같이 고려해야 할 것이다.

(3) 자강 차원의 방어대책 수립

광해군의 후금에 대한 대책이 외교적 경로를 통한 정보 수집과 기미책의 활용에만 머물렀던 것은 아니었다. 오히려 광해군이 가장 노심초사했던 것은 그들이 침략하는 경우를 대비하여 군사적 방어대책을 마련하는 문제였다. 그는 즉위 이후 1년 동안 경연은 한 번도 열지 않았음에도 방어대책을 마련하는 문제만은 무엇보다 철저히 챙겼다.[58] 몸이 좋지 않아 정무를 파할 경우에도 긴급한 변방 사무나 중국과 관계된 사안만은 반드시 보고하라고 지시하였다.[59] 특히 비변사에 대해 맡은 임무를 제대로 수행하라고 촉구하고 무너진 기율과 군대의 사기를 진작시킬 방도를 마련하라고 채근하였다.[60] 신료들이 극력 반대함에도 불구하고 "편안할 때일수록 위태로움을 잊을 수 없다"며 수시로 진법(陣法)을 연습하는 데 참관하거나 관무재(觀武齋)를 열어 전반적인 무비(武備)를 점검하였다.[61] 또 강화도, 수원, 죽산, 용인 등 경기도의 요충지에 어사를 파견하여 무재(武才)를 사열하는 등[62] 스스로 무풍을 진작하는 데 적극적인 관심을 보였다.

광해군대 후금에 대한 방어대책의 구체적인 내용으로 우선 주목되

---

57) 『연려실기술』 권21 「폐주광해조고사본말」.
   滿住之妻妾及諸子諸將 皆勸通好於我國 而我國之物最以爲珍者 綿布白苧白紙畵席獺皮粧刀子食鹽大米云.
58) 그는 1610년 3월초까지 경연을 한 번도 열지 않았다고 한다(『광해군일기』 권26 광해군 2년 3월 병술).
59) 『광해군일기』 권7 광해군 즉위년 8월 병인.
60) 『광해군일기』 권13 광해군 원년 2월 을해.
61) 『광해군일기』 권33 광해군 2년 9월 정묘 ; 권57 광해군 4년 9월 을사.
62) 『광해군일기』 권61 광해군 4년 12월 정유.

는 것은 무기확보를 위한 노력이었다. 그 중에서도 화포의 확보와 활용에 힘썼는데, 후금을 막는 데는 화포를 사용하는 것이 최선이라는 생각은 당시 널리 퍼져 있었다. 한 예로 윤근수는 후금군의 철기(鐵騎)를 막을 수 있는 무기는 오직 화포뿐이라고 전제하고, 그들을 막아내려면 평원에서의 돌격전을 피하고 성 안에 들어가 화포를 발사하여 제압하는 것이 최선이라고 주장하였다.[63] 이러한 인식을 바탕으로 화포를 제작하는 데 힘을 기울여 1613년(광해군 5), 본래부터 있었던 조총청(鳥銃廳)을 화기도감(火器都監)으로 확대, 개편하고 다른 비용을 절약해가면서 각종 화포를 주조하였다.[64] 또 지방에서도 장인들을 동원하여 파진포(破陣砲) 등 화포를 제작하고[65] 한교(韓嶠)라는 인물을 시켜 전차(戰車)를 만드는 등 무기 마련에 힘썼다. 화약의 원료인 염초를 마련하는 데도 힘써서 사행을 떠나는 신료들에게 그것을 구입해오라고 각별히 지시하였다.[66]

화포와 화약뿐 아니라 재래식 무기를 확보하는 데도 노력을 기울였다. 군기시(軍器寺)와 훈련도감에 대해 활과 화살, 창, 칼, 조총 등을 날짜별로 목표량을 정해 제작하라고 지시하였다.[67] 나아가 품질 좋은 일본산 칼과 조총을 들여오는 데도 관심이 많아서 일본으로 떠나는 사행편에 비밀리에 지시하여 그것들을 구입하는 문제를 타진하기도 하였다.[68]

국방관계 전문가를 임용하고 장수를 확보하는 데도 상당한 신경을 썼다. 당시 후금에 대한 기미책은 광해군 자신이 주도하였지만 광해군대 초반 군사적인 방어대책을 마련하는 데는 이덕형과 이항복의 역할

---

63) 尹根壽,「禦胡方略箚」,『月汀集』 권4.
64) 『火器都監儀軌』 甲寅(1614).
　　兵曹牒呈內 節該特設都監 多造大砲 爲今日防胡第一策 該司物力有限 各處閑漫文具
　　之事 一切停罷 就前日鳥銃廳 稱以都監 加出堂上郎廳 刻意打造爲白乎矣……
65) 『광해군일기』 권59 광해군 4년 11월 임인.
66) 『광해군일기』 권24 광해군 2년 1월 계묘.
67) 『광해군일기』 권24 광해군 2년 1월 경인.
68) 『비변사등록』 제1책 광해군 9년 4월 22일.

이 컸던 것으로 보인다. 양자 모두 왜란 당시 병조판서를 역임하는 등 전쟁을 치르는 과정에서 실무을 맡아 군무에 밝았던 것을 인정했기 때문이었다. 광해군은 즉위 직후, 이덕형에게는 군무를 전담하여 처리하라고 지시했고, 이항복은 도체찰사로 임명하여 서북 등 변방지역의 수령 천거권을 위임할 만큼 신임하였다.[69] 왜란 당시 의병장으로 활약하다가 당시 재야에 머물러 있던 곽재우를 북병사(北兵使)로 제수하였고, 남쪽에 파견되어 있던 명장 한명련(韓明璉)을 북방으로 올려보냈다.[70] 뒷시기 후금의 위협이 더욱 가시화되면서부터는 변방수령을 대부분 무인으로 임명하여 긴급한 상황에 신속히 대처하도록 하였다.

병력 확보에도 노력하여 북도의 내수사 노비들과 한산직(閑散職)에 있던 군인들을 전부 정군으로 선발하는 조처를 취하였다.[71] 부족한 병력을 보충하기 위해 승군의 활용에 주목하여 그들을 방어에 투입하고 유정(惟政), 의엄(義嚴) 등 왜란에 참전했던 승려들을 지휘관으로 삼았다.[72]

병력을 확보하기 위한 근본적인 대책으로써 군적을 정비하려고 했는데 그를 위한 선결과제로서 주목한 것이 호패법(號牌法)이었다. 이항복, 이정구 등 비변사의 신료들은 한유배(閑遊輩)들을 끌어모아 군액(軍額)을 확보하려는 의도에서 호패법을 시행해야 한다고 적극적으로 주장한 반면, 이이첨 등은 시행 과정에서 나타난 민폐를 들어 반대하였다. 결국 호패법을 실시하는 문제는 논의 과정에서 드러난 정파 사이의 이견 때문에 중단되고 말았다.[73]

호패법의 시행이 무산된 이후에는 주로 무과를 실시하여 군액을 확

───────────

69) 『광해군일기』 권7 광해군 즉위년 8월 무진 ; 권36 2년 12월 계사 ; 권32 2년 8월 병진.
70) 『광해군일기』 권7 광해군 즉위년 8월 신미 ; 권13 원년 2월 갑신.
71) 『광해군일기』 권13 광해군 원년 2월 경진 ; 권13 원년 3월 갑신.
72) 『광해군일기』 권14 광해군 원년 3월 무신 ; 권173 14년 1월 계해.
73) 한명기, 「광해군대의 대북세력과 정국의 동향」, 『한국사론』 20, 1988, 295~297쪽 참조.

보하려고 노력하였다. 특히 1618년 이후 서북지방의 군사적 긴장이 높아지면서부터는 수시로 무사들을 뽑아 초시(初試)에 참여시키고, 이른바 만과(萬科)를 열어 병력을 대규모로 선발하는 조치를 취하였다.[74] 요동을 수복하겠다고 표방했던 모문룡이 조선 영내로 들어와 후금과의 군사적 충돌 가능성이 더욱 커진 1622년에는 모든 무과 합격자들에게 변방으로 부임하는 것을 역으로 부과하였다.[75] 무과를 통해 배출된 수많은 급제자들을 실제적으로 활용하려고 시도했던 것이다.

후금의 침략을 받아 서울이 함락되는 최악의 상황을 염두에 두고 피난 대책을 마련하는 데도 관심을 기울였다. 그것은 강화도를 '최후의 방어기지'로 삼으려는 노력으로 구체화되었다. 섬을 피난처로 삼으면 유사시 고립될 우려가 있고, 물력을 확보하고 인화(人和)를 유지하는 데 문제가 있다고 신료들이 반대했지만[76] 광해군은 강화도를 정비하려고 부심하였다. 명이 원병을 요청했던 자문이 도착한 이후에는 강화도를 정비하는 데 더욱 힘써 기회가 있을 때마다 곡물을 비축해 놓을 것과 성을 새로 쌓으라고 지시하였다.[77] 모문룡 때문에 후금과의 긴장이 높아지고 있던 1622년(광해군 14)에는 강화도에 태조의 영정을 봉안하는 봉선전(奉先殿)을 건립하였다. 곧 강화도를 유사시의 피난처이자 군사적 거점뿐 아니라 역대의 선왕들이 남긴 전적과 예악문물을 안전하게 보전하는 보장처(保障處)로서 인식했던 것이다.[78]

요컨대 광해군대 대후금 정책은 국왕인 광해군이 주도하였다. 광해군의 일차적 관심은 기미책의 활용을 통해 그들을 자극하지 않고, 그들의 요구를 어느 정도 수용하여 회유함으로써 침략을 막는 데 있었

---

74) 『광해군일기』 권171 광해군 13년 11월 기해.
75) 『광해군일기』 권173 광해군 14년 1월 무오.
76) 『광해군일기』 권15 광해군 원년 4월 신유.
77) 『광해군일기』 권128 광해군 10년 5월 갑진.
78) 강화도를 보장처로서 중시했던 광해군의 이 같은 노력은 이후의 국왕들에 의해서도 계승되었다(이태진, 「강화도 外奎章閣 遺址 조사기」, 『규장각』 14, 1991, 141~146쪽 참조).

지만 동시에 침략해올 경우를 대비하여 구체적인 방어 대책을 마련하는 데에도 상당한 노력을 기울였던 것이다.

2. 원병 파견을 둘러싼 명과의 갈등

1) 출병을 둘러싼 논의의 전말

1616년(광해군 8) 누르하치의 건주여진은 국호를 대금(大金), 연호를 천명(天命)으로 정하고 수도를 홍경(興京)으로 결정하였다. 이제 명에 대해 완전히 독립국가로서의 기치를 내걸었던 것이다. 이어 이른바 '칠대한(七大恨)'을 내걸고 무순(撫順)을 공격하여 점령했다. 군사적 요충이자 교역의 중심지였던 무순의 함락이 명에게 준 충격은 컸다. 명은 대규모의 토벌군 파견을 준비하는 한편 조선에 대해서도 후금을 협공하는 데 필요한 원병 파견을 요구하였다. 명의 도찰원 우첨도어사 이유번(李惟藩)은 조선에 자문을 보내 병력동원을 준비하라고 요청하였고, 이어 병부우시랑 왕가수(王可受)는 격문을 보내 임진왜란 당시 명이 베풀었던 '재조지은'을 상기시키면서 군병을 동원하여 기일에 맞춰 파견해줄 것을 요구하였다.[79]

명이 후금을 공략하는 데 조선을 끌어들이려고 했던 것은 전통적인 이이제이책의 일환이었다. 1618년 윤 4월, 명의 호과급사중 관응진(官應震)은, 후금과 국경을 맞대고 있는 북관(北關. 해서여진의 葉赫부족을 지칭)과 조선에서 원병을 동원하여 남북에서 후금을 협공하자는 전략을 제시하였다. 전통적으로 명에게 고분고분한 태도를 보여왔던 이른바 '순이(順夷)'를 이용하여 '역이(逆夷)'인 후금을 협공토록 한다는 전략에서 비롯된 것이었다.[80] 관응진 역시 조선에게 원병을 보내라고 요

---

79) 『광해군일기』 권127 광해군 10년 윤 4월 경오, 계미.
80) 『명신종실록』 권569 만력 46년 윤 4월 을해.

구하는 근거로서 왜란 당시의 '재조지은'을 거론하였다. 그런데 명이 조선에 원병을 요청했던 것은 당시 처음 있는 일은 아니었다. 이미 1614년(광해군 6)에도 명은 후금을 토벌한다고 공언하면서 조선에 대해 화기수 1만 명을 동원하라고 요구했던 적이 있었다.[81]

명의 원병 파견 요구를 받아들이는 여부를 놓고 조선 내부에서는 광해군과 비변사 신료들의 입장이 확연히 나뉘고 있었다. 광해군은 전란의 후유증에서 벗어나지 못했던 현실을 들어 시종일관 그것을 거부하려 했고, 비변사는 '재조지은'에 대해 보답해야 한다는 명분을 내세워 그것을 받아들이자는 입장이었다.[82]

광해군과 비변사 신료들 사이의 의견 대립은 '출병의 가부'라는 원론적인 문제부터 시작하여 상황의 변화에 따른 구체적인 대응 문제에 이르기까지 이어졌다. 우선 출병을 요구하려고 명이 보낸 자문에 대한 회답을 어떻게 할 것인가 하는 문제에서도 차이가 났다. 광해군은 ― 명의 군사력으로도 후금을 일거에 제압하는 것은 불가하다고 판단하고 ― 명에 보내는 회답 속에 "경솔하게 정벌하지 말고 다시 헤아려 만전을 기하도록 힘써야 한다"는 내용으로 일종의 충고성 주문을 집어넣으라고 지시했다.[83] 이에 비해 비변사는 번국과 중국 사이에서 지켜야 할 도리는 엄밀하기 때문에 소방인 조선이 대국인 명의 군무에 간여

戶科給事中官應震奏御奴三策…… 一在張威勢 奴北隣北關 南隣朝鮮 北關向與奴角 我每季拔火器兵五百佐之 朝鮮當倭變時 亦受我救援厚恩 宜借北關兵馬向道 搗奴右掖 調朝鮮鳥銃手二三千 同我兵由鴨綠山後搗奴左掖 此以順夷攻奴之大略也.

81) 『광해군일기』 권127 광해군 10년 윤 4월 신미.
    한편 명의 원병요청 전말에 대해서는 稻葉岩吉, 1933, 앞의 책 126~141쪽 참조.
82) 원병파견 여부를 둘러싼 광해군과 신료들의 갈등에 대해서는 이나바 이와키치 (1933), 한명기(1988) 등의 논문을 통해 이미 거론되었다. 그런데 이나바의 서술은 자세하기는 하지만 사료의 제시에 치중하여 전체적인 구도를 명확히 이해하기에는 부족하다. 한명기의 논문은 전체적인 내용이 너무 소략한 단점이 있다. 출병을 둘러싼 논의와 명과의 교섭 전말에 대해 다시 언급하는 이유가 바로 여기에 있다.
83) 『광해군일기』 권127 광해군 10년 윤 4월 계유.
    傳曰…… 以撫院咨文觀之 老酋桀驁 雖以中朝兵力 未能必其一擧剿滅 此回咨中 恐不可輕易征勦 更可商量 務出萬全等語 善措添入以送似當 與大提學相議回咨.

하여 왈가왈부할 수는 없다고 전제하고, 그저 명이 지휘하는 대로 따를 수밖에 없다는 소극적인 입장을 보였다.[84]

광해군은 처음부터 명의 요구를 거부하려고 했다. 그는 우선 명이 원병을 보내라고 요청하는 과정에서 나타난 외교적인 절차상의 문제점을 제기했다. 조선에 자문을 보내 병력을 파견하라고 요구했던 이유번이나 왕가수는 어디까지나 명 신종의 신료일 뿐이며 번국의 입장에서는 황제의 칙서가 내리지 않았으므로 그 요구를 받아들일 수 없다는 것이었다.[85] 광해군은 이 같은 입장에서 직접 북경에 사신을 보내 황제의 의중을 파악하고, 조선의 피폐한 사정을 알려 징병을 면제받거나, 최악의 경우 군대를 징발하더라도 압록강 연안의 의주 등지에서 위엄만 과시할 뿐 국경을 넘지 않도록 하려고 시도하였다.[86] 이런 내용의 요청을 담은 회자(回咨)를 교리 이금(李玲)을 시켜 요동으로 보내고, 박정길(朴鼎吉)을 진주사로 삼아 황제에게 조선의 어려운 사정을 직접 알리도록 하고[87] 성절사 윤휘(尹暉), 사은사 신식(申湜)에게도 비슷한 내용으로 주문을 올리도록 지시하는 등 외교적 경로를 모두 동원하다시피하였다.

광해군은 특히 이금을 시켜 명으로 보낸 자문에서 임진왜란 이후 피폐해진 경제사정, 병농이 분리되지 않는 나약한 군사력, 일본의 침략 위협이 여전히 존재하는 현실, 출병을 요구하는 과정에서 황제의

---

84) 『광해군일기』 권127 광해군 10년 윤 4월 갑술.
　　備邊司啓曰 第念中朝之於外藩 事體截然 軍機至重且密 有非小邦所可與論 以我事理言之 但當受其指揮 臨時進退而已 但此事終不獲已.

85) 『광해군일기』 권127 광해군 10년 윤 4월 무인, 경진.
　　또한 광해군은 징병 요구가 평소 조선에 악감정을 품고 있던 진강유격 丘坦의 공작에서 비롯된 것은 아닌지 의심하기도 하였다(『광해군일기』 권127 광해군 10년 윤 4월 임오).

86) 『광해군일기』 권128 광해군 10년 5월 무자.
　　且念弊邦軍兵 不顧疲弱 一朝驅入 慮必臨陣先動 致損天威 寡君之意 急抄累千軍兵 整待于義州等處 天朝近境之地 以爲掎角聲援 似合機宜矣.

87) 『광해군일기』 권128 광해군 10년 5월 갑오.

칙서가 없었다는 절차상의 하자 등을 거론하면서 명의 요구를 받아들이기 어렵다는 입장을 완곡히 표현하였다.[88]

비변사 신료들은 이 같은 광해군의 태도에 정면으로 반발했다. 그 중에는 당시 집권세력인 대북파의 지도자이자, 그 동안 광해군의 왕권을 호위하는 '첨병'으로 자처했던 대제학 겸 예조판서 이이첨도 끼여 있었다. 그는 춘추대의와 '재조지은'을 상기시키면서 원병을 파견해야 할 시기에 외교문서만을 보내 요행을 도모하는 것은 불가하다고 반박했다.[89] 비변사의 다른 신료들도 명은 '조선의 부모국'이라고 전제하고 그들이 베푼 '재조지은'에 보답하는 차원에서 원병을 보내야 한다고 주장하였다.[90] 당시 합천에 머물고 있던 영의정 정인홍도 체찰사를 국경에 보내 병사를 조발하되 아국의 피폐한 상황을 알리면 징발하는 숫자는 줄일 수 있을 것이라고 하여 출병에는 원칙적으로 동의하였다.[91]

광해군은, 원병을 보내야 한다는 이이첨 등의 주장을 '피폐한 군대를 호랑이굴로 보내는 것'이라 비유하여 일축한 뒤, 이미 자신이 내렸던 전교의 내용과 임연(任兗), 박자흥(朴自興) 등이 제시한 계책을[92] 바탕으로 속히 회답 문서를 만들어 명으로 발송하라고 지시하였다. 당시 대북파를 비롯한 대부분의 신료들이 원병을 보내는 것에 찬성하고 있었던 데 비하여 임연, 박자흥, 박승종(朴承宗), 윤휘 등 몇몇 인사들만이 광해군의 의도에 동조하여 출병에 반대하거나 소극적인 입장을 보

---

88) 『광해군일기』 권128 광해군 10년 5월 기유.
89) 『광해군일기』 권128 광해군 10년 5월 임진.
90) 『광해군일기』 권127 광해군 10년 윤 4월 임오.
　　弘耇希奮尙毅爾瞻馨男時言挺公亮慶全沖悼蘁國晚璘瑾致績盼等議…… 但天朝是我父母之國而有再造之恩 今有外侮 徵兵於我 則在我之道 安可不爲之馳援乎…… 然而以大體言之 則有父子之義 而私情言之 則有必報之義 以此以彼 但不可不爲應援.
91) 『광해군일기』 권128 광해군 10년 5월 계묘.
92) 박자흥은, 후금이 많은 병력에 좋은 화기, 명의 군사적 기교까지 갖춘 상태에 있다는 것을 들어 출병의 위험성을 말하고 다만 국경에 군대를 주둔시켜 그들의 배후를 위협함으로써 명에 간접적인 도움을 주자고 건의한 바 있었다(『광해군일기』 권128 광해군 10년 5월 임진).

이고 있었다.

명 조정에 조선 사정을 직접 호소하여 출병을 막아보려 했던 광해군의 기도는, 원정군을 감독하기 위해 요동으로 파견 나온 경략 양호의 저지 때문에 무산되었다. 임진왜란 당시 경리어사로 조선에 부임했던 그는 조선의 내부 사정에 대해 명의 어느 누구보다도 잘 알고 있었다.[93] 그는 회답사 이금이 이유번, 왕가수 등에게 전달하려고 가져온 회자(回咨) 속에 왜란 이후 조선의 피폐한 형편을 나열하고, 출병을 기피하고 상황을 관망하려는 내용이 있음을 문제삼아 북경으로 가는 길을 막고, 도로 가져가도록 퇴짜를 놓았던 것이다.[94] 이런 사태가 빚어지자 비변사와 삼사 등은, 역시 출병하지 않고 관망하겠다는 내용을 담은 주문을 가져가던 진주사 박정길 역시 양호에 의해 저지될 것이라는 가능성을 들어 그를 파견하지 말라고 주장하고, 이어 광해군의 외교적 입장에 동조했던 임연 등을 탄핵하였다.[95]

사태가 이렇게 진전됨에도 광해군은 황제가 정식으로 출병을 지시하는 칙서를 내리지 않은 상황에서 양호의 협박에 겁을 먹고 병력을 보내서는 안 된다고 강하게 주장하고[96] 이경전(李慶全)을 품획사(稟劃使)로 삼아 양호에게 보내 그의 마음을 돌려보려고 노력하였다. 이윽고 주문사 박정길 역시 양호에 의해 저지되어 북경으로 가는 것이 차단되었다.[97] 양호는, 조선이 명이 베풀었던 '재조지은'에 보답할 생각은

---

93) 임진왜란 당시 양호의 활동에 대해서는 이 책 83~84쪽 참조.
94) 『광해군일기』 권129 광해군 10년 6월 병자.
95) 『광해군일기』 권129 광해군 10년 6월 정축.
　　이들은 또 성절사 윤휘가 가져가는 문서에서도 징병을 회피하려고 꾀하는 내용은 삭제하자고 주장했다(『광해군일기』 권129 광해군 10년 6월 무인).
96) 『광해군일기』 권129 광해군 10년 6월 갑신.
　　傳曰 徵兵雖曰入送 必須引據祖宗朝待降勅後 乃送大兵之例 使經略亦知我國有所受舊例 可矣 今若畏怯經略之言 不爲援例明白開陳 而徑先入送 恐必有後日難堪之弊.
97) 당시 박정길을 접견했던 자리에서 양호는 "조선을 고무시켜 원병을 파견토록 하라"는 내용이 담긴 황제의 칙서를 보여주고 요동지역에 "조선이 일본, 후금과 내통하고 있다"는 풍문이 돌고 있다는 사실을 들어 협박하였다(『광해군일기』 권130 광해군 10년 7월 기유).

하지 않고 무익한 문서만 왕복시킨다고 비난하고 공무 이외의 목적에서 조선 사신이 요동으로 오는 것을 금지시키는 조처를 취하였다.[98] 더욱이 성절사 윤휘가 받아온 신종 황제의 칙서 속에 원병 파견에 응할 것과 조선이 경략의 절제를 받으라고 지시하는 내용이 들어 있자[99] 칙서가 내리지 않았던 '절차상의 문제점'을 들어 출병에 응하려 하지 않았던 광해군의 시도는 벽에 부딪히고 말았다.

최초 명의 도찰원 우첨도어사 이유번 등에게서 출병을 요구하는 내용의 자문을 받은 뒤부터 황제의 칙서가 내려 어쩔 수 없이 출병하게 될 때까지 조정의 논의과정은 각 상황마다 광해군이 주도하였다. 비변사가 출병과 연관된 명 조정이나 요동 무원(撫院)측의 요구를 대체로 수용하려는 입장으로 일관했는 데 비해 광해군은 그를 회피하기 위해 그때 그때 자신의 의견을 하달하면서 대책을 지시하는 등 훨씬 적극적인 모습을 보였기 때문이었다.[100]

광해군의 이러한 자세는 출병을 회피하려는 노력이 결국 실패로 돌아간 이후에도 지속되어 애초 자신이 구상했던 것과 전혀 달라진 상황에서도 나름대로 최선을 다했다. 광해군은 원병을 파견하라는 명의 요구 자체를 거부하려다가 비변사의 반발이 심해지자 징병은 하되 병력을 월경시키지 않고 끝까지 국내에 머물도록 하기 위해 외교적 노력을 기울였다. 이윽고 그것마저 경략 양호의 저지로 무산되자 군대를 보내되 가능하면 명 장수들의 명령을 그대로 따르지 않고 조선군 독자적으로 행동하라고 지시했다. 1619년(광해군 11) 2월 도원수 강홍립이 경략의 명을 받아 조선 포수 5천 명을 만주로 들여보내자, 광해군

---

98) 『광해군일기』 권133 광해군 10년 11월 경인.
99) 『광해군일기』 권132 광해군 10년 10월 갑신.
100) 遼東撫院에 보내야 했던 回咨의 내용을 어떻게 쓸 것인가를 놓고 뚜렷한 대책을 세우지 못하는 것을 질책하는 광해군의 전교에 대해 비변사는 다음과 같이 말한 바 있다. 이를 통해 당시 비변사가 대명외교 전반에서 광해군에게 끌려다니는 상황에 있었음을 짐작할 수 있다(『광해군일기』 권128 광해군 10년 5월 을미).
臣等當上國徵兵之日 不能出一奇策 唯當奉行睿算之不暇 何敢有一毫撗塞之心哉……

제2장 대후금 출병 문제와 대명관계 249

은 강홍립의 경솔함을 책망하고 오로지 패하지 않도록 노력하라고 지시했던 것이다.[101]

광해군의 이 같은 노력이 있었기 때문에 끝내는 병력을 파견했음에도 불구하고, 후금으로부터 별다른 원한을 사지 않았고 동시에 명으로부터도 칭찬받는 상황이 연출될 수 있었다.[102] 이처럼 광해군은 시시각각 상황이 변화하는 가운데도 명에 대한 사대와 후금에 대한 기미라는 외교적 노선을 효과적으로 절충하려고 노심초사했던 것이다.

2) 출병을 회피한 광해군의 의도

광해군이 그토록 출병을 회피하려고 시도했던 이유는 과연 무엇이었을까? 광해군이 출병을 회피하려 했던 배경에는 당시 조선 내외의 정치·사회·경제적 문제가 미묘하게 뒤얽혀 있었다. 곧 조선·명·후금이 얽혀 있던 대외관계, 폐모논의(廢母論議)의 완결을 둘러싼 논의 등 국내의 정국 상황, 왕권 강화를 도모하려는 차원에서 몰두해 있던 궁궐 영건사업, 재정확보책과 연관된 민생 문제 등이 그것이었다. 이러한 정황을 염두에 둘 때 주로 다음과 같은 요인들을 우선적으로 생각할 수 있을 것이다.

첫째, 광해군이 출병을 회피하려 했던 것은 명과 후금 사이에서 가능하면 중립을 지켜 또 다른 전쟁이 일어나는 것을 예방하려 했기 때문이었다. 임진왜란 당시 분조를 이끌고 일선을 누비면서 전쟁의 참화

---

101) 『광해군일기』권137 광해군 11년 2월 정사.
　　下諭于都元帥姜弘立曰 當初渡遼軍一萬 專以兩西精銳抄發 團束敎鍊 將卒相熟 今難輕易換易也 毋徒一從天將之言 而唯自立於不敗之地爲務…….
102) 광해군이 원정군의 총사령관 격인 도원수에 강홍립을 임명했던 것 역시 상당히 치밀한 구상에서 비롯된 것으로 보인다. 강홍립은 본래 광해군의 御前通使 출신이었다(『광해군일기』권15 광해군 원년 4월 병자). 따라서 그는 광해군의 의중을 제대로 짚을 수 있는데다, 중국어에 능통하여 명 장수들을 '요리'하는 데도 가장 적격인 인물로서 파악되기 때문이다.

를 목격했던 광해군으로서는 전란의 후유증을 극복하는 것이 더 중요했다. 또 앞서 언급했듯이 즉위하기까지 광해군과 명의 미묘한 관계를 생각할 때 그로서는 '반명감정'을 가졌을 개연성도 충분하였다. 따라서 그는 원병을 보내는 것을 주저할 수밖에 없었다. 또 광해군은 1만 이상의 병력이 압록강을 건넌 직후 관서 일대의 국경 방어가 허술해진 틈을 타서 누르하치가 역습해오게 되는 상황을 가장 우려하고 있었다.[103]

둘째, 이미 살폈던 대로 조선과 요동의 각 아문 사이의 갈등관계의 연장선에서 이해할 수 있지 않을까 한다. 광해군은 요동의 각 아문들을 불신하였고 이 때문에 그들의 징병요청을 쉽사리 받아들일 수 없었던 것으로 보인다. 요동 무원이 원병을 보내라고 요구했던 직후 "천자의 명이 아니므로 응할 수 없다"고 절차상의 문제점을 제기한 것이나,[104] 출병을 요구했던 배후에 조선에서 경제적 이익을 획득하는 데 골몰해왔던 진강유격 구탄(丘坦)의 농간이 작용한 것은 아닌지 의심했던 것은[105] 바로 이러한 사실을 반영하는 것이었다.

셋째, 광해군의 왕권강화를 위한 노력과 연관된 것이다. 그는 당시 어느 정도 궤도에 올랐던 왕권강화를 위해 추진했던 일련의 사업들이 출병이라는 돌발 변수 때문에 방해받는 것을 꺼려 했던 것이다. 군대를 보낸 이후 역모사건 등과 같은 내부변란이 일어나는 상황, 또 출병에 따른 재정부담 때문에 당시 한창 벌이고 있던 궁궐 영건사업 등이 차질을 빚는 것을 우려했던 것이다. 원병을 보내라고 상소했던 비변사 신료들에게 내린 비답에서 계축옥사(癸丑獄事)가 일어난 이래의 불안한 상황을 환기시키고, 원병을 보낸 뒤 내부변란이 생기면 어떻게 대

---

103) 『광해군일기』 권129 광해군 10년 6월 을유.
　　傳曰…… 今此徵兵 本司似若無憂 而予所甚憂者 若以本道兵使及滿萬兵渡遼 而關西沿江一帶 空虛無備 則必有長驅之患.
104) 『광해군일기』 권127 광해군 10년 윤 4월 임오.
　　傳曰 今此徵兵之咨 不過撫院遊擊之所爲 而非天子之命也 今日撫院安知我國事勢乎.
105) 『광해군일기』 위와 같은 조.

처할 것이냐고 물은 것이나,[106] 군대를 일으키는 일과 토목공사를 동시에 벌일 수 없다는 고사를 들어 궁궐공사를 중지하라는 요청[107] 등을 거부했던 것은 그를 반증한다.

광해군이 자신의 왕권을 안정시키고, 강화하기 위해 보였던 집착은 대단한 것이었다. 차서자(次庶子)인 처지에서 왜란을 맞아 전격적으로 왕세자로 결정된 이후 즉위할 때까지 그는 늘 왕세자로서의 위상을 유지하려고 전전긍긍해왔다. 특히 장자가 아니라는 이유로 그를 왕세자로서 승인하는 것을 미루어왔던 명 조정의 태도, 부왕 선조가 인목대비와 재혼하여 그 사이에서 영창군이 태어난 이후 겪었던 정치적 우여곡절, 즉위 이후 빈발했던 역모사건 등으로 인해 여전히 안심할 수 없었던 정황 등이 그를 불안하고 초조하게 만들었다.[108] 이 때문에 그는 왕권을 강화해야 한다는 강박관념을 지니게 되었고, 그것은 여러 가지 사업을 벌이는 것으로 구체화되었다.

광해군은 왕권강화와 관련하여 일찍부터 『용비어천가(龍飛御天歌)』와 같은 왕실의 권위를 높이기 위해 만들어진 서적들을 인출하는 데 관심을 보였다.[109] 자신의 생모인 공빈(恭嬪)을, 신료들이 격렬히 반대함에도 불구하고 왕비로 추숭(追崇)한 뒤 주청사를 보내 명의 승인을 얻고 관복을 받아냈다.[110] 또 창덕궁 내에서 저주사건이 빈발하고 자신의 거처가 좁다는 것을 이유로 인경궁(仁慶宮), 경덕궁(慶德宮) 등 새로

---

106) 『광해군일기』 권127 광해군 10년 윤 4월 경진.
    今日人心兵力大異於祖宗朝 而一自癸丑逆變之後 憂虞之形 隱伏於不言之中 調兵入送之際 或不無意外之變 不可一二言也.
107) 沈悅, 「備局有司堂上辭免疏」戊午, 『南坡相公集』 권2.
    近年以來 國有大役征徭煩重 小民怨咨 古人曰 足寒傷心 民怨傷國 今之民怨 可謂極矣 不幸又有軍旅之事 自古 兵革土木 勢不倂擧…… 伏願殿下 亟停宮闕之役 專意防備之事 不勝幸甚.
108) 한명기, 「폭군인가 현군인가 —광해군 다시 읽기」, 『역사비평』 44호, 역사비평사, 1998, 163~168쪽.
109) 『광해군일기』 권37 광해군 3년 1월 갑자.
110) 광해군의 생모인 공빈 김씨의 추숭과 관련된 전말에 대해서는 고영진, 『조선중기 예학사상사』, 한길사, 1995, 260~264쪽 참조.

운 궁궐들을 짓는 공사를 대규모로 벌였다. 1612년(광해군 4)에는 서울의 왕기(王氣)가 쇠하였다는 풍문을 믿고 교하(交河)로 수도를 옮기려고 시도했던 적도 있었다.[111] 신료들의 격렬한 반대에 밀려 포기하고 말았던 천도를 위한 시도나 궁궐 영건 모두 왕권 강화의 열망과 연관되어 있었던 것이다.

광해군은 또한 국왕으로서의 권위를 확고히 하려는 의도에서 역모 사건을 진압할 때마다 신료들에게서 존호(尊號)를 받았다. 1621년(광해군 13), 이이첨을 탄핵하는 소청(訴請) 운동을 벌이기 위해 영남에서 단체로 상경했던 유생 오흡(吳潝) 등이 올린 소장에서 광해군에게 붙여진 존호는 40자에 이르렀다.[112] 그런데 실제 광해군이 재위중에 받았던 존호는 '체천홍운준덕홍공신성영숙흠문인무서륜입기명성광렬융봉현보무정중회예철장의장헌순정건의수정창도숭업(體天興運俊德弘功神聖英肅欽文仁武敍倫立紀明誠光烈隆奉顯保懋定重熙睿哲莊毅章憲順靖建義守正彰道崇業)'이라는 48자나 되는 것으로[113] 조선왕조 역대 왕들이 자신

---

111) 광해군대 천도론과 궁궐영건에 대해서는 이병도, 「광해군의 천도론과 경내 양궐 창건에 대하여」, 『진단학보』 33, 1972 ; 홍순민, 『조선왕조 궁궐경영과 '양궐체제'의 변천』, 서울대 국사학과 박사학위 논문, 1996 ; 장지연, 「광해군대 궁궐영건」, 『한국학보』 86, 1997 등 참조.

한편 궁궐영건은 기본적으로 왕권강화를 꾀하는 차원에서 이루어진 것이지만 동시에 전란 이후 광범하게 발생했던 빈민을 구제하는 일종의 사회보장적 차원의 사업으로 생각할 수도 있다. 이미 17세기 초 이래 부역노동의 성격이 변화하여 정부가 주관하는 각종 역사에서 임금을 주고 인부를 고용하는 이른바 募立制가 발전하였는데, 募軍들은 자신들의 자유의사에 따라 고용에 응하고 그 대가로 雇價를 받아 생계를 유지할 수 있었다(尹用出, 『17·18세기 徭役制의 변동과 募立制』, 서울대 국사학과 박사학위 논문, 1991, 227~238쪽 참조).

112) 吳潝, 「請斬李爾瞻疏」, 『龍溪先生文集』 권1(奎 15534).

113) 48자 가운데 '體天興運俊德弘功'은 왜란 당시 사직을 중흥시킨 공로를 기려 1612년(광해군 4)에 받은 것이고, '神聖英肅欽文仁武'는 臨海君, 永昌君, 綾昌君 등이 관련된 역모사건을 평정한 공로로, '敍倫立紀明誠光烈'은 명 조야에 떠돌던 조선에 관련된 유언비어를 변무한 공로로, '隆奉顯保懋定重熙'는 1618년(광해군 10) 종묘사직을 받든 공로로, '睿哲莊毅章憲順靖'는 1620년(광해군 12) 許筠의 역모사건을 평정한 공으로, '建義守正彰道崇業'는 이후 명 황제의 칙서가 내려온 이후 받

의 재위 중에 받은 존호 가운데 가장 긴 것이었다.

왕권을 강화하려는 의지와 관련시켜 또 주목되는 것은 그가 중국 천자만이 할 수 있는 교제(郊祭)를 행하려 했다는 점이다. 그는 "제후의 처지에서 하늘에 교제를 지내는 것은 참월하다"고 신료들이 비판함에도 불구하고 원구단(圜丘壇)을 짓고, 남교(南郊)에서 제천의식을 행하려고 하였다.[114] 삼사의 언관들은 만일 명에서 그 '참월한 사실'을 알게 되면 선조대 '정응태의 무고사건'[115]과 같은 심각한 문제가 발생할 수도 있다는 우려를 제기하였다. 또 광해군이 본받고자 했던 세조대의 전례(前例)는 일시적인 독단일 뿐 답습해서는 안 된다고 반대하였다.[116] 그럼에도 불구하고 광해군은 세조대 거행했던 교제의 절목을 등사해서 올리라고 지시하는 등[117] 교제를 강행하겠다는 의사를 굽히지 않았다. 세조대 교제를 지냈던 전례가 있었음을 들어 자신의 공을 하늘에 과시하겠다고 고집하였던 것이다. 결국은 자신의 건강이 좋지 않음을 들어 연기하는 것으로 종결되었지만[118] 독자적인 교제를 행하려고 시도했던 그의 지향은 당시 명과의 관계를 고려할 때 주목되는 것이었다. 즉 천자만이 교제를 지낼 수 있다고 인식되던 당시 상황에서 그의 시도는, 조선을 명과 다른 독자적인 세계로 인식하는 그의 의식이 반영된 것일 수도 있는 것이다.

이처럼 광해군이 왕권을 강화하기 위해 기울였던 노력은 전후의 어

앴던 존호이다(『광해군일기』 권120 광해군 9년 10월 신유).

114) 『광해군일기』 권106 광해군 8년 8월 정사, 무오, 기미.

115) 1598년(선조 26) 울산전투 직후 명의 병부주사 정응태가 당시 조선에 주둔해 있던 명군의 경리 양호를 탄핵하고, 이어 조선이 일본과 공모하여 요동을 탈취하려 한다고 운운하는 등 무고했던 사건을 말한다.

116) 『광해군일기』 권106 광해군 8년 8월 정묘.
合計雲祥事 郊者祭天 惟天子得而行之 非諸侯所得以祀之也…… 第念此擧 近於非禮 非今日必行之事也 昔在世祖朝 雖偶一行之 而前無所法 後無所繼 是不過一時之獨斷 固非後嗣之遵行也.

117) 『광해군일기』 권106 광해군 8년 8월 정미.

118) 『광해군일기』 권106 광해군 8년 8월 정묘.

느 왕에게도 못지않은 것이었다. 바로 이 같은 상황에서 대북파가 광해군과 밀착할 수 있는 소지가 마련되고 있었다. 즉 이이첨 등 대북파가, 빈번하게 발생하던 역모사건 등의 처리를 전담하면서 이른바 '토역(討逆) 담당자'로서 발신하여 광해군과 밀착할 수 있었고 나아가 권력을 농단할 수 있었던 것이다.[119] 이른바 '폐모살제'는 그 과정에서 일어난 정치적 비극이었던 것이다.[120]

따라서 국내의 정치적 상황과 관련시켜 볼 때 광해군이 출병을 회피하려 했던 이유는 자명해진다. 광해군의 입장에서 출병은, 왕권강화를 위한 일련의 구상들을 추진하는 과정에서 나타난 '복병'으로 인식되었던 것이다. 출병에 따른 재정부담 때문에 민생이 더 어려워지고, 그 때문에 동시에 진행되던 궁궐공사에 대한 반발이 더욱 심해지고, 나아가 변란 발생의 우려가 커지면서 왕권강화를 위한 일련의 구상과 사업들이 차질을 빚게 되는 것을 우려했기 때문이었다.

3. '심하전투' 패전의 문제들

명나라 장수 유정(劉綎) 휘하에 배속되어 후금의 수도인 홍경노성을 목표로 전진하던 조선군은 1619년 3월, 이른바 '심하전투'에서 후금군의 기습을 받아 패배하고, 강홍립 등 조선군 지휘부는 남은 병력을 이끌고 후금군에게 항복하였다. '심하전투'를 비롯하여, 당시 명 원정군이 후금과 벌였던 전투 전체를 보통 '살리호(薩爾滸)전투'라고 부르거니와[121] 이 전투의 결과가 궁극적으로 명청교체의 분수령이 된 것으로 보

---

119) 崔睍,「壬戌擬疏」,『訒齋先生文集』권3.
   (李爾瞻)假討逆之名而設陷人之穽 論議稍異者 輒加以護逆之名……殿下之依毗爾瞻
   正以嚴討逆至義 而爾瞻之終始擅弄 實皆假討逆之威.
120) 한명기,「광해군대의 대북세력과 정국의 동향」,『한국사론』 20, 1988, 313~326쪽.
121) 중국 학계에서는 대개 '살리호전투', 일본 학계에서는 'サルフ전'으로 부른다. 전투
   양상에 대한 설명을 포함한 '살리호전투'에 대한 종합적인 군사적 고찰은 陸戰史

는 것이 일반적이다.

　지금까지 '심하전투'와 관련해서는 주로 조선군이 애초부터 후금군에게 항복하려고 예정하고 있었는지의 여부, 그와 관련하여 조선군의 최고 통수권자인 광해군이 도원수 강홍립에게 미리 밀지(密旨)를 내려 항복하라고 지시했는지의 사실 여부를 따지는 데 초점을 맞춰왔다. 이와 관련하여 일본인 학자 다카와 코조(田川孝三)는, 광해군이 주화론자인 강홍립을 도원수로 임명한 사실 등을 근거로 출전하기 전에 이미 밀지를 내려 투항할 것을 지시했다고 파악하였다.[122] 이에 비해 또 다른 일본인 학자 이나바 이와키치(稻葉岩吉)는 밀지설의 근거로서 이용된 자료들이 대부분 인조반정 이후 광해군을 부정적으로만 평가하던 시점에 기록된 것이라고 보아 신뢰하지 않고, 당시 후금 진영에 억류되어 있다가 귀환한 이민환(李民寏)의 『책중일록(柵中日錄)』의 내용을 받아들여 항복은 사전에 미리 계획된 것은 아니라고 주장하였다.[123]

　그런데 두 사람이 각각 자신들의 주장을 뒷받침하는 근거로 이용하고 있는 『광해군일기』의 내용은 어느 한 사람만의 주장이 맞다고 결론을 내릴 수 있을 만큼 명확하고 간단하지 않다. 1619년(광해군 11) 4월 기록에는 강홍립이 명의 강요에 밀려 전장에 나온 사실과 후금군과 접전하지 않겠다는 의향을 후금측에 미리 전달했다고 하는가 하면, 강홍립의 장계내용과 같이 수록된 사평(史評)에는 광해군이 일찍이 회령에 거주하는 여진족 상인에게 원정 사실을 통보했으며 강홍립의 투항은 미리 계획된 것이었다고 되어 있다.[124] 이 내용은 밀지설을 주장하는 가장 중요한 근거로 활용되고 있다. 하지만 같은 해 3월 기록에는 '심하전투'에서 조선군은 후금군과 접전을 벌였고, 적이 돌격해오면서 사태가 불리해지자 병졸들은 어차피 죽을 것으로 알고 싸우려 했

　　　研究普及會 編, 『明と淸の決戰』, 東京, 原書房, 1972, 69~105쪽 참조.
122) 田川孝三, 『毛文龍と朝鮮との關係について』, 『靑邱說叢』 卷三, 1932, 6~15쪽.
123) 稻葉岩吉, 앞의 책, 1933, 186~196쪽.
124) 『광해군일기』 권139 광해군 11년 4월 을묘, 신유.

는데 후금 진영에서 먼저 조선 역관을 불러 강화를 맺자고 요청했다
고 하였다.[125]

　이처럼 『광해군일기』는 '광해군 밀지'의 존재 여부와 조선과 후금
가운데 누가 먼저 화의를 제의했는지의 여부에 대해 상반되는 내용들
을 동시에 담고 있다. 따라서 어느 주장이 맞는지를 명확히 논증하기
는 어렵다. 또 다카와 코조나 이나바 이와키치의 글을 통해서 각 주장
의 논거에 대해서는 충분히 소개되었다고 생각된다. 따라서 필자는 기
존의 연구들이 거의 다루지 않은 당시 명군과 조선군 사이의 갈등 양
상, '심하전투' 당시의 주력이었던 명군의 전력(戰力) 등에 대해 언급한
뒤 '밀지설', '항복 예정설' 등의 사실 여부에 대해 필자의 의견을 개진
하려 한다.

　'심하전투'에 출전했던 강홍립 휘하의 조선군이 적극적인 전의를 보
이지 않았던 것은 분명하다. 이것은 1619년 2월, 광해군이 강홍립에게
"명군 지휘부의 명령을 그대로 따르지 말고 오직 패하지 않는 전투가
되도록 힘쓰라"고 지시했던 사실에서 이미 예견된 것이었다.[126] 따라서
명군 지휘부와 조선군 사이에는 갈등이 생길 수밖에 없었다. 실제 명
의 요동도사는, 조선군이 전세를 관망하거나 딴마음을 품는 것을 막기
위해 유격 교일기(喬一琦)를 조선군 진영에 감독관으로 파견하여 조선
군의 전진을 독려하고 명령을 어길 경우 군법으로 다스린다고 위협하
면서 엄중히 감시하고 있었다.[127]

　그러나 조선군이 설사 애초부터 싸우려는 의지가 전혀 없었다고 하
더라도 전진하는 도중에 조우하는 후금군과의 전투 자체를 피할 수는

---

125) 『광해군일기』 권138 광해군 11년 3월 을미.
126) 『광해군일기』 권137 광해군 11년 2월 정사.
127) 「明遼東都指揮使箚」 萬曆 46년 10월 10일(稻葉岩吉, 앞의 책, 1933), 170～171쪽에
　　서 재인용.
　　該國官員雖有都元帥姜弘立 幷副元帥金景瑞統領 只恐進攻之時 不無觀望之意 少有
　　逗留退縮 何能陷陣摧鋒 應須中國知勇將官一員 帶領兵馬 隨營監督 臨期發付 令旗
　　令劍 有違令者 許以軍法從事.

없는 것이었다. 한 예로 홍경노성을 60리 앞에 둔 심하에 도착했을 때, 조선군은 후금의 기마대와 맞서 하루 종일 격전을 벌인 바 있었다.[128]

당시 행군하던 조선군이 전의를 상실하게 된 것은 군량이 제대로 공급되지 않았기 때문이었다. 조선 조정은 분호조를 시켜 원정군에게 군량을 공급하게 했는데 선박 등이 제대로 갖추어지지 않아 행군 초부터 군량공급에 문제가 생기고 있었다.[129] 조선군이 압록강을 건넌 것이 1619년 2월 23일이었는데 당시 병사들은 대개 10일분의 군량을 휴대하고 있었다. 그런데 압록강을 건넌 후 숙영하면서 지나야 했던 앵아구(鶯兒溝. 2월 24일) → 양마전(亮馬佃. 25일) → 배동갈령(拜東葛嶺. 27일) → 우모채(牛毛寨. 28일) → 마가채(馬家寨. 3월 1일) → 심하(深河. 3월 2일, 3일) → 부차(富車. 4일)로 이어지는 지역은 험준한 산악과 강이 널려 있어서 행군에 많은 어려움을 겪어야 했다. 더욱이 2월 25일과 26일에는 눈보라가 몰아쳐 장병들의 군장과 옷이 전부 젖는 등 열악한 기상 조건 때문에도 조선군은 체력 소모가 심할 수밖에 없었다. 27일 배동갈령에 이를 때까지 조선군은 말의 배까지 물이 차는 강을 4번이나 건넜는가 하면 군량이 거의 고갈되는 상황에 처했다.[130]

이때 명나라 장수 우승은(于勝恩)은 조선군이 관망한다고 질책하면서 칼을 빼들고 전진하라고 위협하였다. 강홍립은 어쩔 수 없이 보병들에게 짐을 버리고 행군하라고 재촉하여 우모채에 이르게 되는데 그 때문에 군량상황은 더 악화되었다.[131] 심하에 도착했을 때 조선군은 이미 굶주리게 되었고, 결국 근처의 여진족 부락을 뒤져 그들이 묻어놓은 양곡을 파내어 죽을 만들어 먹어야 하는 지경에 이르렀다.[132]

---

128) 『광해군일기』 권138 광해군 11년 3월 을유.
129) 『광해군일기』 권137 광해군 11년 2월 을묘.
130) 『광해군일기』 권137 광해군 11년 2월 기묘, 신사.
131) 李民寏, 「自建州還後陳情疏」, 『紫巖集』 권2.
　　至拜東葛嶺 于守備拔劍催督 且示喬遊擊票文 有曰 朝鮮軍非無糧也 逗留觀望 畏縮太甚 帥臣不得已盡卸步卒所擔 冒曉疾驅 追及天將於牛毛寨 盖提督懼以失期見罪 屢以我軍落後 未易前進爲言 其勢將不無歸罪於我軍 以爲自免之地 故催趲饑卒 倍道兼程 脛腫流血 有不能行步者 右營之卒 尤甚乏食.

이러한 정황을 고려할 때 3월 4일의 패전은 이미 예견된 것일 수도 있었다. 조선군은 명군의 뒤를 이어 부차에 도착했는데 명군은, 미처 대오를 이루기도 전에 귀영개가 이끄는 후금의 철기 3만으로부터 기습을 받아 거의 궤멸되었다. 당시 조선군의 3영은 후금군을 맞아 화포를 쏘면서 응전했으나 갑자기 몰아친 모래바람 때문에 시야가 가려졌는데 그 사이 두 번째 화약을 재기도 전에 철기로부터 유린당하고 말았다.[133]

전세가 기울어 거의 어쩌지 못하던 상황에서 조선군 지휘부가 당황하고 있을 때 후금군이 조선군 진영으로 다가와 통사를 불렀고, 강홍립이 통사 황연해(黃連海)를 내보내 그를 영접하게 한 뒤 부원수 김경서를 적장에게 보내 화약을 맺도록 하였다.[134] 그날 밤 조선군은 한때

---

132) 이민환, 앞의 책, 같은 조.
　　 此時 三營之卒 不食已屢日 提督以燒葬劉吉龍 留住一日 仍令三營放軍掠於部落 得其埋穀 以石磨碎 煮粥而食.

133) 『광해군일기』 권138 광해군 11년 3월 乙未 ; 『연려실기술』 권21 「廢主光海君故事本末」 ; 李民寏, 「柵中日錄」, 『紫巖集』 권5 ; 한편 당시 조선 원군을 포함한 명군과 후금군 사이에 벌어졌던 전투상황에 대한 전사 차원의 자세한 논의는 陸戰史硏究普及會 編, 앞의 책, 제2장 'サルフ戰' 참조.

134) 조선군이 패하고 화약을 맺기까지의 상황을 기록한 『광해군일기』, 『책중일록』, 『연려실기술』의 구체적인 내용은 조금씩 다르다. 『책중일록』과 『연려실기술』을 보면 부차에 도착해서 적의 복병을 만났을 때 강홍립은 중영을 이끌고 행군로의 좌측 언덕으로 올라가고, 좌영은 그보다 앞에 있던 또 다른 언덕에 진을 치게 했고, 우영은 남쪽의 언덕에 진을 치게 했다고 되어 있다. 당시 좌영은 벌판에 진을 치고 있다가 강홍립의 명령을 받아 진을 옮기는 사이에 적의 기습을 받았고 강홍립은 우영을 보내 좌영을 구원하게 하였다. 이때 교일기, 우승은 등이 강홍립의 진영으로 와서 명군이 패전했다는 소식을 알렸고, 그 직후 좌우 양 진영이 전투태세를 갖추려 할 무렵 역풍이 불면서 하늘이 자욱해졌고 그 틈에 후금의 철기가 들이닥쳐 모두 함몰되었다고 하였다. 『광해군일기』에는 조선군이 진을 나누는 대목의 구체적인 기술은 생략되어 있다. 다만 선천부사 김응하가 철기에 맞서 끝까지 분전하다가 죽었다는 사실, 서북풍이 부는 사이에 기습을 받아 우영이 전부 궤멸되었다는 사실 등을 적었다.
　　 화약을 맺게 되는 장면에 대해 『광해군일기』에는, 적이 돌격해오자 중영의 장졸들이 어차피 죽을 것으로 알고 싸우려 하는데 적이 역관 하서국을 불러 강화를 맺자고 청해서 김경서가 적진으로 가서 약속을 했다는 것, 호남의 무사 한 사람

후금군의 포위망을 뚫어보려고 병사들을 독려하였지만 굶주리고 지친 병사들은 아무도 응하는 사람이 없었다고 한다.[135] 이민환은 이어 당시 귀영개 등이 조선군 지휘부를 인간적으로 대우하고 적대하지 않겠다고 하늘에 맹세하는 것을 보고 항복을 결심했다고 적었다.[136] 이처럼 조선군이 통수권을 명군에게 빼앗긴 채, 그들의 협박과 독단에 밀려 군량도 없이 전진하여 궁극에는 전투능력을 상실했던 상황에서 후금군에게 투항한 것은 어쩔 수 없는 선택일 수도 있었다.

강홍립 등 조선군 지휘부가 뚜렷하게 전의를 드러내지 않았고, 궁극에는 후금군에게 패하여 항복함으로써 결과적으로 명의 정벌계획이 수포로 돌아가는 데 일조를 했던 것은 사실이었다. 인조반정 직후, 이러한 상황을 들어 심광세(沈光世) 같은 인물은 "강홍립 등이 군사기밀을 후금에게 누설했고, 그 때문에 명군이 패하게 되었으며 궁극에는 요동 전체를 후금에게 빼앗기게 만들었다"라고 하여 요동을 상실당하

이 이민환에게 대의로써 질책하고 결사항전하자고 했으나 이민환이 그를 묵살했다는 내용 등을 적었다. 『책중일록』에는 적에게 거의 몰살당했던 좌영 소속의 군졸 한 사람이 강홍립에게 달려와 "적이 좌영에 와서 계속 통사를 찾았는데 진영에 통사가 없어서 대답을 못했다"고 보고하자 강홍립이 통사 황연해를 보내 만나게 하자 적이 "우리는 명과 원한이 있다. 그러나 너희 나라와는 그렇지 않다. 그런데 왜 우리를 치러 왔느냐?"고 힐문을 했고 그에 대해 황연해가 "양국 사이에는 원한이 없었다. 이번 출병은 부득이한 것이다"라고 응답하면서 두세 차례 왕복한 뒤에 다시 적이 藩胡를 보내와 화약을 맺자고 청한 것으로 적었다. 이에 비해 『연려실기술』은, 적이 좌우영을 함락시키고 중영으로 닥쳐올 준비를 하자 강홍립이 군중에 영을 내려 준비를 명하였고(싸울 준비인지, 아니면 항복할 준비인지는 불분명), 애초에 번호에게 보냈던 통사 하서국을 따라온 번호 한 사람이 연이어 통사를 부르므로 강홍립이 황연해를 보내 그를 맞게 했다고 적었다. 이어 황연해가 먼저 "우리는 너희와 원수진 것이 없다. 지금의 일은 부득이한 것이다"라고 하여 화의를 맺은 것으로 되어 있다(『광해군일기』 권138 광해군 11년 3월 을미 ; 이민환, 「책중일록」 ; 『연려실기술』 권21 「폐주광해조고사본말」).

135) 이민환, 「책중일록」 만력 기미 3월 4일, 『紫巖集』 권5.
夜間 賊騎四面圍往者 不知其幾百匝 巡邏之聲 達夜不止 陣中議欲潰圍出走 則飢困士卒 無一應者.

136) 이민환, 「책중일록」 ; 한편 이민환에 따르면 화약이 맺어진다는 소식을 들은 직후 조선군 병사들은 기뻐 날뛰었다고 하였다.

고, 명이 쇠망에 이르게 된 모든 책임을 광해군과 강홍립에게 돌리는 극단적인 주장을 펴기도 하였다.[137] 그러나 당시 후금을 치는 원정군의 주력은 어디까지나 명군이었고, '심하전투'를 포함한 원정 전체가 실패로 끝난 책임 역시 거의 전적으로 명군의 몫이었다. 당시 원정에 임했던 명군의 상황은 어떠했는가?

당시 원정에 나선 명군의 전력은 후금군의 그것에 비해 우세한 것이 못 되었다. 우선 병력의 측면에서 그러했다. 명측 기록에는 명군 병력이 47만이니 20만이니 하면서 그 성세를 자랑하고 있었지만 실제로는 10만 미만이었고, 그나마 조선과 해서여진의 예혜부(葉赫部)에서 차출한 병력이 2만 5천 가량을 차지하고 있었다. 따라서 명의 병력은 기껏 7만 안팎에 불과한 실정이었다.[138] 이에 맞선 후금군의 병력은 대략 5만~6만 정도로 추산되고 있었다.[139] 승패를 가르는 다른 요인들을 고려하지 않을 때, 보통 공격하는 측의 병력이 수비하는 측의 그것보다 3배 정도는 되어야 승리를 기대할 수 있다고 본다면 명군의 병력은 원정군으로서 면모를 제대로 갖추었다고 하기 어려운 것이었다.

명군 병사들의 자질 역시 열악했다. 우선 병력을 명 각지에서 급작스럽게 끌어모아 투입했기 때문에 정예병으로 훈련시킬 겨를이 없었다. 더욱이 '심하전투'를 전후한 무렵, 징병에 응모하는 인력 가운데 좀 나은 축이 시정의 무뢰배들이고, 아니면 생계를 꾸리기조차 힘든 유개(流丐)들이라는 지적이 나오는 상황이었다.[140] 이런 수준의 병력으로,

---

137) 沈光世, 「癸亥時務疏」, 『休翁集』 권4.
　　而己未征虜之日 五六兇竪 逢迎主惡 鼓倡向衰方張之說 助背華附虜之計 終乃漏泄師期 覆我王師 遂使天朝坐失全遼 至今貽東顧之憂 令天下騷然者 無非此輩之所爲也.
138) 陸戰史研究普及會 編, 1972, 앞의 책, 49～51쪽.
139) 黃仁宇, 「1619年的遼東戰役」, 『明史研究論叢』 5輯, 江西古籍出版社, 1991, 175쪽.
140) (明) 郭淐, 「東事疏」, 壬戌 2월, 『東事書』(『玄覽堂叢書』 제106책, 서울대 도서관 구관장서).
　　臣不知遼左之訓練何如 將令何如 臣居臣鄕 見兵之過者 屢矣……臣見應募之兵矣 高者尙是市井無賴 卑者盡偸兒丐者也……兵不成兵 將不成將 是以訓不成訓 練不成練 如此兵將 雖團聚百萬 不能殺一賊 如此招調 罄盡內帑 不能作一事也.

오랫동안 공동체 조직 속에 편제되어 전장을 누벼온 후금의 팔기병(八旗兵)들을 당해낼 수는 없었다.

명군이 지닌 무장과 화력 역시 만족할 만한 수준이 못 되었다. 한 예로 강홍립의 보고에 따르면, 조선군을 휘하에 거느린 유정의 동로군(東路軍)은 대포조차 없다고 하는 형편이었다.[141] 이런 이유에서 1619년 1월, 경략 양호는 차관을 보내 조선의 숙련된 포수들을 빨리 들여보내라고 독촉한 바 있었고,[142] 서로군(西路軍) 사령관 두송(杜松) 역시 조선 포수 4초(哨)를 데려다가 선봉으로 삼았을 정도였다.[143] 자신들의 전력이 보잘것없었기 때문인지 명군은 후금군과 싸우기 이전부터 조선군만 믿고 있다는 보고가 올라오는 형편이었다.[144]

명군 지휘관들에게도 문제가 있었다. 지휘관들 사이에 인화가 이루어지지 않았거니와 심각한 갈등이 빚어지고 있었다. 당시 명군은 병력을 나누어 네 방향에서 홍경노성을 향해 전진하였다. 각 단위 부대의 사령관이었던 두송(杜松. 좌익중로군), 마림(馬林. 좌익북로군), 이여백(李如栢. 우익중로군), 유정(劉綎. 우익남로군) 등은 명성과 계급이 각각 비슷하여 서로 상하·예속 관계가 성립될 수 없었다. 이 때문에 총사령관인 양호가 통괄적으로 지휘권을 행사하여 각 단위부대를 묶어 협동작전을 도모하는 데 애로를 겪게 되었다. 한편으로는 지휘관들이 공명심을 다퉈 무모한 경쟁을 벌임으로써 결국 후금군에게 각개 격파당하고 말았다. 특히 두송은 일찍이 "공을 너무 탐한다"는 비난을 받았거니와 경솔하게 먼저 전진하다가 전멸당함으로써 후금군이 동쪽 방면으로 병력을 집중할 수 있게 만들었고, 궁극에는 전군이 패배하게 되는 결과를 초래했다.[145]

총사령관인 양호의 문제점도 컸다. 동로군 제독 유정은 강홍립에게,

---

141) 『광해군일기』 권137 광해군 11년 2월 경진, 신사.
142) 『광해군일기』 권136 광해군 11년 1월 정미.
143) 『광해군일기』 권138 광해군 11년 3월 무술.
144) 『광해군일기』 권138 광해군 11년 3월 병술.
145) 黃仁宇, 위의 논문, 1991, 176~177쪽 ; 『광해군일기』 권138 광해군 11년 3월 갑오.

"경략 양호와 사이가 좋지 않아서 나서고 싶지 않았지만 죽기를 작정하고 어쩔 수 없이 출전했다"라든가, "천시(天時)와 지리(地利)가 전혀 불리함에도 불구하고 병권이 없어서 어쩔 수 없다"고 운운하는 등 적과의 접전이 벌어지기 이전부터 자포자기적인 태도를 보이고 있었다.[146] 유정과 갈등을 빚었던 총사령관 양호는 임진왜란 당시 조선에서도 이여송 집안의 형제들을 비호했다고 비판받았고, 나아가 그가 개인적이고 파벌적인 이해 관계에 집착하는 바람에 1598년 울산전투에서 패배를 초래했다고 비난받은 바 있었다. 또 『신종실록』의 사신(史臣)은 1619년 '심하전투' 당시 양호를 경략으로 기용한 명 조정의 조처를 비판하고, 양호가 당시에도 이여송의 동생인 이여매(李如梅)만을 비호하다가 결국 전군을 패배하게 만들었다고 하여 요동 상실의 가장 큰 책임을 양호에게 돌렸다.[147]

명군의 원정이 실패로 끝난 뒤, 서광계 역시 명군이 패할 수밖에 없었던 원인을 분석한 바 있었다. 그는 무기와 장비, 작전, 기율, 정탐 등 전투의 승패를 가르는 모든 측면에서 명군은 후금군의 상대가 되지 못하였다고 단언하였다.[148] 수적으로 월등한 우세를 확보하지 못한

---

146) 『광해군일기』 권137 광해군 11년 2월 경진.
　　答曰 楊爺與俺自前不相好 必要致死 俺亦受國厚恩 以死自許…… 臣問曰 進兵何速也 答曰 兵家勝算 唯在得天時得地利順人心而已 天氣尙寒 不可謂天時也 道路泥濘 不可謂得地利 而俺不得主柄奈何 頗有不悅之色.
147) 『명신종실록』 권317 만력 25년 12월 병술.
　　鎬罷後二十年 酋難作 復起鎬爲經略 仍用李如梅爲大帥 而有三路喪師之師 盖鎬與李氏兄弟比 以遼事首尾數十年 卒以破壞 故致恨亡遼者 以鎬爲罪魁云.
148) 「敷陳末議以殄兇酋疏」, 『徐光啓集』 권3(上海古籍出版社 新活字本, 1984), 上冊, 97～98쪽.
　　伏見奴酋作逆以來 措餉調兵 經營浹歲 終于覆軍隕將 三路敗衄 此皆我謀之不臧 非賊之智力果不可敵也…… 試論近日遼東之戰 我有一可勝敵乎 敵有一不勝我乎 杜松矢集其首 潘宗顔矢中其背 是總鎭監督尙無精良之甲冑 況士卒乎 杜松劉綎潘宗顔皆偏師獨前 豈非無紀律乎 兵與敵衆寡相等 而分爲四路 彼ую以四攻一 我常以一敵四 豈非不知分合乎 戰車火器我之長技 撫順臨河不濟 開鐵寬奠皆離亡不屬 豈非無政敎乎 出關四十里 遇水不能渡 遇險不能過 入伏不能知 豈非不識地利 哨探無法乎 如是而求幸勝 果必不得之數也.

상황에서 승리하려면 병력을 한곳에 집중해야 했음에도, 그것은 고사하고 인접부대가 후금군의 공격을 받아 궤멸됨에도 불구하고 구원하려는 시도조차 해보지 못한 것이 명군이었다. 이 같은 정황을 토대로 황인우는, 명군이 승리를 바라는 것은 애당초 무리였고 오로지 누르하치가 실수를 저지르기만을 기대할 수밖에 없는 형편이었다고 진단하였다. 나아가 명군의 패전은, 당시 관료제도의 문제점을 비롯한 명 왕조 자체의 구조적 문제점에서 비롯된 필연적인 결과였다고 설파하였다.[149]

원정군의 주체였던 명군이 지닌 이 같은 문제점을 고려할 때 그들에게 밀려 독자적인 작전권을 갖지 못하고, 군량조차 확보하지 못한 채 전장으로 나아가야 했던 조선군의 패전과 항복은 이미 예견된 것일 수밖에 없었다. 실제 '심하전투', 구체적으로는 부차(富車)에서 벌어진 전투에서 전사한 조선군의 숫자는 최대 9천 명 정도였다.[150] 결국 조선이 파견한 원정군의 전투 병력 가운데 80퍼센트 이상이 몰살당한 것이다. 만약 강홍립 등이 사전에 항복을 결심했고, 그 사실을 후금에 통보했다면 과연 이렇게 많은 전사자를 낼 수 있었을까 의문이다. 더욱이 당시 정복전쟁을 통해 확대되어가던 토지를 경작하기 위한 노동력이 아쉬웠던 후금은 무엇보다 포로의 확보가 절실했던 상황이었다. 이 같은 상황을 고려할 때 —조선군이 미리 항복하겠다고 통보했다면— 후금군이 조선군을 그렇게 함부로 살육했을까 하는 의문이 남는다. 따라서 필자는, 광해군이 사전에 밀지를 내려 항복을 지시했다는 주장보다는 강홍립이 전장에 임해서 상황을 보아 조선군의 거취를 결정했다고 하는 것이 더 합리적이라고 보는 입장이다.

---

149) 黃仁宇, 1991, 앞의 논문, 192~193쪽.
150) 이 책 288쪽 각주 87) 참조.

제3장

'심하전투' 패전 이후의 대명관계

1. 명의 조선 평가와 재징병 요구

우여곡절 끝에 원병을 파견하여 '심하전투'에서 패했던 이후 명은 조선을 어떻게 평가했으며 또한 조선에 대해 어떤 정책을 취했을까? '심하전투' 이후 명이 조선에 대해 보였던 반응은 긍정적인 것과 부정적인 것이 같이 나타나고 있었다. 하나는 조선이 어쨌든 원병을 보냈던 사실 자체를 높이 평가하여 포상해야 한다는 입장이었고, 다른 하나는 강홍립 등의 투항과 후금 잔류 등 일련의 행동을 고의적인 것으로 의심하고 비난하는 입장이었다.

먼저 조선을 긍정적으로 평가했던 측면을 살펴보자. 1619년 4월, 예부좌시랑 하종언(河宗彦)은 조선의 많은 장졸들이 명을 위해 목숨을 바쳤다고 높이 평가하고 그들을 두루 위로하는 조처를 취하자고 청한 바 있었다.[1] 같은 해 5월, 신종은 경략 양호의 청을 받아들여 조선을 치하하는 의미에서 은 3만 냥을 하사하였다.[2] 또 병부상서 황가선(黃嘉

---

1) 『명신종신록』 권581 만력 47년 4월 임술.
   禮部署部事左侍郎河宗彥題 軫念陣亡諸臣速賜恩恤以慰忠魂…… 朝鮮將士多殉焉……
   至于朝鮮死事將士 亦當速爲周恤 一以堅朝鮮之擁護.

善)은 조선이 원병을 파견했던 사실 자체를 높이 평가한 뒤 조선이 요청한 궁면(弓面), 염초, 식량 등을 보내주되 원병을 보내 피해를 많이 입었던 것을 감안하여 우대하는 뜻으로 염초 등을 평소보다 2배를 지급하자고 요청하였다.[3]

다음으로 조선을 의심하는 분위기도 심상치 않았다. 그것은 무엇보다 조선군 도원수였던 강홍립이 항복한 뒤 후금 진영에 머물고 있다는 사실이 알려졌기 때문이었다. 북경의 명 조정보다 요동지역에서 이러한 분위기가 두드러졌다. 실제 요동군문(遼東軍門)은 조선 조정이 항복한 강홍립의 가족들을 어떻게 처리하는가를 주목하고 있었거니와 우승은(于承恩) 같은 이는 조선에 사람을 보내 정탐까지 한 바 있었다.[4] 1619년 7월, 명의 차관 원견룡(袁見龍)은 강홍립이 후금 진영에 머물면서 조선 조정과 연락을 취하는지를 힐문한 바 있었다.[5] 나아가 요광지역에는 조선과 후금이 결탁하여 화친을 할지도 모른다는 유언비어가 창궐하였다.

이러한 분위기에 편승하여 조선을 확실하게 장악하여 후금측으로 기울어지지 않도록 해야 한다는 이른바 '조선감호론(朝鮮監護論)'이 대두하였다. 이러한 주장을 폈던 인물은 서광계와 운남도어사(雲南道御史) 장지발(張之發)이었다. 서광계는 1619년 6월에 올린 상소에서, 조선은 이미 '심하전투'에서 패하여 얼이 빠져 있는 상태인데다 강홍립 등이 후금 진영에 인질로 잡혀 있으므로 후금이 그를 미끼로 조선을 위협하여 끌어들인다면 마음 놓고 서진(西進)할 수 있게 된다고 경고하였다.[6] 그는 이어 예로부터 천자가 대부(大夫)를 시켜 방백(方伯)의 나

2) 『명신종실록』 권582 만력 47년 5월 정해.
3) 『명신종실록』 권583 만력 47년 6월 을해.
4) 『광해군일기』 권139 광해군 11년 4월 을묘 ; 우승은은 요동에 원정할 당시 조선군이 전진을 회피한다고 칼을 빼들고 전진을 재촉했던 바로 그 인물이었다(이 책 258쪽 각주 131) 참조).
5) 『광해군일기』 권142 광해군 11년 7월 무술.
6) 徐光啓, 「遼左阽危已甚疏」, 『徐光啓集』 권3(上海古籍出版社, 1984) 상, 113쪽.
朝鮮則師徒喪敗 魄悸魂搖 昨傳謗書恐喝挑激 鮮之君臣事勢狼狽 既爲遜辭復之 繼以

라를 감독하는 것은 관행이었다고 전제한 뒤, 임진왜란 당시 조선에 은혜를 베풀었던 사실을 상기시키고 명이 조선을 감호하여 이용함으로써 후금에게 보탬이 되지 못하도록 막아야 한다고 강조하였다.[7]

서광계는 자신이 직접 조선에 가서 군신들을 설득시키겠다고 자청했는데 상소 직후 신종이 그를 하남도감찰어사(河南道監察御史)로 임명하여 도성의 방어를 맡기는 바람에 그의 조선행은 좌절되었다.[8] 그런데 조선을 '감호'하여 끌어들이겠다는 서광계의 의지는 집요한 바가 있었다. 그는 이미 1618년, 초좌사(焦座師)에게 보낸 편지에서도 조선에서 2만 명의 병력을 징발하여 후금을 협공하겠다는 의중을 토로한 바 있었다.[9] 이듬해인 1619년, 초좌사에게 다시 보낸 서신에서도 조선을 끌어들이려면 자신이 아니면 안 된다고 강조하고, 결국 그것이 무산된 것에 아쉬움을 피력하는 등[10] 조선을 '감호'하여 원병을 불러모으는 데 대단한 집착을 보였던 것이다.

장지발 역시 조선이 후금의 위협에 굴복하여 그들과 연합하게 될 것이라고 예상하였다. 그는 조선이 굴복할 경우, 후금이 조선의 수군을 이용하여 등주와 내주를 엿보고 나아가 서주(徐州)와 연주(兗州) 등

敗將俘軍覊留爲質 且恍且誘 逐入牢籠 贊幣餼牽 交酬還往 鮮奴之交已合 蕩然無復東方之慮矣 從此安心西略…….

7) 서광계, 앞의 책, 113~114쪽.
臣考古制 天子使大夫監於方伯之國…… 皇上數年宵旰 殫財竭力 爭滅國於强倭之手 挈而與之 今者不賴其用 而棄而資敵 失策之甚者也…… 臣之愚計 謂宜倣周漢故事 遣使宣諭 因而監護其國 時與闡明華夏君臣 天經地義 加以日逐警醒 使念皇上復國洪恩 無忘報答.

8) 서광계, 「傳記」, 附錄 一, 앞의 책 하, 553~554쪽.

9) 서광계, 「復太史焦座師」, 앞의 책 하, 454~455쪽.
今之愚見 欲當事者大有振作 博求海內名工名技以爲兵師 如甲冑車仗軍火器械之類 物究其極…… 以是出關 益以遼士二萬 北關一萬 更欲徵朝鮮二萬 兩路牽制 一路出攻 約周歲之內 可以畢事.

10) 서광계, 「又」, 앞의 책 하, 456쪽.
國無武備 爲日久矣…… 妄有論列 冀當事採用 非必身爲之也 獨朝鮮一行 自信非啓不可 行則必樹尺寸之效 而誤辱主知 委以此中兵事 旋念啓之所言 無一見用 徒以事任責成.

내륙지역은 물론 산동과 회남(淮南)에서 북경으로 이어지는 조운로까지 위협하게 될 것이라고 경고하고 그 대책을 마련하자고 주장하였다.[11]

한편 1620년, 형과급사중 증여소(曾汝召)와 이기진(李奇珍) 등은 서광계의 감호론을 강요하지 말고 조선에 사신을 보내 그들을 위로하고 회유하자고 주장하였다. 즉 '감호'를 통해 조선을 강제로 굴복시키는 것보다 조선을 회유하여 그들로 하여금 의주에 병력을 주둔시키게 함으로써 '순치(脣齒)의 형세'를 만들자고 강조했던 것이다.[12]

황가선이나 증여소 등이 조선이 원병을 파견했던 사실 자체를 높이 평가하고 서광계의 '감호' 기도를 비판했던 것은 사실이었지만, 그들의 조선에 대한 배려와 관심은 어디까지나 명의 안위와 연관시킨 전략적인 측면에 있었다. 한 예로 우연방(于燕芳)은 광해군을 명에 대해 '충순한 국왕'으로 평가하고, 조선에 원한을 품게 된 후금이 머지않아 조선을 침략할 것으로 예견하는 등 일견 조선의 장래를 걱정하는 듯하였다. 그런데 만일 후금이 조선을 굴복시킬 경우 ― 장지발이 우려했던 것과 마찬가지로 ― 압록강을 따라 해도를 경유하여 명의 등주, 내주를 공략하게 될 것으로 예견하여 궁극에는 명의 형세가 더욱 급해진다고 경고하였다.[13]

후금이 조선을 굴복시키고, 나아가 조선의 수군을 활용하여 직접 명의 내지를 공략하지나 않을까 우려했던 것은 '심하전투'에서 패한 이후 명의 신료들이 제기했던 거의 공통적인 '시나리오'였다. 장지발, 우연방

---

11) 『광해군일기』 권 145 광해군 11년 10월 임자.
12) (明) 方孔炤, 『全邊略記』(潘喆 外 編, 『淸入關前史料選輯一』, 北京, 人民大學出版社, 1989) 244쪽.
    四十八年二月 刑科曾汝召及李奇珍等曰 監朝鮮之說 徐光啓自請行 莫若遣劉時俊爲宣慰護之 練兵于義州 資脣齒也.
13) (明) 于燕芳, 『巢奴議撮』 十一, 위의 책, 131쪽.
    自麗兵以萬計助我 討賊不勝 死者降者相半 猶不少挫 此爲國王忠順于我 無庸置喙 奈奴脅以此故 益切齒朝鮮 將來勢必犯麗 犯麗得志 爲弦上之矢 勢必從鴨綠江由海島犯登萊 而我益急.

뿐 아니라 '심하전투' 직후 새로 요동경략에 임용되었던 웅정필(熊廷弼) 역시 비슷한 우려를 제기한 뒤, 조선을 확실하게 장악하기 위해 조선의 조공로에 병력을 증강할 것을 주장했던 것이다.

조선은 비록 중국과 오랫동안 이웃에서 우호를 맺어왔지만 원래 딴 마음이 없었다. 다만 보건대, 3월에 출정하기 전에도 형세가 위급했는데 3월 이후로는 더 위급해졌다. 더욱이 그 강하고 사나움은 북관에 비교되지 못한다. 북관이 장차 멸망하려 하는데 하물며 조선이겠는가? 누르하치가 만일 성 아래 병력을 증강시킨다면 형세상 나라를 들어 항복하고 말 것이다. 조선이 만약 항복한다면 (누르하치는) 조선의 선박을 빌려 우리의 등주와 내주를 침범하는 것이 어렵지 않을 것이다⋯⋯.[14]

'심하전투' 패전 이후 명은 위와 같은 이유 때문에도 조선의 향배에 신경을 쓸 수밖에 없었던 것이다. 한편으로는 조선이 후금측으로 기울지 못하도록 견제하되 또 한편으로는 다시 한 번 조선에서 원병을 징발하여 후금을 공략하는 것, 이것이 바로 명의 의도였던 것이다. 그리고 그 같은 명의 의도는 곧바로 조선에 대한 재징병 요구로 구체화되었다.

명의 요동도사는 '심하전투' 패전 직후인 1619년 4월, 자문을 보내 조선군의 피해상황을 알려달라고 요구하였다.[15] 그것은 조선군의 피해상황을 파악함으로써 재징병을 요구하기 위한 사전조사로서의 성격이 짙은 것이었다. 이어 같은 해 11월, 요동도사는 차관 원견룡을 보내 1만 명의 병력을 다시 징발해달라고 요구하였다. 원견룡은 먼저 강홍립

---

14) (明) 熊廷弼, 「朝鮮貢道添兵疏」, 『經遼疏牘』(沈雲龍選輯 『明淸史料彙編』 二集, 제1책), 92〜93쪽.
　　朝鮮雖與中國世修隣好 原無他腸 但見三月出征以前 勢在騎虎 三月以後 情若騎牆 況其强悍 不比北關 北關且滅 何況朝鮮 倘奴酋加兵城下 勢必擧國以降 朝鮮若降 借朝鮮之艫艘而犯我登萊不難矣⋯⋯.
15) 『광해군일기』 권139 광해군 11년 4월 신유.

이 후금과 밀통했는지의 여부를 물은 뒤 황제가 내린 은 1만 냥을 전달하고 재징병을 요청했다. 그는 요동이 후금 수중으로 완전히 떨어지면 조선은 명과 격절된다는 논리를 내세워 조선의 원병 파견을 정당화하려 하였다.[16] 광해군이 냉담한 반응을 보이자 그는 우의정 조정(趙挺)에게 편지를 보내 사정을 설명하고, 궁극에는 광해군의 마음을 움직이려 하였다. 그는 조정에게 보낸 서신에서 이번에는 과거와 달리 군량, 염초 등을 전부 명에서 준비할 것이며 조선은 다만 병력만 보내면 된다고 집요하게 요구하였다.[17] 특히 무엇보다도 조선의 화기수를 보내달라고 간청하였다. 원견룡이 이렇게 간청했던 것은 패전 이후 명의 상황이 그만큼 절박해졌다는 것을 반증하는 것이었다.

1621년 4월에는 총독 문구(文球)가 광해군에게 자문을 보내 병력을 정돈하여 명과 힘을 합쳐 후금을 치자고 종용하였고, 예과급사중 주사박(周士樸)은 "조선이 평소 충의로 자처했다"고 평가하고 황제의 칙서를 조선에 보내 원병을 파견토록 하자고 상소하였다.[18] 1621년 5월, 산동등주해방도안찰사(山東登州海防道按察使) 도양선(陶良善)은 조선에 원병을 요청하되 명이 미리 수군 3만 명을 뽑아놓고, 그 가운데 5천 명을 조선병력과 합세시켜 압록강에 진을 침으로써 후금이 조선과 연합하는 것을 막아야 한다고 주장하였다.[19]

1621년 8월, 양호의 뒤를 이어 요동경략으로 부임했던 웅정필은, 지략이 있고 유세에 능한 인물을 다시 조선에 보내 원군을 동원하도록 하되 그 병력을 압록강 근처에 두었다가 명군과 힘을 합쳐 후금을 공략하자고 주장하였다. 그는 조선을 설득하기 위해 파견할 인물로서 감

---

16) 『광해군일기』 권143 광해군 11년 8월 을묘, 기미, 경신, 임술.
17) 『광해군일기』 권142 광해군 11년 7월 무술 ; 권143 11년 8월 을묘, 경신, 임술.
18) 『명희종실록』 권9 천계 원년 4월 병신.
19) 『명희종실록』 권10 천계 원년 5월 계축.
   初 朗先守登時 嘗建議 登遼當相聯絡…… 迨遼事方殷 朗先調監登萊 復建議應設水
   兵三萬 日習水戰 并聽遼東調援以五千人駐朝鮮境上 與朝鮮合兵 夾鴨綠江而陣 以絶
   奴連和朝鮮之謀.

군(監軍) 양지원(梁之垣)을 추천하였다.[20] 이에 황제는 감군 양지원 편에 '심하전투'에서 전사한 조선 장졸들에게 은 3만 냥을 하사하고 칙서를 전달하였다. 칙서의 내용은 조선에게 명과 '기각의 세'를 이루어 후금을 섬멸하자고 종용하는 것이었다.[21]

양지원은 1622년 3월, 조선에 들어와 다시 한 번 원병을 동원할 것과 요민들을 산동으로 수송하는 데 필요한 선박을 제공해달라고 요청하였다.[22] 양지원 일행은―당시 재징병 요청은 실제 조선을 위한 것이라고 전제하고―명에게 요동은 있어도 그만 없어도 그만인 사마귀 같은 존재이지만, 조선은 요동이 없어지면 명으로부터 격절되어 위험하다는 논리를 내세워 재징병 요청을 정당화하려 하였다.[23] 양지원 일행이 비록 과거처럼 병력을 징발하여 요동으로 들여보내라고 요구하지는 않았지만 조선에서 다시 한 번 원병을 동원하려는 명의 의지는 참으로 집요하였던 것이다.

더욱이 1622년, 광녕(廣寧)마저 후금에게 함몰되자 명의 초조감은 더욱 커질 수밖에 없었다. 광녕이 함몰되었다는 것은, 산해관 바깥이 전부 후금에게 점령되었다는 것을 뜻하는 것으로 이제 명이 조선과 연결되기 위해서는 해로밖에는 길이 없게 되었다. 비록 모문룡이 조선 영내로 들어와 있었지만, 그는 조선의 지원이 없으면 존재할 수 없는 조건 속에 있었다.[24] 따라서 명은, 고립무원의 상황에 처한 조선이 후금에게 점령되지나 않을까 우려할 수밖에 없었다.[25] 그뿐만 아니라 조

20) 『명희종실록』 권13 천계 원년 8월 경오.
   時 經略熊廷弼疏言 三方建置須聯合朝鮮 宜得一智略臣前往該國 督發江上之師 就令權駐義州 招募逃附 則我兵與麗兵 聲勢相倚 與登萊音息時通 斯于援助有濟…… 諒該國懼賊併呑之禍 感我拒倭之恩 必不忍推託…… 之垣才略膽氣 本足衝長風破萬里浪 又生長海濱 習知鮮遼形勢要害與民情土俗 可使也.
21) 『명희종실록』 권13 천계 원년 8월 임오.
22) 『광해군일기』 권175 광해군 14년 3월 경술 ; 14년 4월 정해.
23) 『광해군일기』 권177 광해군 14년 5월 정유.
24) 모문룡과 연관된 문제에 대해서는 283~286쪽에서 상론하였다.
25) (明) 郭湛, 「東事疏」, 壬戌 2월, 『東事書』.

선이 어떤 향배를 취하느냐에 대해 신경을 더욱 곤두세우게 되었고, 조선에서 원병을 다시 징발하지는 못하더라도 최소한 후금 쪽으로 경사되는 것을 막기 위해 노력을 기울일 수밖에 없었다. 조선이 광녕이 함몰된 사실을 인지한 직후인 1622년 4월, 산동의 여러 장수들이 다투어 조선으로 나오려고 한다는 지적은[26] 바로 이 같은 상황에서 이해할 수 있다.

'심하전투' 이후 조선에 대해 후금을 치는 데 필요한 원병을 다시 징발하라고 요구하거나, 혹은 병력을 내어 '기각의 세'를 이루자고 요청할 때 명이 내세운 근거 역시 '재조지은'이었다. 위의 웅정필 역시 조선을 설득할 수 있는 근거로서 '재조지은'을 거론하였다. 그는 조선이 왜란 당시 명이 베푼 '은혜'에 감사하고 있으므로 징병 요청을 뿌리치지는 못할 것이라고 낙관적으로 전망한 바 있었다.[27] 감군 양지원 역시 조선이 '재조지은'을 갚으려면 마땅히 군대를 동원하여 성원하라고 촉구하였다.[28]

이처럼 '심하전투' 이후에도 명은 '재조지은'을 내세워 조선으로부터 추가적인 군사원조를 얻어내는 데 골몰하였거니와 광해군과 조선의 입장에서는 명의 이 같은 요구에 어떻게 대처할 것인가를 놓고 부심할 수밖에 없었다.

在昔 遼陽雖陷 奴酋只是奴酋而已 何也 廣寧駐重兵 通好西虜 毛文龍擁數萬之衆 聯絡朝鮮 奴 左顧右眄 猶豫自防 勢尙未成也 廣寧陷矣 我廢關而謝之 奴不西顧 必且以全力圖朝鮮 奴有朝鮮 兵食旣足 稱東帝矣…… 奴有朝鮮 必通日本 購其入犯如此 方是眞正圖解之精兵也 我又將何以禦之也.

26)『광해군일기』권176 광해군 14년 4월 경오.

傳于備邊司曰 昨見西報 山東諸將爭欲出來 梁監軍亦請來 而陶軍門游監軍諸唐將出來者甚多云 雖非此賊 我國果能無事乎.

27)『명희종실록』권13 천계 원년 8월 경오.

28)『광해군일기』권176 광해군 14년 4월 정해.

2. 조선의 외교적 대응

'심하전투' 이후 조선이 명과의 외교관계에서 당면했던 현안은 크게 두 가지였다. 하나는 강홍립 등의 항복으로 촉발된 명의 의구심을 풀고 그들의 재징병 요구를 회피하는 것, 또 하나는 모문룡을 비롯하여 요동 상실 이후 조선으로 밀려오고 있었던 명의 피난민(遼民)들을 처리하는 문제가 그것이었다.

1) 재징병의 거부

'심하전투' 이후 요동도사를 비롯한 명 일각에서 조선군의 투항을 고의적인 것으로, 또 후금과 조선 사이의 관계를 우호적인 것으로 의심하는 시각이 대두되자 조선은 그에 대한 대책마련에 부심하게 되었다. 그런데 '심하전투' 이후로는 대외정책의 추진과정에서 광해군의 발언권이 이전에 비해 월등히 커졌던 상황이었기 때문에 대부분의 정책의 입안과 결정은 그에 의해 주도되었다.[29] 광해군은, 서광계 등이 주창했던 '조선 감호론'이 현실로 나타나고 강홍립 등의 항복을 빌미로 명이 재징병을 요구하는 것을 막기 위해 이정구, 윤휘 등을 변무사(辨誣使)로 파견하여 명의 의심을 풀려고 시도하였다. 이정구는, 명의 의심을 풀기 위해서는 압록강 부근에 병력을 배치하여 명과 '기각의 형세'를 이루는 성의를 보여주어야 한다고 주장했다.[30]

한편으로는 강홍립 등의 항복이 의도적인 것이라고 생각하는 명의 의심과 반감을 누그러뜨리려는 의도에서 '심하전투' 당시 항복하지 않고 끝까지 분전하다가 전사한 선천부사 김응하(金應河)를 현창하는 사

---

29) 이 책 292쪽의 내용 참조.
30) 李廷龜, 「論陳奏箚」, 『月沙先生文集』 別集 권4.
　　辨今日之誣 莫如盡助順之誠 助順之實 莫如盡防守之備 置重兵於江上 一以助天朝椅
　　角之勢 一以防奴賊豕突之患 最爲今日急焉.

업을 벌였다. 김응하는 당시 원정군의 좌영장(左營將)으로 출전하였는데 『속잡록(續雜錄)』 등의 기록에는, 후금군의 공격으로 진이 무너지는 와중에서도 끝까지 분전하여 무수히 적을 베고, 창에 찔려 넘어지면서도 칼을 놓지 않아 후금군도 그의 기개를 칭찬했다고 적혀 있다.[31] 광해군은 그의 분전 소식을 들은 후, 그를 자헌대부(資憲大夫) 겸 호조판서로 추증하였다. 나아가 명사들이 왕래할 때 지나는 길목에 김응하를 모시는 사당을 지으라고 지시하였다.[32] 이 조치는 명사들에 대한 '전시용'이라는 느낌을 강하게 주는데 이른바 『충렬록(忠烈錄)』의 편찬도 비슷한 의도에서 이루어진 것으로 보인다.

『충렬록』은 김응하의 무공을 기리고 추모하는 시집으로, 당시 조정의 대소 신료들이 거의 모두 참여하여 그의 투혼을 찬양하는 시문을 실었다.[33] 그런데 주목되는 것은 이 책을 편찬하는 데 그친 것이 아니라 훈련도감에서 간행하여 국내뿐 아니라 명나라까지 유입되도록 만들었다는 점이다. 이러한 조치 또한 조선에 대해 명이 품었던 의심을 회석시키려는 의도에서 나온 것으로 여겨진다.[34] 강홍립의 가족들을 잡아다가 처벌하라는 주장을 끝까지 회피하면서까지 그를 두둔했던 광해군의 입장에서도 이것은 중요한 계책이었다. 김응하를 현창함으로써, 조선의 장졸들이 후금군과 치열하게 싸웠다는 것과 그의 죽음을 온 나라가 추모하고 있다는 것을 부각시킴으로써 강홍립의 항복에 명의

---

31) 『續雜錄』 己未 4월, 『대동야승』 권30.
32) 『광해군일기』 권140 광해군 11년 5월 무자.
33) 『충렬록』(奎貴 923.55-G417c)에는 당시 조정에서 정치적으로 경쟁 관계에 있던 이이첨, 박승종, 유희분 등을 비롯하여 이정구, 심희수, 조정, 박정길, 유희량, 유몽인, 이안눌, 김류, 이상의, 권반, 조찬한, 한찬남 등 당색을 초월한 거의 모든 신료들의 추모시가 실려 있다.
34) 李喜謙, 『靑野漫輯』 권6(奎古 4250-25).
己未之役 光海與爾瞻 密敎帥臣弘立 觀勢向背…… 而金應河獨奮然不從 別出其所部兵 力戰而死 其義烈 誠無愧於古人 且非中國諸將之所可及者 則襃其節義 以詔來世 固無不可 而然自朝家廣求詩篇 勒成一冊 至令訓局刊布中外 仍以流入中國者 其意不專在於襃其人之節義 而實欲掩其密敎之跡.

관심이 쏠리는 것을 막아보려 했던 것이다.

광해군은, 병력을 다시 징발하라는 명의 요구에 대해서도 대책을 강구하였다. 그는 더 이상의 병력징발은 받아들일 수 없다는 입장을 확고히 하였다. 1619년, 차관 원견룡이 화기수를 다시 징발해달라고 요청하자 '심하전투' 당시 대부분의 화기수가 전사했다는 사실과 거듭되는 흉년으로 인해 재정적 여유가 없다는 이유를 들어 거부하였다.[35] 원견룡이, "임진왜란 때문에 피폐해졌다"고 핑계 대지 말고 '재조지은'에 보답하는 차원에서 병력을 다시 파견하라고 강조하자 광해군은 정연한 논리를 들어 거부의 입장을 밝혔다. 먼저 조선이 원병을 다시 들여보내면, 후금은 분명 그 틈을 타서 창성(昌城)과 삭주(朔州)를 건너와 선천(宣川)과 의주를 가로질러 쳐들어올 것이며 그렇게 되면 조선은 조공로가 막힐 것이라는 이유를 들었다. 이어 여진족 가운데도 해변에서 생장하여 배를 잘 부리는 자들이 있기 때문에 만약 그들이 배를 몰아 바다로 나가면 여순(旅順)이 바로 위협에 노출되므로 명을 위한 가장 좋은 계책은 조선의 평안도를 확실히 지키는 것이라고 설파하였다. 즉 평안도야말로 요양과 심양을 지키는 왼쪽 팔이라고 강조했던 것이다.[36]

광해군은 명의 재징병을 막기 위해 세심한 측면까지 신경을 썼다. 당시 압록강변의 창성에 중국인들이 많이 드나드는 것을 염두에 두고, 그곳에는 군병을 들여보내지 말라고 지시하였다. 중국인들이 그 장면을 목도할 경우 바로 재징병 요구가 제기될지도 모른다는 우려 때문이었다.[37]

광해군은 재징병 요구를 단순히 거부하는 것에 그치지 않고, 역으로 명에게 조선의 안전을 위해 병력을 동원하여 요충지를 지켜달라고 요청하였다. 이것은 재징병 요구를 받아들일 의사가 없음은 물론, 오히

---

35) 『광해군일기』 권143 광해군 11년 8월 정사.
36) 『광해군일기』 권143 광해군 11년 8월 갑자.
37) 『광해군일기』 권139 광해군 11년 4월 갑인.

려 명에 대해 조선을 구원해달라고 요청함으로써 명이 재징병 요구를 아예 꺼내지도 못하게 하려는 '공세적 대응'이라고 할 만한 것이었다. 그는 1619년 4월, 상차관(常差官)이란 명사를 접견했던 자리에서 '심하 전투'에서 정예병 대부분을 상실했다고 강조하고, 명이 속히 대병을 보내 후금이 조선을 치지 못하도록 길목을 지켜달라고 요구하였다.[38] 이어 같은 해 11월에는 윤휘를 시켜 명의 요동경략에게 조선과 만주 의 접경이자 요충인 진강(鎭江)에 명군을 배치해두었다가 후금이 조선 을 침략하면 달려와서 구원해달라고 요청하였다.[39] 이에 대해 비변사는 명의 요양과 심양이 위험한 판국에 달려가서 구원할 생각은 않고, 발 생하지도 않은 후금의 침략을 염두에 두고 징병을 회피하려 한다고 반발했지만[40] 광해군은 단호했다. 출병 여부를 놓고 비변사 신료들과 격렬한 갈등을 겪은 뒤 파견했던 원병이 '심하전투'에서 패전했던 것 은, 이후의 대명정책에서 광해군이 자신의 주장을 관철시키는 데 중요 한 바탕이 되었던 것이다.

당시 명에서도 요동순무 주영춘(周永春)이, 진강은 조선의 조공로이 므로 그곳에 병력을 배치하여 보호해야 한다고 주장한 바 있었다.[41] 요 동경략 웅정필도 진강에 병력을 배치해서 마지막 남은 우방, 조선과 서로 의지해야 한다고 강조하였다. 그러나 광해군이나 주영춘이 제기 한 진강 방어론은 당시 명 내부의 병력 수급상의 문제로 인해 실현될 수 없는 것이었다.[42] 당시 명이 스스로를 추스르기에도 겨를이 없던 형 편에서 조선의 안위까지 신경을 쓸 수 있는 여유가 없었던 것으로 여

---

38) 『광해군일기』 권139 광해군 11년 4월 신유.
39) 『광해군일기』 권145 광해군 11년 10월 계사.
40) 『광해군일기』, 위와 같은 조.
41) 『명신종실록』 권587 만력 47년 10월 무오.
42) 『명신종실록』 권589 만력 47년 12월 계축.
　　經略遼東兵部右侍郎右僉都御史熊廷弼題…… 臣惟朝鮮北關皆我藩籬　今東西旣通
　　北關又陷　僅一朝鮮存亡相依　日者所陳戰守大略　議于鎭江添兵設將　且先于九月間　遣
　　廢將胡國臣領召募新兵二千九百餘人往鎭江…… 乃兵部所調援兵　俱是紙上虛數　十
　　無一二到遼陽者…… 似此光景　何論鎭江　何論朝鮮.

겨진다.

광해군은 이후에도 수시로 명에 고급사(告急使)를 파견하여 조선의 위급한 형세를 알려 환기시키는 정책을 취하였다. 그는 1620년, 고급사 홍명원(洪命元)을 북경에 보내 조선을 보호해달라고 요청하는 내용의 문서를 명 병부에 제출했다. 이미 윤휘에게 지시했던 대로 후금이 조선을 침략하는 상황을 가상하고, 그 경우 적이 반드시 지나야 할 요충지가 창성임을 지적하고, 창성과 밀접하게 연결되는 진강과 관전에 명군을 배치하여 제대로 지켜달라고 요구했던 것이다.

저희 임금께서 중병(重兵)을 얻어 이 두 곳에 주둔시키기를 청하려는 것은 소방의 명맥이 진강에 달려 있기 때문입니다. 그런데 진강은 관전(寬奠)이 아니면 지키기 어렵고, 관전은 소방의 창성과 접경을 이루고 있으니 창성이야말로 적이 침입해오는 제일 중요한 요충인 것입니다.[43]

위와 같은 내용으로 명 병부에 요구하면서, 진강과 관전이 떨어지면 요동 전체가 위험해진다고 역설했다. 또 요좌(遼左)가 떨어지면 조선의 조공로가 막히고, 조선이 명으로부터 격절될 것이라는 논리를 내세워 명을 움직이려 했다.[44] 이것은 명과 후금 사이에서 조선이 차지하는 전략적 중요성을 거듭 강조하여 조선은 명의 안위를 위해서도 명으로부터 원조를 받아야 할 존재임을 환기시키고, 나아가 명의 또 다른 징병 요구를 회피하기 위한 고도로 계산된 대응논리였다.

그런데 홍명원은 이 같은 내용을 담은 문서를 명 병부에 바치는 데 그치지 않고, 명의 사신이 조선을 방문하려는 것을 저지하였다. 당시 명 조정은, 홍명원이 자문을 바친 직후 황제 명의로 조선에 사신을 보

---

43) 洪命元,「呈兵部文」,『海峯集』 권3.
44) 홍명원, 위의 책, 같은 조.
竊念 寬鎭兩處重兵之屯 不特爲小邦計也 誠以全遼之成敗 天下之安危 亦係於此 何也 寬鎭失則小邦之貢路阻塞 天朝之聲聞隔絶……

내 칙서를 반포하고 조선 군대를 위로하기 위해 은 2만 냥을 하사한다고 통보했다. 홍명원은 이에 대해 조선의 물력이 탕갈되어 사신을 접대할 수 없다는 이유를 들어 중지해줄 것을 요청하였고, 명은 그를 수락하였다.[45] 그런데 당시 명은 홍명원의 자문을 받은 뒤 사신을 보내 조선의 내부사정을 기찰(譏察)하려 했기 때문에, 홍명원의 요청을 수락하긴 했지만 조선에 대한 의구심은 더 커졌다. 그래서 감군어사 고출(高出)이란 사람을 보내 진강에 머물게 하면서 조선 사정을 정탐하였다.[46] 이에 조선은 황중윤(黃中允)을 주문사로 명에 다시 보내 홍명원이 흠차사신의 파견을 중지해달라고 요청한 것은, 다른 의도가 있어서 그런 것은 아니라고 해명하였다. 어쨌든 홍명원이 조정의 명령이 없었음에도, 사신을 보내 조선을 기찰하려는 명의 의도를 간파하고 그를 중지시킨 것은 주목되는 것이다.

'심하전투' 이후 광해군이 고급사, 주문사, 재자관(賷咨官) 등 각종 명목의 사신을 빈번하게 명에 보내 조선의 어려운 사정을 알리고, 나아가 예상되는 명의 재징병 요구를 회피하려 했던 것은 일단 소기의 성과를 거두었던 것으로 보인다. 명의 신료들 가운데 경략 웅정필 같은 인물은 심지어 "조선이 중국을 염려해주는 것이 중국이 스스로를 염려하는 것보다 더 심각하다"고 평가한 바 있었다.[47] 또 당시 명에 자주 드나들었던 윤휘, 황중윤 등은 사행하는 도중, 명군의 병력 수와 사기 등 전반적인 군사적 형편을 세심히 관찰하여 광해군에게 보고했던 것으로 여겨진다.[48] 그러한 보고는 향후 명의 동향을 예측하고 그에

---

45) 『광해군일기』 권150 광해군 12년 3월 갑진 ; 권151 12년 4월 무오.

46) 黃中允,「家狀」庚申,『東溟先生文集』권3(奎古 3428-418).
　　四月 差天朝奏聞使…… 盖天使之所以來者 意不在慰諭 而實譏察我也 該部乃從命元之請 而疑我益甚 仍以高出爲監軍御史 留鎭江爲譏察計.

47) 『명신종실록』 권590 만력 48년 1월 임인.
　　經略熊廷弼奏 朝鮮自去冬來告急之使凡六七至 所以報賊情而求援者 日緊一日…… 其所以爲我中國慮者 甚于中國之自爲慮 而我可以無兵之故 支吾應之 未誤朝鮮而先自誤乎.

48) 한 예로 황중윤은 '심하전투' 직후인 1620년 5월, 요동지역의 명군 상황을 다음과

대해 대책을 마련하는 데 기본적인 자료로서 활용되었을 가능성이 큰 것이었다.

자신들을 원조해달라는 명의 요구는 이후에도 계속되었다. 1621년, 요동경략은 조선에서 구리냄비 1만여 개를 거두어 갔고, 같은 해 관전 참장 왕소훈(王紹勳)은 진강에 이르러 조선에 격문을 보내 구원을 요청하였다.[49] 1622년, 명이 하남안찰부사(河南按擦副使) 양지원을 보내 조선을 고무시킨다는 명목으로 칙서와 은을 하사한 뒤 원병을 징발하고, 선박을 제공해달라고 요청했을 때에도 광해군은 그를 거부하였다. 광해군은, 선박을 보내라는 요청은 수용했지만 징병 여부는 상황의 추이를 보고 판단하겠다고 즉답을 회피하였다. 이미 황중윤 등의 견문과 보고를 통해 요동의 명군이 피폐한 상황에 있으며, 나아가 후금군과 교전하면 승리를 장담할 수 없다는 것을 알고 있었기 때문에 그에 쉽사리 응하려 하지 않았던 것이다.

광해군은 오히려 양지원에게, 모문룡이 조선 영내에서 사단을 일으키기 때문에 후금의 공격을 받을 가능성이 높다는 사실을 환기시키고 그를 데리고 돌아가도록 종용했는가 하면[50] 양지원에게도 귀환할 때 대로를 경유하지 말고 궁벽진 곳으로 들어가 혹시 있을지도 모르는 후금의 공격을 피하라고 권유하였다.[51] 이어 그가 조선에 오래 머물면서 계속 징병을 요구하게 되는 상황을 우려하여 그의 사욕을 채워주면서 빨리 귀환하도록 분위기를 조성하였다.[52]

같이 세심하게 관찰하여 기록으로 남기고 있다(黃中允,「西征日錄」경신 5월 4일,『東溟先生文集』권6).
余上年六月 以賚咨官入遼東 當時 經略楊鎬新敗之餘 殘卒不滿數萬 兵綱將令俱解弛 加以楊鎬方在彈駁待罪中 全不爲收拾計 見之極可虞 今觀熊經略所領軍兵 則氣勢稍 振 雖非往年之比 而軍未免怯懦 馬盡爲疲 以此對敵 似不可恃……

49) 『연려실기술』권21 폐주광해조고사본말.
50) 『광해군일기』권176 광해군 14년 4월 계미, 을유, 정해 ; 권177 14년 5월 임인.
51) 『광해군일기』권176 광해군 14년 4월 무자.
52) 『광해군일기』권176 광해군 14년 4월 기축. 실제 양지원은 조선에서 약 7만 냥 이상의 은을 징색하여 돌아갔고, 명에서도 그것이 문제가 되어 삭탈관작되었다.

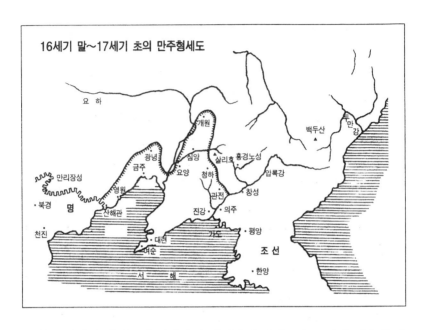

16세기 말~17세기 초의 만주형세도

당시 명나라 사신들이 빈번하게 왕래하자 광해군은 그들이 서울에 머물 때 비변사로 하여금 그들의 동태를 감시하라고 지시하였다.[53] 후금과의 관계 등 국가기밀이 그들에게 노출되는 것을 피하기 위한 조처였다.

요컨대 광해군은, '심하전투' 이후에도 계속된 명의 재징병 요구를 원천적으로 회피하려고 노력했던 것이다.

2) 요동 난민(難民)과 모문룡에 대한 대책

명의 재징병 요구에 대한 대응 문제와 함께 '심하전투' 이후 조선과 명 사이의 외교적 쟁점으로 떠오르고 있었던 것은 당시 조선으로 몰려들고 있던 요민들을 처리하는 문제였다. 뿐만 아니라 '요동 수복'을 기치로 내걸고 조선 영내로 들어와 군사적 거점을 마련하려 했던 명나라 장수 모문룡에 대한 대응 문제 역시 만만치 않은 것이었다.

---

53) 『광해군일기』 권163 광해군 13년 3월 무신 ; 권176 광해군 14년 4월 경진, 신사.

1618년 무순을 함락당한 뒤부터 명이 후금과의 전쟁에서 연이어 패하고, 후금의 군사력이 요동을 휩쓸게 되자 이 지역의 명 장졸들이나 주민들은 심각하게 동요할 수밖에 없었다. 요양(遼陽)이나 개원(開原), 철령(鐵嶺) 등 후금군의 점령지역을 떠난 난민들 대부분은 '심하전투' 패전 직후까지도 후금의 군사력이 상대적으로 덜 미치고 있었던 진강(鎭江), 관전(寬奠), 애양(靉陽) 등 압록강 근처의 도시로 피난하였다. 특히 진강은 금주(金州)와 해주(海州) 등을 거쳐 산해관으로, 해로를 통해서는 등주와 내주 등 산동성지역으로, 압록강을 건너서는 조선으로 갈 수 있는 교통의 요지였기 때문이었다.[54] 그런데 웅정필이 지적했던 것처럼 금주나 복주 등은 많은 요동 난민들을 수용할 만한 경제적 여유가 없었다.[55] 따라서 진강이나 애양 등지로 피난했던 난민들은 자연히 산동이나 조선으로 몰려들 수밖에 없었다.

실제 당시 많은 명의 패잔병들이 조선에 들어와 의탁하기도 하고[56] 원래의 거주지를 이탈한 주민들 역시 상당수가 조선 영내로 피난하는 상황이 빚어졌다. 이미 1618년 명이 원병을 보내라고 요청했던 직후부터 많은 요동민들이 조선으로 넘어왔다. 1621년 명 조정이 파악하고 있던 난민들의 수가 2만 명 가까이에 이르렀고,[57] 1622년 손승종(孫承宗)의 지적에 따르면 조선으로 몰려든 난민은 10여 만이나 되었다.[58] 난민들 가운데는 남하하여 강원도와 경기도지역까지 몰려드는 사람들이 있었다.[59]

---

54) (明) 熊廷弼,「朝鮮貢道添兵疏」,『經遼疏牘』권2(沈雲龍 選輯,『明淸史料彙編』2集 제1책, 文海出版社), 91쪽.
  鎭江又爲朝鮮登萊之咽喉 金復海蓋之門戶也……

55) 웅정필,「조선공도첨병소」, 위의 책, 91쪽.
  金復海蓋有限之地 加以東南流離之民 不惟棲身無地 又何以養 此自困之道也.

56) 李尙吉,「龍川彌串津贐韓副摠宗功遷中原」,『東川集』권1.
  時 遼東爲建虜所破 天朝諸將窮以投我者多……

57)『명희종실록』권10 천계 원년 5월 계축.

58)『명희종실록』권24 천계 2년 7월 임자.

59)『광해군일기』권132 광해군 10년 9월 임자 ; 권176 14년 4월 기사.

조선의 입장에서는 명과의 관계를 고려할 때 그들을 냉정히 뿌리칠 수 없었다. 그렇다고 묵인해두기도 어려웠다. 만일 후금이 송환을 요구할 경우, 그에 대한 대응이 난감한 문제였기 때문이었다. 실제로 후금은 1621년 의주부윤에게 서신을 보내 요동 난민들을 받아들이지 말라고 경고하였거니와[60] 난민 문제는 양국 사이의 외교적 쟁점이 되었다. 조선 역시 밀려드는 난민들 가운데 후금인들이 변복을 하고 끼여 들어올지도 모른다고 우려하고 있었다.[61]

광해군은 일찍부터 이들 요동 난민들을 장차의 '화근'으로 인식하고 대책을 마련하라고 지시한 바 있었다.[62] 그들에게 양곡을 지급하는 문제 등이 심각했을 뿐 아니라 난민들의 송환 여부를 놓고 생길지도 모르는 후금과의 갈등을 피하기 위해서였다. 그래서 평안도 일대의 지방 관들에게 가능하면 그들이 조선 영내로 상륙하지 못하도록 하라고 지시하였다. 1621년, 의주부윤 이상길(李尙吉)에게 보낸 유지(諭旨)에서 조선 영내로 밀려드는 난민들을 잘 타일러서 상륙하는 것을 막고, 그것이 여의치 않을 경우 배를 마련하여 명의 등주나 내주 등지로 송환하라고 각별히 지시하였다.[63]

광해군은 또한 조선 영내에 들어와 조선복장으로 변복하고 머물던 명 장졸들의 동태를 엄중히 기찰하고, 그들에게 잡인들이 접근하지 못하도록 할 것을 지시하였다.[64] 이어 조선에 들어와 머물고 있는 요동 난민들의 신상을 파악하고 그들의 지역별 거주상황을 장부로 만들어 관리하라고 지시하였다.[65] 나아가 조선에 들어와 있던 난민들을 남해,

---

60) 『광해군일기』권172 광해군 13년 12월 병자.
61) 『광해군일기』권152 광해군 13년 윤 2월 병술.
62) 『광해군일기』권129 광해군 10년 6월 임오.
63) 李尙吉,「諭旨」天啓 辛酉 5월 26일,『東川集』권4.
   龍川避亂唐人 男女並百 在本府 開諭不爲下海 此乃釀禍之本也 當給付船隻 開諭
   入送遠向登萊之意 卿其各別詳察擧行事 有旨.
64) 이상길,「諭旨」天啓 辛酉 6월 1일, 위의 책 권4.
   龍川避兵唐將以下久留 至於變着我國衣服云 卿其十分譏察 雜人嚴禁 更加各別察爲
   有旨.

진도 등 남해안의 원격지로 보내어 혹시 제기될지도 모르는 명이나 후금의 쇄환 요구를 미연에 막으려고 노력하였다.[66] 이 같은 조치들이 요민 문제를 근본적으로 해결하는 데는 별 효과가 없었지만 이 문제가 인조대 이후에도 국가적 난제가 되었음을 생각할 때 불가피했던 것으로 보인다.

요동 난민과 함께 당시 조선의 입장에서 대응하기가 곤란했던 것은 모문룡과 연관된 문제였다. 모문룡(1576~1629)은 1621년 7월, 요동순무 왕화정(王化貞)의 종용을 받아 요동반도 일대의 섬들을 공략하면서 요동으로 접근하여 진강을 탈취하였다. 요동반도 연해지역의 한인(漢人)들과의 결속에 의해 이루어진 이 사건은, 당시 후금에게 연전연패하여 낙심해 있던 명에게는 하나의 '대사건'으로 인식되었고, 요동을 장악하고 산해관 너머로의 진격을 준비하고 있던 후금에게는 심각한 걸림돌로서 받아들여질 수밖에 없었다. 명 조정은 모문룡의 승리를 계기로 요동을 회복하려는 목적에서 천진순무 필자엄(畢自嚴), 등래순무 도양선(陶良先) 등으로 하여금 수군 2만과 육군 4만 등을 동원하여 모문룡을 응원토록 조처하는 등 한껏 고무되었다.[67]

그러나 모문룡의 승리는 일시적인 것이었고, 진강에 마련한 그의 거점은 오래 지속될 수 없었다. 그가 거느린 병력이 단약한데다 그에 대한 명 조정의 군사적 지원이 각 지휘관들의 관망하는 자세 때문에 실천되지 못했기 때문이었다. 뿐만 아니라 해로를 통해 그에게 군량을 공급하는 것 역시 대단히 어려운 일이었기 때문이었다. 더욱이 모문룡의 기습에 놀란 후금이 진강에 역습을 가하여 그 부근의 요동민들을 대대적으로 살육하고 압박해오자 그는 더 이상 진강에 머물 수 없게 되었다.[68]

---

65) 『광해군일기』 권178 광해군 14년 6월 경인.
66) 『비변사등록』 제3책 인조 2년 4월 1일.
67) 田川孝三, 『毛文龍と朝鮮との關係について』, 青丘說叢 三, 1932, 32~36쪽 참조.
68) 田川孝三, 위의 책, 37쪽.

모문룡은 결국 후금의 공격을 견디지 못하고 도주하여 미곶(彌串)을 통해 조선 영내로 상륙하였다.[69] 그가 조선으로 들어온 것은, 과거 명이 후금을 치기 위해 조선에게 병력을 징발하라고 요구했던 것 못지 않게 중대한 사건일 수밖에 없었다. '심하전투' 이후 어렵게 유지해오던 대명·대후금 관계에서 전혀 새로운 변수가 떠오른 것을 뜻하는 것이었다.

　　모문룡이 조선 영내로 진입함에 따라 조선은 대략 3가지의 난제에 봉착하게 되었다. 첫째, '천조의 장수'인 그를 접대하는 문제가 간단치 않았다. 실제 모문룡은 조선과 연결하여 후금의 배후를 위협한다는 명분을 내세워 조선 영토에서 장기간 주둔할 기미를 보이고 있었거니와 그가 들어온 이후로는 조선으로 드나드는 명 장졸들의 수효가 더욱 늘어났다. 수많은 명 장수들을 접대하는 문제가 심각했기 때문에 후금의 침략을 받기 전에 지레 망하고 말 것이라는 우려까지 나오는 형편이었다.[70]

　　둘째, 그가 조선에 머물게 되면서 조선은 후금과의 접촉을 상당히 조심스러워할 수밖에 없게 되었다. 한 예로 1621년, 정탐을 위해 정충신을 후금 진영에 파견하면서도 지척에 있는 모문룡이 알까봐 그것을 비밀리에 추진하였다.[71] 실제 당시 명의 신료들 가운데는 모문룡에게, 조선을 견제하여 후금측으로 기울지 못하도록 하는 일종의 '감시자' 역할을 주문했던 인물들이 있었다. 한 예로 1623년 광동도어사 유정선(劉廷宣)은, 모문룡이 후금을 견제하기에는 부족하지만 조선을 견제하기에는 충분하다고 평가하고, 그를 섣불리 본토로 철수시켜서는 곤란하다는 의견을 피력한 바 있었다.[72] 어쨌든 모문룡의 존재 때문에 외교

---

69) 『광해군일기』 권167 광해군 13년 7월 을축 ; 『명희종실록』 권14 천계 원년 9월 갑인.
70) 『광해군일기』 권176 광해군 14년 4월 무진, 경오.
71) 『광해군일기』 권169 광해군 13년 9월 무신.
72) 『명희종실록』 권30 천계 3년 1월 을묘.
　　廣東道御史劉廷宣以按氽陸解上言五事…… 一日主撑疆場大計 言 毛文龍之在鮮 以

적 행보가 상당히 제약될 수밖에 없는 상황에 처하게 되었던 것이다.

셋째, 조선은 모문룡이 후금을 자극하는 것을 몹시 우려하였다. 그가 병력을 이끌고 압록강 부근에서 수시로 사단을 일으키고, 그의 존재로 인해 후금 영내에 있던 명나라 사람들이 동요하는 기색을 보이자 후금은 민감한 반응을 보였다. 후금과 사단이 생길 것을 우려한 광해군은 그에게 사람을 보내 의주 쪽으로 출입하는 것을 자제하고 내지에 머물러 있으라고 권유했지만 제대로 먹혀들지 않았다.[73] 광해군의 우려는 실제로 적중하였다. 모문룡이 의주와 용천 등지를 왕래하던 1621년(광해군 13) 12월, 후금군은 그를 치기 위해 압록강을 건너와 의주, 가산(嘉山), 용천 등지를 습격하였다. 모문룡은 겨우 빠져나와 안주로 도망쳐 목숨을 부지했지만 578명의 한인들이 피살되었다.[74] 이것은 광해군이 후금에 대해 기미책을 통해 평화를 유지해왔던 이후 후금군이 자행한 최초의 침략으로써 모문룡의 존재가 조선에게는 '화근'일 수밖에 없음을 입증하는 것이었다.

모문룡은 이후에도 안주, 평양 등 각 지역을 왕래하는가 하면 중국인들을 불러모아 강변 등지에서 후금군과 충돌을 일으키고, 만포 등지로 사람을 보내는 등 끊임없이 사단을 일으켰다. 광해군은 모문룡의 행태를, 적에게 군사기밀을 누설하는 경솔한 것으로 비판하고 그가 임진왜란 당시 무고사건을 일으켰던 정응태처럼 어떤 커다란 문제를 일으키지나 않을까 몹시 우려하였다.[75]

모문룡을 무조건 배척할 수만은 없었던 광해군이 고심 끝에 생각해낸 대책은 상당히 기발한 것이었다. 모문룡에게 육지에 머물지 말고,

---

制奴之死命 雖不足 以禁鮮之不合奴也 則有餘 若今日議接濟 明日議撤回 未免灰任事之心.

73) 『광해군일기』 권169 광해군 13년 9월 기유, 갑자.
74) 『광해군일기』 권172 광해군 13년 12월 을유 ; 권173 광해군 14년 1월 경자.
75) 『광해군일기』 권176 광해군 14년 4월 임신.
傳于備邊司曰 毛將與金縱問答之辭 極爲不測 眞一應泰也…… 此人至輕至妄 凡所爲之事 愈往可慮 勿爲尋常.

섬으로 들어가라고 종용했던 것이다. 광해군은 비변사 신료들과 평안 감사 박엽(朴燁) 등을 시켜 모문룡을 설득하여 섬으로 들어가게 하라고 누차 지시하였다.[76] 모문룡이 섬으로 들어가면 육지에 있을 때보다는 그로 인해 조선이 후금으로부터 받게 될 위협이 줄어들 것이라고 생각했던 것으로 여겨진다. 후금군이 바다에 익숙하지 못하고, 해전에 약한 상황을 염두에 둔 계책인지는 모르지만 모문룡이 나중에 철산 앞바다의 가도(椵島)로 들어감으로써[77] 광해군의 계책은 실현되었다.

이처럼 광해군은 '심하전투' 이후 명의 재징병 요구를 단호히 거부하고 그때 그때마다 외교적 수단을 통해 조선의 사정을 명에 설득시키면서 의심의 단서를 피해나갔다. 이러한 외교적 계책이 성공할 수 있었던 것은 평소 끊임없이 명과 후금의 정보를 수집하는 데 노력을 기울였기 때문이었다. 특히 요동 상실 이후 끊임없이 조선으로 쇄도해 왔던 요민들을 관리하고 그들을 명 본토로 쇄환하려고 노력했던 것, 후금과의 사이에서 분쟁을 일으키는 빌미가 되었던 모문룡을 견제하고, 그를 섬으로 밀어넣으려고 노력했던 것은 대단히 과감한 외교적 대응이었다.

3. 출병과 출병 논의가 조선에 미친 영향

1) 사회경제적 영향

그렇다면 논란 끝에 조선군이 1619년 명을 돕기 위해 참전하고, 결국 후금군과의 '심하전투'에서 패하여 항복했던 것은 조선 사회에 어떤

---

76) 『광해군일기』 권172 광해군 13년 12월 을유 ; 권173 광해군 14년 1월 경자.
77) 『광해군일기』 권183 광해군 14년 11월 계묘 ; 한편 가도의 명칭과 지리적 정황에 대해서는 전해종, 「가도의 명칭에 관한 소고」, 『한중관계사연구』, 1970 및 田川孝 三, 앞의 책, 1932, 54~59쪽 참조.

영향을 끼쳤는가? 당시 동원되었던 조선군은 포수 3천5백 명, 사수 3천5백 명, 살수 3천 명 등 전투원과 비전투원을 합쳐 1만 5천5백여 명이었다.[78] 이 정도의 대군을 징발하는 것 자체가 힘겨운 일이었거니와 패전과 항복을 거치면서 수천 명의 병사들이 살육되거나 포로로 억류되어 사회경제적으로 심각한 영향을 남겼다. 임진왜란이 남긴 후유증을 치유하는 데도 여전히 겨를이 없던 상황에서 수많은 병력을 동원하고 군량과 무기 등을 징발하여 수송하는 과정에서 하층민들은 극심한 고통을 겪었다.

전투병력 1만 명(포수 3천5백 명, 사수 3천5백 명, 살수 3천 명)을 징발했던 지역을 살펴보면 평안도(3천5백), 전라도(2천5백), 충청도(2천), 황해도(2천) 등으로 8도 가운데 4도에 집중되어 있으나[79] 군량과 군수물자 조달에 따른 부담은 다른 지역이라고 예외일 수 없었다. 대군을 국경 밖으로 이동시킴에 따라 변방의 방어공백에 대한 우려가 제기되었고 그 때문에 전라도와 충청도, 경상도 등지에서 2천5백 명의 포수를 조발하여 함경도로 들여보내는 조처를 취하였다.[80] 원정군을 징발하여 요동으로 들여보내는 것만으로도 온 나라가 소란스러워졌다고 할 정도였는데[81] 1619년 '심하전투' 패전 이후부터 1621년까지 남방에서 북변지역으로 병력을 뽑아 들여보낸 횟수는 총 17회에 이르렀고 그에 따른 사회적 동요와 피해는 막심한 것이었다.[82]

원정군에게 지급할 군량 등 군수물자를 마련하는 문제도 심각했다. 군량은 조달하는 것 자체도 쉽지 않았거니와 원거리로 수송하는 것도 큰일이었다. 이에 남부지방에서 분호조(分戶曹)가 조달한 미포를 동래

---

78) 『광해군일기』 권136 광해군 11년 1월 경인.
79) 『광해군일기』 권130 광해군 10년 7월 경인.
80) 『광해군일기』 권128 광해군 10년 기묘.
81) 『광해군일기』 권130 광해군 10년 7월 임자.
82) 『광해군일기』 권170 광해군 13년 10월 정축.
備邊司啓曰 古今兵連之禍 必起於抄兵…… 我國自潼關之敗 北道赴防 幾至十七運 邦本已蹶矣 不幸興師以後 擧國騷然 諸道空虛 不待賊至 而國勢殆岌岌矣.

의 왜관에서 은으로 바꾼 다음, 그것을 요동으로 보내 다시 곡물로 바꾸어 군량을 대는 방식이 제시되었다.[83] 원정군에게 지급할 방한복의 재료로 필요한 면포 1만 필을 마련하려고 도성과 개성부의 거주민들에게 강제로 할당하는 조처를 취하였다.[84] 또 원정군에게 구전(口錢)으로 지급할 은을 마련하는 것이나 명군 지휘부가 보내달라고 요청한 전마 1천 필을 조달하는 것도 쉬운 일은 아니었다. 특히 당시 은의 필요성은 대단히 커서 국왕이나 호조 모두 은을 확보하는 데 진력하고 있었고, 지방에서 은을 조달하려고 모은포조도경차관(募銀布調度敬差官)이라는 임시관원을 파견하기도 했다.[85]

조도사가 원정군에게 필요한 물자를 조달하는 과정은 결국 농민들을 수탈하는 것일 수밖에 없었다. 그것은 당시 농민들에게 전가되고 있던 영건사업의 비용과 합쳐지고, 거기에 기근까지 발생하면서 농민들은 이산하거나 도적이 될 수밖에 없다는 진단이 나오고 있었다.[86] 결론적으로 당시 병력을 동원하고 군수물자를 조달, 수송하는 데 따른 고통은 전국적인 현상이었다.

이 같은 힘든 과정을 거쳐 파견한 군대가 결국 패하여 항복했던 것은 사회적으로 커다란 피해를 가져왔거니와 그 후유증 역시 컸다. 우선 인적 손실이 막심하였다. 1만 5천여 명의 원정군 가운데 전사자가 얼마나 되는지는 정확하지 않다. 다만 1619년 5월, 비변사는 부차에서 벌어진 전투에서 조선군 가운데 최대 9천여 명이 전사했다고 추정하였다.[87] 곧 전투병력 가운데 9할 가까운 숫자가 전사한 셈이다. 나머지 생존자들은 대부분 포로로 잡혀 억류되었다. 후금에 억류되어 있다가

---

83) 『광해군일기』 권130 광해군 10년 7월 병신.
84) 『광해군일기』 권133 광해군 10년 10월 정축 ; 권135 10년 12월 임오.
85) 『광해군일기』 권129 광해군 10년 6월 임오.
86) 李昌庭,「分戶曹陳弊辭職箚」己未,『華陰先生遺稿』(奎古 3428-250).
   西軍裝送之資 西餉調度之責 竟歸於椎剝之政…… 而金堤羅州等邑 則計各年逋欠之
   穀 以石數者不啻數千 雖使樂歲以當之 民且不敢其命 況今加之以師旅 兼之以土木
   仍之以饑饉 而復使之應此役 辦此賦則 臣知民不潰則亂也.
87) 『광해군일기』 권140 광해군 11년 5월 기유.

도망쳐온 병사들의 증언에 따르면, 후금은 조선군 포로 가운데 양반으로 판별된 사람들은 대부분 학살하고 나머지 병졸들은 각 지역에 분산시켜 엄중한 감시 아래 경작에 종사시켰다.[88] 또 후금은 조선인 포로 가운데 체격이 건장한 사람들을 뽑아 자신들의 병적에 편입시키기도 했다.[89]

명과의 잦은 전쟁을 치르는 데 필요한 병력과, 확대되고 있던 영토를 경작하는 데 필요한 노동력을 확보하려고 부심했던 후금 지휘부의 입장에서는 조선군 포로들이야말로 기꺼운 존재였다. 따라서 조선군 포로들은, 스스로 탈출하는 데 성공하여 도망해오는 경우를 제외하고는 송환될 가망이 없었다. 1619년(광해군 11) 7월까지 포로로 잡혀 있다가 도망쳐온 사람은 1천4백여 명에 그쳤고[90] 대부분의 원정군은 돌아오지 못하였는데 그에 따른 피해는 서북지방이 가장 컸다. 특히 이 지역은 전장인 요동과 지리적으로 가까워 인력과 물자를 수송하는 과정에서의 고통도 극심하였다.

엎드려 생각건대 서쪽 변방의 군대를 일으킨 지 이제 3년이 되었습니다. 동토(東土)의 소동이 8도에 두루 미쳤지만 위태로운 형상은 관서가 제일 심합니다. 지난 봄의 전역에서 장졸들이 전부 죽었는데 시험삼아 각 고을마다 돌아오지 못한 사람을 조사해보니 많게는 4백~5백 명이고 적어도 1백~2백 명을 넘습니다. 그 처참한 형상을 어찌 차마 말할 수 있겠습니까? 이미 전사자가 많으니 민호는 줄어들 수밖에 없고, 민호가 줄어드니 전야는 황폐해질 수밖에 없습니다. 그런데도 요역의 무거움은 옛날보다 백 배는 될 것입니다.[91]

---

88) 『광해군일기』 권152 광해군 12년 5월 정유.
89) 한 예로 1624년(인조 2) 10월, 모문룡에게 포로로 잡혔던 후금군 塔處라는 인물은 본래 조선인 金鄧南으로, 그는 강홍립 휘하에서 출전했다가 후금의 포로가 되어 억류되었고 용맹스럽고 건장한 것이 인정되어 후금군으로 편입되었다(洪翼漢, 『花浦先生朝天航海錄』 권1, 1624년 10월 14일조).
90) 『광해군일기』 권142 광해군 11년 7월 기축.

이시발이 전하는 이러한 참상은 다른 기록에서도 확인된다. 평안감사 정준(鄭遵)의 보고에 따르면 출전했던 평양포수 4백 명 가운데 살아 돌아온 사람은 70명에 불과했다고 했으며[92] 패전 직후 조선에 왔던 상차관(常差官)이란 명 사신도 서울로 들어오는 연로에 흰옷을 입은 사람들의 통곡 소리가 이어진다고 진술한 바 있다.[93]

서북지역의 피해는 여기서 그치지 않았다. 원정군이 돌아오지 못함으로써 이미 민호가 줄어든 형편에 새로 변방으로 투입되는 부방군들에게 약탈까지 겪어야 했던 것이다.[94] 이에 조정에서는 서북지역 주민들에게 요역과 공물을 감면해주는 조치를 취하기도 했지만[95] 근본적인 대책이 되지는 못하였다. 원병파견 여부를 놓고 논의가 시작된 이후 관서지역의 수령들을 전부 무인으로 임명하여 민생이 피폐해졌다는 지적이 나오고 있었는데[96] 실제 이들 가운데는 원정군의 가호에 대해 복호(復戶)해주라는 조정의 지시를 무시할 뿐 아니라 오히려 궐번가(闕番價)를 징수하는 등 횡포를 부리는 자들이 많았기 때문이었다.[97]

민생의 피폐와 함께 징발, 수송, 패전으로 인한 민심의 동요도 심각하였다. 이미 광해군 초반 서북방면에서 누르하치의 준동이 우려된다는 풍문만으로도 도성의 민심이 흉흉해지는 등 동요의 조짐을 보였다.[98] 명에서 보낸 징병을 촉구하는 자문이 도착한 직후부터는 도성 주민들이, 사족과 서인을 막론하고 줄지어 피난길에 오르고 있었다.[99] 이

---

91) 李時發, 「陳西路民弊箚」, 『碧梧遺稿』 권3 庚申.
92) 『광해군일기』 권138 광해군 11년 3월 임인.
93) 『광해군일기』 권139 광해군 11년 4월 신유.
94) 李民宬, 詩 「宿鳳山東村」, 『敬亭集』 권11(임형택 편역, 『이조시대서사시』 상, 창작과비평사, 1992), 103~106쪽에서 재인용.
　　一子年前屬右營 身充火手渡遼去 全師覆沒無得脫 戰骨沙場收底所 老身單獨與死伍
　　抱持遺孫無置處 前冬戍兵數百騎 劫掠村閭甚於虜 瓶缸一空菹醬竭 遺資敢望留筐筥.
95) 『광해군일기』 권142 광해군 11년 7월 무자.
96) 『광해군일기』 권149 광해군 12년 2월 을해.
97) 『광해군일기』 권138 광해군 11년 3월 기축.
98) 『광해군일기』 권14 광해군 원년 3월 신묘.
99) 『광해군일기』 권129 광해군 10년 6월 병인, 갑신 ; 권130 광해군 10년 7월 경인, 계

때문에 광해군은 출병 이전에 이미 민심을 수습하기 위해 간곡한 유시를 담은 전교를 내렸다.[100] '심하전투' 패전 이후에는 민심의 동요가 더욱 심각해졌다. "백성들이 농작을 모두 포기하고 적이 오기 전에 이미 도적이 된다"는 과장이 섞인 상황 진단이 나오는 형편에서 8도에 민심수습을 위한 전교를 다시 내려야 했다.[101] 또 패전 이후, 압록강 연안에 배치되어 있던 남방 출신 군사들이 대거 도망하여 호남과 호서 지방의 도로를 메우고 있다는 보고가 올라오는 형편이었다.[102] 모문룡이 조선 영내로 들어와 후금과의 긴장이 높아졌던 1621년 8월경에도 도성의 주민들 가운데는 피난을 가려고 꾀하는 사람이 줄을 잇는다고 지적될 정도였다.[103] 조선과 명의 연합군의 힘으로도 꺾지 못했던 후금군의 위력과 실체를 알게 된데다 서북지방의 긴장이 고조되면서 공포심이 더욱 커졌던 것이다.

단순히 동요하는 차원을 넘어 서북과 삼남지역에서는 민심이 이반하는 조짐이 나타났다. 출병 논의가 제기된 이래 4년 동안 군수물자를 징발당하고 조세와 부역에 시달렸던 서북민들의 반감은 특히 커서 그들은 적이 쳐들어오는 것을 별로 두려워하지 않는다고 지적될 정도였다.[104] 패전 이후 방어태세를 강화하기 위해 병력을 다시 징발해야 하는 상황이 빚어지자 하삼도지역의 민심이반도 우려할 정도까지 이르렀다.[105] 특히 징병 등으로 인해 피해를 입었던 양호지방, 도성 외곽 등

묘 ; 권131 광해군 10년 8월 기미, 계해.

100) 『광해군일기』 권129 광해군 10년 6월 을해.

101) 『광해군일기』 권138 광해군 11년 3월 무술.
　　下諭于八道監司曰 近因西報 京外人情 獸驚鳥駭 專廢東値云 農失其時 民失其天 其何以爲國而措備守禦乎 彼雖不至 民起爲盜 蠲除繇役 勸課農桑.

102) 『광해군일기』 권147 광해군 11년 12월 정묘.

103) 『광해군일기』 권168 광해군 13년 8월 경진.

104) 『광해군일기』 권166 광해군 13년 6월 무술.
　　傳曰 關西人民等 頗以賊來不畏云 此由賦役繁重 不堪苦而然也 朝家別無卜定侵民之事 而軍興四載 豈無怨苦 此意令本道監司 十分詳察爲務.

105) 『광해군일기』 권139 광해군 11년 4월 갑인.
　　傳曰 聞下三道 以抄軍事 民心怨叛 至於入山造幕 將拒朝廷命令云 此事虛實 雖未詳

지에서는 명화적이 준동하고 있었다.[106] 전쟁을 겪으면서 하층민들은 심하게 동요하였던 것이다. 이제 광해군과 대북파에게는 이 같은 민생의 피폐와 사회적 동요현상을 어떻게 수습하느냐가 중요한 과제로 떠오르게 되었다.

2) 정치적 영향

'심하전투' 참전과 패전, 그리고 이후에도 계속된 명의 재징병 요구에 대응하는 방향을 놓고 벌어진 논의과정은 정치적 측면에서도 대단히 중요한 영향을 끼쳤다. 조정 내부의 격렬한 찬반 논의 끝에 파견했던 군대가 결국 패하였다는 사실은 정치상황에 미묘한 변화를 몰고 왔던 것이다.

먼저 '심하전투' 패전 이후에는 외교정책을 펴나가는 과정에서 광해군의 주도권이 확고해졌다. 왜냐하면 광해군은 처음부터 끝까지 원병을 보내지 않으려고 노력했기 때문이었다. 광해군은, 화이론에 바탕을 두고 '재조지은'에 보답해야 한다는 것을 내세워 출병하자고 강조했던 비변사 신료들을 압박할 수 있는 명분이 마련되어 이후의 외교정책을 자신의 뜻대로 이끌 수 있었다. 국왕의 반대를 무릅쓰고 출병을 강력히 주장했던 비변사의 신료들도 '심하전투'에서 조명연합군이 패배했다는 소식을 접했던 이후에는 광해군이 주도하는 외교정책에 이전처럼 강하게 제동을 걸 수 없었다.

광해군은, 자신은 이미 출병하기 전부터 이 싸움이 패전으로 끝날 것을 알고 있었으며, 40년 동안 병력을 길러온 적에게 나약한 조선군을 들여보냈으니 패전은 전혀 이상할 것이 없는 것이라고 말하였다. 이어 애초 명에서 원병을 보내라는 자문을 보내왔을 때, 우리의 사정을 잘 갖추어 회답하라는 자신의 지시를 비변사가 어겼기 때문에 '심

知 而其厭避抄軍之狀則必然矣 十分譏察 善爲開諭鎭定……
106) 『광해군일기』 권144 광해군 11년 9월 갑진.

하전투'에서 패하는 결과를 초래했다고 질타하는 등 신료들에게 역공을 가하였다.[107]

패전 이후 비변사와 삼사는 후금군에게 투항했던 도원수 강홍립의 가족들을 잡아다가 처벌하라고 주장했지만 광해군은 그를 일축하였다. 오히려 강홍립을 두둔하고, 그가 적중에 있으면서 밀서를 보내 후금과 관련된 정보를 보고하는 것은 문제될 것이 없다고 응수하였다.[108] 나아가 강홍립의 가족들이 여진인 등을 통해 강홍립에게 서신이나 물건을 보내는 것을 허락하였다.[109]

병력 징발과 패전 때문에 민생이 피폐해진 현실을 들어 궁궐 영건사업을 중단하라는 비변사 신료들의 요구에 대해서도 "만약 영건사업을 정지하면 누르하치의 목이라도 벨 수 있느냐"고 말하는 등 냉소적으로 반박하면서 묵살하였다.[110] 또 패전 직후 후금이 보내온 국서에 대해 빨리 회답하라고 지시하고, 명이 알게 되면 문제가 생길 수도 있다고 반발했던 비변사 신료들을 다음과 같이 질타하였다.

견양(犬羊)을 어찌 의리로써 책망할 수 있겠는가? 우리에게 믿을 만한 형세가 있다면 혹은 경들의 요청대로 (오랑캐의) 서신을 태워버리고 (화의를) 물리쳐 끊을 것이며 혹은 의리에 입각해서 그들을 깨우쳐주는 것이 안 될 것이 없다. 돌아보건대 털끝만큼도 믿을 만한 것이 없는 우리의 형편에서 한갓 고론담봉(高論談鋒)으로써 하늘까지도 업신여기는 그들의 세력을 꺾고자 한다면 멸망의 위기는 필연적인 것이다……. 과거 임진년에 일본의 서신에 답할 적에도 오늘의 논의와 똑같았기 때문

---

107) 『광해군일기』 권138 광해군 11년 3월 경자.
   答曰…… 今此兵敗之事 自上知之久矣 此賊養兵四十年 桀驁方張 而以我國疲弱之
   卒 驅入虎穴 則三軍敗衄 無足怪矣.
108) 『광해군일기』 권139 광해군 11년 4월 신유.
109) 『광해군일기』 권148 광해군 12년 1월 임인.
110) 『광해군일기』 권138 광해군 11년 3월 병술.
   今日朝臣 唯以停罷營建爲第一急務 營建若停 則其可梟奴酋之頭而犁其庭乎.

에 다음해에 큰 병란을 부른 것이다. 전철이 멀리 있지 않은데 경들은 한갓 대의만으로 흉악한 오랑캐의 노여움을 건드리려 하는가.[111]

위의 발언에서 알 수 있듯이 광해군이 후금을 바라보는 시각 역시 당시 사대부들이 일반적으로 지니고 있었던 화이론에서 벗어나 있었던 것은 아니었다. 그 역시 화이론에 바탕을 두고 후금을 '견양'으로 인식하고 있었다. 그러면서도 현실을 중시하는 외교관(外交觀)이 '심하전투' 패전 이후에는 비변사 신료들의 명분론을 압도할 수 있었다. 실제 '심하전투' 패전 이후에는 광해군이 취했던 후금에 대한 기미책이 대부분의 비변사 신료들에게도 어느 정도는 수용되었던 것으로 보인다.[112] 광해군 말년에도 국서를 교환하고 사절을 왕래하면서 후금과 평화를 유지할 수 있었던 것은 패전 이후의 이 같은 상황 변화에서 비롯된 것이었다.

출병 여부를 둘러싼 논의, 출병, 패전, 그리고 명의 재징병 요구 등을 논의하는 과정은——외교정책의 주도권을 둘러싼 광해군과 비변사 신료들과의 주도권을 둘러싼 측면뿐 아니라——조정 내부의 신료들 사이의 정치적 역관계에도 변화의 조짐을 몰고 왔다.

출병논의가 제기되기 이전 가장 큰 정치적 쟁점은 계축옥사(癸丑獄事)[113] 이후 현안으로 떠오른 폐모논의를 결말짓는 문제였다. 원병을 보

---

111) 『광해군일기』 권139 광해군 11년 4월 갑자.
112) 『광해군일기』 권139 광해군 11년 4월 임술.
　　備邊司啓曰 臣等竊見本司諸臣獻議 其守經行權 羈縻不絶之意 大槪一樣……
113) '계축옥사'란 1613년(광해군 5), 조령에서 銀商을 살해한 혐의로 체포되었던 서자 朴應犀 등이 供草에서 "거사자금을 모아 영창대군을 왕으로 추대하여 역모를 꾀하려 했다"고 진술함으로써 불거져나온 사건이었다. 당시 박응서 등 혐의자 7명은 양반가의 서자들이어서 이 사건을 '七庶之獄'으로 부르기도 하는데 '칠서'들은 대부분 서인과 남인계의 당색을 갖고 있었다. 이 사건 이후 영창군과 그의 외조부 金悌男이 '역모죄'로 처형되면서 영창군의 생모인 인목대비의 광해군에 대한 원한은 증폭될 수밖에 없었다. 서인과 남인들이 조정에서 쫓겨나고, 인목대비를 겨냥한 '폐모논의'가 불거져나온 것은 이 같은 정황 속에서 비롯되었다(한명기, 「광해군대의 대북세력과 정국의 동향」, 『한국사론』 20, 서울대 국사학과, 1988 ; 「폭군

내라고 요청했던 명의 자문이 도착하기 직전인 1618년 1월, 인목대비를 폐출(廢黜)하기 위한 최후의 공식적인 절차로서 이른바 '정청(庭請)'이 열렸고[114] 대북파 신료들과 재야유생들을 중심으로 인목대비를 처벌하라고 촉구하는 상소가 연일 이어지고 있었다. 또 한성부의 주민, 수문장, 훈련도감의 무사, 노인, 역관, 상인, 군졸, 의관, 납은당상(納銀堂上) 등이 궁궐 부근에 대규모로 모여 대비를 폐출하라고 촉구하는 시위를 벌이고 있었다.[115]

광해군은 폐모논의의 결말을 지으라는 내외의 요청을 완강히 거부하였지만 실제 그 자신은 왕권강화를 위해 노심초사하고 있었다. 이 과정에서 이이첨 등 대북파가 정치적으로 부상하였다. 대북파는 광해군 즉위 이후 빈번히 일어났던 각종 역모사건을 맡아 처리하고, 폐모논의 등을 주도하면서 이른바 '토역 담당자'로서 발신하여 광해군과 밀착하여 정국을 주도할 수 있었다.

대북파는, 계축옥사의 관련자들과 직접, 간접으로 연결되어 있거나 폐모논의에 미온적인 태도를 보였던 남인과 서인, 소북파들을 "역적을 비호한다(護逆)"거나 "불충하다"고 몰아붙여 대부분 조정에서 축출하였다. 이어 자신들의 정치적 독주에 대한 조야의 비판을 차단하는 한편, 폐모 여부를 놓고 의견을 수렴했던 수의(收議)과정에서는 공론이나 여론을 조작하는 등 권력의 유지를 위해 모든 수단을 동원하였다.[116] 그 결과 당시의 정국 상황은 '서인이 이를 갈고, 남인이 원한을 품으며, 소북이 비웃는 형세'로 표현될 정도로 대북파의 권력 독점이 심화된 상태였다.[117] 특히 대북파의 영수이자, '토역 담당자'의 대표격인 이이첨의 권력은 극히 비대해져서 궁극에는 광해군의 왕권과 마찰을 빚을 정도에까지 이르렀다.[118]

인가 현군인가 ─ 광해군 다시 읽기」, 『역사비평』 44호, 1998, 176~185쪽).
114) 『광해군일기』 권123 광해군 10년 1월 갑자.
115) 『광해군일기』 권122 광해군 9년 12월.
116) 한명기, 위의 논문, 1988, 323~326쪽 참조.
117) 『연려실기술』 권21 폐주광해조고사본말 「광해난정」.

그런데 출병하는 여부를 놓고 논란이 빚어지면서부터 조정의 분위기는 급변하였다. 폐모논의는 상대적으로 수그러들었다. 당시 출병 여부를 논의하는 과정에서 광해군과 대북파의 영수인 이이첨 사이에는 상당한 입장 차이가 있었다. 이이첨은, 비록 본심이 아니라는 지적을 받고 있긴 했으나 과격한 척화론을 내세워 출병할 것을 주장했다. 그는 출병 여부를 결정하기 위한 수의과정에서도 출병에 찬성하였고,[119] '심하전투'에서 패배한 이후에도 대부분의 비변사 신료들과는 달리 후금과 국서를 교환하고 화의를 맺는 것에 대해 강력하게 반대하였다.[120]

이이첨과 달리 박승종(朴承宗)·박자흥(朴自興. 이상 소북) 부자나 윤휘(尹暉. 서인), 황중윤, 조찬한(趙纘韓. 이상 남인), 이위경(李偉卿. 대북), 임연(任兗. 중북) 등은 여러 가지 이유를 들어 출병하는 데 반대함으로써 광해군의 입장을 지지하였다.[121] 대외정책에 동조함으로써 바로 이들이 광해군과 밀착할 수 있는 상황이 전개되었다.

특히 박승종은 '심하전투' 패전 이후 명이 재징병을 요구하고, 모문룡이 조선 영내로 들어옴으로써 서북지방의 긴장이 높아지고 있을 때 영의정이자 서북도체찰사(西北都體察使)로서 비변사의 논의를 주도하고

---

118) 다음 기사에 보이듯이 허균의 역모사건을 처리하는 과정에서 나타난 이이첨 등의 위세는 '王不得自由'란 표현이 나올 정도로 대단한 것이었다(『광해군일기』 권131 광해군 10년 8월 기묘).

是時 爾瞻纘男輩 恐钧圖兩賊俱實 則渠輩前後兇謀 敗露無餘…… 急速處辟 以減口也 及入侍親鞫 王欲鉤問情狀 則爾瞻輩遑遑不知所出 與其黨類 蔽伏於前 同辭脅迫 奮志爭抗 使王不復鉤問 王不得自由 旣從其請.

119) 『광해군일기』 권127 광해군 10년 윤 4월 임오.

120) 『광해군일기』 권139 광해군 11년 4월 임술.

備邊司啓曰 臣等竊見本司諸臣獻議 其守經行權 已未不絶之意 大概一樣 而唯大提學 李爾瞻之議 以不棄天朝 而與大邦讐私相約和 爲人臣者 寧有此理.

121) 『광해군일기』 권127 광해군 10년 윤 4월 갑신.

是時 王不欲應徵兵之擧 屢教備局 使之搪否遼廣各衙門 而廟堂執不從 乃有廣收庭議之命 二品以上之啓 合口同請 雖以元兇之奸倭 亦知大義之不可犯 而獨尹暉首唱不當送之論 黃中允趙纘韓李偉卿任兗之徒 探媚王意 至以變詐狂悖之言 公然獻議 終致己未之役

있었다. 그는 광해군의 대명·대후금 정책에 완전히 동조하지는 않았으나 적어도 기미책을 통해 전쟁을 막아야 한다는 원칙에서는 입장을 같이하고 있었다. 그는 임진왜란 당시 광해군이 분조활동을 벌일 때 그 휘하에서 활약한 적이 있었거니와 모문룡 문제 처리를 비롯한 여러 과정에서 광해군의 신임을 받고 있었다.[122] 이이첨의 사돈이자 가장 강력한 정치적 라이벌이었던 그는[123] 당시 광해군이 추진했던 영건사업뿐 아니라 대외정책에도 동조하여 신임을 획득함으로써 이이첨의 대북파에 비해 상대적으로 열세였던 소북파의 세력을 만회하려고 시도했던 것으로 보인다.

한 예로 박승종은, 1621년 9월 대제학 이이첨이 '마융(馬融)이 서로(西虜)를 치자고 청한 것'을 주제로 과거의 시제(詩題)를 출제하자 그것은 광해군이 모문룡 등의 청병 요구를 받아들이지 않는 현실을 풍자하여 광해군의 위신을 깎아내려는 의도에서 출제한 것이라고 반박한 바 있었다.[124] 그는 이 때문에 대북파 인물들이 모여 있던 삼사(三司)로부터 비판을 받았는데, 대북파는 그를 일러 심지어 '도깨비'라고 매도할 정도였다.[125] 이 때문에 박승종은 반복하여 사직을 청하고 조정에 나오기를 거부했지만 광해군은 그를 두둔하였고, 적어도 대외정책에 관한 한 이이첨보다는 그를 더 신임하게 되었다.

---

122) 『광해군일기』 권172 광해군 13년 12월 임신.
123) 당시 이이첨, 박승종은 모두 왕실과 혼인관계를 맺어 이이첨은 광창부원군, 박승종은 밀창부원군에 봉해졌다. 광해군 초반, 양자의 권력은 비등했지만 이이첨이 '폐모논의'를 주도하고, 이른바 '토역 담당자'로서 광해군의 신임을 받으면서부터 균형이 깨졌다고 한다(『광해군일기』 권113년 광해군 9년 3월 갑술). 이에 박승종은 이이첨에게 늘 불만을 품었고, 광해군 말년까지 대북파의 '대'자 자체도 입에 올리는 것을 꺼릴 정도였다는 일화가 있다(『광해군일기』 권178 광해군 14년 6월 기사).
124) 『광해군일기』 권169 광해군 13년 9월 병인.
領議政朴承宗上箚曰…… 大提學所出題馬融請伐西虜 好則好矣 且今毛都司請兵 勢不克從 正論之人 皆歸咎君相 今若以此爲題 使多士製述 則其必曰朝臣則皆欲發兵 特上意不從 而此題是諷諫之意也 轉相告語流聞於天將 則畢竟歸咎何地.
125) 『광해군일기』 권172 광해군 13년 12월 무자.

윤휘, 황중윤, 임연 역시 광해군의 대외정책에 동조하였고, 각종 현안을 처리하기 위해 수시로 명에 사행하는 등 외교적 실무를 맡아 광해군을 보좌하였다. 특히 윤휘는 대외교섭 과정에서 광해군의 신임을 얻었을 뿐 아니라 당시 광해군이 심혈을 기울이던 영건사업의 실무를 맡은 영건도감의 제조(提調)이기도 했다.[126] 명과의 교섭 과정에서 그가 보인 실무 능력은 매우 뛰어난 것이어서 그는 인조반정 이후에도 그 것을 바탕으로 정치적으로 살아남을 수 있었다.[127]

출병과 패전 이후 위기의식이 심화되면서 대북파의 득세 이래 조정에서 축출되었던 서인과 남인들 역시 정치적으로 재기할 수 있는 기회를 잡을 수 있었다. 이미 '심하전투' 패전 직후 비변사가 강홍립의 가족들을 잡아들여야 한다고 주장했을 때, 광해군은 그를 거부하면서 "비변사에서 사려 깊은 인재들을 다 쫓아내고 나이 어리고 서투른 자들만 남아서 국사가 엉망이다"라고 질책한 바 있었다.[128] 이제 출병 요구에 대한 대응을 비롯하여 대명·대후금 정책을 어떻게 펼칠 것인가라는 난제를 앞에 놓고 과거 이덕형이나 이항복처럼 대외정책에 조예가 깊은 노성한 인물들이 아쉬울 수밖에 없었던 것이다. 광해군의 이러한 발언은 '토역' 과정에서 대북파에 의해 밀려난 반대파들의 석방과 재기용을 알리는 신호가 되었다. 광해군은 위의 발언을 했던 직후, 폐모논의 과정에서 밀려났던 인물들의 수용을 거론하더니[129] 결국 이원익, 남이공(南以恭), 이귀, 조희일(趙希逸), 김세렴(金世濂), 심희수(沈喜壽), 최명길 등 남인과 서인의 주요 인사들을 석방하는 조처를 취하였

---

126) 『광해군일기』 권160 광해군 13년 1월 을해.
127) 윤휘는 광해군대 출사했다는 '명분적 약점'에도 불구하고 외교에서의 실무능력을 인정받아 인조대에도 중용되었다. 한 예로 1627년 정묘호란이 발생했던 직후 김류, 이귀 등 서인 실세들의 비호를 받아 서북지방의 贊劃使로 발탁되기도 했다 (『인조실록』 권14 인조 5년 1월 기축 ; 권17 인조 5년 9월 갑술).
128) 『광해군일기』 권139 광해군 11년 4월 신유.
嗟嗟 廟堂訏謨老成之才 則斥逐殆盡 使不得預聞 年少生疎之人 多入於備局 謀國不臧 無足怪也.
129) 『광해군일기』 권139 광해군 11년 4월 신미.

다.[130] 특히 이들 가운데 이귀, 최명길 등은 후일 인조반정을 일으킨 주도자들이었다는 점에서 두 사람의 석방이 갖는 정치적 의미는 대단히 큰 것이었다.

폐모논의가 제기되면서 쫓겨났던 이정구(李廷龜)를 다시 등용한 것도 매우 중요한 의미를 갖는 것이었다. 그가 다시 기용된 것은 원병 파견 여부를 놓고 명과의 외교적 줄다리기가 벌어진 이후부터 자문(咨文) 등 외교문서를 작성할 수 있는 문한(文翰)의 재능을 지닌 신료들의 수요가 커졌기 때문이었다. 특히 '심하전투' 패전 이후 명의 서광계, 장지발(張之發) 등이 원병을 다시 보내라고 요구하고, 조선이 그에 응하지 않자 이른바 '감호론'을 제기하는 등 사태가 심각하게 돌아가게 되면서 임진왜란 시기 '정응태의 무고사건' 등을 해결한 바 있었던 이정구는 바로 주목되었다.[131] 특히 그를 다시 등용하는 데는 광해군의 외교노선에 동조하고 있던 박승종이 적극적으로 앞장섰다. 이정구는, 1622년 재징병을 요청하려고 감군 양지원이 왔을 때도 그의 접반관으로 임명되었다.[132] 이렇게 이정구가 등용된 것은, 당시 명에 보내는 외교문서 작성을 거의 전담하고 있던 대제학 이이첨에게는 정치적으로 상당한 위협으로 간주될 수밖에 없는 것이었다.[133]

대북파는 이 같은 상황 변화에 맞서 예의 '토역 담당자'의 입장에서 폐모논의 당시 정청(庭請) 등에 참여하지 않았던 '불충한 인물'들을 다시 기용하면 곤란하다고 주장하였다. 그러나 이정구를 '불충한 인물'로 비판하고 그의 재기용을 저지하려 했던 대북파에게 광해군이 내린 답

---

130) 『광해군일기』 권140 광해군 11년 5월 병신.
131) 李廷龜, 「年譜」, 『月沙先生文集』.
　　　時 公以戊午庭請不參 三司論竄置 待罪江上二年矣 至是 朝廷聞徐光啓以監護 自薦 出來 上下驚動 備忘記略曰 先王朝應泰之變 尙不視事 憂悶痛迫 況此千古所無之大 變乎 依先朝李恒福入往例…… 急急入送 快辨厚誣…….
132) 『광해군일기』 권174 광해군 14년 2월 기묘.
133) 『광해군일기』 권171 광해군 13년 11월 무오.
　　　時 朴承宗因公論薦李廷龜爲提學 盖廷龜之爲大提學 在爾瞻之前 而至是反其居下 則 爾瞻已不安矣.

변은, 대북파에 대한 광해군의 달라진 시각을 여실히 보여주었다.

광해군은 대북파에게 내린 전교에서 "김제남이 너희들의 덕이 된 지 오래되었다. 김제남이라는 함정에 다른 사람을 빠뜨리는 것이 더 이상 신기하지 않고 듣기에도 피곤하다"고 운운했던 것이다.[134] 여기서 '김제남'은 계축옥사의 주모자로 몰려 주살된 '역적'이자 이후 폐모논의가 촉발되게끔 단서를 제공했던 인물이었다. 따라서 '김제남'은 곧 '폐모논의'를 연상시키는 존재라고 할 수 있다. 대북파는 그를 처단한 것을 자신들이 세운 최대의 공로로 내세워 '토역 담당자'로서 발신하는 데 근거로 삼아왔다. 뿐만 아니라 광해군은 대북파가 지칭한 '토역의 신하'가 누구인지를 물은 뒤, 그는 '토역'을 빌미로 사리(私利)만 취했을 뿐 실제로는 '종묘사직의 죄인'일 뿐이라고 일갈하였다.[135] 여기서 '토역의 신하'란 물론 이이첨을 지칭하는 것이다. 광해군의 이 같은 발언은, 이제 대북파들이 김제남, 혹은 폐모논의 등을 내세워 정적들을 배제하려 시도했던 것이 더 이상 통하지 않게 되었음을 뜻하는 것이었다.[136]

출병 이후 정치적 상황의 변화에 따라 대북파의 독주에 제동이 걸리기 시작했다. 북인 내부에서도 대북파에 맞서 유숙(柳潚), 유활(柳活), 이지화(李之華), 임흥준(任興俊) 등 이른바 '중북파(中北派)'들이 삼사의

---

134) 이정구, 「行狀」, 위의 책 附錄 권2.
　　 是時 承宗爾瞻 角立相軋 承宗欲藉公重名 每請收用 壬戌二月 按察使梁之垣 以監軍 御史來宣諭 命選伴使 備局言 此時儐臣無過李某 而旅待命中 不敢啓請 光海答以今 日無伴之任 非此人不可 速啓下發送 仍敎曰 悌男之爲若德久矣 凡有陷人之計 必以 悌男爲機穽 語不神奇 聽亦疲勞 此言訖可休矣.

135) 『광해군일기』 권174 광해군 14년 2월 기묘.
　　 傳曰…… 爾等所謂討逆之臣 未知指誰某 而久假討逆之名 闚覦閃爍 自爲身謀 而未 見一毫討逆之實 則此誠宗社之罪人也.

136) 한편 폐모논의 당시 정청에 참여하지 않은 인물 가운데 李時發 역시 사면되어 서 북 찬획사(贊劃使)에 임명되었다. 병무에 밝았던 그는, 폐모논의에 대해서는 반대 입장을 보였지만 이후 찬획사로 활동하면서 광해군이 주도했던 후금에 대한 기미 책에 대해 전폭적인 지지를 표명한 바 있었다(『광해군일기』 권146 광해군 11년 11월 계유 ; 권147 광해군 11년 12월 갑술).

요직에 등용되어 이이첨의 전횡을 비판하였고, 이런 분위기에 편승하여 1621년(광해군 13)에는 김시추(金是樞)를 비롯한 영남의 남인들이 대거 상경하여 이이첨 일파의 전횡과 비리를 거론하고, 그를 참수하라고 촉구하였다.[137] 이이첨의 원수와 정적이 날로 증가하고, 광해군 역시 그에게 염증을 느끼는 상황이 전개되었던 것이다.[138]

비변사는 이 같은 분위기에서 조정에서 쫓겨나 있던 정경세(鄭經世), 정엽(鄭曄), 홍서봉(洪瑞鳳), 남이공, 이수광, 이귀 등 남인과 서인의 중진들을 다시 조정에 등용하라고 요청하였다.[139] 특히 이귀는 석방된 지 3년여 만에 서북방을 방어하는 직임인 평산부사(平山府使)로 제수되었다. 그는 이때부터 후금에 대한 방어대책을 마련한다는 명분을 내세워 인조반정을 위한 군사적 준비의 시간을 가질 수 있었다.[140] 상황의 이 같은 방향으로의 진전은 대북파의 정치적 퇴조를 알리는 것이자 궁극적으로는 인조반정으로 가는 출발점이 되었던 것이다.

요컨대 '심하전투' 출병 여부를 놓고 벌어졌던 군신 사이의 논의, 이후에도 촉발된 재징병 문제 등 명과의 관계에서 불거진 외교적 난제에 대처하는 과정은 정치적 역관계에 변화를 가져왔다. 그것은 대북파의 퇴조, 대북과 소북의 더 치열해진 대립, 서인과 남인들의 재기의 조짐이 나타나는 것으로 구체화되었다. 달리 말하면 인조반정이 일어나 성공할 수 있는 명분적인 빌미가 됨과 동시에 실제적인 원인(遠因)이자 배경이 되었던 것이다. 명의 출병 요구를 거부하여 후금과의 갈등을 피하려 했던 광해군의 지향은, '재조지은을 망각한 패륜행위'로 인식되어 그가 폐위되는 데 한 명분이 되었고, 출병과 화친 여부를 둘러싼 갈등은 광해군 왕권의 지지자였던 대북파의 정치적 퇴조를 불러옴으로써 궁극에는 양자 모두를 공멸의 길로 몰아넣었던 것이다.

---

137) 『광해군일기』 권168 광해군 13년 8월 기묘.
138) 『광해군일기』 권165 광해군 13년 5월 경신.
　　爾瞻當局日久 仇敵日衆…… 光海亦心厭爾瞻 因臺論屢露形色.
139) 『광해군일기』 권174 광해군 14년 2월 신묘.
140) 『광해군일기』 권184 광해군 14년 12월 경오.

제3부
인조반정과 대명관계의 추이
●

제1장

외교정책의 측면에서 본 인조반정 발생의 배경
—광해군대 대외정책의 평가 문제

　1623년에 일어난 인조반정은 광해군의 폐위, 집권 대북파의 몰락과 인조(仁祖. 능양군)의 등극, 서인들의 집권 등을 불러와 조선 중기 이후 정치적 분수령이 된 일대 사건이었다. 이서(李曙), 신경진(申景禛), 김류(金瑬), 이귀(李貴), 최명길(崔鳴吉) 등 서인들이 주도하여 이원익(李元翼), 정경세(鄭經世), 이준(李埈) 등 남인들의 묵시적인 동조 속에서 성공했던 이 정변은 이후 조선왕조 정치세력의 판도를 근본적으로 바꾸어놓았다. 광해군대 집권세력이었던 대북파를 비롯한 북인 대부분은 주살되거나 유배에 처해지는 등 제거되어 정파로서의 기능을 완전히 상실하였다.[1] 당시 몰락한 북인계는 조선 후기 내내 정권의 주류적 입장에서는 완전히 밀려나게 되었다.

　인조반정에 대한 당시 사대부들의 평가는, 북인들의 그것을 제외하면 대체로 긍정적이었다. 한말의 이건창(李建昌)이, 인조반정을 계기로 "인륜이 다시 밝아졌다"고 평가한 바 있거니와[2] 반정 당시인 17세기 초 남인계의 최현(崔晛)은 인조반정을 일러 '나라를 다시 세운 경사(邦

---

1) 오수창, 「인조대 정치세력의 동향」, 『한국사론』 13, 서울대 국사학과, 1986, 58~59쪽.
2) 李建昌, 『黨議通略』, 仁祖朝(을유문화사 신활자본, 1972), 35쪽.

家再造之慶)'로,[3] 역시 남인계 인사인 신활(申活. 1576~1643)은 '하늘이 조선을 도운 것이자 국운이 다시 일어나는(天佑大東 國運再造)', '백년 종사의 경사이자 온 나라 신민들의 복(百年宗社之慶 一國臣民之福)' 운 운하며[4] 극찬하기도 하였다.

그렇다면 인조반정으로 광해군 정권이 몰락하게 된 배경, 그 가운데 서도 대외정책과 관련된 측면의 배경은 무엇이었는가? 결론적으로 말 하면 인조반정이 가능했던 데에는 광해군대 조선이 맞이해야 했던 대 륙 정세의 변화, 그리고 그 변화에 대응하기 위해 광해군이 취했던 대 외정책 등이 배경으로 자리잡고 있었다. 즉 대륙 정세의 변화를 맞아 광해군이 취했던 대외정책 속에 인조반정이 일어날 수 있는 '싹'이 자 라고 있던 셈이다. 더 구체적으로 말하자면 광해군이 대명·대후금 정 책을 펴나가는 과정은 인조반정의 주체들이 정치적으로 새기할 수 있 는 토대를 마련해주었고, 광해군이 취한 대명·대후금 정책의 내용과 성격은 인조반정의 주체들이 광해군 정권을 부정하고 무너뜨리는 데 명분적 빌미가 되었던 것이다.

광해군이 대명·대후금 정책을 취하는 과정에서 인조반정의 주체들 이 재기하게 된 전말에 대해서는 이미 언급한 바 있지만 논지를 환기 시키기 위해 간단히 재론하기로 하겠다. 1618년 명이 요구한 원병을 보내는 여부를 놓고 벌어졌던 광해군과 신료들의 대립, 1619년 '심하 전투'의 패전과 강홍립의 항복으로 촉발된 명의 조선에 대한 의심을 불식시키는 과정은 당시 조정에서 쫓겨나거나 유배되어 있던 서인과 남인들의 재기를 알리는 신호탄이 되었다. 특히 서광계 등이 조선을 '감호(監護)'하자고 주장하게 되면서 심화된 명과의 외교적 갈등을 해 소하는 과정에서 경륜을 지닌 인물들, 나아가 외교문서 등을 작성할

3) 崔晛,「反正初修撰疏」,『訒齋先生文集』 권4.
   撥亂反正 轉危爲安 在乎一呼吸之間 奉主母於幽閉 名之正也 拯萬姓於塗炭 事之順 也 人心旣悅 天亦不違 市不易肆 農不遷業…… 橋草再蘇 乾坤肅淸 宗社重安…… 邦家再造之慶.
4) 申活,「癸亥擬上封事」,『竹老先生文集』 권2(奎 11629).

수 있는 '문한(文翰)의 능력'을 지닌 인물들이 시급하게 되었다. '폐모논의'에 부정적이었다는 이유로 쫓겨났던 이정구가 다시 기용되어 명에 파견되었던 것, 이원익, 이귀, 남이공, 최명길 등 남인과 서인의 중진들이 석방되어 관직을 제수받은 것 등은 그 대표적인 사례였다.[5]

'폐모논의'를 주도하면서 광해군의 왕권을 호위하는 역할을 자임하여 권력의 핵심에 섰던 이이첨이 광해군의 대명·대후금 정책을 비판함으로써 광해군과의 정치적 밀착에 균열이 갔던 것 역시 대북파의 정치적 퇴조를 알리는 신호탄이 되었다. 오히려 당시 이이첨에게 정치적으로 밀렸던 소북계의 박승종·박자흥 부자나 윤휘, 황중윤, 조찬한, 임연, 이시발 등이 광해군의 대외정책에 동조하고, 대외정책 추진과정에서 실무적 능력을 인정받음으로써 이이첨 등을 제치고 광해군의 새로운 측근으로 부상할 수 있었던 것이다. 그리고 이제 박승종 등이 비변사를 중심으로, 이이첨의 대북파를 견제하는 차원에서 이이첨에 반대하는 세력들을 수용하게 됨으로써 조정에서 소외되었던 서인, 남인 등이 재기할 수 있는 여지는 상대적으로 더 넓어졌던 것이다.[6] 그리고 그것이 인조반정이 일어날 수 있었던 하나의 중요한 원인(遠因)이 되었다고 할 수 있다.

광해군이 취한 대명·대후금 정책의 내용과 성격은 인조반정의 주체들에게 어떻게 인식되었는가? 인조반정을 주도한 서인들이 광해군을 폐위시키는 정치적 명분으로 내세운 것은 크게 세 가지였다. '폐모살제(廢母殺弟)'[7]와 같은 인륜적인 측면의 문제점, 궁궐 영건 등 토목공사를 빈번하게 일으켜 민생을 피폐하게 만들었다는 것, "후금과 화친정책을 폄으로써 명을 배반했다"는 것[8] 등이 바로 그것이었다. 인조반정

---

5) 이 책, 제2부 3장, 298~301쪽 참조.

6) 한명기, 「광해군대의 대북세력과 정국의 동향」, 『한국사론』 20, 1988, 333~337쪽.

7) '폐모살제'란 모후인 인목대비(仁穆大妃)를 경운궁에 유폐시켜 대비로서의 대우를 제대로 하지 않고, 이복동생인 영창군(永昌君)을 역모에 관련되었다는 이유로 살해했던 것을 말한다.

8) 저자 미상, 『癸亥靖社錄』 3월 14일(『대동야승』 권59).

이 성공한 직후, 인목대비가 중외에 내린 교서를 보면 광해군의 외교적 '실정(失政)'이 구체적으로 열거되어 있다. 그것은 '재조지은'을 배신하고 후금에 대해 화친정책을 편 것, 1619년 '심하전투'에 출전할 때 강홍립에게 사세를 보아 향배를 결정토록 지시한 것, 광해군 말년 '명사를 유폐시키고 짐승처럼 취급한' 것, 황제의 조칙을 어기고 구원병을 보내지 않은 것 등이었다.[9] 한마디로 인조반정의 주체들은 광해군이 취한 대외정책을, 명에게 지켜야 할 '군신의 의리를 배반한 행위'로 규정하여[10] 인조반정이라는 정변을 정당화하는 중요한 명분으로 삼았던 것이다.

그렇다면 인조반정에 의해 쫓겨난 광해군의 대외정책은 어떻게 평가해야 할 것인가? 과연 인조반정을 성공시킨 서인들의 평가처럼 부정적으로만 보아야 할 것인가? 아니면 일제시대 이나바 이와키치(稻葉岩吉)가 그랬던 것처럼 긍정적인 재평가가 필요할 것인가? 이제 필자는 광해군에 대한 기존의 역사적 평가가 지닌 문제점을 검토하고, 기존의 평가를 넘어서 광해군을 재평가하기 위한 약간의 실마리를 제시하고자 한다.

夫滅天理斁人倫 上以得罪於皇朝 下以結怨於萬姓 罪惡至此 其何以君國子民 居祖宗之天位 奉宗社之神靈乎 玆以廢之

9) 『승정원일기』제1책, 인조 원년 3월 14일.
我國服事皇朝 二百餘載 義卽君臣 恩猶父子 壬辰再造之惠 萬世不可忘也 先王臨御四十年 至誠事大 平生未嘗背北而坐 光海忘恩背德 罔畏天命 陰懷貳心 輸款奴夷 已未征虜之役 密敎帥臣 觀變向背 卒至全師投虜 流醜四海 王人之來我國 拘囚羈縶 不畜牢狴 皇勅屢降 無意濟師 使我三韓禮義之邦 不免夷狄禽獸之歸 痛心疾骨 胡可勝言.

10) 1621년(광해군 13) 7월, 광해군이 후금 사정을 정탐할 목적으로 정충신을 누르하치 진영에 보낸 사실을 적은 뒤 사신은 다음과 같이 광해군의 대후금 정책을 비판한 바 있었다.
所謂交隣者 交其可交之隣也 豈有父母之讐而可以隣通交之者哉 旣遣忠信而不欲毛將知之 何異於掩耳而偸鈴乎 內以母子之倫廢 外以君臣之義絶 三年而亡 亦已遲矣(『광해군일기』권169 광해군 13년 9월 무신).

1. 광해군대 대외정책에 대한 기존 평가의 문제점

인조반정 이후 지속된 광해군의 외교정책에 대한 부정과 비판은 이미 예견된 것이었다. 1619년 '심하전투' 무렵, 조정에서 밀려나 있던 서인이나 남인계 사대부들은 강홍립의 패전과 투항, 이후 광해군이 취했던 유화적인 대후금 정책을 비난하였다. 남인 문위(文緯 1555~1632)는 강홍립의 패전 소식을 들은 직후, 허목(許穆)에게 보낸 편지에서 "강홍립이 개와 돼지들에게 항복했기 때문에 동방의 강상이 하루아침에 무너졌다"고 개탄한 바 있었다.[11] 또 서인 심광세는 "대여섯 명의 원흉들이 광해군에게 영합하여 명을 배반하고 오랑캐에게 붙는 상황을 만들어냈으며, 끝내는 군사기밀을 누설하여 조선군이 패하게 됨으로써 궁극에는 명으로 하여금 앉아서 요동 전체를 상실하도록 만들었다"고 극렬하게 비판하였다. 그는 더 나아가 이들 때문에 천하가 어지럽게 되었다고 비난하여 명의 몰락, 누르하치의 득세와 관련된 거의 모든 책임까지도 광해군과 그 측근들에게 돌렸다.[12] '원흉'이란 강홍립을 비롯하여 광해군의 대외정책에 동조했던 박승종, 윤휘, 황중윤, 임연, 이위경(李偉卿) 등을 가리키는 것으로 여겨진다.[13]

이러한 비판은 상당히 과장되고 왜곡된 측면이 많다. 특히 광해군이 취했던 후금과 관련된 정책을 비판하는 부분에서 그러하다. 광해군이 기미책을 통해 후금과 원한을 맺지 않으려 했던 것은 분명한 사실이지만 그렇다고 해서 그들을 조선과 대등한 존재로 인정했던 것은 아니었다. 한 예로 '심하전투' 직후 후금이 보내온 국서에 대한 답장을

---

11) 文緯, 「與許熙和」己未, 『茅溪先生文集』 권2(奎 15215).
　　西征敗後 聞有和議之議 而朝廷事密 不知何以處之也 國家以崇爵厚祿 養文武卿相 而弘立賣降伏豖 政院議屈於廟堂 我東方幾百年綱常 一朝掃盡……．
12) 沈光世, 「癸亥時務疏」, 『休翁集』 권4.
　　而己未征虜之日 五六兇竪 逢迎主惡 鼓倡向衰方張之說 助背華附虜之計 終乃漏泄師期 覆我王師 遂使天朝坐失全遼 至今貽東顧之憂 令天下騷然者 無比此輩之所爲也.
13) 『광해군일기』 권127 광해군 10년 윤 4월 갑신.

보면 그 같은 사실이 확연히 드러난다. 당시 조선은 후금에 보내는 답장의 수신인은 '건주위부하마법(建州衛部下馬法)', 발신인은 평안도관찰사 박엽(朴燁)의 명의로 했던 것이다.[14]

광해군의 대외정책은 양면적인 것으로 명에게는 사대정책을 유지하고 후금에 대해서는 기미책을 통해 전란을 피하려 했던 것이 근본적인 방침이었다. 이 같은 사실은 이미 앞에서 언급했지만 강조하기 위해 다시 한 번 관련 자료를 제시하면 다음과 같다.

> 중원의 형세가 참으로 위태로우니 이러한 때에는 안으로는 자강을, 밖으로는 기미하는 것을 꾀하여 한결같이 고려가 했던 것처럼 해야만 나라를 보전할 수 있을 것이다. 요즘 우리나라의 인심을 보면 안으로는 일을 분변하지 못하면서 밖으로 큰소리만 친다. 시험삼아 조정 신료들이 수의한 내용을 보면, 무장들이 말한 바가 전부 강변에 나아가 결전해야 한다는 것이니 그 뜻은 참으로 가상하다. 그렇다면 지금의 무사들은 무슨 연고로 서쪽 변방을 사지로 여겨 부임하기를 두려워하는가? 생각이 한참 미치지 못하고 한갓 빈말(虛語)들뿐이다. 강홍립의 편지를 보는 것이 무슨 방해될 일이 있는가? <u>이것이 과연 적과 화친을 하자는 뜻이겠는가?</u> 우리나라 사람은 끝내 허풍 때문에 나라를 망칠 것이다.[15]

'심하전투' 이후 후금에 포로로 억류되어 있던 강홍립이 보내온 편지를 받아보는 것에 반대하는 신료들을 광해군이 질타했던 내용이다.

---

14) 『광해군일기』 권139 광해군 11년 4월 기사 ; 한편 1622년 8월, 후금이 보내온 국서에 대한 회신에 '건주위(建州衛) 금국(金國) 가한(可汗)'이라는 명칭을 쓰자는 논의가 나온 적이 있으나(『광해군일기』 권180 광해군 14년 8월 임진) 조선은 끝까지 후금을 대등한 동반자로서 인정하지는 않았던 것으로 보인다.
15) 『광해군일기』 권166 광해군 13년 6월 병자.
中原事勢誠爲岌岌 此時 內爲自强 外爲羈縻 一如高麗所爲 則庶可保國 而近觀我國人心 內不辨事 外務大言 試以廷臣收議見之 武將所言 皆是臨江決戰之意 其爲可尙矣 然則今之武士 何以畏西邊如死域乎 不及考慮遠矣 徒虛語耳 弘立等書取見之 何妨乎 此果和賊之意乎 我國人終必以大言誤國事矣.

태백산본 『광해군일기』에 실려 있는 위의 기사는 광해군의 대후금 정책의 방향을 가장 명료하게 보여주는 자료이다. 그런데 주목되는 것은, 광해군의 발언 가운데 밑줄친 부분('이것이 과연 적과 화친을 하자는 뜻이겠는가?')이 정족산본 『광해군일기』에는 삭제되어 있다는 점이다. 중초본(中草本)인 태백산본 『광해군일기』를 토대로 정서하여 제작된 '최종본'이라 할 수 있는 정족산본에서 위의 내용을 삭제했던 것은 중요한 의미를 지닌다. 인조반정 이후, 광해군을 확실한 '화의론자'로 부각시켜 폄하하려는 정치적 의도가 숨어 있다고밖에는 이해할 수 없는 것이다. 광해군은 후금을 기미하려 했지 그들을 대등한 존재로 여기지는 않았던 것이다. 요컨대 17세기 초의 문위나 심광세의 언급에서 이미 살폈듯이, 광해군의 대외정책을 보는 인조반정 이후의 시각은 극히 부정적이었던 것이고, 동시에 광해군이 펼쳤던 대외정책의 실상을 의도적으로 폄하한 경향이 농후하다고 할 수밖에 없다.

광해군의 대외정책에 대한 재평가는 20세기 전반에 들어와 이루어졌다. 그것을 선도한 사람은 일본인 이나바 이와키치와 그의 영향을 받은 조선인 연구자 홍희(洪熹)였다. 1933년, 『광해군시대의 만선관계』를 쓴 이나바는, 광해군이 명과 후금 사이에서 취한 중립적인 정책을 긍정적으로 평가한 뒤 그를 '택민주의자(澤民主義者)'라고 찬양한 바 있었다.[16] '택민주의'가 어떤 뜻을 지닌 말인지는 정확히 알 수 없지만, 아마도 임진왜란이 남긴 후유증에서 벗어나지 못했던 하층민들의 처지를 생각하여 출병을 회피함으로써 그들에게 혜택이 돌아가게 하려 했다는 시각인 것 같다. 또한 그는, 광해군이 지녔던 '택민주의'의 입장이 임진왜란 당시의 주화론자였던 성혼(成渾)과 그의 제자 최명길(崔鳴吉)의 사상과도 연결되는 것으로 설명하였다.[17]

광해군을 긍정적으로 보는 이나바의 시각은 홍희와 이병도(李丙燾)에 의해 계승되었다. 홍희는, 광해군을 혹심한 '당쟁'의 와중에서 희생

된 인물로 파악하고 그가 폐위된 것은 이귀를 비롯한 서인 반정공신들의 권력욕과 이이첨을 비롯한 대북파들의 과오 때문이었지 그 자신은 별다른 과오가 없었다고 옹호하였다.[18] 이병도 역시 한국인 연구자로는 처음으로 광해군의 대후금 정책을 긍정적으로 평가하여, 이후 대부분의 개설서 등에서 '광해군의 중립외교'를 긍정적인 시각으로 평가하는 데 초석을 놓았다.[19] 그런데 홍희가 조선사편수회 등에서 활동하면서 이나바의 지도와 영향을 받았던 측면과[20] 이병도의 글 역시 이나바의 저서 내용과 별다른 차이가 없다는 것 등을 고려하면, 광해군의 대외정책에 대한 긍정적인 재평가는 사실상 이나바에게서 비롯되었다고 해도 틀린 말은 아닐 것이다.[21]

그렇다면 이나바가 광해군의 대외정책을 긍정적인 시각에서 평가한 것은 어떤 의미를 지니는 것일까? 우선 이나바가 태백산본 『광해군일기』와 『양조종신록(兩朝從信錄)』 등 내외의 자료를 비교적 폭넓게 이용하여 광해군대의 대후금관계를 포괄적으로 다루고, 조선과 명의 양쪽 측면에서 관계사를 파악한 것 등은 분명 선구적인 업적이라고 할 수 있다. 하지만 위의 저서를 출간했던 시기를 전후하여 이나바가 보였던 정치적 행적을 살펴볼 때, 그의 광해군 평가에는 일정한 정치적 의도가 있음을 알 수 있다. 우선 이나바가 당시 조선사편수회를 중심으로 활동했던 대표적인 만선사관론자(滿鮮史觀論者)였다는 점과, 누구보다도 열렬한 '청조(淸朝) 옹호론자'였다는 사실이 주목된다.[22]

---

18) 洪熹,「廢主光海君論」,『靑丘學叢』 20, 1935.

19) 이병도,「광해군의 대후금 정책」,『국사상의 제 문제』 1, 1958.

20) 田中隆二,「兼山 洪熹의 생애와 활동 — 일제하 대일협력자의 한 사례」,『韓日關係史硏究』 5집, 한일관계사연구회, 1996, 152~154쪽.

21) 한편 일본인 연구자 다카와 코조 역시 『毛文龍と朝鮮との關係について』(『靑邱說叢』 卷三, 1932)의 제1장과 2장에서 광해군대의 대외정책을 '심하전투'와 모문룡과의 관계에 초점을 맞춰 살핀 바 있다. 그러나 그는 광해군의 '밀지설'을 긍정하는 등 이나바와는 다른 시각을 취했고, 이나바에 비해 광해군의 대외정책을 바라보는 시각이 그렇게 긍정적인 것은 아니다.

22) 한명기,「폭군인가 현군인가 — 광해군 다시 읽기」,『역사비평』 44호, 역사비평사,

만선사관이, 한국사를 '대륙 역사의 부속물'로 치부하여 그 독자성을 부인하고 궁극에는 일본의 만주 침략과 경영을 학문적으로 뒷받침하기 위한 식민사관임은 이미 밝혀져 있다.[23] 그렇다면 이나바의 광해군에 대한 긍정적인 평가는 그가 신봉했던 만선사관과 어떻게 연결되는 것일까? 그는 1939년 출간된 저서에서 이민족이 중국을 통치했던 사례를 언급한 뒤 이민족의 지배가 중국(구체적으로는 漢族)에 긍정적인 영향을 끼쳤다고 주장하였다. 그리고 긍정적인 영향을 끼친 대표적인 이민족 왕조로서 청조를 들고, 대표적인 군주로서 청조의 강희제(康熙帝)를 꼽았다.[24]

그의 주장에 따르면 이민족의 중국 통치가 한족에게 "소금과 같은 역할을 했다"는 것이며 청조의 중국 정복은 명말의 혼란한 상황에서 필연적인 것이었다고 평가했다. 청이 명말 산해관(山海關)을 지키던 오삼계(吳三桂)로부터 병력 지원을 요청받아 북경에 들어가 비적(匪賊)을 토벌했던 전말을 서술하면서 그들은 북경에서 "중국은 주인을 잃고 신민은 방향을 잃은 것을 보았다"고 운운하였다. 이어 청의 북경 진공은 중국에 평화를 가져다주기 위한 것이었지 결코 침략이 아니라고 강변했다.[25]

그는 선통제(宣統帝)의 복벽(復辟)을 강조하고, 그 과정에서 일본제국이 협력하고 도와야 함을 강조하였다. 나아가 일본의 만주침략을 '성

1998, 158~159쪽.

23) 旗田巍 저·이기동 역, 『일본인의 한국관』, 일조각, 1983, 149~153쪽.

24) 稻葉岩吉, 『新東亞建設と史觀』, 東京 千倉書房, 1939.
   이나바는 위의 책의 「外族の支那統治」라는 장에서, 책 전체의 3분의 2 정도의 분량을 할애하여 이민족의 중국 진출과 통치를 기술하였다. 각 절의 제목은 「外族統治は漢族の發達を促す」, 「外族の支那本部への進出經路」, 「聖帝は東方より出づ」, 「奇蹟的發展の滿洲民族」, 「秀吉の朝鮮役は滿洲を興起せしむ」, 「淸朝の漢族に臨んだ大理想」, 「康熙大帝の大經綸」, 「漢族の政治は社會から游離す」, 「外族の統治は中國の防腐劑」 등이다. 얼핏 보아도 한족의 역할을 깎아내리고 이민족의 지배를 옹호하는 것임을 알 수 있다.

25) 이나바, 위의 책, 16쪽.

전(聖戰)'으로, 만주국의 건설을 '동아의 새로운 건설'이라 불렀다.[26] 뿐만 아니라 도요토미 히데요시가 조선을 침략함으로써 명의 관심을 조선으로 돌리게 만들었고, 그 틈을 타서 누르하치가 후금을 건국하는 사업에 매진할 수 있었다고 강조했다.[27]

달리 말하자면 히데요시가 결과적으로 누르하치의 건국을 도왔던 것처럼 이제는 일본제국이 만주국을 보살펴야 한다는 논리가 되는 셈이다. 결국 만주와 일본의 '긴밀한 관계'를 드러내려는 것이자 당시 일본의 만주 침략과 중국 본토 진공을 합리화하는 것일 수밖에 없는 것이다.

따라서 이나바가 광해군의 대후금 정책을 긍정적으로 평가하는 것이 무엇을 의미하는지는 곧 분명해진다. 후금을 치는 데 필요한 원병을 보내라는—이미 거의 망해가고 있었으며 부패와 쇠망의 극에 이르렀던—명의 요청을 거절하고, 후금과 원한을 맺지 않으려 했던 광해군의 노력을 현실적인 것이라고 칭찬한 것은 '광해군 대외정책의 탁월성'을 한국사 내부에서 고찰하려는 것이 아니라 한국사를 포함하는 만주역사의 전개과정에서 부각시키는 것이 되는 것이다. 즉 이나바의 광해군에 대한 긍정적 평가는 궁극적으로 한국사의 자주성을 부인하는 '만선사관'이라는 틀 속에서만 의미가 있는 것이다.

위에서 보았듯이 광해군의 대외정책에 대한 평가는 극과 극을 맴돌고 있다. 전통시대의 부정적인 평가의 경우, 인조반정이 성공하고 서인들의 집권이 이어진 상황에서 광해군에 대한 지속적이고 의도적인 폄하가 계속되어 그의 본모습을 가리는 문제점이 있다. 이나바 등에 의한 긍정적인 재평가는 '만선사관'이라는 정치적 노림수를 지니고 있는 한계를 지닌다.

---

26) 이나바, 위의 책, 17~25쪽.
27) 이나바, 앞의 책, 73~78쪽.

2. 광해군대 대외정책에 대한 재평가 : 대외정책의 명암

위에서 살펴보았듯이 광해군대 대외정책에 대한 전통적인 평가와 20세기 초반의 평가는 모두 일정한 문제점을 지니고 있었다. 이제 필자는 광해군의 대외정책을 다시 평가하기 위한 실마리를 마련하는 차원에서 기존의 평가에서 생각하지 못했던 측면 몇 가지를 제시하려 한다.

필자가 보기에 광해군이 취했던 대외정책은 긍정적인 측면과 부정적인 측면을 동시에 지니고 있었다. 우선 그가 재위했던 동안 후금으로부터의 침략을 막을 수 있었던 것은 긍정적으로 평가해줄 수 있다.[28] 나아가 그는 '심하전투' 이후 명의 재징병 요구를 회피하면서 어떤 측면에서는 '명을 기만했다'고 할 수 있을 정도로 외교적 수완을 보였다. 이 때문에 그가 명의 요구를 거부하고 원병을 다시 파견하지 않았음에도 불구하고, 인조반정이 성공한 뒤까지도 명 조정은 그를 '충순한 군주'였다고 높이 평가할 정도였다.[29] 그런 평가를 받았던 바탕에는 끊임없이 명과 후금의 동향을 파악하고 정보를 수집해온 그의 외교적 노력이 자리잡고 있었다. "전쟁에 임하여도 사자는 그 가운데 있어야 한다"는 것이 외교에 대한 광해군의 지론이었는데 그 같은 유연한 시각을 바탕으로 그의 외교정책이 성공을 거둘 수 있었다.

명에 대해서는 기본적으로 사대관계를 유지하면서도[30] 후금에 대한 기미를 통해 전쟁을 피하려 노력하고, 후금의 침략에 대비하여 무기 제작, 병력 확보, 군사 훈련 등 실제적인 방어대책을 마련하려고 노력

---

28) 광해군의 대후금 정책은 앞에서 이미 서술하였다. 제2부 2장 참조.
29) 이 책 329쪽 각주 10) 참조.
30) 그 단적인 예는 광해군이 명의 원병 요구를 거부하려 했지만 결국에는 원병을 보냈다는 사실이다. 그리고 조선군은 9천 정도의 병력이 전사할 정도로 피해를 입었다. '심하전투' 패전의 책임은 주로 명군 지휘부의 난맥상에 있었거니와, 명군에게 작전권을 빼앗기고 그들의 독촉에 밀려 군량 보급선도 확보하지 못한 채 전진해야 했던 조선군에게 패전과 항복은 피치 못할 선택일 수도 있었다.

했던 점은 높이 평가해야 마땅하다고 생각한다.[31] 나아가 그가 '심하전투' 이후 명의 재징병 요청을 거부하고, 요민과 모문룡 문제에 냉철하게 대응했던 것은, 결과적으로 명의 '이이제이' 전략에 말려들지 않으려는 노력이었거니와 중국 천자만이 행할 수 있다고 여겼던 교제(郊祭)를 독자적으로 행하려 시도했던 그의 지향과 관련해볼 때[32] 주목되는 것이다.

그러면 명을 외교적으로 '주물렀던' 그의 수완, 그의 대외정책의 사상적 기반은 어디에 뿌리를 두고 있는 것인가? 특히 그의 기미책에 입각한 유연한 대후금 정책은 어디서 연유했던 것인가? 그것은 이나바의 지적처럼 성혼이나 최명길의 사상과 연결시킬 수 있는 성질의 것은 아닌 것으로 보인다. 필자가 보기에 광해군의 외교적 수완은 임진왜란을 직접 체험하면서 길러졌던 것이고, 그 사상적 기반은 바로 그의 부왕인 선조에게서 물려받은 것이다. 기이하게도 종래의 연구에서 광해군과 관련된 여러 문제들을 설명하면서 부왕 선조가 그에게 끼친 영향력에 대해서는 한 번도 지적된 적이 없다. 필자는 광해군의 대외정책과 대외인식은 바로 선조의 그것을 계승한 것으로 파악한다.

『선조실록』에 수록된 임진왜란 중의 활동을 검토해보면 선조는 누구보다도 뛰어난 전략가이자 군사전문가였다. 그가 왜란 초반 서울을 버리고 의주까지 파천해야 ·했던 것은 그 자신에게는 엄청난 시련이자 정치적 위기였지만 역설적으로 그는 그 같은 경험을 통해 역대의 어느 왕보다도 평안도 등 서북지역의 사정에 정통하게 되었고, 나아가 여진족들의 동향에 대해서도 일가견을 가지게 되었던 것으로 보인다. 그는 일찍이 경연석상에서 "열 사람이 멀리서 보는 것은 한 사람이 직접 본 것만 같지 못하다"고 설파한 뒤, 평안도지역의 형세는 자신이 직접 보았기 때문에 명확하게 알고 있다고 말한 바 있었다.[33]

---

31) 광해군의 뛰어난 정보수집 활동에 대해서는 이 책 제2부 2장 참조.
32) 이 책 254~255쪽 참조.
33) 『선조실록』 권73 선조 29년 3월 계사.

선조는 이 같은 경험을 토대로 누르하치 집단과 교섭을 벌이고, 그들의 침략을 막기 위한 대책을 마련하는 과정에서 비변사 신료들의 능력을 능가할 정도로 전문가적인 식견을 보였다. 그가 1595년경부터 불거지기 시작한 누르하치의 위협론에 대처하면서 "용병은 적을 헤아린 뒤에 가능하다. 그를 위해서는 간첩을 활용하는 것이 필요하다"고 대책을 제시했던 것이나,[34] 누르하치의 부하 가운데 국경을 넘어와 산삼을 캐가는 자들을 죽이지 말고 사단을 피할 수 있도록 하라고 지시했던 것[35] 등은 훗날 광해군이 취했던 대후금 정책과 거의 유사한 것이다. 특히 후금 내부의 사정을 정탐할 목적으로 남부주부(南部主簿) 신충일(申忠一)을 누르하치의 홍경노성으로 파견했던 것[36]은 당시 조선이 후금과 직접 접촉하는 것을 금지하고 있던 명의 규제 아래서도 상당히 돋보이는 대책이었다.

선조가 대외 문제와 관련하여 언급했던 내용 가운데는 아예 광해군의 발언과 거의 똑같은 것도 많았다. 1596년(선조 29) "도성을 지켜야 한다"는 주장을 담은 신료들의 소차(疏箚)가 쇄도하고 있던 상황에서 비망기를 내려 "담력과 용기, 지략은 기특하나 왜적을 담봉(談鋒)과 필한(筆翰)으로 막을 수는 없다"고 말한 것,[37] 일본군 장수 고니시 유키나가(小西行長)에게 서신을 보내라고 지시하면서 "예전에는 두 진이 상대

上御別殿 講周易…… 上曰 十人遙度 不如一人之親見 內地形勢 予曾見之 西幸時 見之故云 故瞭然如在於目中矣.

34) 『선조실록』 권68 선조 28년 10월 병오.
   上答曰…… 大抵用兵 必先料敵而能爲制勝者也 如欲料敵 必用間諜 更令邊將 詳探 虜情 亦可矣.
35) 『선조실록』 권72 선조 29년 2월 기해.
36) 『선조실록』 권69 선조 28년 11월 신묘.
37) 『선조실록』 권82 선조 29년 11월 임자.
   以備忘記傳于政院曰…… 人言都城可守 膽勇智略奇特 此固上下至願 但恐倭賊 事難 以談鋒衝之 筆翰衛之 空言禦之 備邊司宣召各人 俾陳守禦節次方略 與之講究如何.
   밑줄친 부분은 광해군이 1619년 비변사에 전교했던 「傳曰 此輩雖或投降 軍兵豈 可盡誅乎 高論談鋒 何益於國事 汝勿煩啓」(『광해군일기』 권139 광해군 11년 4월 무오) 내용을 연상시킨다.

해도 그 사이에 사신이 왕래했다"고 말하여 정탐과 간첩 활용의 중요성을 강조했던 것,[38] "한창 마주보고 무기를 휘두를 때는 진실로 화친할 수 없지만 이미 싸움을 파하고 화친의 정성을 바쳐왔으니 의당 받아들이는 권도(權道)가 있어야 한다"고 말했던 것 등은[39] 이미 살펴본 대로 광해군이 대후금 정책을 비변사 신료들에게 유시하는 과정에서 말했던 내용들과 거의 똑같다.

1600년(선조 33) 7월, 요동에서는 태감 고회 등이 자행했던 '광세지폐(礦稅之弊)'에 원한을 품고 김득시(金得時) 일당이 5만 명 가까운 요동 주민들을 규합하여 반란을 일으켰던 사건이 있었다. 당시 주문사 남이신(南以信)의 보고를 통해 소식을 접한 선조가 그에 대한 대책을 마련하려고 노심초사했던 과정 역시 광해군이 명과의 사이에서 후금 문세에 대처해 나갔던 방식과 대단히 유사한 측면이 있었다. 선조는 김득시 일당의 봉기가 혹시라도 조선에 영향을 미칠 수 있다고 우려하고, 사태의 추이를 대단히 꼼꼼하게 주시하였다. 그는 먼저 요동도사 등이 김득시의 반란군을 공격하기 위해 조선에 원병을 요청하는 상황을 우려하였다.

이어 김득시의 반란군이 누르하치 등과 연합하여 조선 국경에 와서 분탕질을 하는 상황, 명군에게 진압되는 과정에서 혹시라도 조선 영내로 패주하게 되는 상황을 가상하고 대책을 마련하려고 부심하였다. 특히 선조는 요동 사람들이 임진왜란 이후 조선을 자주 왕래함으로써 산천과 도로의 형세, 방비의 허실 등을 전부 알고 있는데다 김득시 일

---

38) 『선조실록』 권72 선조 29년 11월 무오.
　　上於別殿…… <u>上曰 古時 兩陣相對 使行其間</u> 令金應瑞送檄行長處 責以信義相交 今反背之 且汝雖更肆 我國乃天朝地方云云 以試其意 可也 (金)睟以爲 銀兩多授金應瑞 行間可也.
　　밑줄친 부분은 1621년, 광해군이 후금에 대한 정탐을 강조하면서 유시한 「答曰 遼路斷絶 賊勢所向 至今未知 如何 我國之無謀甚矣 <u>古者 兵交 使在其間 兵不厭詐</u> 亦是勝算 若送一褊裨入往偵探 具由奏問……」(『朝鮮迎接都監郞廳儀軌』, 71쪽) 내용과 유사하다.
39) 『선조실록』 권127 선조 33년 7월 경오.

당이 조선 국경에서 며칠밖에 걸리지 않는 가까운 거리에서 봉기했던 사실에 주목하였다. 이에 평안감사에게 지시하여 지략 있는 군관과 중국어에 능통한 사람을 중국인으로 위장시켜 들여보내 그들의 강약과 허실 등 여러 상황을 정확히 정탐해오도록 하였다.[40] 같은 해 10월, 김득시의 반란군이 명군에게 토벌됨으로써 선조가 우려했던 상황은 발생하지 않았지만 이 사건을 처음 인지했던 때부터 상황이 끝날 때까지 선조가 취했던 대응책의 주도면밀함은, 광해군이 후금에 대처했던 방식을 그대로 연상시키는 것이었다.

이러한 사실들을 고려할 때 광해군의 대후금 정책이나 명을 다루는 외교방식은 바로 선조의 그것을 보고 배운 것이라고 할 수 있다. 즉 광해군이 또 다른 전쟁을 예방하기 위해 취했던 대외정책은 왜란을 치렀던 그 자신의 경험과 함께, 선조 이래의 대명·대후금 정책의 연장선상에서 이해하는 것이 더 합리적이라고 할 수 있다.

그렇다면 선조의 대외정책을 계승했다고 할 수 있는 광해군이 인조반정을 통해 권좌에서 밀려난 근본적인 이유는 어디에 있을까? 또 서인이나 남인들이, 선조대의 대외정책을 계승하였던 광해군의 대외정책을 완전히 부정하였던 배경은 무엇일까?[41] 그것은 바로 광해군의 대외정책이 지녔던 한계에서 찾을 수밖에 없다.

이미 살폈던 대로 광해군의 대외정책은, 그것을 통해 또 다른 전쟁을 피할 수 있었고, 명의 무리한 요구를 회피하면서 왕권강화나 국가재건을 위해 필요한 시간을 벌 수 있었다는 점에서 일정한 의의가 있었다. 하지만 그의 대외정책은 다른 측면의 국내 정치적 요소에 의해

---

40) 『선조실록』 권127 선조 33년 7월 신유.

41) 다음 장에서 서술하겠지만 1623년 인조반정 이후 1627년 정묘호란이 일어날 때까지 인조나 서인들이 취했던 대외 정책, 대후금 정책은 광해군대의 그것과 거의 차이가 없었다. 오히려 그것을 계승했다고 할 수 있을 정도로 유사했는데(이 책 361~366쪽 참조) 그것을 보면 임진왜란 이후 정묘호란 당시까지 선조, 광해군, 인조의 대외정책은 거의 동일한 성격이었다고도 할 수 있다.

적절하게 뒷받침되지 못했던 근본적인 한계를 갖고 있었다. 외교정책을 국내 정치와 결코 분리하여 이해할 수 없다는 사실을 염두에 둔다면 더욱 그러하다. '폐모살제'와 같은 강상윤리의 측면은 논외로 하더라도 명이나 후금을 '요리했던' 대외정책의 '탁월함'이 국내 정치적 차원에서는 발휘되지 못했던 것이다. 구체적으로 말하자면 1619년 '심하전투' 이후 서북변의 방어대책을 마련하는 과정에서 재정적으로 어렵다는 소리가 계속 진동하고 있었음에도 불구하고 궁궐건설사업을 그만두지 않는 것이라든가,[42] 영건사업에 소요되는 재원을 조달하는 과정에서 분호조, 조도사(調度使) 등의 작폐에 의해 민원이 증폭되고 있던 사실이 그것이다. 광해군 스스로는 변방 방어의 중요성을 늘 강조하고, 비변사 신료들에게 대책을 마련하라고 채근했으면서도 정작 그에 필요한 재정을 조달하는 데 걸림돌이 되었던 영건사업에 대해서는 광적으로 집착했던 모순적인 태도를 보였던 것이다.

당시 궁궐건설에 필요한 재원을 마련하기 위해 파견했던 조도사 가운데는 서얼이나 천인 등이 끼여 있었다. 그들이 각 지방에서 활동하는 도중에 나타났던 작폐는 지방 수령이나 사족들의 권위와 이익을 침해하는 것이었다. 한 예로 1623년 1월, 영건에 필요한 자재를 마련하기 위해 파견되었던 조도사 김충보(金忠輔)는 당시 경주부윤 김존경(金存敬)이 영건사업에 비협조적인 자세를 보인다는 이유를 들어 그를 잡아가두라고 요청한 바 있었다.[43] 천인 출신의 일개 조도사가 종2품의 고관인 경주부윤을 잡아가두라고 청했을 정도라면 당시 광해군의 정책이 대부분의 사족들에게 어떻게 인식되었을지는 명약관화하다고 하겠다. 바로 이 같은 측면 때문에 사족 일반이 광해군 정권에 등을 돌

---

42) 『광해군일기』 권138 광해군 11년 3월 병술.
   今日朝臣 唯以停罷營建爲第一急務 營建若停 則其可梟奴酋之頭而犁其庭乎.

43) 『광해군일기』 권185 광해군 15년 1월 정사.
   調度使金忠輔狀啓曰 慶州府尹金存敬 營建一事 視同仇讐 請拿治京獄一當時營建兩闕 財用匱竭 於是 以無賴车利之輩 稱爲調度使督運別將 其斂於八路 如金純池應鯤禹纘舜王明恢金忠輔 或以庶孽 或以私賤 橫行列邑 凌茂守宰者 不可勝記

리게 되었던 것으로 여겨진다.

이 같은 측면들은 또한 선조대의 대외정책을 계승하고 있었던 —당시의 피폐한 상황에서는 어쩔 수 없는 선택으로 이해할 수도 있었던 —광해군의 유연한 대외정책까지도 냉소적으로 비판하여 한꺼번에 매도하도록 만들었을 개연성이 큰 것이다. '심하전투' 패전과 항복, 그와 관련하여 조선에 대한 명의 의구심이 높아지고 있었던 상황에서도 광해군이 궁궐영건 등 토목공사에 계속 집착하고 있었던 것은, 반대파로부터 그의 외교정책 전체를 비판받는 빌미가 될 수 있었다. 한 예로 남인 문위(文緯)는 강홍립의 항복 소식이 알려진 직후 바로 그같은 취지의 비판을 제기한 바 있었다.[44] 또 당시 사족들로부터 비판의 대상이 되었던 조도사 김순(金純)이, 광해군 대외정책의 핵심참모였던 윤휘(尹暉)의 심복이었다는 사실도 광해군의 대외정책이 매도당했던 것과 관련하여 시사하는 바가 크다고 할 것이다.[45]

바로 이 같은 문제점들 때문에 광해군은 대외정책을 펼치는 과정에서 몇몇 측근들의 보좌밖에는 받지 못했고, 궁극에는 인조반정을 맞아 몰락했던 것이다. 극단적으로 말하면, 광해군이 명이 요청했던 원병을 보내지 않으려고 그토록 애썼던 것은 출병에 소요되는 재정적 손실을 피해서 영건에 몰두하려고 했기 때문이었다고 할 수도 있다. 선조·광해군·인조대에 걸쳐 대표적인 순리(循吏)의 한 사람으로서 평가받았던 이창정(李昌庭)의[46] 다음과 같은 문제의 제기는, 광해군대 대외정책과 국내정책이 어떻게 따로 놀게 되었는지를 이해하는 데 많은 시사를

---

44) 文緯, 「答趙日章」 己未, 『茅谿先生文集』 권2(奎 15215).
　　西晉日向不好 令人氣塞 天朝罪我之聲 恐非虛傳 而回祿之災 上天之警 又急 天時人事 禍災並臻 此何爲哉 唯勤土木與賄賂耳 肉食之徒 惟唯奉承之不暇 而不知亡國 家亦隨之 無一人碎首廷論於玉階之下 數百年養育菁莪之澤 掃地盡矣.
45) 『인조실록』 권2 인조 원년 3월 계묘.
　　金純 本賤孼也 以尹暉任就正之心腹 仍爲附托宮禁 至拜同知中樞 就正等以純差海西調度 浚剝黎民 凌辱士族 無所不至 一道簫然.
46) 『國朝人物考』 李昌庭(서울대 도서관 영인본 상), 1,023쪽.
　　余嘗執是說 而求近世士大夫之可以配古醇吏者 唯故監司延安李公爲近之……

준다.

　지금 누르하치는 사납고 교만한데 중국은 군대를 잃어 요동민들은 전부 피난을 준비하고 있습니다. 하물며 우리의 두 장수는 항복하고, 3군은 오랑캐에게 패몰되어 변방은 이미 비었고 군량은 모두 없어졌습니다. 적이 또 다시 틈을 노려 우리를 삼키려 하니 묘당이 강구해야 할 바는 마땅히 자강을 급무로 삼는 것입니다. 여러 도감들을 없애고, 영건을 정지하고, 쓸데없는 비용을 줄여 군량을 넉넉하게 하고, 내탕(內帑)을 덜어서 병력을 기르고 탐오한 자를 제거하여 백성들의 힘을 펴주어야 합니다. 절의를 숭상하여 사기를 기르고 장수를 선발하고 수령을 신중히 뽑으며 군사를 다스리고 병기를 단련하여 오로지 적을 막는 것을 도모해야 합니다.[47]

　누르하치에 대한 방어대책을 마련해야 한다는 당위성에 대해서는 광해군이나 이창정이나 입장 차이가 없다. 하지만 그를 위한 재정 문제 해결방안 등 구체적인 각론에서는 차이가 크다. 영건에 집착하는 광해군은 궁극에는 금이나 은을 받고 관작을 팔았고 심지어는 석물이나 목재까지 징수하기에 이르렀다.[48]
　더욱이 영건사업에만 조도사가 필요한 것이 아니었다. 이미 1619년 '심하전투' 당시 원병을 보내는 데 소요되던 재원을 마련하는 과정에서도 분호조를 두고, 조도사를 파견했다.[49] 당시 분호조 관원으로서 지방에 파견되었다가 농민들의 형편을 목도했던 이창정은 광해군이 영건사업에 계속 집착하는 것에 실망할 수밖에 없었다. 더욱이 '심하전투' 이후 광해군이 대외정책의 주도권을 확고히 장악하고, 영건사업에 대

---

47) 李昌庭, 「聞見錄」, 『華陰先生遺稿』 권3(奎古 3428-250).
48) 柳光翼, 『楓嚴輯話』, 권2(『稗林』, 탐구당 영인본 제7책), 83쪽.
　光海時 宮役疊劇 民窮財盡 怨詈朋興 不得已使民買宦 銀金鹽鐵之外 家基石物 亦皆許鬻 金要玉頂 連續於道 時人爲之語曰 金者玉者銀耶石耶木耶 識者恥之.
49) 이 책 288쪽 각주 86) 참조.

한 반대 의견을 묵살해버렸던 것은 이창정으로 하여금 실망을 넘어 절망하게끔 만들었던 것으로 보인다. 분호조 낭청(郎廳)으로 있을 때 호조참판 권반(權盼)에게 보낸 다음의 편지 내용은 이창정의 이 같은 입장을 생생히 보여준다.

영감께서는 매번 하루를 재직하면 하루의 책임을 다하라고 교시하시니 이는 옛사람들이 관직에 있을 때의 자세입니다. 감히 공경하여 아름다운 교훈을 삼아 종신토록 지키지 않겠습니까? 하지만 오늘날 제가 하는 일은 영감의 가르침과는 같지 않은 점이 있습니다. 돌아보건대 제가 맡은 직책은 다만 이익을 취하는 관직일 뿐입니다. 우리나라에 일찍이 분호조가 없었어도 오히려 나라가 잘되었습니다. 제가 경영하고 꾀하는 것으로, 호남과 호서에서 하고 있는 것은 어려운 백성들을 수탈하여 나라를 위해 원망을 사는 일이 아닌 것이 없습니다. 이것은 차라리 이른바 '도적질하는 신하'인 셈입니다. 스스로 생각건대 하루를 이 자리에 있으면 하루의 죄악을 더할 뿐이니 이러한 심정으로 봉직한다면 어찌 그만두지 않고 오래 갈 수 있겠습니까?[50]

이미 서인, 남인들 대부분은 조정에서 쫓겨나 광해군 정권을 냉소적으로 바라보고 있었고, 권력이 극도로 비대해진 대북파도 대외정책을 놓고 광해군에게 고분고분하지 않게 된 상황에서 광해군의 권력을 지탱해주는 인물들은 어쩌면 이창정이나 권반과 같은 실무관료들일 수밖에 없었다. 그런 이창정 등이 분호조의 업무를 맡은 자신을 일러 '도적질하는 신하'라고 자조하고 나아가 "하루를 더 관직에 있으면 하루의 죄를 더하게 될 뿐이다"라고 자책하기에 이른 것은 결국 광해군

---

50) 이창정, 「上戶曹權參判盼書」, 위의 책 권3.
令監每以一日在職 盡一日之責爲敎 此古人居官大方 敢不敬佩嘉訓 以終身服膺乎 但某今日之事 與令監所敎 有不同者 自顧所職 特一征利之官耳 我朝曾無分戶曹 尙能爲國 而某之所經營籌度 以施措於兩湖者 無非漁奪小民 爲國斂怨之事 此所謂寧有盜臣者也 某自謂在職一日 則增一日之罪 以此心而供此職 寧可久而不止乎.

정권의 몰락을 웅변적으로 예고하는 것이었다. 이처럼 대외정책이 국내정치와 제대로 연결되지 못했던 측면에 광해군 몰락의 열쇠가 숨어 있었던 것이다.[51]

---

51) 광해군은 첩빈(妾嬪)의 몸에서 태어난 둘째아들이라는 조건에서 임진왜란 직후 갑자기 왕세자로 책봉되었지만 맏아들인 임해군, 정비(正妃)의 몸에서 태어난 영창군의 존재 때문에 명나라 조정으로부터 왕세자로서 정통성을 승인받는 데 우여곡절을 겪었다. 더욱이 선조가 죽은 뒤, 그가 즉위했음에도 그를 승인하는 것을 유보했던 명 조정의 애매한 태도 때문에 항상 자신의 정통성에 대해 일종의 '콤플렉스'를 지녔던 것으로 보인다.

그는 즉위 이후에도 역모사건이 자주 일어나는 것을 겪으면서 자신의 왕권을 지키는 데 심각한 위기감을 느꼈다. 이에 선조 말년부터, 자신이 왕세자로 인정받고 국왕으로 즉위하는 데 협력했던 이이첨 등 대북파를 주로 총애하면서 왕권을 보위하는 '울타리'로 삼으려 했던 것으로 여겨진다. 이이첨 일파는 그에 편승하여 스스로를 '토역 담당자'로 자부하면서 남인과 서인 등 정치적 반대파를 "불충하다"는 빌미로 제거하여 존재 자체를 부정해버렸다. 이른바 '폐모살제'는 그 과정에서 싹튼 비극이었다. 그런데 폐모논의는, 결국 결말을 맺지 못하였으면서도 당시 재야의 사대부들이 대북파뿐 아니라 광해군까지 '폐륜아'로 낙인찍게 되는 계기가 되고 말았다(한명기, 앞의 논문, 1988).

광해군은 '폐모논의' 대두 이후, 자신의 왕권을 보위하는 데 더욱 집착하였고 소심하면서도 미신적인 행동을 자주 보였다. 궁궐영건에 집착하고, 한때 수도를 교하(交河)로 옮기고자 시도했던 것은 그 같은 분위기의 귀결이었다. 동시에 궁궐영건을 계속하면서, 가문적 배경이나 관료로서 입문하는 과정에서 문제가 있는 인물들을 영건도감의 실무진으로 배치함으로써 자신의 측근으로 활용하기도 하였다(홍순민, 앞의 논문, 1996, 120~121쪽). 이미 권력이 비대해진 이이첨 등 대북파가 대명·대후금 정책의 방향을 놓고 광해군에게 고분고분하지 않았던 상황에서 영건사업은, 광해군에게 정국을 주도하는 중요한 매개가 될 수 있었다. 그러나 그는 궁궐영건 사업에서도 합리적 판단보다는 술사(術士)들의 의견을 따르는 등 미신적이고 불합리한 태도를 보였다. 더욱이 그의 대외정책에 동조했던 참모나 영건사업을 주도했던 측근 인사들은 서로 밀접하게 연결되는 경향을 보였다. 궁궐 건설에 소요되는 재원조달을 맡은 조도사 김순(金純)이 대외정책의 핵심참모였던 윤휘(尹暉)의 심복이었다는 지적(이 책 321쪽 각주 45) 참조)은 궁궐영건과 대외 정책이 일정하게 연결되어 있음을 시사하는 것으로 여겨진다.

이 같은 와중에서 광해군은 1618년부터 1623년까지 6년 동안 자신의 경호를 책임진 훈련대장을 11번이나 교체할 만큼 기존의 관료기구를 불신하는 태도를 보였다(참고로 인조는 재위 26년 동안 불과 4번을 교체하였다고 한다 : 김종수, 『조선후기 훈련도감의 성립과 운영』, 서울대 박사학위 논문, 1996, 170~173쪽). 결국

요컨대 광해군의 대외정책은 그 자체로서는 나름대로의 장점과 의미를 지니고 있었다. 그러나 대외정책을 뒷받침하는 국내정책이 제대로 조율되지 못하여 말년에는 몇몇 측근을 제외한 대부분의 신료들로부터 외면받게 됨으로써 끝내는 인조반정을 통해 정권의 상실을 불러오게 된 것으로 여겨진다. 그러므로 이나바 이래 광해군의 이른바 '중립외교'가 지니는 긍정적 측면만을 지적하는 데 매몰되어 궁극적으로 그의 한계라고 할 수 있는 측면들에 대해 설명하지 않았던 것은 커다란 문제점이라고 할 수 있겠다.

최후의 훈련대장 이흥립(李興立)은 인조반정 당시 반정군에게 포섭되어 광해군이 왕권을 상실하는 데 결정적인 역할을 하고 말았다. 요컨대 광해군이 대명·대후금 정책을 과단성 있게 주도해나가던 1618년 이후, 내정에서 드러난 난맥상이 결국 광해군의 몰락을 재촉했던 것으로 생각되는 것이다.

제2장

인조반정 승인을 둘러싼 명과의 갈등

1. 명의 인조반정 인식과 조선의 대응

1) 명의 '찬탈' 인식

1623년 일어난 인조반정은 국내적으로뿐 아니라 대외관계의 측면에서도 대단히 심각한 문제들을 발생시켰다. 우선 명은, 조선에서 정변이 일어나 광해군이 폐위되었다는 소식에 적잖이 당황하였다. 당시 요동의 대부분을 상실하고, 북경의 인후부라고 할 수 있는 산해관마저 후금군에게 위협받고 있던 상황에서 가장 중요한 번방인 조선에서 정변이 일어났다는 사실은 충격일 수밖에 없었던 것이다. 또 조선을, 후금을 배후에서 견제하는 전략적 거점으로 인식하고 있던 명으로서는 새로 들어선 인조정권의 향배가 몹시 주목되는 것이기도 하였다. 더욱이 평안도 철산(鐵山)과 가도(椵島)에는 총병 모문룡이 이끄는 명군이 주둔하고 있었기 때문에도 명으로서는 조선 사태의 전개 추이를 주시하지 않을 수 없었다.

당시 명의 조야는 인조반정을 어떻게 인식하고 있었는가? 조선에서 정변이 일어났다는 소식을 들은 직후, 명 조정의 신료들은 대체적으로 그것을 '찬탈'로서 인식하고 있었다. 관찬 기록인 『희종실록(熹宗實錄)』뿐 아니라 『양조종신록(兩朝從信錄)』,『서원문견록(西園聞見錄)』 등 사찬 기록들도 인조반정을 '찬탈'이라고 적고 있다.[1]

물론 당시 명나라 신료들 가운데도 인조반정이 일어난 것을 비교적 긍정적으로 인식하는 인물들이 있었다. 그들은 대개 요동 등지에 머물면서 광해군 말년의 대명·대후금 정책의 실상을 접하는 등 조선 사정에 밝았던 인물들이었다. 이것은 1623년 4월, 인조반정이 일어났다는 사실을 명에 알리고, 인조를 새로운 국왕으로 승인해줄 것을 요청하기 위해 명으로 파견되었던 이경전(李慶全) 등 조선의 주문사 일행이 목도했던 사실이었다.[2] 당시 가도에 머물고 있던 요동총병 모문룡은 주문사 일행을 만난 자리에서, 자신은 "조선의 새 국왕이 어질고 총명하므로 국면을 바꾸어 함께 힘을 합쳐 오랑캐를 칠 의사가 있는 것을 알고 있다"며 인조반정의 성공을 긍정적으로 평가하고 나아가 자신이 이미 인조를 승인해줄 것을 명 조정에 주청했다고 말한 바 있었다.[3] 모문룡의 발언 가운데 "국면을 바꾸어……" 운운한 것은 명의 원병파견 요구 등에 고분고분하지 않았던 광해군과는 달리 새로 들어선 인조정권은 명에 적극 협조할 것이라는 기대감을 표시하는 것이기도 하였다. 또 같은 해 6월 6일, 광록도(廣鹿島)에서 만난 이 천총(千摠)이란 명군 지휘관은, 광해군 말년 평안도 등지에서 재직했던 조선 변신(邊

---

1) 『명희종실록』 권33 천계 3년 4월 무자 ; 沈國元,『兩朝從信錄』권18.
   朝鮮國王李琿爲侄李倧所篡…….
2) 반정 직후인 1623년 4월 17일, 조선의 새 정권은 반정이 성공한 사실을 명에 알리고 인조를 승인해달라고 주청하기 위한 사절단을 구성하였다. 사절단은 정사 이경전, 부사 윤훤(尹暄), 서장관 이민성(李民宬)으로 구성되었는데 이들은 4월 26일 서울을 출발하여 5월 22일 선사포(宣沙浦)에서 명으로 가는 배에 올랐다(이민성,「朝天錄」上,『敬亭先生續集』권1).
3) 李民宬,「朝天錄」上 5월 25일,『敬亭先生續集』권1.
   都督答曰 俺駐此地方 豈無擾害之理 新王賢哲 變局協勳之意 俺已知之 封典一事 爲具題奏 如該部各衙門合行報知文書浩繁 自底遲延 初一日當爲發送 然其行必在使臣之前矣.

田)들의 성향을 자세히 알고 있었다. 그는 주문사 일행에게 "우 총병 (아마 평안병사 禹致績인 듯하다)은 양단을 걸쳤고, 정준(鄭遵. 광해군 말년의 의주부윤)은 전적으로 후금을 추종했다"고 평가한 뒤, "박 포정 (布政. 평안감사 朴燁를 지칭하는 듯하다)은 정준과 죄가 같지 않은데 왜 함께 피살되었느냐?"고 묻는 등 정변 이후의 조선 사정에 대해 깊은 관심을 표시하였다.[4] 이 같은 발언을 고려할 때 인조반정에 대한 그의 시각은 긍정적이었음을 알 수 있다.

주문사 일행이 명 본토로 들어서면서부터 분위기는 달라졌다. 1623년 6월 13일에 도착했던 등주에서 주문사 일행은 등래순무(登萊巡撫) 원가립(袁可立) 등으로부터 인조반정을 바라보는 명 조정의 부정적인 분위기와 "조선의 죄를 성토해야 한다"는 등의 비판을 전해들었다.[5] 특히 주문사 일행은 11일 동안 등주에 머물면서 인조반정에 대한 평가를 놓고 순무 원가립과 설전을 벌였다. 원가립은 주문사 일행에게 광해군의 생존 여부, 그의 아들이 있는 장소, 광해군이 왕위에서 스스로 물러났는지의 여부, 반정세력이 궁궐에 방화했던 이유, 반정 직후 조선의 정정이 안정되었는지의 여부 등을 날카롭게 추궁하였다.[6]

이민성은 또한 등주에서 간혹 만났던 중국인들이 조선 문제에 대해 많은 말들을 했다고 전한 뒤 그것들을 '경악할 만한 이야기'라고 적고 있는데[7] 그것 역시 조선에서 발생한 인조반정을 '찬탈'로 인식하여 부정적으로 보고 있던 당시 중국인들의 분위기를 짐작할 수 있게 한다.

이 같은 분위기는 북경에 도착했을 때 절정에 이르렀다. 주문사 일행이 북경에 도착하여 각부(閣部)에 나아가 반정의 전말을 설명하고,

---

4) 李民宬, 위의 책, 「朝天錄」(上) 6월 6일.
   千摠備歷江邊鎭堡 且詰我國事情 仍言禹摠兵持兩端 鄭遵專意向奴 朴布政與遵罪不同而倂被斫殺 何邪 令李徇罪狀燁 千摠唯唯而退.
5) 『승정원일기』 제2책 인조 원년 7월 21일.
6) 이민성, 「朝天錄」6월 14일, 『敬亭先生續集』 권1.
7) 이민성, 「在玉河館秘密狀啓」, 『敬亭先生續集』 권4.
   去六月二十一日 臣等在登州…… 自登州時 往往逢人 多說我國之事 可駭可愕 隧問隧辨爲白如乎.

인조를 승인해달라고 요청하는 정문(呈文)을 바쳤을 때, 명 조정에는
"조선의 반정세력이 거사과정에서 궁궐에 방화하고 광해군을 살해했으
며 3천 명의 일본군까지 끌어들였다"는 풍문이 돌고 있었다.[8] 또 주문
사 일행과 면담했던 병부우시랑은, 광해군에게 무슨 죄가 있느냐고 물
은 뒤 설사 광해군에게 죄악이 있었어도 명 조정에 알리지도 않고 함
부로 폐위했다고 힐난하는 형편이었다.[9]

명이 인조반정을 '찬탈'로 인식하는 등 부정적으로 보고 있었던 이
유는 무엇일까? 그것은 명이 광해군을 바라보는 시각과 깊은 관련이
있었다. 인조와 서인 일파의 거듭되는 변무 활동을 통해 일부 오해가
풀리고, 인조의 즉위를 공식으로 승인하기 전까지 명은 광해군을 명에
대해 "충순했다"고 긍정적으로 평가하였다. 그것은 광해군의 폐위 사
실이 명에 알려진 직후 절강도어사 팽곤화(彭鯤化)가 올린 상소에서
뚜렷이 나타난다. 그는 광해군이 즉위 이래 명에 대해 충순했으며 별
다른 과오가 없었다고 긍정적으로 평가하였다. 나아가 그는 광해군을
폐위시킨 인조를 '임금도 모르는 인물(無君之人)'이라고 격렬히 성토하
였다.[10]

이렇게 광해군을 긍정적으로 평가하는 명의 시각은 1619년, 명의 강
요에 의해 조선이 후금을 치는 데 필요한 원병을 파견한 뒤부터 굳어
진 것으로 보인다. 도원수 강홍립이 이끌고 참전했던 조선군이 '심하
전투'에서 후금군에게 대패한 뒤에도 명 조정에서는 조선을 시상하고
위로하라는 신료들의 상소가 이어졌다.[11] 또 '심하전투' 이후에도 광해

---

8) 이민성, 위의 책 권4 같은 조.
   答曰 該國廢立 事體關重 當初事不明白 不卽稟命朝廷 焚燒宮室 壞了舊君 引用倭兵
   三千 種種可疑 又無文武百官具呈憑信 決不可容易准封.
9) 이민성, 위의 책 권4 같은 조.
   仍問曰 你國廢立 關係甚重 廢君有何罪惡 雖有罪惡 必先奏於天朝後 方可名正言順
   你國何敢擅行廢立乎.
10) (明) 張萱,『西園聞見錄』권68 兵部 17「朝鮮」(燕京學社, 1940).
   天啓三年 御史彭鯤化…… 今讀邸報 忽聞該國內變 國王李琿十數年來忠順之臣 不
   聞有大過失 一旦爲姪所廢 彼先自亂 安能助我 況無君之人 豈肯向義效順助力天朝.

군이 명의 재징병 요구를 회피하기 위해 고급사 등을 수시로 파견하여 조선의 어려운 사정을 알리는 등 외교적 수완을 발휘했던 것의 귀결이기도 하였다. 이 때문에 인조반정을 '찬탈'로서 인식하고 그를 성토하는 분위기는 상당 기간 동안 지속되었다. 인조반정이 일어난 지 1년 6개월이 더 지난 1624년 9월에도 조선의 성절사 일행을 만난 등주의 동지(同知) 적동(翟棟)이란 인물은, 말과 노새 등 교통편을 제공해달라고 요청하는 일행에게 "조선이 임금 쫓아내기를 내기바둑 두듯이 하여 방자하기 짝이 없다"고 운운하면서 비난한 바 있었다.[12]

명의 이러한 태도는, 인조반정을 명분적으로 정당한 것으로 인식하여 명이 당연히 인조를 국왕으로 승인해줄 것으로 믿고 있었던 조선의 새 정권을 당혹스럽게 만드는 것이었다. 특히 예부의 과도관(科道官)들이나 지방의 관인들이 전후 사정을 따져보지 않고, "광해군을 폐위했다"는 사실을 들어 인조반정 주도자들을 의리론의 관점에서 비판하고 힐난할 때 당혹스러울 수밖에 없었다. 따라서 인조반정의 주체들은 명 조정의 신료들을 설득하고, 인조의 즉위를 승인받기 위해 여러 가지 방법들을 모색하게 되었다.

2) 명의 승인을 받기 위한 조선의 노력

인조반정을 통해 정권을 장악한 인조와 서인 일파는 민심의 수습을 통해 권력의 안정을 도모하는 한편, 명에 대해 자신들이 일으킨 정변의 정당성을 인식시켜 인조의 즉위에 대한 승인을 조속히 얻어내려 하였다. 그들은 먼저 내정의 수습을 위해 광해군 치하에서 서궁(西宮)에 유폐되어 있던 선조의 계비 인목대비를 모셔다가 위호를 회복하고, 옥새를 넘겨받는 등 정상적인 왕위계승의 절차를 마쳤다. 다음에는 인목대비의 명의로 광해군의 '죄악'을 열거하고, 그를 폐위한 것을 정당

---

11) 이에 대해서는 이 책 265쪽 참조.
12) 洪翼漢, 『花浦先生朝天航海錄』 권1 甲子(1624) 9월 10일.

화하는 내용의 교서를 반포했다.

 교서에서는 먼저 광해군이 저지른 '죄악'으로서 '폐모살제', 궁궐영건을 비롯한 토목공사의 남발, 매관매직과 뇌물의 성행, 하층민들에 대한 가렴주구 등을 거론하였다. 이어 상당한 분량을 할애하여 광해군이 '재조지은'을 배신했다는 것을, 그를 폐위시킨 또 다른 결정적인 명분으로 지적하였다.[13] 인목대비가 내린 교서에서 광해군이 명을 '배반했던' 내용을 열거했던 것은 당시 사대부 일반이 지니고 있던 화이론적 대외관을 염두에 두고 그들의 이해와 동조를 끌어내기 위한 의도가 강한 것이었다. 나아가 당시 사대부들이 여전히 '재조지은'에 보답할 것을 강조하고 있던 분위기를[14] 염두에 둔 것이기도 하였다.

 인조와 반정 주체들은 또한 명에 대해 충성을 다하겠다는 '다짐'을 확고히 전달하려 하였다. 그것은 거사가 성공했던 다음날 평안감사 박엽과 의주부윤 정준을 전격적으로 처형하는 것으로 구체화되었다.[15] 두 사람은 모두 광해군의 심복으로서 대명·대후금 정책을 펴는 데 일선에서 활약했던 인물들이었다. 박엽은 국서를 주고받는 등 후금과의 교섭을 전담하였고, 정준은 의주부윤으로서 당시 조선 영내로 몰려들고 있던 요민들과 가장 가까이에서 맞닥뜨리고 있었다. 특히 정준은, 일찍부터 후금과의 내통 여부에 대하여 명측으로부터 강한 의심을 받고 있었던 인물이었다.[16] 따라서 이들을 처형함으로써 조선의 새 정권은 광해군과는 전혀 다른 대명정책을 취할 것이라는 것을 알릴 필요가 있었던 것이다.

---

13) 『인조실록』 권1 인조 원년 3월 갑진 ; 『癸亥靖社錄』(『대동야승』 권59) 3월 14일 조.
14) 한 예로 심광세는 반정 직후 올린 소에서 다음과 같이 '재조지은'을 찬양하고 그에 대한 보답을 강조한 바 있었다(沈光世, 「癸亥時務疏」, 『休翁集』 권4).
   王辰之役 萬曆皇帝 特排群議 擧興滅繼絶之典 勞費七年 再動大衆 肇造邦城 我東噍噍之類 莫非與被神宗再生之澤乎.
15) 이에 대해서는 稻葉岩吉, 『光海君時代の滿鮮關係』, 1933, 236～239쪽 참조.
16) 『인조실록』 권2 인조 원년 3월 계묘.
   邊 造之弟 兇險奸猾 爲爾瞻腹心…… 且與虜賊 私自交通 以致天朝之疑.

실제 박엽과 정준을 처형했던 것은, 광해군의 대후금 정책에 의혹을 품고 있었던 요동지역의 명군 지휘관들에게 새 정권에 대한 기대를 크게 하는 데 기여하였다. 한 예로 1624년 8월, 명의 천총 장응태(張應泰)란 인물은 조선의 성절사 일행을 광록도에서 만났을 때, 두 사람을 처형한 것은 참으로 통쾌한 일이라고 찬양한 바 있었다.[17]

인조는 반정 직후, 조선에 들어와 있던 모문룡이 보낸 차관 응시태(應時泰)를 접견한 자리에서 좀더 구체적으로 광해군이 취했던 대명정책의 문제점을 지적하였다. 광해군이 모문룡에 대한 지원을 소홀히 했다는 것을 강조한 뒤 자신은 향후 명과 협력하여 후금을 섬멸하겠다는 의향을 밝혔는데[18] 그것은 모문룡 등 명나라 신료들의 입장에서는 상당히 주목할 만한 것이었다. 이에 응시태는 광해군을 비난하는 등 인조의 의견에 동감을 표하고, 모든 내용을 모문룡에게 알려 명 조정에 보고토록 하겠다고 약속하였다.

인조와 서인들은 인조반정의 명분적 정당성을 명 조정에 알리고, 인조의 즉위를 승인받으려는 과정에서 모문룡의 역할에 상당한 기대를 걸고 있었다. 따라서 그와의 우호적인 관계를 유지하는 데 세심한 노력을 기울였다. 이미 광해군을 폐위한 직후, 그 사실을 모문룡에게 먼저 알려 그에게 명 조정에 보고해달라고 요청한 바 있었다.[19] 후금이 이미 요동의 대부분을 점령하여 육로가 끊긴 상태에서 조선 사신들은 해로를 통해 명으로 가는 도중 모문룡이 머물고 있는 가도를 거쳐야만 했고, 명 조정 역시 조선과 관련된 정보의 대부분을 모문룡을 통해 파악하고 있었기 때문이었다. 실제 반정이 성공한 직후 반정공신 가운

17) 洪翼漢, 『花浦先生朝天航海錄』 권1 甲子 8월 18일.
18) 『인조실록』 권1 인조 원년 3월 임자.
    上接見應守備于明政殿…… 上曰 舊主忘祖宗事大之誠 負天朝再造之恩. 督府東來 義聲動天 而凡所懇請之事 一不動聽 非但此也 戊午征虜之役 陰教帥臣 使之觀望 以致士無戰心 終至隻輪不返 使我國二百年事大之誠 歸於虛地 可勝痛哉 不穀當與督府 同心協力 期勦此虜…….
19) 이민성, 「在玉河館秘密狀啓」, 『경정선생속집』 권4.

데 실세였던 이귀는 모문룡과 합세하여 민심을 얻는 것이 시급하다고 인조에게 말한 바 있었고,[20] 비변사 역시 향후 후금과의 교섭에 관련된 일은 모문룡에게 숨기지 말자고 건의하는 등[21] 모문룡에 대한 적극적인 접근을 강조하였다.

이처럼 조선 조정이 모문룡에게 우호적으로 접근하려 했던 것은 모문룡의 협조를 받아 명 조정으로부터 책봉 승인을 얻어내기 위한 것이었다. 1623년 5월, 주문사 이경전 일행이 명으로 가는 도중 가도에 들러 모문룡에게 인조를 승인받도록 협조해달라고 요청했을 때, 모문룡은 인조를 높이 평가하고 책봉을 얻어내는 데 협조할 것을 약속한 바 있었다.[22]

조선의 모문룡에 대한 '기대'는 주문사 일행의 활동에서도 드러났다. 앞서 언급한 대로 등래순무 원가립이, 반정세력이 광해군을 폐위한 것을 힐문하고 조선의 정정을 물었을 때에도 이경전 등은 조선 사정은 모문룡이 잘 알고 있으니 의심 나면 그에게 물어보면 된다는 투로 말하는 등 모문룡을 거론하였다.[23] 이러한 상황은 북경에 갔을 때에도 마찬가지였다. 명 조정의 신료 가운데 상당수가 인조반정을 '찬탈'로 규정하고, 인조를 승인하는 데 부정적이었던 분위기에서 각로(閣老) 엽향고(葉向高), 예부상서 임요유(林堯兪) 등은 조선 정변의 전말을 조사하기 위해 사관(査官)을 파견하자는 의견을 제시하였다. 이에 대해 이경전 등은 1623년 8월 10일 예부와 병부 등에 올린 정문에서, 별도의 사관을 파견하지 말고 모문룡을 통해 처리해달라고 요청하였다.[24] 주문사

20) 『인조실록』 권1 인조 원년 3월 을묘.
21) 『인조실록』 권1 인조 원년 3월 정사.
22) 이 책 327쪽 각주 3) 참조.
23) 이민성, 「조천록」(상) 6월 14일, 『경정선생속집』 권1.
  軍門曰 你國定乎 答曰 反正之日 市不易肆 朝野晏然 有何不定之事乎 且摠鎭毛駐箚
  弊邦 如有可疑之端 則豈有掩護小邦 欺瞞朝廷之理哉 軍門曰 曉得……
24) 이민성, 「조천록」(상) 8월 10일, 위의 책 권1.
  朝廷必欲行査 則今日事勢 與常時有異 小邦安危 在此一擧 伏乞曲諒事勢 只於撥上
  移文督府 則庶往返不至遲悞 是天朝有行査之實 而小邦夢曲全之恩矣 尙書答曰 你國

일행이 이같이 요청했던 표면적 이유는, 조선에 올 사관을 접대하는 것이 힘에 벅차다는 것, 그들이 조선을 다녀가는 데 시간이 많이 걸린 다는 것 등이었다. 그러나 실제로는 사관이 조사하는 과정에서 예기치 않은 문제가 생기고, 또 그 때문에 인조에 대한 명의 승인이 늦어질 것을 우려했기 때문으로 여겨진다. 조선의 입장에서는 명 조정에서 파 견되는 사관 대신 모문룡을 통해 일을 처리하는 것이 훨씬 수월하다 고 생각했기 때문이었다.

그러면 인조반정 직후 조선이 모문룡을 통해 명 조정에 보낸 주문 의 내용은 어떤 것이었는가? 당시 인조와 반정 주체들은 주문의 내용 을 놓고 고심할 수밖에 없었다. 인조반정의 정당성을 인정받고, 인조 에 대한 승인을 얻어내기 위해서는 명을 자극할 만한 내용은 가능하 면 피해야 했기 때문이었다. 이 과정에서 인조와 서인 일파는 인목대 비를 설득하는 데 우여곡절을 겪어야 했다. 광해군에게 '원한이 사무 쳐 있던' 인목대비는 명에 올리는 주문 속에 '광해군에게 형장(刑杖)을 가해야 한다'는 내용을 집어넣어야 한다고 고집하였다. 주문을 기초했 던 예조판서 이정구, 대제학 신흠(申欽) 등은, 인목대비의 주장이 명을 자극하여 궁극에는 인조에 대한 승인을 그르칠 것을 우려하여 삭제해 야 한다고 강력히 주장하여 결국에는 관철시켰다.[25]

진통 끝에 명에 보낸 주문의 내용은 앞서 인목대비 명으로 반포했 던 교서의 내용과 대동소이한 것이었다. 하지만 명 조정을 의식하고, 반정의 명분적 정당성을 드러내기 위해 광해군이 '재조지은'을 배신했 다는 것, 모문룡을 소홀히 대접했다는 것 등을 강조하였다. 다소 장황 하긴 하지만 인목대비 명의로 조선이 보낸 주문 내용을 싣고 있는 『희종실록』의 기사를 옮겨보면 다음과 같다.

之事 我已知悉 但行査 在天朝事體 不得不爾 而於你國亦好矣 然當與兵部相講善處 云 遂退出.

25) 이민성, 「請增損奏文草啓」, 위의 책 권4.

조선국왕 이혼(李琿)이 그 조카 종(倧)에게 찬탈당하였다. ① 그런데 그 나라 왕대비는 신민들의 뜻을 따라 혼군(昏君)을 폐위하고 명군(明君)을 세웠노라고 칭하였다. 의정부 좌의정 박홍자(朴弘者) —아마 朴弘耇를 지칭하는 듯하다) 등을 시켜 총병 모문룡에게 글을 보내 조정에 아뢰어 주기를 간청하였다…… ② "광해군 혼은 왕위에 오른 이래 도의를 잃고 패덕한 것이 이루 말할 수 없었습니다…… ③ 이뿐만이 아니었습니다. 우리 선조들은 천조를 섬기는 데 정성을 다하여 감히 태만했던 적이 없었습니다. 그런데 광해군은 배은망덕하여 천위(天威)를 두려워하지 않았습니다. 독부(모문룡)가 조선으로 왔음에도 그를 책응하는 성의를 보이지 않았고 마음을 합쳐 원수를 갚으려 하지 않았으므로 신과 하늘의 분노가 극에 이르렀습니다. ④ (그런데) 함께 모의하지 않았음에도 대소신민들이 의거를 일으켰으니 얼마나 다행입니까? 모두 능양군의 어진 마음이 일찍부터 드러나 천명이 귀의했다고 여겼습니다. 이에 이달 13일에 혼란(昏亂)을 평정하고 위호를 정하여 선왕(선조)의 뒤를 계승했으니 윤리가 밝아졌고 종사가 다시 편안해졌습니다. 의정부로 하여금 사실을 갖추어 천조에 알리도록 했고, 한편으로는 독무의 아문에 이자하여 조정에 보고해 달라고 하였습니다"…… ⑤ 박홍구 등은 또한 "광해군은 도의를 잃고 패덕하여 나라와 백성을 맡길 수 없었습니다. 능양군은 소경왕(선조)의 적손으로서 어려서부터 총명하고 인효하여 범상치 않은 자질이 있었습니다. 소경왕이 그를 기특히 여겨 궁중에서 길렀고, 여러 손자들 가운데서도 그를 중하게 여겼습니다. 이제 인망이 그에게 쏠리니, 왕대비가 인정을 따라 그로 하여금 선왕의 유지를 잇게 하였습니다"라고 말하였습니다. ⑥ 모문룡이 등주에 게첩을 보내 보고하여 순무 원가립이 상언하기를 "이혼이 외번의 봉작을 계승한 지 이미 50년이 되었습니다……."[26]

26) 『명희종실록』 권33 천계 3년 4월 무자.
　　朝鮮國王李琿爲其姪李倧所簒 乃籍稱彼國王大妃 順臣民之心 以廢昏立明 令議政府
　　左議政朴弘耇等移文總兵毛文龍 乞爲轉奏…… 光海君琿 自嗣位以來 失道悖德 罔

위의 기사를 통해 알 수 있는 중요한 사실들은 다음과 같다. 먼저 ①과 ⑥의 내용을 통해 조선이 보낸 주문이 명 조정에 전달된 경로를 알 수 있다. 조선 조정은 좌의정 박홍자(朴弘者)—박홍구(朴弘耉)의 오기인 듯—를 통해 모문룡에게 주문을 전달하였고, 모문룡은 그것을 다시 자신을 감독하고 있던 등래순무 원가립에게 보고하여 명 조정에 알려지게 되었던 것이다. 인조반정 직후 조선에 대한 모문룡의 입김이 강화될 수밖에 없었던 이유가 이 같은 전달 체계에도 있었던 것으로 여겨진다.

②와 ③은 광해군이 명에 대해 저지른 '실책'인데 ②는 주로 '폐모살제' 등 내정에서 저질러진 것이고 ③은 대명외교에서 저지른 실책을 언급한 것으로 주문의 내용 가운데 핵심을 이루는 것이다. 광해군이 명에 대한 사대를 소홀히 하는 등 '배은망덕'했고 모문룡에 대한 지원을 무성의하게 하여 "신과 사람의 분노가 극에 이르렀다"는 등 극단적인 표현을 쓴 것은 확실히 명을 의식한 수사로 여겨진다.

④와 ⑤는 능양군(綾陽君. 인조)의 즉위가 적어도 조선 내부에서는 신민들의 합의에 의해 이루어진 것이며 그를 통해 종사가 안정을 되찾았다는 것을 강조한 것이다. 나아가 ⑤의 박홍구의 발언을 통해 광해군의 '패덕'을 다시 지적하고, 인조가 선조의 적통이자 '임금으로서의 재질이 충분한 인물'이라는 것을 부각시킴으로써 조선 내부에서는 인조의 즉위에 대해 아무런 이견이 없다는 것을 재삼 강조한 것이라고 할 수 있다.

인조는 또한 광해군에 대한 명 조정의 평가가 호의적인 것을 염두

有其極…… 不特此也 我祖先祇事天朝 殫竭誠悃 無敢或怠 而嗣王琿忘恩背德 罔畏天威 督府東來 義聲動人 策應不誠 未效同讐 神人之憤 至此已極 何幸大小臣民 不謀而同 合詞擧義 咸以陵陽君倧仁聲夙著 天命攸歸 乃于今月十三日 討平昏亂 已正位號 以嗣先王之後 彛倫攸敍 宗社再安 咨爾政府備將事意具奏天朝 一面咨會督撫衙門 以憑轉奏 朴弘者等亦言 琿失道悖德 委不可軍國子民 陵陽君乃昭敬王嫡孫 自少聰明仁孝 有非常之表 王異之 養于宮中 屬意重于諸孫 今者人望所歸 王太妃克順人情 俾承先緒 文龍揭報登州 巡撫袁可立上言 李琿襲爵外藩 已五十年于玆矣……

에 두고 명에서 파견한 차관에게 광해군이 과거 명사들을 극진히 환대했던 것이 실제 명의 입장에서는 '기만당한 것'이었음을 부각시키려 하였다. 즉 광해군은 원병 파견 등 명의 군사원조 요구를 받아들여 후금을 정벌하는 것은 회피하고, 오로지 명사들에 대한 환대를 통해 명으로부터 "공순하다"는 평가를 얻어내려 했다고 지적했던 것이다. 나아가 인조는, 자신은 앞으로 명사에 대한 환대를 통해서가 아니라 오로지 '오랑캐를 정벌하는 것'을 통해 공순한 면모를 보이겠다고 다짐했다.[27]

1623년 4월, 인목대비 명의로 보낸 주문이 명에 전달되고 같은 해 7월 이경전 등 주문사 일행이 북경에 도착한 뒤, 명 조정은 논란 끝에 등래순무 원가립과 모문룡을 시켜 조선에 사관을 파견하여 조선 내부의 여론을 파악하기로 결정하였다. 이에 모문룡은 조선에 사관을 보내 종실, 문무백관, 8도 관찰사, 진사, 기로, 군민 등 여러 계층의 의견을 수렴한 뒤 보고서를 작성하여 같은 해 9월 초에 명 예부에 보고하였다.[28] 그러나 명 예부는, 바닷길이 막혀 귀환이 늦어지고 있던 등래순무 원가립이 파견한 사관의 보고서가 도착하지 않은 것을 이유로 책봉 승인을 미루었다.[29]

이렇게 되자 이경전을 비롯한 조선의 주문사 일행은 책봉 승인을 빨리 얻어내기 위해 명과 후금이 대치하고 있는 당시 상황에서 조선이 지니는 '전략적 중요성'을 거론하였다. 즉 조선의 새 정권이 명과 협력하여 후금을 토벌하려는 의지를 갖고 있지만 명이 인조를 승인하

---

27) (明) 畢自嚴, 「朝鮮情形疏」, 『石隱園藏稿』 권5.
又令通官傳語於孟推官曰 向來舊王不以併力過敵爲恭 而以縟儀款客爲恭 今我正以不以縟儀爲恭 而專以協剿爲恭 以故接伴各官 其禮貌亦殷勤如昨 而館穀漸不逮疇昔矣.

28) 이민성, 「조천록」(상), 앞의 책 권1.

29) 다시 자세히 살피겠지만 "사관이 도착하지 않았다"는 것은 표면적인 이유였고, 명이 책봉을 늦춘 진짜 이유는 조선에서 일어난 정변을 바라보는 명분적 시각과, 조선이 명과 후금 사이에서 지니는 전략적 측면을 고려하는 과정에서 논란이 빚어졌기 때문이었다. 이와 관련된 전후 내용은 이민성, 「請亟封典事奏本」·「在玉河館秘密狀啓」, 『경정선생집』 권4에 자세히 수록되어 있다.

는 것을 미루고 있기 때문에 조선에서 인조의 명령이 제대로 시행되지 않고 있으며 궁극에는 군사력 동원 등을 제대로 할 수 없다고 강조했던 것이다.[30] 이 같은 측면을 고려하면, 조선의 주문사 일행은 당시 인조반정과 인조의 즉위를 승인하는 여부를 놓고 명이 고민하고 있는 까닭이 무엇인지를 간파했다고 할 수 있다. 주문사 일행이 이러한 내용을 담아 주문을 다시 올린 뒤, 명 조정의 논의는 대체로 인조의 즉위를 승인하는 쪽으로 가닥을 잡아가게 되었던 것이다.

2. 인조책봉 논의와 명의 의도

1) 명의 인조책봉 논의

당혹감 속에서 인조반정의 발생 소식을 들었던 명은 여러 경로를 통해 조선의 정정(政情)을 파악하려고 노력하였다. 그러나 1621년 요동 상실 이후 위험한 바닷길을 통해 조선과 연결되고 있었던 형편에서[31] 과거처럼 요양이나 진강 등지에 있던 명의 변방 아문들을 통해 조선 정정을 쉽게 파악하는 것은 기대할 수 없었다. 이 같은 상황에서도 예부와 병부의 과도관 가운데는 휘하의 인물을 장사꾼 등으로 가장시켜 조선에 들여보내 정정을 탐색케 하는 등[32] 조선 사태를 예의주시하고 있었다.

---

30) 이민성,「請竦降封典事奏本」,『경정선생속집』권4.
　　　小邦與賊對壘 朝暮受兵 雖切同仇 刻意協剿 而尙稽受命 權署彌年 發號施令 苟焉而已 危急存亡 勢已棘矣 救焚拯溺 烏可緩乎.
31) 李晩榮,「崇禎丙子朝天錄」,『雪海遺稿』권3(奎古 3428-398).
　　　天啓辛酉 遼陽失守 朝天舊路 便作豺虎之場 朝貢使价之行 始從木道 而海濤險惡 覆沒相尋 人皆以奉使赴燕爲必死之地 每當差遣 百企圖免.
32) 이민성,「조천록」(중) 7월 23일, 위의 책 권2.
　　　聞諸駱惟信則科官差人往我國 扮作商人 潛察事情 近當回報云 的有是事則可駭……

당시 조선 사태에 대해 가장 먼저 의견을 제시한 관인은 등래순무 원가립이었다. 그는 1623년 4월, 모문룡으로부터 통보받은 조선 사태의 정황을 북경 조정에 보고하면서 자신의 의견을 첨부하였는데, 그것은 인조반정과 인조 승인 여부에 대해 최초로 개진된 의견이었다. 그는 인조반정을 명분론의 입장에서 비판하고 '명백한 찬탈'이라고 규정하였다. 그리고 광해군을 복위시키고, 인조를 퇴위시켜야 한다고 주장하였다. 원가립은 더 나아가 조카인 이종(李倧. 인조)이 숙부 광해군을 폐위한 행위는 궁극적으로 명나라를 무시한 것이기 때문에 기강을 세우기 위해서 성토해야 하며, 사신을 보내 조선의 신민들을 깨우쳐 '역적'들을 토벌해야 한다는 강경한 주장을 폈다.[33] 예과도급사중 성명추(成明樞)도 조선 사태를 좀더 자세히 살펴볼 것과 '역적들을 토벌하기 위한 방책'을 강구하자고 촉구하였다.[34] 두 사람의 의견에서 나타나듯이 조선의 정변을 인지한 직후 명 조정에서는 대체로 인조반정의 '불법성'을 성토하고 인조에 대한 승인을 보류해야 한다는 분위기가 우세하였다.

시간이 지나면서 명 조정에서는 인조반정의 '불법성'을 성토하는 차원에서 더 나아가 그것이 자국에 미칠 영향을 면밀히 따져보는 논의들이 나타나기 시작했다. 그것은 말할 것도 없이 당시 명과 후금과 조선 사이의 미묘한 삼각관계를 염두에 둔 것이었다. 1623년 5월, 절강도어사 팽곤화는 인조반정을 '임금도 무시하는 자들(無君之人)이 일으

---

33) 『명희종실록』 권33 천계 3년 4월 무자.
　　巡撫袁可立上言 李琿襲爵外藩 已五十年于玆矣 倧卽系親派 則該國之臣也 君臣旣有
　　定分 冠履豈容倒置 卽琿果不道 亦宜聽大妃具奏 待中國更置 奚至以臣簒君 以姪廢
　　伯 李倧之心 不但無琿 且無中國 所當聲罪致討以振王綱 儻爲封疆多事 兵戈宜戢 亦
　　宜遣使宣諭 播告彼邦 明正其罪 使彼中臣民亟討簒逆之賊 復辟已廢之主 若果李倧迫
　　于妃命 臣民樂以爲君 亦當令其退避待罪 朝廷徐頒赦罪之詔 令其祇奉國祀 如國初所
　　以待李成桂者 此又不得已之權也.
34) 위의 책, 같은 조.
　　禮科都給事中成明樞亦言 宜勅該部速議責問之檄 不失正罪之體 仍一面勅登撫以細訊
　　屬國之情 一面諭樞輔以詳商討逆之擧 詔付部議.

킨 내란'으로 규정하였다. 그는 이어 '무군지인'들이 장차 후금과 연결될 것으로 예상하고, 그 때문에 누르하치가 서쪽으로 진격하게 되면서 모문룡의 처지가 곤란해지고 궁극에는 후금에 대한 견제력이 상실될 것으로 우려하였다.[35]

산동도어사 오상묵(吳尙默)은 "조선의 반역하려는 기미(逆節)가 드러났다"고 하는 등 극도의 불신감을 표시하고, 조선으로부터 군사적 원조를 얻어내려는 것은 제대로 된 계책이 아니라고 주장하였다.[36] 절강도어사 조수훈(曺守勳)도 후금과 조선이 연결될지도 모른다고 경고한 뒤, 조선 문제를 처리하는 방향을 조속히 결정하지 못하고 우물쭈물한다고 대학사 엽향고 등을 비난하였다.[37] 이에 엽향고는, 조수훈에게 탄핵받은 것을 이유로 사직을 청하는 등[38] 명 조정에서는 조선 사태에 대처하는 방향을 놓고 신료들 사이에서 갈등이 빚어질 조짐마저 보이고 있었다.

조선에서 정변이 일어났다는 사실을 인지한 직후 "찬탈행위를 응징해야 한다"는 등 강경론 일변도로 흘렀던 명 조정의 분위기를 바꾸어 놓은 인물은 당시 각로 가운데 한 사람이자 독사추보(督師樞輔)였던 손승종(孫承宗)이었다. 그는 조선 문제를 섣불리 처리할 것이 아니라 형세를 살펴 명에 이로운 방향으로 이끌어가야 한다고 주장하였다.[39]

---

35) 『명희종실록』 권34 천계 3년 5월 을미.
   浙江道御史彭鯤化上言 朝鮮內變 國王李琿一旦爲侄所廢 彼先自亂 安能助我 況無君之人 豈肯倡義效順 且爲倭與奴連 若擧朝鮮歸順奴酋 毛文龍必難久居 牽制無人 奴得安意西來 無復東顧之憂矣 今日遠偵探 查奸細 制大炮三事 實爲急著.
36) 『명희종실록』 권35 천계 3년 6월 신미.
   山東道御史吳尙默上言 今之爲關事計者 一日餌東虜以爲斷絶 一日結朝鮮以爲掎角 不知夷虜匪我族類 其心必異 彼且幸奴之來以爲要我索我之資 其不足恃明甚 朝鮮逆節已著 謾詞非眞 大約借力於人總非完策.
37) 『명희종실록』 권34 천계 3년 5월 무신.
38) 『명희종실록』 권34 천계 3년 5월 기유.
39) 『명희종실록』 권35 천계 3년 6월 계해.
   兵部覆督師樞輔孫承宗疏謂…… 若夫朝鮮一案 輔臣先得臣心 因其勢而利導之 未可輕發啓玩……

'책봉 - 조공 체제'에 기반한 전통적인 양국 관계의 명분적 측면을 중시하여 조선을 성토해야 한다는 '명분적 당위론'으로부터 현실적 상황을 참작하여 실리를 취하는 방향으로 발상을 전환하라고 촉구했던 것이다.

손승종의 의견이 나오면서부터 명 조정에서는, 후금과의 대립 구도 속에서 조선이 지니는 전략적 위상을 염두에 두면서 인조반정에 대한 평가의 방향과 인조를 승인하는 여부를 놓고 다양한 의견들이 개진되었다. 그런데 예부상서 임요유의 상소에 따르면 당시 명 조정의 신료들이 제기했던 의견들은 대체로 다음의 5가지로 나뉘고 있었다.[40]

① 반정주도세력을 토벌해야 한다는 의견 : 전유가(田唯嘉).
② 반정주도세력을 응징하되 전말을 더 자세히 조사해야 한다는 의견 : 원가립, 성명추.
③ 반정주도세력을 토벌해야 하지만 갑자기 하지 말고, 조선이 바치는 공물도 받지 말고 전말을 상세히 따져보자는 의견 : 필자엄(畢自嚴).
④ 모문룡을 시켜 대의로써 조선을 책망하되 그 여론의 향배를 살피자는 의견 : 반운익(潘雲翼), 왕윤성(王允成).
⑤ 조선을 힐문하되 다만 광해군이 과연 후금과 내통했는지의 여부만을 살펴본 뒤 인조의 책봉 여부를 결정하자는 의견 : 유사임(游士任).

위에서 알 수 있는 것처럼 대부분의 신료들이 토벌이나 힐책, 대의로써 타이를 것 등을 거론하여 조선 사태를 일단 부정적으로 인식하는 경향이 우세하였다.

---

40) 『명희종실록』 권37 천계 3년 8월 정축.
內外諸臣 行忠發憤 有請聲罪致討者 御史田唯嘉也 謂必討其罪而當再詰其詳者 登萊撫臣袁可立 禮科都給事中成明樞也 謂不可不討而不可遽討 且弗受方貢 細核顚末者 督餉臣畢自嚴也 謂當令毛文龍詰問 責以大義 察其輿情之向背者 關臣潘雲翼 南台臣王允成也 謂當詰此事 只以通奴不通奴爲主 琿誠通奴 則倧之立非簒也 但擅立爲罪耳 而責以討奴自洗者 御史游士任也 種種條陳 咸有可採.

그런데 위에서 제기된 논의들 가운데 인조반정 이후 대조선 정책의
방향을 놓고 고민할 수밖에 없었던 명의 입장을 가장 잘 보여주는 것
은 ③의 필자엄의 의견이었다. 필자엄은 호부시랑으로서, 당시 명군의
군량 조달과 배분을 책임지고 있었던 인물이었다. 더욱이 그가 조달한
군량이 조선을 거쳐 모문룡 등에게 공급되고 있었기 때문에 그는 누
구보다도 조선의 정정을 예의주시하고 있었고, 또 조선 사정에 밝았다.
인조반정을 전후한 무렵부터 그는 조선에 차관을 보내 각종 정보를
수집하고 있었기 때문이었다. 실제 그는 인조반정 직후 조선에 파견된
차관 맹양지(孟養志)에게 보낸 서신에서 반정 직후 조선 집권층의 순
역(順逆)과 향배를 살펴 보고하라고 종용하는 등 조선의 정정에 각별
한 관심을 표시한 바 있었다.[41]

　　필자엄은 조선 사정을 상세히 파악한 뒤, 희종에게 '조선성형소(朝鮮
情形疏)'를 올려 인조반정과 관련된 전말을 상세히 언급하였다. 그 내
용을 통해 우리는 여러 가지 중요한 사실들을 알 수 있다. 우선 신중
론자였던 그는 기본적으로 인조반정을 부정적으로 보고 있었다. 한 예
를 들면 반정 직후 서인들이 평안감사 박엽과 의주부윤 정준을 처형
한 것을, 명의 관심을 끌어 반정이 일어난 사실을 명에 알릴 명분을
찾기 위해 벌인 행동으로 평가절하하였다.[42] 또 그는 광해군이 폐위당
한 원인을 광해군의 극진한 사대와 관련하여 파악하였다. 그는 광해군
이 명을 극진하게 섬겼다고 긍정적으로 평가하였거니와, 임진왜란을
겪었던 노성한 신료들은 광해군의 이런 정책을 지지했지만 연소한 신
진 신료들은 그를 싫어했다고 지적하고 정변이 일어난 원인을 양자

---

41) (明) 畢自嚴,「與孟推官」,『石隱園藏稿』권8.
　　近聞 門下復有王京之行…… 目今 鮮國廢立 回視客歲 又另一機局矣 門下留滯逆旅
　　恐無了期 若能熟察順逆之形 細作輔車之勢 或有一得可佐廟算 鶴首西馳 不辱君命
　　不亦可乎 惟門下良圖焉.
42) 필자엄,「朝鮮情形疏」, 위의 책 권5.
　　是日 李倧遂卽王位 又差官立誅平壤守臣朴華(朴燁 — 필자 주)幷鴨綠江邊臣鄭遵 數
　　其元年冬月暗通接人戕遼人而謀毛帥 是所藉口以報中國者也.

사이의 갈등에서 찾았다.[43] 인조반정의 원인을 이렇게 분석하는 것으로
볼 때, 반정을 주도했던 세력에 대한 그의 의구심은 필연적인 것이었
다고 할 수 있었다.

　필자엄은 기본적으로 광해군에 대한 연민에 바탕을 두고 반정세력
에 대해 불만을 품고 있었다. 그러면서도 모문룡에게 보낼 군량을 조
달하는 과정에서 반정 주도세력의 협조가 필요한 현실 때문에 갈등했
던 것으로 보이는데 그것은 결국 신중론을 제기하는 것으로 나타났다.
그는 새로 즉위한 인조를 곧바로 승인할 수 없는 3가지 이유와 동시
에 그를 토벌할 수도 없는 3가지 이유를 제시하여 자신의 고민을 드
러냈다. 그는 반정세력을 토벌해서는 안 되는 이유로서 "이종(인조)이
선조의 손자이자 이혼(李琿. 광해군)의 조카로서 왕위계승 자격이 있고
'가짜로나마' 인의(仁義)를 표방하여 신민들이 귀의하고 있으며, 만일
그를 토벌하려면 병력을 동원해야 하는데 1만 리나 되는 바닷길을 건
너 공격하는 것이 여의치 않다", "인조 즉위 후 반포한 교서에서 명에
복종하겠다는 것과 (후금을 치는 데) 원군을 보내 협조하겠다고 약속
했다", "인조 즉위 후 모문룡과의 왕래를 빈번히 하고, 모문룡이 안주
에서 군량을 매입하는 것을 막지 않았고, 당시 모문룡이 사면이 바다
로 둘러싸인 피도(皮島)에 머물러 이전에 선천(宣川)에 있을 때처럼 조
선에 의존하는 정도가 달라 별다른 염려가 없다" 는 등 3가지를 들었
다.[44]

　이와 함께 인조를 섣불리 승인할 수 없는 3가지 이유로서 "군신의

43) 필자엄, 앞의 책, 같은 조.
44) 필자엄, 앞의 책, 같은 조.
　　李倧自立 雖犯無將之戒 然爲李昖之孫 李琿之姪 支派頗正 且其假仁假義 國中臣民
　　率多歸向 今若輕言廢置 必當先議興師 航海萬里 勝負難必 窮兵遠騖 非力所及 是不
　　必議討者一也 通逆之顯迹未著 享王之常禮未失 且其卽位 教令頒布國中 咸以恭順天
　　朝爲念 以協力助兵爲辭 豈其以此觖前王之罪過 而躬自蹈之萬一 更置不得其人違順
　　卽逆厥計良左 是不必攻討者二也 李倧位後 每有公移與毛帥往來 固非大有協濟 亦覺
　　別無齟齬 近聞毛帥自用銀 往安州糴糧五千 亦未退糴 總之 毛帥近居皮島 四面皆水
　　與前駐宣州時 依倚朝鮮 大是不同 可無他虞 是不必攻討者三也.

의리는 참으로 중요한 것인데 기자(箕子)의 예의지국인 조선에서 난신 적자를 선불리 책봉하여 웃음거리가 될 수 없다", "광해군이 공순하게 명을 섬겨 원병을 보내고 모문룡을 도왔으니 그의 원한을 풀어주어야 한다", "인조가 비록 명에 대해 공순하지만 그의 속마음과 향후 향배가 아직 의심스럽다"는 등의 사실을 열거하였다.[45]

그러면서 그는 인조를 승인하는 것을 늦추고, 조선의 주청사로부터 표전(表箋)과 방물을 받지 않은 상황에서 광해군 폐위와 인조 즉위의 정당성을 다시 따져보자고 하였다. 나아가 조선이 명에 복종하고, 스스로의 허물을 재삼 인정한 후에야 인조를 승인하자고 주장하였다. 뿐만 아니라 조선이 병력을 징발하고, 명을 도와 후금을 정벌한 공적이 드러난 이후에 책봉하자고 주장하였다. 그래야만 명이 조선을 조종할 수 있으며 강경책과 유화책이 조화를 이루어 은혜 때문에 대의를 덮지 않고, 권도(權道)로써 상경(常經)을 해치지 않을 수 있다고 강조하였다.[46]

그는 또한 향후 사신으로 가는 자는 조선으로부터 일체의 뇌물을 거부함으로써 중화의 위엄을 해치는 일이 없어야 한다고 강조하였다.[47] 요컨대 필자엄은 반정 세력의 명분적 한계를 지적하면서 그들을 후금과의 싸움에 동참시키도록 강조하고, 인조에 대한 승인을 지연시켜 궁극에는 명의 종주국으로서의 위엄도 함께 과시할 수 있는 양면적 효과를 노렸던 것이다.

필자엄 등의 논의가 제기된 이후 명 조정에서는 점차 새 정권의 명분적인 약점('찬탈의 혐의')을 지적하고, 그를 이용하여 조선을 적극적

---

45) 필자엄, 앞의 책, 같은 조.
46) 필자엄, 앞의 책, 같은 조.
  俟其進兵剿奴 功績昭著而後封之 庶幾操縱在我 剛柔互濟 不以恩掩義 不以權廢經 天朝之綱紀大伸 而屬國之邪萌自戢矣.
47) 필자엄, 앞의 책, 같은 조.
  至於以後 中國之使 其以公務入朝鮮者 寧稀勿數 寧簡勿繁 仍令謝絶 一切交際 毋得 黷貨致輕中華 此尤喫緊要著亟宜申飭者也.

으로 후금과의 대립구도 속에 끌어들여야 한다는 의견이 주류를 이루게 되었다. 그것은 조선이 명의 요구를 얼마나 적극적으로 수용하는지를 살핀 뒤 인조를 승인하는 여부를 결정해야 한다는 것이기도 하였다.

그것은 당시 명 관인들 가운데 후금을 물리치고 요동을 수복하기위해서는 조선을 이용해야 한다는 이른바 '이이제이론'을 구상하고 있었던 인사들이 많았던 것과도 밀접한 관련이 있었다.[48] 인조반정의 발생은, 어떤 측면에서 보면 1619년 '심하전투' 이후 광해군의 강력한 거부 때문에 조선에서 더 이상의 군원(軍援)을 이끌어내는 데 애를 먹었던 명에게는 조선을 설득할 수 있는 절호의 기회가 되었던 것이다.[49] 실제로 1623년 11월, 병부상서 조언(趙彦)은 "인조가, 광해군이 '오랑캐와 밀통했다'는 것을 빌미로 왕위를 빼앗고 책봉을 청하면서, 명의 은혜를 갚겠다고 하는 만큼 그에게 수만 명의 군사를 동원하게 하여 모문룡과 힘을 합쳐 적의 소굴을 공격토록 하자"는 내용을 골자로 하는 소를 올렸다.[50] 조선의 새 정권을 적극적으로 이용하자는 주장이었다.

조선을 적극적으로 이용하자는 쪽으로 가닥을 잡아가는 분위기에서 모문룡이 조선의 새 정권을 높이 평가하고, 인조를 승인해야 한다고 주장했던 것은 명 조정이 인조를 승인하는 데 큰 영향을 미쳤다. 모문룡은, 인목대비가 올린 조선의 주문에 덧붙인 자신의 의견서에서 광해

---

48) 한 예로 다음의 馮時行의 주장과 같은 것이 '이이제이론'의 전형적인 사례라고 할수 있다.
原任通政使司左參議馮時行疏議省餉之策 有八…… 至鴨綠江又有高麗樓船 且彼粮亦可糴 道多可假 乘隙而入 奴不知備…… 朝鮮新封 令助毛帥進剿于南…… 以夷攻夷 不費中國之餉(『명희종실록』(梁本) 권41 천계 5년 3월 갑술).
49) '심하전투' 이후 명의 조선에 대한 군원 요구에 대해서는 이 책 265~272쪽 참조.
50) 『명희종실록』 권41 천계 3년 11월 병자.
兵部尚書趙彦言…… 朝鮮權國事李倧以李琿通奴爲名 攘奪其位 今請命天朝 願出力以報效 合降勅諭一道 發登萊撫臣 差官捧賚至朝鮮 先命李倧權管國事 如中國郡王管理親藩事例 令發兵數萬 同毛文龍列營柵于附近海島中 不時出疑兵奇兵以援奴 以不時出虛著實著以亂奴.

군의 '배덕'을 비판하고, 인조가 그것을 바로잡았으며 명에 대해 '진실한 마음'을 갖고 있다고 긍정적으로 평가하였다.[51] 모문룡의 이 같은 평가는, 반정 직후 인조와 서인들이 그의 환심을 사기 위해 기울였던 노력의 소산이었거니와 그가 나중에 인조정권에 커다란 영향력을 행사하는 데 중요한 바탕이 되었다.[52]

조선의 정변에 대한 평가와 향후의 대책을 놓고 상당한 논란을 벌인 끝에 예부상서 임요유(林堯兪)는, 조선에 중신을 파견하되 모문룡과 공동으로 조선 신민들의 의견을 청취한 뒤 책봉 여부를 결정하자고 건의하였다. 조사를 통해 반정세력의 주장처럼 '광해군의 명에 대한 배덕'이 사실이 아닌 것으로 드러나면 인조반정을 '찬탈'로 규정하여 성토하고, 만일 그것이 사실로 밝혀지고 인조가 명에 대해 성의껏 공물을 바치고 군량을 공급하며 후금에 대해 공동의 적개심을 품고 있는 것이 확인된다면 조선의 정변은 '찬탈'이 아니라는 결론을 내렸던 것이다.[53]

명 조정은 1623년 윤 10월까지를 기한으로 잡아 등래순무 원가립이 지명한 유격 이유동(李惟棟), 모문룡이 임명한 진계성(陳繼盛)을 조선에 보내 조사작업을 벌였다.[54] 진계성은 조선에서 영중추부사 이광정(李光庭), 지훈련원사 이수일(李守一) 등 모두 831명의 의견을 청취하였다.

---

51) 『명회종실록』 권37 천계 3년 8월 정축.
52) 명이 인조를 승인하는 과정에서 모문룡이 행한 역할에 대해서는 田川孝三, 『毛文龍と朝鮮との關係について』(靑邱說叢 卷三, 1932), 73~80쪽 참조.
53) 『명회종실록』 권37 천계 3년 8월 정축.
　　金氏姑未足據…… 會同兵部 再遣貞士信臣 同毛文龍公集擧國之臣民 再四細詢 如李琿無悖虐之行通奴之情 李倧前主簒立之謀 後冒擅立之罪 則王法自在 誰得而寬 如李琿自絕于天 親離衆叛 忘我卵翼之恩 懷梟獍之志 李倧前不與簒弑之逆計 後自値推戴之公情 襲位以來 一心中國 悉索敝賦 用張我軍 臨海上新集之師 同義士敵愾之憤 則恭也 非簒也.
54) 이때 진계성은 바로 조선으로 갔으나 이유동은 풍랑 때문에 등주로 귀환하였다. 이에 원가립은 1623년 윤 10월 9일, 이유동 대신 지휘 조연령(趙延齡)을 조선에 다시 보냈으나 그는 도중에서 익사하였다(이민성, 「조천록」 下 11월 24일, 『경정선생속집』 권3).

그 의견의 내용은 대개 광해군의 '패륜 행위'와, 그가 왜란 당시 명이 베풀었던 '재조지은'을 배신했다는 것을 강조하는 것 등이 주류를 이루고 있었다.

특히 주목되는 것은 1619년 조명연합군이 '심하전투'에서 패했던 원인을, 조선군이 기밀을 후금에게 노출시킨 것에서 찾고 명장 유정과 교일기 등의 전사 원인도 조선군의 탓으로 돌린 것이었다.[55] 나아가 1621년 모문룡이 후금군의 습격을 받은 것도 광해군이 후금을 사주해서 그렇게 된 것으로 규정했으며, 명 황제가 '심하전투' 당시 전사했던 조선 장졸들에게 하사한 은을 착복했던 것, 후금과 화친했던 것, 이러한 사실들이 드러날 것 등을 두려워하여 명 사신의 숙소를 차단하고 감시하게 했던 것 등을 광해군의 '죄상'으로 제시하였다.[56] 이와 함께 인조의 인품을 강조한 뒤 광해군은 잘 보호되고 있으며, 반정을 일으켰던 당일 궁궐에 방화하고 일본군을 끌어들였다는 것은 유언비어라고 변무하였다.

모문룡은 진계성의 보고를 토대로 1623년 윤 10월 19일, 조선의 문무제신과 종척들이 작성한 문서들을 예부로 보냈다. 그러자 명 예부는 원가립이 파견했던 사관 조연령이 익사한 것 때문에 황제에게 회주(回奏)를 올리는 것을 무기한 연기하기로 결정하였다. 당시까지도 명에 남아 있던 주문사 이경전 일행은 예부를 방문하여 모문룡의 보고서만을 토대로 하여 책봉을 주청하는 회주를 속히 올려달라고 호소하였다.

당시 예부의 관원들 가운데 상서 임요유, 주객사주사(主客司主事) 주

<hr />

55) 『명희종실록』(梁本) 권41 천계 4년 4월 신해.
　　廢君敢二天朝 潛與虜和 渾河之役 陰持將言 輕泄師期 忍使我土之爪士橫罹鋒鏑誅屠 波血沸聲如雷 劉喬兩師 一時幷命 擧國之人刻苦痛心 廢君聞之 恬莫之隱.
56) 위의 책, 같은 조.
　　至如死事陪臣賞戰之金 監軍御史犒軍之幣 入內府 終不俵給 賊退 涓尊以國汗 取媚 乞憐 無所不至 自知負犯 必欲掩惡 王人在館 另加遮護 徒衆以衛之 其實益禁 豊賄 以勞之 其實防口 其他欺負天朝 觀望成敗 非一二計之 始不以父戒爲念 終不以臣道 事君 其如君臣之倫果何如哉.

장(周鏘) 등은 인조를 승인하는 데 긍정적이었던 반면, 급사중 위대중(魏大中)은 극히 부정적이었다.[57] 위대중은 동림당(東林黨)의 핵심으로서 명의 신료들 가운데 몇 안 되는 이른바 '청의(淸議)'에 철저한 인물로 평가되고 있었다. 그는 인조반정을 비판했거니와 인조를 승인하는 것은 명분이 없는 일이며 "오히려 간사한 자에게 상을 주어 반역을 가르치는 행위"라고 극언한 바 있었다.[58] 예부의 논의를 주도하는 과도관인 위대중이 인조를 승인하는 것을 계속 격렬하게 반대했던 것은, 모문룡이 보고서를 올린 이후 명 조정의 전반적인 분위기가 인조를 승인하는 방향으로 가닥을 잡아가고 있던 상황에서 가장 큰 걸림돌이 되었다.

2) 인조를 승인한 명의 의도

임요유는 주장을 시켜 위대중을 설득하도록 종용하는 한편, 1623년 12월 8일 황제에게 인조를 책봉하라고 요청하는 회주를 올렸다. 다음은 임요유가 올린 회주의 내용인데 명 조정이 인조를 승인하여 책봉하기로 결정했던 배경과 의도를 잘 보여준다.

① 조선의 폐립은 강상과 명분, 의리로써 논한다면 토벌하여 끊는 것이 하나의 올바른 도리일 것입니다. 중국을 돕고 받드는 것으로 논한다면 (조선이) 두 마음을 품어 오랑캐와 통하는 것은 우리에게 근심이 되는 것이요, 한마음으로 오랑캐를 멸하는 것은 우리에게 이용이 되는 것입니다 …… ② 이제 소경왕비(昭敬王妃) 김씨의 주문에 근거할 때 심히

---

57) 이상의 내용은 이민성, 「조천록」(하)의 기록을 토대로 정리한 것이다.
58) 洪翼漢,『花浦朝天航海錄』권1 天啓 4년 11월 20일.
聞得吏科給事中魏大中 於上年奏聞使辭朝後 參擧我國事陳疏云…… 其略曰 禮莫大于名 名莫大于分 分于莫大于君臣 而姓某諱某 乘東鄙不靖之日 廢君自立 名分安在 惟彼越在海外 原不必興聞罪之師 以彼鱗介 易我冠裳 但欲以一紙蠻書 便取九重冊詔 恐賞奸誨叛 莫此爲甚.

이상한 것은 '선천지역(宣川之役)'으로서, 이혼(광해군)은 오랑캐를 끌어들였으니 두 마음으로써 오랑캐와 통하지 않았다고 할 수 있겠습니까? …… 그런데 윤 10월에는 등래순무가 조선의 공결(公結) 12통을, 11월에는 모문룡이 12통을 보내왔습니다. ③ 종실부터 8도의 신민들까지 모두 한결같이 이혼은 패역하고, 이종은 공순하다고 합니다. 인정이 이와 같으니 마지막 보고를 기다리지 않아도 이미 명확해졌습니다. 봉전(封典)을 청하는 배신들이 사관이 돌아올 기약이 없다고 애닲게 호소하였습니다. 또 말하기를 오랑캐가 모문룡의 견제를 끊기 위해 조선을 원수로 여겨 먼저 친다고 합니다. 이렇게 위급한 때에는 반드시 임금이 있어야 하는데 만약 명호가 정해지지 않는다면 (군대와 군량을) 징발하는 것이 어렵다고 합니다. ④ 이렇게 변강이 위급한 때에는 경상(經常)의 예로써 논하는 것이 불가하다고 여겨집니다. 황상께서 굽어살피사 소청을 따르신다면 엎드려 바라옵건대 먼저 칙유 1도를 내려주시어 등래순무의 차관과 (조선) 배신이 함께 조선에 가도록 하여 조선국왕의 명호를 하사하시고, 국사를 이끌도록 하여 주십시오. ⑤ 그리하여 병력을 동원하고 물자를 징발하는 영을 내려 모문룡과 함께 '복병을 두고, 기병을 내어(設伏出奇)' 점차 (요동이) 수복되는 것을 기다려 비로소 훈척과 중신을 파견하여 절책(節冊)을 가져가 봉전을 마치도록 하십시오. 그러면 '소국을 어루만지는(字小)' 가운데도 '변방을 굳게 지키는(固圉)' 도를 잃지 않을 것이니 변방 문제와 국체에 이로움이 적지 않을 것입니다.[59]

59) 『명희종실록』 권42 천계 3년 12월 계사.
　　禮部尙書林堯兪等言 朝鮮廢立之事 以綱常名義論 討之絶之 此一定之正體也 以翼戴天朝論 二心通奴者是爲我梗也 同心滅奴者是爲我用也…… 今據昭敬王妃之奏 深可異者宣川之役 李琿降奴引賊 不謂二心通奴可乎…… 然閏十月內 登萊撫臣揭送彼國公結十二通 十一月內 毛帥呈送彼國公十二通 自宗室以至八道臣民 合詞一口 皆稱琿爲悖逆 倧爲恭順 人情如此 固不待勘報至而已了然矣 彼請封之陪臣相率哀籲 回還無日 且云逆奴欲絶毛帥之牽制 先攻小邦爲同讐 當此爲危急之秋 必須君王之主 若名號未定 則徵發難行 此時急在邊疆 似未可以經常禮論矣 如蒙皇上俯從所請 伏乞先頒勅諭一道 登萊撫臣 差官同陪臣至彼 錫以朝鮮國王名號 統領國事 仍著令發兵索賦 同

위에서 임요유는 인조반정 주체들이 광해군을 쫓아낸 행위를, 강상과 명분의 측면에서 판단한다면 토벌해야 한다고 말하여 그에 대한 명의 입장을 확실히 정리하였다(①). 그러나 조선의 주문을 통해 광해군이 후금과 내통했다고 의심하게 되었고(②), 모문룡 등이 보낸 사관이 수집한 조선의 여론을 통해 광해군의 '배덕'과 인조의 '충순'함을 확실히 알게 되었다고 평가했다(③). 또 후금의 위협을 생각하면 조선 문제에 원칙론적인 시각(經常之禮)으로만 접근하는 것은 문제가 있다고 지적하고(④), 일단 인조에게 임시로 '조선국왕'의 이름을 주어 그가 병력을 동원하여 모문룡과 합세하여 후금을 치고, 그 공적이 가시적으로 드러난 뒤에 정식으로 책봉하자는 주장을 폈다(⑤).

임요유는 인조를 조선국왕으로 승인하는 문제를 책임지고 있는 주무자로서 인조반정 이후의 조선 대책을 수립하는 과정에서 명분과 현실을 어떻게 조화시킬 것인가를 놓고 상당히 고심하였다. 한 예로 1623년 11월 25일 조선의 주문사 일행은 예부를 방문했다가, 상서 임요유가 주사 주장에게 "만약 오랑캐의 세력이 압박해온 뒤에 인조를 책봉해주면 조선이 영광스럽게 여기지 않을 것이다(若奴勢迫而准封 則朝鮮不以爲榮矣)"라고 말하는 것을 들었다고 한다.[60] 이것을 볼 때 명은 인조를 승인하는 과정에서 종주국으로서 명분적인 권위를 드러내고, 한편으로는 현실적인 이익도 취할 수 있는 방안을 찾으려고 고심했던 사실을 알 수 있다. 그리하여 결국은 '조건부 책봉'이라는 고육책을 제시했던 것이다.

한편 등래순무 원가립은 1624년 4월, 황제에게 인조의 책봉을 공식적으로 요청하는 주문을 올렸다. 또 같은 해 5월 병부상서 조언은 조선이 모문룡을 돕고, 그에게 군량을 대주는 등 모문룡이 조선에 의지하고 있다는 사실을 보고한 뒤, 조선과 합심하여 오랑캐를 치기 위해

毛文龍設伏出奇 俟恢復漸有次第 始遣勳戚重臣 賚捧節冊 完此封典 庶幾字小之中不失固圉之道 其于疆事國體 所裨非細矣.
60) 이민성, 「조천록」(하) 11월 25일, 앞의 책 권3.

서는 책봉을 늦출 수 없다는 내용으로 상소하였다.[61]

이러한 우여곡절을 거쳐 1625년 1월, 명 희종은 모문룡에게 칙유를 내려 인조의 책봉을 허락한다는 의사를 밝히고, 그에게 그 사실을 조선에 전달하되 조선과 모문룡이 협력하여 후금을 정벌하라고 지시하였다.[62] 이 조처를 통해 인조를 조선 국왕으로 승인하는 문제와, 인조반정을 놓고 벌어졌던 명 조정의 시비가 일단락을 맺게 되었다. 인조반정이 1623년 3월에 발생했던 사실을 고려하면 조선의 반정주체들은 명으로부터 그들의 정당성을 형식적으로나마 인정받는 데 2년 가까운 시간이 걸렸던 것이다.

명은 고심 끝에 인조를 책봉하여 승인했지만, 책봉례를 마친 이후까지도 조선의 새 정권에 대한 의구심을 쉽게 떨치지 못했던 것으로 보인다. 한 예로 1627년(인조 5), 명의 예부상서는 북경에 왔던 조선 사신 김지수(金地粹) 등에게 광해군의 생존 여부, 인조가 조선의 8도를 정치적으로 확실히 장악하고 있는지의 여부 등을 질문한 바 있었다.[63] 이에 대해 김지수 등은 인조가 명으로부터 정식으로 책봉을 받았던 사실과, 조선 내에서 만인이 추대했다는 사실을 강조했다.[64] 이를 보면 1627년경까지도 명 일각에서는 인조의 즉위, 나아가 인조반정에 대해 부정적으로 여기는 분위기가 존재했음을 알 수 있다. 그것은 결국 명

---

61) 『명희종실록』(梁本) 권42 천계 4년 5월 임술.
   兵部尚書趙彦言…… 朝鮮向爲文龍所倚 居其地 資其粮 不宜久稽其封 容臣申諭悰 同心合力以制敵 報如議.
62) 『명희종실록』 권55 천계 5년 1월 정축.
   上勅諭平遼總兵官左都督毛文龍…… 朝鮮形勢相依 恭順素聞 已兪中外 所請先准王封 聽行國事 尙需特遣以答忠勳 爾其宣示朕意 俾與爾協同心力以制狡奴 軍興有年 兵機宜實 爾必將吏酌之實情形合宜從事 務殄凶逆 用佐天誅 朕不愛異數以酬將吏 欽哉 故諭.
63) 金地粹,「禮部呈文」3월 16일,『苦川先生集』권2(奎 15396).
   其一問 小邦舊國王 不知存否 見在何處 新國王 八道軍民等 盡歸順否 逃在奴酋地方 官 是何姓名 其一聞 當時 新王初立 麗人未曾盡數統管 不知已管地方幾處 未管地方 幾處 其未管者 向時何人管.
64) 김지수, 위의 책, 같은 조.

이 당시까지도 인조가 과연 명의 대후금 정책에 순응할 것인지의 여부를 관심 있게 주시하고 있었음을 의미하는 것이다.

한편 명의 『회종실록』이나 사찬 사서류에서 인조반정을 '찬탈'로서 기록한 것은 삭제되지 않았다. 한 예로 인조연간 북경에 갔던 숙부 고용후(高用厚)가 구입해온 『양조종신록(兩朝從信錄)』에 인조반정을 '찬탈'로서 적어놓은 것을 보았던 고부천(高傳川. 1578~1636)은 "머리털이 거꾸로 서고, 간담이 찢어지는 듯했다"고 탄식한 바 있었다.[65] 이 때문에 현종 이후 역대 왕들은 청나라를 상대로 『양조종신록』, 『황명십육조기(皇明十六朝記)』 등에 '찬탈'이라고 서술된 부분을 바꾸기 위해 많은 외교적 노력을 기울여야 했다. 변무 사업은 영조대에 가서야 일부분이 해결되었다.[66] 즉 명이 망한 이후에도 인조반정이 남긴 파장은 상당히 오랫동안 이어졌던 셈이다.

요컨대 인조반정은 '조공 - 책봉'의 틀 속에서 유지되어온 '천자국(명)'과 '제후국(조선)'이라는 명분과, 갈수록 쇠약해지고 있던 현실 속에서 '이이제이론'에 입각하여 조선을 이용하려는 실리 사이에서 명을 상당히 고민하도록 만들었던 사건이었다. 명은 이러한 상황에서 명분을 유지하면서도 실리를 취할 수 있는 대조선정책을 구사하기 위해 노력하였다. 그리하여 조선에서 인조반정이 일어났던 것은, 기존의 '재조지은'과 더불어 쇠망기에 들어섰던 명에게 조선을 순치시킬 수 있는 기회로 활용되었던 것이다. 또한 조선의 새 정권이 친명정책을 표방한 것과 맞물려 인조반정 이후 양국관계는 광해군대와는 다른 방향으로 변화되어가게 되었다.

---

65) 高傳川,「封進從信錄疏」,『月峯集』 권3(奎 4291).
　　　臣之叔父囚人用厚通書于臣曰 往在北京離發時 貿得若干書冊如兩朝從信錄 雖未及觀 其文字 係是近代新出之書 故擬於還朝後納于弘文館 以傳達矣…… 臣披閱卷帙 則 第十八卷乃天啓三年癸亥日錄也 目不可觀 耳不忍聞 毛髮上竪 肝膽俱裂 可勝痛哉.
66) 이의 전말에 대해서는 『현종실록』 권22 현종 15년 8월 신묘 ; 『숙종실록』 권5 숙종 2년 1월 신해 ; 『영조실록』 권9 영조 2년 2월 신미 ; 『영조실록』 권25 영조 6년 4월 기해 등에 자세하다.

제3장

인조반정 이후 병자호란 이전의 대명관계

1. 인조반정 직후 대명·대후금 관계의 실상

1) 명의 인조책봉과 은의 징색

인조반정에 대한 평가와 인조를 승인하는 여부를 놓고 상당한 논란을 벌인 끝에 1625년 1월, 명은 인조를 조선국왕으로 승인한다는 칙유를 내렸다. 또 같은 해 2월, 조선은 이덕형(李德泂)이 이끄는 성절겸동지사(聖節兼冬至使)를 명에 보내 고명(誥命)과 면복(冕服)을 내려달라고 요청하였다.[1] 이에 명 조정은 책봉사 왕민정(王敏政)과 호양보(胡良輔)를 조선에 보내 인조를 책봉하고 고명과 면복을 내려주도록 결정하였다.[2]

1624년, 성절사의 서장관으로 북경에 머물고 있던 홍익한(洪翼漢)에 따르면 인조를 책봉하기로 결정되자 태감들이 서로 조선으로 가겠다고 다투었다고 한다.[3] 왕민정과 호양보가 낙점을 받은 것은 그들이 당

---

1) 이 문제에 대해서는 洪翼漢, 『花浦先生朝天航海錄』에 자세하다.
2) 『명희종실록』 권56 천계 5년 2월 병오.
3) 홍익한, 『화포선생조천항해록』 권1 천계 4년 12월 24일.

시 명의 실권자나 마찬가지였던 환관 위충현(魏忠賢)과 가장 친했거니와[4] 위충현에게 수만 냥의 은을 뇌물로 바쳤기 때문이었다.[5] 이것은 광해군대와 마찬가지로 조선이 태감들에게 가혹한 은 수탈을 당할 것을 예고하는 것이었다. 당시 명 황제는 태감들이 조선에서 자행할지도 모르는 은 수탈을 염려하여 두 사람에게 여비로 3천 냥의 은을 하사하고, 조선에서는 은과 인삼을 징색하지 말라고 신신당부했다고 하는데[6] 그것은 어디까지나 명에서의 일일 뿐이었다.

왕민정과 호양보가 위충현에게 뇌물을 바치고 조선행을 자원했다는 소식이 알려지면서 조선 조정은 긴장하였다. 그들은 1625년 6월 3일, 서울로 들어왔는데 서울에 머무는 동안 매일 1만 냥씩의 은을 요구했다. 심지어 자신들이 행차할 때 다리가 없는 곳에서는 이른바 '무교가(無橋價)'란 명목으로 징색하였고, 은 5천 냥을 내놓고 인삼 5백 근을 구입한 뒤에는 내놓았던 은자를 강제로 회수하였다. 개성에서는 진주 410개를 내놓고 그 대가로 은 5천여 냥을 요구했다. 개성부가 은을 백성들에게 할당하자 기한 내에 내지 못한 백성 가운데는 자살하는 사람이 나올 정도였다.[7] 그들은 과거 광해군대에 왔던 명사들처럼 유람이나 연회 등에는 전혀 관심이 없었다. 역시 그것을 생략하는 대가를 은으로 계산해달라고 요구했다.[8] 이 때문에 그들이 유람할 것에 대비하여 한강의 명승지인 양화도(楊花渡) 등지에 미리 차출해놓았던 선박들은 소용이 없게 되었고, 배를 강제로 징발당했던 어부들의 원한만 높아갈 뿐이라는 지적이 나오고 있었다.[9]

---

4) 홍익한, 앞의 책, 권2 천계 5년 1월 2일.
5) 『인조실록』 권8 인조 3년 2월 신묘.
   聞二太監通賄數萬銀於魏忠賢 不憚越海之行而跋涉萬里者 其意有在…….
6) 홍익한, 앞의 책, 권2 천계 5년 1월 17일.
7) 『인조실록』 권9 인조 3년 6월 신묘.
8) 『승정원일기』 제6책, 인조 3년 6월 7일.
   又以戶曹言…… 今聞張禮忠之言 天使無意於遊賞 江湖漢江鼇頭嶺處 保無遊觀之理 而必爲折銀云.
9) 위의 책, 같은 조.

그들이 지나는 곳마다 오로지 은 징색에 열을 올리게 되자 곳곳에서 '고을이 황폐해졌다'는 상황이 빚어졌고, 그들은 '중원의 큰 도둑'으로 불리게 되었다.[10] 조선 조정은 그들을 접대하기 위해 약 13만 냥의 은자를 준비하고 있었는데 그 중에는 모문룡에게 빌린 은도 포함되어 있었다.[11] 13만 냥이면 광해군대에 왔던 조사들이 징색했던 양에 비해서도 훨씬 많은 것이었다.

또 당시 책봉 주청 등을 위해 북경에 갔던 조선 사신 일행이 교섭 과정에서 지출했던 이른바 '인정(人情)'의 액수까지 합하면 '인조책봉' 비용은 더 늘어날 수밖에 없었다.[12] 이 같은 은의 지출이 재정 운용에 엄청난 주름살을 가져옴에도 불구하고, 인조반정에 대한 평가와 책봉 여부를 놓고 명과 줄다리기를 벌였던 인조 즉위 초의 불안정한 상황에서는 체제의 안정을 꾀하기 위해 지출할 수밖에 없었던 것이다.

인조에 대한 책봉례를 마친 이후에도 명 조사들의 은 징색은 이어졌다. 1634년(인조 12) 왕세자 책봉을 위해 조선에 왔던 명사 노유녕(盧維寧) 역시 마찬가지였다. 그는 이미 1610년(광해군 2), 역시 왕세자 책봉을 위해 왔던 조사 염등이 징색한 은의 양과, 왕민정·호양보가 왔을 때 받았던 은의 양을 알고 있었거니와 그에 준하거나 그보다 더 받으려고 덤비는 자였다.[13] 그는 서울로 오는 길에 벽제에 이르렀을 때, 그때까지 받은 은과 삼의 양이 왕민정·호양보가 받았던 양보다

又以迎接都監言 啓曰 今此天使性不喜遊宴 一路名勝地經過之時 皆不肯暫停 漢江楊花渡 萬無出往之理云 三江及外方許多船隻 來泊迷津 漁人失業 寃號無窮.

10) 『인조실록』 권9 인조 3년 6월 신묘.

11) 『인조실록』 권9 인조 3년 5월 신축.

12) 1624년 인조의 誥命과 冕服을 주청하려고 북경에 갔던 聖節兼冬至使 李德泂 일행은, 封典이 결정된 다음 '容錢', '喜錢' 등의 명목으로 은과 인삼을 독촉하는 內閣과 禮部의 吏屬들 때문에 수천 냥의 은을 지출했고, 그것으로 모자라서 본국에 역관을 보내 銀 2천 냥 이상을 긴급히 요청하기도 하였다. 이렇게 북경에서 징색 당했던 것은 1623년에 갔던 주청사 이경전 일행의 경우도 마찬가지였다(洪翼漢, 『花浦先生朝天航海錄』 권2 天啓 5년 1월 4일조).

13) 『인조실록』 권29 인조 12년 6월 정묘.

적다고 화를 내면서 더 주지 않으면 서울로 들어오지 않겠다고 협박하였다.[14] 당시까지 그에게 주려고 계상했던 은의 양이 본래 1만 냥, 인삼은 3백 근이었는데 그는 이에 더하여 은 2천 냥과 삼 20근을 더 받고서야 서울로 들어왔다. 그는 서울에서 예단이나 기타 물품들도 오로지 은으로 바꿔달라고 요구하여 조정은 절은(折銀) 문제로 전전긍긍하였다. 결국 그를 접대하는 데 들어간 비용은 대략 8만 5천 냥에 이르렀다. 특히 조사 일행이 은으로 바꾸었던 물화들은, 비단과 명주 약간을 제외하면 염주, 돌구슬, 석불 등 잡물들이 대부분으로 그것을 억지로 구입하는 과정의 피해와 부담은 대부분 시전 상인들에게 전가되었다. 이에 파산지경에 처한 상인들이, 조사가 연회를 마치고 귀환할 때 그 앞에 나아가 통곡하는 등 처참한 형상이 벌어졌다. 조선 조정은 조사의 심기를 불편하게 한다는 이유로 오히려 그 주도자들을 옥에 가두고, 감독을 소홀히 했다는 책임을 물어 평시서(平市署) 관원들을 추고하였다.[15]

인조반정 이후에도 이처럼 조선에 왔던 명사들에 의해 자행되었던 고질적인 은 징색은 별로 달라지지 않았다. 그 배경에는, 만력연간 절정에 이르렀던 '광세의 폐', '뇌물의 성행' 등과 연관된 탐풍(貪風)이 명 조정에서 기승을 떨치던 사실이 자리잡고 있었다. 여기에 환관 위충현이 국정을 농단하고, '청의(淸義)'를 내세웠던 동림당 계열의 명류들이 전부 축출되는 등 정치적 난맥상이 맞물려 명의 '말기적 풍조'는 갈수록 통제할 수 없는 상황으로 치닫고 있었다.

명의 탐풍은 인조반정 이후 명에 갔던 조선 사신들에 의해서도 직접 목도되었다. 사신들이 각 부에 바쳐야 하는 인정(뇌물)의 양이 과거

---

14) 『인조실록』 권29 인조 12년 6월 계유.
  勅使到碧蹄 以銀蔘不準王胡時例 故仍留三日 無前進之意……
15) 『인조실록』 권29 인조 12년 7월 을유.
  戶曹啓曰…… 其後貿換之際 以小易大 以賤換貴 徵索無厭 市民皆將潰散 勅使宴罷
  歸館時 父老等列立路左 一時痛哭 以示其悶迫之狀 勅使見而怪之 問于通官 通官以
  實對 勅使愈怒 上命囚治首唱者 拿推平市官 令譯官將此意 告于天使.

보다 배 이상 늘었다는 것, 각부의 원외랑(員外郎)들이 조선 사신을 찾아와 노골적으로 은과 인삼을 요구했던 것, 각 아문을 통과하려 할 때 환관들이 몽둥이를 들고 서서 은과 삼을 징색하는 장면 등이 바로 그 것이었다.[16] 홍익한은, 탐욕스런 풍조가 명 조정의 공경대부 이하 전체 관원에게 퍼져 있으며 이욕으로 판을 차리며 정치는 뇌물로 이루어진다고 비판하였다.[17] 따라서 조선 사신이 오면 일확천금의 기회를 얻었다고 침을 흘리고, 일을 빨리 끝내면 뇌물을 받는 길이 끊길 것을 우려하여 시일을 오래 끌려 한다고 지적하였다. 그러면서 그는, 1623년 주문사 일행이 인조에 대한 승인을 빨리 얻어내는 데 급급하여 그들이 시키는 대로 따름으로써 상황을 더 악화시켰다고 지적하였다.[18] 즉 홍익한은 인조반정 이후 인조에 대한 승인을 빌미로 각종 이익을 챙기고 있던 명 조정의 분위기에 실망했던 것이다.

선조 말기 이후 광해군대를 거쳐 인조대에 이르기까지 조선에 왔던 명사들이 은을 징색하는 것이 하나의 관례처럼 굳어진 상황에서 예외적인 경우도 없지 않았다. 그와 관련하여 다음 기록은 아주 흥미롭다.

> 강왈광(姜曰廣)은 자(字)가 거지(居之)로서 신건(新建) 사람이다. 만력 말년 진사에 급제하여 서길사(庶吉士)를 거쳐 한림원 편수(編修)가 되었다. 천계 6년(1626) 조선에 사신으로 가면서 중국 물화를 하나도 가져가지 않았고, 조선에서는 돈 한푼도 챙기지 않고 돌아왔다. 조선 사람들이 그의 깨끗함을 가슴에 새겨 비석을 세웠다. 이듬해 여름, 위충현이 그를 동림당으로 지목하여 관작을 빼앗았다 …….[19]

---

16) 洪翼漢, 『花浦先生朝天航海録』 권1 天啓 4년 10월 17일, 26일 ; 권2 天啓 5년 2월 25일.
17) 홍익한, 위의 책 권1 天啓 4년 11월 15일.
   大槩中朝貪風大振 公卿輔相 大官小吏 無不利欲相濟 政以賄成 恬不知恥…….
18) 홍익한, 위의 책, 같은 조.
   輒逐陪臣 自以爲値獲財之運 朶頤饞涎…… 以爲事若速完 則餌漁之方絶矣 留時引月 潤筆馨鉤 必充上年物數 然後爲可成 嗚呼 以有盡之物 塡無底之寶 不亦難哉 盖以上年奏聞事關重大 一從渠言 不問出入 俾開規利之門 終媒鉤貨之機.

『명사』 열전에 수록된 강왈광이란 인물의 일생을 기록한 내용 가운데 맨 앞부분이다. 한 관인의 일생 중에서 가장 중요하다고 평가되는 부분을 맨 앞에서 언급하는 것이 상례인 열전의 서술 형식을 고려할 때 "조선에 사신으로 가면서 중국 물화를 하나도 가져가지 않았고, 조선에서는 돈 한푼도 챙기지 않아 조선 사람들이 그의 깨끗함을 가슴에 새겨 비석을 세웠다"는 내용을 맨 앞에 내세웠다는 것은 뒷시기 중국인들도 강왈광의 행동을 대단히 이채롭게 생각했다는 것을 보여준다.

강왈광은 1626년, 명의 황태자가 탄생했다는 사실을 알리기 위해 공과급사중 왕몽윤(王夢尹)과 함께 조선에 왔다.[20] 조선에 들어온 이후 그는 실제로 아무런 예물도 받지 않았고, 어떤 명목의 연회도 거부하였다. 또 과거의 명사들과는 달리 단 한 사람의 상인도 내동하지 않았다. 그는 서울에 머물 때, 인조가 도승지를 통해 예물을 보내오자 역시 사양하였다. 민망해진 인조가 끝내 받지 않으면 도승지를 처형하겠다고 '협박'하였음에도 꿈쩍도 하지 않을 정도로 이전의 조사들과는 판이한 면모를 보였다.

강왈광은 대신 조선이 명에 대해 갖추어야 할 의전 절차 등에 대해서는 대단히 엄격하게 따지는 모습을 보였다. 서울에서 황제의 조칙을 맞이하는 영조례(迎詔禮)를 행할 때, 강왈광은 인조가 소복을 입고 있는 것을 문제삼아 의식을 중지시켰다. 인조가 당시 인목대비의 국상 때문에 소복을 입었다고 해명하자 강왈광은 조선의 국상은, 명의 입장에서는 사사로운 일에 지나지 않으므로 소복을 입어서는 안 된다고 힐문하였다. 인조가 다시 충과 효는 같은 연장선상에 있는 것이라고

---

19) 『明史』 권274, 열전 162 姜曰廣.
　　姜曰廣 字居之 新建人 萬曆末 擧進士 授庶吉士 進編修 天啓六年 奉使朝鮮 不携中國一物往 不取朝鮮一錢歸 朝鮮人爲立懷潔之碑 明年夏 魏忠賢黨以曰廣東林 削其籍…….

20) 강왈광과 관련된 서술 가운데 별도의 전거가 없는 부분은 한명기, 「17세기 초 명사의 서울 방문 연구」, 『서울학연구』 8호, 1997 참조.

대답하자 강왈광은 "무릇 예라는 것은 신하 된 자로서의 도리를 다하는 것"이라고 설파하고, 옷을 갈아입지 않으면 영조례를 취소하겠다고 위협하여 결국에는 관철시키는 집요함을 보였다.[21]

강왈광은 또한 모문룡에게 극심한 불만을 품고 있던 인조를 설득하여 그를 지원해줄 것과, 조선 전역에 퍼져 있던 요동 출신 난민들을 포용해줄 것을 강력히 요구하였다. 인조가 "모문룡과 요민들 때문에 조선까지 곤궁해졌다(主客俱困)"고 난색을 표하자 강왈광은 '재조지은'과 명 조정이 인조를 책봉해준 '은혜'를 내세워 반박하였다. 임진왜란 당시 신종이 명의 인력과 물력을 동원하여 구원해줌으로써 '조선의 오늘'이 있게 되었고, 인조반정 직후 희종이 논란에도 불구하고 인조를 승인해주었음에도 어찌 명에 대해 요민들을 송환하라는 등의 요구를 할 수 있느냐고 인조에게 힐문했던 것이다. 인조는 결국 그에게 승복하고 말았다.[22]

강왈광은 이후 더 머물러달라는 조선 군신들의 요청을 뿌리치고 귀국길에 올랐다. 모화관에서 전별연을 행한 뒤 길을 나서려 하자 도성의 백성들이 거리로 몰려나와 그의 덕을 찬양하고 뵙기를 청하는 바람에 행렬이 제대로 움직일 수 없었다. 『인조실록』에 따르면 이날 모인 도성의 백성이 1만 5천 명에 이르렀다.[23] 그를 보려고 몰려든 백성들 가운데는 1백 리 밖에서 먹을 것을 싸들고 와서 사흘 동안 기다린

---

21) (명) 강왈광, 『輶軒紀事』(中國社會科學院 歷史研究所 소장 영인본), 670쪽.
　夫朝鮮亦猶我中華之敎也 慶而嘉服 王豈不聞 使者以華禮厚國王 而國王反以夷俗自處 其謂之何 王復詞曰 不穀亦獲聞禮敎 是固一道也 予曰 夫禮者 臣者所自盡也 使人爭其失 已非矣…… 國王服不易 詔必不開 王其三思無忽 王卒復詞曰 敢不如命 易服 禮畢.
22) 강왈광, 위의 책, 672쪽～673쪽.
　王曰 若此乎 群臣狠狠疾首以告 而天朝漠不見聽 何薄小邦之深也 余曰 昔關白之亂 汝國宗社而旣屋矣 神宗皇帝 至疲中國物力 中國黎民 死傷者 椎車相望 爲爾芟夷大難 扶持安全 以有今日 以王之賢明 天子超然遠覽 獨破異議 特賜哀封 以撫有東國 東國不思天朝大德 乃有望耶……王意折.
23) 『인조실록』 권13 인조 4년 6월 임진.

사람도 있다고 하였다. 그는 수레에서 내려 그들을 위로하였다.[24] 그는 파주, 개성을 거쳐 6월 28일 황주에 도착했을 때, 원접사를 통해 각 도의 관찰사에게 서신을 보내 자신의 송덕비를 세우는 것을 중지하라고 종용하였다. 이미 개성에서 자신을 기리는 송덕비를 세운다는 소식을 들었기 때문이었다.

강왈광이 귀국길에 올랐을 때 인조는 그가 요민들을 생각하는 것이 지극한 것에 감동하여 황해도와 충청도의 쌀을 운반하여 그들을 구휼하라는 지시를 내렸다. 이전의 명사들과는 달리 자신의 사욕을 극도로 억제하고, '재조지은'을 내세워 요민들을 선처해줄 것을 종용했던 강왈광에게 결국 승복하고 말았던 것이다. 강왈광의 청렴한 행동이 조선 조정에 가져다준 '무게'는, 뇌물만 밝히고 한밑천 챙겨가는 데 급급했던 다른 명사들이 남겼던 부담감과는 차원이 달랐던 것이다. 탐욕스런 명사들은, 뇌물로써 그들의 사욕만 채워주면 여타의 중요한 문제에 대해서는 별 무리 없이 넘어간 것이 보통이었다. 광해군 왕통의 정당성을 심사한다는 명목으로 왔던 엄일괴와 만애민, 후금을 치는 데 필요한 원병의 파견을 요구하기 위해 왔던 양지원, 인조의 책봉례를 주관하려 왔던 왕민정과 호양보 등은 막대한 양의 은을 챙긴 뒤 모든 문제를 조선이 원하는 방향으로 처리해주고 돌아갔다. 그러나 강왈광은 달랐던 것이다.

이 같은 내용들을 보면 16세기 말부터 17세기 초에 걸쳐 자행된 명의 조선에 대한 은 징색은 임진왜란, '심하전투' 출전, 인조반정 등 조선의 정치적 파란과, 쇠망기에 들어섰던 명의 사회경제적 변모가 맞물리면서 생겨난 일종의 '필요악'이라고도 할 수 있는 것이었다. 임진왜란을 거치면서 조선에 대한 명의 정치적 영향력이 현저히 커졌던 17세기 초반의 상황에서, 정치·외교적으로 명에 대해 '아쉬운 소리'를 해야 할 필요가 커졌을 때 조선은 막대한 양의 은을 지출하여 문제를

---

24) 강왈광, 앞의 책, 674쪽.

해결했던 것이다. 그리고 그것이 인조반정 이후에도 여전했던 것이다.

2) '친명'의 표방과 기미책의 계승

(1) '친명'의 표방과 현상유지 정책

인조반정을 주도했던 서인들이 광해군을 몰아내는 명분 가운데 하나로 내세운 것은 광해군이 '재조지은'을 배신했다는 것이었다. 즉 그의 대후금 정책은 화의론에 입각한 것이었으며, 그것은 결국 '금수(禽獸)'인 후금과 밀통한 것이자 명나라를 배신한 '폐륜적 행위'였다는 것이다. 따라서 '인조반정 이후의 대외정책은 자연스럽게 숭명배금(崇明排金)의 방향으로 흘러갔고, 그 때문에 후금의 노여움을 촉발하여 1627년의 정묘호란, 1636년의 병자호란 등 두 차례에 걸쳐 그들의 침략을 받게 되었다'는 것이 종래의 일반적인 설명이다.

그런데 인조대 대외정책, 그 중에서도 1623년 인조반정 직후부터 1627년 정묘호란이 일어날 무렵까지 조선의 대후금 정책을 꼼꼼히 훑어보면 위의 설명은 상당 부분 역사적 사실과 어긋나는 측면이 있음을 알 수 있다. 우선 이 시기 조선의 대후금 정책은 결코 뚜렷한 '배금(排金)'의 기조를 지닌 것이 아니었다. 물론 인조반정을 일으킨 사대부들의 일반적인 정서와 광해군 정권을 몰아낸 명분은 숭명배금의 입장에 서 있는 것이었지만 실제 그들이 반정 직후 취했던 대외정책은 오히려 화의론에 근거를 둔 기미책이라고 할 수 있었다.[25] 달리 말한다면 인조반정 직후의 대후금 정책은 광해군 후반의 그것을 계승한 것이라고 해도 과언은 아니었다.

인조반정 직후 인조가, 후금을 평정할 때까지는 자신이 거둥할 때

---

25) 실제 인조반정 직후부터 정묘호란 시기까지, 인목대비가 명 조정에 올린 주문에서 광해군을 폐위시킨 명분으로서 '대후금 통교'를 거론했던 것 이외에는 광해군 대 기미책에 대한 적극적인 비판은 거의 찾아볼 수 없다. 한편 인조반정 직후 반정 주체들의 대후금 정책이 적극적인 '배금주의(排金主義)'의 성격을 지니지 않았다는 것은 田川孝三, 앞의 책, 1932, 73~76쪽에서 이미 지적한 바 있다.

음악을 연주하지 말라고 지시한 것이나, 명이 임진왜란 당시 조선에 베풀었던 '재조지은에' 보답해야 한다고 강조했던 것을 통해 후금을 이적(夷狄)으로 여겨 적대시하는 분위기는 충분히 엿볼 수 있다.[26] 그러나 이렇게 후금을 이적으로 여기는 분위기와 실제로 배금정책을 추진했던 것과는 전혀 별개의 문제였다. 이것은 당시 서인계의 반정공신들이 대부분 포진해 있던 비변사가 인조반정 직후 인조에게 제시하여 승인을 얻어냈던 대후금 정책의 기조 가운데서 확연히 드러난다.

오늘날 혁명의 초기에 일이 많아 경황이 없지만 서변(西邊)의 일은 급히 (대책을) 강구하지 않을 수 없습니다. 저 적(후금 — 필자 주)이 만약 국경을 넘어와 말을 건다면 우리는 마땅히 "양국 사이에는 일찍이 원한이 없었다. (너희와 우리는) 서로의 경계를 함부로 넘어와 해를 끼치지 말고 각각의 영토를 지키는 것이 긴요하다. 그대들이 만약 군사를 일으켜 쳐들어온다면 우리 역시 무력으로써 맞설 수밖에 없다. 중국 장수들이 우리 국경을 왕래하고 요민들이 중국 장수에게 몰려드는 것은 모두 우리의 지휘를 받은 것이 아니니 그대들이 이것으로써 빌미를 삼을 수는 없다"라고 답을 해야 합니다. 그들을 접대하는 등의 문제는, 지금은 우선 전례대로 하고 이후 문답에 관련된 모든 일은 일일이 모장(毛將)에게 알려 숨기지 말아야 합니다. 이 뜻을 도원수와 찬획사, 평안감사, 의주부윤 등에게 하유(下諭)하십시오.[27]

1623년 3월 27일에 올린 위 계(啓)의 내용은 인조반정을 주도했던

<hr>

26) 『인조실록』권1 인조 원년 3월 경술 ; 『인조실록』권1 인조 원년 4월 신유.
27) 『인조실록』권1 인조 원년 3월 정사.
　　備邊司啓曰 今日鼎革之初 事多未遑 而西邊之事 不可不急先料理 伊賊倘來越邊接語 則當云兩國 曾無讐怨 彼疆我界 不須擾越擾害 各守封疆可也 你若動兵來侵 我亦當 以干戈從事 至於唐將來往我境 遼民越來投命於唐將 皆非我國指揮 你不可以此執言 如是措辭答送 其接待等事 今姑一依前例爲之 今後凡係問答之事 一一告知毛將 切勿 隱諱爲當 請以此意下諭于都元帥贊劃使平安監司義州府尹 從之.

서인 일파가 취했던 대후금 정책의 기조를 여실히 보여주는 것으로 기본적으로 '현상유지책'이라고 할 수 있는 것이다. 또 광해군이 취했던 기미책과도 같은 성격을 지니는 것이었다.

그렇다면 위의 언급에 나타난 반정 주체들의 대외정책은 어떻게 규정지을 수 있을까? 이와 관련하여 주목되는 내용은 향후 모든 일을 모문룡에게 숨기지 말고 알려주자는 대목이다. 즉 이것은 과거 광해군이 후금에 대해 기미책을 취하면서 명에 대해 그를 숨기려고 시도했던 것과는 달리 인조정권은 명에 대해 모든 문제를 보고하겠다는 의지를 밝힌 것으로, 인조반정 이후 대외정책이 일단 광해군대의 그것에 비해 '친명(親明)'의 기조는 훨씬 뚜렷해져가고 있음을 보여주는 것이다.

인조반정 직후의 대외정책이 '친명' 쪽으로 큰 가닥을 잡으면서도 대후금 정책의 경우, 광해군대의 그것과 별 차이가 없었던 근거는 다른 사례에서도 확인할 수 있다. 1624년(인조 2) 가도에 있던 모문룡은 조선의 회령(會寧) 등지에 군대를 보내 이 지역의 여진족들을 정벌하겠다고 통보하고, 조선에 대해 군량 4천 석을 요구한 바 있었다.[28] 그의 요구를 받았던 인조와 비변사는 모문룡의 그 같은 행동이 후금을 자극할 우려가 있음을 내세워 모문룡에게 출병을 정지해 달라고 요청하였거니와[29] 모문룡이 다시 조선에게 병력을 동원하여 함께 여진족들을 정벌하자고 요청할 경우를 상정하고 그에 대한 대책 마련에 부심하게 되었다. 실제 당시 함흥까지 들어와 있던 모문룡 휘하의 명군들과 직접 접촉하고 있었던 북병사(北兵使) 이기인(李箕寅)은 1624년 4월, 비변사에 장계를 올려 만일 모문룡의 군대가 조선군과 합세하여 여진족들을 공격하자고 요구하면 어떻게 대처해야 할 것인지 대응방침을 내려달라고 요청하였다. 이에 대한 비변사의 대책은 다음과 같은 내용이었다.

---

28) 『인조실록』 권6 인조 2년 4월 정해.
29) 『인조실록』 권6 인조 2년 4월 경인.

지금 북병사 이기인의 장계를 보니 모병(毛兵)이 만약 북변의 군마로 하여금 장수를 정하여 함께 (오랑캐를) 정벌하자고 하면 어떻게 처치해야 할지를 물어왔습니다. 도독이 아직 우리나라의 변방병력과 힘을 합쳐 정벌하자고 요청하지 않았으니 시가달(時可達) 등이 함부로 병력을 청할 리는 없습니다. 설사 같이 가자고 요구하여도 조정의 분부가 없으니 변방의 장수로서 결단코 함부로 병력을 동원할 수 없다는 이유를 들어 말을 잘 만들어 막는 것이 당연합니다. 향도 군병에 대해서도, 본국은 국경의 경계가 지엄하여 평일에 변방 백성들은 한 발짝도 강을 건널 수 없으며 산천과 도로의 험하고 평탄한 것과 멀고 가까움을 알 수 없다는 것으로써 말해야 합니다. 그래도 혹 협박을 받아 어쩔 수 없이 병력을 보내야 할 경우에는 다만 두세 명의 토병(土兵)에게 중국 복장을 입혀 따라가도록 하는 것이 옳을 것입니다. 이러한 뜻을 함경감사와 병사에게 아울러 유시하시어 기미에 따라 선처토록 하는 것이 마땅할 것입니다.[30]

위에서 비변사가 제시한 대책의 내용 가운데 주목되는 것은 후금과 가능하면 원한을 맺지 않으려 했다는 점이다. 당시 명군이 조선에 대해 길을 안내할 향도병을 제공하라고 요구했던 것을 한사코 회피하려 했고, 어쩔 수 없이 따라야 할 경우 조선 향도병에게 명군 복장을 입혀 보내려 했던 것은 후금과 결코 원한을 맺지 않겠다는 의지의 표현이었다. 마치 광해군이, 후금을 치는 데 협력할 원병을 보내라는 명의 요청을 거부하려고 노력하다가 결국은 군대를 보내면서 강홍립 등에

---

30) 『비변사등록』 제3책 인조 2년 4월 27일.
　　啓曰 今見北兵使李箕寅狀啓 則以毛兵若使北兵軍馬 定將同征 則何以處置之意馳稟
　　矣 都督旣無我國邊兵合力征勦之請 時可達等必無徑自請兵之理 設或要令同往 宜以
　　無朝廷分付 邊將決難擅自發兵之由 善辭防塞爲當 至於嚮導之軍 亦當以本國疆禁至
　　嚴 平日邊民 不得越江一步地 山川道里險夷遠近 無從得知之意爲辭 而如或被迫 不
　　得已而定送 不過數三土兵 唐服隨往可也 此意咸鏡監兵使處 並爲下諭 使之隨機善處
　　爲當 敢啓 答曰 依啓.

게 유시하여 너무 앞장서서 나아가지 말라고 지시했던 것을 연상시킨다.[31]

이러한 대책 이외에도 조선 조정은 모문룡에게 사람을 보내 함경도로 진입한 병력을 철수시키도록 종용하였고, 이에 모문룡이 명군병력을 철수시키라고 명하는 표문(票文)을 차관(差官)에게 주어 함경도로 출발시키자 조선 조정은 다시 그 차관에게 뇌물을 써서 명군의 철수를 더 앞당기려고 시도하였다.[32] 요컨대 모문룡의 요구를 상당 부분 수용하여 명과의 관계를 우호적으로 유지하면서도 후금의 원한을 살 수 있는 사단은 극력 회피하려 했던 것이 반정 직후 조선 집권층이 취했던 대외정책의 뚜렷한 특징이었다.

인조반정을 통해 집권세력은 교체되었지만 외교정책의 기조는 명과의 관계를 더 강화하는 방향으로 전환한 것 이외에는 근본적으로 달라진 것이 없었다. 이 때문에 시간이 흐르면서 조정의 신료들 가운데는 인조반정 당시 공언했던 후금을 정벌한다는 다짐을 현실 속에서 실천하지 못하게 되었음에 문제를 제기하고, 후금과 승부를 겨루지는 못할지라도 모문룡이 하는 것처럼 그들을 정탐하기 위한 노력만이라도 기울여야 한다고 강조하는 인물도 있었다.[33] 하지만 이러한 현상유지적인 추세는 적어도 1627년(인조 5) 정묘호란이 일어날 때까지 지속되는 것으로 여겨진다. 그것은 인조반정 직후부터 이 무렵까지 후금이 조선에 대해 뚜렷하게 적대행위를 했던 사례가 없어서 그랬거니와 반정공신들이 주축이 된 비변사 역시 후금의 침략 가능성을 희박하게

---

31) 이 책 250쪽 각주 101) 참조.
32) 李尙吉, 「諭旨」 天啓 4년 5월 21일, 『東川集』 권4.
　　觀尹義立狀啓 則北兵撤回事 都督已出票文云 而不言持票文差官某人某日自島中出來 騎馬云 難可準信差官的持票文 已爲出來 則厚贈禮物 使之星夜馳去 俾及於兩遊擊未入六鎭之前 設使接伴使雖未及圖 卿可及圖於中路事.
33) 『승정원일기』 제9책 인조 3년 9월 庚午.
　　李聖求進曰…… 聖神改紀之後 斥絶北虜 義聲聞於天下 而尙今三年 無征討之實事 雖不能大擧義兵 一決勝負 而或遣數十千百騎 偵探虜中 有如毛將所爲 則大義可明 後言有執.

여기고 있었던 분위기와 맞물려 있었다. 한 예로 이귀는, 후금이 아직 명과 결전을 치르지 않았음을 들어 조선을 침략할 가능성이 없다고 지적하고 후금의 침략에 대비하려고 남쪽 병력을 징발하자는 논의에 반대하였다.[34]

(2) 현상유지 정책의 배경과 정묘호란

새로 들어선 인조정권의 대외정책 역시 선조, 광해군대의 정책을 거의 그대로 계승했다고 할 수 있는데 그 배경은 무엇인가? 그것은 당시 조선의 새 정권이 내부의 안정을 확고히 하는 데에도 겨를이 없었기 때문이었다. 먼저 즉위 직후에는 인조반정 자체에 대해 의구심을 품고 있었던 명의 조야를 설득하여 인조의 책봉을 허락받음으로써 정권교체의 정당성을 대내적으로 과시하는 것이 중요했다. 그러나 책봉 문제는 2년 가까이 시간을 끌면서 반정세력들을 초조하게 만들었거니와[35] 1624년에는 논공행상에 불만을 품은 이괄(李适)이 반란을 일으킴으로써 인조정권은 최대의 위기를 맞게 되었다.

이괄의 반란으로 인조는 정권을 상실할 뻔했거니와 그를 계기로 반정 이후 정계에서 쫓겨나 숨을 죽이고 있던 북인의 잔여세력들이 다시 발호할 조짐을 보이고 있었다. 또 새 정권에 참여했던 북인계 인물들은 인조정권이 계속 유지될 수 있는지의 여부를 의심스런 눈초리로 주시하고 있는 형편이었다. 한 예로 광해군대에 출사했다가 인조반정 이후에도 살아남았던 북인계의 이안눌(李安訥) 같은 사람은, 이괄의 난으로 인조가 실각할 것으로 판단하고 "인조가 위기를 벗어나지 못할 것이다", "반정공신들이 박명하다"는 등의 '난언(亂言)'을 퍼뜨렸다가 문제가 되기도 하였다.[36]

---

34) 『인조실록』 권10 인조 3년 9월 계유.
35) 이 문제에 대해서는 이미 제3부 2장에서 자세하게 살핀 바 있다.
36) 金德誠, 「辭工曹參議疏」, 『醒翁先生遺稿』 권2(奎 3615).
    (李安訥 — 필자 주)仍曰 奉慈殿則是亦吾君之子也 曰未踰年也 楮子島其能免乎 其餘反正初未盡之事 功臣等命薄事 賊适立相等事 亂言無倫…… 臣知安訥所發之言皆悖.

이괄이 일으킨 반란은 겨우 진압되었지만 반정 직후부터 드러난 반정공신들의 사회경제적 비리와 인사정책의 난맥상이 개선되지 않는 것에 대한 반감이 확산되면서 사족들의 여론과 민심은 동요하고 있었다. 반정 이후 서인 일파가 제시했던 개혁정책이 지지부진한 것에 반발했던 사족들 가운데는, "광해군대와 똑같다", "연(燕)으로써 연을 쳤다"는 등의 냉소적인 시각으로 반정공신들의 행태를 비판하는 사람도 있었다.[37] 나아가 인조와 반정공신들을 비난하는 흉격서(凶檄書)가 날아드는가 하면 민간에는 훈신(勳臣)들의 작태가 과거 대북파의 그것과 다를 것이 없다고 풍자했던 이른바 「상시가(傷時歌)」가 유행하였다.[38]

과거 광해군 정권 아래서 이이첨 등 권세가들에게 토지를 빼앗겼던 사람들은 반정 이후에도 그것이 본주인에게 반환되지 않고 국가에 귀속되거나, 반정공신들에게 분급되는 현실에 실망하여 반정 이후의 상황을 "다만 그 주인만이 바뀌었을 뿐이다"라고 통탄했다고 하는데[39] 이러한 비판적인 분위기는 당시 상당히 광범하게 퍼져 있었다. 그것은 인조반정 자체를 상당히 회의적인 시각으로 바라보게 할 소지마저 있는 것이었다.[40] 이러한 정황에서 인조정권은 내부 문제를 해결하기에도

여기서 「楮子島其能免乎」란 것은 당시 인조가 이괄의 난을 피해 저자도로 피난가 있었던 상황을 염두에 둔 것으로 바로 인조를 지칭하는 말이다.

37) 申活, 「癸亥擬上封事」, 『竹老先生文集』 권2(奎 11629).
蓋善治之道 不過乎廣收賢才 慰悅民心 而君臣上下 亦必洗心滌慮 卓然有立 深懲旣覆之轍 痛革從前之弊 使一號一令一施一爲 無不一出於大公至正然後 以之求賢而賢才可得 以之爲民而民心自悅矣 苟或不然 循常襲故 無所懲前 委靡玩愒 莫或自振 則是亦廢朝耳 何異於以燕伐燕乎.

38) 아 훈신들이여/ 잘난 척하지 말아라/ 그들의 집에 살고/ 그들의 토지를 차지하고/ 그들의 말을 타며/ 또다시 그들의 일을 행하니/ 당신들과 그들이/ 돌아보건대 무엇이 다른가(嗟爾勳臣 毋庸自誇 爰處其室 乃占其田 且乘其馬 又行其事 爾與其人 顧何異哉『인조실록』 권9 인조 3년 6월 을미).

39) 尹燦, 「論民弊疏」, 『尹忠獻公實記』 中卷(奎 3899).
廢朝時 三昌及諸妃嬪權勢之家 皆占奪民田 作爲己物 稱爲某陳者 不可勝數 凡逃役之民 叛主之奴 萃爲淵藪…… 反正之後 土田被奪之人 皆思復其舊物 而聞諸陳田 朝家將欲屬公 或訴給功臣之言 人皆狼顧缺望 至曰 但易其主矣 此誠痛切之言也.

40) 李愼儀, 「災異後應旨封事」, 『石灘先生文集』 上(奎 6283).

벅찼던 형편이었고, 대후금 정책을 노골적으로 화이론적 시각에서 펴나갈 수는 없었던 것이다.

이렇게 친명정책을 표방하되 후금과 사단을 일으키지 않으려 했던 대외정책의 기조 속에서 1627년 정묘호란이 일어났던 것은, 조선이 '숭명배금(崇明排金)'했기 때문이 아니라 후금 내부의 사회경제적 문제 때문이라는 설명은 타당한 것으로 보인다.[41]

후금은 당시 명과 전쟁을 벌이게 되면서 무역이 중단되어 생필품 조달에 곤란을 겪고 있었고, 만주지역을 강타한 기근으로 말미암아 굶어죽는 자가 속출하는 등 사회경제적으로 위기를 맞고 있었다. 여기에 과거보다 확대된 영역과 늘어난 인구를 통치하게 되면서 식량의 부족 현상이 갈수록 심각하였다.[42]

정묘호란은, 조선으로부터의 경제적 원조를 강제로 얻어냄으로써 이 같은 경제적 위기를 타개하려는 의도에서 자행한 침략이었다. 이 때문에 후금은, 정묘호란이 일어났다는 사실이 조선 조정에 알려진 다음날인 1627년 1월 18일 이미 화친을 요구하였던 것이다.[43] 조선은 정묘호란이 일어나기 이전에 모문룡과 우호적인 관계를 유지했던 것을 빼면 후금을 자극할 만한 대외정책을 펼친 적이 없었기 때문에 침략 소식을 들은 직후 후금이 쳐들어온 까닭을 의아하게 생각하고 있었다. 인조는 침략 소식을 들은 직후 비변사 신료들을 소집했던 자리에서 후금의 침략 목적이 모문룡을 잡기 위한 것이 아닌지 먼저 물은 바 있었다.[44] 후금의 태종 역시 조선을 침략하기에 앞서 내린 유시에서 조선

至於樵童愚婦 亦皆誦口曰 孰謂淸時 今亦昏時 昔在昏時 爵人以賄 今在淸時 爵人以私 名章混肴 曲徑依舊 銀路將開 此閭巷間憤世之恒言也.

41) 김종원, 「정묘호란시의 후금의 출병동기」, 『동양사학연구』 12·13합집, 1978 참조.

42) 『淸太宗實錄』 권3 天聰 元年 12월 壬寅.
我國糧石 若止供本國民人 原自充裕 邇因蒙古汗不道 蒙古諸貝勒 携部衆來降者不絶 爾國想亦聞之 因歸附之國多 槪加瞻養 所以米粟不敷.

43) 『인조실록』 권14 인조 5년 1월 병술.

44) 『인조실록』 권15 인조 5년 1월 을유.

에 대한 공격이 모문룡의 '의지처(依支處)'를 끊으려는 의도에서 비롯된 것임을 밝혀 실제로는 조선보다 모문룡을 공격하는 데 더 치중하는 듯한 인상을 주었다.[45]

인조와 비변사 신료들은 정묘호란을 맞아 명확하게 화친의 입장에 섰다. 후금군이 안주에 이르러 화친할 것인지의 여부를 묻는 서신을 강홍립을 통해 조정에 전달하자, 이귀는 더 늦기 전에 곧바로 그에 회답해야 한다고 요청하였다.[46] 뿐만 아니라 김류, 신경진(申景禛), 심기원(沈器遠), 김자점(金自點) 등 대부분의 반정공신들도 이귀와 같은 입장을 표명하였다. 이에 양사(兩司)는, 이귀 등을 가리켜 전부 편안함만 생각하는 자들이라고 격렬히 비난하고, 인조에게 친히 적과의 싸움에 출전하겠다는 의지를 밝히라고 촉구했지만 인조 역시 양사의 주장은 비현실적이라고 반박하였다.[47]

인조반정 이후 후금에 대한 대응책의 방향을 놓고 척화(斥和), 주화(主和)의 논의가 처음으로 제기된 것은 정묘호란 당시 후금의 국서에 대해 응답할 것인지의 여부를 논의하는 과정에서였다. 인조가 피난해 있던 강화도로 찾아온 후금의 사신은, 조선이 명과의 관계를 끊고 후금과 형제관계를 맺어야 한다는 내용의 국서를 가져왔다.[48] 당시 척화론을 제기한 인물들은 주로 양사의 언관(言官)이었던 윤황(尹煌), 박동

接伴使元鐸馳啓曰 本月十三日 獷賊圍義州接戰 不知勝敗云…… (張)晚曰 下三道須速徵兵 黃州平山急遣別將可矣 上皆從之 仍問曰 此賊爲擒毛將而來耶 抑專力我國耶.

45) 『청태종실록』 권2 천총 원년 1월 병자.
上諭曰 朝鮮屢世獲罪我國 理宜聲討 然此行非專伐朝鮮也 明毛文龍 近彼海島 倚恃披猖 納我叛民 故整旅徂征 若朝鮮可取 則幷取之 因授以方略 令兩圖之云.
46) 『인조실록』 권14 인조 5년 1월 경인.
47) 『인조실록』 권15 인조 5년 1월 신묘.
殿下親信貴寵之臣 宜莫如金瑬李貴李曙申景禛沈器遠金自點等 而入海島 或上山城 或稱扈衛 或除檢察 皆占便安自全之地 獨使張晚一人 空手赴敵…… 伏願殿下 赫然發憤 出於國門 以親征之意 曉諭軍民…… 答曰 所論太半失實矣.
48) 정묘호란 시기 후금과의 교섭 상황에 대해서는 김종원, 「정묘호란」, 『한국사』 29, 국사편찬위원회, 1995 참조.

선(朴東善), 이무(李袤) 등과 이천현감 유백증(兪伯曾) 등이었다. 특히 윤황은 반정공신들이 주축을 이루는 비변사가 나라를 망쳤다고 극렬하게 비난하였다. 즉 비변사는 스스로 서울을 버렸으며 고립된 남한산성에 병력을 묵혀두고, 임진강의 방어를 포기하면서까지 다투어 화의를 청하였다고 비판하였다.[49] 그는 또 인조가 후금 진영에 머물러 있었던 강홍립을 참수하지 않고 접견하는 것을 비난하였다.[50]

주화론자였던 이귀는, 후금과 화친하지 않으면 나라가 망할 수밖에 없다는 이유를 들어 윤황과 이무를 몰아붙였고, 최명길 역시 이귀의 의견에 동조하였다. 이귀는 심지어 후금이 조선에 대해 신하로서 복속하라고 요구하면 어쩔 것이냐는 장유(張維)의 질문에 대해서도 어쩔 수 없는 일이라고 답하여 확고한 주화의 입장을 견지하였다. 이에 윤황은 이귀를 일러 진회(秦檜. 남송대의 주화론자)보다 더 한 자라고 매도하기에 이르렀다.[51]

양국 사이에는 결국 강화가 맺어졌다. 조선은 명의 연호를 사용하지 않은 국서를 발송하였으며 해마다 목면 1만 5천 필, 면주 2백 필, 백저포(白苧布) 250필 등을 후금에게 지급하는 선에서 전쟁을 마무리하게 되었다.[52] 인조는 후금과 강화를 맺게 된 명분으로써 후금이 먼저 강화를 제의했다는 사실을 들고, 응급조치를 통해 적병을 철수시키고 명과의 관계를 계속 유지할 수 있게 된 것에 의미를 두고 있었다. 실제 그는 강화 성립 직후, 장수를 뽑아 설욕을 위해 병사들을 조련하라

---

49) 『인조실록』 권15 인조 5년 2월 을사.
50) 이후에도 인조는 강홍립에게 녹을 주라고 하는 등 그를 비호하였는데 이 같은 인조의 태도는 언관들로부터 격렬한 비난을 받았다(趙絅,「持平時疏」,『龍洲先生遺稿』권6).
51) 『인조실록』 권15 인조 5년 2월 정미.
李榮曰 和事已矣 不如絶之 貴曰 不和則亡 何爲此言…… 司諫尹煌 直視貴曰 欲使君父 拜於犬羊之差人 李貴之心 臣實未知 劉海雖不可斬 弘立則賊之謀主 何可使生入 崔鳴吉曰 和事旣成 一絶之後 悔將無及 李貴曰 一朝圍逼則以臺論卻賊乎 尹煌曰 秦檜雖主和 必不如貴矣.
52) 『인조실록』 권15 인조 5년 2월 임자, 임술.

고 지시했고, 명에 대해 군신관계를 끝까지 유지하겠다고 맹세하는 등[53] 인조반정 당시 내세웠던 명분의 일관성을 유지하기 위해 애쓰는 모습을 보였다.

정묘호란의 이 같은 귀결은 정치적으로 심각한 후유증을 남겼다. 우선 반정공신들이 전란 중에 보였던 행태와 그들이 주화론을 내세웠던 것은 조야의 극심한 비판에 직면하였다. 조경(趙絅)은, 훈신들이 개인적으로 거느리고 있던 군관(軍官)들이, 인조반정 이후 정치적 반대파에 대한 기찰(譏察) 등을 위해 동원되다가 호란과 같은 국난을 맞아서는 국가를 위해 아무런 역할도 하지 않았다고 비판하였다. 훈신들이 군관들을 동원하여 집안의 재물을 운반하거나 자신의 호위병력으로 삼는 등 개인의 안위를 유지하는 방편으로만 쓸 뿐 국난극복을 위해서는 한 사람도 내놓지 않았다고 비난했던 것이다.[54]

사간 윤황은 상소하여 후금과 강화를 맺은 것은 실제로는 항복한 것이라고 극렬하게 비판하고, 후금 사신과 주화론자들의 목을 베고 인심을 격려하여 적과 싸우자고 강조하였다.

오늘의 화친은 이름은 화친이나 실제로는 항복입니다. 전하께서 간신의 요행을 바라는 계책에 넘어가 공의(公議)를 강하게 배격한 채 굴복하는 것을 마음에 달게 여겨 천승(千乘)의 존엄으로써 더러운 오랑캐의 차인(差人)을 친히 접견하고, 거만하고 무례한 모욕이 도를 넘었음에도 태연히 부끄러워하실 줄을 모르니 신은 통곡을 금할 수 없습니다……. 삼가 바라건대 전하께서는 속히 오랑캐 사자를 참수하여 뭇사람들의 심정을 위로해주고, 화친을 주장하여 나라를 그르친 자들을 참수하여

53) 『인조실록』권16 인조 5년 4월 정유.
54) 趙絅, 「持平時疏」, 『龍洲先生遺稿』권6.
　　自夫譏察之設行 無論閫帥列邑 皆以習陣爲時諱 近來諸道之鬪操鍊者 皆由是也 南以
　　興臨亂之言 亦可證矣 臨亂則外託護衛 實謀自便 輸運家財 必用軍官 護涉江津 亦用
　　軍官 揥定舍館 亦用軍官 於其自己之事 何處不用軍官 而至於宗社之危 君命之臨 忍
　　不捐出一軍官以助焉 況望其大將之忘身殉國乎.

군율을 진작하소서.[55]

윤황의 상소는 심각한 파장을 몰고 왔다. 인조가 윤황이 사용한 '항복'이란 말 때문에 경악하는 상황에서 전한(典翰) 강석기(姜碩期) 역시 윤황의 주장에 동조하는 소를 올려 인조를 격노케 하였다.[56] 인조는 "그대들은 유식자로서 오랑캐에게 항복한 임금을 섬기는 것이 부끄럽지 않은가"라는 내용의 유시를 내리고, 윤황을 국문(鞫問)하라고 지시하였다.[57] 이어 인조는 김장생(金長生)을 접견했던 자리에서 윤황이 자신에게 '오랑캐에게 항복한 자'라고 비방한 것에 대해 울분을 토로하였다.

이귀는 차자를 올려 윤황이 광해군 시절, 대북파의 핵심이었던 한찬남(韓纘男)에게 목숨을 살려달라고 빌었다고 지적하여 과거의 허물을 들추었다. 이어 대간을 전부 '윤황의 졸개'들이라고 매도한 뒤 그들이 화친을 빌미로 군부에게 죄를 뒤집어씌운다고 비판하였다.[58] 그러나 이귀가 윤황의 과거 허물을 들추어 비판한 것은 대단히 궁색한 것으로서 반정공신들이 정묘호란을 겪으면서 처하게 된 명분상의 곤경에서 빠져나오려는 '안간힘'이라고 할 수 있었다.

정묘호란 직후 발각된 이인거(李仁居)의 반란 기도 역시 반정공신들이 취한 후금정책에 대한 불만에서 기인한 것이었다. 1627년 10월, 강원도 횡성에 사는 전익찬(前翊贊) 이인거는 "조정에서 오랑캐와 화친했으므로 의병을 일으켜 상경하여 화친을 주장하는 간신의 머리를 베고 서쪽으로 달려가 적을 토벌하겠다"는 기치를 내걸고 거사하려다가 발각되었다.[59] 그는 인조와 비변사 신료들이 정묘호란 이후 후금과 일전

---

55) 『인조실록』 권15 인조 5년 2월 임자.
56) 『인조실록』 권15 인조 5년 2월 을묘.
57) 『인조실록』 권15 인조 5년 2월 을묘.
58) 『인조실록』 권16 인조 5년 5월 병술.
59) 『昭武寧社功臣錄勳都監儀軌』(奎 14583) 丁卯 9월 29일.
　　　李仁居答曰 朝廷與奴賊相和 吾欲起兵義 由忠清道 得軍器 直向京城 請斬土和奸臣

을 겨루기 위해 와신상담하기는커녕 후금의 사자를 접대하는 데 몰두하고, 여전히 정치적 반대파들을 기찰하는 데만 신경 쓰는 것을 격렬히 비판하는 상소문을 준비하였다.[60] 한편 이 사건이 일어났다는 사실을 조정에 보고했던 강원감사 최현(崔晛) 역시, 반정공신들이 후금과 화친했던 것을 격렬히 비난하는 내용의 소차를 올렸다가 이인거와 같이 체포되었다.

인조는 이인거 등이 반란을 기도하게 된 원인을 윤황에게 돌렸다. 윤황이, "오랑캐에게 항복했다"는 내용으로 군주의 죄를 읽어 사방에 전파하였고 그 때문에 인심이 불평하는 틈을 타서 이인거가 반란을 꾀하게 되었다고 비난했던 것이다.[61] 결국 이인거 등이 내세운 명분으로 볼 때 당시 척화론은 사회 전반에 상당한 공감대를 갖고 있었음을 알 수 있다.[62] 바로 이러한 분위기 때문에 인조반정의 주체들이 '광해군이 후금과 밀통했다는 것'과 '재조지은을 배신했다는 것' 등을 명분으로 내세워 반정을 성공시킬 수 있었다. 그러나 반정 이후 '명에 대한 의리를 지킨다'는 대전제는 그런 대로 유지되는 모습을 보였지만 대후금 정책이 광해군대의 그것과 달라진 것이 없는데다 정묘호란 당시 너무도 쉽게 주화론으로 기울면서 반정공신들은 반정의 명분을 현실에서는 제대로 관철시키지 못하는 모습을 보였던 것이다.

반정공신들도 이 같은 조야의 여론과 곤경에 처한 자신들의 명분에

一人頭 掛於旗竿 仍爲西下討賊云…….

60) 앞의 책, 같은 조, 「前翊贊臣李仁居上疏」.
殿下 自賊變以來 躬擐甲胄 不避風露 與祖宗休養 群臣豆粥麥飯 臥薪嘗膽 同心同德 而至誠祈天 則可以感鬼神 格天地 而況於人乎 以此制敵 何敵不摧 以此圖功 何功不成 殿下中興之本 專在於此也 此之不爲 而內而胡差接待爲事 外而譏察爲謨 其故何歟 此所以天地神人之所共憤也.

61) 『인조실록』 권17 인조 5년 10월 을미.

62) 한 예로 당시 후금과의 강화가 성립된 후 鳳山에서 조선백성 朴應立, 黃河水 등이 지나가는 후금 사자에게 "죽여라"는 욕을 퍼부었고 이에 불만을 품은 호차가 이들의 처벌을 요구하자, 朴蘭英 등이 봉산군수를 시켜 이들을 투옥시킨 사건이 있었다. 이 사건을 통해 당시인들이 후금에 대해 갖고 있던 일반적인 정서를 가늠할 수 있다(『인조실록』 권17 인조 5년 12월 신유).

대해 의식하고 있었다. 그 때문에 정묘호란 당시 후금의 요구를 수용하고 국서를 보내는 등 강화를 맺기로 결정해놓고서도, 윤황의 극언이 나온 직후 비변사는 남북의 병사들을 동원하여 철수하는 후금군을 섬멸하자고 청하는 등 일견 앞뒤가 맞지 않는 정책을 펴고 있었다.[63] 또 화친은 전쟁을 완화하려는 목적에서 나온 일시적인 '권도(權道)'라고 정의하고, 그를 비판하는 외방의 무리들에게 인조의 유시를 내려 입장을 밝히자고 청하는 등[64] 비변사 신료들은 그들의 명백한 화친이, 인조반정을 일으켰던 명분을 훼손하고 있는 것에 대해 상당히 민감한 반응을 보였다.

그러나 뒷시기 황윤석(黃胤錫, 1729~1791)은 광해군대 '심하전투'와 인조대 정묘호란을 같이 거론하면서 정묘호란 당시 인조정권이 후금과 강화를 맺은 것에 대해 더 신랄히 비판한 바 있었다.[65] 이를 통해서도 알 수 있듯이 반정 이후 대외정책의 기조가 비록 "명에게 의리를 지킨다"는 대전제를 유지하려 했다 하더라도 정묘호란이 화친으로 귀결된 것과 반정공신이 중심이 된 비변사가 호란 당시 보였던 행태는 인조반정 당시 광해군 타도를 위해 내세웠던 명분을 크게 희석시키는 것이었다.

2. '모문룡 문제'와 대명관계

인조반정 이후 대외정책의 기조는 광해군대에 비해 '친명'을 더 강

63) 『인조실록』 권15 인조 5년 2월 임자.

64) 『인조실록』 권15 인조 5년 2월 신축.

65) 黃胤錫, 「書許禴戊辰丁丑箚疏後」, 『頤齋遺稿』 권12(奎 4154).
嗚呼 曆昌啓禎之際 天下之淪 不翅有漸矣…… 而西北之虞 置之相忘耳 以故在昏朝而戊午有深河之降 逮靖社而丁卯有江都之和 由前之降 猶可諉也 由後之和 將誰諉也 彼金鎣崔鳴吉李貴洪瑞鳳諸人 浴日補天 其勳若何 明倫植紀 視爾瞻希奮承宗 又若何 而夷考其爲 不過曰 南漢江都之修 庶幾他日爲歸而止.

하게 표방하여 명과의 사대관계를 유지하고, 선조·광해군대 이래 사용해왔던 '기미책'의 연장선상에서 후금과 평화적인 관계를 유지하는 것이었다. 따라서 조선의 대후금 정책은 후금의 조선에 대한 태도 여하에 따라 그 추이가 달라질 수 있는 유동적인 것이었는 데 비해 명과의 관계는 '재조지은'에 보답해야 한다는 차원에서 광해군대에 비해 훨씬 강조되었다. 그렇다면 인조반정 이후 서인 일파가 표방한 '친명정책'은 당시의 현실 속에서 구체적으로 어떤 모습으로 나타났는가? 바로 여기서 주목되는 것이 당시 가도에 주둔하고 있었던 요동총병 모문룡과의 관계였다.

인조반정 이후 조선과 명의 관계에서 '모문룡 문제'가 부각되는 이유는 여러 가지로 생각할 수 있다. 먼저 당시 명의 몰락이 갈수록 가속화되는 형편에서 모문룡이 머물렀던 가도의 동강진(東江鎭)을 제외하면 명이 조선에 대해 영향력을 미칠 수 있는 기제가 거의 없었다는 것을 들 수 있다.

이러한 상황은 1621년, 명이 후금의 공격에 밀려 요동 전체를 상실했던 것에서 이미 예견된 것이었다. 적어도 요동을 보유하고 있을 당시에는 명과 조선이 육로를 통해 연결될 수 있었다. 그런데 요동을 상실한 이후 양국은 바다에 의해 격절되고 말았다. 이제 명에서 조선으로 오려면 산동성 등주에서 배에 올라 요동반도의 여순(旅順)을 거쳐 조선의 임반(林畔)이나 선사포(宣沙浦) 등지로 상륙해야 했다. 그런데 바닷길 자체가 험악했을 뿐 아니라 도처에 후금의 정탐꾼들이 출몰하여 명사들은 안전을 보장받기가 몹시 어려웠다.[66] 강왈광이 바닷길을 통해 조선으로 오는 것을 "고래의 아가리에 목숨을 맡기는 것"이라고 비유했던 것처럼 당시 명 조정의 신료들은 험악한 바닷길을 두려워하

---

66) 강왈광, 『輶軒紀事』 序.
夫遼亡陸梗 則由登入海道於使者 爲始事矣 揚帆截浪 衝颺犯磯 爭命長鯨之口而萬一無恙 天也 又旅順小平及鮮林畔小泉諸境 虜酋偵卒 出沒其間 遮殺往來 以爲常 此危事也.

여 조선으로의 사행을 몹시 꺼리고 있었다. 광해군대까지는 북경의 명 조정뿐 아니라 요동도사를 포함한 요동지방의 아문들까지 칙사와 각 종 명목의 차관(差官)들을 수시로 조선에 파견할 수 있었지만 인조 이 후에는 그 횟수가 현저히 줄어들었다.[67] 사신 파견의 빈도는 조선에 대 한 명의 영향력의 소장(消張)을 가늠하는 척도라고 할 수 있는데 인조 대 이후로는 결국 명이 조선에 미칠 수 있는 영향력의 강도가 현저히 약화되었던 것이다. 이렇게 과거처럼 수월하게 조선으로 사신을 보낼 수 없게 된 상황에서 조선과의 관계를 유지하기 위해 모문룡의 역할 은 상대적으로 커질 수밖에 없었던 것이다.

다음으로 생각할 것은 모문룡이 상당 기간 동안 조선의 철산(鐵山) 과 가도에 머물렀기 때문에 조선 사정에 정통했다는 점과 인조가 명 조정으로부터 책봉을 얻어내는 과정에서 그가 일정한 역할을 했다는 점이다. 모문룡은 인조의 책봉과정에서 자신이 조선에 큰 은혜를 베풀 었다고 생각하였고, 실제 그를 빌미로 조선에 대해 군량을 공급하라고 요구하는 등 조선 조정을 상당히 곤혹스럽게 하였다.

거듭되는 내우외환 때문에 국력이 갈수록 쇠약해지면서 조선에 신 경 쓸 겨를이 없어지고, 그나마 육로를 통해 조선을 견제할 수 없게 된 명에게, 가도는 '번국(藩國)' 조선을 통제하여 후금 편으로 기울어지 는 것을 막는 전략적 거점이기도 하였다. 다음의 발언은 17세기 초 조 선과 명, 그리고 후금의 미묘한 삼각구도 속에서 명나라 관원들이 생 각하고 있던 조선의 전략적 비중과, 그 '중요한' 조선을 통제하는 요충 이자 거점으로서 모문룡 진영이 차지하는 위상을 잘 보여준다.

조선은 비록 약하지만 역시 우리의 울타리이다. 우리에게 협력하여 오랑캐를 제압하기에는 부족하지만 우리를 배반하여 오랑캐에게 보탬

---

67) 명사가 조선으로 왔던 횟수는 선조대(재위 41년) 35회, 광해군대(재위 16년) 14회 였다. 인조대는 자료상으로 1623년부터 1634년까지 모두 4회만 나타나 격감하는 추세를 보인다(이현종, 「명사접대고」, 『향토서울』 12집, 1961, 88～89쪽).

이 되기에는 충분하다. (그러므로) 조선을 포기해서는 안 되는 것은 극히 명백하다. 몇 년 이래 요동 길이 막혔음에도 공물을 바치는 것이 끊이지 않은 것은 철산에 (명의) 군대가 있어서 조선의 반역을 꾀하려는 마음을 그치게 했기 때문이다.[68]

조선의 철산 앞 바다에 있던 모문룡의 거점, 즉 가도의 동강진을 명 내지로 옮기면 안 된다고 주장하면서 1626년(인조 4) 주문욱(周文旭)이 올린 게첩(揭帖)의 일부분이다. 조선의 전략적 중요성을 강조하고, 그 조선을 무력으로라도 통제하여 자신들의 휘하에 묶어두려 했던 명의 구상이 잘 나타나 있는 것이다.

당시 명의 국가적 과제가 요동을 수복하는 것이고, 그 실낱 같은 희망의 근거지가 모문룡이 주둔한 가도였던 상황에서 명과 조선 사이에 야기되는 모든 문제는 거의 모문룡과 가도를 매개로 처리되었다.[69] 과거 광해군대 조선에 대해 원병을 파견하라고 요구하거나 군함 등을 보내달라고 요구하던 주체는 북경의 명 조정이나 요양의 요동도사였던 것에 비하여 이제 그 주체이자 창구가 가도로 '일원화'되었다고 할 수 있었다.[70]

요컨대 인조반정 이후 조선과 가장 가까이 있고, 조선 사정에도 정통했던 모문룡의 거점인 가도의 동강진은 —더욱이 모문룡은 인조책봉에 일정하게 기여했다는 명분까지 내세우고 있는 상황이었으므로

---

68) (明) 周文郁, 『邊事小記』 권4 「條陳移陣揭帖」(國立中央圖書館據明崇禎刻本影印本, 1947).
朝鮮雖弱 亦我一藩籬也 協我未足以制奴 叛我遂足以資敵 鮮之不可棄也明甚 邇年遼道阻絶 而不失包茅之貢者 以鐵山有兵 旣彌其外叛之心.
69) 실제 인조대 조선은 양국 사이의 현안이 발생하면 신료들을 일단 가도로 보내 모문룡과 협의하는 것이 보통이었다.
70) 1633년(인조 11) 산동에서 명의 孔有德 등이 반란을 일으킨 뒤 해로를 통해 후금으로 도주하자 그들을 추격하여 명군 지휘관 吳安邦과 周文郁 등이 조선까지 왔던 사례를(이 책 403쪽 참조) 제외하면 조선과 명 사이의 모든 현안은 가도와의 협의를 통해 해결되었다.

―'조선 주재 명 대표부'라고 부를 만한 것이었다. 또 인조반정 이후 확실한 '친명'을 표방했던 조선에게는, 모문룡의 존재가 조선을 '부모의 나라'인 명과 연결시켜주는 매개였다. 명의 대요동·조선 정책의 창구가 가도로 일원화된 상황에서 모문룡과의 관계를 어떻게 유지하느냐의 문제가 결국 조명관계 전체의 모습을 규정한다고 해도 과언은 아닌 셈이었다. 바로 여기에 인조반정 이후 대명관계에서 '모문룡 문제'가 차지하는 중요성과 상징성이 자리하고 있는 것이다.

1) 모문룡과 요민(遼民)들이 끼친 폐해

(1) 군량 공급과 요민 접대의 폐해

이미 살폈듯이 모문룡은 광해군연간 의주 등 압록강변 일대를 전전하다가 1622년 9월 철산 부근의 가도로 들어갔다. 광해군은 일찍부터 그가 '화근'임을 인지하고 그에게 섬으로 들어가든가 아니면 명 본토로 돌아가라고 종용하는 한편, 그를 따라 조선 영내로 밀려드는 요민들을 조선 땅에 상륙시키지 않으려고 노력하였다.[71]

광해군 말년, 명에서도 모문룡의 효용성에 의문을 표시하고 그를 철수시켜야 한다고 주장하는 논의들이 제기되었다. 1622년 어사 하지령(夏之令)이, 모문룡에게 군량을 공급하는 문제가 여의치 않음을 들어 명 본토로 철수시켜야 한다고 주장한 바 있었고[72] 대학사 엽향고(葉向高) 역시 부정적인 입장을 표명했다.[73] 그러나 일시적이나마 그의 활약

---

71) 이 책 280~286쪽 참조.
72) 『명희종실록』 권29 천계 2년 12월 계미.
　　先是 御史夏之令有疏言 毛文龍孤軍 客寄海外 難于急濟 議當撤回……．
73) 『명희종실록』 권29 천계 2년 12월 계미.
　　大學士葉向高等救言 毛文龍在海外 兵力單弱 接濟甚難 朝鮮之情形又不可知 昨 登萊巡撫袁可立有疏甚言粮餉之無處…… 而文龍有疏亦云　必得兵四萬以後可以有爲 臣等度今日之財力必不能辦此 然則三方布置之說　竟未易行 之齡之貶抑文龍 雖爲太過 而其深憂遠慮 亦不可謂無可見.

에 고무되었던 희종(熹宗)은 모문룡에게 상당한 기대감을 표시하고, 그를 지휘첨사(指揮僉使)로 승진시키는가 하면 상방검(尙方劍)을 하사하기도 하였다.[74] 명 조정은 이후 모문룡에게 군량을 공급하는 등 그를 적극적으로 지원하기로 결정하고 그 책임을 호부좌시랑 필자엄(畢自嚴)에게 맡기게 되었다.

인조반정의 발생은 조선과 모문룡의 관계가 광해군대와는 판이하게 달라지는 계기가 되었다. 인조반정 이후 인조와 서인들 스스로 확고한 '친명'을 내세운데다 인조가 명 조정으로부터 승인을 받아내는 과정에서 모문룡의 일정한 역할이 있었기 때문이었다. 조선은 이제 그에 대한 원조에 상당한 신경을 쓸 수밖에 없었다. 명 조정 역시 모문룡과 조선의 관계를 밀접하게 유지하고, 군량 공급 등 모문룡에 대한 지원의 일정 부분을 조선에 맡기려고 시도하였다. 인조를 조선 국왕으로 승인하기로 결정했던 명 조정의 방침을 모문룡을 통해 조선에 알리도록 조처한 것이나,[75] 1625년(인조 3) 10월 공과급사중(工科給事中) 왕몽윤(王夢尹)이, 모문룡에게 지급할 군량을 마련하는 것이 시급하다는 사실을 들어 조선에 칙서를 보내 군량공급에 대한 확답을 얻어내자고 강조한 것[76] 등은 바로 그를 증명한다.

명의 병부는 당시 모문룡에 대한 군량공급을 힘들어하는 조선을 설득시키기 위해서 모문룡이 인조의 책봉과정에서 협력했던 사실을 강조하고, 나아가 인조를 승인하게 된 것이 오로지 모문룡의 공로인 것처럼 분식하려 했다. 모문룡이 그를 빌미로 자유자재로 조선을 부릴 수 있도록 하려는 목적 때문이었다.[77]

---

74) 『명희종실록』 권31 천계 3년 2월 정축.
75) 이 책 351쪽 각주 62) 참조.
76) 『명희종실록』 권64 天啓5년 10월 계사.
77) 『명희종실록』 권66 천계 5년 12월 무인.
　部覆言 牽制奴酋者 朝鮮也 聯屬朝鮮者 毛鎭也 駕馭毛鎭者 登撫也 今日者 撫臣與鎭臣不和 以至鎭臣與屬國之臣又不和 此奴之利 中國之大不利也 盖先是 李倧之無國而有國也 文龍與有力焉 曰疆以戎索而廢立大典 國家豈不能馳一介往問其故 當亦明以封鮮之德予毛鎭 使毛鎭之能用朝鮮耳.

조선은 인조 즉위 직후부터 모문룡을 접대하는 데 노력을 기울였다. 이귀는 모문룡과 합세하여 민심을 얻어야 한다고 강조했고,[78] 인조는 광해군대 후반 이래 모문룡의 접반사로 활약했던 이상길(李尙吉)을 그대로 유임시켜 그에 대한 접대에 만전을 기하도록 하였다.[79] 나아가 1624년(인조 2) 4월에는 모문룡의 공덕을 찬양하는 송덕비를 안주에 세우는 등[80] 모문룡과의 관계를 우호적으로 유지하기 위하여 애썼다.

그러나 모문룡의 존재와 그를 지원하는 과정은 조선에 엄청난 부담을 안겨주었다. 우선 경제적 부담이 심각하였다. 그에게 지급할 군량을 마련하는 것이 조선으로서는 힘에 겨운 것이었다. 그럼에도 조선 사정에는 아랑곳없이 군량을 지원하라는 모문룡의 요구는 끝없이 계속되어 조선 조정은 전전긍긍해야 했다.[81] 1626년(인조 4)에만 모문룡에게 지급했던 군량이 15만여 석에 이르렀는데 이후 명의 산동 등지에서 모문룡에게 군량이 제대로 공급되지 않게 되면서 그는 거의 전적으로 조선에 군량을 기대게 되었다.[82] 1627년(인조 5)경에 이르면 조선이 모문룡에게 보내는 양곡의 양이 1년 국가 경비의 3분의 1에 이른다고 할 정도였다.[83]

모문룡은 때로 조선에 은이나 동전을 보내 그를 밑천으로 곡식을 바꾸려고 했지만 아직 은이나 동전을 이용한 거래에 익숙하지 않은 조선의 상황에서는 용이한 일이 아니었고, 궁극에는 백성들에게서 기존의 전세 이외에 더 거둘 수밖에 없었다.[84] 이 때문에 양서(兩西)지방

---

78) 『인조실록』 권1 인조 원년 3월 을묘.
79) 『인조실록』 권2 인조 원년 5월 무술.
80) 『인조실록』 권6 인조 2년 4월 무신.
81) 『인조실록』 권2 인조 원년 7월 신미.
    上曰 今年又將失稔 粮餉何以爲措 毛都督所請貿粮 前已轉送數萬石 而其求無已 今則災害如此 內外空虛 空前頭無以繼之
82) 『인조실록』 권14 인조 4년 8월 을사.
83) 『인조실록』 권16 인조 5년 4월 을묘.
84) 李埈, 「呈上國文」, 『蒼石先生文集』 권8.
    小邦本無錢布之資用 唯以米粟而爲生 督府雖散與銀帛 量宜取直 而若其齎錢而變穀 以無而爲有 則非小邦之所嘗慣 其用又讐斂 不得不別作方便 於是而常賦之外有別收

의 경우, 이른바 '모미(毛米)'라는 이름으로 매결당 3두씩을 더 거두게 되었는데 그것은 모문룡이 죽은 이후에도 혁파되지 않고 조선 후기 내내 농민들에게 상당한 부담이 되었다.[85] 이렇게 조선이 군량을 공급하기 위해 노력을 기울였음에도 모문룡은, 군량을 제대로 공급하지 않는다고 서북지역의 수령들을 결박하고 구타하는 등[86] 그가 끼치는 폐단은 심각하였다.

조선의 재정 운용에 주름살을 가져온 것은 모문룡에 대한 군량공급만이 아니었다. 요동지역을 떠나 조선으로 몰려들었던 명의 난민들이 야기하는 사회경제적 폐해가 본격화되기 시작한 것도 인조대였다. 모문룡이 자신의 세를 불리기 위해 요민들을 불러모았고, 그 때문에 청천강 이북지역에는 그들이 곳곳마다 가득한 실정이었다. 당시 모문룡을 믿고 가도로 밀려들었던 요민들은 그곳에서 도저히 생계를 해결할 수 없자 가도와 마주하고 있는 철산 등 조선 내륙으로 이동해왔다. 가도에는 이렇다 할 경작지가 없었던 데 비하여 철산 부근의 토지가 비옥한 것에 주목한 모문룡이 요민들을 철산 등지로 이주시켜 개간, 경작토록 함으로써 식량 문제를 해결하려고 시도했던 것이다.[87]

요민들은 철산 이외의 지역으로도 광범하게 퍼져나갔다. 이미 1624년, 이정구는 조선 영내에 요민들이 너무 많아 그들을 먹여 살리려면 천하의 재물을 모두 풀어도 불가능하며 자칫 그들 때문에 과거의 홍건적(紅巾賊)이 끼쳤던 것 같은 피해를 입게 될지도 모른다고 경고하였다. 그는 요민들 가운데 장정들만 남겨 후금을 막는 데 쓰고, 나머지는 명 내지로 돌려보내도록 주문하자고 요청하였다.[88] 실제 청천강

別收之外有折估 折估之不足而加以白奪 征斂之其無其藝.

85) 洪翰周,『指水拈筆』(아세아문화사 영인본, 1984, 478쪽).
   崇禎間 明將毛文龍擁兵來駐椵島 而以其糧乏 移咨請米 我國難於失和 不得已發令兩西 以每結三斗米加斂於結民 船運以送 其時則謂之毛米 文龍後爲遠總督所殺 此米當停罷 而仍爲歲徵 至今數百年換名收米 混入元稅
86)『인조실록』권6 인조 2년 5월 무진.
87)『명희종실록』권59 천계 5년 5월 신미.
88)『비변사등록』제3책 인조 2년 4월 21일.

이북지역에는 유랑하면서 구걸하는 요민들이 가득하여, 개천(价川) 한 곳에만 3천 명에 이른다고 지적되었다. 그들 가운데는 청포(靑布)나 모자 등 명나라산 물화를 가져와 조선인들에게 쌀을 바꾸어 생계를 꾸려가는 부류도 있었지만[89] 상당수는 민가에 난입하여 식량이나 가축을 약탈하고 심지어 그를 말리는 조선인을 살해하는 등[90] 그들의 폐해는 날로 통제불능의 상황으로 치닫고 있었다.

모문룡과 요민들에게서 비롯된 사회경제적 폐단뿐 아니라 모문룡의 군대가 자행하는 민폐, 그리고 모문룡 때문에 야기되는 후금의 위협도 심각한 것이었다. 조선은 이미 반정 직후, 유공량(柳公亮)의 견문을 통해 모문룡의 군대가 병력이 부족하고 병기가 엉성하여 후금의 상대가 되지 못한다는 사실과 그가 단지 조선을 끼고 앉아 산해관의 울타리 역할만을 담당할 뿐 후금을 치기 위해 직접 전투를 벌이지는 못할 것이라고 간파하고 있었다.[91] 그러면서도 모문룡이 "조선과 연합하여 요동을 치겠다"고 운운하는 것이 후금을 자극하게 되고, 궁극에는 그 때문에 조선이 후금의 공격을 받는 상황이 일어날까봐 몹시 우려하였다.[92]

모문룡은 가끔 휘하의 병력을 육지로 보내 후금을 친다고 허세를 부리면서 그를 빌미로 조선에 군량을 요구하기도 하였다. 한 예로 1624년 4월, 모문룡의 군대는 호인(胡人)들을 공격한다는 구실로 함경도 회령까지 나아가 심각한 문제를 불러일으켰다.[93] 또 가도의 식량이

知事李廷龜所啓 遼民之出來我國者無數 雖以天下之富 無以盡活飢民 況以我國之力決難接濟數十萬之命矣…… 若此不已 侵入內地 紅巾之患 甚可憂也 臣之愚意 則莫如奏聞天朝 只留丁壯 以爲備奴之兵 而刷還老弱于京師宜當.

89) 『인조실록』 권14 인조 4년 10월 병오.
90) 『인조실록』 권5 인조 2년 3월 갑술 ; 권14 인조 4년 11월 임오.
91) 『인조실록』 권2 인조 원년 6월 신미.
92) 『인조실록』 권2 인조 원년 7월 을미.
都元帥張晩馳啓曰…… 其軍之單弱 臣已目見 其所聲言 必曰 合朝鮮之兵而乘虛入遼 彼虎狼之移怒 斷可知矣 必將分兵侵我 欲絶議後之計.
93) 『인조실록』 권6 인조 2년 4월 정해 ; 권6 인조 2년 6월 경인.

떨어질 경우 휘하 군병들이 대거 육지로 올라와 약탈을 자행함으로써 서북지역은 홍역을 치러야만 했다.

모문룡이 보인 기만적인 행태는 조선뿐 아니라 명 조정에 대해서도 마찬가지였다. 그는 이미 1623년 명 조정에 대해 군량 1백만 석을 공급해 주면 1년 안에 요동을 수복하겠다고 다짐한 바 있었고, 1625년에도 비슷한 수량의 군량을 요청하고 2년 안에 요동을 수복한다고 공언하였다.[94] 따라서 자신의 허풍이 탄로 나는 것을 우려하여 그를 은폐하기 위해 기만을 일삼았다.

특히 명 조정에서 사신이 조선으로 올 경우, 자신의 허풍이 드러날까봐 전전긍긍하였다. 왜냐하면 당시 명사들이 조선에 올 때, 중간 기착지인 가도에 들르는 것이 보통이기 때문이었다. 1625년(인조 3) 태감 왕민정과 호양보가 인조의 책봉례를 거행하기 위해 조선으로 오면서 가도에 들르게 되자, 모문룡은 휘하의 장수 10여 인을 시켜 압록강을 건너 적을 치는 척하다가 도로 철수시켰는데 그것은 왕민정 등에게 과시하기 위한 행동이었다.[95]

1626년(인조 4) 황태자의 탄생 사실을 조선에 알리고 돌아가는 길에 가도에 들렸던 한림원 편수(翰林院 編修) 강왈광을 만난 자리에서도 모문룡은 지도를 꺼내놓고 자신의 작전계획을 장황하게 설명한 바 있었다. 이때 강왈광이 "지금은 장군이 공을 세울 때"라고 맞장구를 치자, 모문룡은 군량이 부족한 것이 문제일 뿐이라고 말하여 그 본심을 드러냈다. 모문룡이 허풍을 치고 있다는 것을 간파했던 강왈광은, 군량 문제를 해결하려면 정예병을 추리는 수밖에 없다고 강조하고 만일 군량부족을 빌미로 조선을 계속 토색(討索)한다면 조선이 반발하여 딴마음을 품을지도 모르며 그러면 모문룡은 설자리를 잃게 될 것이라고

---

94) 『명희종실록』 권66 천계 5년 12월 을해.
95) 『인조실록』 권8 인조 3년 3월 을해.
　　義州府尹李浣馳啓曰 . 督府十將勾催船隻　若將渡江者然　而終不渡江　還向蛇浦……
　　大繫都督聞天使出來 作此征進之狀 以爲聳動瞻聆之計耳.

경고한 바 있었다.[96)]

(2) 정묘호란 시기 모문룡의 행태와 조선의 반감

모문룡과 그 휘하의 명병들이 일으키는 폐단은 정묘호란을 겪으면
서 극에 이르렀다. 정묘호란 당시 북경에 사신으로 갔던 김상헌(金尙
憲) 등은 명에게 구원을 요청하고, 속히 병력을 징발하여 후금군의 배
후를 공격해달라고 요청하였다. 이에 병부상서 풍가회(馮嘉會)는 각화
도(覺華島)의 수병 3천 명과 천진의 수병, 등래(登萊)의 정병 등을 뽑아
모문룡군과 연합하여 후금군을 치자고 상소하였다.[97)] 등래순무(登萊巡
撫) 이숭(李崇)도 상소하여 후금의 의도는 실제 서쪽으로 중국을 치는
데 있으며, 조선이 명을 섬기다가 후금에게 밉보여 침략을 받았으니
마땅히 후금의 배후를 공격해야 한다고 강조하였다.[98)]

그러나 요동순무 원숭환(袁崇煥)은 조선을 구원해야 한다는 주장에
반대하였다. 그는 "후금이 조선을 공격하여 노혈(虜穴)이 비어 있는 틈
을 타 공격해야 한다"는 주장에 회의적인 반응을 보이면서 명군이 병
력을 동원하여 깊숙이 들어가면 "앉아서 편하게 기다리고 있는 적군에
게 무슨 타격을 가할 수 있느냐"고 반문하여 조선을 돕기 위해 출병하
는 데 반대하는 뜻을 분명히 하였다.[99)] 명은 결국 조선을 지원하지 않
았는데 실제 당시 명의 입장에서는 조선을 돌볼 만한 여력이 없었다.

---

96) 강왈광, 『輶軒紀事』 天啓 丙寅 6월 丙辰.
　　毛帥曰 今所患在無餉耳 余曰 夫足餉之法 莫如選兵 譬之 二簋飯 以食二人 則二人
　　飢 以食一人 則一人飽矣…… 非獨此 將軍以孤軍獨立 所賴朝鮮聲援 而時以乏食之
　　故 悉索於鮮 萬一鮮隙懷二心 倂恐將軍無容足之地也.
97) 『명희종실록』 권82 천계 7년 3월 무인, 무자.
98) 『명희종실록』 권83 천계 7년 4월 경자.
　　登萊巡撫李崇疏言 奴賊犯朝鮮義州…… 夫奴之惡鮮 以鮮之服我而貳奴也 關寧在前
　　樂浪在後 奴實有意西向 忌其尾之地也…… 夫鮮本以事我㬥奴 則我自當擊奴拯鮮
　　無待再計而決者.
99) 『명희종실록』 권83 천계 7년 4월 정사.
　　遼東巡撫袁崇煥疏言 聞奴兵十萬掠朝鮮 十萬居守 何所見而妄揣夷穴之虛乎 我縱傾
　　伍搗之 無論懸軍不能深入 卽深入 奚損于逸待之夷 而虜酋新倂炒花 意殊區測.

한 예로 병부상서 풍가회가 조선을 도와야 한다고 역설한 직후, 등래 순무 이숭은 이미 등진(登鎭)의 병력은 미약하고 병선이 없기 때문에 조선과 모문룡을 지원할 수 없는 형편임을 실토했던 것이다.[100]

모문룡은 정묘호란 당시 조선에 아무런 도움도 주지 않았음에도 명 조정에 상소하여 자신이 후금군을 물리쳤다고 보고하는 등 기만으로 일관하였다. 그는 어사 안신(安伸)을 통해 황제에게 상소하여 자신이 조선을 도와 후금군의 진격을 차단하고 3번의 승리를 거두었다고 허위로 보고하였다.[101] 뿐만 아니라 조선이, 요민들이 끼치는 폐해에 불만을 품고 후금의 첩자 노릇을 하고 있다고 명 조정에 무고하였다.[102] 모문룡은 조선을 무고하고, 자신의 공로를 허위로 보고하는 데 그치지 않고 정묘호란을 계기로 명 조정으로부터 더 많은 군량 지원을 얻어내는 데 성공하였다. 즉 자신이 후금군을 물리쳐 조선을 구원하였는데 다만 군량이 없는 것이 문제라는 내용의 보고를 올렸고, 1627년 5월 명 조정은 그에게 향은(餉銀) 10여 만 냥과 미곡 5만여 석을 공급하기로 결정하였던 것이다.[103]

더욱 놀라운 것은 요동태감(遼東太監) 유응곤(劉應坤)을 통해 올린 주문에서 자신이 후금군에게 승리를 거둠으로써 조선의 수도가 보전되었고, 후금군은 결국 창성(昌城), 만포(滿浦) 등지에서 회군하여 끝내는 심양으로 돌아갔다고 하는 등 당시의 전황을 완전히 날조하여 보고하였던 것이다. 희종 황제는 그럼에도 모문룡의 보고내용을 사실로 믿고 그를 찬양하는 비답을 내렸다.[104]

---

100) 『명희종실록』 권82 천계 7년 3월 기축.
101) 『명희종실록』 권83 천계 7년 4월 계묘.
102) 『인조실록』 권16 인조 5년 5월 신미.
103) 『명희종실록』 권84 천계 7년 5월 병자.
104) 『명희종실록』 권84 천계 7년 5월 무인.
　　鎭守遼東太監劉應坤題 奴兵正月初攻高麗 其衆不下五六萬 盖揣毛帥孤懸 兼之粮乏
　　海上援兵難出 遂成破竹之勢 今關津水兵漸集 毛鎭復乘間出奇 因以王京獲守 奴從昌
　　城滿浦遁歸瀋陽…… 得旨 覽奏 水兵東援海外 孤軍增氣 點奴撤衆還藩 屬國獲
　　全……

모문룡의 이 같은 기만적인 행태는, 가도와 조선의 실상을 제대로 파악조차 하지 못했던 당시 명 조정의 형편과, 환관들이 발호하는 등 정치적 혼란이 극에 달하였던 내부사정을 교묘히 악용하였던 것에서 가능한 것이었다.[105] 요컨대 모문룡은 명 말의 '말기적 현상'에 편승하여 자신의 이익을 최대로 챙기고 있었거니와 그 과정에서 조선이 엄청난 피해를 보았던 것이다.

정묘호란 당시 서북지역의 조선 사람들은 모문룡 때문에 이중의 고통을 겪어야 했다. 당시 청천강 이북지역에서 횡행했던 요민과 모병들 때문에 피해를 입었던 서북민들 가운데는 간혹 후금군에게 투항하여 명병을 죽였던 자들이 있었는데, 이 때문에 상당수가 모병들에게 보복을 받아 살해되었다.[106] 또 모병들은 후금군을 피해 포구 등지에 정박해 있던 조선 선박을 습격하여 곡물 등 재물을 약탈하고 부녀자를 납치하기도 하였다. 한 예로 1627년 4월, 신달도(申達道) 등이 목도한 바에 의하면 모병들은 조선 선박을 습격하여 장정과 노약자들은 전부 살해하고 여자와 화물만 실어가는 형편이었다.[107] 요민들 가운데는 조선 사람을 죽여 그 시체를 후금군의 것이라고 속여 모문룡에게 바친 뒤 상을 받는 자도 있었다.[108]

실상이 이러함에도 모문룡은 정묘호란 직후 조선 조정에 자문을 보내 조선이 후금군을 끌어들였다고 힐난하였고,[109] 신달도 등을 면담했

---

105) 『인조실록』 권16 인조 5년 5월 계미.
引見金尙憲金地粹 上曰 中原事情如何 尙憲曰…… 朝廷擧措 雖未得其詳 而內宦專權 賢士見斥 言官之削籍辭朝者 無日無之
106) 申達道,「椵島奉使時聞見啓」,『晩悟先生文集』 권5.
聞 賊之初犯也 我民往往爲賊前驅 殺掠天兵之留我境者 以此構怨於天兵 龜朔昌義之民 爲靑龍留鎭兵所殺 宣郭嘉鐵之民 爲毛營哨探軍所殺 主客疑阻 互相呑噬 而中間又有我國引賊襲島之說 都督大駭…… 淸北之民 無所繫望 益堅投賊之心 而避亂人民 盡爲天兵所厮殺 可勝惜哉
107) 신달도,「椵島奉使時聞見啓」丁卯 4월 19일, 20일, 위의 책 권5.
108) 『인조실록』 권16 인조 5년 4월 신해.
109) 『인조실록』 권15 인조 5년 2월 임술.

던 자리에서 조선이 후금군을 끌어들여 자신을 공격하려 했고 결국은 그들과 강화를 맺음으로써 신의를 저버렸다고 신랄하게 비난하였다. 이에 신달도 등은 후금과의 강화는 기미하려는 차원에서 이루어진 것이며 어쩔 수 없는 선택이었다고 변명할 수밖에 없었다.[110]

정묘호란이 끝난 뒤 조선은 명 조정에 주문사를 보내 조선의 실상을 보고하려 했으나 자신의 기만적 행태가 탄로 날 것을 우려했던 모문룡이 저지하는 바람에 무산되고 말았다. 그는 조선 사신이 가져가는 주문의 내용을 문제삼아 빼앗은 다음, 그 내용을 자신의 의도대로 고친 뒤에야 돌려주었다.[111] 이제 모문룡의 존재로 인해 조선의 사정은 명 조정에 제대로 전달될 수 없었거니와 그의 조종 때문에 조선의 진의는 상당히 왜곡된 형태로 전해지게 되었다.

정묘호란을 겪으면서 조선은 청천강 이북지역에 대한 영토주권을 거의 포기하였다고 해도 지나친 말은 아니었다. 이미 거의 전 지역에 요민들이 들어와 문제를 일으키는데다가 모병들이 횡행하면서 조선의 지방관들은 제대로 집무할 수 없는 형편이었다. 모문룡은 아예 그가 머물고 있던 섬의 이름을 평도(平島)에서 피도(皮島)로 바꾸었다. "자신의 성인 모(毛. 터럭)는 피(皮. 가죽)가 없으면 붙어 있을 수 없다"는 미신적인 이유 때문이었다.[112] 원래 이름이 목미도(木米島)였던 섬은 운종도(雲從島)라고 바꾸었다. 자신의 이름에 용(龍) 자가 있는데다, 용은 '구름 속으로부터(雲從)' 나온다는 미신적인 속설을 의식했던 조처로 여겨진다.[113]

---

110) 신달도, 「椵島奉使時聞見啓」 丁卯 4월 27일, 앞의 책 권5.
111) 신달도, 「椵島奉使時聞見啓」, 앞의 책 권5.
　　五月初一日 晴 都督撙奏文草 使其子有壽來示 槩襲本國咨文 略加增損 而絶不及和事 盖都督已以退賊爲己功 啓聞中朝 故必欲釐改乃已 臣等以爲 奏草旣經寡君勘斷 今於出疆之後 不可任自逗遛 都督發怒 遂有叱退譯官之擧.
112) 주문욱, 「毛大將軍紀略」, 『변사소기』 권4.
　　其時 使臣梁之垣甫入鮮 諭令爲龍地 鮮慮陸處不可 擇一縣島居之 其名曰平島 龍以毛非皮不附 改而爲皮島.
113) 신달도, 「椵島奉使時聞見啓」 정묘 4월 13일, 앞의 책 권5.

모문룡은 정묘호란이 끝난 뒤 신달도 등을 만난 자리에서 조선은 물러나서 안주(安州)나 대동강을 방어하고, 청천강 이북지역은 자신에게 빌려주면 좋을 것이라고 말하여 은연중에 청북지역에 대한 지배의 사를 표시하였다.[114] 모문룡은 실제로 정묘호란 시기 공을 세운 조선인들에게 중국식 관작을 내리거나, 섬으로 피난했던 조선 기민(飢民)들을 구휼하여 포섭하는 등 이 지역의 지배자로서 행세하였다.[115]

정묘호란 당시 청북지역에서 후금군과 전투를 벌였던 중군(中軍) 이립(李岦), 품관 장희범(張希範) 등은, 자신들이 획득한 후금군의 수급을 모문룡에게 갖다 바치는 등 그에게 귀부하는 기미가 있었다. 이에 신달도는 조정에 대해 빨리 이들에게 상을 내려 현창하라고 촉구한 바 있었다.[116] 이러한 추세는 당시 조선이 후금군을 방어하면서 그 주요 방어선을 평안도의 훨씬 남쪽에 설정하여 서북지역은 방어대상에서 거의 제외하다시피 했던 것과도 일정한 관련이 있었다. 이 때문에 뒷 시기 정봉수(鄭鳳壽) 등은 청천강 이북지역을 포기하지 말라고 조정에 촉구한 바 있었거니와[117] 전란 기간 중 청북지역을 모문룡에 손아귀에 맡기게 됨으로써 조선의 영토주권은 훼손되기에 이르렀던 것이다.

모문룡으로 말미암은 각종 폐단이 이어지면서 조선 조정은 심각한 고민에 빠질 수밖에 없었다. 일찍이 광해군대 이래 모문룡의 접반사로 활약했던 이상길을 시켜 그에게 휘하 군병을 단속해달라고 요청하기도 하고, 밀려드는 요민들을 산동 등 명 본토로 송환해달라고 요청해 보았지만 소용이 없었다. 모문룡은, 여전히 자신이 힘을 쓴 덕분에 인

十三日 晴 無風 進泊雲從島 島素號木米 督府以其名龍 故改稱雲從云.
114) 신달도,「椵島奉使時聞見啓」정묘 4월 29일, 앞의 책 권5.
115) 신달도,「椵島奉使時聞見啓」정묘 4월 16일, 앞의 책 권5.
　　宣川別監桂永建來言 變初 賊將王孫稱名者 來陷本府 仍留吳信南等三人守之 宣川一境久爲賊藪 前月中 與進士白以忠貢生李宗立及頭品官 率境內男女七百五十餘名 入據蝶島 往告于督府 都督大喜 以以忠爲節度使 永建爲太守 又給銀牌彩段 又送大米十五斛 以賑飢民云.
116) 신달도,「椵島奉使時聞見啓」정묘 4월 15일, 앞의 책 권5.
117) 鄭鳳壽,「請勿棄淸北疏」,『鄭江西遺事』(奎古 4650-134).

조가 명 조정으로부터 책봉을 받았다고 자부하였고 그런 조선이 자신이 베푼 '은혜'를 잊고 있다고 비난하는 형편이었다.[118]

모문룡 때문에 야기되는 피해가 늘고, 그의 기만적인 행태가 드러나면서 조선의 반감은 점점 커져갔다. 이미 1624년 12월, 장만(張晚)은 모병의 작폐가 우려된다고 말한 뒤 향후 그들이 계속 난동을 부리면 싸워서 격파할 수밖에 없다고 말한 바 있었다.[119] 1626년 김상용(金尙容)의 보고에 따르면 외방에서는 모문룡과 일전을 벌여야 한다는 여론이 일고 있었고,[120] 같은 해 12월 남원의 업무(業武) 송광유(宋匡儒)는 상소하여 모문룡을 참수하여 대의를 천하에 밝혀야 한다고 주장하였다.[121] 사대부들 사이에서도 모문룡에 대한 의구심이 높아가고 있었다. 일찍이 모문룡이 가도에 동강진을 열었을 때, 그가 장차 오랑캐를 물리쳐 요동을 수복할 것으로 기대했던 인사들도 점차 모문룡의 행태에 실망하게 되었다. 한 예로 심광세(沈光世. 1577~1624)는, 모문룡이 관직이 높아지면서부터 "애첩을 끼고 앉아 금은을 모으며 육지로 나아가지 않고 죽음이 두려워 머뭇거린다"고 비판한 뒤 그런 그가 어느 겨를에 오랑캐를 쓸어버리겠냐고 한탄하였다.[122]

---

118) 『인조실록』 권13 인조 4년 윤 6월 정미.
  毛都督接伴使鄭斗源馳啓曰 都督招譯官秦禮男曰…… 且曰 國王准封 專是俺功 旣
  封之後 忘我大德
119) 『인조실록』 권7 인조 2년 12월 임인.
  上引見體察使張晚…… 上曰 都督之侵害我國 日以益甚 何以支堪耶 晚曰 募兵之害
  滋甚 早晚必作亂於內地 作亂之後 擊之不難.
120) 『인조실록』 권14 인조 4년 8월 임자.
121) 『인조실록』 권14 인조 4년 12월 을축.
  南原業武宋匡裕上疏 請誅毛文龍 明大義於天下…… 史臣曰 文龍 天朝之都督也 固
  非人人所請誅也 匡裕以無賴之人 敢請誅之 其意實未可測也 自上優答如此 宜邊臣之
  輕易毛將而致成疑阻也.
122) 沈光世, 「聞椵島消息」, 『休翁集』 권2.
  聞道椵島中 招集遼陽民 其數累十萬 屋宇相接隣 舟楫通海商 物貨如山陳 毛將昔來
  此 義氣能感人 東人皆愛慕 欲使其志伸 自從名位高 誠意漸不純 後房擁愛妾 府藏堆
  金銀 入保不出陸 畏死却逡巡 所爲旣如此 何日淸胡塵 以是我天朝 終困於女眞.

조선의 입장에서도 이제 모문룡이 끼치는 폐해를 참아내는 데 한계
에 이르렀다. 동시에 인조반정 이후 조선이 표방해왔던 '존명사대(尊明
事大)'의 기치 역시 모문룡 때문에 제대로 드러나지 못하는 지경에 이
르게 되었다. 요컨대 인조반정 이후 조선에게 모문룡에 대한 대처 문
제는 묘안이 떠오르지 않는 난제 가운데 난제였던 것이다.

2) 정묘호란 이후의 대명관계

(1) 모문룡의 죽음과 대명관계

당시 명 역시 모문룡과 요민들 때문에 조선이 피해를 입고, 그 때문
에 조선이 명에게 딴마음을 품지나 않을까 우려하였다. 이미 정묘호란
이전 명 조정에서도 모문룡의 역할은 끝났다고 단정하고, 그를 명 본
토로 철수시켜야 하다는 주장이 대두하고 있었다. 총독 염명태(閻鳴泰)
는, 모문룡의 효용은 후금을 견제하는 것인데 그가 오히려 후금에게
견제받는 상황에 이르렀다고 진단하고 동강진을 가도로부터 여순으로
옮기자고 주장하였다.[123] 또 원임등래순무 무지망(武之望)은, '이괄의 난'
이 일어났을 때 모문룡이 후금군으로부터 공격받을 것을 두려워하여
운종도로 옮겨간 것과, 조선 군신들과 갈등을 빚는 것을 들어 그가 나
라를 욕되게 한 것이 극심하다고 맹렬히 비난하였다.[124]

그러나 명의 신료들 가운데는 주문욱처럼 모문룡의 진을 명 본토로
옮기면 조선의 향배가 후금 쪽으로 기울게 될 것이라고 우려하여 반
대하는 사람들도 있었다.[125] 풍성후(豊城侯) 이승조(李承祚)도 모문룡의
진영을 옮기면 조선은 후금에 의해 병탄될 것이고, 그러면 후금은 더

---

123) 『명희종실록』 권71 천계 6년 5월 병오.
　　兵部尚書王永光覆總督閻鳴泰所言 海外之師爲牽制也 有須彌島之退 又有攻掠海州之
　　報 以牽奴者而牽于奴 文龍伎倆已窮 臺臣牟志羨請旨速撤 酌定近島 移駐旅順 實實
　　爲聯絡策應之計 不意督臣早見亦已及此矣……
124) 『명희종실록』 권71 천계 6년 5월 갑자.
125) 이 책 377쪽 각주 68) 참조.

이상 거리낌이 없어질 것이며 철산에 모아진 요민과 군병도 흩어질 것이라고 우려하여 재고하라고 촉구하였다. 나아가 그는 황제에게 대안으로서 중신을 보내 모문룡의 군량을 감독하고, 그에게 전진하도록 독려하라고 촉구하였다.[126]

이에 1626년, 한림원 편수 강왈광이 조선으로 사행할 때와 귀국할 때 모문룡의 동강진에 들려 그의 상황을 점검하게 되었다. 그는 모문룡을 만났을 때, 그에게 후금을 견제한 내용이 구체적으로 무엇인지를 힐문하고 향후의 계획을 명백하게 밝히라고 요구하였다.[127] 또 모문룡에게 더 이상 조선을 토색하지 말라고 주문했다. 그러면서도 강왈광은 인조를 만났을 때 "요민들이 끼치는 피해 때문에 죽을 지경"이라는 인조의 하소연을 반박하고, 임진왜란 당시 명이 베푼 '재조지은'과 인조의 책봉을 승인해준 황제의 은혜를 상기시켜 요민들에 대한 계속적인 지원 약속을 이끌어냈다.[128] 강왈광의 태도에서 알 수 있듯이 당시 명 조정은, 한편으로는 모문룡이 조선에 폐단을 끼쳤다는 것을 인정하면서도 다른 한편으로는 예의 '재조지은'과 인조를 책봉해준 '은혜'에 대해 보답해야 한다는 것을 내세워 조선의 반발을 잠재웠던 것이다.

정묘호란 이후 모문룡은 후금과 내통하여 수시로 사절을 왕래시키고 있었다.[129] 후금의 사절이 모문룡 진영에 드나드는 것은 조선의 변방 수령들에 의해서도 목도되는 형편이었고, 후금 역시 공공연히 그것을 부인하지 않았다.[130] 모문룡은 그 같은 기만적인 상황을 연출하면서도 조선에 대해 여전히 막대한 양의 군량을 내놓으라고 요구했다. 그가 보낸 차관은 서울에 와서 강제로 무역을 요구하는가 하면 칼을 빼

---

126) 『명희종실록』 권71 천계 6년 5월 갑인.
127) (명) 강왈광, 『유헌기사』 병인 5월.
　　將軍頻言牽制 所以制虜 死命者 安在 別後請先 畵一全圖 指陳地利 何處可攻 何處可守 然後明言用兵 餉幾何需 時日幾何要 使吾兩人 了然於心 將軍諒非孟浪者 旋時願聞方略…….
128) 강왈광과 인조의 이러한 대화 내용은 이 책 359쪽 각주 22) 참조.
129) 『인조실록』 권18 인조 6년 3월 임오.
130) 『인조실록』 권19 인조 6년 12월 임진.

들고 궁궐로 난입했던 경우도 있었다. 또 조선 선박을 기습하여 물화를 약탈하고, 서북지역의 수령을 포박하여 난동을 피우는 등 폐해는 극에 이르렀다. 모문룡은 그러면서도 조선이 후금과 내통한다고 비난하고, 당시 조선에 왕래하던 후금 사신들을 습격하는 등 끊임없이 사단을 일으켰다. 또 후금은 후금대로 조선이 모문룡을 비호한다고 비난하였는데, 조선은 양자의 압력 사이에서 운신의 폭이 갈수록 좁아지고 있었다.[131]

정묘호란 이후 모문룡은 조선, 명, 후금 모두에게 골치 아픈 존재가 되었다. 조선은 그가 단지 '천조(天朝)의 장수'라는 이유 때문에 군량 등을 공급해왔고, 그 휘하의 명군들이 자행하는 폐단을 감내해왔다. 하지만 그가 공공연히 후금과 내통하고 있던 상황에서 그를 더 이상 '천조의 장수'로 인정하기는 곤란한 것이었다. 더욱이 모문룡은 1629년(인조 7)경에는, 조선에 폐단을 끼치는 차원을 넘어 아예 조선을 공격하여 탈취하겠다는 의도까지 내비친 적이 있었다.[132]

명의 입장에서 그는 군량만 축낼 뿐 단 한 평의 고토(故土)도 수복하지 못한 '애물단지'일 수밖에 없었다. 후금의 입장에서는, 모문룡이 한편으로는 자신들과 교통하면서도 다른 한편으로는 조선을 왕래하는 후금 사신들을 공격하는 등 도무지 종잡을 수 없이 행동하는 존재로 여길 수밖에 없었다. 즉 그는 명에 대해서는 조정이 자신을 제대로 통제하지 못하는 상황,[133] 조선에 대해서는 '천조의 장수'라는 명분, 후금

---

131) 『인조실록』 권18 인조 6년 5월 을유.
   金起宗馳啓曰…… 毛將則責我以與虜通和 胡人則執言以容護毛將 處於兩間 處置愈難 事甚可慮.
132) (明) 柏起宗, 『東江始末』(借月山房彙鈔 所收本, 中華書局 排印).
   初三日 差官謝 毛帥又置酒 請督帥袁公便服登島 密諷之曰 久營邊寨 杭州西湖 儘有樂地 毛應之曰 久有此心 但職惟知事在東方 一擧成功之後 朝鮮又弱 可襲而有也 袁公曰 朝廷念君勤勞 當有代君者 毛曰 此處誰代得 有傲慢不悅意.
133) 당시 명 조정이 모문룡을 제대로 통제하지 못했던 것은, 그가 당시 명의 실권자나 마찬가지였던 환관 魏忠賢을 비롯한 近侍들과 연결되어 비호를 받고 있었기 때문으로 여겨진다. 寧遠巡撫 袁崇煥이 모문룡을 처형하면서 열거한 '罪案'을 보

에 대해서는 동강진이 섬에 위치하고 있는 지리적 조건 때문에 함부로 공격하지 못하는 약점을 교묘히 이용하여 자기만의 독립적인 '별세계'를 구축하고자 시도했던 것이다. 그럼에도 인조는 모문룡과 그 군병들에게 반감을 품은 신료들을 제어하면서 그들을 후대하라고 지시하는 등 끝까지 노력을 기울였다.[134]

모문룡은 1629년 6월 5일, 쌍도(雙島)에서 영원순무(寧遠巡撫) 원숭환(袁崇煥)에 의해서 참수되었다. 이미 1628년경, 명 조정에서는 모문룡이 군량만 축내고 있을 뿐 요동 땅은 한치도 수복하지 못했다고 비난하는 소장이 올라오고 있었다.[135] 주문욱(周文旭)은, 모문룡이 병인년(1626)까지는 과실보다 공이 많았지만 정묘년(1627) 이후로는 과실이 더 많아졌고, 좌우에 올바른 사람을 기용하지 못하고 교만해지면서 죽을 만한 짓을 했다고 평가한 바 있었다.[136] 원숭환은 모문룡을 처형하는 명분으로 황제를 속인 것, 병력 유지를 빌미로 군량을 징색한 것, 요민들을 도륙한 것 등을 들었는데 그 중에는 조선을 지나치게 토색하여 '잔파시켰다(殘破高麗)'는 것도 하나의 죄목으로 들어 있었다.[137]

모문룡의 죽음은 조선에 어떤 영향을 미쳤는가? 조선을 끊임없이

면 제10조에 다음의 기사가 보인다.

…… 拜魏忠賢爲父 迎冕旒像于島中 至今陳汝明一夥 盤踞京師 交結近侍 十當斬 (柏起宗, 앞의 책).

134) 『인조실록』 권18 인조 6년 6월 갑진.

上下敎于政院曰 近觀唐人接待 事甚慢忽 渠雖卑賤 此是上國之人 不可不厚待 各別檢飭.

135) 『인조실록』 권19 인조 6년 9월 병술.

136) 주문욱, 「毛大將軍紀略」, 『변사소기』 권4.

顧丙寅以前 則功浮於過也…… 凡諸情事 不無虛飾 自丁卯以後 則過浮於功也 總之 其人不學無術 且不置一正人於左右 雄視海外 夜卽自大 信口而談 罔識忌諱 其迹固 有可誅者.

137) (明) 李淸, 「袁督帥斬毛文龍始末」(『明淸史料彙編』 3集) 2,149쪽.

崇禎二年己巳…… 毛文龍 欺君罔上 冒兵剋餉 屠戮遼民 殘破高麗 騷擾登萊 騙害 各商 擄掠民船 變人姓名 淫人子女 這是你該死罪案 今日殺了你 本部院 若不能恢復 遼東 願試尙方以償你命.

징색했던 그가 제거된 것은 일견 긍정적인 영향을 미친 것으로 생각
할 수 있지만 그렇게 간단한 문제는 아니었다. 조선은 이제 대명관계
에서 이전과는 전혀 다른 환경을 맞게 될 수도 있었다. 모문룡과 달리
원칙론자이자 강경한 대후금 주전론자인 원숭환이 요동 문제를 맡게
됨으로써 조선에 대한 명의 압박은 더 강해질 수밖에 없었다. 모문룡
이 가도에서 안주하면서 후금과 싸우겠다는 의지를 별로 보이지 않고
그럭저럭 시간만 보낼 때에는 후금과 기미책을 통해서 현상을 유지하
고 있던 조선으로서도—모문룡에게 피해를 입긴 했지만—대외정책
을 펴나가는 데 여유가 있었다.[138]

원숭환은 모문룡을 처형한 직후 조선에 이첩(移帖)하여 모문룡을 처
단한 전말을 설명하고, 과거 모문룡이 조선에 끼쳤던 피해에 대하여
유감을 표시한 뒤 앞으로는 그러한 사태가 재발되지 않을 것이라고
약속하였다. 그는 이어 후금을 치겠다는 결의를 밝히고 조선에 대해서
도 병력을 동원하여 같이 협공하자고 제의하였다.[139]

원숭환의 제의에 대해 조선은 조심스런 반응을 보였다. 최명길은,
원숭환이 당장 병력을 요구하는 것은 아니라고 지적하고 답서를 보내
되 마치 시기에 맞춰 군대를 보낼 것처럼 해서는 안 된다고 신중히
관망할 것을 주장하였다. 다른 비변사 신료들 역시 조선의 어려운 사
회경제적 형편을 들어 군사적으로 협력할 수 있는 상황이 아니라는
것을 원숭환에게 알려주자고 건의하였다.[140]

---

138) 다음에 보이듯이 李景稷이 모문룡의 안일한 행태를 지적하면서 조선에 별다른 우
려가 없을 것으로 예상했던 것은 바로 그 반증이라고 할 수 있다(『인조실록』 권
20 인조 7년 3월 계미).
特進官李景稷進曰 臣新自島中來 毛之致疑我國 亦甚於我之疑毛矣 毛之軍勢疲甚 其
意只欲安坐島中 享其富貴而已 似無他意矣 且其所爲 少無可觀 虛張軍數 多蓄婦女
每上僞功 遼民之避亂者 無所歸依 不得不來附 而其心則不服矣 且其習陣之時 號令
無法 士卒或有過 則必打其面 安有如此軍律乎 以臣觀之 萬無可憂矣.
139) 『인조실록』 권18 인조 6년 6월 갑진.
袁經略移帖曰…… 王行自積以待機決 煥當集彙韃 與王東西掎角 海陸幷進 首尾合
攻 倘徼天之靈 一鼓下之 中朝雪十二年之積憤 而王國再控金湯 王得無意乎.

이러한 논의 끝에 조선 조정은 원숭환에게 회첩을 보냈다. 그 내용 속에는 모문룡을 처단한 것에 대한 찬양, 조선은 '재조지은'을 잊지 않고 있다는 사실, 1619년 '심하전투' 출병과 정묘호란 이후 극도로 피폐해진 조선의 사회경제적 형편, 일단 기미책을 통해 후금의 침략을 막고 있다는 현실 등을 언급한 뒤, 명이 후금을 정벌할 때에는 조선 역시 돕겠다고 다짐하였다.[141]

주목되는 것은 원숭환의 게첩을 받고, 그에게 회첩을 보낸 이후 조선 조정의 분위기가 상당히 '친명'적인 방향으로 고양되었다는 점이다. 이 무렵 후금은 명에 대한 공세를 더욱 강화하고 있었거니와 춘신사(春信使) 박난영(朴蘭英) 등의 보고를 통해 그들이 북경 부근까지 공략하고 있다는 소식이 조선에도 전해지고 있었다. 인조는 북경이 포위되었는지의 여부에 깊은 관심을 보이고, "병력만 있으면 후금을 칠 수 있는 좋은 기회인데 도리어 그들에게 사절을 보내니 안타깝다"고 말하는 등 비감한 심정을 표시하였다.[142] 이귀 역시 인조의 의견에 동조하여 명을 위해 '근왕의 행동'을 다해야 한다고 강조하였다.[143] 부호군 신성립(申誠立)은 상소하여 "명은 부모의 나라이므로 강약을 따지지 말고 구원함으로써 의리를 밝혀야 한다"고 강조했고, 사헌부는 명에 사행할 때 방물로 병기를 가져감으로써 전쟁을 돕는 도구로 삼고 한편으로는 원수를 잊지 않았다는 증거로 삼자고 주장하였다.[144] 바야흐로 원숭환이 모문룡을 처형한 이후 조선에서는 '친명배금'의 분위기가 고양되고 있었다.

---

140) 『인조실록』 권21 인조 7년 8월 기묘, 갑인.
141) 『인조실록』 권21 인조 7년 9월 정해.
142) 『인조실록』 권22 인조 8년 1월 무신.
　　上曰 虜若深入 則皇上必南行 而無以得聞 誠可悶慮 我國若少有兵力 則往覆虜巢 此正其時 而反送信使於彼中 於事不可 於心不安矣.
143) 『인조실록』 권22 인조 8년 2월 계축.
144) 『인조실록』 권22 인조 8년 3월 신묘, 병오.

(2) 가도 정벌 시도와 '친명'의 고양

1630년 4월 가도에서는 도사(都司) 유흥치(劉興治)가 반란을 일으켰다. 그는 모문룡이 죽은 뒤 가도의 책임자가 되었던 부총병 진계성(陳繼盛)과 흠차통판(欽差通判) 유응학(柳應鶴)을 살해하였다.[145] 이 반란 사건에 대한 조선의 대응은 정묘호란 이후 조명관계의 중요한 한 단면을 보여준다.

인조는 유흥치를 '반적'으로 규정하고 군사를 동원하여 토벌하라는 명을 내렸던 것이다.[146] 좌의정 김류 역시 인조의 의견에 동조하여 유흥치 등이 후금과 결탁하기 전에 거사할 것을 주장했고, 부원수 정충신은 수군 3천 명을 동원하여 가도를 공격하되 그들의 선박을 불사르자고 주장하였다.[147] 그러나 이귀, 최명길, 심기원(沈器遠) 등은 극력 반대하였고, 윤방(尹昉) 등은 만약 명 조정이 유흥치를 받아들여 무마할 경우 조선의 군사행동은 문제가 될 수 있다고 이의를 제기하였다.[148] 이귀는 이후에도 계속 반대하는 주장을 폈다가 파직되었다.[149]

명 조정과 상의도 없이 임의로 군대를 동원하고, 훈련이 제대로 안된 병력을 보내서는 곤란하다는 이유를 들어 신료들이 계속 반대했지만 인조는 토벌 의지를 굽히지 않았다. 인조는 "조선이 중국을 돕기에는 역부족이지만 맹세코 이 적을 섬멸하여 조금이나마 황은에 보답하고 싶다"고 말한 뒤 "무기는 흉한 물건이고 전쟁은 위험한 것인데 난들 어찌 좋아서 하겠는가"라고 결의를 비치기도 하였다.[150] 결국 인조의 강경한 주장에 따라 총융사 이서(李曙)에게 어영군(御營軍)을 이끌

---

145) 『인조실록』 권22 인조 8년 4월 무진.
146) 유흥치의 반란사건과 그 토벌 전말에 대해서는 이태진, 「정묘호란 후의 친명배금 정책」, 『조선후기의 정치와 군영제 변천』, 1985, 128~131쪽에서 정리된 바 있다.
147) 이태진, 위의 책, 같은 조.
148) 『인조실록』 권22 인조 8년 4월 갑술.
149) 『인조실록』 권22 인조 8년 4월 기묘.
150) 『인조실록』 권22 인조 8년 4월 병자.
　　又曰 我國以禮儀之邦 力不足以輔中國 誓滅此賊 少答皇恩 是予之志 兵凶器 戰危事 予豈快於心而爲哉.

고 안악에 주둔케 하고, 부원수 정충신은 수군을 이끌고 수로로 직접 전진토록 하고, 황해감사 이여황(李如璜)과 병사 신경인(申景禋) 등도 병력을 이끌고 안악으로 진주시켰다.[151]

그런데 유흥치는 차관 육구주(陸九州)를 보내와 게첩을 전달하고, 조선에게 가도와 무역하라고 요구하는 등 상황은 다른 방향으로 전개되었다. 인조는 육구주를 억류하라고 지시했다가 비변사의 의견에 따라 돌려보냈다.[152] 비변사는, 황해도 등지의 물력이 고갈되어 전선을 동원할 수 없다는 것, 따라서 전라도에서 대신 전선을 징발해야 한다는 사실, 전라도에서 징발할 경우 농민들 가운데서 격졸(格卒)들을 뽑아야 하므로 민폐가 커진다는 우려를 제기하였다. 그러므로 일단 출정하지 말고, 교동 앞바다에 수군과 군수품을 실은 전선 15척을 대기시켜 상황을 좀더 관망하자고 주장하였다.

이어 유흥치가 가도를 떠나 명의 등주 쪽으로 항해하고 있다는 소식이 들어오면서 분위기는 전혀 달라지고 말았다. 평안감사 김시양(金時讓)은 일단 비어 있는 가도를 공격해서 유흥치의 심복들을 붙잡아 명에 바치고, 창고를 밀봉한 뒤 황제의 명령을 기다리자는 의견을 제시했고, 총융사 이서는 군졸 약간을 가도에 접근시켜 유흥치가 돌아오도록 유인한 뒤 요격하자고 주장하여 토벌론을 계속 견지하였다.[153]

상황이 바뀐 것을 들어 비변사 신료들이 관망하자고 주장하였는 데 비해 인조는 달랐다. 그는 유흥치의 반란이 궁극적으로는 조선을 공격하려는 의도에서 일어난 것으로 규정하였다. 따라서 조선이 정벌한다는 소식에 잠시 피했다가 조선군이 해이해지면 다시 습격해올 것으로 예상하고, 수군으로 그의 길목을 차단하고 가도에 상륙하여 심복들을

---

151) 都慶兪,「在殷栗時裝船說」,『洛陰先生文集』권3(奎 5570).
朝廷以興治爲天朝叛將 大擧水陸軍 將討于椵島 摠戎使李曙率御營軍馬 駐安岳 副元帥鄭忠信領全羅忠淸兩道舟師 自水路直到于殷栗 本道監司李如璜 兵使申景禋 亦來會于安岳……
152)『인조실록』권22 인조 8년 4월 무인.
153)『인조실록』권22 인조 8년 5월 무술.

죽일 것을 지시하였다.[154]

그러나 인조는, 관망하자는 비변사의 요청을 다시 받아들임으로써 이 계획이 실현되지는 못하였다. 더욱이 가도를 토벌하려고 동원했던 군사들이 장기간 해상에 머물게 되면서 전염병 등으로 사망하는 자가 속출하자 군중에서도 원성이 높아지고 있었다.[155] 인조는 이에 결국 수군만 남겨두고 육군은 철수하라는 명을 내렸다.[156] 당시 조선에 전해진 명 조정의 유흥치에 대한 처리방침이 애매했던 상황에서[157] 가도를 떠나 멀리 가 있는 유흥치의 본심을 알 수 없는 조선으로서는 섣불리 가도를 공격하는 모험을 벌일 수 없었던 것이다.

인조가 이처럼 결말이 흐지부지된 공격명령을 내렸던 이유가 무엇인지는 정확히 알 수 없다. 그러나 분명한 것은 원숭환의 이첩 이후 조정에서 '친명배금'의 분위기를 강하게 드러냈던 사실과 밀접한 관련이 있다는 것이다. 인조반정 당시 '친명'을 표방하고, 광해군과는 다른 후금정책을 펼치겠다고 공언해왔음에도 기미책을 통해 현상을 유지하고, 정묘호란 이후로는 아예 후금과 사절을 수시로 교환하고 있던 상황에서 반정 당시 내세운 명분은 방기되었다. 인조는 바로 유흥치의 반란을 맞아 그를 토벌함으로써 '대의'를 밝히고, 그를 통해 명에 대해 지녔던 '미안감'을 씻어보려 했던 것이 아니었나 여겨진다. 그가 유흥치를 토벌하는 것을 '황은에 보답하는 것'으로 여기고 "무기는 흉한 물건이고 전쟁은 위험한 것인데 난들 어찌 좋아서 하겠는가"라고 말했던 것은[158] 바로 그를 짐작케 한다.

---

154) 『인조실록』, 앞과 같은 조.
155) 『인조실록』 권22 인조 8년 6월 임신.
156) 『인조실록』 권22 인조 8년 6월 병자.
157) 당시 명의 閣部가 유흥치에게 내린 유시에는 "만약 성심으로 충성하다면 사형을 면해줄 수 있다. 그러나 월권행위를 하여 반역을 도모하면 변방의 힘 있는 신하가 황상의 威靈을 받들어 토벌한다"는 내용이었다(『인조실록』 권22 인조 8년 6월 병자). 여기서 '변방의 힘 있는 신하'란 조선을 말하는 것으로, 결국 조선에 대해 유흥치의 태도를 보아 처리하라는 종용이었던 셈이다.
158) 이 책 396쪽 각주 150) 참조.

1630년 7월 유흥치는 가도로 귀환하였고, 아무 일도 없었다는 듯이 다시 차관을 조선에 보내 식량을 무역해달라고 요구하였다.[159] 그는 문안관 정유성(鄭維城)을 만난 자리에서, 자신의 행동은 명을 위해 부득이한 것이었는데 조선은 정작 후금은 토벌하지 않으면서 자신을 정벌하려 한 이유가 무엇이냐고 따졌다.[160] 이후 유흥치의 반란을 둘러싸고 일어났던 일련의 문제들은 없었던 일로 치부되었지만 가도의 한인들이 조선에 대해 군량을 요구하는 것과 청북 일대에서 자행하는 폐단은 계속되었다.

1631년 3월, 유흥치가 다시 심세괴(沈世魁) 등에게 피살됨으로써 가도의 상황은 또다시 바뀌었다.[161] 심세괴는 이어 명 조정에서 가도의 책임자로 파견한 도독 황룡(黃龍)을 결박하고 가도의 실권을 장악하였다. 이것은 황룡이 가도를 통치할 때, 뇌물을 통해 인사를 결정하고 명에서 보내온 은과 양식을 착복하였던 것이 빌미가 되어 일어난 사건이었다.[162] 당시 후금의 공격과 농민반란 등에 신경을 빼앗겼던 명 조정이 가도를 돌아볼 겨를이 없던 상황에서 탐욕스런 인물들이 가도에 부임하면서 계속되었던 일종의 악순환이기도 했다.

조선은 가도에 격문을 보내 심세괴 등이 저지른 '하극상'을 대의로써 힐문하는 한편, 가도에 대한 군량공급을 중단하는 조처를 취했다. 조선의 이 같은 조치는 즉각 효과를 발휘하여 황룡을 감금하는 데 앞장섰던 경중유(耿仲裕) 등은 주살되고, 도독 황룡은 원상복구되었다.[163] 가도는 이제 조선의 지원이 없으면 지탱할 수 없는 지경에 이르렀던 것이다. 당시 가도의 존재가 조선에 전혀 도움이 되지 못하고, 오로지

---

159) 『인조실록』 권23 인조 8년 9월 기묘.
160) 『인조실록』 권23 인조 8년 10월 임자.
161) 『인조실록』 권24 인조 9년 3월 을미.
162) 『인조실록』 권25 인조 9년 11월 계유.
163) 『인조실록』 권25 인조 9년 11월 정유.
    及我國移檄問罪 島衆懼曰 今日之變 雖都督自取 而朝鮮若絶我餉 移檄問罪 則是一島之人 均之爲叛逆 而又有朝暮餓死之憂 於是 收耿仲裕王應元等十餘人斬之 扶都督出而視事.

피해만 주고 있는 상황에서도 조선이 군량 등을 지원했던 이유는 무엇일까? 가도에 대한 지원이야말로 조선이 명에 대해 변함없는 '한마음'을 지니고 있다는 것을 나타내는 것이었기 때문이었다.[164]

(3) 후금의 수군 확보와 대명관계의 귀결

조선은 이후에도 1636년 병자호란이 일어날 때까지 명과 후금 사이에서 기존의 관계를 계속 유지하였다. 명에 대해서는 정기적인 사신을 계속 보내면서 가도와의 접촉과 군량 공급을 지속하였고, 후금에게는 정묘호란 당시 약속했던 세폐를 지급하면서 전쟁을 피하고 있었다. 당시 명과의 경제적 교류가 끊겼던 후금은 조선을 통해 필요한 중국산 물자를 공급받았다. 일본 역시 마찬가지였다. 한마디로 조선은 가도, 후금, 일본에 대한 경제적 부담을 떠안으면서 평화를 유지하고 있었다고 해도 과언은 아니었다.[165]

정묘호란 당시 후금과 '형제관계'를 맺었지만 기존의 명과의 '군신관계'를 인정받았던 조선은 명분과 현실 사이의 괴리 때문에 고민하면서도 이후 10여 년 간 후금과의 평화를 유지할 수 있었다. 당시 후금에 보내는 세폐는 경제적으로 큰 부담을 지우는 것이었지만 절대액 자체는 평소 명사를 접대하는 데 들어갔던 비용에 크게 미치지 못하는 것이었다.[166]

정묘호란 이후 후금이 조선에게 가장 간절히 원했던 것은 식량의 무역이었다. 1628년 1월, 후금은 조선에 보내온 국서에서 몽골 등지에

---

164) 『인조실록』 권26 인조 10년 1월 임인.
　　戶曹參議李明漢上疏日 椵島之無益於中朝而有害於我國久矣 今若因此能使撤歸 則幸莫大焉 若不得準請 則徒見疑於中國 而終結怨於島衆 非計之得也⋯⋯ 在我之道 惟當忍耐 坐待天朝之處置而已.
165) 『인조실록』 권28 인조 11년 12월 갑술.
　　民生之困於重賦 莫此時若也 上事天朝 兼濟島衆 北輸虜幣 南塞倭求 區區民力 固已不堪 而諸司興販科斂錙銖 不領於經費者 皆爲煩冗之尾閭 此民之所以重困而國將隨弊者也.
166) 한명기, 「17세기 초 은의 유통과 그 영향」, 『규장각』 15, 1992, 22쪽.

서 귀부하는 사람들이 많아 식량의 수요가 크다는 사실을 고백하고 곡물무역에 협조해달라고 간청하였다.[167] 비변사는 이에 "기미책을 쓸 바에는 그들에게 증여를 많이 해서 기쁘게 해주자"고 제의하는 등 우호적이었다.[168] 그러나 실제 개시 과정에서 후금 상인들이 억지 매매를 일삼고, 개시에 참여하는 후금측의 인원이 너무 많아 그들을 접대하는 문제가 날로 심각해지고 있었다. 따라서 후금 상인들과의 거래에 참여하겠다는 조선 상인들의 숫자는 갈수록 줄어들 수밖에 없었다.[169] 이 때문에 양국 사이의 무역은 후금이 당초 기대했던 수준에 크게 못 미치게 되었거니와 조선과의 무역을 통해 사회경제적 내실을 다지려고 노력하던 후금의 계획은 상당한 차질을 빚게 되었다.[170]

1631년경에 이르면 세폐의 액수 문제가 쟁점이 되어 줄다리기가 격화되는 등 조선과 후금 사이에는 긴장이 조성되었다.[171] 후금은 조선이 보내온 공물의 양이 줄어들었다는 것을 빌미로 침략하겠다고 협박하는가 하면, 명 연안의 섬들을 공략하는 데 필요한 전선을 제공하라고 요구하였다.[172] 특히 1633년은 정묘호란 이후 유지되어온 양국 관계가 파탄을 맞게 되는 분수령이 된 해로 여겨진다. 후금은 국서를 보내와 전선을 제공하든가, 공물 양을 증액하든가 둘 중의 하나를 선택하라고 협박하였다.[173]

당시 후금지역에는 심한 기근 때문에 물자의 부족 현상이 심각하였다. 윤방, 최명길 등은 이 같은 사정을 간파하고 후금의 요구를 수용

---

167) 『청태종실록』 권3 천총 원년 12월 임인.
168) 『인조실록』 권18 인조 6년 1월 기사.
169) 『청태종실록』 권4 천총 2년 1월 경인.
    交市者 各從所願 非可抑勒而致之也 貴國若欲多致米貨 須平其價値 使者樂赴 毋求足於一日之內 徐徐爲之 則我國(조선 ― 필자 주)商賈 聞風而輻輳矣.
170) 정묘호란 이후 조선과 후금 사이의 무역에 대한 자세한 검토는 김종원, 『조청교섭사연구』, 서강대 사학과 박사논문, 1983, 30~40쪽 참조.
171) 『청태종실록』 권8 천총 5년 1월 경자.
172) 『인조실록』 권24 인조 9년 6월 경술.
173) 『청태종실록』 권13 천총 7년 1월 정미.

하자고 주장했다.[174] 그러나 나머지 비변사 신료들은 후금의 요구를 거부하자고 주장하고 주전론을 제기하였다. 인조 역시 후금과 절교하기로 결심하고, 그 사실을 통고할 회답사로서 김대건(金大乾)을 파견하라고 지시하였다.

그런데 당시 평안도의 일선 지휘관이었던 도원수 김시양(金時讓)과 부원수 정충신은, 김대건이 압록강을 건너기 직전 그를 억류해두고 절교방침을 재고하라고 요청하였다. 김시양 등은, 송(宋)이 요(遼)에게 세폐를 증액해주고 평화를 유지했던 고사를 상기시킨 뒤, 세폐를 증액하는 것이 후금과 전쟁을 치르는 것보다 비용이 더 적게 든다고 말하고 민생을 생각하여 전쟁을 피하자고 주장하였다.[175] 이 사건을 계기로 비변사는 태도를 바꾸어 국서의 내용 가운데 강경한 부분을 수정하자고 주장하였다. 인조는 김시양 등을 잡아다가 처벌하라고 지시하고 "무신은 춥지 않은데도 떨고 문신은 천장만 쳐다보고 슬퍼한다"고 일갈하며 신료들이 책임은 회피하면서 임금에게만 모든 허물을 전가하려 한다고 비난하였다.[176] 이 같은 논란의 와중에 후금과의 절교 방침은 유야무야되었다.

1633년 3월 등주에서 명의 공유덕(孔有德), 경중명(耿仲明) 등이 반란을 일으킨 뒤 전선을 이끌고 후금으로 도주했던 사건은 삼국관계가 변화하는 중요한 계기가 되었다.[177] 명은 이들이 조선으로 갈지도 모른다고 우려하고 조선에 대해 함께 토벌할 것을 요청하였다.[178] 공유덕

---

174) 『인조실록』 권28 인조 11년 1월 정사.
175) 『인조실록』 권28 인조 11년 2월 계유.
176) 인조는 정묘호란 당시 윤황이 자신을 일러 "오랑캐에게 항복했다"고 비난했던 것에 상당한 충격을 받았고, 그것은 이후 계속 그에게 '마음의 짐'이 되었던 것으로 보인다. 유흥치가 가도에서 반란을 일으켰을 때, 인조가 일부의 반대를 무릅쓰고 가도를 정벌하고자 했던 것이나 1633년 후금과 절교하라고 지시했던 것 등은 그 부담감에서 벗어나고자 하는 일련의 시도로 보인다.
177) 공유덕 등이 반란을 일으킨 배경과 후금으로 귀순한 전말에 대해서는 田川孝三, 1932, 앞의 책, 154~156쪽에 간단히 언급되어 있다.
178) 『인조실록』 권28 인조 11년 3월 갑진.

등은 결국 선박을 이끌고 후금으로 투항했는데 명의 도독 오안방(吳安邦), 주문욱 등이 6천여 명의 병력을 이끌고 이들을 추격하여 미곶(彌串)까지 이르렀다. 오안방은 조선 조정에 이자하여 이들을 함께 소탕하자고 종용하고 군량 3천 석을 요구하여 받아냈다.[179]

후금은 공유덕 등의 귀순을 맞아 상당히 고무될 수밖에 없었다. 무엇보다도 그들이 귀순하면서 자신들이 그토록 원했던 함선과 수군 병력을 거느리고 왔기 때문이었다. 뿐만 아니라 공유덕 등은, 당시 후금군에게 공포의 대상이었던 홍이포(紅夷砲)까지 가져와 후금군의 전력은 배가되었다.[180] 당시 육전에서는 명에게 연전연승을 거두고 있었던 후금의 전력 가운데 가장 취약했던 부분이 바로 수군이었다. 이 때문에 그들은 1631년, 조선에 보낸 국서에서 자신들이 수로에 약하다는 것을 스스로 고백하고, 함선과 수군을 보내달라고 요청한 바 있었다. 이때 그들은 조선의 수군이 명의 수군보다 훨씬 뛰어나다고 평가하고 조선이 함선과 수군을 보내준다면 이전의 원한은 풀어버리겠다고 '호소성 협박'까지 한 적이 있었다.[181] 후금은 이 같은 상황에서 공유덕 등의 귀순으로 수십 척의 함선을 얻게 된 것을 '하늘이 준 것'으로 규정하였다. 이어 공유덕 등이 거느린 함선이 정박했던 곳이 조선에서 가깝다는 이유를 들어 조선에게 귀순자들에 대한 군량을 공급해달라고 요구해왔다.[182]

공유덕 등의 귀순은 명과 조선에게는 엄청난 타격이었다. 명은 일찍

---

179) 『인조실록』 권28 인조 11년 4월 갑술.
180) 田川孝三, 1932, 앞의 책, 157쪽.
181) 『청태종실록』 권8 천총 5년 5월 신축.
   我軍尙未暗舟楫 爾國人操舟之善 更勝於明 如念兄弟之好 宜與堅大戰船 每船各撥給
   善操舟之人 如此則前釁可釋 儻以敗舟拙工 苟且充數 我兵萬一有失 則結怨豈淺鮮
   哉.
182) 주문욱,「協勳紀事」,『변사소기』 권3.
   奴差龍骨大到王京 責出米糧 要活登叛 本國據義斥之…… 金國汗答書朝鮮國王……
   但念天賜船隻 似難抛棄 故發兵看守 我兵非無行糧 但路途窵遠 輸運爲難 貯船處所
   去貴國近而且便 此予所以借助于貴國.

부터 후금이 함선을 얻어 해로를 이용하여 산동성의 등래지역을 직접 공략하는 것을 가장 우려했는데[183] 이제 공유덕 등의 귀순으로 말미암아 그 우려가 현실화될지도 모르는 상황에 처했다. 조선은 정묘호란 이후 후금과의 무력충돌을 피하면서 삼국관계를 어렵게 이끌어왔던 상황에서 공유덕 등을 토벌하는 데 직접 나서게 되었고,[184] 그를 추격해온 오안방 등 명 장수들까지 접대하게 된데다 후금으로부터 군량지원 요청까지 받게 되면서 참으로 곤란한 지경에 빠지게 되었다. 명은 실제로 공유덕 등이 후금으로 귀순한 직후 발해만(渤海灣) 해로의 요충인 여순(旅順)을 후금에게 빼앗기고 말았다.[185] 후금은 여순을 점령함으로써 이제 '철옹성'으로 불리던 산해관을 거치지 않더라도 해로를 통해 명 본토를 직접 공략할 수 있게 되었고, 그에 따라 명이 느끼는 위기의식은 더 커질 수밖에 없게 되었다.

조선 역시 후금에 비해 군사력이 약한 상황에서, 그들의 침략을 받을 경우 강화도 등지의 섬으로 피난하는 것을 염두에 두고 있었는데[186]

---

183) 임진왜란 이래 명이 조선의 향배에 주목했던 이유 중의 하나가 바로 이 문제와 관련이 있었다. 이미 광해군대에도 명의 張之發, 熊廷弼, 于燕芳 등이 이 문제를 우려하는 발언을 한 바 있었다(이 책 268쪽). 수군이 뛰어난 조선이 후금에게 넘어가고 후금이 조선의 수군과 함선을 이용하여 침범한다면 揚州, 등주 등이 위험해진다는 주장은 강왈광에 의해서 인조대에도 반복되었다.
越一海防將官 見有問予者曰 論者謂 虜不舍鞍馬長技而事舟楫 然乎 予曰 予向亦爲是說 比來乃知不爾 中國南隣倭 比隣虜 僅一朝鮮扦蔽 鮮人乘汎走舸 疾如風雨 萬一生心 爲虜用命 但命一將領之來侵 則我淮揚靑登 盡無寧宇矣(강왈광, 『유헌기사』, 병인(1626) 7월 경진).
184) 『인조실록』 권28 인조 11년 4월 정묘.
185) 요동반도의 군항인 여순은 바다 건너 산동반도의 등주, 내주와 연결되는 중국의 가장 중요한 전략적 요충이라고 할 수 있다. 필자가 보기에 공유덕 등이 후금으로 귀순함으로써 비롯된 여순의 상실은, 1619년 '살리호전투' 패전과 1644년 吳三桂의 방조로 청군이 산해관을 돌파했던 것 못지않게 명 멸망에 중요한 영향을 미친 것으로 여겨진다.
186) 후금은 자신들이 쳐들어갈 경우, 조선 조정이 강화도 등지의 섬으로 피난할 것이라는 사실을 간파하고 있었다(『청태종실록』 권8 천총 5년 1월 임인).
爾若欲助明而輕我 我不必遣發精兵 止遣蒙古無賴者十萬人 往襲爾地 爾惟有遁逃海島而已……

이제 후금이 수군을 확보하게 됨으로써 그것마저 여의치 못한 상황이 되었다.

여순을 상실한 이후 다급해진 명은 1633년 11월 차관 정룡(程龍)을 조선에 보내, 후금에게 함선을 제공하지 않고 군량을 지급하지 않는다는 약속을 받아내려 하였다. 이미 여순을 빼앗긴 상황에서 여순에서 바로 해로로 연결되는 등주와 내주가 공략당할 것을 우려하였기 때문에 조선에 급거 사자를 보냈던 것이다.[187] 하지만 이미 함선과 홍이포를 확보했던 후금은 명과 조선을 더 이상 두려워할 이유가 없었다. 가도를 쳐서 점령하는 것은 시간 문제가 되었고, 조선에 대해서는 이제 정치·경제적으로 더욱 무리한 요구를 강요하게 되었다. 그러나 조선이 후금과의 무역에 소극적인 태도를 보이는 등 요구를 거부하면서 가도와의 접촉을 계속하자[188] 그들은 다시 조선을 정벌하겠다고 협박하였다.

1636년 4월, 후금이 국호를 청(淸)으로 고친 뒤 칭제(稱帝)하고, 조선에 신하로서의 예를 요구하자 조선은 더 이상 그들과의 관계를 유지할 수 없었다. 이 상황은 곧이어 병자호란으로 이어지게 되었다.[189] 조선이 병자호란을 맞아 청에게 굴복하여 항복했던 것은 선조·광해군·인조대를 이어온 대후금 기미책이 타의에 의해 종지부를 찍게 되었음을 뜻하는 것이었다. 정묘호란 이후 후금과 형제관계를 맺고 세폐를 바쳤던 조선은, 그 같은 화의론에 가까운 기미책을 썼던 것 때문에 많은 비판을 받으면서도 명과의 군신관계를 유지하는 한에서는 명분적으로 버틸 수 있었다.[190] 하지만 후금이 조선에 대해 신복(臣服)을 요구

---

187) 『인조실록』 권28 인조 11년 11월 갑오.
188) 1635년 12월 후금은 국서를 보내, 조선이 자신들과의 무역에는 관심이 없고 가도에만 수만 석의 양곡을 제공한다고 비난하였다(『인조실록』 권31 인조 13년 12월 병오).
189) 병자호란 발발 과정에 대해서는 이장희, 「병자호란」, 『한국사』 29, 국사편찬위원회, 1995 참조.
190) 명은 당시 조선이 후금과 기미책을 통해 전쟁을 피하고 있던 상황을 용인하는 형편이었다. 다음에 보이는 沈世魁의 자문 내용에 이 같은 사실이 잘 나타나 있다.

하면서부터 그것은 불가능해졌던 것이다.

병자호란을 맞아 조선은 다른 차원에서 명과의 의리를 지킬 수 있는 방식을 찾아야 했다. 그것은 병자호란 시기 삼학사(三學士)로 대표되는 척화파(斥和派)의 격렬한 반청주전론(反淸主戰論)을 통해 표출되었다.[191] 그러나 조선이 결국 청에게 항복함으로써 반청주전론은 일단 힘을 잃었고, '재조지은'에 보답하려는 의지 역시 꺾이고 말았다.

'재조지은'은 임진왜란 시기 명군의 참전을 계기로 형성된 이후 대명관계를 규제하는 중요한 명분으로 자리잡았다. 하지만 광해군은, 명의 원병파견 요구와 요민들에 대한 접제(接濟) 등을 기피하는 등 '재조지은'에 대한 보답 요구에 소극적·부정적이었다. 그 광해군을 몰아내고 등장한 인조정권의 '친명' 표방에 의해 '재조지은'은 다시 대명관계에서 가장 중요한 명분으로 복귀했다. 그 '재조지은'이 병자호란을 통해 또다시 파란을 겪게 되었던 것이다.

조선 지배층은 이후 병자호란이 남긴 충격을 치유하기 위해 이른바 대명의리론(對明義理論)과 북벌론(北伐論)을 견지하면서 다시 명의 후계자임을 자임하였다. 현실적으로 청의 감시를 받으면서도 대보단(大報壇) 등을 건립하여 명의 '은혜'에 보답한다는 태도를 보였던 것은[192] 그같은 의식의 구체적인 표현이었다. 요컨대 '재조지은'은 대명의리론 등의 사상적 연원으로 부활했던 것이며 이후에도 명에 대한 조선의 의리를 상징하는 명분으로 사대부 사회의 저변을 흐르게 되었던 것이다.

都督沈世魁移咨曰 國家設陣島中 所以拱制虜夷 而邇來貴國不能絶虜 淸北安定之間 虜差往來如織…… 貴國之於虜 旣難絶之…… 望貴國諭彼或從昌城滿浦 別取路徑 使人蹤馬跡 與本鎭渺不相接 則本鎭亦得以伸朝廷之威令矣(『인조실록』 권31 인조 13년 7월 계축).
191) 정옥자, 「병자호란시 언관의 위상과 활동」, 『한국문화』 12, 1991 참조.
192) 정옥자, 「대보단 창설에 관한 연구」, 『변태섭박사화갑기념사학논총』, 1985 참조.

결 론

　이 책에서 필자는 16세기 말부터 17세기 초에 이르는 '명청교체기'
의 조선과 명의 관계를 살펴보았다. 이 시기 조선과 명의 관계에서는
'책봉 - 조공 체제'라는, 양국관계를 규정지어온 전통적인 기제 이외에
임진왜란 당시 명군의 참전을 계기로 형성된 '재조지은'이 큰 변수로서
작용하였다. '재조지은'은 임진왜란을 겪으면서 형성되어, 전쟁 이후 선
조 말, 광해군, 인조대에는 후금의 도전으로 곤경에 처한 명이 조선에
대해 군사적 · 사회경제적 원조를 요구하는 배경이 되었다. '재조지은에
보답해야 한다'는 명분을 걸고 명이 내세운 각종 요구에 대한 조선의
반응은, 선조 · 광해군 · 인조대 조선의 내부 사정과 맞물려 각각 다른
모습으로 나타났다. 이 책은 바로 '재조지은'에 주목하면서 임진왜란에
서 병자호란까지의 대명관계의 실상과 추이를 고찰한 것이다.
　임진왜란 시기 명군의 참전은 조선의 구원요청을 수용하는 형식으
로 이루어졌지만 실제로는 명의 전략적 고려에 의해 단행되었다. 북경
을 보호하는 요충인 요동의 안전을 위해서는 조선에서 일본군을 막는
것이 긴요하다는 판단에서 이루어진 것이었다. 군사적 · 경제적 고려가
가미된 이러한 참전 배경 때문에 명은 애초부터 일본군과 결전을 벌
이거나, 그들을 한반도 밖으로 축출하려는 뚜렷한 의지가 없었다. 강
화협상을 통해 전쟁을 끝내려 했던 것은 애초부터 명의 본심이었으며,

지루한 강화협상 과정을 거치면서 전쟁의 성격은 '전쟁도 평화도 아닌 (非戰非和)' 어정쩡한 것으로 변질되었다.

결전의 의지가 없는 명군의 참전과 장기 주둔은 조선에 극심한 폐단을 남겼다. 강화논의가 대두된 이후 명군 지휘부는 조선군의 진격과 결전을 방해하였고, 조선은 독자적인 군사 작전권을 상실하여 일본군을 함부로 공격할 수 없는 상황에 처했다. 뿐만 아니라 명군 지휘부의 독단과 오만, 횡포 앞에서 선조나 신료들의 권위는 크게 실추되었다. 이 같은 추세는 내정간섭, 왕위 교체론의 유포, 직할통치론의 거론으로까지 이어지는 등 조선의 정치적 자율성은 심하게 훼손되었다.

임진왜란 시기 명군의 참전은 중국산 은화가 조선에 대량으로 유입되는 계기가 되었다. 명은 원정군의 급여를 은으로 지급하였고, 모든 군수물자를 은을 풀어 조달, 수송하였다. 이에 조선은 명군의 주둔지이자 '은의 집결지'가 되었고, 그 은을 획득하기 위해 명 상인들이 몰려들었다. 은이 제대로 유통되지 않았던 조선의 현실을 고려하여 명군 지휘부가 그들을 불러들였던 것도 상인들이 조선으로 쇄도하는 데 중요한 배경이 되었다. 명 상인들은 고기, 염장(鹽醬), 주류 등 생필품과 청포, 주단 등 사치품을 조선에 반입하여 명군과 조선인들을 상대로 거래하는 한편 명군의 각 부대에 소속되어 전장을 전전하기도 했다. 은의 대량유입과 상인들의 쇄도는 조선에서도 은화가 유통수단으로써 주목되는 계기가 되었으며 은광개발의 열풍을 몰고 왔다. 또 전란으로 피폐해진 조선의 경제를 재건하는 방향에 대한 논의와 맞물려 화폐의 주조와 유통, 대외무역의 시행, 상업의 진흥, 수레·선박의 이용, 가축의 사육 강조 등 중상적인 분위기를 고취시키는 배경이 되기도 하였다.

조선 사회는 명군의 주둔을 겪으면서 그들의 군기이완으로 인해, 혹은 군량공급 등 지공부담을 안게 되면서 극심한 고통을 겪었다. 명군은 군공을 세우기 위해 조선인들을 살육하거나 약탈과 겁간 등을 자행하기도 했는데, 그들의 민폐가 너무 심하여 '명군은 참빗, 일본군은 얼레빗'이라는 속담이 퍼져가기도 했다. 특히 명군에 대한 군량지급의 절박함에 밀려 관리들이 민가의 소소한 곡물까지 마구잡이로 거둬가는가 하면 기민들에 대한 진휼마저 팽개치게 되면서 민간에서는 사람이 사람을 잡아먹는 비극이 초래되기도 하였다. 또 '명군 우선' 원칙에 밀려 조선군에 대한 군량보급을 소홀히 함으로써 궁극에는 조선의 자체적인 전쟁수행 능력을 약화시키고, 명군에 대한 의존도를 심화시키는 악순환이 초래되기도 하였다.

명군이 장기간 주둔하면서 상당수의 조선인들이 그들과 혼인·투탁 등의 형태로 접촉하고, 철수하는 명군을 따라 명으로 흘러들어가게 되는 등 사회적 파장이 적지 않았다. 민간에서는 "명군을 보면 경외한다"는 이야기가 나오는가 하면 명군의 위세에 의지하여 작폐를 일삼는 조선인도 나타났다. 명군 가운데는 철수 대열에서 이탈하여 조선에 머무는 도망병이 사회 문제가 되기도 하였다.

이와 함께 명군 지휘관들에 의해 조선의 '문약' 풍조 등에 대한 비판이 제기되고 무비(武備)의 중요성이 강조되었으며 양명학 등 명의 학술과 화기 제조법, 진법, 병법 등 군사 기예뿐 아니라 관왕묘와 같은 생소한 명의 문물이 소개되었다. 조선은, 주자성리학이 '체제교학'으로 굳어져가고 있던 현실 속에서 양명학의 수용에는 냉담했지만 전란을 치르는 데 필요한 군사기예를 습득하는 데는 지대한 관심을 보였다.

명군의 참전과 주둔은 조선의 주권을 훼손하고 민폐를 야기하는 등 많은 부작용을 초래한 것이 사실이지만 평양전투 승리 등을 통해 전황을 바꾸어놓음으로써, 위기에 처했던 조선 지배층에게 커다란 은혜로 받아들여졌다. 더욱이 선조와 재조(在朝) 신료들은 전란 중 심각한 민심이반 현상을 목도하여 위축되었던 상황에서 명군의 존재를, 자신들의 권력을 유지하는 데 중요한 버팀목으로 인식하였다. 바로 이런 배경에서 '재조지은'의 관념이 태동하는 기미를 보였다. 특히 선조는 강토 회복의 모든 공로를 명군에게 돌리고, 명에 가서 원병을 청했던 신료들을 공신 책봉과정에서 가장 높이 평가하였다. '재조지은'을 강조했던 선조 등의 이러한 태도에는, 전란 극복의 공로를 모두 명군에게 돌리고 그 명군을 불러온 재조신료들의 역할을 강조함으로써 재야의 일부 의병이나 반민(叛民)들이 품었던 '무능한' 정권에 대한 반감을 희석시키고, 나아가 전란 중 실추된 자신들의 권위를 다소나마 회복하려는 의도가 깔려 있었다. 이 같은 지배층의 태도와는 달리 구비설화 등에 보이는 하층민들의 명군에 대한 태도는 상당히 냉담한 것이었다.

'재조지은'이 강조되는 분위기 속에서 '고려 황제'로 불릴 만큼 조선 문제에 관심을 기울였던 신종 황제와 경리어사 양호 등을 현창하는 열기가 높아져가게 되었다. 이렇게 조선에서 존명(尊明)적인 분위기가 형성되어가는 상황에, 전쟁 말년부터 명이 조선에 대해 스스로를 '시혜자'로서 자부하게 되면서 '재조지은'은 점차 양국관계를 규정짓는 뚜렷한 실체로서 떠오르기 시작했던 것이다.

임진왜란을 겪으면서 형성된 '재조지은'은 광해군대에도 조선이 대명관계를 원활히 유지하기 위해 고려해야 할 중요한 조건이 되었다. 이 시기에도 조선 내부의 존명의식과, '재조지은'에 바탕을 둔 명의 조선에 대한 '후견인'으로서의 의식이 맞물리면서 많은 현안들이 발생하였다. 광해군은, 첩자(妾子)이자 차자(次子)였던 자신이 왜란 초반 급박하게 왕세자로 책봉되면서 잉태된 정치적 불안을 명의 승인을 통해 해소시키려 했으나 명은 광해군의 정통성을 쉽게 인정해주지 않았다. 조선이 선조 말년부터 수시로 사절을 보내 광해군을 승인해줄 것을 요청했지만 명은 번번이 그를 거부했던 것이다. 이 사정은 광해군이 즉위한 이후에도 달라지지 않았거니와 당시 명 내부에는 이성량(李成梁)처럼 조선을 직할령을 만들려고 획책하는 자들이 있어서 광해군의 명에 대한 의구심은 가중되었다. 이 때문에 광해군 즉위 초부터 조선과 명의 관계는 긴장 속에서 출발하였고, 광해군이 왕으로서의 정통성을 승인받고 또 왕권을 안정시키려 했던 과정에서 조선은 명에게 막대한 경제적 부담을 안게 되었다.

광해군에 대한 승인, 왕세자 책봉, 후금 출병을 둘러싼 문제 등 조선과 명 사이에 쟁점이 불거질 때마다 그 쟁점들을 해결하는 과정에서 조선은 각각 수만 냥의 은자를 수탈당하였다. 이 같은 사태가 일어나게 된 것은, 광해군이 명사 등을 접대하는 과정에서 명에 대한 사대의 도리를 다하려 했기 때문이기도 했지만 당시 명 내부의 정치·사회적 난맥상과 맞물린 탐풍(貪風)이 조선으로까지 확산된 것을 의미하는 것이었다. 17세기 초, 명 사회를 휘감았던 '광세의 폐단(礦稅之弊)'이 조선에까지 영향을 미친 것이자 '재조지은'에 대한 조선의 보답이 '은화의 소모'라는 경제적 형태로 나타난 것이기도 하였다.

누르하치가 이끄는 후금의 성장과, 그들의 명에 대한 정치·군사적 도전은 조선과 명의 관계를 흔들어놓았다. 광해군대 조선은 후금에 대해 이른바 기미책(羈縻策)을 통해 회유하면서 그들의 침략을 피하려고 노력하였다. 그 과정에서는 빈번한 사자의 교류를 통한 정보의 수집 노력과 유사시를 대비한 군사력의 확보 등 구체적인 방어대책의 마련이 병행되었다.

광해군은 1618년, 후금 정벌을 위해 명이 조선에 병력 동원을 요구하자 그것을 끝까지 거부하려 했다. 그 배경에는, 왜란이 남긴 후유증이 아직 극복되지 못한 조선 현실에 대한 고려와, 왕권 강화를 위해 추진하고 있던 일련의 구상들이 대외원정 때문에 방해받는 상황에 대한 우려가 자리잡고 있었다. 역대 군주 가운데 재위 기간 중 가장 긴 존호를 받았으며, 중국 천자만이 행할 수 있다는 교제(郊祭)까지 행하려고 하는 등 자신의 왕권강화를 위해 노심초사했던 광해군의 그 같은 시도는 '재조지은'에 보답할 것을 내세운 비변사 신료들의 파병 종용과 명의 협박에 의해 꺾이고 말았다.

명의 강요에 밀려 출전했던 조선군은 1619년 '심하전투'에서 후금군에게 패하여 수천 명의 전사자를 낸 채 항복하고 말았다. 조선군이 애초부터 별다른 전의를 보이지 않았던 사실, 결국 후금군에 패하여 항복한 것 등이 명의 정벌 계획이 수포로 돌아가는 데 일조를 한 것은 사실이었다. 그러나 조선군이 명군 지휘관들의 독단과 강요에 밀려 독자적인 작전권을 상실하고, 군량보급선도 확보하지 못한 채 무리한 전진을 거듭해야 했던 것이나 전투 당시의 열악한 조건을 고려하면 패전과 항복은 어쩔 수 없는 선택일 수도 있었다. 특히 당시 원정군의 주력이라 할 수 있는 명군이, 병사들의 자질이나 화력, 지휘관들의 인화, 작전 능력 등 모든 측면에서 후금군에게 뒤졌던 것을 염두에 두면 조선군의 패전과 항복만을 비난하는 것은 더욱 있을 수 없는 것이다.

'심하전투' 이후 명은, 원병을 보낸 광해군을 '충순한 군주'로 찬양하는 한편 조선으로부터 군사적 원조를 다시 얻어내기 위해 부심하였다. 그러나 한편에서는 조선군의 항복을 고의적인 것으로 의심하고, 조선을 '감호'해야 한다는 강경론이 대두하였다. 그들이 조선에 다시 원병을 보내라고 요구했던 근거 논리 역시 예의 '재조지은'이었다. 그러나 외교정책을 펴나가는 데 입지가 강화된 광해군은 『충렬록』을 편찬하고, 그것을 요동으로 유포시키는 등 김응하에 대한 현창사업을 벌여 명의 의심을 희석시키는 한편 재징병 요구를 단호히 거부하였다. 나아가 고급사 등을 명에 보내 조선의 위급한 사정을 알리고, 군사적으로 원조해달라고 '외교적 역공'을 취하였다. 그것은 평소 끊임없이 명과 후금의 동향을 파악하고 정보를 수집하는 데 노력을 기울였기 때문에 가능했던 것이다.

광해군은 요동 출신 난민들이 조선에 상륙하는 것을 가능한 한 막으려 했고, 후금과의 관계에서 '화근'이자 조선에 대한 '감시자' 역할을 했던 모문룡에게 가도로 들어가도록 종용했는데 그것 역시 과감한 외교적 대응이었다. 광해군의 이러한 과감한 외교적 대응은 당시의 피폐한 조선 현실과 엄혹한 대외정세를 고려하면 부득이한 것이었지만 임진왜란 이후 조명관계를 규정하는 데 심대한 영향을 미쳤던 '재조지은'에 보답하는 것을 '회피'한 것이었다.

조선군의 참전과 '심하전투'의 패전, 이후에도 계속된 명의 재징병 요구를 수용하는 여부를 놓고 벌였던 논의는 당시 조선 사회에 어떤 영향을 미쳤는가? 조선군의 참전과 패전, 그리고 투항은 사회경제적으로 심각한 후유증을 남겼다. 병력의 징발과 군량·군수물자의 조달과 수송 과정에서 하층민들은 커다란 고통을 겪어야 했다. 더욱이 어렵게 파견한 전투병력의 대부분이 전사하거나 포로로 억류되면서 야기된 인적·물적 손실은 왜란의 후유증에서 채 벗어나지 못했던 민생 전반의 피폐와 민심의 동요를 불러왔다.

정치적 영향 역시 심상치 않은 것이었다. 먼저 출병에 반대했던 광해군의 입지와 발언권이 강화되어 향후 대외정책을 확실히 주도할 수 있는 명분을 확보하였다. 또 광해군의 왕권강화를 위한 일련의 시도에 편승하여 '토역(討逆) 담당자'로서 득세했던 대북파가 대외정책의 방향을 놓고 광해군과 갈등의 기미를 보이고, 광해군의 대외정책에 동조했던 박승종 등 소북파와 윤휘, 임연, 황중윤, 이시발 등 다양한 당색을 지닌 인물들이 광해군의 새로운 측근으로 부상하였다. 여기에 패전 이후 훨씬 복잡해진 명과의 외교 현안을 풀어나가기 위해 외교문서의 작성 등에 능한 문한(文翰)의 재능을 지닌 인물과, 노련하고 경륜을 지닌 인물들의 필요성이 커져갔다. 이러한 분위기에서 이정구가 다시 등용되어 서광계의 '조선 감호론(監護論)'을 변무하려고 명에 파견되었고, 이귀, 최명길, 이원익, 홍서봉, 남이공 등 서인과 남인의 중진들이 석방되거나 다시 등용되었다. 이들은 대부분 '폐모논의' 등에 반대하다가 조정에서 쫓겨났던 인물들이거니와 이귀, 최명길, 홍서봉 등은 뒷시기 인조반정을 주도했던 주체들이라는 점에서 이들의 석방과 재등용은 중요한 정치적 의미를 지니는 것이었다.

요컨대 '심하전투' 패전과 이후 명과의 외교 현안을 풀어가는 과정은 기존의 광해군과 이이첨 등 대북파와의 밀착관계를 균열시켰으며 동시에 서인과 남인 등이 정치적으로 재기할 수 있는 토대를 마련해 주었고, 궁극에는 인조반정이 일어나 광해군과 대북파 모두가 공멸하게 되는 계기로서 작용했던 것이다.

광해군이 나름대로의 혜안과 노력을 바탕으로 '명을 주무를 수 있을 만큼' 외교적 수완을 발휘했음에도 불구하고 인조반정을 통해 폐위된 까닭은 무엇인가? 그것을 이해하려면 광해군이 취한 대외정책의 허실을 살피는 작업이 필요하거니와 그것은 결국 광해군대 대외정책에 대한 평가 문제와 밀접하게 연결되어 있는 것이다.

광해군의 대외정책에 대한 기존의 평가는 문제가 있었다. 먼저 인조반정 이후의 전통적인 평가는 반정의 정당성을 옹호하기 위해 그의 외교정책의 실상을 의도적으로 왜곡하고 폄하한 측면이 강했다. 그와 대조적으로 일본인 학자 이나바 이와키치 등의 긍정적 재평가는 이른바 '만선사(滿鮮史)'의 틀 속에서 광해군의 '중립외교'를 부각시켜 궁극에는 조선사의 자주성을 부인하고 일본제국주의의 만주 침략을 역사적으로 합리화하는 데 이용한 측면이 강했다.

필자가 보는 광해군의 대외정책은 빛과 그림자를 동시에 지닌 것이었다. 그가 명청교체기에 보인 대외정책은 적어도 전체적인 구도와 세심한 각론에 의해 짜여진 것이었다. "전쟁이 벌어져도 양국 사이에는 사자가 있어야 한다"는 유연한 사고를 바탕으로 끊임없이 정보를 수집하고 동향을 탐지하여 명과 후금의 정치적 의도를 간파한 뒤, 양국에 대한 대응의 방향을 결정한 것은 분명 탁월한 것이었다. 그는 기본적으로 명에 대해서는 사대정책을, 후금에 대해서는 기미책을 바탕으로 관계를 유지하되 후금의 침략을 받는 최악의 상황을 항상 염두에 두고 자강 차원에서 구체적인 방어대책 마련에 결코 소홀하지 않았다. 외교에 대한 탁월한 감각과 국방에 대한 세심한 관심은 왜란을 직접 체험하면서, 전쟁 말년 부왕 선조가 보였던 융통성 있는 대후금 정책을 목도·학습하면서 길러진 것이었다. 그의 대외정책의 사상적 배경에는 왜란의 경험과 선조의 영향력이 자리잡고 있었던 것이다.

그러나 내정(內政)과 괴리되어 성공할 수 있는 대외정책은 없는 법이다. 광해군의 대외정책은 탁월했지만 내치에 의해 뒷받침되지 못한 한계를 지니고 있었다. 명의 징병요구를 회피하고, 후금의 침략에 대비한 방어대책 마련을 강조했으면서도 재정 운용에 주름살을 가져온 궁궐 영건사업에 몰두하고, 영건도감을 혁파하라는 신료들의 요구를 무시한 것은 반대파들에게 정치적 빌미를 제공하였다. 이 때문에 외교정책을 펴나가는 과정에서 몇몇 측근들의 보좌밖에는 받지 못했고, 나중에는 그 측근들마저 등을 돌림으로써 인조반정을 맞아 몰락하고 말았던 것이다. 이것은 분명 그의 한계였다.

인조반정의 발생은 당시 명 조야에도 상당한 파문을 몰고 왔다. 조선을, 후금의 배후를 견제하는 전략적 거점으로 여겼던 명에게 조선에서 정변이 일어났다는 사실은 새 정권의 '불확실한' 향배와 맞물려 곤혹스러운 것일 수밖에 없었던 것이다. 이에 명 내부에서는 인조반정을 '찬탈'로 규정하여 반정을 주도한 세력을 응징해야 한다는 강경론이 대두되었다. 그러나 조선의 새 정권이 명이 베푼 '재조지은'에 대해 보답할 것을 다짐하고, 명 내부에서도 후금과의 관계를 염두에 두고 조선을 회유해야 한다는 주장이 제기되면서 명의 입장은 인조의 책봉을 승인하는 방향으로 가닥을 잡았다. 그 과정에는 당시 가도에 머물고 있던 요동총병 모문룡의 협조가 크게 작용하였다. 요컨대 명은 인조반정을 인지한 뒤부터 인조를 조선 국왕으로 승인하기로 결정할 때까지 '책봉 - 조공 체제'에 바탕한 종주국으로서의 명분과 후금에 대한 견제 기지로서 조선을 이용해야 한다는 현실 사이에서 상당한 갈등을 겪었던 것이다.

인조반정으로 정권을 장악한 인조와 서인들은 반정 이후 대외정책을 펴나가면서 '숭명배금'의 명분을 표방했지만 그것을 현실 속에서 그대로 실천하지는 못하였다. '숭명'의 분위기와 강도는 광해군대에 비해 현저히 뚜렷해졌지만 후금에 대한 현실적 정책은 결코 '배금'이 아니었다. 후금과 사단을 만드는 것을 피하려 했고, 모문룡이 함경도의 여진족들을 공동으로 토벌하자고 제의했을 때 그를 거부한 것은 대후금 정책의 성격이 유화적인 것임을 뚜렷이 증명하는 것이었다. 인조반정 이후 병자호란이 일어날 때까지 대후금 정책은 오히려 선조, 광해군대 이래 취해왔던 전통적인 기미책의 연장선상에 있는 것이었다. 반정 이후 내부의 현실을 추스르는 데도 겨를이 없었던 상황에서, 명에 대한 사대만 유지할 수 있다면 후금과는 현상만 유지해도 자신들이 반정을 일으킨 명분은 지켜질 수 있는 것으로 파악했던 것이다.

인조대 명에 대한 '친명'은 주로 가도에 있던 모문룡과의 관계를 통해 현실화되었다. 요동을 상실하여 육로가 끊긴 상황에서 명은 과거처럼 조선과의 현안이 발생할 때마다 차관을 보내 영향력을 행사할 수 없게 되었다. 대신 이제 해로를 통해 양국이 연결되던 상황에서 해로의 중간거점인 가도의 모문룡이 조선과 명을 연결하는 유일한 매개가 되었다. 더욱이 모문룡은 인조가 명 조정으로부터 승인을 받는 데 일정한 역할을 한데다 명 조정이 인조책봉의 공로를 모문룡에게 모두 돌리려 함으로써 조선에 대한 그의 영향력은 제고되었다. 하지만 조선은 그와의 관계를 유지하면서 막대한 경제적 부담을 떠안아야 했다. 해마다 국가 경비의 거의 3분의 1에 해당하는 막대한 양곡을 그에게 공급했던 것이다.

모문룡이 경제적으로 조선에 의지했거니와 전란을 피해 조선으로 몰려들었던 요동 출신 난민들의 존재도 조선으로서는 감당하기 어려운 부담이 되었다. 실제 모문룡과 요동민들의 횡행 때문에 청천강 이북지역에 대한 조선의 주권은 상실되었다고 해도 과언이 아니었다. 모문룡이 겉으로는 요동 수복을 공언하면서도 속으로는 후금과 내통하고, 오로지 조선을 수탈하려 하면서 조선 조야의 여론은 악화되었다. 사대부들 가운데 그와 일전을 벌여야 한다고 주장하는 사람들이 나타날 정도였다.

모문룡이 원숭환에 의해 처형된 이후에도 가도는, 조선의 명에 대한 변함없는 적심을 구현하는 매개였다. 조선은 가도에 주둔한 명군에게 군량을 계속 공급하였고, 유흥치 등이 반란을 일으켰을 때에는 군사를 동원하여 토벌을 꾀하는 등 명에 대해 성의를 다하였다. 그것은 인조와 반정주체들이 반정 당시 명분으로 내세운 '친명'을 실현하려는 노력이기도 하였다.

명과 '책봉 - 조공 체제'를 유지했던 바탕에서 후금과의 평화적 관계 역시 조선이 경제적 부담을 떠안는 대가로 어렵게 유지되었다. 명과의 전쟁 때문에 무역이 끊긴 후금은, 조선을 통해 필요한 물자를 공급받았고 이것은 일본 역시 마찬가지였다.

1633년 명의 공유덕과 경중명 등이 반란을 일으켜 함선을 이끌고 후금으로 투항했던 사건은 어렵게 유지되던 삼국관계를 변화시키는 중요한 계기가 되었다. 공유덕의 귀순을 통해 함선과 수군, 그리고 홍이포까지 손에 넣게 된 후금의 전력은 배가되었다. 이제 후금에게 명과 조선은 더 이상 두려운 존재가 될 수 없었다. 공유덕이 투항한 직후 명은 전략 요충인 여순을 상실했고, 후금이 가도를 점령하는 것 역시 시간 문제일 뿐이었다. 후금은 조선에 대해서는 정치 · 경제적으로 더욱 무리한 요구를 강요하게 되었다. 1636년 후금은 마침내 '칭제건원'하였고, 조선에 대해 신속(臣屬)할 것을 강요하였다. 그리고 조선이 그를 거부하자 병자호란을 도발하게 되었다.

전통적인 '책봉 - 조공 체제'를 바탕으로 이어져온 조선과 명의 관계에서 임진왜란 시기 명군의 참전은, 이후 양국관계가 전개되는 데 '재조지은'이라는 또 다른 명분을 가져다주었다. 임진왜란 이후 명의 처지가 더욱 고단해지고, 광해군의 봉전(封典) 문제, 대후금 출병 문제, 인조반정의 발생 등과 같은 정치적 파란이 맞물리면서 '재조지은'에 대한 태도 여하는 '책봉 - 조공 체제' 못지않게 양국관계를 규정짓는 조건이 되었다.

명의 출병 요구를 거부하려 했던 것에서 보이듯이 광해군은 왕권을 강화하고, 민생을 안정시키기 위해 '재조지은'의 압박으로부터 벗어나려고 시도했으나 결국 인조반정을 통해 폐위되고 말았다. 이제 '재조지은'은, 그에 대해 어떤 태도를 취하느냐의 여부가 정권교체의 명분이 될 만큼 이념화되었던 것이다.

인조반정 이후 '재조지은'에 보답하겠다고 공언했던 인조정권은 사회경제적 부담을 안으면서도 현실 속에서 그를 실천하려 했으나 결국 병자호란으로 좌절되었다. 병자호란 당시 후금(청)에 굴복했던 조선은, 곧 이어 명의 멸망까지 목도하면서 극심한 굴욕감 속에서 기존의 중화적 질서가 붕괴되는 현실을 맞이하였다. 이후 조선의 집권층과 지식인들은 그 같은 충격을 극복하는 과정에서 망해버린 명에 대해서는 '대명의리론'을, 현존하는 청에 대해서는 북벌론을 내세우는 사상적 입장을 견지하였다.

임진왜란을 명의 도움을 받아 극복했고, 광해군의 즉위, '심하전투' 참전과 패전, 인조반정 등 일련의 숨가빴던 17세기 초의 파란과 격동을 '중화적 세계질서' 속에서 겪어왔던 조선에게 '오랑캐 왕조'인 청의 등장은, 적어도 관념적으로는 받아들여질 수 없었다. 조선이 그 같은 사상적 입장을 취했던 바탕에는 여전히 '재조지은'이 자리잡고 있었던 것이다.

요컨대 임진왜란 이후 병자호란 이전까지는 '재조지은'이 형성 · 전개되는 시기이자 이 시기 조선과 명의 관계는 '재조지은 체제'라고도 부를 수 있는 것으로, 조명 양국은 16세기 말~17세기 초의 선조 · 광해군 · 인조대를 거치면서 '재조지은 체제'가 각각 형성, 변형, 복구되는 관계를 경험했던 것이다.

참 고 문 헌

1) 사　료

(1) 조선측 자료

연대기, 야사·의궤류

『朝鮮王朝實錄』(국사편찬위원회 영인본).

『備邊司謄錄』(국사편찬위원회 영인본, 민족문화사).

『承政院日記』(국사편찬위원회 탈초영인본).

『國朝人物考』(서울대학교 도서관 영인본).

『大東野乘』(민족문화추진회 국역본, 1975).

『燃藜室記述』(민족문화추진회 국역본, 1967).

『稗林』(探求堂 영인본, 1970).

李建昌(1852~1898), 『黨議通略』(을유문화사 번역본, 1972).

『事大文軌』(朝鮮史編修會 編, 『朝鮮史料叢刊』 제7집, 1935).

『昭武寧社功臣錄勳都監儀軌』(奎 14583).

『迎接都監都廳儀軌』(奎 14545, 서울대학교 규장각 영인본, 1998).

『迎接都監米麪色儀軌』(奎 14551, 서울대학교 규장각 영인본, 1998).

『迎接都監賜祭廳儀軌』(奎 14556, 서울대학교 규장각 영인본, 1998).

『扈聖宣武淸難功臣都監儀軌』(奎 14924).

『火器都監儀軌』(奎 14596).

『朝鮮迎接都監郞廳儀軌』(중국사회과학원 역사연구소 소장본).

문집류

高傅川(1578~1636), 『月峯集』(奎 4291).

高尙顔(1553~1623), 『泰村先生文集』(『韓國文集叢刊』59).

郭再祐(1552~1617), 『忘憂先生文集』(『韓國文集叢刊』58).

金大賢(1553~1602), 『悠然堂先生文集』(奎 5472).

金德誠, 『醒翁先生遺稿』(奎 3615).

金誠一(1538~1593), 『鶴峯先生文集』(『韓國文集叢刊』40).

金堉(1580~1658), 『潛谷先生文集』(성균관대학교 대동문화연구원 影印本).

金地粹(1585~1636), 『苔川先生集』(奎 15396).

都慶兪(?~1636), 『洛陰先生文集』(奎 5570).

文緯(1555~1632), 『茅溪先生文集』(奎 15215).

閔仁伯(1552~1626), 『苔泉集』(『韓國文集叢刊』59).

朴毅長(선조대), 『觀感錄』(奎古 4655-50).

裴龍吉(1556~1609), 『琴易堂先生文集』(『韓國文集叢刊』62).

成汝信(1546~1632), 『浮査先生文集』(『韓國文集叢刊』56).

成渾(1535~1598), 『牛溪集』(『韓國文集叢刊』43).

申炅(1613~1653), 『再造藩邦志』(奎 4494).

申達道(1576~1631), 『晩悟先生文集』(奎古 819.5-Si61m-V.1~5).

申活(1576~1643), 『竹老先生文集』(奎 11629).

申欽(1523~1597), 『象村稿』(『韓國文集叢刊』71·72).

沈光世(1577~1624), 『休翁集』(『韓國文集叢刊』84).

沈悅(1569~1646), 『南坡相公集』(『韓國文集叢刊』75).

吳長(?~1616), 『思湖先生文集』(奎 11991).

吳瀗(1576~1641), 『龍溪先生文集』(奎 15534).

吳希文(1539~1613), 『瑣尾錄』上·下(海州吳氏楸灘公派大宗中 번역본).

柳夢寅(1559~1623), 『默好稿』(奎想白古 819.52-Y92m-V.1~5).

柳夢寅(1559~1623), 『於于集』(『韓國文集叢刊』63).

柳思瑗, 『文興君控于錄』(奎古 4250-105)

柳成龍(1542~1607), 『西厓先生文集』(『韓國文集叢刊』52).

柳成龍(1542~1607), 『懲毖錄』(奎 11726).

柳友潛(1575~1635), 『陶軒先生逸稿』(奎 12285, 『岐陽世稿』 坤冊 所收).

尹根壽(1537~1616), 『月汀集』(『韓國文集叢刊』 47).

尹燦, 『尹忠獻公實記』(奎 3899).

李魯(1544~?), 『松巖先生文集』(『韓國文集叢刊』 54).

李德馨(1561~1613), 『漢陰先生文稿』(『韓國文集叢刊』 65).

李晩榮(1604~1672), 『雪海遺稿』(奎古 3428-398).

李民宬(1570~1629), 『敬亭先生文集·續集』(『韓國文集叢刊』 76).

李民寏(1573~1649), 『紫巖集』(『韓國文集叢刊』 82).

李尙吉(1556~1637), 『東川集』(奎 4527).

李睟光(1563~1628), 『芝峰類說』 上·下(을유문화사 번역본).

李時發(1569~1626), 『碧梧遺稿』(『韓國文集叢刊』 74).

李愼儀(1551~1627), 『石灘先生文集』(奎 6283).

李榮仁, 『松潭集』(奎 6317).

李元翼(1547~1634), 『梧里續集』(奎 4897).

李惟弘(1567~1619), 『艮庭集』(奎 12483).

李廷龜(1564~1635), 『月沙先生文集』(『韓國文集叢刊』 69·70).

李廷馪(1541~1600), 『四留齋集』(『韓國文集叢刊』 51).

李埈(1560~1635), 『蒼石先生文集』(『韓國文集叢刊』 64·65).

李昌庭(1573~1625), 『華陰先生遺稿』(奎古 3428-250).

李好閔(1553~1634), 『五峰先生集』(『韓國文集叢刊』 59).

鄭文孚(1565~1624), 『農圃集』(『韓國文集叢刊』 71).

鄭鳳壽(1572~1645), 『鄭江西遺事』(奎古 4650-134).

鄭仁弘(1535~1623), 『來庵先生文集』(『韓國文集叢刊』 43).

鄭琢(1526~1605), 『龍灣見聞錄』(1993, 國史編纂委員會 脫草 影印本).

鄭琢(1526~1605), 『藥圃先生文集』(『韓國文集叢刊』 39).

鄭琢(1526~1605), 『龍蛇雜錄』(1994, 국사편찬위원회 간행본).

鄭琢(1526~1605), 『壬辰記錄』(1993, 國史編纂委員會 脫草 影印本).

趙絅(1586~1669), 『龍洲先生遺稿』(『韓國文集叢刊』 90).

趙緯韓(1567~1649), 『玄谷集』(『韓國文集叢刊』 73).

趙靖(1555~1636), 『黔澗集』(『韓國文集叢刊』 61).

崔睍(1563~1640), 『訒齋先生文集』(『韓國文集叢刊』 67).

洪命元(1573~1623), 『海峯集』(『韓國文集叢刊』 82).

洪世恭(1541~1598), 『鳳溪先生逸稿』(奎 1664).

洪翼漢(1586~1637), 『花浦先生朝天航海錄』(국역 『연행록선집』 所收).

洪翰周(1798~1868), 『指水拈筆』(아세아문화사 影印本).

黃愼(1560~1617), 『秋浦先生集』(『韓國文集叢刊』 65).

黃汝一(1556~?), 『海月先生文集』(奎古 3428-338).

黃胤錫(1729~1791), 『頤齋遺稿』(奎 4154).

黃中允(1557~1648), 『東溟先生文集』(奎古 3428-418).

기 타

『經理御史楊先生頌德詩稿』(奎 6665).

저자 미상, 『壬辰筆錄』(奎 1039).

李喜謙, 『靑野漫輯』(奎古 4250-25).

『忠烈錄』(奎貴 923.55-G417c).

(2) 중국측 자료

연대기류

『國榷』(北京, 中華書局, 1988).

『萬曆邸鈔』(江蘇廣陵古籍刻印社 影印本, 1991).

『滿文老檔』(中華書局本 上, 1990).

『明史』(中華書局本, 1974).

『神宗實錄』, 『熹宗實錄』(中央硏究院歷史語言硏究所, 縮印本, 中文出版社, 1962).

『淸太宗實錄』(臺灣, 華文書局, 1964).

문집류

姜曰廣, 『輶軒紀事』(中國社會科學院 歷史硏究所 所藏本).

孔方昭, 『全邊略記』(『淸入關前史料選輯一』, 人民大學出版社, 1989).

郭淍, 『東事書』(『玄覽堂叢書』 제106책, 서울대 도서관 구관장서).

茅瑞徵, 『萬曆三大征考』(『燕京大學圖書館叢書』 所收).

柏起宗,『東江始末』(借月山房彙鈔 所收本, 中華書局 排印).

徐光啓,『徐光啓集』(上海古籍出版社 新活字本, 1984).

徐希震 撰『東征記』(奎중 5249).

宋應昌,『經略復國要編』(奎想伯古 951.052-So58g-v.1-14).

沈國元,『兩朝從信錄』(『明淸史料彙編』9集)

余繼登,『淡然軒集』(文淵閣 四庫全書 集部 所收).

呂坤,『去僞齋集』(奎중 4842).

于燕芳,『巢奴議撮』(『淸入關前史料選輯一』, 人民大學出版社, 1989).

熊廷弼,『經遼疏牘』(『明淸史料彙編』27集).

張萱,『西園聞見錄』(燕京學社, 1940).

錢世禎,『征東實紀』(『觀自得齋叢書』所收·서울대 도서관 구관장서).

趙士楨,『東事剩言』(奎중 5414).

周文郁,『邊事小記』(國立中央圖書館據明崇禎刻本影印本, 1947).

畢自嚴,『石隱園藏稿』(文淵閣 四庫全書 集部 所收).

저자 미상,『建州私志』(『淸入關前史料選輯一』, 人民大學出版社, 1989).

2) 연구논저 및 논문

연구논저

고병익,『동아교섭사의 연구』, 서울대 출판부, 1970.

고영진,『조선중기 예학사상사』, 한길사, 1995.

旗田巍 저·이기동 역,『일본인의 한국관』, 일조각, 1983.

김정기,『1876~1894年 청의 조선정책 연구』, 서울대 국사학과 박사학위 논문, 1994.

김종수,『조선후기 훈련도감의 설립과 운영』, 서울대 국사학과 박사학위 논문, 1996.

김종원,『조청교섭사연구』, 서강대 사학과 박사학위 논문, 1983.

김진세 편,『한국고전소설작품론』, 집문당, 1990.

김태준 저·박희병 교주,『증보조선소설사』, 한길사, 1990.

서인한,『임진왜란사』, 국방부전사편찬위원회, 1987.

유봉학,『연암일파 북학사상 연구』, 일지사, 1995.

윤남한,『조선시대의 양명학 연구』, 집문당, 1982.

윤용출,『17·18세기 요역제의 변동과 모립제』, 서울대 국사학과 박사학위 논문, 1991.

이태진,『조선후기의 정치와 군영제 변천』, 한국연구원, 1985.

_____,『한국사회사연구』, 지식산업사, 1986.

임철호,『설화와 민중의 역사의식』, 집문당, 1989.

임형택 편역,『이조시대서사시』상, 창작과비평사, 1992.

전해종,『한중관계사연구』, 일조각, 1970.

전해종 외,『중국의 천하사상』, 민음사, 1988.

정병철,『명말청초의 화북사회연구』, 서울대 동양사학과 박사학위논문, 1996.

정옥자,『조선후기문화운동사』, 일조각, 1988.

_____,『조선후기 조선중화사상연구』, 일지사, 1998.

최소자,『명청시대 중·한관계사연구』, 이화여대출판부, 1997.

최영희,『임진왜란 중의 사회동태』, 한국연구원, 1975.

한영우,『정도전사상의 연구』, 서울대출판부, 1973.

_____,『조선전기 사회사상연구』, 지식산업사, 1983.

허선도,『조선시대화약병기사연구』, 일조각, 1994.

홍순민,『조선왕조 궁궐 경영과 "양궐체제"의 변천』, 서울대 국사학과 박사학위 논문, 1996.

稻葉岩吉,『光海君時代の滿鮮關係』, 京城, 大阪屋號書店, 1933.

稻葉岩吉,『新東亞建設と史觀』, 東京, 千倉書房, 1939.

傅衣凌 主編,『明史新編』, 北京, 人民出版社, 1993.

北島万次,『豊臣秀吉の對外認識と朝鮮侵略』, 東京, 校倉書房, 1990.

寺田隆信,『山西商人の硏究』, 京都大 東洋史硏究會, 1972.

三軍聯合參謀大學,『中國歷代戰爭史』, 臺北, 1970.

三田村泰助,『明と淸』, 東京, 河出書房新社, 1990.

徐連達 主編,『中國歷代官制詞典』, 合肥, 安徽敎育出版社, 1991.

楊國楨·陳支平,『明史新編』, 北京, 人民出版社, 1993.

楊昭全・韓俊光,『中朝關係簡史』, 瀋陽, 遼寧民族出版社, 1992.

楊暘 主編,『中國的東北社會』, 瀋陽, 遼寧人民出版社, 1991.

陸戰史研究普及會 編,『明と淸の決戰』, 東京, 原書房, 1972.

李光濤,『朝鮮「壬辰倭禍」研究』, 臺北, 中央研究院歷史語言研究所, 1972.

張晉藩・郭成康,『淸入關前國家法律制度史』, 瀋陽, 遼寧人民出版社, 1988.

田中建夫 編,『前近代日本と東アジア』, 東京, 吉川弘文館, 1995.

田川孝三,『毛文龍と朝鮮との關係について』, 靑丘說叢 三, 1932.

鄭樑生,『明・日關係史の研究』, 東京, 雄山閣, 1984.

酒井忠夫,『中國善書の研究』, 東京, 弘文堂, 1960.

中村榮孝,『日鮮關係史の研究』, 東京, 吉川弘文館, 1965.

中村質 編,『鎖國と國際關係』, 東京, 吉川弘文館, 1997.

何寶善・韓啓華 外,『萬曆皇帝朱翊鈞』, 北京, 燕山出版社, 1990.

洪學智 著・홍인표 譯,『중국이 본 한국전쟁』(原題 :『抗美援朝戰爭回憶』, 解放
　　　軍文藝出版社 刊), 고려원, 1992.

연구논문

고병익,「최부의 금남표해록」,『동아교섭사의 연구』, 서울대 출판부, 1970.

구덕회,「선조대 후반(1594~1608) 정치체제의 재편과 정국의 동향」,『한국사
　　　론』20, 1988.

김구진,「조선전기 한중관계사의 시론」,『홍익사학』4, 1990.

김두현,「청조정권의 성립과 전개」,『강좌 중국사』4, 지식산업사, 1989.

김종원,「정묘호란시의 후금의 출병동기」,『동양사학연구』12・13 합집, 1978.

김한식,「명대 중국인의 대한반도인식」,『동양문화연구』8, 경북대, 1981.

김항수,「16세기 사림의 성리학 이해」,『한국사론』7집, 서울대 국사학과, 1981.

남도영,「임진왜란시 광해군의 활동 연구」,『국사관논총』9, 1989.

노영구,「선조대 기효신서의 보급과 진법 논의」,『군사』34, 1997.

민덕기,「조선후기 조・일강화와 조・명관계」,『국사관논총』12집, 1990.

박원호,「조선초기의 요동공벌논쟁」,『한국사연구』14, 1976.

　　　,「명 '정난의 역' 시기의 조선에 대한 정책」,『부산사학』4, 1980.

　　　,「15세기 동아시아 정세」,『한국사』22, 국사편찬위원회, 1995.

서병국, 「조선전기 대여진관계사」, 『국사관논총』 14, 국사편찬위원회, 1990.

손종성, 「임진왜란시 대명외교 ─청병외교를 중심으로」, 『국사관논총』 14, 1990.

송재선, 「16세기 면포의 화폐기능」, 『변태섭박사화갑기념사학논총』, 삼영사, 1985.

신석호, 「조선왕조 개국 당시의 대명관계」, 『국사상의 제 문제』 1, 1959.

오금성, 「명말·청초의 사회변화」, 『강좌 중국사 Ⅳ』, 지식산업사 , 1989.

오수창, 「인조대 정치세력의 동향」, 『한국사론』 13, 서울대 국사학과, 1986.

유구성, 「임란시 명병의 내원고」, 『사총』 20, 1976.

유승주, 「왜란 후 명군의 유병안과 철병안」, 『천관우선생환력기념논총』, 1985

윤남한, 「조천기 해제」, 『국역연행록선집』 I, 민족문화추진회, 1967.

_____, 「선·인간의 양명학의 제문제」, 『조선시대의 양명학 연구』, 집문당, 1982.

이병도, 「광해군의 대후금 정책」, 『국사상의 제 문제』 1, 1959.

_____, 「광해군의 천도론과 경내 양궐 창건에 대하여」, 『진단학보』 33, 1972.

이장희, 「임진왜란 중 민간반란에 대하여」, 『향토서울』 32, 1968.

_____, 「임란 중 양향고」, 『사총』 15·16 합집, 1971.

_____, 「병자호란」, 『한국사』 29, 1995.

_____, 「임진왜란 중 둔전경영에 대하여」, 『동양학』 26, 1996.

이존희, 「조선전기 대명서책무역」, 『진단학보』 44, 1976.

이태진, 「정묘호란 후의 친명배금정책」, 『조선후기의 정치와 군영제 변천』, 한국연구원, 1985.

_____, 「강화도 외규장각 유지 조사기」, 『규장각』 14, 1991.

이현종, 「명사접대고」, 『향토서울』 12, 1961.

_____, 「임진왜란시 유구·동남아인의 내원」, 『일본학보』 2, 1974.

장지연, 「광해군대 궁궐영건」, 『한국학보』 86, 일지사, 1997.

전해종, 「가도의 명칭에 대한 소고」, 『한중관계사연구』, 일조각, 1970.

_____, 「한중 조공관계 개관」, 『한중관계사연구』, 일조각, 1970.

_____, 「여진족의 침구」, 『한국사』 12, 국사편찬위원회, 1978.

_____, 「호란 후의 대청관계」, 『한국사』 12, 국사편찬위원회, 1978.

정옥자, 「병자호란시 언관의 위상과 활동」, 『한국문화』 12, 1991.

_____, 「대보단 창설에 관한 연구」, 『변태섭박사화갑기념사학논총』, 삼영사, 1985.

정태민, 「임진란 중의 농민봉기」, 『신천지』 3-10, 1948.

조영록, 「선초의 조선출신 명사고」, 『국사관논총』 14, 1990.

최소자, 「호란과 조선의 대명청관계의 변천」, 『이대사원』 12, 1975.

_____, 「임진란시 명의 파병에 대한 논고」, 『동양사학연구』 11, 1977.

_____, 「명말 중국적 세계질서의 변화 ─ 임진·정유왜화를 중심으로」, 『명말·
청초사회의 조명』, 1990.

_____, 「중국측에서 본 정묘·병자양역」, 『한국문화연구원논집』 57, 1990.

_____, 「임진왜화와 명조」, 『아시아문화』 8호, 한림대 아시아문화연구소, 1992.

최영희, 「임진왜란 중의 대명사대에 대하여」, 『사학연구』 18, 1964.

한명기, 「광해군대의 대북세력과 정국의 동향」, 『한국사론』 20, 1988.

_____, 「17세기초 은의 유통과 그 영향」, 『규장각』 15, 1992.

_____, 「유몽인의 경세론 연구」, 『한국학보』 67, 1992.

_____, 「광해군대의 대중국 관계」, 『진단학보』 79, 1995.

_____, 「한효순의 생애와 저술에 대하여」, 『신기비결·진설·당초기』 해제, 일
조각, 1995.

_____, 「17세기 초 명사의 서울 방문 연구」, 『서울학연구』 8, 서울시립대 서울
학연구소, 1997.

_____, 「17세기 초 인조반정과 조명관계」, 『동양학』 27, 단국대 동양학연구소,
1997.

_____, 「임진왜란 시기 명군 참전의 사회·문화적 영향」, 『군사』 35, 국방군사
연구소, 1997.

_____, 「정유재란기 명 수군의 참전과 조명연합작전」, 『임진왜란과 이순신장군
의 전략전술』(이순신장군 순국 400주년기념학술회의 논문집), 문화관광
부·전쟁기념관, 1998.

_____, 「중개무역의 성행」, 『한국사』 30, 국사편찬위원회, 1998.

_____, 「폭군인가 현군인가 ─ 광해군 다시 읽기」, 『역사비평』 44호, 역사비평
사, 1998.

_____, 「임진왜란 시기 '재조지은'의 형성과 그 의미」, 『동양학』 29, 단국대 동
양학연구소, 1999.

한상권, 「16세기 대중국 사무역의 전개」, 『김철준박사화갑기념사학논총』, 1983.

한영우, 「이수광의 학문과 사상」, 『한국문화』 13, 1992.

홍성덕, 「정유재란 이후 명·일정전협상과 조명관계」, 『전북사학』 8, 1984.

홍희, 「폐주광해군론」, 『청구학총』 20, 1935.

William S. Atwell, "International bullion flows and the chinese economy-circa 1530~1650", *Past and Present*, Vol. 95, 1982.

岡野昌子, 「秀吉の朝鮮侵略と中國」, 『中山八郎敎授頌壽記念明淸史論叢』, 1977.

藤井誠一, 「李夢鶴の亂について」, 『靑丘學叢』 22, 1935.

孟森, 「皇明遺民傳序」, 『明淸史論著集刊』, 臺北, 世界書局, 1980.

百瀨 弘, 「明代の銀産と外國銀に就いて」, 『靑丘學叢』 19, 1935.

山內弘一, 「李朝初期における對明自尊の意識」, 『朝鮮學報』 92집, 1979.

石原道博, 「萬曆東征論」, 『朝鮮學報』 21·22합집, 1961.

吳于廑, 「世界史上的農本與重商」 『歷史硏究』 1, 北京, 中國社會科學出版社, 1984.

李光濤, 「朝鮮壬辰倭禍與李如松之東征」, 『歷史語言硏究所集刊』 22, 1950.

_____, 「明人援韓與楊鎬蔚山之役」, 『歷史語言硏究所集刊』 41, 1961.

佐島顯子, 「壬辰倭亂講和の破綻をめぐって」, 『年譜 朝鮮學』, 九州大朝鮮學硏究會, 1994.

_____, 「日明講和交涉における朝鮮撤退問題 — 冊封正使の脫出をめぐって」, 『鎖國と國際關係』, 吉川弘文館, 1997.

田中隆二, 「兼山 洪熹의 생애와 활동 — 일제하 대일협력자의 한 사례」, 『韓日關係史硏究』 5집, 한일관계사연구회, 1996.

酒井忠夫, 「袁了凡の思想と善書」, 『中國善書の硏究』, 東京, 弘文堂, 1960.

池內梧影, 「文祿征韓の役における淸正の民政と韓國端川の銀山」, 『東洋時報』 141號, 1910.

黃仁宇, 「1619年的遼東戰役」, 『明史硏究論叢』 5輯, 江西古籍出版社, 1991.

Abstract

The study on the relations between Korea and China from Japanese invasion of Korea in 1592 to Manchu invasion of Korea in 1636.

This book aims at examining the relations between Chosŏn Dynasty and Ming Dynasty from Japanese invasion of Korea in 1592 to Manchu invasion of Korea in 1636. During the period, the relations between the two countries were greatly influenced by 'Chaejochieun'(再造之恩), an inestimable boon of Ming which saved Chosŏn on the brink of ruin. By the just cause, Ming helped Chosŏn and could justify its diplomatic meddling to Chosŏn afterwards.

In fact, Ming's entry in the war in 1592 was accomplished for the purpose of protecting Liaotung. If Liaotung had been attacked by Japan, Ming's capital Pecking couldn't have remained safe. Above all, Chosŏn was a sort of hedge of Liaotung. From scratch, therefore, Ming had no intention of fighting to a finish against Japan.

Ming's entry in the war and its long stay in Chosŏn brought about a lot of serious abuses. For one thing, because of Ming's diplomatic restraint, Chosŏn lost its autonomous military command and couldn't attack Japan at it's own will. As a result, the authority of King Seonjo(宣祖) and his subjects was badly damaged. The political autonomy of Chosŏn was so injured by Ming's military camp as to be interfered with domestic policy. Even the possibility of Ming's direct ruling over Chosŏn was discussed.

For another, after Ming's entry in the war, silver coins from China were flowed into Chosŏn on a large scale, also Ming's merchants trying to acquire them. Before long, silver coins came to the fore as an important means of current money, the exploitation of silver mines was also set about in earnest. Matched with Chosŏn's economic revival after the war, an atmosphere to put a high value on mercantilism was formed with circulation of money, an emphasis of foreign trade, and the use of commerce, etc.

As for the lower classes, on the other hand, the long stay of Ming's army caused severe distress to them. To begin with, Ming army's military discipline came to be slack by degrees. Especially the supply of military provisions was a really heavy burden to the lower. So they couldn't help neglecting the supply of Chosŏn's military provisions, which resulted in the serious weakness of Chosŏn's military capacity to perform the war effectivelly.

During the war, there was also much social mobility in Chosŏn ; many people got married to the Ming's soldiers and moved to the China. At the same time, Ming's civilization was introduced to Chosŏn by Ming's commanders, such as the doctrines of Yangming Xuepai(陽明學), the various military arts like the way to make firearms and the disposition of troops, and Guanwangmiao(關王廟), a sort of shrine dedicated to Guanyu(關羽).

Though Ming's entry in the war caused a lot of harmful side effects, it was accepted as a heavy debt of gratitude to Chosŏn tottering to ruin. Especially King Seonjo and his subjects, after witnessing the deep estrangement of the public, regarded it as an essential prop to preserve their ruling power. The wild adoration for Chinese emperor Shenzong(神宗) and commander in chief Yanghao(楊鎬) was higher and higher. With the atmosphere of admiring Ming in Chosŏn, around the end of the war some pride as a benefactor sprang up from Ming. Now 'Chaejochieun' established itself as a concrete substance in the relations between the two countries.

During the reign of King Gwanghagun(光海君), 'Chaejochieun' came to be an important condition to perform Chosŏn's diplomacy for Ming successfully. King Gwanghagun, born out of wedlock and proclaimed Crown Prince hastily during the war, tried to receive Ming's approval and die down his political unrest. But Ming didn't approve his legitimacy with ease, there were even some people like Lee Cheng-liang(李成梁), commander in chief for Liaotung, plotting the direct ruling over Chosŏn by Ming. So the suspicion of King Gwanghagun toward Ming was doubled.

Furthermore, the growth of Hugŭm(Later Chin founded by Jurcheon. 後金) and its political and military challenge toward Ming shook the relations between Chosŏn and Ming. Chosŏn under the reign of Gwanghagun tried to appease Hugŭm and evade its invasion. To defend Chosŏn, some concrete plans were prepared, such as gathering informations through the interchange of envoys and ensuring military forces against the war. King Gwanghagun also refused roundly Ming's request of military aid needed for the conquest of Hugŭm. More than anything else, he tried to consolidate his regal power against Ming. He, nevertheless, couldn't resist strong urge of Pibyŏnsa(Border Defense Council. 備邊司) officials and the menace of Ming which demanded the dispatch of troops in return for 'Chaejochieun'. Hence, the participation of 'Shimha(深河. 薩爾許, Saerhu) battle' in 1619 might be unavoidable to Chosŏn at that time. The defeat of 'Shimha battle' and the surrender of Chosŏn army led to the impoverished life of people, creating serious social unrest. But to King Gwanhagun who had been against the dispatch of troops, the defeat gave the just cause to strengthen his political influence and afterwards to play a leading role for the foreign policy.

After 'Shimha battle', Ming reclaimed the military aid to Chosŏn. But King Gwanghagun snubbed the demand, also rejecting to accept Ming's refugees who had lived in Liaotung area and were driven into Chosŏn by the war, as well as evading to help Mao Wen-lung(毛文龍), a general of Ming. The Gwanghagun's remarkable diplomatic ability was formed through the experience of Japanese invasion of Korea, and the observation of his father Seonjo's foreign policy to Hugŭm. His foreign policy, however, had a limit not to harmonize with the domestic policy. At once refusing Ming's draft and mapping out a defensive strategy, he built a great palace, which deepened financial straits. He defied public opinion that Younggundogam(營建都監), a temporary department for the building of a palace should be done away with. This obstinacy of his provided his opposition party with the cause of trouble. Soon he had but a few intimate subjects to assist him, later even they turned their back from Gwanghagun. Finally King Gwanghagun was collapsed by 'Injo Banjeong'(仁祖反正), a military coup d'etat in 1623.

'Injo Banjeong' gave a great shock to Ming which had regarded Chosŏn as the strongpoint to check Hugŭm. It was really confusing for Ming that coup d'etat took place in Chosŏn. At first, not accepting the legitimacy of King Injo(仁祖), some hard-liners demanded that Ming should punish the leading power of the coup. As time went on, however, some proposed the need to appease Chosŏn, considering the relations with Hugŭm. After all Ming had to approve the enthronement of King Injo.

King Injo adopted a platform of 'for Ming, against Hugŭm', that is at once admiring Ming and denouncing Hugŭm, but the policy couldn't be realized. Though Chosŏn was steadfast in its admiration of Ming, the policy of denouncing Ching was never easy to keep with the growth of Hugŭm. This trend continued until the Manchu invasion of Korea in 1636.

The relations between King Injo and Ming were realized through Mao Wen-lung who was staying at Gado(椵島), an island in the Yellow sea west of Cheolsan Pyongando, and played an important role for the enthronment of King Injo. Besides Liaotung area was now subject to Hugŭm. Under these circumstances, Mao Wen-lung was the only mediacy connecting Chosŏn and Ming. Chosŏn annually provided him with the vast amount of cereals as much as a third of the national expenditure. And Liaotung refugees flowing into Chosŏn by a war were an uncontrollable burden to Chosŏn. After the murder of Mao Wen-lung who had no intention of attacking Hugǔm, Gado was a means to show Chosǒn's good faith towards Ming. When Liu Xing-zhi(劉興治) rose in a revolt at Gado, Chosǒn sent its expenditionary force to prove its loyalty towards Ming.

Keeping peaceful relations with Ming, Chosǒn could also maintain friendly relations with Hugǔm by a hair's breadth, in return for Chosǒn's heavy economic burden. Broken off foreign trade because of a war against Ming, Hugǔm was provided with Chinese goods through Chosǒn, so was Japan. The narrowly-maintained relations among three countries, however, abruptly changed in 1633 when Kong You-de(孔有德), a general of Ming revolted against Ming and surrendered to Hugǔm with his warships. Hugǔm, obtaining the naval forces by Kong's surrender, no longer feared Ming and Chòsòn. The occupation of Gado became only a matter of time, Hugǔm pressed more severely political as well as econmic obedience of Chosǒn. On Chosǒn denying it, Hugǔm invaded Chosǒn in 1636.

In Conclusion, 'Chaejochieun' by which Ming sent its troops in Japanese invasion of Korea to save Chosǒn was another just cause in the relations between Chosǒn and Ming afterwards, which had been once formed on the basis of 'proclaiming Crown Prince - paying tribute'. After the war, as Ming's state of affairs became more difficult and the domestic politics of Chosǒn more complicated, 'Chaejochieun' came to be more important condition, marking the relations of the two countries. King Gwanhagun tried not to bend to the pressure of 'Chaejochieun' by consolidating his regal power and stabilizing social prosperity, but was baffled by 'Injo Banjeong'. Now 'Chaejochieun' became an ideology, a justice to rationalize the scramble for political power in Chosǒn. Injo regime, under the plank of repaying Ming's 'Chaejochieun', tried to attain its object in spite of the social and economic burden, but in vain with Manchu invasion of Korea in 1636. 'Chaejochieun', nevertheless, came to revive by being the deep ideological root of two main doctrines toward China ; one to conquer Manchu in revenge for Ming, the other to remain loyal to overthrown Ming.

찾 아 보 기

지은이 **한명기** 韓明基

서울대학교 인문대학 국사학과를 졸업하고 같은 대학원 국사학과에서 석사와 박사 학위를 받았다. 서울대, 외국어대, 한신대, 국민대, 가톨릭대 등에서 강의했으며, 규장각 특별연구원, 계간 『역사비평』 편집위원, 제2기 한일역사공동연구위원회 위원, 동북아역사재단 자문위원 등을 역임했다. 현재 명지대학교 인문대학 사학과 교수로 있다.
지은 책으로는 『임진왜란과 한중관계』, 『광해군』, 『정묘·병자호란과 동아시아』, 『역사평설 병자호란 1·2』, 『16세기, 성리학 유토피아』(공저), 『쟁점 한국사 1~3』(공저) 등이 있고, 주요 논문으로 「광해군 대의 대북 세력과 정국의 동향」, 「19세기 전반 반봉건 항쟁의 성격과 유형」, 「'재조지은'과 조선 후기 정치사」 등이 있다. 첫 저서 『임진왜란과 한중관계』로 2000년 제25회 월봉저작상을, 『역사평설 병자호란 1·2』로 2014년 제54회 한국출판문화상을 받았다.

임진왜란과 한중관계

초판 3쇄 인쇄 2018년 9월 1일
초판 1쇄 발행 1999년 8월 30일

지은이 한명기
펴낸이 정순구
편집부 조원식 조수정 정윤경
마케팅 황주영

펴낸곳 (주) 역사비평사
등록 제300-2007-139호 (2007.9.20)
주소 10497 : 경기도 고양시 덕양구 화중로 100(비전타워21) 506호
전화 02-741-6123~5
팩스 02-741-6126
홈페이지 www.yukbi.com
이메일 yukbi88@naver.com

ⓒ 한명기, 1999

ISBN 978-89-7696-114-3 94910
978-89-7696-199-0 (set)